上海虹口教育
Shanghai Hongkou Jiaoyu

# 虹口教育·2022年度"思·想"

## 虹教系统校（园）长书记年度学术论文集

### （下）

上海市虹口区教育局　主编

上海教育出版社
SHANGHAI EDUCATIONAL
PUBLISHING HOUSE

# 目　录

## 优化内部管理

## 调适外部环境

# 营造育人文化

# 校长要把立德树人的责任落到实处

上海财经大学附属北郊高级中学　唐　群

[摘　要] 立德树人的成效是检验学校一切工作的根本标准。校长在学校一切工作中,要以立德树人的成效为核心,从各个方面把立德树人的责任担当起来、落到实处。对校长来说,这不仅是理论和理念的重大问题,也是具体实践中必须处理好的重大问题。校长把立德树人的责任担当起来,就要牢固确立立德树人的价值取向,营造好有利于立德树人的校园文化,落实好立德树人的学校课程,建设好师德高尚、业务精湛的师资队伍,还要充分了解学生的思想动态,及时获得学生的反馈。

[关键词] 立德树人　校长　学校课程　师资建设

2018年5月2日,习近平总书记在北京大学师生座谈会上指出,"要把立德树人的成效作为检验学校一切工作的根本标准,真正做到以文化人、以德育人,不断提高学生思想水平、政治觉悟、道德品质、文化素养,做到明大德、守公德、严私德"。[1]

立德树人的成效是"检验学校一切工作的根本标准",是办学的核心任务和基本价值取向,涉及教育本源的问题。对校长而言,切实使教育回归本源,把立德树人的成效落到实处,不仅是一个理论问题,也是一个需要实际操作的问题。

我任校长多年,总结自己对立德树人的学习、思考和认识,结合上海财经大学附属北郊高级中学(以下简称"上财北郊")当前教育教学工作的实践,就如何在学校工作中把立德树人的责任落到实处的重大问题,谈谈自己粗浅的看法。

## 一、校长要牢固确立立德树人的价值取向

立德树人的成效是教育的根本问题。把立德树人的责任落到实处,应该是校长办学的价值取向和办学理念。校长的办学理念正确与否,关系一所学校的发展方向,是把一所学校带到哪里去的重大问题,是校长教育观、价值观、政绩观的集中体现。校长的工作千头万绪,如果迷失了办学正确的价值取向,离开了立德育人的本源,就会偏离党的教育方针,犯方向性的错误。

教育质量是学校的生命线,校长一般都会非常关心教育教学的成绩,但仅有成绩或分数是远远不够的。未来的教育一定是向个性化、多元化、智能化、现代化的方向发展,我们要面向国家未来发展的需要,面对学生未来发展的需要,千方百计地提升学生的核心素养。校长一定要有立足未来的教育质量观,要把学校的工作更多地引向教育本源。这就需要端正办学的价值取向——立德树人。

教育的本源是什么?古今中外许多思想家、教育家都谈到过教育的本源的话题。马克思、恩格斯说:"教育是促进个人的独创的自由发展。"鲁迅说:"教育就是要立人。"古代经典《礼记》说:"大学之道,在明明德,在亲民,在止于至善。"唐代大文学家韩愈说教育是"传道、授业、解惑。"德国教育家雅斯贝尔斯说得比较文学:"教育的本质是一棵树摇动另一棵树,一片云推动另一片云,一个灵魂唤醒另一个灵魂。"以上论述,各有视角,各有文采。我认为,"立德树人"四个字,是对教育的本源最精辟的概括和表述。教育要为学生的终身发展奠基,教育应该是传授知识、完善人格、激发潜能、唤醒灵魂。教育让每个受教育者拥有高尚的道德情怀,获取知识的能力和健康快乐的心态,实现人格的完善和生命活力的绽放,具有全球视野、独立思考能力和合作意识。

牢固树立立德树人的价值取向并不容易。在相当一段时间里,我们的基础教育与之出现显著偏差。分数至上,升学率至上,恶性竞争,学生负担越来越重,教师的压力越来越大,许多学校的校长疲于应付,不知所措。这既是社会问题,也有教育评价机制的问题。这一切都在干扰立德树人的价值取向,干扰着校长的办学理念。扬弃错误观念才能巩固立德树人的价值取向。在这方面,校长需要不断学习、不断提高。

## 二、校长要营造好立德树人的校园文化

办什么样的学校?培育什么样的人?为谁培养人?这些都是重大的问题。当然,通过深入学习,现在大家都有了明确的答案:办人民满意的学校,为党育人、为国育才。这是理想的学校。理想的学校是一个有历史、有文化、有温度、有故事的地方,是一个所有师生都能"快乐工作学习每一天"的精神乐园,是一个能"为学生的幸福人生奠基"的圣地。在这里,到处洋溢着微笑和感动;在这里,可以学到知识,完善人格;在这里,可以施展才华,获得自信;在这里,可以认识自我,释放潜能;在这里,可以生活得自然、完整、健康、快乐。

这就需要一个好的校园文化。我们上财北郊的办学理念是"文化立校,素质立人"。我们明确了"立人"的"人"包括全校所有的人:立教师——高尚师德和专业素养;立学生——行为规范和综合素质;立社会主义核心价值观;立科学思维方式。我们积极营造"尊重、合作、包容、共生"的校园文化精神,让师生的潜能尽情释放。

在上财北郊新五年发展规划中,我们凝练了"德高、体健、学勤、行笃"的校训,完善了"德才并重,知行合一,身心俱健,文理兼优"的育人目标,提炼了"三风",即校风(求严、

求实、求新)、教风(敬业、专业、乐业)和学风(善思、好问、乐学)。这一切都是校园文化的范畴,为立德树人创造了优良的校园环境。

2016年,虹口区人民政府与上海财经大学合作共建北郊,学校确立了做强人文传统、凸显财经特色的办学目标。近几年,我们积极探索高中、大学财经贯通式人才培养模式,在财经教育方面形成了特色。这些内容也是上财北郊校园文化的有机组成部分。

营造好立德树人的校园文化,还要确立学校发展的长期愿景。我们要把学校办成以"三型、四高"为主要特征,全国知名、上海一流、特色鲜明的大学附中。"三型"是指把学校建成改革型、研究型和合作型高级中学;"四高"是指学校理念的系统化水平高、内部治理的科学性水平高、教学革新的群众性水平高、教育质量的综合性水平高。特色鲜明,是指学校基于德智体美劳全面发展,形成鲜明的财经教育特色,培育具有一定财经素养的高素质人才。

### 三、校长要落实好立德树人的学校课程

立德树人的成效必须不折不扣地落实在课程中。课程是学校的核心发展力,也是学校提供给学生最好的服务内容。我们必须首先不折不扣地落实好国家课程。同时,由于学生之间存在着显著差异,因此,对课程的需求也必然是多元的。学校除了要做强必修课程、选择性必修课程之外,还要做好选修课程的建设。我们基于"做强人文传统,活化科技创新,彰显艺体品牌,凸显财经素养"的课程建设理念,围绕"五育融合"(尚德、立智、健体、启美、崇劳)的核心,聚焦"德才并重,知行合一,身心俱健,文理兼优"的育人目标,实施"家国情怀、审美情趣、博雅学识、国际视野、创新潜质、财经素养"六大板块课程。同时,根据必修、选择性必修、选修三类课程层次的差异,在深度上对课程进行整体规划,确立各种类型、各种层次、各种形态课程的比例和内在关联,为学生潜能开发与个性成长提供最佳结合点。

近几年来,我们把一些传统的文化活动做成了精品课程。如,源于20世纪90年代的"程氏艾葆文学奖""中国人写好中国字""诸子话诸子""舆图阅沧桑""文峰情怀""阅读上海"等课程逐步做强。同时打造财经特色。我们依托上海财经大学,积极探索高中大学财经贯通式人才培养模式,以上海市教育科研项目"基于融合的高中财经课程建设"为抓手,构建财经特色课程体系,培养具有财经素养的高素质人才。课程初步构成主要包括财经奠基课程、财经广域课程、财经核心课程三大类课程框架,具体分为"自然科学类""社会人文类""数字信息类""财经人文类""经济数理类""国际理解类""市场分析类""经济预测类""金融决断类"9个模块的内容。我们通过"立体课程""多元途径""实践体验",使得上财北郊学生具有财经素养的"必备品格"(如诚信、友善、契约精神)和关键能力(市场分析能力、金融决断能力);创建财经实验室,财大30多位教授走进北郊,为财经创新班学生授课。我们还组织学生参与"校园大亨"等活动,组织"上财北

郊杯"商业精英体验营活动,在夯实学生学力的同时,培育学生的财经素养。近几年,学校被财经类院校录取的学生人数不断上升。

## 四、校长要建设好立德树人的师资队伍

2019年3月18日,习近平总书记在学校思想政治理论课教师座谈会上指出:"教师承载着传播知识、传播思想、传播真理,塑造灵魂、塑造生命、塑造新人的时代重任。"[2]

俗话说,经师易求,人师难得。我们倡导全校教师要从"经师"向"人师"转变,要敬业、专业、乐业,做"四有"好教师——有理想信念、有道德情操、有扎实学识、有仁爱之心,更要努力成为学生的良师益友、人生导师。这对教师的育人能力提出了更高的要求。我们还要求教师具备成长性思维、情绪管理能力和协调沟通能力等。

在落实立德树人责任中,教师既是具体的执行者,也是身体力行者。师资是学校发展的基础。落实立德树人的责任,必须依靠全校教师的共同努力。我们实行全员导师制,首先强调的是全员,也就是"学生人人有导师,教师人人做导师"。这对导师的角色要求更高,导师的职责范围更广,体现在"五导一通",即思想引导、生涯指导、学业辅导、品行督导、心理疏导和家校沟通。激励机制主要围绕价值认同、制度推进、文化自觉3个层面。

我们觉得,形式的变革不是真正的变革,价值取向的变革才会撬动教育的变革。如何达成共同的价值取向,让教师真正认识到导师工作的意义?我们是这样做的:第一,倡导人人都是德育工作者。通过大会宣讲、小会座谈,增强教师为党育人、为国育才的使命感、责任感。通过好书推荐、读书交流、名师进校、教师论坛等活动,提升教师的育德能力。第二,完善导师评价制度,将导师考评纳入绩效考核。设立学期基础奖和学年项目奖。第三,搭建各种展示平台,满足导师自我实现的需求。倡导教师"做强自己,形成特色",创办《北郊学报》(季刊),设立"我的教育观""学生眼"等栏目,鼓励导师把教学实践以及理性思考以文字的方式固化并呈现;编撰出版《今天怎样做教师》,明确北郊教师应有的风范;为优秀导师出版个人专著;做强"班主任节",班主任节已经延续了27届,每届一个主题,全校教师共同探讨育人规律。第四,重视精神鼓励,引导导师追求卓越。开展优秀导师评选活动,并作为教师评优、晋升的优先条件。为优秀导师成立"名师工作室""班主任工作室",让他们带着一群志同道合者共同成长。

## 五、校长要充分把握学生在立德树人方面的真实需求

落实好立德树人的责任,就要及时、充分把握学生的真实思想,耐心听取学生的意见和反馈,积极引导学生健康成长,让学生的潜能尽情释放。

为了了解学生的思想动态,及时掌握学生对学校工作的反馈,我持续开设"校长有约",每周召集10多位学生,就一个专题开展漫谈。近10年来,"校长有约"已然形成制

度,成为密切接触学生、掌握学生思想动态的有效渠道。在实施过程中,漫谈看似松散,实际上,每次"校长有约"都有主题,有的放矢。有的还全程录音,整理成文,公开发表。漫谈的主题有时候来自学生,有时候来自校长。比如,聊校园文化、学校归属感、"我最喜欢的老师""最感动我的一件事"等,话题非常多元化。记得当时综合素质评价刚刚出来的时候,我就跟学生一起漫谈综合素质的评价。正是在"聊"的过程当中,校长不断主动地贴近学生,倾听他们的呼声;学生也会反映学校工作中存在的一些问题。我们把这些问题带到学校管理层,统筹各方力量及时解决。有一次,一个学生说,他发现学校的图书馆利用率比较低。因此,我们就在全校倡导"让阅读成为一种生活方式",并把图书馆的书送到班级里面,建立班级图书角。

到目前为止,我已经与近千名学生进行了面对面的亲密交谈,形成了30多万字的学生漫谈实录。"校长有约"最重要的意义和价值是,为学生搭建了直接和校长面对面交流的平台,其中包含了学生之间思维的碰撞、师生之间智慧的交换。学生对于学校工作的各种看法可以有一个渠道进行表达。学生蕴藏着智慧,只要激发得好,他们都愿意为学校做一些力所能及的事。"校长有约"赋予学生参与学校管理的权利。搭建学生自由表达的平台,有助于改进当前学校存在的各种问题。

一校之长,责任重大,要全面贯彻党的教育方针,要把立德树人的根本任务落到实处。这不仅需要经常检查和端正自己的办学理念,调动全校师生的积极性,还要不断提高自己治理学校的能力,做一个无愧于党的教育事业、无愧于自己所任职的学校、无愧于全校师生的合格校长。

## 参考文献:

[1] 习近平.在北京大学师生座谈会上的讲话[N].人民日报,2018-05-03(002).
[2] 习近平.习近平谈治国理政(第三卷)[M].北京:外文出版社,2020:329.

# 从浸润童心入手的小学生中华优秀
# 传统文化"印痕"教育

上海市虹口区第二中心小学　郑　琰

[摘　要] 虹口区第二中心小学在不断的实践研究中,逐渐形成了具有中华优秀传统文化"DNA"的校本课程体系、课堂教学模块及教学评价理念。尤其是在"以学科化教育为干,以综合实践活动课程为翼"的发展战略中探索出了"强本""立本"及"明本"等校本课程模块,将基础型课程、拓展型课程及探究型课程等模块用优秀文化要素串联起来,以潜移默化的方式融入学生成长的每个环节中。

[关键词] 校本课程　小学生　中华优秀传统文化

2019年3月,教育部印发了《加强和改进中小学中华优秀传统文化教育工作方案》,从课程和教材建设等几个方面提出了对于中华优秀传统文化教育的具体要求,启动了中华优秀传统文化进校园工程。虹口区第二中心小学立足校情实际,整合已有的课程及师资资源,开展了从浸润童心入手的小学生中华优秀传统文化"印痕"教育研究,并积累了较为丰富的实践案例。

## 一、开展中华优秀传统文化"印痕"教育的意义

### (一)贯彻落实习近平总书记关于中华优秀传统文化的重要论述

习近平总书记指出,中华优秀传统文化是中华文明的智慧结晶和精华所在,是中华民族的根和魂,是我们在世界文化激荡中站稳脚跟的根基。学校教育是中华优秀传统文化的重要载体,要充分利用学校的课程体系建设,将优秀传统文化融入日常的学校教育元素中。我们在课程设计、教学实践等方面贯彻落实习近平总书记关于中华优秀传统文化的重要论述。

### (二)回应新时代义务教育课程方案和标准改革的新要求

《义务教育课程方案和课程标准》(2022年版)指出,应基于义务教育培养目标,将党

的教育方针细化为本课程应着力培养的学生核心素养,体现正确价值观、必备品格和关键能力的培养要求。优秀的中华传统文化是立德树人的重要教育资源,通过课程建设将传统文化勾勒出一种逻辑性、整合性、意义性与生成性的文化传承体系,既是实现课程育人价值向度实现的必然要求,也是基于课程发展的现实关怀品格与责任担当。

**(三)落实学生核心素养培育的课程改革目标**

2016年,我国发布了《中国学生发展核心素养》研究报告,要求培养学生能够适应个人终身发展和社会发展需要的必备品格和关键能力,其中文化基础、自主发展与社会参与构成了核心素养总框架。文化是人存在的根和魂,传统的意义在于为个体生活和社会实践提供必要的历史语境,以及个人在社会上发挥作用的内在文化精神、科学理性、创新实践等意义理性内容。因此,学生核心素养的培育离不开优秀的中华传统文化这一根基。

**(四)促进教育评价"指挥棒"改革的关键契机**

2020年10月,中共中央、国务院印发了《深化新时代教育评价改革总体方案》,提出义务教育学校重点评价促进学生全面发展、保障学生平等权益、引领教师专业发展、提升教育教学水平、营造和谐育人环境等。在以中华优秀文化为核心的校本课程实践中,我校强调在积极评价中引导学生成长,着眼于学生成长的动态发展性以及教师的教学改进和能力提升。

## 二、优秀传统文化校本课程的迭代升级

学校不断探索以学科基础课程为干,综合实践活动课程为翼的"印痕·固本"课程体系,用"润物细无声"的方式,将优秀传统文化元素融入学校教育的各方面,让学生在持久的熏陶中,将优秀传统文化转化为青少年健康成长的保障。

**(一)生成"明德立人,固本拓能"的课程文化愿景**

学校坚持"一切为了学生的幸福成长"的办学理念,围绕学生核心素养培养,从浸润童心入手,在小学生中开展适合他们身心特点的中华优秀传统文化"印痕"教育,在他们的心灵中播下种子,为其牢固树立正确的世界观、人生观、价值观打下扎实基础,并根据课题研究情况,逐步生成了"明德立人,固本拓能"的课程文化愿景。

**(二)绘就"五育并举"的"印痕·固本"校本课程图谱**

在国家课程大纲指导下,学校在把握国家、地方与学校的三类课程关系的基础上进行校本化设计和开发,以"指南针计划"与非物质遗产传承项目为重点的特色校本课程群,形成"五育并举"的"印痕·固本"课程图谱(见图1),寓意给孩子留下中华优秀文化基因的痕迹。"印痕·固本"课程图谱以"明德立人,固本拓能"的校训为总目标,以学科化教育为"干",以综合实践活动—项目化学习为"翼",将知识与能力、身体与心灵、家国情怀和人文素养等培养目标融入基础型课程、拓展型课程和探究型课程中,旨在促进学生的品行端正和习惯养成,成为会学习、善合作、能创造,具有中华传统文化根基的现代化建设者。

1. 以学科教育为"干"

《上海市普通中小学课程方案》着眼于提高学生的基础学力、探究学力和研究性学习能力，设计了以基础型课程、拓展型课程和探究型课程为主干的课程结构。其中，基础型课程强调促进学生基本素质的形成和发展，体现国家对公民素质的最基本要求。基础型课程包含国家课标规定的语文、数学、英语、道德与法治、信息与科技、体育、美术、音乐等学科。这就是学校课程的"干"，属于基础和骨干课程部分，具有夯实学生发展基础的作用。

图1 "五育并举"的"印痕·固本"课程图谱

2. 以综合实践活动——项目化学习为"翼"

综合实践活动课程属于国家规定的中小学必须开设的"必修课程"，强调学生从活动中学习、从经验中学习、从行动中学习。综合实践活动——项目化学习是我校"印痕·固本"课程体系的重要组成部分和重要创新点所在，主要是依托综合实践活动的课程形式，通过自主选修或必修课的形式，加强课程的拓展性和探究性。与学科基础课程相比，综合实践活动——项目化学习课程大多是学校自主设计的，重点关注学生的自主学习和自主探索，更需要学校校本化开发与实施，全面体现学校课程的自主管理权，放宽学生的自主选择权，促进学校形成鲜明的办学特色。

**（三）设计"强本""立本""明本"的校本课程模块**

在我校"印痕·固本"课程体系（见图2）中，对综合实践活动—项目化学习校本课程探索可分为主题活动"强本"、学科课程"立本"及学习空间"明本"的校本课程模块。

1. 主题活动创新:"强本"

"强本"：通过校本实践的各类主题活动或课程，让学生初步感受与体验优秀文化，强化学习和认识。

（1）校本实践活动。

①"行走虹口"。学校将"篆刻进校园"的活动融入基础学科教学，与德育主题活动相交织，每年5月，以研学行走、篆刻历史的体验方式，让学生了解虹口，热爱虹口，培养学生爱国、爱校、爱家的思想情感。

②"魅力汉字"。每年9月，学校整合语文、美术、音乐、科学与技术、信息技术等学科的资源，充分发挥篆刻社团、书法社团、卡魅社团的资源优势，开展以"魅力汉字"为主题的综合实践活动。

③"年味中国"。一般安排在年底，除了在学校活动外，我校师生走进社区，到上滨生活广场、街道文化中心等地，开展以"年味中国"为主题的综合实践活动，引导学生探寻

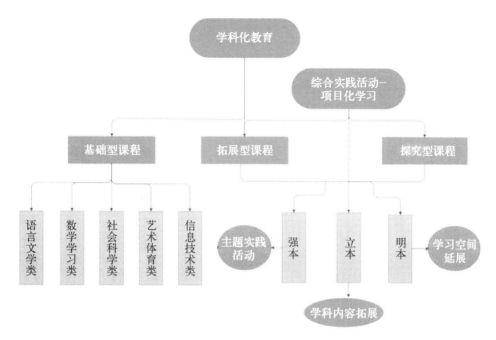

图 2  学科化教育与综合实践活动相结合的"印痕·固本"课程体系

传统文化,旨在以综合实践活动为切入点,让学生在体验中感悟凝结在传统节日中的中华优秀传统文化的无限魅力。

④ 健康"100"分。学校从"科技＋运动,传承＋发展"入手,让学生在情趣盎然中锻炼身体、陶冶情操,发挥智力和个性,培育创新精神和实践能力,创设文明、健康、活泼、和谐的校园文化生活,培养团队合作精神,引领校园精神文明的建设。

(2)豆宝成长历程。针对学生的不同年龄特点,在一至五年级分别开展班队活动,培养学生集体荣誉感、责任意识和自豪感,促使学生健康成长和逐步形成鲜明个性,具体如表1所示。

表 1  一至五年级班队活动

| 目　标 | 具体内容 | 年级 | 活动形式 |
|---|---|---|---|
| 针对学生不同年龄特点进行行规教育,培养学生集体荣誉感、责任意识和自豪感,促使学生逐步形成鲜明个性 | "我是小学生了"——一年级好习惯成果汇报 | 一年级 | 联合主题队会、半日开放活动 |
| | "领巾飞扬"——入队仪式 | 二年级 | 少先队知识讲座、队室参观、入队仪式 |
| | "十岁畅想曲" | 三年级 | 联合主题队会 |
| | "手拉手爱心活动" | 四年级 | 小队形式 |
| | "成长足迹"——五年级毕业典礼 | 五年级 | 联合主题队会 |

（3）开学第一课。

根据开学第一课，我校设计了两个主题，秋季开学"来来来，来上学"是以"混龄活动"的形式，对一年级新入学的小朋友开展安全、行规、习惯养成教育。春季开学"小巴辣子（小孩子）回学堂"则结合阴历新年，感受中华传统文化艺术的魅力。

2. 学科课程拓展："立本"

"立本"，即依托"指南针计划"项目或非物质遗产传承项目，开发多样的校本课程学习，引导学生树立优秀民族文化价值观念。

（1）快乐活动日。在每周的快乐活动日中，鼓励教师认领"指南针计划"项目或非物质遗产传承项目，开展传统技艺类、艺术表演类、学科文化类及运动健身类社团活动，包括造纸、印刷、古筝、茶艺、篆刻、围棋、书法等活动，拓展相关的文化元素。

（2）卡魅实验室。2019年，学校引进了卡魅创新实验室。该课程以物理、数学为理论基础，融会贯通多学科知识，用启发式、探究式、讨论式、参与式的教学方法，让学生利用手绘扫描仪、激光切割机等经过改进的配套硬件设施，自由发挥，创新再造，最终把自己的想法变为现实。它唤醒了学生探索科技的求知欲，最大限度地激发学生的创造能力。

3. 学习空间创设："明本"

"明本"，即充分利用学校中的正式学习空间——教室，以及非正式学习空间，如走廊、庭院、楼梯、过道等，让学生把学习和探索优秀文化延伸到各类校本课程的学习中。

（1）走廊博物馆。根据小学生感性、直观、形象的认知特点，学校扩大创新实验室的教育外延，把学生每天经过的走廊变身为"学校博物馆"，充分利用各层走廊吊顶、两侧的墙面，以及走廊地面，设计了4条主题走廊，分别为百家廊、印趣廊、茶语廊、博思廊，打造一个"会说话、全开放、体验式"的非正式学习空间。

（2）教室博物馆。由走廊博物馆向每个教室延伸、拓展，打造融班级教室、专用教室、走廊于一体的校园博物馆，让每一个学生随时随处都可以接触到中国传统文化，在合作学习中传承传统文化，凸显学校"班文化"特色。

## 三、构建"方法—环境—内容"多维度创新的育人模式

### （一）形成"学技、体验、表现、熏陶和明理"的教学方法体系

学技、体验、表现、熏陶和明理，是我校基于持续10多年开展的中华优秀文化传承教育，从中概括总结出的学生综合实践活动的教学方法，也成为我校形成规范和有特色的中华优秀传统文化课堂教学或实践活动的校本准则，并成为每一位教师开展教与学必须遵守的操作规制，以此规范教学过程，促进学生健康成长，全面发展。

### （二）探索"豆宝成长银行"评价方式

"豆宝成长银行"是我校立足"明德立人，固本拓能"校训是遵循评价的多元化、过程化、动态化而建立的综合性学生评价体系，旨在用"积点"记录学生的成长轨迹，让不同程

度的学生在成长过程中找到自己的优点,找到生活与学习的自信,树立良好的人生观和世界观。

## 四、结语

2022年4月,教育部印发了新的义务教育课程方案和语文等16个学科课程标准。此次课程方案进行了系统性的设计,在课程内容结构、学业质量标准等方面都有较大变化。课程方案与课程标准的改变将直接关系学校的教育教学,我校将通过不断复盘学校现有课程,对接好新课程方案,架构起适应现代科技发展需要的学校课程体系。

## 参考文献:

[1] 张华.课程与教学论[M].上海:上海教育出版社,2000:27.
[2] 曾文婕.深化校本课程开发的四个生长点[J].课程·教材·教法,2014,34(08).
[3] 郝佳彤,崔月英,朱红.中小学实施中华优秀传统文化教育的探索[J].教育探索,2015(01).
[4] 姜英兰.传承经典文化 弘扬中华美德——论中华经典文化的传承在小学生传统美德教育中的作用[J].中国校外教育,2015(4).
[5] 李群,李凯,牛瑞雪."人文化成":中华优秀传统文化课程建设的反思与实践[J].教育科学研究,2019(06).
[6] 沈建华.传统文化视角下青少年道德教育的活化和链接[J].教育研究,2015,36(11).
[7] 付万军.传统文化课程建设的实践与思考[J].中国教育学刊,2013(S3).
[8] 中共中央、国务院.印发《深化新时代教育评价改革总体方案》[EB/OL].[2020-11-18]http://www.gov.cn/zhengce/2020-10/13/content_5551032.htm
[9] 关于实施中华优秀传统文化传承发展工程的意见(节录)[J].教师教育论坛,2017,30(08).
[10] 程雯.传承民族文化:当前学校文化建设的应有之责[J].现代中小学教育,2008(06).
[11] 冯勤.略论中华传统文化的现状及现代价值[J].西南民族学院学报,2000(05).
[12] 郭振有.重视传统文化,增强德育实效性[J].人民教育,2003(05).
[13] 陆枋,夏英,李蓓,刘毅,方慧敏.小学校大雅堂——成都市实验小学的"雅"教育探索[J].世界教育信息,2012(09).
[14] 习近平:中华优秀传统文化是中华民族的根和魂[EB/OL].[2022-06-03].https://baijiahao.baidu.com/s?id=1734574102662197894&wfr=spider&for=pc.
[15] 重磅!义务教育课程方案和课程标准(2022年版)发布[EB/OL].[2022-04-22].https://baijiahao.baidu.com/s?id=1730752345613186855&wfr=spider&for=pc.

# 以校园核心文化价值凝聚发展动力

上海市虹口区第三中心小学　赵天山

[摘　要] 在推进教育改革的过程中,加强校园文化建设,凝练学校文化价值内涵,从而有效贯彻落实党的教育方针,提升师生行为自觉性,是构建和谐校园、促进校风学风建设的重要前提。校园文化是师生文化观念、价值理念与精神面貌的重要体现;校园文化建设应坚持传承与创新、制度守底以及榜样引领的原则。传承与创新可以不断丰富和优化文化内涵,转化为文化叙述,成为师生行动的原则;制度建设与执行是校园文化建设的根本保障;榜样引领让榜样成为互相理解的桥梁,寻找契合点和闪光点,最终达到“共生效应”,实现文化价值的叠加效应,提升校园文化内涵。

[关键词] 校园文化　文化延续　制度建设　榜样示范

党的二十大提出,建设具有强大凝聚力和引领力的社会主义意识形态;广泛践行社会主义核心价值观;坚持教育优先发展,办好人民满意的教育。党组织领导下的校长负责制明确规定党组织要坚持把政治标准和政治要求贯穿办学治校、教书育人全过程,坚持社会主义办学方向,落实立德树人根本任务,团结带领全校教职工推动学校改革发展,培养德智体美劳全面发展的社会主义建设者和接班人。

学校是文化传承的重要场所,也是思想文化的创新地。校园文化相当于一种师生文化观念、价值理念与精神面貌的重要体现。这种体现需要在实际教育教学管理实践中逐渐创造生成而来。加强校园文化建设既是现代教育发展的需求,也是构建和谐校园的基础,更是促进教育内涵提升的关键[1]。校园文化建设一般可以从显性的校风文化及校园文化环境打造,以及隐性的校园文化内涵及办学理念、培养目标、教风、学风的刻画着手,最终形成凝聚师生自觉行动的力量。

## 一、传承创新,丰富校园文化内涵

要追求文化建设,就必须重视文化传承与创新的积极作用。校园文化是学校连接过去、现在和未来的纽带,是学校办学过程中积淀、传承和延续着的软实力,是学校和社会无形的资产和财富。学校的显性文化并不是简单地美化,而是对隐性文化的彰显与呈现。因此,党组织在指导学校文化建设时,要与时俱进地把国家对教育的要求有机地融入学校文化价值之中,结合校园实际状况,不断丰富和优化文化内涵,并转化为文化叙述,成为师生行动的原则,以促进校园办学实力的有效提升,让学校成为师生为之骄傲的家园,充分满足师生的发展需求。

虹口区第三中心小学(以下简称"三中心")几代师生的教育实践,形成了在全国、全市有影响的教育成果,如毛蓓蕾老师的专著《心之育》、沈功玲老师的少先队"四自"建设等。这些教育成果充分体现了三中心以心育新苗的"大爱"教育情怀。我们感受到随着教师队伍的新老交替,"大爱"虽然仍然常在三中心人口中念叨,但三中心的"大爱"文化到底应该有哪些具体的体现,特别是随着社会对教育需求的不断增强,三中心的"大爱"文化应该赋予怎样的新内涵,每个人的理解和解读并不相同,甚至出现异化现象。这就需要党组织带领全体师生在溯源中给予新的解读,统一认识,形成共同的行动准则。我们带着教师重温毛蓓蕾老师《心之育》专著,重新讨论思考新时代"大爱"文化的价值原则,围绕"三个一切"的办学理念,制定了《虹口区第三中心小学核心文化价值观声明》,将"大爱"文化通过价值观声明具体化,并通过"爱满三中心"好老师的文化叙述,不断统一师生的行为和思想。

## 二、制度守底,保障文化价值的转化

文化建设过程始终需要将问题为导向作为重要建设原则,通过问题导向原则,可以及时发现文化建设过程中存在的问题与不足,并在寻求特定解决方法中促进实效性。我们清楚地知道,曾经辉煌的三中心能否在新一轮教改的大潮中擦亮招牌,关键在于将我们的价值宣言转化为实实在在的行动。

其中,制度的建设是校园文化建设的根本保障。无制度保障的文化必将无序,也难以形成积极向上的文化价值导向。近年来,学校党组织坚持开展制度建设,制定并完善了《三重一大制度》《财产管理制度》《公用经费使用管理制度》《教师岗位职责》《教学常规管理办法》《教师职业道德考核细则》等各项制度,努力在学校章程、规章制度、工作流程、岗位职责中形成全体教职员工的价值取向和行为准则。在制定各项规章制度时,反复听取方方面面的意见,通过大会解读、个别答疑、案例分析等方式,让教职工感受到制度的制定更多的是体现激励、鼓励、引领等人文情怀,刚性的制度中渗透着柔性的气息,同时在整个过程中,使制定、修订制度的经历变为教职工熟悉、理解、接受学校管理的过程和认同,以及遵守、维护学校规章制度的过程,是力求使执行制度成为全体教职员工的自觉行为方式和基本行为习惯。

同时,制度的执行是以问题为导向的文化建设的重要体现。制度的执行不仅在于问题的解决,还在于对文化的具体刻画。党组织重视以典型问题、典型案例的解决推进风清气正校园风气的打造。如，2019学年，学校改线下调休申请为平台申请，要求教师将原有的纸质调休凭证收集后提交。在审核其中一位教师的调休凭证时，发现与原来登记记录相差100多小时，经审核后，我们认为存在造假的可能。在与该教师沟通时，她既记不清楚其中的原因，也不承认造假。经研究，我们认为此事不仅涉及教师的诚信，还存在公章造假的违法问题，要一查到底。经与相关部门联系，我们将调休单送司法鉴定部门鉴定，结果显示确实存在公章造假的情况。面对事实，该教师不仅拒不认错，还恶语相向，态度恶劣。对此情况，我们决不姑息，最后与她终止聘用合同，并将整件事的处理作为师德和法治教育的典型案例通报全教会。

几年来，我们经历了多次的矛盾冲突和问题的处置。这背后或多或少体现了对改变的拒绝、个人利益的角逐，甚至对规则的抗拒，我们坚持做到原则问题不退让，处理方法讲策略；并将每一次的处理过程转化为教育的案例，通过每一个问题解决过程中的思想碰撞、舆论的转变，实现行为准则的纠正和思想认识的统一。

## 三、榜样引领，彰显文化的共生作用

校园文化建设属于一种认知、情感、意志、行为相互结合统一的过程，建设校园文化必须能够做到激发师生内心深处的情感需求，在以情融识中，使校园文化建设变得更具人文性与感性化特征，从而真正实现校园文化的育人功能。

党组织努力推进校园正能量建设常态长效机制，把学习榜样、发现榜样、学做榜样渗透在学校工作的日常，在层层示范、层层带动中，展现三中心人正确的世界观、人生观和价值观，并感染、激励、带动校园大多数群体。

通过重塑三中心师生熟悉且敬仰的模范人物、先进典型毛蓓蕾老师的师德榜样形象，大力推进基于百年历史的积淀，名师辈出而凝聚"大爱"的校园文化的传承和发扬，重温毛老师对教育事业的奉献精神、对教育科学的求真精神、对教育艺术的创造精神。这既是校园文化的形象教材，又是校园精神的生动体现，也是党组织充分发挥校园文化中高尚价值观的人格化代表的激励功能，对弘扬正气，优化校风具有现实而深远的意义。

党组织在树立典型、倡导学习榜样时，将榜样的先进性和真实性统一起来，依靠事实本身的说服力来发挥榜样示范作用，让榜样成为互相理解的桥梁，去寻找契合点和闪光点，最终达到"共生效应"。树立榜样教育的真实性在于，我们不仅要颂扬成功者，也要赞美平凡者，引导教师从现实的社会榜样和校园示范中找到适合自己的榜样目标去构建富饶的精神家园，做文明校园的继承者、传播者和开拓者。因此，学校每年教师节都积极开展"爱满三中心"优秀教师评选活动，选出在教改实践、敬业爱生、协作互助、教育科研、带教指导、后勤服务等方面成绩突出或有典型事例的教工进行表彰、奖励。多年以来，共有39名来自教育教学第一线的老、中、青教师获得"爱满三中心"荣誉，占比33%。这些优秀教师对大多数教师的教育影响作用尤为重要，更容易使广大教师受到感染，产生共鸣，使他们愿意以身边的优秀教师为榜样来指导自己的行为。

校园榜样文化是学校可持续发展的内在强大动力,是学校的无形资产。其氛围一旦形成,对师生是无声的指令、自觉的约束力,会产生潜移默化的影响和巨大的教育力量,真正达到内化于心、外化于行的目标。

## 四、反思

经过多年的校园文化建设与转化实践,我们深刻地意识到,三中心教师队伍整体起点高、业务能力强,引领这样一支高标准的教师队伍关键在于班子队伍。党组织对班子提出了强化责任担当意识和跨前意识的要求,协同行政部门进一步厘清职责、明晰主责和协同责任、增强日常管理、优化方式探索、破解管理中的难题,做到不回避、不推诿,实现管理效能整合,努力打造管理者与教师群体间的同心、同向的管理格局。要求改进工作作风,做到对分管内容布置前清楚要求,过程中清楚方法,落实时做到碰到困难不回避,咨询求助有回应。始终要以问题解决为目标,围绕着"为什么—是什么—怎么办—怎么样"的工作思路不断积累经验,提升管理智慧。同时经常性开展问题处置案例交流,以小案例积累管理智慧,通过上有所率,下有所进;上有所行,下有所仿,实现文化价值的叠加效应。

学校党组织坚持传承与创新、制度守底、榜样引领原则,推动风清气正培根铸魂,规范做事惠人达己,质疑问难格物致知的"大爱"校园文化传唱,为再造三中心的辉煌积蓄着力量。

## 参考文献:

[1] 贾博敏.试探究高职院校质量文化建设的内容及途径[J].山西青年,2019(6).

# 小学生"四史"教育的实践与探索

上海市虹口区四川北路第一小学　倪文军

[摘　要] 为践行"为党育人、为国育才"教育战略,上海市虹口区四川北路第一小学党支部深入推进"四史"教育,在立足思政课堂主阵地的同时,挖掘每一门课程的"四史"元素,组织学生开展主题多样的实践活动并充分利用学习强国平台、区域"四史"教育课程等资源,探索学校四史教育与家校共育新格局,为"四史"教育成效的提升提供有力保障。

[关键词]"四史"教育　思政课堂　实践活动　教育资源

教育是铸魂立根的事业。培养什么人,为谁培养人,怎样培养人,是党领导教育事业的根本问题,"为党育人、为国育才"是对这一根本问题的科学回答,是我国教育改革发展的根本遵循。

四川北路第一小学党支部针对党的教育方针中提出的"坚持教育为社会主义现代化建设服务,为人民服务,与生产劳动和实际相结合,培养德智体美劳全面发展的社会主义建设者和接班人"育人目标,在学校教育中深入推进"四史"学习教育并探索有效途径。这既是履行学校主体责任、落实学生培养目标的重要举措,也是提高政治站位,践行"为党育人、为国育才"教育战略的必然选择。

## 一、立足课堂主阵地

推进小学生"四史"教育,必须立足思政课堂主阵地,充分认识小学"道德与法治"课特有的育人功能,充分发挥课堂教学主渠道作用,将"四史"教育与日常学科教学有效对接、有机融合。在小学道德与法治课堂中,我们鼓励教师精心选择教学内容,充分挖掘相关的教材资源,做好"四史"教育的素材铺垫。如针对五年级教材中"百年追梦,复兴中华"的主题,通过集体讨论,教师向学生呈现了邓世昌为国捐躯、孙中山推翻帝制的历史故事,回顾了陈独秀、李大钊、毛泽东等共产党人的奋斗史,介绍了我们党领导人民取得抗日战争和人民解放战争伟大胜利的战斗历程,讲述了社会主义革命与建设时期以及改革开放的历史进程中所涌现出来的李四光、王进喜、邓稼先、焦裕禄、雷锋、袁隆平等一大批英雄模范人物的光辉事迹。通过与历史的对话,引导学生感受共产党人、英雄模范人物治国平天下的爱国情怀、崇高理想和奋斗品格,深刻体会中国共产党为中华民族谋幸福的初心与使命。

学校依托虹口小教第三总支教研团队,共同开展关于《习近平新时代中国特色社会主义思想学生读本》的教学设计,道德与法治教研组认真梳理三年级读本与必修教材的融合点,完成"我有一个梦想"一课的教案和媒体设计,围绕每个人的梦想、国家的梦想、实干成就梦想进行内容设计,旨在引导学生敢于有梦、勇于追梦、勤于圆梦,做新时代的逐梦好少年。

除了上好"小学道德与法治"课,我们还鼓励教师立足课堂主阵地,充分挖掘每一门课程的"四史"元素,发挥"四史"教育的功能,使各类课程与思政课程同向而行,形成基于课堂主阵地的全员、全学科、全方位的育人格局。

部编版四、五年级的语文教材有着众多包含"四史"元素的学习内容,比如,《为中华之崛起而读书》《梅兰芳蓄须》《延安,我把你追寻》《祖国,我终于回来了》《少年中国说》等具有红色主题元素的教学,让学生懂得"天下兴亡,匹夫有责"的真谛,感受伟大人物的奋进情愫,提升学生的民族自信心与自豪感,从而坚定理想、奋发学习、勇担使命、做新时代有为好少年。

## 二、找准教育着力点

放眼党史、新中国史、改革开放史、社会主义发展史这"四史"发展历程中的各个阶段、各条战线、各个领域、各种行业,涌现出无数可歌可泣的生动事迹和英雄人物,形成了众多励志前行的伟大精神和崇高品质,书写了永载史册的辉煌业绩和绚丽华章。所有这些都可以成为丰富的学习资源。通过一系列实践,我们认为,对小学生开展"四史"学习教育,要充分认识并符合小学生的认知发展特点与规律,才能收到实效。在具体实践中,我们关注寻找"四史"教育着力点,提升学生"四史"学习成效,并在以下方面进行了探索。

### (一)立足课堂榜样引领提升认知

学校组织学生开展主题多样的实践活动,使"四史"教育更具体化、生动化。以劳模进课堂、川一家长讲师团等活动形式,用榜样引领、数据对比、实例印证、故事讲述等形式,对学生进行润物细无声的点化,使学生的爱国情愫在不知不觉中得以形成并升华,旨在让学生感知新中国成立70多年取得的伟大成就,改革开放40多年发生的巨大变化,进一步认识到加强党的领导的重要性、社会主义制度的优越性和改革开放的必要性。

### (二)通过游戏活动激发爱国热情

小学教育面对的是一个具有特殊的认知方式且活泼好动的教育群体,因此探索运用游戏活动的方式,对学生开展"四史"教育尤为重要。例如,将特定的历史事件、重要的革命场地,用拼一拼、说一说的游戏形式,让学生知晓其在中国版图上的地理位置,在"四史"中的重要作用和深远意义。在写话、填空、猜谜等游戏活动中,指导学生讲述历史故事,讴歌英雄人物,礼赞伟大祖国。教师们通过精心设计、有效引导,使学生在参与游戏活动过程中实现认知提高,获得情感陶冶。

**（三）基于角色扮演体验真实情感**

执教戏剧表演的党员教师王宏,在工作中善于选择可模仿的人物角色、有代表性的历史情境展开情景表演,通过还原典型人物、历史事件等形式,引导学生用直接、真实的情感投入,从而增进学生对历史人物处境、情感、品行的体验。学生在角色扮演中,学英雄事迹、传英雄遗志,受到潜移默化的教育,留下刻骨铭心的印象。在虹口区建党100周年的庆祝大会上,学校的情景剧《会说话的石头》受到与会领导的一致好评,参演的学生也对党团组织产生了向往,立志长大也要成为一名优秀的共青团员、共产党员。

**（四）采用故事宣讲感悟深刻道理**

四川北路第一小学围绕"忠、爱、勤、毅"校训,提出了学生需养成的四大品质——诚实友善、恭敬感恩、勤俭节约、知书达理。结合"四史"教育的开展,我们在培养"川一四好少年"活动中,引导孩子们争当故事宣讲员,以通俗易懂的语言表达,自主选择"四史"红色故事讲给身边的小伙伴听。学生在讲故事、听故事的过程中感受那些顶天立地的英雄人物和可歌可泣的感人事迹,深入了解红色历史,坚定理想信念,厚植家国情怀,从而受到红色精神的滋养,增强对党的情感、对英雄人物的崇敬以及对祖国的热爱。

**（五）基于传统文化培育道德习惯**

为党育人、为国育才,要坚守一个灵魂,必须坚持以马克思主义科学理论的最新成果和习近平新时代中国特色社会主义思想为指导,必须坚持社会主义意识形态,必须弘扬中华民族优秀文化。学校的市级课题"基于中华优秀传统文化的学生道德好习惯培养的实践研究",以德育活动为载体,让学生经受锻炼、获得教育、增长知识、发展能力。学校充分挖掘和运用中华传统文化的道德元素,在"守正"的基础上融入"创新",通过言传身教、心手合一的实施,串联古今,培育和提升学生的道德好习惯,夯实"四史"教育成效。

## 三、寻求资源多渠道

### （一）依托"学习强国"平台发挥红色资源库作用

推动小学生"四史"教育,必须以高品质教育资源供给为基础。为此,我们将目光投向"学习强国"平台,坚持教育开放,拓宽红色资源渠道。"学习强国"呈现的是最权威、最全面的红色资源,是对学生进行"四史"教育最鲜活的教材。我们充分利用平台资源优势,为落实立德树人根本任务提供有力支撑,发挥其在"四史"教育中的红色资源库作用。

学校党员利用"学习强国"平台随时学习,增进理论修养的同时也提高了思想觉悟。在此基础上,选择适合小学生学习的史料,利用集体午会、少先队活动课、课后服务等时段,通过教师宣讲、学生观看并评论等形式,在注重知识学习与理解的同时,强化对学生价值的引领,在师生的互动过程中,实现"知识性"与"教育性"双赢。

**(二)对接区域"四史"教育设计教育课程并实施**

学校通过承接区"'虹'文化行走课程——李白纪念馆"的课程设计,进一步推进"四史"教育课程计划,运用分层自主行走形式,融合社会实践、"四史"教育、亲子互动、学科拓展、探究学习等相关元素,对4条"虹"文化经典线路的实地走访、考察与调查,增进学生对虹口区历史文化、革命英雄人物事迹的了解,进而树立爱虹口、爱祖国的情感和建设祖国的美好愿望,培养并打造具有红色品格与气质的社会主义接班人。

学校还参与小教第三总支"四史"教育课程中"永不消失的电波"一课的设计和录制,学生了解了以李白烈士为代表的共产党人,为了后人的幸福生活,抛头颅、洒热血。从小学先锋,长大做先锋,教师们帮助学生树立远大的理想,时刻牢记:身处和平年代的今天,感恩先烈,努力奋斗,不负韶华!

**(三)开展"亲子"书友会,实现家校共育新格局**

作为学校特色亲子教育活动"川一小荷亲子书友会",自2017年成立至今已开展了32次校级书友会,参与人数达到3 000人次以上。活动主题丰富多彩,涵盖"感恩孝亲,涵养好家风""旅行和阅读""学习习近平主席经典""珍惜粮食"等各种主题。"挺起民族的脊梁——抗战电影""川一小荷亲子书友会"围绕"中国人民抗日战争暨世界反法西斯战争胜利75周年"主题展开。五(4)班的严妍同学讲述了作为抗战通信兵的曾祖父,在淮海战役等各项艰苦卓绝的战役中立下战功,并在开国大典上踏着昂扬的正步,接受国家领导人和全国人民的检阅。李歆怡、邱庭楷、刘芯玥分别讲述了"七七事变"、南京大屠杀等历史,日本侵略者对中国百姓的任意宰割激起我们的民族情。潘锦泽、王晟睿、詹睿桐同学分享了3部耳熟能详、彰显中国人民智慧的战争影片《地道战》《地雷战》《铁道游击队》。这一系列由家长共同参与的亲子读书活动,让孩子感受到幸福生活来之不易、今天祖国的繁荣富强。

## 四、用好评价指挥棒

在"四史"教育中,党支部探索教育成效的同时,重视教育评价对"四史"教育的促进作用,用评价把准教育的正确方向、检测教育的实际效果、激发学生的学习热情、唤醒学生的行动自觉,为提高小学生"四史"教育质量提供有力保障。

我们努力将评价融入"四史"学习教育全过程,探索以评促学、以评优教。从"明理、增信、崇德、力行"4个方面,评价学生参与学习、接受教育的态度与效果。围绕"学习的自觉性、认知的全面性、情感的体验性、感悟的深刻性、行动的积极性"5个维度,运用自评与互评相结合的方式,通过对照和鉴别,不断激发和培养学生学习"四史"的动机,将所学所感内化为自身的价值认同,真正实现以史育人,促进学生全面发展、健康成长的目的。

作为培养社会主义建设者和接班人的活动之一,党支部推荐具有较高的育人、育德能力的教师作为实践的引领者。结合小学"四史"教育需要,四川北路第一小学党支部将继续努力,将党的创新理论、重要思想、方针政策以及社会主义核心价值观、中华优秀传统文化等转化为适合小学生特点的课程,构建涵盖以"四史"为核心内容的多元专题系列课程体系,实现学校"四史"教育课程化、专题化、系列化。

"为党育人、为国育才",要贯彻党的教育方针,落实立德树人根本任务,培养德智体美劳全面发展的社会主义建设者和接班人。学校党支部将继续关注经济社会变革,更新课程内容,与火热的新生活连接,培养适应未来经济社会需要的、具有正确的价值观、关键能力和必备品格的社会主义接班人。

## 参考文献:

[1] 党的二十大报告中关于教育的重要论述[J].河南教育(教师教育),2022(11).

[2] 白静.教育、科技、人才 协同支撑强国建设——深入学习贯彻党的二十大精神[J].中国科技产业,2022(11).

[3] 刘恋.家校合作,让"四史"教育在小学生根发芽[J].中小学班主任,2022(11).

[4] 丁容.学好"四史",争做新时代好少年[J].四川教育,2021(11).

[5] 钱莹莹.高举队旗学"四史"红色基因我传承——"四史"教育教你一招[J].少先队活动,2020(11).

# 以心润行,依伴同行

## ——基于融合发展心理学理念的行规养成教育实践研究

上海市虹口区曲阳第四小学　朱依黎

[摘　要]本文主要以自我意识、社会性和品德发展的基本特点为理论研究视角,结合我校学生发展趋势与发展特点,从确定行规分年段目标制定要求、形成行规教育的基本路径和优化"依伴同行"行规教育策略的分年段实施方法入手,阐述我校独特的行为规范教育模式。

[关键词]发展心理学　小学生　行为规范教育　基本路径

## 一、研究背景

发展心理学指出,小学阶段的儿童心理处于快速、协调发展的时期,因此,小学阶段是促进智力发展、形成和谐个性、培养良好心理品质和行为习惯的好时机。虽然发展心理学已经广泛运用到了小学教育之中,但是因为社会发展过快,其理论需要结合现代化社会的发展而发展,需要赋予其更深刻的时代发展内涵和新时代的儿童特征。

我校是上海市行为规范示范校,一直以来,学校的行为规范教育是促进学生实现"五育"的重要基础之一。同时,我校也是全国首批心理健康教育特色学校、"十四五"期间首批上海市心理健康教育示范校。我们力求通过研究,一方面找到发展心理学与行为规范教育实践的契合点,用科学理论依据支持学生行为规范培养的各项举措;另一方面,通过家校合作、丰富的学校活动形成有效的规范培养机制。学校基于多年来的"心理理念学习—行规教育实践—实施理念凝练—行规教育优化"这一循环往复、螺旋上升的行为规范教育研究之路,逐步凝练形成"以心润行,依伴同行"的行为规范教育品牌项目。

## 二、核心概念界定

### (一)以心润行

"以心润行"指向行规教育实施的理念层面,指融合发展心理学理念,遵循小学儿童心理发展的一般规律和特点,开展由内而外、润心促行、持续有效的行规教育,让行为规范教育更有温情和生命力。

**(二)依伴同行**

"依伴同行"指向行规教育的实践层面,是学校落实行规教育基本路径的策略。"伴"是指在学生逐步社会化的过程中,推动其养成行为规范的那个人,可以是教师、家人、同学,抑或是自己。基于小学生社会性认知中的人际关系发展,能够有效推动小学生行规养成的"伴"是动态变化的,是有规范要求的。这就需要我们在实施过程中制定"伴"的规范要求,开展对"伴"的规范指导。

"依伴同行"的行为规范教育模式,就是在相对应的年段为学生选择或学生自主选择能帮助自己养成行为规范的那个"伴",学校通过实施不同的行规教育方法,促进学生对行为规范要求的理解、认同和接受,以及对行为规范要求的体验、内化和自律,共生共进。

## 三、基于融合发展心理学理念的行为规范特点

发展心理学主要研究个体一生心理发展的趋势。个体心理发展的过程也是一个社会化的过程。通过社会化,个体获得在社会中进行正常活动所必需的品质、价值观、信念以及社会所赞许的行为方式。在社会化的过程中,人类学会基本的生活技能,掌握社会规范、生活目标,形成社会职能,培养社会角色。

小学儿童的心理发展理论主要包含了小学儿童的学习、思维、个性、社会性和品德等方面的研究结果(见表1)。我校主要从自我意识、社会性和品德发展的基本特点进行深入研究,并为我校开展行为规范教育提供理论支持。

**表1 小学儿童的心理发展部分内容**

| 发展趋势 | | 低年段 | → | 高年段 |
|---|---|---|---|---|
| 自我意识发展特点 | | 低水平 | → | 高水平 |
| | | 依赖外部控制来监督、调节、控制自己的行为 | → | 形成内化的行为准则来监督、调节、控制自己的行为 |
| | | 对自己表面行为的认识和评价 | → | 对自己内部品质更深入地评价 |
| 社会性发展特点 | 社会性认知发展 | 表面(对外部特征的注意) | → | 内部(更深刻的品质特征的注意) |
| | | 简答(看到问题的某个方面) | → | 复杂(多方面、多维度地看待问题) |
| | | 对个人及即时事件的关心 | → | 关心他人利益和长远利益 |

续　表

| 社会性发展特点 | 人际关系 | 亲子关系 | 依赖 | → | 自主发展 |
|---|---|---|---|---|---|
| | | | 对权威的完全信服 | → | 富有批判性地怀疑和思考发展 |
| | | 同伴关系 | 建立友谊 | → | 对友谊的认识逐步发展 |
| | | | 无集体意识 | → | 有集体意识 |
| | | | 非正式同伴团体 | → | 同伴团体组织结构更加完善，开始对儿童产生深刻影响 |
| | | 师生关系 | 崇拜、敬畏和绝对服从 | → | 不再无条件地服从、信任，并对教师作出评价，对不同教师表现出不同的喜好 |
| 品德发展基本特点 | | | 习俗水平 | → | 原则水平 |
| | | | 依附性 | → | 自觉性 |
| | | | 外部监督 | → | 自我监督 |
| | | | 服从型 | → | 习惯型 |

　　学校通过归纳、梳理、分析表1中的发展趋势和发展特点，从确定行规分年段目标制定要求、形成行规教育的基本路径和优化"依伴同行"行规教育策略的分年段实施方法入手，形成了曲阳第四小学特有的行为规范教育体系（见表2）。

表2　曲阳第四小学行为规范教育体系

| 实施年段 | 低年段（一、二年级） | 中年段（三、四年级） | 高年段（五年级） |
|---|---|---|---|
| 确定行规分年段目标制定要求 | • 行规要求具体<br>• 外部控制、监督<br>• 以自我行规养成为主 | • 行规要求具体且有递进性<br>• 减少外部控制、监督<br>• 同时关注自我行规养成和对班集体的贡献 | • 行规要求具体且有递进<br>• 提出自觉遵守纪律的要求<br>• 将内化的具有道德行为的习惯在班级、学校、社会中表现 |
| 形成行规教育的基本路径 | 明晰行规要求 —实践体验强化→ 达到规范行为 —不断内化→ 形成自觉纪律 | | |

续　表

| 优化"依伴同行"行规教育策略的分年段实施方法 | • 伴:家长、教师<br>• 方法:开展"小浪花成长记"活动,以"一月一行规"为载体,在家庭和学校两个时空中,依托行为规范微视频和"集星册",引导学生通过模仿、实践、体验、强化逐步达成规范行为 | • 伴:组员<br>• 方法:开展"自己的伙伴自己的帮"系列活动,以"小组经营"为载体,在学校中引导学生以小组为单位,针对实际行规问题开展主题式讨论,达成共识,加深对规则的理解和认同,通过组内互助、互评的方法促进行规养成,逐步向形成自觉纪律发展 | • 伴:自己<br>• 方法:开展"小手拉大手""学校是我家""幸福向阳花社区志愿服务"等活动,以"小组经营"为载体,引导学生与他人进行积极、有效的互动,通过自评、他评相结合的方式进一步促进、内化良好道德行为习惯,从"你要我做"发展为"我要做",形成自觉纪律 |

## 四、行为规范教育目标及实施

### (一)融合发展心理学理念的行规教育目标指向

1. 学校行为规范总目标

学校结合"让每一个学生都闪亮"的办学理念,充分发挥家庭、学校、社区的协同育人作用,融入发展心理学,开展由内而外、润心促行、持续有效的行规教育,在民主、开放、共进的行规养成教育氛围中,引导学生成为灵动尚美、善学乐探、开放共进的小学生。

2. 学校行为规范分学段目标

学校结合《小学生日常行为规范》条例,从守规则、勤劳动、健身心、善学习、乐奉献、会交往6个方面落实学校行为规范总目标;基于发展心理学中的小学儿童品德发展4个基本特点,确定了行规分年段目标制定的要求(见表3),以衔接性、递进性、持续性为原则,将六方面进一步细化分布在低(一、二年级)、中(三四年级)、高(五年级)三个年段,并关注在家、校、社会3个空间上的连接。

表3　曲阳第四小学分年段行为规范目标

| 总目标 | 分目标 | 分年段目标 | | |
| --- | --- | --- | --- | --- |
| | | 低年级 | 中年级 | 高年级 |
| 灵动尚美 | 守规则 | (1)升国旗时面向国旗立正,行注目礼,会唱国歌<br>(2)不在课桌椅、墙面上涂抹刻画 | (1)升国旗时面向国旗肃立,行队礼,会唱国歌<br>(2)爱护学校公物,保持学校公共卫生(不乱扔垃圾、便后冲水等) | (1)升国旗时面向国旗肃立,行队礼,队礼规范,会唱国歌<br>(2)爱护学校、社区的公共财产,保持公共卫生 |

续 表

| 总目标 | 分目标 | 分 年 段 目 标 | | |
|---|---|---|---|---|
| | | 低年级 | 中年级 | 高年级 |
| 灵动尚美 | 守规则 | (3) 爱护班级植物<br>(4) 不乱穿马路,过马路时能走横道线 | (3) 爱护学校中的花草树木<br>(4) 遵守交通规则<br>(5) 不在公共场合嬉戏打闹、大声喧哗 | (3) 爱护花草树木<br>(4) 遵守交通规则<br>(5) 遵守公共秩序,在公共场合不喧哗、不拥挤、礼让他人 |
| | 勤劳动 | (1) 在指导下学习垃圾分类。在学校中能初步做好干湿垃圾的分类<br>(2) 在学校,做到自己的书包自己理、自己的桌肚自己理、自己的餐具自己理<br>(3) 在班级中,有自己的劳动小岗位,能参与每次班级劳动<br>(4) 在家中,做好自己的书包自己理、自己的书桌自己理,并帮助家人做力所能及的劳动 | (1) 在学校中能做好干湿垃圾的分类<br>(2) 在学校,自己的事情自己做<br>(3) 在班级中,有自己的劳动小岗位,能主动参与每次的班级劳动(大扫除、值日生)且认真完成,保持教室整洁<br>(4) 在家中,自己的房间自己整理、自己的餐具自己清洗,并掌握1—2个家用电器的使用方法,协助参与家庭环境的清洁工作 | (1) 做好干湿垃圾的分类<br>(2) 在学校,自己的事情自己做<br>(3) 在班级中,有自己的劳动小岗位,认真参与每一次的班级劳动。至少完成一次打扫学校包干区的劳动,保持教室、校园整洁<br>(4) 在家中,自己的事情自己做,掌握一两种清洁、收纳的技能,初步学会一两种烹饪技能<br>(5) 积极参与社区环境保护、公共卫生维护等力所能及的公益劳动 |
| 善学乐探 | 健身心 | (1) 在家长的督促下按时作息,早睡早起,睡眠应达到10小时<br>(2) 在家长的督促下勤剪指甲,勤洗头,早晚刷牙<br>(3) 能安静用餐不挑食,饭前饭后勤洗手<br>(4) 坐、读、写姿势正确<br>(5) 学会做广播操和眼保健操 | (1) 能按时作息,早睡早起,睡眠应达到10小时<br>(2) 能勤剪指甲,勤洗头,早晚刷牙,饭前便后要洗手,保持好个人卫生<br>(3) 能安静用餐不挑食<br>(4) 坐、读、写姿势正确<br>(5) 认真做好广播操,有一项喜欢的运动,坚持锻炼身体<br>(6) 认真做好眼保健操,保护视力 | (1) 能按时作息,早睡早起,睡眠应达到10小时<br>(2) 能勤剪指甲,勤洗头,早晚刷牙,饭前便后要洗手,保持好个人卫生<br>(3) 能安静用餐不挑食<br>(4) 坐、读、写姿势正确<br>(5) 坚持锻炼身体,认真做好广播操,有一项擅长的运动,积极参与学校运动会<br>(6) 认真做好眼保健操,合理使用电子产品,健康文明上网,保护视力 |
| | 善学习 | (1) 上课专心听讲,乐于表达,回答问题声音响亮且完整<br>(2) 按时完成作业<br>(3) 能带齐学习用品<br>(4) 能进行课外阅读 | (1) 在老师或家长的指导下进行预习和复习<br>(2) 上课专心听讲,积极参加讨论<br>(3) 独立、按时完成作业,考试不作弊<br>(4) 经常进行课外阅读 | (1) 能主动预习和复习<br>(2) 上课专心听讲,积极参加讨论,能倾听他人的想法并表达自己的观点<br>(3) 独立、按时完成作业,考试不作弊<br>(4) 经常进行课外阅读 |

续　表

| 总目标 | 分目标 | 分　年　段　目　标 | | |
|---|---|---|---|---|
| | | 低年级 | 中年级 | 高年级 |
| 开放共进 | 乐奉献 | （1）初步有班级集体的概念，知道自己是集体的一员<br>（2）在教师的指导下，为班级建设出份力（布置教室环境）<br>（3）当同学需要帮助时，能够尽自己所能 | （1）积极参加班级活动，能为班级建设出份力<br>（2）积极参与少先队执勤工作，为维持学校秩序出力<br>（3）组建小组，当组内同学遇到困难时能主动帮助，做自己力所能及的事 | （1）通过"小组经营"的方式，积极参与班级建设，尽自己所能为集体出力<br>（2）认真做好少先队执勤工作，为维持学校秩序尽责<br>（3）至少参与一次"小手拉大手"的活动，为一年级同学做力所能及的事<br>（4）至少参与一次社区志愿者服务活动 |
| | 会交往 | （1）见到老师能主动行礼问好，外出或回家能主动打招呼<br>（2）同学之间友好相处，愉快玩耍<br>（3）当同学、父母、长辈生病时能表示关心<br>（4）不对他人说谎 | （1）待人有礼貌，说话文明，会用礼貌用语<br>（2）在学校，进出办公室先敲门，得到允许后再进入。上课若迟到，先喊报告；得到允许后再进入，不打扰他人工作、学习和休息<br>（3）主动向家人长辈表示关心<br>（4）讲真话，尤其是在讲真话对自己不利的时候，更要这样做 | （1）待人有礼貌，说话文明，会用礼貌用语。当与他人发生冲突时，能保持较冷静的状态，坚持礼貌待人<br>（2）到他人房间先敲门，经允许再进入。不随意翻动别人的物品，不打扰别人的工作、学习和休息<br>（3）同学之间友好相处，互相关心，互相帮助，不欺负弱小，不讥笑、戏弄他人<br>（4）讲真话，尤其是在讲真话对自己不利的时候，更要这样做 |

**（二）基于融合发展心理学理念的行规教育基本路径**

小学儿童发展心理学指出，自觉纪律的形成和发展在小学儿童品德发展中占有相当显著的地位。自觉纪律的形成和发展是小学儿童的道德知识系统化及相应的行为习惯形成的表现形式。这也正是小学儿童出现协调的外部和内部动机的标志。因此，学校将自觉纪律的形成作为行为规范教育基本路径的最后一站。

所谓自觉纪律，就是一种出自内心要求的纪律，是在学生对于纪律认识和自觉要求的基础上形成的，而不是依靠外力强制的纪律。因此，自觉纪律的形成过程是一个纪律行为从外部的教育要求转为学生内心需要的过程。基于此，学校形成了指向自觉纪律形成的行规教育基本路径。

我校学生的行规养成教育的基本路径是向学生明晰行为规范要求，通过在特定情境中进行实践体验以及及时的检查、评价强化学生良好行为，从而促进学生达到规范行为。在此基础上，引导学生通过冲突、辨析、讨论等方法，促进对规范的理解、认同和接受，从而将外化的行为规范转化为内在的自觉纪律。

**（三）基于融合发展心理学理念的行规教育实施举措**

学校在落实行规教育基本路径的过程中，进一步融入小学儿童发展心理学理论，优化原有的"小组经营"行规教育方式，明确"依伴同行"的行规教育实施方法的关键，依据小学生自我意识、社会性和品德发展的基本特点，探索出分年段实施举措并加以实践。

1. 低年段（一、二年级）

开展行规养成活动——"小浪花成长记"。以"一月一行规"为载体，在教师和家长主导下，在家庭和学校两个时空中促进学生行为规范的达成。如，我们拍摄了"自己的书包自己整理""自己的桌肚自己整理""排队做到快静齐"等主题、涵盖校内与家庭的行为规范指导微视频，通过为什么、如何做等内容帮助学生了解如何养成良好的行为规范及其重要性。同时配以"集星册"开展评价。"集星册"包含了"认识校园""结交朋友""认识老师""好习惯我养成""争章"等板块。学校德育处推出"爸爸妈妈，我能行！"家庭行规教育指导微视频，通过家委会发布征集令，由班主任负责协调、指导视频的录制，视频由家长、学生共同参与拍摄。在家庭中通过明晰行规目标、家长示范指导、实践体验、家长评价的过程，学生在家庭中养成良好的行为规范，形成家校育规合力。

2. 中年段（三四年级）

开展行规养成活动——"自己的伙伴自己帮"。以"小组经营"为载体，在教师的辅助下，联合大队部"我的专属目标存折"活动，通过"找不足—定目标—共研讨—齐进步"的方法，引导学生在组内互助过程中养成良好行为规范，并对行规有进一步理解，并接受和认同。

"小组经营"的基本路径是"组建小组—推选组长—制订公约—经营小组—小组互评"。小组的组建以学生自主自愿为主，教师微调为辅，一般以五六人为一组。"经营"过程中，小组成员间共同制定并遵循小组规约，活动中组内互相监督、提醒、约束，互帮互助，共同成长。

小组的小伙伴们以月为单位，依托大队部开展的"我的专属目标存折"活动，共同寻找自己或组员在行为规范养成上的不足，组内针对问题开展讨论、辨析。当无法解决时可以寻求教师的帮助，在研讨中加深对道德行为的认识、理解，从而进一步促进实践，更好地养成良好行为习惯。在"小组经营"的过程中，一个个行为规范化身为学生们努力达成的一个个小目标，友谊化身无形的教育力量。

3. 高年段（五年级）

开展行规养成活动：志愿服务活动。延续"小组经营"模式，联合大队部开展的"大手拉小手"和"幸福向阳花社区活动"，引导学生与他人进行积极、有效的互动，通过自评、他评相结合的方式进一步促进、内化良好道德行为习惯，从"你要我做"发展为"我要做",形成自觉纪律。

(1)大手拉小手。五年级学生以小组为单位进入一年级进行志愿服务活动。以月为单位,每月初,小组成员进行开会讨论,结合一年级行为规范目标,确定面向一年级学生开展的志愿服务活动目标。每一次志愿服务结束后,一年级学生会根据五年级学生的服务情况进行评价(雷锋卡);一学期服务结束后,每位小组成员都要对自己参与志愿服务的情况进行客观评价并提出改进的方向。

(2)"幸福向阳花社区活动"。五年级学生以小组或个人为单位,根据社区少工委下发的志愿服务活动宣传,一学期至少参与一次社区志愿服务活动,例如布置最美楼道、为社区出一个"金点子"等,每一次志愿服务活动结束后,结合"幸福向阳花社区活动手册"开展自评,并小结活动过程中自己的收获与感悟。

**(四)融合发展心理学理念的行规教育队伍建设**

学校始终坚持把德育摆在学校工作的首位,把行为规范教育作为学校工作的重中之重。学校推出了《班主任月考核制度》《教师一日常规》等教师的教育教学行为规范。"身教重于言教",要求学生做到的好习惯,教师自己首先要做到。

此外,依托"一瓣心香""青青芳草地""教改视点"等传统特色师训课程,让教师感悟发展心理学理念与行为规范养成教育之间的联系,掌握儿童身心发展的一般规律;以"以美施教,悦动创新"系列微光故事、"赓续百年初心,担当育人使命"师德活动……形式多样的活动,引导教师以发展的眼光看待学生,不断优化、迭代教育观念,掌握育心、育规技能,提高自身行为素养及与家长沟通的能力,更好地引导学生将外化的行为规范转化为内在的自觉行动。

学校整合各方力量,落实行规教育的实践:"基于学生核心素养的家校教育共同体建设途径的实践研究""基于PASS理论的儿童认知功能训练在家长学校中的指导研究"等科研课题的研究;"小水滴 汇大海""小口罩 大情怀"等主题教育课的实践;"为成长护航 与法治同行"等家庭教育讲座的实施;每周六下午与家长相约"周末心灵氧吧",一对一行规养成等育儿难题的咨询……行为规范养成教育是一个系统工程,学校将不断探究与践行。

## 五、行为规范教育品牌成效

**(一)逐渐形成具有发展心理学理念的育规队伍**

多年来,学校坚持以发展心理学理论作为行为规范教育的理念。在这个过程中,学校的教师、家长也在不断地成长。尤其是学校的教师们,不断在理论学习中和行规教育的实践中摸索,成为具有发展心理学理念的行为规范教育的先行者。学校的6名心理咨询师和家庭教育指导师连续多年都参加虹口区的百名心理咨询师下社区活动,为周边学校的职工、家长、学生提供义务咨询。

2022年，学校受邀参与由上海市中小学心理辅导协会、中小学心理健康教育专委会、上海市心理学会学校心理学专委会组织的"当前学校心理健康教育的新挑战、新突破、新思考"论坛交流活动，介绍从"家校两大环境、基础拓展两大课程、校内校外N项活动"3个维度，构建了"2+2+N"曲阳四小学生抗逆力成长体系的经验；"踏上七色冲浪板，奔腾不息乐向上"的心理月主题教育被评为虹口区优秀组织奖。

**（二）涌现出一批灵动尚美、善学乐探、开放共进的小学生**

在每学期召开的校级家委会会议上，委员们表示对学校开展一系列行为规范教育举措非常认可，绝大部分家长认为孩子在校园的生活是快乐的，孩子进步最大的是待人有礼貌，有良好的行为习惯，其次是具有良好的学习习惯。在每一次走出校园，开展社会实践活动时，校外辅导员及其他工作人员对学生给予高度评价。当有外校的来访者时，学生也能落落大方，用良好的行为举止接待来访者。同时，5年来多位学生先后荣获"虹口区优秀少先队员""虹口区新时代好少年"等称号，参加新时代优秀少先队员典型选树活动，成为虹口区少先队理事会理事等，在市、区各级各类的评比活动中也都荣获佳绩。

**参考文献：**

［1］朱海燕.积极心理与行为规范养成［J］.现代教学，2019（S2）.

［2］林崇德.发展心理学［M］.北京：人民教育出版社，2018.

# 奋进新征程，努力打造融合教育高质量发展的虹口样板

上海市虹口区特殊教育指导中心　丁美珍

[摘　要]《"十四五"特殊教育发展提升行动计划》是国家指导特殊教育发展提升的纲领性文件。在其指导下，上海市虹口区特殊教育指导中心在深化改革创新创优，推动特殊教育高质量发展上争当表率，弘扬"适宜融合、集团化融合、跨界融合"的理念，独创"四环节"专业支持体系，创新"临床式"驻校带教培养路径，构建"线上＋"资源体系，全力打造高质量融合教育"虹口模式"特色品牌，加强全要素支持保障体制机制，打造融合教育高质量发展的区域样板。

[关键词] 特殊教育　行动计划　融合教育

2021年12月，国务院办公厅转发了教育部等七部门联合印发的《"十四五"特殊教育发展提升行动计划》(以下简称《行动计划》)，这是继第一期、第二期特殊教育提升计划之后的又一个国家层面的指导特殊教育发展提升的纲领性文件。党的二十大报告指出，"我们要办好人民满意的教育，全面贯彻党的教育方针，落实立德树人根本任务，培养德智体美劳全面发展的社会主义建设者和接班人，加快建设高质量教育体系，发展素质教育，促进教育公平"。在这一伟大精神指导下，上海市虹口区特殊教育指导中心(以下简称特教中心)备受鼓舞，不忘使命，紧紧围绕"办人民满意的融合教育"，踔厉奋发、勇毅前行，努力绘就更高质量的虹口区融合教育蓝图。

## 一、《行动计划》对特殊教育的指导作用

### (一)《行动计划》彰显出党对特殊教育的关怀

在中国共产党历届全国代表大会中，都对特殊教育发展提出了要求，如党的十七大提出了"关心特殊教育"，党的十八大强调"支持特殊教育"，党的十九大要求"办好特殊教

育"，党的二十大提出"加快高质量教育体系"，定位越来越高，力度越来越大，要求越来越严。这体现了党对特殊教育的关心与关怀。

《行动计划》是国家层面的指导特殊教育发展提升的纲领性文件。它明确指出，"加强党对特殊教育工作的全面领导，地方各级人民政府要提高政治站位，坚持人民立场，将办好特殊教育纳入重要议事日程，坚持特教特办、重点扶持，统筹安排资金，有效配置资源，确保各项目标任务落到实处"。"坚持党对特殊教育事业的全面领导"是贯彻党的教育方针、坚持社会主义办学方向的必然要求，也是坚持以人为本、以人民为中心理念的重要体现。加强党对特殊教育工作的全面领导，是我国特殊教育事业发展的最大特色，是发展特殊教育事业的最大优势，也是特殊教育事业发展提升的组织保障和政治保障。

为了贯彻落实《行动计划》，上海市虹口区全面统筹，高点定位、全速推进，以专业擦亮融合教育的"虹口模式"这面金字招牌，强化"发展"的高质量，突出"行动"的实效性，提升"计划"的达成度，全面打造高质量融合教育区域样本。

**（二）《行动计划》为特殊教育发展奠定了基石**

《行动计划》的"总体要求"明确了指导思想，提出了"政府主导、精准施策、促进公平、尊重差异"4条基本原则，确立了到2025年"普及程度显著提高、教育质量全面提升、保障机制进一步完善"三大目标。第二部分明确了"拓展学段服务，加快健全特殊教育体系；推进融合教育，全面提高特殊教育质量；提升支撑能力，不断完善特殊教育机制保障"三大任务举措。第三部分强调了"加强组织领导、健全工作机制、强化督导评估"的组织实施要求，明确了相关责任部门的职责职能，压实了政府的主体责任，构建起了特殊教育事业的"四梁八柱"，为"十四五"期间特殊教育事业改革发展举旗定向、点灯导航。发展的最终成果是"提升"，义务教育阶段入学率得到巩固提高，非义务教育阶段入学机会显著增加；健全课程教材体系，建立质量评价制度；贫困生资助、师资队伍建设、经费保障等机制更加完善。质量提升的关键是"行动"，要以务实的行动来推进和落实《行动计划》。

**（三）《行动计划》凸显"适宜融合、集团融合、跨界融合"的理念**

《教育部2021年工作要点》首次提出了"适宜融合"的概念，《行动计划》沿袭了这一表述，并从"有教无类、尊重差异，科学评估、分类施策，合理安置、应随尽随，普特融合、提升质量"等维度对"适宜融合"进行了概念界定和内涵描述[3]。《行动计划》提出普通教育、职业教育、医疗康复、信息技术与特殊教育之间集团化融合、跨界融合，进一步拓展、丰富了融合教育的内涵和外延，也意味着未来特殊教育的理念和模式、教学方法、评价方式将会发生根本变化。

## 二、基于《行动计划》打造特殊教育"虹口模式"的举措

如何打响虹口融合教育品牌，虹口特教中心团队认真学习《行动计划》的基本要求，

紧密结合国家与上海特殊教育改革和发展要点。基于问题与需求导向,本着科学、求真求实的态度,扎实开展各项工作,为保证每个孩子公平教育的权利,为探索以特促普推动基础教育高质量发展路径,夜以继日,不懈努力!我们的举措主要有以下几点。

**(一)独创"四环节"专业支持体系,确保人人享有个性化教育**

以学生为中心,以"鉴定与安置—评估与计划制订—教学与训练—阶段性评价与调整""四环节"为介入流程,确保随班就读学生人人享有个别化教育服务,并通过负责人员专职化、政策保障连续化、专业资源配套化、实施路径现代化,精准落实"一生一案"。"四环节"专业支持体系,开创了中国融合教育区域工作模式的"本土化"实证研究先例,成为让每一个特殊学生享有优质公平教育的重要保障体系。

**(二)创新"临床式"驻校带教培养路径,形成一支专业教师队伍**

特教中心教师以驻校的形式,提供全程贴地式深入指导服务,利用融合教育现场,对资源教师进行临床带教,通过资源教师专业提升,整体带动普校学科教师个性化教育能力提升。

**(三)构建"线上+"资源体系,保障个性化教育精准实施**

构建特殊教育信息平台,实现个性化教育"云管理""云支持",并辅以线下的评估、课程、教具等专业资源,突破时空限制,全覆盖、精准化、极速响应每个学生的个性化教育需求。

## 三、基于《行动计划》理念的融合教育的成效

特教中心始终坚持以"为区域每一个特殊需要儿童提供适切的教育康复服务"为工作目标,以"人在环境中"的社会模式为理念,积极创造"以学习者为中心,促进人的全面发展"的融合教育环境,不断完善融合教育支持与管理策略,促进区域特殊学生身心健康发展,促进中心团队专业发展,并取得了一定的成效。

**(一)信息赋能,个性化教育在线支持初显特色**

为顺应融合教育的发展趋势,特教中心进一步深化"四环节"工作模式,围绕特教管理现代化的工作目标,系统构建个性化教育专业支持资源体系,形成一套有教无类、有求必应的资源系统。学生能力检核系统、普特远程互动平台、特教资源池、区特教信息管理平台4个数字平台,实现了随班就读学生"一生一案"数字化"云管理"、融合教育咨询服务极速响应"云指导"、专业支持"云资源"全程在线,特教管理实现"云管理",并成为教育现代化融合教育新样态,也成为全国融合教育智慧管理的新标杆。

**(二)"四环节"贴地服务,展现区域风采**

特教中心教师采用每周到校"临床式驻校指导"的形式,围绕每个学生的个性特点和发展需求,提供贴地式、深介入、全过程的指导与服务,探索出一条在真实教育场景中,将理论和实践紧密结合,帮助资源教师迅速掌握"快""准""好"地解决融合教育实际问题

的能力,有效提升其专业水平,丰富了目前资源教师专业化培养路径。

由于长期坚持不懈地努力,虹口的融合教育已成为独具特色的融合教育本土化实践路径典范。目前,区域"四环节"运行模式的每一个环节都做了细致的工作流程设计、精心的工作管理,促进了工作效益的显著提升。目前已形成20项精细化工作管理指导,虹口突出而有效的工作成效,吸引着全市乃至国内同行的高度关注。

因工作成效显著,虹口区是全市唯一连续4次在市教委特教工作会议上,由教育局局长作为先进代表发言的区域。虹口区融合教育"四环节"工作机制还在教育部网站上进行专题分享。在上海市教委教研室、上海市教育技术装备中心、上海市教育学会特殊教育专业委员会举办的各类市级交流展示活动中,均有虹口特教中心的交流展示。上海市各融合教育核心项目、优秀成果中,虹口均为骨干团队,为上海市融合教育质量提升,贡献了大量的成功经验。另外,特教中心还在连续三届苏浙沪特殊教育高端学术论坛活动上,做专题交流,展示了虹口融合教育的独特风采。

由于区域融合教育工作成效显著,虹口区还承担上海市教育综合改革"特殊教育实践创新项目"实验区、教育部—中国儿童少年基金会"中国融合教育推进方案:教师专业能力提升项目"试点区。

**(三)精耕细作,科研成绩硕果累累**

自2014年特教中心正式成立,团队教师努力耕耘,从不停歇。这几年硕果累累,区域教师专业能力得到显著提升,特教中心团队以"先专业"带动资源教师"后专业"的方式,整体提升区域教师融合教育专业素养,形成了一支教师队伍中的特种部队,针对特殊学生问题解决实操的能力强。10年内,教师共发表70多篇论文,申报课题30多项。

2022年更是不平凡的一年,十年磨一剑,教学成果"区域解决随班就读学生'学得好'难题的十年探索"荣获2022年上海市教学成果奖基础教育特等奖,以优异的成绩擦亮融合教育"虹口模式"金字招牌!

**(四)培育"特种兵",彰显区域特教资源优势**

特教中心团队是一支爱岗敬业、潜心治学、富有战斗力和创新力的"特种兵"部队。基层学校哪里有特殊教育需要,哪里就有他们的身影。特教中心也是一支彼此滋养的"家人"团队,亦师亦友,彼此成就。13位有热情、有干劲、肯吃苦、能作战的教师,心连心,肩并肩,连续8年多的日夜奋战与全力以赴,个个以最饱满的热情,积极投身于虹口特教事业,人人发挥最大潜能。中心团队成长为区域,乃至全市同行有口皆碑的佼佼者,形成区域特殊教育的软实力。

中心还创新对区域资源教师的培养路径,通过特教中心教师"先专业"再到学校教育场景中,进行临床带教的方式,带教资源教师实操技能更具应用性。同时,中心归纳总结教育场景中常见问题,转化为区本化培养方案,制定区域资源教师技能标准,借助驻校指导、临床式、规范化开展实务技能培训,促进区域各校资源教师专业能力迅速提升,成为学校教师队伍中的"特种兵"。

## 五、反思与展望

特殊教育是促进教育公平优质的核心关键。党和各级人民政府始终把尊重和保障残疾人平等受教育权利作为发展特殊教育的核心任务和重点工作,虹口教育局历来重视特殊教育事业的发展。

党的二十大已经为我们特教事业勾画了美好的蓝图和新的里程图,如何一步一个脚印做实《行动计划》的既定目标,今后如何进一步优化管理策略,提高科学协调统筹的能力,以及如何让融合教育"虹口模式"中的"四环节"更加实用,更好为区域内的各类学校和学生做好"贴地式"服务,从而推动融合教育"虹口模式"更高、更快、更好地发展,将激励和引导着我们砥砺奋发,赓续前行,努力再攀新高!

**参考文献:**

[1] 石中英.不断完善特殊教育发展的中国模式[EB/OL].(2022-01-25)[2022-02-12]. http: /www. moe.gov.cn/jyb_xwfb/moe_2082/2022/2022_zl01/202201/t20220125_596285.html.
[2] 李天顺.建设高质量特殊教育体系的宏伟蓝图[EB/OL].(2022-01-25)[2022-02-12]. http//www. moe.gov.cn/jyb_xwfb/moe_2082/2022/2022_zl01/202201/t20220125_596296.html.
[3] 王平.让每一个特殊儿童都有人生出彩的机会[EB/OL].(2022-01-25)[2022-02-12]. http//www. moe.gov.cn/jyb_xwfb/moe_2082/2022/2022_zl01/202201/t20220125_596295.html.

# 幼儿文明生活礼仪养成教育的途径与方法的研究

上海市虹口区友谊幼儿园　俞维淳

[摘　要] 我们通过对文明生活礼仪教育内容、教育途径、教育方法以及文明礼仪教育行为现状调查等方面的研究,形成一套针对幼儿文明生活礼仪教育的经验和案例集。幼儿园帮助幼儿接受较为系统的礼仪教育,养成文明生活的基本素养,形成良好的生活卫生习惯、文明礼貌习惯、交往合作习惯、学习劳动习惯等,促进幼儿身心全面发展,使幼儿终身受益。

[关键词] 文明生活　礼仪　养成教育

## 一、引言

进入21世纪,人们更渴求和谐的生存环境。就个体而言,需要德智体美劳的健康和谐发展;对国家来说,构建和谐社会是奋斗的目标。在科学技术迅猛发展,知识经济日益繁荣的时代,良好的行为习惯已成为现代人应具备的最起码素质,良好的行为表现也成为测量和评价素质教育成果的重要内容和主要依据。

幼儿阶段是一个人行为习惯养成教育的关键期,著名教育家陈鹤琴就曾说过:人类的动作十分之九是习惯,而这种习惯又大部分是在幼年养成的,习惯不好,则终生受其害。在我国幼儿教育中,长期重视知识传授、智力开发、特长训练等,而对幼儿良好行为习惯的养成缺乏足够的重视和系统性的教育。

为了实现学前教育优质多元的发展,满足人民群众对学前教育均衡优质多样化的需求,我们必须倍加关注幼儿园教育的质量。为了深化学前教育课程改革,推动各级各类幼儿园均衡发展;为了推动学前教育课程园本化,促进各级各类幼儿园特色发展;为了依托教育科研引领,实现学前教育可持续发展;课程园本化是二期课改不断深入的必然选择。课程园本化是贯彻《纲要》,促进幼儿发展最高效的途径;是实现将体现国家、地方政府教育意图的“理想课程”转化为切合各基层幼儿园实际,并能够实践与操作的“现实课程”的重要途径。课程园本化过程也是幼儿园特色呈现的过程,区域性推进各幼儿园在课程园本化过程中的特色呈现,是提升学前教育整体发展水平的需要,有助于提升各幼儿园的品质,更好地为促进幼儿发展服务。

## 二、现状调查

现在不少的家庭是由祖辈主要负责幼儿的教养,祖辈们的学历层次、生活习惯、家庭生活环境差别很大。年轻的父母大都是独生子女,容易溺爱孩子,他们比较注重幼儿的智力开发,甚至不惜重金,但对幼儿良好习惯的培养意识薄弱。幼儿自我中心膨胀、缺乏责任感、关爱心,尤其是在一些公共场合表现出"熊孩子"行为,这些更让我们教育者揪心。我们急需了解我园的幼儿生活习惯(最基本的衣食住行)现状如何?他们的父母对文明生活礼仪的理解程度是怎样的?因此,我们通过问卷调查、座谈会等形式,对本园所有幼儿生活礼仪现状等进行调查分析。

调查结果发现,100%的家长在主体意识上都明确文明生活习惯对幼儿发展的重要性;80%的家长认识到家园共同教育的重要性,20%的家长认为教育是学校的事。从对入园的小班幼儿测试发现,只有25%的家长在家庭教育中有目的地培养幼儿良好的习惯。

## 三、开展幼儿文明生活礼仪养成教育

### (一)幼儿文明生活礼仪养成的内容与要求

文明生活习惯涉及的内容很多很广,如果面面俱到,恐怕幼儿在幼儿园的三年时间只能蜻蜓点水地学习。根据我园的实际情况,我们选择适合幼儿的、最基础的文明生活礼仪内容,从衣、食、住、行四方面着手研究:衣——外表整洁、自理能力等;食——用餐礼仪培养;住——居住环境整洁、整理技能等;行——在幼儿园一日活动、外出活动、一些公共场合中的基本礼仪。

我们从知、言、行三方面提出幼儿文明生活礼仪的要求。知——会区分,学礼让,对生活中的一些常见事能辨别是非,不插队不抢先,朋友间发生冲突矛盾会主动认错等。言——做好"六词三会",即"请、您好、谢谢、对不起、没关系、再见";会使用尊称,对长辈不直呼其名;会使用谦让语"对不起、没关系、麻烦您";会在一定场合使用问候语"早上好、晚安、再见"。行——做到"四能三不",能尊重劳动果实、能主动打招呼、能双手接物、能轻声敲门,不大喊大叫、不随地乱扔垃圾、不打扰别人学习休息。

### (二)幼儿文明生活礼仪养成的途径

1.融于一日活动之中

每天从幼儿踏入校门开始,行为习惯的培养就渗透在每个环节之中。《幼儿园教育指导纲要》明确指出:"要培养幼儿具有基本的生活自理能力。"所谓生活自理能力,是指幼儿在日常生活中照料自己生活的自我服务性劳动能力,包括自己穿脱衣服鞋袜、收拾整理物品、独立进餐、洗手洗脸等,它是一个人应具备的最基本的生活技能。

2. 节日活动

幼儿在园期间,我们会和他们一起度过好多节日,这是教育的良好契机。如"三八妇女节"开展感恩活动,每位幼儿为妈妈制作一张贺卡、唱一首歌、为妈妈做一件事(小班幼儿为妈妈捶背、中班幼儿给妈妈洗脸、大班幼儿给妈妈洗脚);"五一劳动节"帮厨房阿姨择菜;"六一节"民间游戏亲子运动会,游戏过程中家园互动,幼儿学习游戏规则及礼貌用语。

3. 游戏、竞赛活动

游戏是幼儿在幼儿园最基本的活动方式,幼儿在游戏中学习,游戏环节也是幼儿良好行为养成的重要环节。如每天的角色游戏对幼儿来说就是一个小社会的模仿:娃娃家来客人了,该用哪些礼貌用语;菜场玩具如何归类摆放;遇到矛盾如何与人沟通交流,等等。运动游戏中对游戏规则的遵守,运动玩具的物归原处,脱下衣服的叠放等也锻炼了幼儿的良好行为习惯。

儿童是伴随着童谣和游戏长大的,儿歌和游戏对幼儿性格的形成乃至良好品行的养成举足轻重。因为儿歌是幼儿们非常习惯朗诵的,游戏是幼儿们最喜欢的活动,通过童谣和游戏潜移默化的熏陶,幼儿们逐渐懂得哪些该做,哪些不该做,也体会到文明生活带给我们的快乐。如《礼貌用语我知道》这首儿歌,让幼儿知道"请""对不起""别客气"等礼貌用语要常用;《学做小客人》让幼儿知道到别人家做客时应该轻轻敲门,礼物要双手送,在别人家不能吵闹发脾气,不能乱翻别人家的东西等;音乐游戏《坐汽车》让幼儿知道要给老人让座;《你是我的好朋友》通过游戏使用了"你好""再见"等礼貌用语,让幼儿对这些礼貌用语不再陌生,都起到了润物细无声的教育效果。

4. 升旗仪式小舞台

我们利用每周的升旗仪式时间开展"小舞台"活动,幼儿通过小品、木偶表演、儿歌朗诵、上海童谣、歌表演等各种形式宣传文明好习惯。同时,幼儿的语言表达能力、表现力得到充分发挥。

5. 公共场所活动

每学期我们都会组织幼儿春秋游、观看电影、外出参观,充分利用这些契机,帮助幼儿养成良好的文明行为习惯。如外出游玩时,我们的包包里除了食物还可以准备些什么?如何整理旅行包? 我们设计了教学活动,在区域活动中投放材料让幼儿探究练习。外出活动前,我们会进行一次谈话活动,说说哪些文明行为我们应该做到。幼儿们说上车要有秩序、在车上不能大声喧哗影响司机开车、不能乱扔垃圾、在包包里备个垃圾袋……在整个外出活动过程中,教师时刻提醒幼儿,幼儿同样也会提醒教师,共同成长。

**(三) 幼儿文明生活礼仪养成教育的保障**

1. 教师队伍培训

都说孩子是成人的一面镜子,你给他什么都能从他的一言一行中反映出来。教师是幼儿重要的学习模仿对象,但教师也是平凡人,在文明生活习惯中也存在着许多缺点。因此,我们在教育幼儿的同时也在鞭策自己,工会开展了许多提升教师素养的活动,例如"相约《读者》"就是我们坚持多年的读书活动,教师在其中领悟到许多做人的准则。我们组织家长共同参与评选微笑教师、可爱员工,促使教师在平时注意自己的言行。

2. 以教研组为载体

教研组是教师成长发展的一个重要载体,因此我们在教研活动中围绕主题让每个人畅所欲言,碰撞出智慧的火花。我们的教研组是按幼儿年龄段来分组的,因为幼儿习惯的培养中年龄特征非常明显,每个年级组都寻找一个侧重点进行研究,这样对幼儿的教育更有针对性。

3. 营造环境内化文明教育

环境造就人,也就是说,良好的教育环境才能造就出优秀的人才,幼儿教育亦然。我们幼儿园十分注重教育环境的创设。首先,积极营造和谐优美的校园物质环境,尽力做到设施齐全、整洁、安全、温馨,努力让幼儿园每一处都赏心悦目,都成为教育的场所,都发挥潜在的教育作用。其次,对幼儿园里的人文环境做了精心规划与设计,让幼儿园里的每个细节都传达出幼儿园的办园理念和文明礼仪知识,让每朵花都绽放芬芳,使每一堵墙都会说话,为幼儿园实施文明教育提供环境支撑。例如,为帮助幼儿喝水排队不拥挤,用小脚印、小花朵来提醒幼儿有序排队;角色游戏用胸饰、头饰暗示角色的分配;幼儿很难整理自己的跳绳,我们特制木制的格子箱方便幼儿操作;等等。

我园幼儿文明生活礼仪养成教育的实施积累了不少经验,教师对幼儿接受教育后的变化都进行了细致入微的观察,收集了许多精彩的案例。我们通过研究,按照小、中、大班幼儿年龄特点初步制订了在"衣、食、住、行"方面幼儿应该养成的基本行为习惯。

## 四、研究成效与反思

近年来,为了准确了解幼儿在文明生活礼仪方面的真实效果,我们对幼儿在幼儿园文明生活行为方面的变化分别进行了前测与后测,测试结果表明我园幼儿文明生活礼仪养成达成度比较高。通过这项研究实践,我们也取得了一定的成效。

**(一)形成了一套关于实施途径与方法的经验**

教师们摸索出一套科学的幼儿文明生活礼仪养成教育方法。(1)诱导法:幼儿好玩好动好模仿,教师可运用"搭台"创设情景等方式,让幼儿自我表现文明行为,或采用向幼儿"咨询""求助"等方式,调动其兴趣,促使他们自己去践履文明行为。(2)首次强化法:幼儿的任何一个习惯都有第一次发端,教师在第一次时就要加以强化,一是为良好行为鸣锣开道,二是对不良行为断绝后路。(3)遇事则诲法:就是结合生活实际,抓住每一个契机对幼儿进行文明行为的教育。(4)知情协同法:我们既要向幼儿传授文明行为方式的有关知识,又要指导他具体的做法,并在做的过程中肯定和表扬。(5)反复践履法:幼儿呈现一次好习惯不难,难的是不断的复现,这就需要教师帮助其定型。(6)以身示范法:成人就是孩子的镜子,当发现孩子有问题时,教师、父母必须先寻找自身的原因。

## （二）教师在研究中不断成长

研究之初，教师对文明生活行为内涵的理解只局限在礼貌语言、文明行为的运用表现上。随着实践活动的深入开展，我们发现营造愉悦的文明生活氛围也应是良好行为培养的重要内容，应纳入交往情境的创设中来。我园教师在研究中不断更新观念，吸收了将文明生活礼仪目标融入真实生活交往情境的先进理念，明确了研究方向，提高了研究的实效性。

教师们在实践中探索有效的策略。伴随交往空间的不断扩大和礼仪内容的逐渐丰富，教师结合幼儿在家庭、幼儿园不同交往情境中的言行表现，不断地反思调整，积累了培养交往礼仪的一些创新方法。

## （三）幼儿在实践中全面发展

通过研究，我们深深了解到生活环境资源是蕴含丰富价值和意义的世界，是文明行为教育根植于其中的沃土。良好习惯养成的目标只有直面幼儿的现实生活，与幼儿的生活实际联系起来，才能使幼儿在生活中养成具体的、丰富的文明行为。我们通过挖掘幼儿园、家庭和社区的生活环境资源，对幼儿进行文明生活习惯的培养是行之有效的，如礼貌用语、关注仪表整洁、掌握基本的用餐礼仪、提高自理能力、初步明确是非观念、遵守社会公德、体会真情真爱、怀揣感恩之心，等等。

在以后的研究中，我们要努力将家庭、社区资源整合到教育中来，拓展幼儿活动的空间，促进幼儿身心快乐和谐地发展，为幼儿成为未来社会的合格公民奠定基础，也为学校发展、提高社会声誉不断努力。

## 参考文献：

[1]王琪琪,徐子煜,扬黎.幼儿园完整课程研究[M].北京：长城出版社,2012：15-18.

[2]石筠弢.学前教育课程论[M].北京：北京师范大学出版社,1999：30-32.

[3]陈帼眉.学前儿童发展与评价手册[M].北京：北京师范大学出版社,1994：120-121.

[4]中华人民共和国教育部.幼儿园教育指导纲要(试行)[M].北京：北京师范大学出版社,2001：40-42.

[5]《提高我国幼儿师资素质研究》课题组.让幼儿成为主动的学习者[M].北京：北京师范大学出版社,2001：63.

[6]唐志华.幼儿教师礼仪基础教程(第二版)[M].上海：复旦大学出版社,2014：77-78.

[7]周德藩.素质教育论教程[M].江苏：江苏人民出版社,2000：57.

[8]王小英,蔡珂馨.国内外幼儿教育改革动态与趋势[M].吉林：东北师范大学出版社,2004：203-205.

# 传统节日融入"向美教育"活动的策略分析

上海市虹口区水电路幼儿园　庄　洁

[摘　要]传统节日是人们在漫长生活中凝结而成的智慧结晶,折射出民俗文化的流光溢彩,集中反映了崇高信仰、道德观念以及礼仪规范。因此,将传统节日纳入"向美教育"之中,深入挖掘传统节日蕴含的文化价值,科学策划相关活动内容,凸显其情景独特、趣味浓郁、感染力强、可操作性强等特质,鼓励、引导幼儿踊跃参与,将有助于幼儿树立正确的人生观,养成良好行为习惯,更好地促进幼儿身心全面、健康成长。

[关键词]传统节日　教育活动　向美教育

传统节日是人们在漫长生活中凝结而成的智慧结晶,它将人生划分成不同的阶段,形成规划有序的人生,并在循环往复中显示出不同人生时期的深厚意义。

在幼儿园"向美教育"过程中融入中国传统节日,既可以帮助幼儿在低龄学前阶段感受民族文化,增强认同感,树立起文化自信,又可以助成其初步的社会价值观和良好的行为习惯。

近来,人们由于受西方文化的影响,比较热衷于西方节日习俗,而对本民族传统节日持冷淡态度的大有人在。传统节日的美育功能受到了极大冲击。面对这样的现状,重新审视如何更好地传承与发扬民族传统节日的文化显得尤为必要与急迫。

## 一、传统节日融入"向美教育"活动的必要性

### (一)"向美教育"让每位儿童向美而行

幼儿园特色"向美教育"是以学前教育二期课改的基础课程为背景,从贯彻党的教育方针,落实立德树人的教育任务出发,坚持做好"五育融合",注意各领域的平衡。幼儿园围绕"关爱支持,向美发展"的办园理念,提出了"支持,让每一位儿童向美而行"的课程理念。幼儿的成长离不开课程教育的物化支持和周边人的心理支持,将成为幼儿不断向美而行的动力。

围绕幼儿的"向美"发展,我们一方面借助共同性课程的实施,为幼儿的全面发展打

好基础,另一方面通过幼儿连环画、社会实践体验(家园共育等)、节庆主题展等,不断引导幼儿发现日常生活中各种美好的事物,从而做到心灵向美,行为向美。

**(二)传统节日融入"向美教育"有利于优秀文化的传承**

传统节日是中国传统文化的宝贵遗产,它包含了许多方面的内容,具有因地制宜、娱乐性、感染性和实用性,因而对教育很重要。中国传统节日文化结合了中国民族的情感和思想,自古以来,一直是维护和促进民族文化身份的重要方式,也是中国文化的传承方式之一。习近平总书记指出,必须加快社会主义文化强国的建设,推动中国传统文化的创造性转变和创新发展,以显示中国文明的影响力、凝聚力和吸引力。

传统节日有丰富的传统习俗,幼儿园特色"向美教育"开展传统节日教育活动,使幼儿能够充分了解中国的传统历史文化,从而培养幼儿的文化认同和归属感,对祖国的热爱。许多优秀的传统文化背后隐藏着很多教育寓意,是教育素材的重要来源之一。我国的传统节日非常多,每个传统节日都有不同的习俗,根据不同的节日习俗开展各式各样的教育活动,不仅能升华教育活动的内容,也促使幼儿加深对我国优秀传统节日文化的认知与认同。例如,中秋节时,可以做月饼、品月饼;讲关于中秋节的一些故事传说;吟诵关于中秋节的诗词;唱一唱有关的歌曲等多种活动。

**(三)传统节日融入"向美教育"有利于幼儿多方面发展**

在开展这些活动时,主要是将与传统节日有关的教育融入环境、课程和生活,这也是为活动的具体实施做准备。节日就像一个生命空间转换站,实现了过去和现在、个人和集体、曾经和未来的重新连接、整合与再生之间的交流。幼儿园特色"向美教育"课程中的传统节日教育可以让幼儿在接受传统文化熏陶的同时,提升自己的审美能力;实现幼儿的社会性发展,良好道德品质的养成等多方面的发展。

## 二、"向美教育"传统节日教育活动中存在的问题

### (一)教师对传统节日文化的认识不深刻

中国传统节日具有重要的文化背景和文化底蕴,节日的起源也有很多解释。为了组织与传统节日有关的文化活动,教师必须从大量资料中选择具有代表性和对幼儿发展有益的内容,这需要对传统节日文化的深入了解。

事实上,不少教师本身对传统节日内涵及其价值理解不深刻,节日文化在课程设置中没有得到充分的应用,相关的教育活动没有得到合理组织,而且在教育过程中没有体现出教育的协同作用。大多数教师本身并不完全了解传统节日,仍然处于基本知识水平上,没有系统性知识也就无法形成深刻的理解,因而教学活动很肤浅,不利于幼儿的情感培养。比如,教师教学歌曲《爷爷为我打月饼》只注重旋律和歌词,只要幼儿学会唱这首歌就达到了教学目标,却忽视了"团圆"这个中秋节的文化内涵,没有引导幼儿体验和感受亲情的可贵。

**（二）传统节日文化活动体系不健全**

目前，"向美教育"传统节日文化教育活动呈现碎片化和浅显性，无助于教师形成优秀传统文化的整体认知。具体来说，活动的碎片化反映出教学制度的不完整，因为教师只根据课程活动需要，组织一次节日活动，只是根据自身经验、网络信息、书籍等整理撰写方案，受到个体局限性的影响，使其他领域的目标无法实现。传统节日往往包括很多有意义且有趣的庆祝活动，如五一劳动节，"向美教育"活动中幼儿体验最多的只是比赛穿脱衣物、擦桌子和捡树叶。

**（三）教师对传统节日活动参与度不高**

传统的节日教育不能抽象地设计成节日的起源、历史演变、文化背景等，如果教师采取灌输式教学，按部就班地开展活动，会因为内容不够形象、生动、有趣而不被幼儿理解和喜欢。以开展清明节活动为例，清明最早是一种节气的名称，后来定为节日。战国时期墓祭之风逐渐浓厚起来，秦汉时期此风气更盛，后经历唐、宋、元，其习俗又有了一些变化。可见，清明节文化历经诸多朝代的演变发展，如果教师只是照本宣科或者生搬硬套，清明就只是一个追思活动，而丧失了清明独特的文化意义和到自然中赏春踏青的意味，进而让幼儿失去探究传统节日文化的兴趣。

## 三、传统节日融入"向美教育"活动的策略

**（一）深入挖掘传统节日文化蕴含的价值**

在现今信息时代，网络平台的应用日益广泛，家园沟通也可以采用网络的形式开展，例如微信、"孩子通"等，可以向家长传达"向美教育"的理念以及节日的概念，让家长能够先提升自身对于传统节日的认知，能够认可这种教育活动。除此以外，"向美教育"为了增进亲子间的亲密度，定期策划一些有意义的亲子活动，让每个幼儿家庭体验活动的乐趣，充分感受到传统节日的民俗魅力。

随着社会的发展，西方文化的涌入对我国传统文化有很大的影响。人们对中国传统节日文化的重视和了解在不断减少，在这个环境下成长起来的家长们对传统节日文化的知识是非常缺乏的。因此，"向美教育"可以邀请熟悉传统节日文化的家长志愿者走进校园，让大家熟悉文化知识和传统价值观，帮助幼儿增进对节日的了解，并在家园之间进行交流。例如，清明除了追思习俗外，还可以组织幼儿观看"红小丫"的故事，同时鼓励周末和爸爸妈妈一起去附近的红色基地参观和祭奠英雄。

**（二）科学策划活动内容，凸显传统节日特质**

幼儿参与的积极性、活动主题内容的趣味性和教育性，是教师们在策划节日教育活动时必须考虑的。围绕节日庆祝的主题开展活动策划，过程中不能忽视教育活动面向的对象是3—6岁的幼儿，因此要充分结合幼儿的生理及心理特征和需求进行活动设计，注重活动对于幼儿发展与学习的重要作用及意义。在"向美教育"中，教师们可以将有关的歌

舞等音乐元素纳入活动中,营造节日氛围,重视幼儿情感教育,引导大家参与其中。

此外,教师需要重视家长在此类活动中的作用,鼓励和带领幼儿家长融入活动。教师最好在节日活动开展前,与家长做好沟通交流工作,让家长在参与活动之前具备最基本的活动认知和准备,以便活动中发挥一定的协作和推动作用。教师有效帮助家长进入孩子们的世界并且感受他们的想法,也能够切实助力孩子精神世界的健康发展,实现家庭教育与"向美教育"的完美结合。

### (三)鼓励幼儿参与活动,让幼儿从中受到教育

在开展传统节日教育活动时,"向美教育"应确保每个幼儿都可以主动融入活动中,调动幼儿对于活动的参与度与积极性,以兴趣为引导激发幼儿的学习热情和学习注意力。我国传统节日有多个,并且都具备不同的含义与教育意义,我们可以充分利用节日这一概念开展相应的实践教育活动,在活动中锻炼幼儿的思维能力和动手能力。举例来说,中秋节的传统就是赏月吃月饼,因此可以策划关于月饼的实践环节,除此之外,中秋的寓意为团圆,因此还可以拓展相关的情感表达方法,如制作中国结等。活动内容需要切实围绕节日来策划和准备,根据活动的内容准备相关的物品,制定合理的规则和手工内容,让幼儿能够充分理解规则并愿意参与其中。

### (四)优选节日文化资源,优化向美教育课程

在开展特色"向美教育"活动时,节日教育活动也是课程结构的一个重要实施内容,其教学内容并不局限于对节日文化的简单介绍和理解,而是将节日教育活动融入幼儿的生活。

在"向美教育"的节日活动中,都以主题活动的形式呈现节日教育内容。例如,端午节这样的传统节日,教师们设计一些趣味活动引导幼儿参与到活动中,大家一起感受节日的氛围和意义。如欣赏传统文化包粽子,自己打扮漂亮的纸粽子,舞龙活动,旱地龙舟赛等。幼儿们积极表现自己的才艺和兴趣爱好,加深了对于节日的喜爱。又如重阳节,除了幼儿自制重阳糕、重阳小旗,给敬老院的爷爷奶奶们送祝福之外,教师们还关注引导幼儿在日常生活中如何做到尊重老人,帮助老人,鼓励幼儿每天坚持为家中的老人做一件事,养成一个好习惯。因此,节日教育活动中,教师要加强对节日文化背景及其传承发展的认识。

## 四、结语

研究表明,将传统节日与"向美教育"相结合具有巨大的价值,以此方式既能发扬传统节日文化,增强民族荣誉感和文化认同感,又有助于形成正确的社会价值观和道德行为规范。传统节日的教育就在我们的生活中,是对幼儿文化底蕴的培养。在国际化开放程度不断提高的当下,幼儿园特色"向美教育"中的传统节日教育更应体现其应有的价值。

## 参考文献：

［1］林盛云.将中华优秀传统文化融入小学德育工作的实践［J］.广西教育,2021(21).

［2］张小莲.幼儿园节日主题活动开展模式探析［J］.读与写(下旬),2021(8).

［3］林容华.中国传统节日的文化内涵和价值意蕴［J］.海峡教育研究,2020(1).

［4］王志芳,王雨,杨宏伟,等.浅论大同地区元宵节习俗［J］.文化学刊,2022(2).

［5］黄梅珍,翁小敏.开发中国传统节日文化德育功能探究［J］.广西青年干部学院学报,2018,28(3).

［6］曾璐娟.浅谈如何对幼儿进行传统节日教育［J］.教育界,2021(36).

［7］于千雅,李野.中国传统节日主题团课设计方案的探索［J］.才智,2019(19).

［8］柳国栋.浅谈如何利用优秀传统节日文化加强学生品德教育［J］.好家长,2019(8).

［9］汪玉川,高连云.传统节日文化传承机制——创新传统节日文化活动竞赛平台建设研究［J］.新西部,2021(11).

# 文化引领，促进园所高质量、可持续化发展

上海市星贝幼儿园彩虹湾分园　徐　雯

[摘　要]幼儿园文化不应流于形式，而要融入日常教育生活，使教师理解幼儿园文化的精髓，实践幼儿园文化的精神，让文化引领幼儿园的高质量，可持续发展。本文将从精神文化、物质文化和制度文化三个层面出发，分析文化引领，促进园所高质量、可持续化发展的策略与路径。

[关键词]校园文化　高质量发展

党的二十大对教育事业赋予的新历史使命，对学前教育工作者而言也是一种新的挑战，要深刻领会教育优先发展，为党育人，为国育才，办好人民满意的教育。深刻认识教育作为建设社会主义现代化强国重要支撑和基础工程的使命任务，加快人才培养，建设高质量的学前教育体系。

近年来，随着学前教育一系列政策的颁布，课改的不断深入，人们对学前教育的关注度和期望值发生了巨大的变化。在学前教育快速发展的大背景下，建设良好的幼儿园文化对幼儿、教师以及整个幼儿园的发展至关重要。校园文化是学校的灵魂所系、生命所在，它对学校的发展具有不可替代的重要性。幼儿园文化是幼儿园的精神面貌，是幼儿园的品牌形象，是幼儿园得以可持续发展的巨大内驱力。幼儿园文化建设应着力于启迪师幼智慧，引领团队话语，凝聚集体信念，塑造教职工敬业的品质，以形成良好的园风。

## 一、审视校园文化的定位

### (一)校园文化是一所学校的灵魂

校园文化会激励学校向着可持续发展的、生机勃勃的、具有丰富内涵的高层次方向发展。它能创造出一种浸染于整个校园的精神风范，极大地影响学校每一位成员的价值选择、人格塑造、思维方式、学习氛围、道德情操以及行为习惯。一所学校如何能办出特色，办出质量，办出品牌，首要的是着力塑造好学校的文化底蕴和文化形象工程，形成独具特色的学校文化。良好的学校文化环境，具有催人奋发向上、积极进取、开拓创新的教育力

量。它可以促使团队的每一个人在一种无形的巨大力量推动下,在积极向上的氛围中受到激励、鞭策、健康成长。

**(二) 校园文化是学校教育的重要组成部分**

校园文化是学校教育的重要组成部分,是全面育人的重要环节,是实施教育的有效载体。学校之间的真正差异,不是物质条件上的差异,而是学校文化内涵的差异。学校的显著标志是学校文化的优质,优质的学校文化可为师生的发展提供最佳的发展环境。当一所学校形成了一种优质的文化氛围时,这所学校就拥有了可持续发展的内在动力。

在幼儿园的发展建设实践中,我们把目光投向了"美丽校园——校园文化建设"。"美丽校园"是指生态文明的自然之美、科学发展的和谐之美、温暖感人的人文之美。我们坚持用校园文化建设引领幼儿园的发展,通过建设美丽校园,让园所建筑布局合理协调,环境整洁雅致,校园安定有序,人际关系和谐,初步形成了"乐分享、善合作、自主发展"的校园文化,向着办园目标"幼儿喜欢、家长放心、社会满意、教职工幸福的、家门口的优质幼儿园"前进着。

## 二、关注校园文化的传承和生成

校园文化是学校的灵魂所系、生命所在,它对学校的发展具有不可替代的重要性,是团队成员共同成长的价值观念、价值判断和价值取向。它产生于学校自身,得到全体成员的认同和维护,并且随着学校的发展日益强化,也成为一所学校区别于其他学校的特征。

建设校园文化的关键,一是对学校传统文化的把握,二是对时代精神的定位。

作为园长,更重要的是引领学校文化,注重学校文化资源的利用与拓展,把文化作为引领学校成长的核心发展力。文化的力量是巨大的,只有秉承"学校文化是学校发展的核心",坚持特色发展的办学理念,营造富有人文精神的学校文化,将教育思想转化为学校文化,使学校的教育理念深入人心,才能使学校真正成为幼儿、家长、教师、社会满意的一流学校。

**(一) 以大环境创设为文化重心**

校园办公区域在环境组的精心创设下,清静幽雅,让教师们在雅致的环境中工作、研讨、提高;"祝福墙"上贴满家长和教师对孩子们的祝福与期待、团队伙伴们的共勉、园长对教师们的建议以及教工工作、生活的倩影,秀出风采、展示满满的爱,时时激励团队成员团结、合作、创新、共同成长;"历史墙"承载希望,以照片的形式记载建园以来的发展,活动的花絮、校舍的变化、环境的布置、团队的扩大、领导的指导和关注,当然也有彩虹湾团队对未来的展望;在楼梯、走廊、拐角根据主题活动中幼儿的热点关注来创设环境,在每个角落都有隐性的教育价值。

**(二) 以班子建设为管理重心**

学校管理的重心是班子建设。一个同心同德、善于合作、执行力强、具有奉献精神的集体是提升学校文化的关键。因此,园长要从引领学校文化建设的视角,重视班子建设。

1. 校长是学校发展的灵魂

一位校长就是一所学校,学校发展的实质就在于校长对学校文化建设的各种"经营"。在班子建设中,要明确办学理念,并运用管理者的领导力,以身示范,与班子成员坦诚相见,积极营造和谐、积极进取的氛围,以激发班子成员的工作积极性、主动性和创造性,努力使教师拥有相同或一致的理念,形成学校的共同愿景。

2. 目标导向、责任到人

文化不仅对人内在深层次的心理结构完善、潜能开发、个性塑造、心理健康和思想道德素质的提高有着强大的功能,而且对提升教职员工的创造力、凝聚力、战斗力,提升学校品牌形象也具有举足轻重的作用。

园长要以学校发展的共同目标,凝心聚力,和班子成员形成共同的价值取向;安排工作要层层落实,责任到人,以增强责任感和主人翁意识。运行层级管理和"PDCA"的质量管理模式,每两周核心组工作会议,互相沟通各条块的工作及下阶段工作要点,加强计划达成度和检测工作,使园内各项工作有序有效,促使每一位班子成员做事有章法,使班子成员成为引领学校发展的坚强团队。

**（三）以师资队伍的建设为品牌创建的重心**

学校文化的外显是以教师的行为方式为负载,教师的发展是学校的永恒主题。只有实现教师的发展,学校的办学水平和教育质量才有根本的保证;才能打造学校的品牌,才能实现学校文化品位的提升,学校也才可能实现高质量可持续发展。

1. 深化师德建设

一支良好的师资队伍是学校内涵发展的原动力,而良好的师德素养又是优秀师资队伍的根本。我园崇尚以德治校,注重榜样示范、人格魅力引领,鼓励教师争做"善于学习、勤于反思、乐于合作、敢于创新"的教师,构建一支师德高尚、专业发展良好的师资队伍,展示幼儿园教师良好的精神风貌和团队合作的氛围。

2. 明确发展目标

教师是幼儿园规划实施并提高实施效能的主体,鼓励教师构建《教师个人发展规划》的框架,并以"如何制定一份对自己行之有效的规划"为题进行相关的培训,引导教师依托制定规划的大、小背景来思考自身发展规划的思路,并从"学历职称""专业能力""教学研究""论文发表""教学特色"等几个领域分别实施,帮助教师确立自主发展的意识,明确自己的发展方向。我们根据教师不同的特点、特长使其承担任务和负责项目组,给予教师更多的学习、实践、发展的平台及机会。

3. 分层培养促成长

骨干教师是队伍发展的重中之重。我们激励骨干教师在组内、园内甚至区域内敢于展现和突破,发挥其示范引领作用,以自己的教学行为带动幼儿园整体业务水平的提高。

针对成熟型教师,以多渠道的形式提升教师的反思、归纳与梳理能力,并不断寻求自己专业的新发展。

针对青年教师，加强常规工作的现场指导，主要聚焦一日环节的基本组织能力、对教材的基本理解和分析能力；针对性地开展师徒结对带教活动，帮助其解决工作中的实际问题，提高带班的基本功；鼓励他们积极参与市、区级课题的申报和研究，以研促教，在此过程中有所收获，获得自信。

## 三、制度文化的重建

制度是学校文化的根基。每所学校都有规范行为的制度，以保证教育教学目标的实现。但是"拿来主义"的制度并不一定适合每所学校。因而要提升学校文化品位，走学校内涵发展之路，校长、园长要认真研究学校文化发展的价值取向，认真制定相适应的策略，方能保证学校的快速发展、可持续发展。

### （一）规范各项制度

在原有的制度上不断完善各项评价制度，在部门和年级组负责制下形成全员岗位责任追究制、团队绩效共担制等现代学校制度。幼儿园建章立制，必须明确其目的不是约束人、管制人，而是要通过制度来规范全体教师的行为，促使学校各项制度规范化、程序化、常规化。

### （二）推进民主管理

重视执行文化，制定严格的监督措施和奖惩制度。同时在学校管理中采取刚柔并济的方式，使各项制度逐渐内化为教工的行为准则、做事方式，并成为学校文化提升的坚实基础。对于每项工作的评价制度，我们都有一个月的试行期，在这个过程中发现问题再讨论、解决，最后达成共识。在这样的机制下，我们逐渐推进民主管理。

## 四、课程文化的重构

### （一）课程文化的建设

学校文化与办学理念息息相关、紧密相连。学校教育的最终目的是为了孩子。学校要整合现有的资源，构建满足幼儿身心发展的大课程。

教学是一门艺术，教学风格就是教学艺术的创造。教学个性多元性，是课程教学文化具有生命力的呈现。我们在传承星贝运动特色的基础上因地制宜地设计我园的《混班区域运动方案》；此外，还注重教师的个性形成，满足他们的个体发展，捕捉他们的特长，创新园本课程特色活动"快乐时光"，从而突破对教师要求上的单一和划一，并调动各种资源帮助教师成长，由点及面地形成学校文化建设的特色。

### （二）文化理念的转变

1. 变统一化评价为个性化评价

尊重每一位教师的劳动，尊重每位教师的个性，针对他们不同的特点给予个别化评价,及时发扬个性的优点。而发扬教师的教学优点是形成教师教学个性化的重要途径。

2. 变管理为引导

以合作伙伴的身份和教师共同研究集体教学活动,引导教师进行反思,扬其长避其短;帮助教师反思、总结、体验,从而获得教学成功的喜悦,使教师勇于在自身强项的基础上,塑造出自己的教学特色和教学个性。

3. 变教案为学案

为加速教师个性化的形成,引导教师改教案为学案,活动过程中更重视幼儿的行为和经验获得的过程,更关注幼儿的独特感受和想法。只有充分关注幼儿的反馈、经验的获得,才能充满生机和活力,教师最终才能实现教学的个性化发展。

## 五、家校社文化的重建

幼儿教育离不开家长的参与,因此我们充分挖掘家校社资源,完善家校社共育体系,借助家社资源来丰富课程。让家长看到孩子接受幼儿园教育后的成长;和家长一起就幼儿教育遇到的问题进行交流,分享育儿心得;让家长对幼儿园教育工作提出建议。采用信息化教育模式在线上向家长推荐教育方法,提升"家庭—学校—社会"育人合力,构建更加"安全、健康、和谐、优质"的育人生态。

## 六、结语

建设积极的幼儿园文化已经成为幼儿园成功塑造自身形象的重要举措及不容回避的基本理论课题。幼儿园管理者要将每项工作扩展开来分配,将每项工作具体到个人,明确工作目标,将教职员、辅助人员、家长的工作结合起来,使他们根据自身优势使用正确的方法,齐心合力做好幼儿身心素质培养工作,实现幼儿、家长、幼儿园三方共赢,使得幼儿园健康、良性、可持续地发展。

校园文化的建设是一项复杂的系统工程,它不是一蹴而就的,需要一代又一代的校园文化建设的研究者和建设者共同开拓与创造。作为园长,应该充分认识校园文化不可比拟的巨大作用,充分利用校园文化这个不可或缺的教育资源,让幼儿、教师在美丽、和谐的校园文化环境中时刻感受到熏陶和激励。

美丽的校园让每一个孩子享受适合的教育,为每一位家长提供优质的服务,给每一位教师搭设发展的平台,文化引领促进幼儿园的可持续发展,彩虹湾团队将为创建美好的七彩未来而努力!新起点、新使命、新方向,教育在新时代的历史方位更加明晰。我们教育人将始终坚持党对教育工作的全面领导,以永不懈怠的精神状态和一往无前的奋斗姿态,把党的二十大精神扎实落实到教育工作的各方面、全过程。

## 参考文献：

［1］费孝通.费孝通论文化与文化自觉［M］.北京：群言出版社,2007.

［2］葛金国.校园文化建设导论［M］.合肥：安徽大学出版社,2003.

［3］丛中笑.园本文化与办园特色［M］.北京：华夏出版社,2005.

［4］徐雪珍.幼儿园文化建设刍议［J］.教育发展研究,2003(02).

［5］褚佳琦.立德树人教育的校园文化进路［J］.沈阳大学学报(社会科学版),2018,20(04).

［6］杨雄,杨晓萍.转向与变革：专业认证视域下学前教育专业质量建设路径探析［J］.河北师范大学学报(教育科学版),2020,22(02).

# 守正创新，以鲁迅精神擘画发展之路

## ——迅行中学"首在立人"文化建设历程

上海市民办迅行中学　张建国

[摘　要]上海市民办迅行中学以鲁迅精神为学校发展原动力，一以贯之地践行弘扬鲁迅"立人"精神的学校文化建设，迄今为止经历了四个阶段的发展历程。学校以课题为引领，将文化建设内涵由以班级为单位的体验活动系列，进一步向学科课程与课堂教学延伸，通过基础型课程和研拓型课程建设实践，旨在打造"五育并举"的学校文化建设特色，取得良好效益。

[关键词]首在立人　鲁迅精神　文化建设　自主学习

党的二十大报告明确指出：培养什么人、怎样培养人、为谁培养人，是教育的根本问题。育人的根本在于立德，要全面贯彻党的教育方针，落实立德树人根本任务。

上海市民办迅行中学是以鲁迅先生的笔名之一"迅行"命名，创办于1997年。学校的校训是"爱迅行校、铸鲁迅魂、做迅行人"。建校以来，以李传荡、陶薇芳两位校领导为首的董事会，始终牢牢把握"首在立人"的办学理念，把鲁迅精神作为学校精神的灵魂，以培养人作为学校的根本任务。"首在立人"成为学校文化的核心价值，成为"优质立校"的根本。

## 一、"立人"文化建设的发展路径

迅行中学弘扬鲁迅"立人"精神的文化建设，经历了四个阶段。

第一阶段，从学校开办初期到之后的十年左右时间，是积淀鲁迅文化的基础阶段。学校每年组织学生祭扫鲁迅墓、参观鲁迅纪念馆；举办有关鲁迅及其作品的故事会、演讲会、朗诵比赛等，帮助学生认识鲁迅，理解传承鲁迅精神的意义。

第二阶段，自2010年到2015年，是鲁迅文化传播的校本化突破阶段。学校开辟了"鲁迅精神陈列室"，建立了学生社团，通过课本剧创作、微课题研讨、小论文撰写等，供学生深入探究学习。课本剧参加鲁迅教育集团会演，论文多次在相关竞赛中获奖并被汇编成册等,让学生们颇有获得感。

第三阶段,从2015年开始到2018年,开展学校层面的课题研究。我校申报了上海市民办中小学第二轮学校特色项目"班级'立人'文化课程的构建与实施",并予以立项。全校以班级文化建设的方式,使鲁迅精神的学习和宣传更适切于学生身心发展的实际,为提升广大学生的核心素养发挥更积极的作用。

第四阶段,从2018年底开始,学校申报了上海市民办中小学第三轮学校特色创建规划"以鲁迅'首在立人'精神为核心的学校文化建设"课题,作为"班级'立人'文化课程的构建与实施"的升华,将校本文化课程建设内涵进一步向基础型、研拓型课程延伸,旨在打造教学一体、"五育并举"的学校文化建设特色。

至此,教师整体能基本把握"迅行文化"的结构:核心理念层面——办学理念、培养目标、学校精神等;制度层面——"立人"课程实践、"爱诚立进"的人格教育等;行为层面——学校"三风"、师德及行规要求。

## 二、"立人"文化建设基本架构与实践

二十多年的守正创新实践,"立人"文化建设脉络清晰,持续推进。

### (一)"班级'立人'文化课程的构建与实施"成果

本项目的设计,是以鲁迅先生"首在立人"精神为核心,以"爱、诚、立、进"为主题,通过主题设计和活动实践,构成班级"立人"文化教育体验活动系列,包括环境教育、活动教育、课程教育,整合了感知、认知、体验、践行等四方面的课程要素。

1. 环境教育——学生成长的土壤

围绕教育主题,通过设计班级文化建设的目标、口号、班训、班风,以教室环境的布置展现本班级文化的特点。六年级首先创设爱的环境,以爱的格言和警句来营造爱的氛围,以传统文化中生动的爱的小故事来启悟学生;七年级的主题是"诚",即诚信做事,诚实做人,着重从班级特点出发,挖掘"诚"的多种内涵;八、九年级通过对"立"和"进"的学习感悟,激发潜在的自信,锐意进取,懂得自立自强,塑造一个有独立人格和自立品质的人。

2. 活动教育——班级文化的基础

通过各种主题教育课、主题教育活动月、外出的主题教育活动等,让学生了解、学习鲁迅精神,明确"爱、诚、立、进"的教育要求,塑造良好品行和素养。

学校实施的"爱的教育",已成体系化、制度化。每年,陶薇芳校长都会对六年级新生作以"爱"为主题的专题报告,为"爱"的教育拉开序幕;各班都会举行一系列以"爱"为主题的班(队)会,让学生从思想深处懂得,一位合格的迅行学子心中要有大爱,努力学习是为了报效祖国;七年级的"诚实守信"教育,八、九年级通过主题教育勉励学生自立自强、韧性坚守等,都卓有成效。

3.课程教育——注重学科教学的渗透

随着课题的推进，"立人教育"内涵逐步向学科深入，在日常教学中渗透"立人"教育思想。语文学科围绕"班级'立人'文化课程的构建与实施"这一课题，选用校本学材《初中生鲁迅文学读本》，增加对鲁迅作品篇目的品读。其他学科精心设计相关课程篇目，成为渗透"立人"教育思想的经典教案。如历史学科的"清末民初的社会与经济"教学、地理学科的"世界的海洋"教学、美术学科的"封面设计"教学、心理辅导课"兴趣岛屿"等。

## 三、"以鲁迅'首在立人'精神为核心的学校文化建设"实践

该项目是在"班级'立人'文化课程的构建与实施"基础上，提升了课题的文化内涵。以鲁迅精神为内核，强化学校办学目标、教师发展目标、学生培养目标，通过"五育融合"实践，深入"爱、诚、立、进"主题人格教育，将"立人"教育精髓纳入学校基础性、研拓性课程之中，达到"规范＋特色"的完整性，使迅行的"立人"教育品牌更具特色。

1.深化"爱、诚、立、进"主题人格教育实践

爱：鲁迅先生的情感品格。他不仅提倡爱，而且亲身实践爱，如儿时对动物的呵护；学生时代对老师深沉的爱；尤其是投身社会以后，更表现出了对民族、对战友、对学生的强烈的爱。"俯首甘为孺子牛"，凝聚了鲁迅对民众的真挚情感。我们以爱的教育引导学生，教学生爱父母、爱师长、爱同伴、爱社会，懂得爱是关心、理解、尊重、责任。

诚：立人的本质。鲁迅先生坚信，正直的人本质是诚和爱。他对怯弱、懒惰而又狡猾的国民劣根性深恶痛绝，认为假话的本质是瞒和骗。他强烈呼吁，改革国民性是根本。我们教育迅行的学生要真诚、朴实、守信，诚信做事，诚实做人。

立：人非信无以立。鲁迅先生一生坚韧自强、不言放弃，其为肩负起拯救民族灵魂重任而终生践行的崇高精神，显现出强大的生命力。我们加强对学生的理想信念教育，塑造有独立人格和自立品质的人。

进：鲁迅先生不断探索、顽强抗争的一生是对"进"的精神的最好诠释。他对国家、对社会有着高度的责任感，为了民族独立和尊严持续战斗，直至生命的永远。我们注重培养学生的责任意识，激发学习动力，在学习和生活中锐意进取，坚韧前行，达到人生阶段目标的彼岸。

我们结合迅行中学的学生培养的核心目标"品行正、体魄健、学力优"，侧重实践人格教育要求，将"品行正"纳入培养目标之首。按照分层分类的原则，针对不同学段学生的特点，通过各种活动，将"爱、诚、立、进"人格教育要求，作为塑造学生良好品行和素养的根基。六年级：了解迅行、热爱迅行，行为规范养成教育阶段；七年级：诚实守信、遵章守纪，规则纪律的强化阶段；八年级：自立自强、遵纪守法，社会公民意识教育阶段；九年级：合作进取、示范引领，品行素养教育巩固阶段。

2. 基础课程深化"立人"教育内涵,自主学习提高教学效益

"自主学习"教学模式,是学校在解决"轻负担,高质量,肯学习"问题上,进行了长期探索后的结果。尤其在教师群体中,自主学习已经逐渐上升为其教学信念。教师们更加相信,自主学习是"首在立人",实现学生终身发展的阶梯。

在扎实做好国家课程校本化研究与实施的同时,语文、数学、英语、物理、化学等学科重点开展作业设计研究。学校自编的校本作业已经很成熟了。数学学科的"基于学生差异的单元作业设计实践研究"、物理学科的"自主学习导向下的作业设计"、英语学科的"思维可视化工具在英语阅读教学中的应用"等项目实践,将作业设计与校本学材配套,较好体现了学业体系结构的要求,对提高学生的学业成绩,提升学生的思维品质和学习能力等,发挥了很好的作用。

我们研究自主学习实践的课堂教学策略:(1)以教学质量为中心,倡导严谨细致的教风,强化质量意识和责任意识,实施教学过程精细化、高品质;(2)以制度建设为基础,从教师教学行为评价、作业设计要求、试题命制规范等主要方面予以检测和引导;(3)提出教学的共性要求,强化课堂教学的高效益,遵循以"学"定"教"、少教多学的原则,改进教学方式,研究课堂教学,努力促进学生学习方式的改善。

各科以优化课堂教学、规范作业的布置与批改为着力点,设计自主的学习方式,教师个性化教学设计风格迥异。教师命制试题要有明确的目的性和预估分制度,质量分析一定要检测每一份试卷的契合度,听取用卷教师对试卷的评价意见和建议。严格要求教师规范教学行为,加强教学工作质量检测与考核,端正教风,实现了整体性规范。

3. 研拓课内外结合实践"立人"教育,已初具系列

(1)自主拓展课程

本着"发展差异、打造特色"的要求,主要由基础型课程延伸的学科课程内容组织建构,涉及人文社会、自然科学、艺术学习、强身健体等四大类,尽可能满足学生选择性学习的需要。自主拓展课程以"项目管理"方式推进,主要以"开放走班"形式实施。

(2)限定拓展课程

主要由综合实践学习领域的学校文化活动、学生社团活动、自我服务与公益劳动、社区服务与社会实践活动、各类专题教育等组成。课程学习以实践为主要路径,是全体学生限定选择修习的课程。

(3)学生社团活动

学生社团活动是"限定拓展课程"的主要组成部分,以参加各项主题探究及学科竞赛为平台,在实践中充实完善学生的知识架构,培养学生的观察思考能力,动手动脑能力,批判质疑能力,鼓励学生发现更多探究主题,丰厚人文素养,培育科学探究精神和创新实践精神。学校有一批常年参加的市级以上的竞赛,如上海市中学生"进馆有益"微课题征文比赛、环球自然日——青少年自然科学知识挑战活动、上海市青少年计算机应用操作竞赛等,还有各项绘画、音乐、书法、摄影等比赛,获奖无数,成绩斐然。

## 四、"立人"文化建设对学校发展的意义

迅行中学的"立人"文化建设，以鲁迅精神为内核，通过课堂教育主渠道，把学习鲁迅的四种精神，即"首在立人"精神（坚守高尚的品性）、"独立思考"精神（注重独立与创新）、"拿来主义"精神（汲取有益的精华）、"韧性坚守"精神（坚持不懈的韧劲）落到实处，激发学生完善品格修养的自觉性。"首在立人、韧性坚守"的迅行精神，始终贯穿学校的教育实践之中，深深融入教学改革与创新的实验之中，更突出体现在学校所承担的社会责任之中。鲁迅精神作为宝贵的文化资源，越来越成为学校弥足珍贵的精神财富，成为学校文化建设的标杆和文化实现的基石。

人立而后凡事举。持之以恒的"立人"文化教育实践，使得学校办学质量和社会评价日益稳步而显著地提升，连续荣获上海市文明校园的称号；荣获2018—2022上海市行为规范示范校、2019—2023上海市家庭教育示范校；多次被评为上海市安全文明校园。"立人"文化建设引领着迅行中学培养出一批又一批品行端正、学业拔萃、身心健康、全面发展的优秀学生，同时也成就了大批教师走向成熟、成功。

在坚持学校可持续发展的进程中，努力弘扬鲁迅精神、积极践行鲁迅精神，是迅行人共同追求的教育理想，也是学校坚持自主发展的理性选择。我们将坚定办学理念，坚持守正创新，以鲁迅精神激励师生，聚焦立人、立教、立学，走内涵发展的道路，更大限度地提高办学效能，使学校特色更加鲜明，走向卓越。

# 帮助学生扣好人生的第一粒扣子

## ——二十大报告学习感悟

上海市民办新复兴初级中学　郦国凯

[摘　要]我们在学习二十大报告的基础上,提高教职员工的政治觉悟,激励每一位教师树立主人翁意识,把个人的发展融入国家的发展中,把个人的职业规划融入教育改革中,提高为党育人、为国育才的使命感、责任感。学校不折不扣落实教育局党工委的工作要求,大抓教育、教学质量,落实"虹课优学""虹师润心"等工作目标,帮助学生扣好人生的第一粒扣子;在推进课程育人中,渗透理想信念、爱国主义教育,强化"永远跟党走"的信念,促进每个学生健康快乐成长,办人民满意的教育。

[关键词]组织引导　育人机制　教育教学改革

习近平总书记在二十大作的报告中指出,要坚持教育优先发展,加快建设教育强国,坚持为党育人、为国育才,要办好人民满意的教育。这一系列有关教育、科技、人才的讲话,立意深远、字字千钧、催人奋进,具有很强的理论意义和实践价值,是我们各级各类学校今后努力的目标。

根据虹口区教育局党工委"学深悟透,坚定自觉地将思想和行动统一到党的二十大精神上来"的工作目标,作为基层学校的党组织,要做好三方面的工作。

## 一、全面学习、深刻理解二十大精神

习近平总书记强调,学习贯彻党的二十大精神,要在全面学习上下功夫。党支部要引导全体教职员工认真读原文、悟原理。只有系统深入地学习,才能完整准确地领会党的二十大精神,才能了解未来5年、10年我们党及国家的发展规划、奋斗目标,特别是教育的长远发展目标,才能做到习总书记所说的"对是什么、干什么、怎么干了然于胸"。

根据《中共中央关于认真学习宣传贯彻党的二十大精神的决定》中"努力增强学习宣传贯彻党的二十大精神的吸引力感染力和针对性实效性",党支部要充分利用各种方式,采取教师喜闻乐见的形式,引导教师们认真学习,提高政治觉悟,激励每一位教师树立主人翁意识，把个人的发展融入国家的发展中，把个人的职业规划融入教育改革中；激励教师们始终坚守"初心使命，提高教育人的使命感、责任感"，为党育人、为国育才，在教育的实践中贯彻党的教育方针，落实"教育、科技、人才是全面建设社会主义现代化国家的基础性、战略性支撑"的工作要求，用新思想、新理论武装头脑，用新面貌、新作为培养时代新人，为实现中华民族伟大复兴的中国梦，贡献基层教师的一份力量。

## 二、落实"办好人民满意的教育"这一要务

中国共产党始终坚持为人民服务，而教育正是民生之基。作为基层党组织，必须坚持"为党育人、为国育才"，办好人民满意的教育；必须不折不扣执行教育局党工委的要求，大抓教育教学质量，落实"虹课优学"的教育教学改革。

### （一）提升教育教学质量

二十大报告对教育发展和人才培养做出了新规划。要实现2035年宏伟目标，国家建设需要大批人才。初中阶段是学生世界观与价值观形成的主要时期，也是人才培养的重要阶段。三年前，我校推荐到复旦附中、复兴高级中学等学校的学生中，有一部分考入了清华大学、复旦大学、浙江大学等著名院校，相信在若干年后，他们都将成为有用之才，奔赴各行各业，投身于祖国的建设之中。

在新一届教育局领导班子带领下，虹口教育正谋篇布局未来发展，精心拟定了提升虹口教育、教学质量的方案。我们基层学校必须要以时不我待的态度，考虑如何在"双减"背景下，进一步提升初中阶段的教学质量，以学生为本，构建出基于学生核心素养，适应时代发展的各类课程，为虹口高中阶段的教育输出更多的优秀学生，为国家的建设培养更多的优秀人才。

学校将带领全校教职工，以学习二十大报告为抓手，凝聚思想共识，激发奋进力量，全面提升教育教学水平，满足人民群众从"有学上"到"上好学"的愿望，为虹口教育的发展添砖加瓦。

### （二）促进每位学生健康快乐成长

孩子能够健康快乐地成长是所有家长的共同愿望，也是切实办好人民满意教育的内涵和目标。一个孩子的成长关系到几个家庭的幸福指数，也关系到社会的稳定。

根据当下民办教育的招生实际，解决"如何让一部分学生也能更好地适应复兴初中教育教学要求"这一问题，是我们在招生改革后就开始不断研究，也将持续关注和思考的一个问题。我们要做的工作有很多，如：要积极改变教师授课的方式及补缺补差的形式，以适应目前的学情；要加强与家长的沟通，提升家长的责任意识，降低家长不科学的期望值；要落实好全员导师制的工作，增强导师的责任意识，配合心理老师缓解个别学生的心理问题……

工作琐碎，千头万绪，但我们党支部将抓住牛鼻子，认真贯彻"办好人民满意的教

育""为党育人、为国育才"的要求,条分缕析,把工作做细做实。

## 三、帮助学生扣好人生第一粒扣子

习近平总书记在二十大的报告中提出,全党要把青年工作作为战略性工作来抓,用党的科学理论武装青年,用党的初心使命感召青年,做青年朋友的知心人、青年工作的热心人、青年群众的引路人。

作为基层学校,我们要紧跟时代要求,贯彻落实虹口教育"虹师润心"大德育工作,一步一个脚印,踏准每一个年龄阶段的教育要求与步伐。基于此,党支部要落实以下三方面工作。

### (一)进一步推进课程育人,强化"永远跟党走"的信念

要重视学生的理想信念教育,尤其是发挥党、团、队三级组织的引领凝聚作用,在学习二十大报告的基础上,重点开展"学习二十大报告,当好接班人"的活动,党支部将持续在"少年团校"的团课,以及全体学生学党史的活动中,开展好"从小学党史,永远跟党走"等一系列德育主题教育。

我们也将继续积极落实《习近平新时代中国特色社会主义思想学生读本》进课堂,进头脑;进一步完善每周升旗仪式中"我是旗手"等德育课程的建设,突出班级特色和集体主义教育,提高升旗仪式的教育性;同时,利用各种教育契机,运用各种形式,落实家国情怀、革命传统、中华传统文化、时事政治等教育内容。

### (二)在学科教育中渗透理想信念、爱国主义教育

学校将通过课程开设、师资配备、体制建设、活动开展等多元平台,激励教师挖掘出各门学科所蕴含的理想信念、爱国主义教育等德育元素,结合学科特点,渗透到教育教学的全过程,润物细无声地实现学科的德育价值,发挥学科的育人作用。

同时,还要继续开展一系列集科学性、实践性与趣味性于一体的特色活动,如成长主题教育、节日纪念日活动、14岁纪念仪式、专题教育活动等。在动态的主题活动中,以有声有色、生动有趣的素材,在学生幼小的心灵中埋下一颗名为"信念"的种子——怀抱梦想、脚踏实地、敢想敢为、善作善成,立志成为有理想、敢担当、能吃苦、肯奋斗的新时代好青年,为学生的成长奠定基础、为中国的发展贡献力量。

### (三)法律知识渗透到学校教育平台

习近平总书记在二十大报告中指出,全面依法治国是国家治理的一场深刻革命,关系党执政兴国,关系人民幸福安康,关系党和国家长治久安。我们也将继续坚持结合社会热点,深入开展法治宣传教育,增强法治观念,让全体师生做社会主义法治的忠实崇尚者、自觉遵守者、坚定捍卫者。我们将从以下三方面入手。

1. 专题活动重特色

充分借助学校"学科教学周"的平台,在"道法学科周",利用校园广播台,播放与学

生生活密切相关的法律知识；在周一的"国旗下讲话"活动中，安排若干次法律知识、法制宣传的演讲；在特定的纪念日开展普法活动，如"12·4"法制宣传日进行"两法一条例"的解读，在"3·15"国际消费者权益日进行消费者权益保护的宣传。我们积极在特色活动中渗透法律知识，在全校范围内形成良好的学法普法的氛围，达到育人目的。

2. 教育活动重效果

在我校每年的"读书文化节"活动中，都有校园辩论赛。我们在辩题中加入社会生活中的法律热点问题；聘请校外法律辅导员，进入校园做专题讲座；引导学生对法律问题关注、思考、剖析，在提高学生综合能力的基础上，增强法律意识，提升学习法律知识的兴趣。

3. 以赛促学重培养

上海市每年都举办"新沪杯"中学法律知识竞赛，我们将以此为契机，结合学校每周的"知识之家"，进一步扩大活动的影响力和辐射力。我们将每月举办一次法律知识竞赛，把法律知识的学习渗透到学生的日常生活之中；还可以充分发掘对法律知识有浓厚兴趣的学生，组成学习小组，利用拓展课进行更系统地学习，为参加全国级、市级比赛储备人才；以学备赛，以赛促学，在校园内进一步提升学生对法律知识的学习热情。

空谈误国、实干兴邦，党支部将以学习二十大报告精神为契机，对学校的各项目标和任务进行梳理与细化，结合实施方案制定明确时间表，以饱满的热情、踏实的态度，朝着二十大目标奋进！

# 文化立校,潜心育人

上海市民办新北郊初级中学　张小敏

[摘　要] 学校秉承"为学生一生奠基"的办学理念,坚持文化立校、素质育人的办学思路,通过营造环境文化、优化育人文化、建设课程文化、培育教师文化,积极探索办学治校之路,为学生道德品质的形成、基础学力的培育、健康身心的锻造、审美情趣的涵养、劳动素养的提升,建设有品质的课程,创设空间、搭建舞台,有力促进了学生、教师和学校的健康持续发展。

[关键词] 文化立校　素质育人　办学治校

党的二十大报告指出,教育是全面建设社会主义现代化国家的基础性、战略性支撑,要坚持教育优先发展,加快建设教育强国;要坚持为党育人、为国育才,办好人民满意的教育,全面贯彻党的教育方针,落实立德树人根本任务,培养德智体美劳全面发展的社会主义建设者和接班人。报告深刻回答了我国教育举什么旗、走什么路、育什么人的根本问题,也为我们指明了教育的发展方向和重点任务,成为我们办学治校的指南。

创建于2001年9月的上海市民办新北郊初级中学,在历任校长的努力下,秉承"为学生一生奠基"的办学理念,坚持文化立校、素质育人的办学思路,努力以踏实的行动来回答"培养什么人,怎样培养人,为谁培养人"的问题。

学校作为一种社会组织形式,自身蕴含着独特的文化要素。学校文化即指学校在整个学校生活中所形成的学校面貌、制度规范和精神气氛等,其核心是学校在长期办学中所形成的共同价值观念、思想观念和行为方式。学校文化彰显着学校的精神面貌,左右着学校教育的方向,决定着学校的育人质量,是一所学校赖以生存发展的根基和血脉,可以说,办学就是办文化。学校从文化内涵的"本土化"、文化环境的"情景化"和文化传递的"温情化"方面做了积极探索和实践:管理改革,建立先进的管理文化;教学改革,建设先进的课堂文化;师德教育和教育科研,建设先进的教师文化;现代班集体教育,建设先进的班级文化。

育人其实是育素质。素质是一个人在社会生活中思想与行为的具体表现,包含自然素质、心理素质和社会素质,它以先天禀赋为基质,在后天环境和教育影响下形成并发展,具有"奠基"的功效。学校以学生良好行为习惯的养成、基础学力的培育、文化底蕴的充实、全面素质的提高为重,从学生人格塑造的"内在化"、能力培养的"全面化"和锻炼途径的"多元化"入手,开展形式多样的素质教育活动。

文化要保持生命与活力,就不能拒绝变动和发展。我们办学治校也要因时而变,与时俱进。2017年,学校进一步充实办学思路,提出"五育并举、全面发展"的办学治校方略。鉴于每个学生都是独一无二的个体,他们的智能优势各异,学校有责任全面贯彻党的教育方针,聚焦全人素养的培育,为学生建设有品质的课程、设计丰富多彩的校园文化活动和社会实践活动,去发现和唤醒学生生命的潜能,为他们今后的发展奠定必备的品格和关键能力。

## 一、优化环境文化,发挥环境的育人功效

物理环境是学校文化的重要组成部分,它可以影响身处其中的人的情绪、态度甚至是观念。学校着力营造优美的校园文化环境和高雅的文化氛围,在环境布局、形象标识、信息平台建设等方面,体现学校文化的特点与育人功能,让师生在潜移默化中感受文化的浸润,接受文化的洗礼。

学校环境优美,文化气息浓郁。走进校门,大屏幕底座上"为学生一生奠基"的办学理念和石书上"学会读书,学会做人"八字校训赫然入目;"智慧墙"上20位中外名人浮雕栩栩如生;"十二生肖廊"绿树环绕,充满童趣;"思源"石刻古朴厚重;"校友林"樱花树下"三羊开泰",绿草地桂花树旁"舐犊情深";繁花绿草丛中安置着中国地图和世界地图铜座,木廊山石上镌刻着千古传颂的经典诗句……漫步"校园十景",让你时时感受到文化的浸润与熏陶。

校舍设施完备,功能先进。乒乓房宽敞明亮,舞蹈房简洁精美,木艺坊古朴典雅,数字实验室设备先进,图书馆书香缭绕,心灵驿站宁静温馨……立足学生成长,我们用心布置每一间专用教室,为学生的全面发展创造条件。

学生是学校物质环境的享用者,同时又是保护者和创造者。学校每天有学生志愿者担任值周班。每年通过少代会让学生书写提案,学习当家作主;为三幢教学楼起名、设计校徽和吉祥物、谱写校歌词曲、凝练"新北郊精神";校园绿植上悬挂的标识牌、教学大楼走廊墙面上的书画作品、课间音乐播放的中外名曲……因为有了学生的主动参与,校园更加生机勃勃,有益于学生情感的陶冶、心灵的净化、个性的发展和文明素质的提高。

## 二、优化育人文化,发挥德育的润心效能

国无德不兴,人无德不立。立德树人根本任务的确立,体现了中国特色社会主义教育的价值取向,是教育事业发展必须始终牢牢抓住的灵魂,也是思考和谋划学校工作的逻辑起点。青少年时期是价值观形成和塑造的关键时期,学校要从学生身心特点和思想实际出发进行育人文化的规划和实施。

学校坚持以学生成长需求为导向,进行德育工作的顶层设计。设计原则强调人文突

出主体,强调课程突出融合,强调规范突出科学,强调合力突出交互,构建了以民族精神教育为核心、生命教育为基础、行为规范养成教育为重点、实践体验为主要方式、学校家庭社会协同育人的工作格局,帮助处于"拔节孕穗期"的学生扣好人生第一粒扣子。

**（一）聚焦民族精神教育**

坚持把培育和践行社会主义核心价值观教育融入学生思想政治教育全过程。利用虹口"文化三地"资源开展人文行走活动,引导学生学史明理、学史增信、学史崇德、学史力行,传承红色基因,厚植家国情怀。利用传统节日开展活动,让孝敬、感恩、诚信、友善的中华传统美德根植学生心中。开展形式多样的爱心活动和志愿服务,让学生体会助人为乐、奉献社会的快乐,在多种体验活动中触摸到"真"的力量,觉察到"善"的引导,感受到"美"的熏陶。

**（二）聚焦行为规范教育**

学校基于新时期学生身受多元文化影响而导致行为规范教育效度减弱的问题,依据《中小学生守则》,着力打造"贝贝佼佼悦行方圆"行为规范教育体系,优化行为规范分层教育的目标和方法,形成了动心、入耳、悦行的行规训导模式。

**（三）聚焦心理健康教育**

学校围绕"激发学生潜能,关爱心灵成长"的总目标,通过境润、情润、自润三个维度,着力打造温馨教室、和谐校园和幸福家庭三大润心场域,借助全员导师制为学生的身心成长提供最优的环境和人际支持,形成"润心教育"品牌。

**（四）聚焦家庭教育**

学校着力建设家庭教育指导载体——四季·家讲堂,从行为品质、学习品质、人际关系、亲子沟通四个方面构建纵向衔接、横向贯通的家庭教育指导课程。围绕初中四个年级的四个主题"习惯、自主、悦纳和责任",设置了32个具体内容,每月开展一次家庭教育指导,引导家长建设良好家风家训,科学引导学生健康成长。

## 三、建设课程文化,培育学生的核心素养

课程是发展学生素质结构和人格结构的载体。课程的质量直接决定学校教育的质量。学校把发展学生素养作为课程设计的依据和出发点,明确各学段、各学科具体的育人目标和任务,加强学科和学段课程的纵向衔接与横向综合,整合学校文化活动,形成三大模块架构的课程体系,即基础课程、"玩中学"拓展课程和综合实践课程。课程体系具有稳固的基础核心和开放弹性的架构,能够满足学生的成长需求和社会的多元化需求,促进学生综合素质的提升。

**（一）基础课程**

创设"精实"课堂。学校着力国家课程的校本化实施,通过教师的"四精"(目标精确、设计精心、方法精适、评价精当)落实学生的"四实"(态度踏实、思维严实、能力落实、学养厚实)。教学过程是师生、生生积极有效互动的动态生成过程。学校重视课堂教学

"知识本位"到"素养本位"的变革，采用自主式、合作式和实践性学习方式，培养学生高阶思维；关注教材对学生情感、态度、价值观的引领，培养学生的人文情怀、科学精神；倡导联系生活整合学科教学内容，培养学生跨学科思维、实践创新的素养。我们提倡尊重学生差异，因材施教，分层递进，提高教学质量。

**（二）"玩中学"拓展课程**

"玩中学"拓展课程由体育、科艺、兴趣、动手做四个板块构成。课程文理兼容、艺体并蓄、手脑互动、必修和选修相济，每周四课时，每天下午3:30—4:10进行。在教学内容上，体育板块教会学生强身健体；科艺板块引导学生求知探索，培养学生审美情趣；动手做板块开展手脑并用的DIY实践；兴趣板块培养学生的兴趣爱好和特长。在教学方法上，强调学生的主动参与和亲身体验，关注学生学习经验的形成、积累和构建过程。在课程评价上，变单一的分数评价为多元的成果评价。拓展课程突出了"玩"的特征，极大地调动了学生学习的积极性，挖掘了学生的潜能，培育了学生的综合素养。

**（三）综合实践课程**

综合实践课程以"校园四节"活动为主要内容。所谓综合，即把各种不同而相互联系的事物组合在一起；所谓实践，即主体参与、感悟、创造。学校通过构建学科衔接贯通、校内外资源联动、家校社"三位一体"的实践体验课程，实施"五育融合"，促进学生全面健康成长。"校园四节"为读书节、体育节、艺术节和科技节。在组织上坚持学科融合，每个节都由学生发展中心牵头，会同课程教学中心及相关的学科教研组共同策划组织。每个节都形成了目标明确、主题鲜明、层次清晰的课程系列。学校注重挖掘校外资源，提高课程的品位和实效；借助集团资源，学生可近距离向非遗传人学习中国传统文化；借助科研单位资源，学生能亲身体验"嫦娥五号"飞天的惊艳；每届学生都能欣赏到上海顶级艺术团体的精彩演出，甚至有机会与艺术家同台表演。在"校园四节"综合实践课程中，学生参与、实践，充分展示自我风采和办事能力，收获了全面发展。

## 四、培育教师文化，赋能成长面向未来

教师文化是学校文化的重要组成部分。教师文化，即指教师的价值观念及行为方式。教育是生命影响生命的过程，教师的价值观念、情绪情感、人格品质和行为方式在育人过程中的作用是不可低估的。因此，教师文化建设是办学治校的关键。学校从师德修炼、机制构建、实践打磨、项目研修、素养培育五个方面着手，努力建设一支师德高尚、业务精良、善于合作、勇于创新的教师队伍。

**（一）修炼师德是教师专业成长的魂**

学校坚持以习近平关于教育和教师的论述作为教师学习培训的重要内容，深刻理解教师所承担的育人使命。学校制定《新北郊中学教师手册》，从教师的教育规范、教学规范、礼仪交往规范和活动规范等方面提出具体要求；开展"三讲"活动，讲大气、讲合作、

讲品位,树立为人师表的良好导向;开展学习大师活动,以蔡元培、陶行知、于漪、张桂梅为楷模,认同他们的教育理念、思想境界和"爱"的情怀,增强教书育人的责任使命;开展新北郊教师形象大讨论,在研究学生的实践中体会学高为师、身正为范的重要性,立志做有理想信念、有道德情操、有扎实学识、有仁爱之心的"四有"好老师。

**(二)构建机制是建设教师文化的保障**

所谓机制,是以一定的运作方式把事物的各个部分联系起来,使它们协调运行而发挥作用。学校在中层管理层面增设教师发展中心,负责教师培训、骨干培养、科研提升和生涯规划,为教师专业发展提供服务和指导;成立校学术委员会,为教师课堂教学及研究把脉问症,提供咨询;成立青年教师沙龙,"学研助修",交流切磋;开展"青蓝工程",以"N+1"双导师制,促进青年教师成长;完善激励机制,先后建立了一系列教师培养和奖励制度,从物质和精神两个方面激发教师的工作积极性,营造良好的人文环境。

**(三)实践打磨是提高教师教学水平的有效途径**

学校要求教师上好家常课,实践"生动+互动"的课堂教学场景。学校每学期组织公开课教学展示,学术委员会进行亮点解析、理论赋能,加以宣传推广;每学年举办教学节,开展主题展示课,在专家点评、教研组同伴互动的学术氛围中,磨课研讨,反思改进;每年举办班主任节,弘扬班主任爱岗敬业、无私奉献的精神,同时组织主题班会、育人故事、建班育人方略评比等活动,培养班主任的育人智慧和专业能力。

**(四)素养培育是教师文化的核心**

人文素养是教师文化的重点。人文素养由历史文化和传统精神熏染而成,随时代发展厚积薄发,直接影响到学生的价值观、人生态度和审美情趣。学校积极开展读书活动,引导教师品读经典,在博览中拓展文化视野,加强思维的深度和广度;设立博雅讲堂,请学者、大师来校开讲,领略学术魅力,丰富人文底蕴;走进艺术场馆欣赏莫奈,聆听交响乐,观看话剧和芭蕾,学会积极休闲,提高审美情趣;组织开展红色经典之旅活动,接受爱国主义教育和党的优良传统教育;组织教师去曲阳街道阳光之家服务智障青少年,体会"赠人玫瑰,手留余香"的育人情怀。

文化立校、素质育人是我们多年来办学治校的追求,且行且思,一路收获,踔厉奋发,行稳致远。

**参考文献:**

[1] 习近平.习近平谈治国理政(第四卷)[M].北京:外文出版社,2022.

[2] 郎建中.人文·创新·实践[M].上海:上海三联书店,2001.

# 培养"三大品质",发展学生核心素养的实践研究

## ——以"一体化"德育实践和评价为例

上海市民办尚外外国语小学　杨蕴敏

[摘　要]上海市民办尚外外国语小学通过探寻学生核心素养与学校办学思想的对应点,厘清了学校育人目标与学生核心素养培育间的关系,确立了学校"大方、大度、大智"的"三大品质"核心价值观;在以核心素养为引领的育人实践中,将"三大品质"细化为校本化的学生发展"九大核心素养";以"一体化"德育实践和评价为突破口,对德育课程、德育活动进行整体化设计与实施,借助信息化平台推动评价改革,构架德育评价体系;通过落实核心素养为本的学校教育改革的探索与实践,逐渐形成尚外特色的"三大品质"价值体系,致力于提升学生核心素养的校园文化逐渐形成,并积累了从核心素养的视角进行课程建设实践的具体案例。

[关键词]"三大品质"　核心素养　一体化育人　德育评价

2014年3月,教育部发布的《关于全面深化课程改革落实立德树人根本任务的意见》中明确提出,"要加快制定学生核心素养体系,并把核心素养落实到学科教学中,促进学生全面而有个性的发展"。2016年9月13日,《中国学生发展核心素养》正式发布。

上海市民办尚外外国语小学以"中国情结,国际视野"的办学理念为引领,确立了学校"大方、大度、大智"(简称"三大品质")的核心价值观,持续打造"德育为先、外语特色、五育融合、创新实践"为特质的校园文化,积极实践将"三大品质"细化为校本化的学生发展"九大核心素养"。

## 一、学生发展"三大品质"价值观的提出

### (一) 学生发展"三大品质"提出的背景

"核心素养"的概念和课程结构模型的提出可以追溯到1997年12月经济合作与发展

组织（OECD）启动的"能力的定义和选择：理论和概念基础"研究项目。"核心素养"是指"核心的素养"，是关键的、必要的、重要的核心价值。因此，"核心素养"是每一个人获得成功生活与功能健全社会所必须具备而不可或缺的"关键素养""必要素养""重要素养"[1]。学生核心素养，主要指学生应具备的，能够适应终身发展和社会发展需要的必备品格和关键能力。2016年9月，我国公布了中国学生发展核心素养以培养"全面发展的人"为核心，包含文化基础、自主发展、社会参与三个方面的人文底蕴、科学精神、学会学习、健康生活、责任担当、实践创新等六大素养。

如何将其与学校教育有机整合，如何找到我国学生核心素养与学校办学思想的对应点及课程教学实施途径，如何对所开发的核心素养课程进行方案、内容、效果等方面的系统评价……这些是学校、教师需深度探究的课题。

**（二）学生发展"三大品质"的凝练**

我们以国内外关于核心素养的课程研究的理论框架为基础，对学校的课程、教学、德育、课外活动、评价管理等课程建设过程进行分析和研究。

在理论与实践的交互检验中，我们厘清了学校育人目标与学生核心素养培育间的关系，找到以核心素养总框架为引领的育人路径，形成了培养"三大品质"，从核心素养的视角进行课程建设的实践案例，丰富和完善了"三大品质"的内涵。

**（三）"三大品质"的具体内容**

"三大品质"基于学校的办学传统，立足"自强、至诚、致远"的校训，确立了"大方、大度、大智"三方面的培养目标。其概念界定为：大方——注重行为举止，目标指向礼仪文明、开放积极、善于交流；大度——指向情感态度，要求讲诚信、负责任、宽容谦让、乐观向上；大智——侧重于扎实的学业基础和人文积淀，以及善于学习、探究创新等学习品质。

**（四）"三大品质"的细化**

学校以"中国学生发展核心素养"为标准，围绕"大方、大度、大智"细化了二级和三级指标，梳理形成"九大核心素养"。其中"大方"品质包括"文明与修养、交往与合作、审美与健康"，"大度"品质对应"态度与情感、责任与担当、开放与包容"，"大智"品质对应"继承与创新、人文与科学、反思与进取"。

## 二、基于"三大品质"发展学生核心素养的实践

学校成立课题组及领导小组，以人才培养目标为导向，形成了"三大品质"下学生核心素养发展的九维培养指标；以课程活动为路径，建构了"五育融合"培养模式；以增值性评价为方式，形成了综合评价方案。

**（一）以目标为导向，构建"三大品质"下学生核心素养发展指标**

在课题组带领下，全校教师通过自上而下、自下而上的研讨和实践，梳理形成《学生"三大品质"核心素养行为指南》的3A、9B、33C三级指标体系。

　　为了让核心素养评价成为可具体观察、可全面衡量,适应不同年级学生发展质量的行为标准,课题组又细化形成了《分年级学生"三大品质"行为要求》,着力体现"年级衔接""分层序列"的特点,帮助学生在小学阶段循序渐进,螺旋上升地塑造品行,养成习惯。比如,将学生"言语行为文明"的发展指标(A1-B1-C2),细化为五个不同层级的要求,分别在不同年级予以落实。对于低年级学生,要求文明活动,靠右行走;对于说话音量的要求,只需学会区分四个层级当中,课堂高声发言和私下轻声聊天这两个层级的音量。三年级则要求在集体和公共场所做到安静、有序,要求掌握在不同场合会使用四个不同层级的音量说话。

　　同样,对学生"学习习惯与方法养成"的发展指标(A3-B9-C30),落实到五个年级学生的行为要求,也是针对年龄特点循序渐进,逐年提升。

　　**(二)以"行为"为依据,有效保障"三大品质"理念的落实**

　　《分年级学生"三大品质"行为要求》具备两大功能:第一,明确了学生"三大品质"发展的行为要求,引导学生对照目标要求,积极开展自我评价和诊断;第二,为学校不断完善课程体系和优化人才培养模式提供依据,对整个教育教学活动过程进行监督、检查、指导。

　　1. 引导学生自我评价,促进自主发展

　　在班主任的教育引导下,学生们以《分年级学生"三大品质"行为要求》为标准制定班级公约,根据班级中出现的倾向性问题,自主设计主题队会。比如,三年级依据"A2-B5-C14"指标要求"诚实守信,答应别人的事要努力做到",设计了"答应的话要努力做到"主题课;二年级依据"A1-B3-C6"指标要求"爱惜粮食,不挑食",设计了"好好吃饭才健康"主题课,倡导"光盘"行动,不剩菜剩饭;五年级依据"A3-B9-C30"指标要求"不断提升学习成效,学会总结适合自己的学习方法",设计了"帮你学得更轻松"主题课。

　　2. 完善课程体系,优化人才培养模式

　　我校根据《分年级学生"三大品质"行为要求》四、五年级"A3-B7-C24C25"指标"积极自主地参加探究实践及科学创新活动,呈现研究成果",积极与上海自然博物馆开展"馆校合作"项目,充分运用自博馆中植物和动物类演变等资源,开发了《鸟的生活环境——鸟巢》和《创新小实验》等校本课程,通过组织学生经历"参观自博馆—设计方案—实践探究—创新改进"的过程,探索问题的解决过程,体验科学的乐趣。

　　根据《分年级学生"三大品质"行为要求》"A2-B5-C17"指标"生活自理,能承担简单家务劳动""乐意参加校园劳动和小岗位服务主动维护校园保洁,积极参加公益劳动",学校组织开展"小当家"岗位实践和劳动教育,制定了《"校园一日保洁"评价指标》,从"课间保洁""午间劳动保洁""放学教室保洁"三个维度,引导学生培养自我服务、协作劳动的良好品行,从劳动中增强岗位责任意识。《"校园一日保洁"评价指标》还采用了全员参与的多元评价模式,形成学校合力,有效保障了"一日保洁"的教育实施。

　　**(三)以发展为取向,展开"三大品质"一体化德育活动**

　　为积极落实"立德树人"的根本任务,学校少工委从"国家意识""文化自信""人格养成"三个维度,进一步构建和优化"学会生活、学会做人、学会学习"的行为规范教育,坚持"一体化""课程化""活动化"的原则,强调"实践育人"及评价导向。

1. "家—校—社"一体化的爱国主义教育实践

（1）"开学第一课"主题实践

"开学第一课"充分融合"雏鹰假日实践体验活动",体现"教师指导""全员参与""亲子共育"。依据不同情境选择"开学第一课"的主题,对学生实施全方位的教育,培养学生爱国主义精神。例如,以"迎接建党100周年"为主题的"开学第一课",展播了学生参观中共一大会址、国歌展示馆、四行仓库等红色场馆,在寻、看、访、思中了解、感受、学习革命先辈们的坚韧不拔、无畏奉献的精神。

（2）"走进世界"体验活动

我校一年一度的特色双语活动"走进世界"集思想性、文化性、艺术性、综合性于一体,发动全校师生以班级为单位开展为期一年的语言、文化、艺术和其他富有特色的探究性实践活动,通过综合调查、编排节目、媒体展示来呈现探究学习的成果。

从2018学年开始,学校积极贯彻"思政一体化"精神,"走进世界"开始了主题化、综合化的设计,高度融合了中华民族伟大复兴的元素。2018年的主题为"走进'一带一路'",从"'一带一路'成员国巡游"到双语教师的"西游降魔之'一带一路'",从儿童的视角讲述从古到今发生在"一带一路"上可歌可泣的故事,增进学生们对"一带一路"倡议的了解。2019年的主题为"我们的朋友遍天下——致敬新中国外交事业",结合"向经典致敬"英语节活动,学生们体验外国音乐、戏剧、美术、演讲等活动,感受文化差异,增强文化理解。2021年的主题为"走进科技世界——致敬科学精神",全校师生和家长携手收集资料,了解先进的科技世界,围绕"科学智慧出少年""华夏科技耀东方""艰苦奋斗创奇迹""科技创新铸辉煌"四个小主题,引领学生们走近中外科学家的发明创造,致敬科学家们不畏艰难、甘于奉献、不断创新的精神,为中国新科技的伟大成就而自豪。

2. 深入开展知行合一的行为养成教育

学校少工委融合社会主义核心价值观教育与行为规范养成教育,立足学生在校、在家生活等诸多方面,促进学生知、情、意、行融合发展。学校录制了"一日常规"文明礼仪教学视频,包括早晨进校礼仪、走廊和上下楼梯礼仪、午餐礼仪、阅览室礼仪等,班主任借助视频开展指导和教育,让学生们学有榜样、习有标准,自觉规范言行举止,懂得"爱国"从尊敬国旗、规范行礼开始,"友善"从微笑招呼、团结助人开始,"节约"从不浪费水电、践行"光盘"开始。

## 三、基于"三大品质"的德育评价活动的完善

学校借助"学优评"信息化平台实施行为规范"日常评价"、德育"每月一评"、少先队"争章评价",推进自主争章、多元评价和"星少年"推荐与表彰。

**（一）借助"学优评"开展争章评价**

学校少工委将争章活动有效整合到以培养"三大品质"发展学生核心素养为核心理念的德育活动中。自2020学年起，在"学优评·争章"板块设立了阅读章、探究章、防疫章、艺术章、劳动章等"红领巾特色章"。同时，争章评价注重与校园文化节体验、中华传统文化教育、核心素养评价相结合。

学生们可以采用照片、视频、文字留言等方式，积极参与争章打卡活动，充分展现了争章活动的自主性。各班每月一次召开班队会开展过程性评价，根据队员们在打卡过程中的数据和质量，全面地做出点评。

**（二）定期开展学生核心素养评选活动**

学校少工委自2018学年起，每学期组织3—4次"星少年"论坛活动，邀请"星少年"们宣讲自己践行"三大品质"的追梦故事。各中队围绕核心素养体系指标要求，依据各班"学优评·争章"数据，结合学生们在各项活动中的表现，定期开展"素养之星"民主推荐和"学生核心素养评优"。

学校还着力结合现有的研究项目和学科教学活动的开展情况，确立语文、数学、英语、科学、美术、体育等不同学科培养学生核心素养的学科目标、结构、内容、教学实施与评价的方法和途径，梳理不同学科渗透德育活动的形式、流程、方法以及质量标准，不断促进学生核心素养的提升与发展。

## 参考文献：

［1］蔡清田.课程发展与设计的关键DNA：核心素养［M］.台北：五南图书出版公司，2012：23.

# 在文化自信中推进高质量基础教育体系

上海市虹口区教育事务服务中心　张　靖

[摘　要] 基础教育是人才培养的重要阶段,新时代人民群众对高质量基础教育的需求日益强烈,对教育"好不好"的关注更加迫切,基础教育的高质量发展已成为时代发展的必然选择,具有重要战略意义。本文对现阶段基础教育中存在的教育焦虑剧增、"五育融合"需进一步推进、教育资源配置需进一步优化等实际问题进行分析梳理,结合文化自信之根、文化自信之魂的现实意义,针对现阶段基础教育体系现状,提出优化发展建议,希望为在文化自信中推进高质量基础教育体系提供一些新的思路和建议。

[关键词] 高质量　基础教育　文化自信

党的十八大以来,以习近平同志为核心的党中央高度重视教育发展问题,坚持把基础教育摆在基础性、先导性和全局性战略地位,围绕基础教育领域作出了一系列重大决策部署,推动基础教育创新发展取得了突出成就。二十大报告再次强调坚持以人民为中心发展教育,加快建设高质量教育体系,发展素质教育,促进教育公平;推进教育数字化,建设全民终身学习的学习型社会、学习型大国。[1]

## 一、推动我国基础教育高质量发展具有重要的战略意义

基础教育高质量发展已成为时代和教育发展的必然选择,具有十分重要的战略意义。

### (一)基础教育高质量发展是教育发展的客观要求

教育是培养人的社会实践活动,基础教育是人才培养的重要阶段,事关国家未来教育发展大计,基础教育发展状况会影响到国家整体教育发展水平。要促进我国教育高质量发展,就必须科学研判基础教育改革发展面临的新形势。推动基础教育高质量发展是体现新时代社会主义教育事业根本宗旨和发展本质的深刻论断。基础教育高质量发展也是深入贯彻党和国家教育发展大计的重要组成部分,准确把握了教育的阶段性发展需求,为全面推进我国教育改革和教育治理体系的科学发展指明了前进方向并提供了根本遵循。[2]

### （二）基础教育高质量发展是人民群众的热切期盼

教育关系到千家万户，是人民群众切身利益的根本体现。党的十八大以来，以习近平同志为核心的党中央，密切结合我国教育发展的实际，作出了一系列有关教育的重要论述和指示。促进基础教育高质量发展，办好人民满意的教育，是以人民为中心的发展思想在教育领域的集中反映和生动体现，反映了党和国家始终关注人民群众的根本利益，贯穿和展示着深厚的人民情怀。

## 二、我国基础教育高质量发展进程中存在的问题

随着国家进一步推进教育治理体系和治理能力现代化建设，我国基础教育发展取得了巨大成就，基础教育结构更合理、质量不断提高、效益产出明显，然而在基础教育向高质量发展的进程中，暴露出以下几个方面的突出问题。

### （一）教育焦虑剧增

我们知道，基础教育阶段是学生接受正规学校教育的初级阶段，也是最容易产生教育焦虑的时段。据相关报道，现如今幼儿园入学阶段的竞争也很激烈，许多家长要提前一年多就去"登记排队"。而在小学和初中阶段，很多家长就已经让孩子过早地进入到"题海战术"阶段。在家长过度焦虑的情绪和行动影响之下，学生通常会陷入过多的作业负荷、过多的培训之中，难以感受到学习的乐趣，这与新时代国家所倡导的德智体美劳全面发展的理念相矛盾。正如《中国教育报》刊文指出："义务教育最突出的问题之一是中小学生负担太重，短视化、功利化问题没有根本解决。"[3]可见，当前中小学生存在较为严重的教育焦虑问题，对学生的身心健康发展产生较大影响。

其次，教师也产生了一定的教育焦虑。在家长的学业期待和社会的教育竞争意识之下，过度的外在功利性因素也加剧了教师的教育焦虑，教学也受到一定程度的干扰。有关调查显示，三分之一的家长认为学校教育就是要教学生更多的学科知识，让学生接受更多学科知识的强化训练；对于兴趣班、特长班和提升学生思维能力的趣味活动课则持消极怠慢的态度。[4]

### （二）"五育融合"需进一步推进

首先，促进学生全面发展的认识需要提升。教育是一种培养人的社会实践活动，但是基础教育发展过程中仍然存在重分数轻能力、重升学轻培养的现象，离国家所提出的促进学生德智体美劳等方面的全面发展还有一定差距。这与教育的根本目的是有所偏离的，影响到了学生的全面发展。[5]

其次，促进学生全面发展的"五育融合"的行动比较缓慢。当前，中小学在教育教学活动中，缺乏对学生全面发展培养活动的制度设计和统一的行动规范，学校管理者、教师对日常教学工作之外的全面育人实践还存在诸多困惑，需要进一步加大学校在学生实践能力和综合素质培养上的力度。

**（三）教育资源配置需进一步优化**

由于社会经济发展水平的差异性,我国东部、中部和西部地区的经济发展水平差距较大,教育资源配置存在很大差异。根据官方统计数据显示,在教育经费方面,东部基础教育的各项教育经费指标平均是中西部的1—2倍,在各项指标中,教育公用经费差距最大。

## 三、文化自信的价值观是基础教育高质量发展的基石

"文化自信,是一个国家、一个民族、一个政党对自身文化价值的充分肯定,对自身文化生命力的坚定信念。"[6]也就是说,一个国家、民族和政党对自身的理想、信念、学说以及优秀传统文化发自内心的尊敬、信任和珍惜,对当代先进文化充满信赖感的尊奉、坚守和虔诚,对未来文化发展有放眼世界的自信、担当和追求;从哲学层面而言,它是人类所特有的一种具有超生物性、超自然性、超现实性的文化生命机能,是人类社会实践在个体生命内部建构的高级文化结构,也是人类主观能动性和文化创造性的具体表现。[7]文化自信观主要包括了自信之根、自信之魂等几个方面。

**（一）自信之根——坚持中华优秀传统文化的根基命脉**

首先,用科学的态度对待中国的优秀传统文化。习近平同志用马克思主义唯物辩证的态度来对待中国传统文化,指出:"不忘本来才能开辟未来,善于继承才能更好创新。"[8]中华传统文化是我们民族的"根"和"魂",如果抛弃传统、丢掉根本,就等于割断了自己的精神命脉。要坚持马克思主义的方法,采取马克思主义的态度,坚持古为今用、推陈出新。这使中国传统文化在面对现代化进程的转换中,既能超越自身,又不至于抛弃自身,固守民族根本,又能紧跟时代精神而不断创新。

其次,习近平同志提出了弘扬中华优秀传统文化的新要求。内容上"要认真汲取中华优秀传统文化的思想精华和道德精髓,大力弘扬以爱国主义为核心的民族精神和以改革创新为核心的时代精神,深入挖掘和阐发中华优秀传统文化讲仁爱、重民本、守诚信、崇正义、尚和合、求大同的时代价值",形式上"要使中华民族最基本的文化基因与当代文化相适应、与现代社会相协调,以人们喜闻乐见、具有广泛参与性的方式推广开来"。

**（二）自信之魂——坚持社会主义核心价值观的培育践行**

首先,习近平同志阐释了社会主义核心价值观的文化内涵。社会主义核心价值观是对中国文化特色和文化精髓的凝聚与提炼,也是人们在现实生活中判断是非对错和价值追求的准则。"核心价值观是文化软实力的灵魂、文化软实力建设的重点。这是决定文化性质和方向的最深层次要素。一个国家的文化软实力,从根本上说,取决于其核心价值观的生命力、凝聚力、感召力。"[8]

其次,指明了社会主义核心价值观的培育基础。"培育和弘扬社会主义核心价值观必须立足中华优秀传统文化。牢固的核心价值观,都有其固有的根本。"[8]这体现着习近平同志对中国传统文化精髓的深刻把握。中国传统文化蕴含着丰富的思想道德资源,为社

会主义核心价值观的培育提供着不竭的文化源泉。

再次,提出了社会主义核心价值观的践行要求。习近平同志将教育引导作为社会主义核心价值观的践行要求,指出要有重点、分层次地对核心价值观进行宣传教育。在中央政治局集体学习、北大"五四讲话"、"六一"儿童节前夕,以及召开文艺工作座谈会等众多场合中,习近平同志针对领导干部、青年学生、少年儿童、文艺工作者等不同群体,分别提出了要做践行核心价值观的"领头雁",要从一开始就扣好人生的扣子,要从学校从娃娃抓起,要言为士则、行为世范等具体要求。

## 四、在文化自信中发展高质量的基础教育体系

基础教育是我国教育的重要组成部分,涉及广大人民群众的切身利益,要满足人民对美好教育的期盼,必须认真审视和着力解决基础教育高质量发展中存在的问题。

### (一)以学生为本,推动立德树人落到实处

教育是一种培养人的社会实践活动,人才培养涉及育人和育才两项任务,是两者有效结合的一种过程。要促进基础教育高质量发展,必须切实贯彻以学生为本,积极推动立德树人工作,具体来说要注重以下三个方面的内容。

一是要明确基础教育发展的客观规律,把提升学生的综合素质和能力作为教育活动的出发点。当前我国由于受传统教育观念的影响,在教育领域或多或少地存在一些功利化因素,重知识轻能力,影响到了基础教育人才培养的质量,也对学校的发展产生了错误导向。当下学校的各项评比工作,包括"星级学校""重点学校"等,更多的是重视学校的品牌效应,并没有从学生的认知需要出发。只有把握基础教育发展的规律,培养全面发展的人,切实提升学生的综合素质,才能建设高质量的基础教育体系。

二是要明确立德树人建设对于基础教育学校发展的重要意义。基础教育阶段是学生奠定知识基础、形成人生观和价值观的阶段。党的十八大明确提出要把立德树人作为教育的根本任务,明确了基础教育学校人才培养的方向;党的十九大进一步提出要"落实立德树人根本任务",进一步凸显了党和国家对立德树人根本任务的重视度。可见,党在教育方针政策的制订上始终坚持德育为先,强调坚定正确的政治方向,这有助于培养跟党走、扎根祖国大地、奉献人民的社会主义建设者和接班人。

三是优化学生培养过程,以立德树人推动教育教学改革。基础教育改革是国家教育治理体系改革的重要组成部分,在改革与发展过程中要强调学生的主体地位,强化立德树人意识,这有助于学校管理者、教师明确责任意识,积极推进教育教学改革;也有利于培养学生全面发展的各项能力,最终培养出有理想、有道德、有文化、有纪律的"四有"时代新人。

### (二)坚持教育公平性原则,优化教育资源配置

教育公平是社会公平的重要基础,坚持基础教育的公益性和普惠性,是中国特色社

会主义教育的显著特征。公共教育资源配置公平,既是教育机会公平的重要途径,也是教育公平的更高层次要求。当前要加强基础教育领域有质量的公平,需要抓住关键领域,建立政府主导、人民广泛参与、社会积极协同的教育资源配置机制。当然,坚持教育制度公平,还必须全面推进依法治校和依法治教的进程,坚持用科学的规程维护教育公平,积极推进教育信息化建设,努力办好人民满意的基础教育,进一步提升基础教育发展的质量和效益。

**(三)创新基础教育评价方式,倡导多元评价**

党和国家提出要深化新时代教育评价改革,这对于促进教育良性发展和高质量具有重要的指导意义。在基础教育评价方面,要注重教育评价方式的创新,倡导多元评价。具体来说,基础教育的评价主体应该多元化,既包括政府和教育管理部门,也应该包括学校管理者、教职工、学生和家长等主体。首先,对于政府和教育管理部门这一主体,要加强多元参与的政策制定和制度设计,为加强多元评价提供科学的决策依据。其次,对于学校管理者,要从学校发展的角度促进其他主体的参与。再次,学校在管理制度上要充分考虑到教师、学生和家长的参与,让他们对学校运行状况、教育教学质量和办学效果有一定的知情权和参与权。只有加强多元评价,才能营造有利于学校长足发展和学生健康成长的人文环境和氛围,让学校能静心育人,以此才能促进基础教育的良性发展,回归教育的本质。

## 参考文献:

[1]"用新的伟大奋斗创造新的伟业"奋进新征程　建功新时代·党的二十大特别报道[N].人民日报,2022-10-17(006).

[2]李政涛."五育融合"推动基础教育高质量发展[J].人民教育,2020(20).

[3]顾明远.解读"双减"意见:减轻学业负担,把立德树人落到实处[N].中国教育报,2021-07-25(3).

[4]柳海民,邹红军.高质量:中国基础教育发展路向的时代转换[J].教育研究,2021(4).

[5]上海市教育科学研究院.调查报告显示:上海八成教师感觉工作压力重[EB/OL][2022-09-08].http://www.fjjcjy.com/WwbJcjy/ShowLast.as_px?new_id=f88dd6016fbb4e86882969ff39a6c47a.

[6]云杉.文化自觉　文化自信　文化自强——对繁荣发展中国特色社会主义文化的思考(中)[J].红旗文稿,2010(16).

[7]刘士林.中华文化自信的主体考量与阐释[J].江海学刊,2009(1).

[8]习近平.习近平谈治国理政[M].北京:外文出版社,2014:156,161-164,258.

# 引领教师成长

# 立足区域教育发展，助力研训教师成长

上海市虹口区教育学院　颜　清

[摘　要] 研训教师是虹口区推进教育改革的重要践行者与引领者，肩负着"办好人民满意的教育"的历史重任和推进区域教育现代化的使命担当。虹口区教育学院以习近平总书记关于教育发展的重要论述为指导，依据区域教育发展的新目标与学院的发展现状，深入开展"人才梯队建设""院本研修""院校合作项目"等培养工作，探究研训教师人才培养培训的实践路径与策略，提升研训教师教育的质量。

[关键词] 研训教师　培训　课程

教育大计，教师为本；教师大计，教师教育为本。虹口区教育学院作为区域教育教学专业指导的母机，面对新形势下教师队伍建设和教师成长发展面临的新挑战，积极重塑对教师成长的专业认识，激发教师成长的动力，搭建教师成长的平台，探索区域研训教师成长的多元评价和专业发展路径。

## 一、虹口区域研训教师的发展背景

### （一）教师队伍建设的新定位

党的二十大报告中指出，"实施科教兴国战略、强化现代化建设人才支撑，坚持教育优先发展、科技自立自强、人才引领驱动，加快建设教育强国、科技强国、人才强国，坚持为党育人、为国育才，办好人民满意的教育"。习近平总书记在考察北京师范大学时提出"有理想信念、有道德情操、有扎实学识、有仁爱之心"的"四有"好教师，进一步明确了教师培养的目标和方向。为了深化教师教育改革，更好地满足新时代基础教育发展要求，作为区域教师队伍的领头羊，教育学院立足学院的定位和目标，努力培养一支新时代背景下区域研训教师队伍。教师质量的提高必然离不开教师教育质量的提升，在当前新时代教师培养的价值导向下，提升研训教师的质量更加迫切、更加重要。

### （二）区域教育发展的新目标

虹口区基于"上海北外滩、浦江金三角"的战略目标，深入贯彻落实新时代人才工作新理念新战略新举措,坚持人才引领发展战略地位,着力强化高层次人才队伍建设,为人才发展提供了巨大机遇。为推动虹口教育的发展,虹口区以"教育强区"为战略目标,立足实际,创新人才培养模式,贯穿人才的培养、评价、激励和服务的全过程,深入推进教育系统干部人才"五梯队"培养和教师专业人才"五层级"建设,与上海市"双名工程"培养协同发力,同频共振。在新一轮人才培养中,将打造更具辨识度和影响力的虹口品牌,努力培养具有虹口特色的"未来海派教育家"和"虹教名师"。

**(三)虹口区教育学院的发展现状**

教育学院作为区域教育规划的参谋基地,学生、教师发展的研修中心,学校干部成长的孵化中心和教育学术的交流平台,承担着全区基础教育、学前教育、特殊教育的"研究、指导、培训、管理、服务"的工作职能。面对教改新形势、新变化,我们的教师队伍建设和教师发展成长迎来诸多新机遇、新挑战。

一方面,教师队伍结构有待优化,专业化素养有待进一步提升。目前,学院教师平均年龄46岁,青年教师占比较少,拥有硕士、博士学位的教师占比36%,有待进一步提高。另一方面,教师专业发展机制有待完善。学院紧紧围绕虹口区教育系统人才梯队建设,培养了一大批具有区域影响力的高素质研训教师,一定程度缓解了教师新老更替时出现的问题。但是,针对学院教师的个性化发展的培训依然不够,培训的系统性与针对性有待提升。

## 二、研训教师队伍建设的院本策略与实践

伴随着"双新""双减"等一系列关于教育发展的政策颁布,高中阶段、义务教育阶段、学前教育阶段、职业教育等各个学段的教育改革应运而生,都对教师的成长与发展提出了更高的要求。为了深化教师教育改革,更好地满足新时代基础教育发展要求,教育学院立足学院的定位和目标,努力打造一支优秀的研训教师队伍。

**(一)推进人才梯队建设,形成研训教师的协同力**

高质量的教育离不开高素质的教师。高素质研究型的教师队伍是高质量教育发展的中坚力量。为贯彻落实"十四五"国家教育改革发展的中心任务和立德树人的工作要求,发展高水平的教育教学团队,培育教育家型的教师领军人才,整体推进区域教师队伍水平和优质师资均衡发展,虹口教育构建了金字塔形的虹口区教师专业人才梯队,为区域全体教师提供专业发展的路径。人才梯队自上而下分为学科高地理事长、学科培训基地主持人、学科带头人、骨干教师、教学能手5个层级。

作为人才培养的重要阵地,教育学院依据区域教师人才队伍建设的顶层设计,统筹规划,并落实与区域相匹配的高端人才建设计划,引导研训教师主动申报人才梯队,发挥示范与引领作用,形成学院人才建设的蓄水池。通过数轮人才梯队的培养,学院目前已有正高级教师14位、高级教师58位、特级教师11位、特级书记1位。在2022—2024学年虹教

系统教师专业人才梯队中，学院有学科高地理事长3人、学科培训基地主持人8人、学科带头人21人、骨干教师8人、教学能手4人，共计44位教师名列其中。

学院高度重视人才培养，人才梯队的建设是学院教师品牌的有力体现。人才梯队建设解决了学院研训教师职业发展的自我实现通道，有效缓解了人才断层，营造了积极的人才文化氛围，助力学院研训教师进一步发展。

**（二）立足院本研修项目，强化研训教师的研究力**

教师专业发展有3种价值取向：理智取向、实践—反思取向和生态取向。理智取向强调教师个体获得知识和技能的提高，实践—反思取向重视教师实践行为，生态取向则更强调教师群体的共同发展。教师专业发展的3种取向相互作用于教师专业发展。院本研修是教师开展的专业学习活动和实践活动。培训方式强调教师群体的共同发展。

虹口教育学院院本研修本着"素质立人、文化立院"的理念和"牢固树立终身学习的理念"，明确提出了研训教师成长、成才的途径和方法，将教育、教学、科研融入教师培训的三大主题，即"师德培训课程""素养培训课程""实践体验课程"，从而拓宽视野、更新知识、关注教师专业发展，不断提高其业务能力和研究能力，形成"三位一体"的培训模式。

1. 师德与素养课程，夯实理想信念

2021年，中共中央、国务院印发的《关于新时代加强和改进思想政治工作的意见》明确指出，"把思想政治工作作为治党治国的重要方式，着力固根基、扬优势、补短板、强弱项"，首次将思想政治工作定位为治党治国的重要方式。教师的思想政治素质和师德师风直接关系学生的培养，关系国家的前途命运，关系人类文明的传递。

站在新的起点上，院本研修必须把握思想政治工作的新要求、新形势、新发展，将其贯穿学院的教师队伍建设和学院治理各领域，在新征程上更好地落实治党治国的重要使命。

学院开展了师德与素养课程，新时代的课程以党的十九大、党的二十大及马克思主义中国化时代化理论为指导思想，以中华优秀传统为生长土壤，以教师的职业道德与规范、职业的知识修养和文化品位为现实支撑，共同构成了师德与素养课的理论根基、文化根基和现实根基的有机整体（见表1）。

表1　2022年虹口区教育学院师德课程与素养课程

| 师德课程名称列举 | 素养课程名称列举 |
| --- | --- |
| 学习贯彻落实党的二十大精神 | 以案说纪　不碰底线 |
| 不忘初心　追求卓越——虹教人精神大家谈 | 在工作场域中提升教师的学习力 |
| 学习陶行知教育思想，提升虹教人职业精神 | 核心素养评价研究 |
| 明史笃志铸师魂　金秋共谈传师道 | 提升教师的审美与鉴赏能力 |

续　表

| 师德课程名称列举 | 素养课程名称列举 |
|---|---|
| 化德成性　自觉觉人　做弘扬师德师 | 教师形象与沟通艺术 |
| 立德树人,铸就教育之魂 | 提升教师信息素养 |

2. 实践体验课程,提升工作质量

区域研训教师在掌握最新教育理论的基础上,更需要在实践中展现教育智慧,着力完成区域教育实践中的重大项目。研训教师培训须以提升教师实践体验、反思能力来提高培训培养的质量;通过实践,从学生学习、课程教学、学科理解等不同角度塑造研训教师的反思意识和批判性思维,培养教师掌握教育教学反思的基本方法和策略,进而开展教育科学研究,解决实际教学中的问题。

学院根据教育局"工作即教科研,课题即业务"的指导思想,教学研究室、教育科研室、德育研究室、教师培训室、干部培训室等科室聚焦虹口教育改革的热点、难点问题,以推动一线学校干部、教师的发展,助力学校立德树人工作提质增效,帮助区域学生德智体美劳全面发展等维度,申报学院的实践体验课程,定期研讨达成共识,寻找解决问题的方略,从而构建了"理论—实践—再理论—再实践"的课程实施推进路径,推动区域教育教学重大项目的有效推进(见表2)。

表2　2022年虹口区教育学院实践体验课程

| 部门组室 | 课程名称 |
|---|---|
| 教学研究室 | 研究课程标准,创新评价方式 |
| 教育科研室 | 新时代教育背景下学校教师教育科研素养培育 |
| 德育研究室 | 深化推进"彩虹计划",全面促进"五育融合" |
| 教师培训室 | 区域教师专业人才梯队的选拔与科学划分研究与实践 |
| 干部培训室 | 区域培训赋能新时代基层中小学党组织书记能力提升的实践研究 |

**(三) 借助院校合作实践,提升研训教师的引领力**

大力推进院校合作项目是优秀研训人才培养体系的一项重要工作。学院坚持按照培养高素质人才的定位要求,进一步加强与基层的合作,通过院校合作项目的模式,加快推进学院人才培养模式的根本性转变,扩展和基层学校的联系。学院鼓励研训教师围绕虹口教育的重大项目,以基层学校为实践平台,发挥区域研训教师的教育智慧,激活一线教师的问题意识,提升教科研能力,实现教学相长、合作共生的目标,努力为区域教育的高质量发展服务。

院校合作项目流程规范,分为立项、开题、中期分享、两级评审,通过深化院校合作项目的实施,提升了学院人才培养的质量,促进了学院和基层学校的良性互动,研训教师的专业能力得到长足发展和持续提升(见表3)。

表3　2021学年虹口区教育学院优秀院校合作项目(部分)

| 姓名 | 院校合作项目名称 | 合作学校 |
| --- | --- | --- |
| 崔　岚 | 师幼共建基于"0环境"的专用活动室支持幼儿自主活动的实践研究 | 新港路幼儿园 |
| 朱丽霞 | 基于高阶思维培养的初中数学建模实践教学研究 | 虹口实验学校 |
| 吴石安 | "党带队"下的红色基因教育校本实践研究 | 祥德路小学 |
| 王红丽 | 基于学生成长需要开展心理课堂教学的实践研究 | 华师大一附中 |
| 金　燕 | "表演游戏促进幼儿社会情绪能力养成的实践研究"课题立项指导和开题研究指导 | 曲阳第五幼儿园 |

#### (四)实施多元评价管理,激发研训教师的价值力

职业认同是"生命个体在对于职业价值的发现和体认中产生的心理归属感,也是帮助教师去践行教育思想的理念支撑,是教师走向卓越的重要路径"。当教师个体职业认同感较高时,就会把人生价值与教育事业紧密联系起来并化为日常的自觉行动。职业认同是教师发展成长的内在动力。为了更好地助力教师专业行为养成,学院在优秀研训教师的培养培训上,细化过程管理,注重师德、能力与业绩三者并重,从"人才梯队""院本研修""院校合作项目"三方面,充分激发教师发展的内在动力。

"人才梯队"建设评估,是根据虹口区教育系统教师专业人才梯队考核办法,从师德修养、学科研修、团队建设、自身发展、引领辐射、个人特色等方面进行考核。学院与之配套形成了《虹口区教育学院高端教师继续培养实施方案》,为他们搭建高端学习平台与专家指导,给予专项经费等支持和保障。同时,每年度评估以量化任务完成评估考核。

"院本研修"的考核纳入"十三五""十四五"区域教师学分考核。考核奖励结合学校绩效奖励方案。通过评价鼓励教师积极参与院本培训,聚焦培训内容,形成教师特色。并在此基础上,形成课程评价体系,将成果和案例应用于工作实际,切实有效地提升教师的教科研能力。

"院校合作项目"每年定期验收与考核。院校合作个人项目的考核办法项目验收结果分为优秀、合格、不合格3个等级,不同的等级奖励不同的经费拨付方式,确保了院校合

作项目的质量和数量。

## 三、结语

"培养造就大批德才兼备的高素质人才，是国家和民族长远发展大计。功以才成，业由才广。"虹口区教育学院高度重视教师的培训培养，依托"人才梯队建设""院本研修""院校合作项目"，深入开展学院研训教师的培养工作。未来，学院将继续做好研训教师的培养培训工作，优化学院教师发展的机制，探索新的培养模式，深入研究"为师之道""为学之道"，增强培训的针对性和实效性，进一步推动研修的课程化、规范化建设和管理。相信学院的教育改革探索之路将越走越宽广。

**参考文献：**

[1] 范士龙,孙扬.法国教师"培训—研修"模式转变研究[J].比较教育研究,2019,41(05).
[2] 林崇德,黄四林.以培养"四有"好老师为目标涵养高尚师德修养——《中小学教师培训课程指导标准(师德修养)》有效实施的关键问题[J].人民教育,2022(01).
[3] 王易.把思想政治工作作为治党治国的重要方式[J].学校党建与思想教育,2021(15).

# 做有价值的事,成有影响的人

## ——跟着刘彭芝校长学办学

上海市复兴高级中学　陆磐良

[摘　要] 本文以作者在上海市第三期普教系统"双名工程"刘彭芝卓越校长培养基地的学习为例,从学精神,坚定理想信念,学做事,知晓名校真章,学做人,真情淬炼队伍3个方面,阐述了当下普遍开展的校园长培训过程中,学员必须要拥有一个明确的目标、一颗持久的恒心、一点"想要改变自己"的想法,否则就很难让自己在这类学习、研修和培训中取得真经,获得成长。希望本文能够为未来参加校长培训的学员们提供一些帮助。

[关键词] 学精神　学做事　学做人

建设一支强大的"四有"好教师队伍,培训和学习是必不可少的,各级部门为此也做了不少努力。但是要真正达到目的、取得效果,还需要进一步思考:我们究竟需要什么样的学习? 我觉得从无到有,从弱到强,从优秀到卓越,是每一个人职业生涯必然要经历的过程。作为一名从教36年的老教师,回顾自己的职业生涯,发现在中国人民大学附属中学(以下简称"人大附中")参加上海市第三期普教系统"双名工程"刘彭芝卓越校长培养基地的学习对自己影响最大,收获也最大,可以成为未来教师学习成长的一个案例。

2012年,上海有16位校长经各区县教育行政部门推荐、基地主持人评审、市教委审定,成为上海市第三期普教系统"双名工程"刘彭芝卓越校长培养基地学员,参加人大附中刘彭芝校长培养基地研修。10年以后,当年参加研修的16位校长几乎都成为上海的特级校(园)长或者正高级教师,有的还走上了领导岗位,无一不在上海的基础教育中发挥着影响。

"人生为一大事来",是刘彭芝校长作为中国当代教育家的信念,也是她成功的动力。那么,跟着刘校长学习,我们有哪些任务呢? 我当时给自己定下了三个任务:第一个任务就是紧紧抓住这次机会,全面学习、深刻领会刘彭芝校长的教育思想和办学理念,激发我们追求卓越的信念;第二个任务就是充分利用学习、生活都在基地的机会,深入实际,对自己进行全面的反思总结,探讨教育规律,把握教育本质,使零散感悟、个人经验能够提升到具有普遍意义的理论认识的高度上;第三个任务就是充分融入人大附中,使得这次培训能够成为交流改革经验、提升教育理念、探索教育创新有效途径的专门化平台并主动传播、扩大影响。

10年后的今天,回过头来想想,可以说我完成了以上3项任务,而且学到了不少真经。

## 一、学精神,坚定理想信念

"爱",既是刘彭芝校长一直挂在嘴上的一个词,也是深深镌刻在她每一次讲话、每一次上课、每一次与人谈心、每一次亲力亲为中的一个烙印。"大爱无疆",是刘校长作为中国当代教育家的精神,也是她前进的动力,在刘校长的身上体现了一个当代教育家追求完美、忘我投入、执着追求的人格特质。因此,我们的第一个任务就是紧紧抓住这次机会,全面学习、深刻领会刘彭芝校长"兼济天下"的仁心义行和"人生为一大事来"的教育理想和办学理念。

一直以来,我相信学校教育创新与校长专业发展,是每一个教育工作者追求的目标,但是为什么大家都朝着一个方向前进,最后的结果却大相径庭呢?实际上起作用的是理想信念,是精神。

奥地利心理学家阿德勒曾经说过,"追求卓越与成就是人类活动的基本需要",也就是说,人生来就有追求优秀的本能。办一所名校应该是每一位校长的追求,所以他们做着所有校长都会做的事情,即队伍建设、制度建设和硬件建设,但是到最后我们往往发现即使路径一致,结果却并不一样。比如说,有些学校的办学质量就与他们所拥有的详尽完备的制度不相匹配,原因在哪里?因为制度是由人来执行的,如果人有问题,那么即使是再好的制度也没有用。

电视剧《亮剑》主人公李云龙,集侠骨柔肠、智慧勇气于一身,从团长到伙夫,经历了不同的角色。他打破常规,所带部队都留下了他的痕迹,都成为能打硬仗、善打硬仗的英雄部队。在电视剧的最后,主人公关于一支部队如何成为钢铁部队、王牌部队有一段名言,我一直记忆犹新。他说,"任何一支部队都有自己的传统。传统是什么?传统是一种气质、一种性格。这种气质和性格往往是由这支部队组建时,首任军事首长的气质和性格决定的。他给这支部队注入了灵魂。从此不管岁月流逝,人员更迭,这支部队灵魂永在。事实证明,一支具有优良传统的部队,往往具有培养英雄的土壤,英雄(或是优秀军人)的出现往往不是以个体形式,而是以群体形式出现的。理由很简单,他们受到传统的影响,养成了同样的性格和气质"。我想这样的气质和性格沉淀下来就变成了某种精神,我把它称为"亮剑精神"。

任何一所名校都有自己的传统,人大附中的传统是什么?就是刘校长的精神气质和独特性格。这种气质和性格决定了人大附中的传统,并且已经注入人大附中每一个人的灵魂,从此无论岁月流逝、人员变动,人大附中的灵魂永在。

为什么人大附中出了这么多优秀的人才?为什么人大附中具有兼济天下的胸怀?为

什么人大附中可以在基础教育领域独领风骚？理由很简单，就是他们在刘校长的影响下，养成了同样的性格和气质。这样的气质、性格和实践沉淀下来就变成了某种精神，是为人大附中的"亮剑精神"。

我认为，人大附中今天所取得的成就，应该就是"亮剑精神"的集中体现，人大附中就是这样一所具有"亮剑精神"的学校，刘校长则是这种精神的缔造者、践行者。所以，在人大附中的学习，我首先学习到的就是刘校长的这种"亮剑精神"。

## 二、学做事，知晓名校真章

人大附中丰富多彩的改革实践取得了丰硕的办学成果，也积累了宝贵的办学经验。所以，我们的第二个任务就是充分深入实际，对自己的专业素养、教学水平、管理能力进行全面的反思总结，探讨教育规律，把握教育本质，使零散的、个体的感悟和经验能够提升到具有普遍意义的理论认识。

在人大附中组织下，我们前后一共集中学习了6次，从每一次学习的组织就可以看出人大附中的与众不同：首先是刘校长高屋建瓴的理论报告。3年里面6场报告，每一场报告3个小时以上，每一次都能让我们得到理论的升华，指导我们梳理办学思想、修正办学理念。

接下来是专家报告。各国顶级学校的教改经验、社会政治经济的发展比较，不分地域，也不分学科领域，这些紧凑密集的报告宛如一次思想大爆炸，让人应接不暇，但是回过头来看，却极大地开阔了我们的视野，引导我们审视、反思并转变自己看待问题的方式，身在教育却要置身教育之外，可能更加容易看清当下教育的弊端，为自己寻找提升办学质量的突破口。

然后是人大附中办学实践汇报。3年里，我们亲眼见证了人大附中素质教育的实践历程，学校选修课程建设、早培班办学实验、学生志愿者活动、"三高"足球俱乐部、艺术教育改革、贫困地区留学生、薄弱学校托管等，每一次的实践都有不一样的经验供我们学习，也让我们仿佛置身其中思考自己学校是否可以复制、借鉴。最后安排的是我们学员之间的交流，各抒己见、实证为先是我们交流的一个原则。每一次交流，人大附中的导师团队都全程参加，及时和我们分享经验、分析问题。

由此看来，人大附中关于我们这次培训的构思十分高效，办学思想提升→宏观理论拓展→实践经验汇报→个体觉悟反思，每一次的集中培训都一气呵成、逻辑严密，让我们在不知不觉中学会把每一件事情都当成人生的大事来处理，遵守着严格的行为程式。

如果说以上仅仅是关于培训本身的一些感悟的话，那么下面的故事就更加能够说明人大附中的管理水平。

2014年寒假，我们再一次到人大附中学习。有一天下午，我看到有4位老师趴在操场上用黏纸画格子（人大附中没有天然草的操场，只有人工草皮操场），当时就感到非常奇怪。结果第二天举行人大附中年度志愿者活动汇报会的时候,我发现学生进场很快,每个人带着椅子很快就坐下了,并且队伍很整齐。那个时候我才恍然大悟:人大附中没有大礼堂,全校4 000多名学生的大会必须在操场上开。我们可以想象,如果没有这些格子做标记的话,4 000多名学生带着各自的椅子在操场上是一个怎样的景象,所以那些老师画的格子实际上起到了定位的作用。也许这就是"细节决定成败"。这样的细节在人大附中有许多,我想就是这样的细节使得人大附中的管理于无声处中提高了办学水平。

所以,一所学校的成功不在于她有多少能人、多少名人,而在于现有的人有多少投入、是否全身心付出。当所有的人都关注细节的时候,当所有的人都把每一件事当成大事在做的时候,成功也就不远了。

### 三、学做人,真情淬炼队伍

刘校长是一位具有超级气场的校长,在人大附中的空气中弥漫着这样一种气息,就是不仅有知识的传播、思想的交流,还有情感的沟通,更有生命的对话。在刘校长的眼睛里,学校是一个犯错成本最低的地方,所以学校需要有一个宽容的胸怀,要容许师生在正确的道路上跌倒后爬起来继续前行。"No success successor is fail",意思是"没有成功的继任者是失败的"。这是我在刘校长那儿学到的又一个感悟。

在我很多年的工作中,我看到许多历史名校的潮起潮落,原因很多,但是一个共同的因素是人才传承断流。而在人大附中,我看不到这种现象,相反我看到的是人才辈出、持续不断,并且不是一个人才,而是一批人才,不是一个领域内的人才,而是各个领域内的人才。即使是农民工,在人大附中也会发出应有的光芒。在人大附中,临时工可以成为摄影师,举办个人摄影展;普通职工可以成为雕刻师,在全国烹饪大赛上获奖;化学实验员可以开设"西方经济学"选修课,并且好评如潮。没有身份的差异,也没有职位的高低,每一个人、每一项工作都能得到肯定和尊重。校园中弥漫着一种期待你成功、鼓励你创新、尊重你个性的空气。

刘校长说,"校长创新最重要的使命是什么?我以为是激发每一个教师员工创造的激情和潜能,并把它转化为实际的教育业绩,也就是要激活每一个细胞。如何激发与激活?关键是尊重。尊重是创造的源泉,你只有尊重校园里每一个人的个性特点,尊重他的发展诉求,才能发现他的亮点,千方百计地为他搭建平台,让他实现梦想,活出精彩;这个学校才会涌动着不竭的创新活力,就会出现教育奇迹"。

多年来,我一直在思考,这样的空气源自哪里?现在我找到了原因,就是刘校长的人才观,就是刘校长豁出命去也要为国家培养优秀人才的做人准则、家国情怀。

不拘一格降人才。当她发现农民工王锋爱动脑子,还喜欢摆弄电器时,力排众议,先安排王锋在电教中心干杂务活,后来又安排他学习进修,再后来又安排他拍摄学校教学宣传片,帮助他参加摄影比赛、举办摄影展。一路走来,王锋少不了刘校长的悉心爱护、指点迷津。直到今天,王锋已经从一个陕西来的农村青年成长为人大附中信息中心主任。

人才是需要进行培养打造的。为了助力青年教师庄丽(人大附中校友,清华博士毕业回母校任教)成长,刘校长为她配备了人大附中最好的导师,让她担任早培实验班的班主任,让她开展各种各样的教学实验,让她开设公开课参加"教学比武"……几年以后,庄丽老师成为人大附中早培实验的骨干。

条条大路通罗马,人才培养的途径并不唯一。赵柏闻,人大附中学生,17岁时参加深圳华大基因一个夏令营后决定辍学进行基因研究。这在当时被所有人认为是一个疯狂的决定。刘校长听到这个消息以后,做了一个大家意想不到的决定——亲赴深圳考察华大基因,与研究院院长见面讨论赵柏闻的未来发展。然后刘校长对赵柏闻说了一句话,"如果做不下去了,可以回到人大附中继续学习"。今天赵柏闻已经是人类认知能力的基因研究项目的团队带头人,成为世界公认的杰出青年创新科学家之一。如果没有刘校长的宽容,没有刘校长的远见,赵柏闻可能就是一个传统方式下按部就班的大学毕业生而已。

所以,在人大附中学习,我学习到的是刘校长对于人的认识,是刘校长做人的品行、智慧,是刘校长对于人才队伍建设的责任感、使命感,对于人才队伍建设的高瞻远瞩,对于人才队伍建设的先进方法。

这是一个真实的案例。也正是那3年的学习,推动着我一直在做着有价值的事,虽然还不能成为有影响的人,不过有一句话可以肯定地说,就是"我已经在追随刘校长的路上了"。中国式的教育现代化,需要加大教师队伍建设的力度,学习、研修和培训是关键环节,相信有很多材料可供学习,也有很多案例可供参考,更有很多专家可以追随,但是如果你没有一个明确的目标,没有一颗持久的恒心,没有一点"想要改变自己"的想法,你就很难在这样一个新时代的新征程中做出自己的应有贡献。

# 以课程改革为中心，建设高水平教师队伍

上海财经大学附属北郊高级中学　陈雪斌

[摘　要] 强国必先强教，中国式现代化需要教育现代化的支撑。没有高水平的教师，就谈不上高质量的教育。上财北郊始终坚持教育者先受教育，教育引导广大教师克己守正、为人师表，理想信念坚定，道德情操高尚，专业学识精湛，常怀仁爱之心，以课程改革为中心，提升教师专业水平，努力为每个孩子提供适合的教育，促进学生德智体美劳全面发展。

[关键词] 课程改革　高水平　教师队伍

上海财经大学附属北郊高级中学是一所具有120多年历史的老校，历经岁月的洗礼，积淀下深厚的文化底蕴，形成了优良的办学传统。2016年，虹口区人民政府与上海财经大学合作共建上海财经大学附属北郊高级中学，使这所百年老校焕发新的生机，学校迎来新的发展机遇。近年来，学校传承并发展了"文化立校、素质立人"的办学理念，努力让学校文化融入新时代先进文化之中，为国家培养更多的栋梁之材。

在新时期教育综合改革背景下，学校紧紧围绕培养目标，以课程改革为中心，基本形成了以人文和财经为特色，既能适应高考综合改革，又能体现高中特色发展的校本课程体系。在课程改革过程中，如何让我们的教师队伍跟上改革的步伐，张扬个性与特长，"做强自己，形成特色"，既是学校队伍建设的方向，也是学校党组织一项重要抓手工作。近年来，在区委区政府和理事会的领导下，在区教育工作党委的指导下，学校围绕课程建设，不拘一格用人才、出人才，培养了一批师德高尚、业务精良、特色鲜明的优秀教师，有力地促进了学校各项事业的全面发展。

## 一、在思想方法上把握"三个结合"

### （一）师德为先与专业为本有机结合

师德是教师独有的职业道德，是教师最重要的素质。它源于教师对教育本质、育人职责的深刻理解，是一种不可或缺的教育理念和专业知识。学校要求每一位教师，尤其是青

年教师,都要学习一些教育经典,熟读一些著名教育家著作,阅读一些优秀师德故事,以增进自己的知识底蕴和道德修养。学校还规定每一位新教师5年内必须做班主任(或副班主任),通过实践探索,不断培育自己的教育智慧,提高育人水平。师德的进步需要教师自主学习、实践探索和理性反思,也需要外部激励和纪律约束。学校制定了《上财北郊教师职业道德考核条例》,对出现"有违背党和国家方针政策言行的"等十种情形之一的,师德考核直接认定为"不合格"。同时,每一位教师作出书面承诺,不搞有偿家教,不参与机构办班补课。对教师的评聘晋升等,实行"师德一票否决制"。通过刚性制度,严格规范教师从教行为,引导教师立德树人、为人师表,不断提升人格修养和学识修养。

作为教师,唯有经常反思自己的言行,擦拭心灵的灰尘,叩问自己的教育良心,才能渐渐形成明晰、合理而道德的专业自我。只有这样,教师职业才能真正称得上一门专业,为学生、家长和社会所认同。

### (二)规准建设与个性发展有机结合

俗话说,"没有规矩不成方圆"。规准,就是行为和程序的规范、质量的标准。从学校角度讲,围绕课程与教学的内容要素和流程环节,都可以立"规准"。学校在教学管理上对备课、上课、作业、辅导、评价等基本环节都有严格的规范要求。比如:备课,明确规定由备课组长负责,做到定时、定点、集体备课。教师必须围绕学生核心素养的培育进行教学设计,以课时为单位编写教案。任教不满5年以及首次教授新教材的教师必须写详案,学期结束交教务服务中心检查等。这种整齐划一的要求有一定的约束性,让教师行为有据可依,人人自觉。

在教学管理标准化建设过程中,学校一直在探索教师个性化发展路径,最大限度地挖掘并发挥每一位教师的闪光点,积累了一些行之有效的做法。一是"发现"教师特点有办法。每年组织行政干部和人才梯队成员通过听课、调研,及时提炼、总结教学特点鲜明或者班级管理得法、学生反响好的教师的经验。学校创新学生自主管理模式,建立了"班级日志"制度。通过学生撰写班级日志(相关部门设计表格,其中有一项内容是聚焦教师教学行为),及时反映课堂教学情况,发现教师的个性特长。"青年教师协会""班主任工作室"等学习共同体进行主题研讨,能够发现一些思想独特、善于总结、教育成效显著的教师。二是"支持"个性发展有措施。对于专业发展有显著特点的教师,学校在经费投入、学习资源、服务保障等方面提供有针对性的支持。例如:对于善于教学研究的教师,学校协调资源支持其课题立项;对于课程建设中积极实践探索的教师,学校努力为其提供理论学习机会;对于有较强组织管理才能的教师,学校安排他们在管理岗位上进行轮岗锻炼。三是"展示"教师才华有舞台。每位教师每学期上一节校公开课,保证都有在全校"露脸"的机会。学校创设各种类型的论坛,每周教工大会、双周班主任会、每月年级大会、每年教学研讨会、班主任节等,处处都是教师表达交流的场所。每年的市、区、校各层级的教学大奖赛、说课比赛、命题技能比赛、班主任基本功大赛等,也都是教师一展身手的舞台。

### （三）团队打造与个体培养有机结合

教师是一支队伍，是一个群体。学校一贯重视年级组、教研组和备课组的建设，以团队评价促进教师的和谐发展。学校的绩效考核不仅关注对教师个人的评价，还关注对备课组的集体评价，以团结互助、整体提高为重点评价教师团队。每年教育教学质量奖励基本以备课组为单位奖励，一荣俱荣，一损俱损。我们的教师团队都是一个学习共同体、荣誉共同体、命运共同体，有共同愿景、共同追求和共同的价值观。教师之间相互分享思想和智慧，有效获取、传递和创新专业知识，大家共同进步，促进学校发展。

不同的教师有不同的成长经历，文化背景、个性特征、教学风格各异。学校鼓励教师开展教学改革与创新，鼓励教师的专业发展具有自己的特色，形成"一师一特色"。尤其针对青年教师当中好的苗子和各级骨干教师，学校会予以特别关注，创造条件，重点培养。

## 二、在工作举措上着力"三个提升"

### （一）提升教师的文化素养

教育境界或信仰，即师德；专业素养，即师识；综合能力，即师能。教师文化就是教师在教育教学活动中表现出来的习性、习惯、思维与行为方式，最终形成教育教学价值观。学校绝大多数教师都是有爱心、有责任感的好教师。他们在自己的岗位上表现出很高的文化素养，但是我们也发现，个别老师在教育观念、教学行为、教育言语等方面还是存在问题的，表现在"师道尊严，教师为中心""满堂灌、师讲生听""目中无人，只有分数"，等等。究其根本，是教师文化素养出了问题。

学校利用寒暑假教师培训和每周政治学习时间，集中开展学习培训，邀请教育专家、名师等进行专题讲座，内容紧跟时代步伐，围绕师德师风、教育热点、教育改革、教学技术等。工会每学期组织安排教工春秋游，到上海的红色文化景点、海派历史文化区域、城市发展时代地标等实地，亲身体验、感悟，通过文化引领，引导教师在教育思想、教育信念、教学观念以及教师角色认同等精神因素方面，形成正确的价值观、教育哲学观念。

### （二）提升教师的精神面貌

激励精神，调动教师爱岗敬业的积极性，关键是要尊重人的价值。每个教师都有长短，学校领导既要欣赏教师的优点，也要学会包容教师的缺点。在学校管理中，我们坚持依法治校，有制度，讲规矩，同时也注重情感的、人性化的因素。我们在学校里强调"和"字，强调个人自我的身心和谐，强调人际和谐，强调遵守规范的社会和谐，强调与生存空间的自然和谐，积极倡导"尊重、合作、包容、共生"的文化精神，彼此尊重，相互协作，集思广益，以实现教师之间的思维和思维的碰撞、智慧对智慧的启迪、观念和方法的提升、情感和心灵的共鸣。

学校领导班子带头作表率，党政工牢牢把握好党组织的政治核心，校长的行政中心和教代会的民主管理，同心同德，互相配合，相互补台，发挥团队协作精神，以科学与民主的精神管理学校。工作中坚持"集体讨论、民主集中、会议决定"的方针,班子成员之间经常开展批评与自我批评,开展执政为民的权利观教育,树立公仆意识,不断改进工作作风。我们把党员干部作为学校文化建设的示范群体,努力践行"充满激情、富于创造、勇于担当"的新时代上海干部精神,要求党员干部一定要走在前、干在前、吃苦在前,干部队伍始终保持良好的精神状态。全体教师始终执着于教书育人,有热爱教育的定力、淡泊名利的坚守。针对每个教师的特长,学校想尽办法,创设各种平台,调动每个教师的积极性,让每位教师在组内发挥在学术建设上不可替代的作用,发挥团队凝聚力,激发工作活力。

**(三)提升教师的专业发展**

于漪老师说,"一辈子做教师,一辈子学做教师"。这既是她对自己教师人生的感受,也揭示了教师成长的规律,从开始学习怎么做,到能独立解决各种问题,再到能按照自己的认识与主张进行高水平教学活动,是一个漫长的专业发展过程。追求卓越,才能更好地成就自己。我们常常说,教师的专业成长,从新手教师到合格教师的转变容易实现,而当一位教师到达"高原区"的时候,就会出现职业倦怠感。如何突破"高原区"?那就要教师在反思中积极进取,在理论学习中逐渐形成自己的教学见解,才能成为优秀教师。

在教师队伍的专业发展中,学校紧紧围绕"教学质量是生命线",学校领导班子带头规划、组织、协调,层层落实推进,引起全校教师重视,同时提供人力、物力、时间、地点等保障条件,全面为教师服务,让每个教师体验到关爱、激励和支持。在此过程中有两个措施很重要:一是通过研究课题提升。前几年,学校把"在高中校本化课程建设与实施中有意注意学生思维品质培养的实践研究"作为教育教学改革的主课题,从各学科的课堂教学实践入手,探索教师培养学生思维能力的教学方法与实施策略,在实践层面上探索学生思维发展的瓶颈问题,为全面实施素质教育进行创新研究。我们以教研组为单位,确立各学科的子课题。比如:语文组的"高中语文教学中培养学生逻辑思维能力的实践研究",地理组的"在读图、观测、实验活动中提升学生地理思维能力的实践研究"等,教师围绕思维的逻辑性和科学性等特征开展研训活动,大大提升了教育教学能力。二是依靠同伴互助进步。几年来,我们的教师通过师徒结对研究,共同备课、听课研讨、反思改进;聚焦对话话题,使教师逐步养成在群体中围绕一个话题反思、聆听、观察、辩论的习惯。在教育教学实践中相互学习、取长补短,多层次的学习与交流活动积极有效地促进了教师整体教学水平的提高。我们利用各种机会请进来,走出去,与国内的同行们交流切磋,开阔了眼界,拓宽了思路。

对学校管理者而言,全面了解教师自我发展的目标,尽可能满足教师的发展需要,做好雪中送炭、助人成功的工作就是管理的使命。我们时刻将教师的发展需要放在心上,根据教师的不同需求,适时为教师提供有力支撑,为教师的发展铺设台阶,构建一个个体验的舞台,使他们踏着阶梯一步步上升,少走弯路,找到适合自己发展的方向,从而最大限度地发挥教师的潜能,促进教师充分自主地发展。

# 如何建设高素质教师队伍

上海市钟山初级中学　周玉萍

[摘　要]教育优先发展,首要前提就是要有一支结构合理、高素质的教师队伍。在新时代,基层学校必须以更加高度的政治自觉、更加有效的保障措施,确保教师队伍优先发展,提升办学品质。本文以习近平总书记在党的二十大报告相关论述为指导,阐述如何通过目标规划、培训引领、学科实践、同伴互助、项目引领等措施促进教师队伍建设的实践探索。

[关键词]师德素养　育人能力　高素质教师队伍

习近平总书记在党的二十大报告中指出,"要坚持教育优先发展,坚持为党育人、为国育才,全面提高人才自主培养质量,着力造就拔尖创新人才,聚天下英才而用之"。总书记关于教育优先发展的这一重要论述具备全球视野,以面向世界和共同繁荣的胸怀作为实践宗旨,不仅充分体现了大国的自信与担当,还为学校培养人才提出了新的教育方略。

学校是人才培养的主阵地。要培养高质量的符合强国发展需求的时代新人,师资队伍建设是关键,因为教师队伍是教育强国的第一资源、科技强国的第一支撑、人才强国的重要保障,只有打造高素质的教师队伍,才能不断提升办学品质。

## 一、整体规划,引领教师发展

习近平总书记在党的二十大报告中为我们提出了"办好人民满意的教育"的总目标,同时也为学校明确了人才培养的路径和方向,即"落实立德树人根本任务,把学生培养成德智体美劳全面发展的社会主义建设者和接班人"。

学习党的二十大报告,深刻领会党的二十大报告精神,尤其是关于教育的阐述,是凝聚思想共识,深刻认识立德树人在教育中根本性、基础性的地位和作用的最佳指导。党支部、校长室把师德师风建设作为师资队伍建设的重点,共同制定学校师资队伍建设五年发展规划,按照习近平总书记"四有"好老师的标准,把"思想正"作为教师培养的首先前提,最终确立了学校五年发展规划教师培养目标为"思想正、讲法律、专业精、学生爱、实绩优、协作强"。

教师培养的思路用三个关键词来概括,即"培训、培养、培育"。"培训"指校本培训,对象为全体教师,通过培训提高全体教师的综合素养水平;"培养"指青年教师培养,对象为40周岁以下的青年教师;"培育",指优秀教师培育,对象为中青年骨干教师。教师培养要做到"四个坚持":坚持师德师风建设贯穿始终,坚持校本培训主渠道,坚持科研项目引领,坚持对入职教师、青年教师、成熟教师、骨干教师制定不同发展目标。

## 二、校本培训,提升教师综合素养

学校办学理念是"以人为本,多元发展",即以人的发展为本,培育符合时代需求的新人。要完成好这一使命任务,教师的师德素养提高是重中之重。

### (一)校本培训,提升教师师德素养

校本培训分4个板块:师德素养课程、知识技能课程、实践体验课程、信息技术课程。师德和素养课程以集中培训为主,知识技能课程、实践体验课程、信息技术课程以教研组为单位进行。为了提高教师立德树人水平,学校先后开展了"增强集体意识,培育团队精神""弘扬爱国精神,争做新时代好教师""瞻仰'红色'场馆,汲取信仰力量""讲好红色故事,传承使命担当"等师德课程;通过"'四有'——新时代教师的素养标杆""价值主体论视角下教师核心素养的培养""走进名著,重温经典,提升阅读素养""项目化学习推动下的教师教学设计能力提升"等课程提高教师核心素养。

针对中老年教师和青年教师两类人群,采取不同的培训方式,通过以"老"带"新"、以"新"帮"老"的形式,促进"新""老"教师共同成长。

### (二)专题培训,提升教师育人能力

《义务教育课程方案和课程标准(2022年版)》从学科到人,从知识到素养的转型,充分体现了立德树人的思想,强化了课程的育人导向。但现实中还存在"重教书,轻育人"的现象。针对这一现象,学校通过开展专题培训,帮助教师树立课程育人、文化育人、活动育人、实践育人、管理育人、协同育人的思想,提高育人能力。比如:通过"推行'全员导师制',共筑'成长守护网'——中小学全员导师制背景下的学生发展指导思考与实践""心理危机的识别与干预"等专家讲座指导教师相关关键策略;通过学生危机事件的干预和预防、如何有效开展家校互动等案例分享,提高教师解决问题的能力;通过学科案例研讨,提高教师对学科育人内容和策略的精准把握等。

### (三)关键问题培训,满足教师教学需求

为了满足教师成长需求,学校定期开展问卷调查,了解教师的培训需求和教学困惑,基于问题培训、问题研究、问题实践,激发教师"我要学,我要改,我要做"的参与积极性,促进教师快速成长(见表1)。

表1 关键问题的培训

| 问题与需求 | 校本培训 | 实 践 | 目 标 |
|---|---|---|---|
| 需要"多媒体、信息网络的应用能力"指导 | (1) 讲座"'云'上之师的新媒介素养能力提升"<br>(2) 讲座"学习交互式白板基本应用,提升教师信息化教学力""信息技术应用能力提升工程"培训<br>…… | 微视频录制<br>线上、线下混合教学 | 提高信息技术与教育教学深度融合的能力 |
| 需要"课程资源开发"指导 | (1) 讲座"'双减'背景下的作业系统改进"<br>(2) 教研组长校本作业编制经验分享<br>…… | 汇编各学科校本作业 | 提高作业设计能力,提高课后服务水平 |
| 希望观摩名师课堂教学 | (1) 名师现场上课<br>(2) 观摩《空中课堂》<br>…… | 人人开设校本研修课 | 提高家常课教育教学能力 |
| 希望了解如何在课堂调动学生的学习兴趣 | (1) 讲座"课堂教学关键问题案例解读"<br>(2) 学习专家编制的"学科关键问题的改进方案""中小学学科教学关键问题指导丛书" | 开展"提升初中生学习品质的'三趣'课堂建构与实践研究"课题研究 | 提高课堂教学能力和研究能力 |

## 三、学科实践,提升教师学科素养

传统教学存在的最根本的问题是没有挖掘、落实和实现知识的育人价值。要调整教与学的关系,必须开展学科实践。只有通过学科实践,提高教师的实践能力,确立正确的育人观、成才观,才能回答好"怎样培养人"的问题。

**(一)提高课程设计和执行力**

通过学科知识传授来培养学生,不是简单的技能操练问题,教师必须有上位的课程设计能力和下位的课程执行能力,才能成为教材运用的引导者,才能设计出适合学生水平和发展的新课程,才能培养出德智体美劳全面发展的社会主义建设者和接班人。学校组织教师在研讨课程标准和学科基本要求的基础上,开展初中教学操作年段指南的编制和实施(见图1),精准架构课程标准与课堂教学的联结桥。虽然基层教师编制的指南和专家相比有很大的差距,但在编制和使用学科年段指南的过程中,教师的课程设计和执行力有了很大的提高。

**(二)提高课堂教学执行力**

课堂的质量不在于教师讲得有多精彩,而在于学生在他的能力范围内能学到多少。

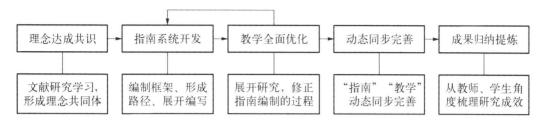

**图1 年段指南的编制和实施思路与过程**

学校把提高教师课堂教学执行力作为重点,构建与新课标相适应的新型课堂。学校通过开展四个"一"活动,提高教师课堂教学执行力,即党支部把"聚焦课堂教学关键问题、提升学生核心素养"作为"我为群众办实事"的重点发展项目;学校组织全体教师开展"每月一研"活动,开展课堂观摩、课例分享;每位教师每学期上一节校本研修课;教研组以教师课堂教学关键问题的突破为目标,每学期组织一门实践体验课程。通过多方位的培训和实践,教师的课堂教学执行力得到不同程度的提升。

**(三)提高课堂教学研究能力**

聚焦课堂教学研究,目的就是为了提高教师课堂教学的执行力和研究力。学校课题"以录播课为载体的课例研究"让教师尝到了以教学反思改进家常课的甜头,"完全联结架构下的初中教学操作年段指南的编制与使用研究"则帮助教师解决"过度"教学的问题,"构建'三趣'课堂,提升初中生学习品质的实证研究"为提高教师学科育人能力指明了路径。螺旋式上升的系列课题研究提高了教师课堂教学研究能力,推动了学校群众性科研工作,更体现了学校全面深化课程改革、落实立德树人根本任务的思考和实践。

## 四、同伴互助,加快青年教师成长步伐

同伴互助在青年教师成长中起着非常重要的作用。学校为他们提供发展平台,让他们在培训和实践中同伴互助,共同成长。

**(一)在学习共同体中互助成长**

学校组建"1+2+5"学习共同体开展项目研究,每个共同体由1名区级骨干教师、2名校级骨干和5名青年教师(教龄5年以下)组成。学习共同体打破学科限制,营造跨学科研讨氛围,取得较好的效果。2020年市级项目"基于青年教师数字化平台下单元学习资源的设计与应用课例研究"、2021年区级项目"以跨学科教学共同体建设提升教师专业发展效能"、2022年市级项目"校本研修框架下提升青年教师阅读能力的实践研究"都是较好的例子。

**(二)在青年教师沙龙活动中携手共进**

学校成立由青年教师自我管理的青年教师沙龙,通过开展多样的活动,引导青年教师

携手共进,在学校各项活动走在前列。他们共同备课,共同编制校本作业,为学生上团课,上门慰问孤老教师,参与校园或社区的疫情防控,与特殊学生帮扶结对等,展现了团结互助、积极向上的精神风貌。

### (三)在结对跟岗中走向成熟

师徒结对是比较成熟的一种培养模式。一方面,学校根据教师的教学实际和发展潜能,为教师专业人才梯队成员和2—5年龄的教师提供师徒结对的平台,让优秀青年教师承担见习带教、精准委托管理等带教工作;另一方面,学校党支部做好学校管理第五梯队成员的轮岗培养。迄今为止,已有4位35周岁以下的优秀青年教师加入行政管理的队伍中。第五层级管理岗位轮岗的35周岁以下青年教师超过9人次。

## 五、项目引领,培育优秀教师群体

学校充分利用科研优势,以课题或项目引领,为教师搭建发展的平台,赋能教师成长。

### (一)以课题研究锻造科研骨干队伍

在全校范围开展市级课题"完全联结架构下的初中教学操作年段指南的编制与使用研究",不仅促进了教师教学反思能力的提高,增强了教师间的合作与交流,也锻造了一支科研骨干队伍。近5年来,学校立项的市、区级课题超过30个,多位青年教师成功申请上海市、虹口区青年教师(2—5年)专业发展实践、区校合作项目等。

### (二)以"见习规培"打造指导教师队伍

作为上海市教师专业发展学校,从2012年起,学校充分利用这一平台打造指导教师队伍。指导教师在帮助职初教师成长的过程中,不断规范、反思自己的教育教学工作,促进了专业二次成长。10多位教师荣获市区优秀指导教师称号,3位教师的见习培训课程成功入选区级培训课程,共计完成了近200位见习教师的规培任务。

### (三)以"数字教材应用研究"推进教师队伍数字化建设

作为上海市第一批数字教材应用研究实验学校,从数字教材工具的课堂运用、题目的编制,到基于项目的数字化学科实践研究,数字教材应用研究不仅提升了学生在学习中的自主学习、探究合作、个性化学习的能力,也促进了教师信息技术运用水平。后疫情时代,线上、线下混合教学实践更让教师从"数字教材应用研究"走向了信息技术与学科教学的深度融合。

2022年4月2日,教育部等八部门联合印发《新时代基础教育强师计划》,强师计划既是对基础教育师资队伍建设的整体规划,也是对学校如何建设高素质教师队伍的指引。学习党的二十大报告精神,让我们进一步明确了办学方向。我们将把"为党育人、为国育才"的思想贯穿学校工作的全过程,凝心聚力,打造高素质教师队伍,办好家门口的学校,为全面建设社会主义现代化国家做出我们应有的贡献。

## 参考文献：

［1］习近平.为全面建设社会主义现代化国家而团结奋斗——在中国共产党第二十次全国代表大会上的报告［N］.人民日报.2022-10-26.

［2］顾明远.习近平总书记关于教育的重要论述的方法论［J］. 教育研究,2022,43（09）.

［3］李西贵.学生第一［M］.北京：教育教学出版社,2011：20-50.

# 以科研课题引领教师队伍专业发展的实践探索

上海市丰镇中学　胡巍华

[摘　要]教师队伍专业化发展是学校可持续发展的生命之源、动力之源。教育科研并不是一种简单的牵引,而是唤醒教师自身专业自觉意识与内在情感的引擎。我校在"宜"文化的理念下,致力于以科研为引擎,以课程建设为载体,以构建实践共同体为途径,为教师提供专业发展平台和组织文化支持,促进教师专业成长与学校内涵发展的融合提升。

[关键词]科研　"宜"文化　实践共同体　教师队伍专业化发展

在建设新优质学校的过程中,我们深切感受到拥有一支高质量的教师队伍的重要性。学校的办学目标中提出构建"宜和、宜修、宜智"的新优质学校,其中,"宜和"是指宜和共生、合力共赢的教师专业团队建设。学校以科研为引领,促进师资队伍内涵发展,助推学校"宜"文化创建,实现学校可持续发展。为此,学校开展了以区级重点课题"基于实践共同体理念的教师队伍专业化发展的实施研究"为引领的多项实践研究,旨在探索既顺应时代教育变革的要求,又符合我校实情的绿色生态发展模式。

## 一、问题的提出

### (一)教育变革对教师提出新挑战

中共中央、国务院《关于全面深化新时代教师队伍建设改革的意见》提出,到2035年教师综合素质、专业化水平和创新能力大幅提升的目标。《上海教育现代化2035》将发展教育、教学、研究、学习合一的在职教师专业发展模式作为建设高水平教师队伍,奠定一流教育的重要基础。教育变革的时代,学校和教师都需要与时俱进,通过持续的学习与研究来应对挑战。

### (二)学校发展对教师提出新要求

为适应新时代发展的需求,越来越多的学校正在从传统的权力自上而下的行政单位,转向相对扁平、相互学习、共同治理的学习共同体。日本东京大学佐藤学教授提出，21世纪的学校是学习共同体的学校，并进一步指出："所谓学习共同体的学校，是指这样的学校里不仅学生们互相学习、成长，作为教育专家的教师也相互学习、提高，家长和市民也参加学习、共同发展。"

学校以"宜人、宜学、宜发展"为办学理念，致力于构建"宜和、宜修、宜智"的新优质学校。学校通过教研活动凝聚起了全体教师，形成浓厚、积极的教研氛围，对学校的和谐发展起到了很好的作用。但是，目前学校教师队伍仍处于新旧更替中，教师的职称结构和人才梯队结构与学校发展目标仍有一定差距。夯实教师专业发展基础，培养专业型、智慧型、研究型的教师不仅是教育综合改革发展的时代要求，也是我校优质发展、特色发展的必经之路。我们亟须突破学校高质量发展的需求与教师队伍发展相对缓慢的瓶颈。如何激发每一位教师的专业学习活力，帮助其迅速成长并突破教师个体发展瓶颈；如何打破自上而下式的教师培训模式，满足教师个性化专业发展要求等一系列问题，都关系学校未来的发展。

**（三）教师发展对自身提出新需求**

新一轮中考改革对初中教师提出新的挑战，教师要从"课堂里的讲授者"向"锤炼品格的引路人、学习知识的引路人、创新思维的引路人、奉献祖国的引路人"的多元角色转型。面对复杂的教学情境，教师个人孤军奋战往往难以应对。同时，教师发展水平是多层次性的，各类教师所面对的教育教学问题也是多种多样的，教研组、备课组、年级组、科研组这样组织化、科层制的专业学习群体具有管理条线清晰的优势，但是很难满足不同发展水平教师的不同需求。教师需要成为自身专业发展的主人。以专业为取向，建立多元的，旨在为不同发展水平的教师提供更多平等合作机会，发现和解决真实问题的专业学习团队，是教师专业发展的内在需求。

因此，我们希望打破传统受到层级、经验和学科限制，打破自上而下式的校本教师培训模式，形成一套能让教师真正成为教育教学研究的参与者和实践者的专业发展路径，促进学校不同发展阶段教师的专业发展转型，优化教师专业结构，打造一支拥有"宜和共生，合力创新"特色的教师队伍。

## 二、学校的行动

### （一）以"宜修课程"的探究与实践，促进教师专业发展

新中考评价改革已经落地实施，对学生综合素质评价的工作提出了更高的要求和挑战。学校必须以综合素质评价为具体指南，不断改进原有的课程体系，为学生提供丰富多维的学习经历，引导学生坚定理想信念，厚植爱国主义情怀，加强品德修养，增长知识见识，培养奋斗精神，增强综合素质。

对课程的高要求，实际上就是对教师专业水平的高要求。为了盘活校内课程资源，激发教师参与课程建设的主观能动性，增强教师执行课程要求的教育教学能力，从原本被动

的参与者成为主动的开拓者和设计者,学校从顶层设计着手,为教师提供参与课程发展与建设的平台及必要的专业支持,让一线教师在课程"打磨"的过程中,形成较高的课程设计与执行能力,从而实现教师专业水平的提高。

1. 构建"宜修"课程体系图谱

学校在以课程促教师专业发展的过程中,遵循"边实践边研究"的行动方法,构建"宜修"课程体系图谱(见图1)。科研室、教导处、政教处、青年教师团队、骨干教师团队联合起来,梳理学校现有的课程,并根据综合素质评价的需要寻找突破口。青年教师和骨干教师带头进行新课程的开发,学校通过"引进课程""项目化课程培训"等方式,为教师们提供有力的专业支撑。

通过一段时间的努力,学校实现了校内课程的统整,厘清了不同课程之间的逻辑关系,并以综合素质评价为具体指南,以学校的发展培养目标为纲要,完善了"宜修"课程体系,形成了基础课程、素养课程和德育课程相互融合的课程群。

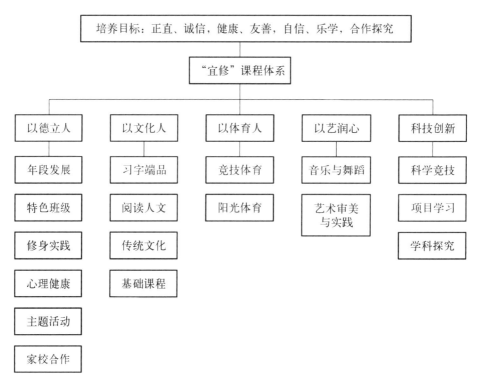

图1 我校重修的"课程体系结构图"

2. 教师成为课程探索与实践的主角

为了满足提升学生综合素养的学习要求,学校成立了"宜修"课程体系开发研究团队,将青年教师和骨干教师纳入其中,先从学校特色课、质优课入手,将教学内容进行校本课程化,制成系统化校本学材,以丰富学生的学习内容。

学校科研室和教导处为教师们提供及时有效的指导支持。例如，在修订书法特色校本学材的过程中，从构思到形成范本，通过一次次的培训会议，为研究团队的教师提振信心。大家一起查找资料，设计教学活动，修订文稿，在行动中探索，在探索中实践，熟悉了如何制定课程目标、课程内容等。青年教师在这一过程中的成长更是让人惊喜。

在"宜修"课程体系创建行动中，教师们的潜能被充分挖掘，每一位教师都通过自身努力，形成了相对完整的校本学材，将优质课程以规范的形式呈现给学生。他们的成功对更多的教师形成了激励作用，促使更多教师主动参与到学校课程的创建中来，向具有创新意识和课程能力的优秀教师迈进了一步。

3. 形成校本化"宜修"德育课程体系

对接学生综合素养评价，学校德育以"宜修"为课程理念，关注学生德行的养成，制定"宜修"课程各年级的德育目标与主题，逐步清晰内涵，细化要求，合理设计，逐步落实，使学生的主题活动课程化，增强了活动育人的针对性，把对学生的道德要求内化为学生的道德品质，外显为学生良好的行为。基于学校的学生培养目标，德育课程的总目标定位为：着眼于时代要求，以学生核心素养提升和全面发展为本，基本构建起培养正直、诚信、健康、友善、自信、乐学、合作探究的"丰镇学子"的学校育人体系。

**（二）以实践共同体的构建，促进教师专业发展**

在创建新优质学校的过程中，学校充分认识到教师队伍建设是学校可持续发展的必要保障。通过"基于实践共同体理念的教师队伍专业化发展的实施研究"的科研课题，力求在研究行动中激发教师成长的活力和潜能，为学校的可持续发展蓄力，打造一支"宜和共生，合力创新"的特色教师队伍，进而在学校整体办学品质上实现突破。本项目的研究工作契合了学校新3年发展规划的需求（见图2），项目组核心成员充分参与学校发展规

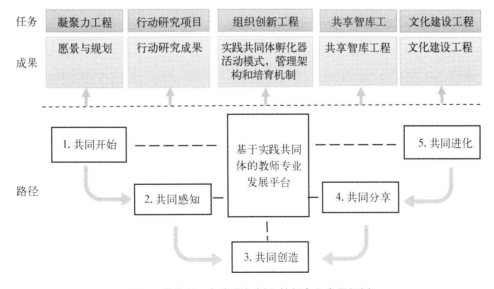

图2 学校新3年发展规划之教师专业发展规划

划,形成了基于"实践共同体"的5个阶段教师专业发展推进历程。

1. 凝聚力工程

学校将"实践共同体"作为学校新3年行动规划中教师队伍建设的主要抓手,聚焦打造"师德高尚、业务精湛、勤于反思、善于合作"的教师队伍的目标,实施凝聚力工程。我们倾听每个教师的发展目标和规划,建立共同愿景,产生归属心理,构筑"实践共同体"的群体凝聚力。一是组织全校教师阅读学校新3年发展规划。从"宜和共生,合作发展"的角度阐述和解释重点工作。在此基础上启动通过年级组、教研组等多种方式征询广大教师的意见建议。二是教师制订个人三年发展计划。个人发展计划包含个人专业发展分析、三年期总目标、年度行动规划、预期成果等。三是开展深度会谈。学校核心团队基于个人发展规划和学校规划,帮助教师充分理解、认识、挖掘他们的职业潜能。

2. 行动研究

我校以真实的实践问题为基础,以各类"实践共同体"为单位,以行动研究为手段,鼓励教师自发组建团队,申报微课题,在研究和反思中加强问题发现意识和行动研究能力,提升专业合作技能,在指导中自觉成长,构建各类实践共同体的雏形。

在项目实施过程中,全校教师已然成为一个广义上的"实践共同体","聚焦课程、聚焦课堂"就是这个"实践共同体"的共同追求(见图3)。在这个过程中,不同维度上的"实践共同体"都能抓住一个教育教学中的现实问题,开展项目化的深度研究。

3. 组织创新

我们通过探索理论学习、案例分析、课程开发、现象思考、论坛交流、听课议课等多种

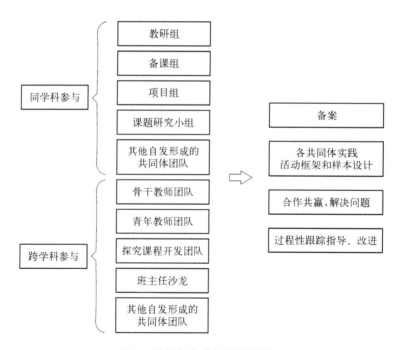

**图3 学校各类"实践共同体"**

学习方式,形成了基于"实践共同体"的专业发展实施流程,并在"实践共同体"活动的基础上,形成促进教师专业发展的多维度"实践共同体孵化器",包括各类"实践共同体"的要素,整体管理框架和培育机制,让"实践共同体"的组织形式和研究实践活动更加有序和规范。

4. 共享智库

共享智库建设项目旨在建立校本知识管理平台,让每一个团队和每一个教师的专业学习成果实现便捷地存储和分享,打造出多元、开放的专业实践平台,分享实践研究成果。教师行动研究和各类基于"实践共同体"的专业学习活动产生的成果最终落实到学校"宜修课程"和"宜智课堂"的建设中,以"宜智课堂"案例和"宜修课程"资源的形式沉淀下来。

5. 文化创建

学校通过组织文化、制度文化、环境文化的建设,创建温馨舒适的校园环境,营造和谐合力的人文环境,形成适合师生共同发展的、充满生机和活力的学校氛围,将学校实践共同体的建设成果内化于心,外化于行,形成"宜和"文化引领下的可持续专业发展生态。

## 三、实践成效

### (一)激发教师参与教育改革的积极性,强化了"宜和"文化氛围

我们形成了多维度"实践共同体"的组织架构,将教师队伍专业化发展与学校发展中的各项具体教育教学工作紧密结合,激活了教师专业发展的主观能动性。很多教师告别了独自一人"埋头苦干",或缺乏目标"停滞不前"的专业发展状态,在充分参与的过程中找到了自身发展的"切入口",通过"实践共同体"的建设,形成了"和谐合力,和宜共生"的文化氛围,教师们在学校拥有了归属感和成就感。

### (二)为"宜修课程、宜智课堂"的建设提供了有效途径和方法

我们通过可视化量表,明晰行动实施路径,解决教育教学中的实际问题,始终将实践、反思和改进置于核心位置,探索了理论学习、案例分析、课程开发、现象思考、论坛交流、听课议课等多种方式,形成具有学习交流、双向诊断和不断改进的实施方式。通过这些有效途径和方法,学校"宜修课程"体系初步成型,同时课堂教学也更关注学生的学习发展,关注差异,从而激发学生智慧与教师育智能力双提升。

### (三)切实促进了教师队伍的专业化发展和学校教育品质的提升

教师课程改革参与度大幅提高,专业发展的主观能动性大大增强;学生的课程满意率大幅提高。根据学生问卷和绿色动力指标的分析显示,学生对于教师课堂教学的有效性的认可度较高,对学校的认同感和自信心都有不同程度的上升。

项目开展至今,对教师的专业促进已经初现成果,学校区级骨干以上的教师人数增加,青年教师申报人才梯队的积极性和成功率大幅提升。教师获得各类奖项的比例不断

创新高。

### （四）盘活了校内外教育教学的各项资源

在项目实施开展的过程中，不同经验背景的教师因共同的志向聚合在一起，在解决问题的过程中产生思维的碰撞，让校内的教育教学资源进一步融合，并生出更多新的需求，也改变了被动沉闷的教研局面。同时，项目也让教师们打开了视野，引入外部资源，将校内外教育教学优良资源有效融合。

## 参考文献：

［1］金卫东.初中教师专业共同体建设机制研究［D］.上海：华东师范大学,2019.

［2］张平,朱鹏.教师实践共同体：教师专业发展的新视角［J］.教师教育研究,2009（03）.

［3］沈伟.专业学习共同体：教师专业发展的校本实践路径探索［J］.江苏教育,2020（86）.

# 教师专业成长的四种引领

上海市霍山学校 严 静

[摘 要]党的二十大报告进一步突出了"高质量教育体系"的目标,作为上海市实施百所公办初中"强校工程"的一员,上海市霍山学校从愿景引领、情感引领、专业引领、价值引领等方面进行探索与实践,构建适合每一位教师成长的管理机制。

[关键字]教师成长 引领 愿景 情感 价值 专业

## 一、问题分析

2018年7月,上海市教委发布了《关于实施百所公办初中强校工程的意见》,"强校工程"是"强"特色、"强"课程、"强"管理的工程,更是"强"人才的工程。上海市霍山学校作为初中"强校工程"实验校,在"强"师的工作中,面临以下困难。

### (一)新入教师多,存在较大差异

自2018年9月起,以调入、流动、招聘等形式进入学校的新入教师、干部共19人,在零经验型教师、新手型教师、成熟型教师中几乎都有分布,占在岗教师总数的42.2%。他们的教龄、教学水平、文化价值认同等都存在差异。

### (二)缺少骨干教师引领,教研水平有待提高

霍山学校中学部35岁以下在岗的青年教师占比51.4%,中学二级教师占比40.5%,高级教师占比8.1%,学校长期缺乏语数英学科骨干教师和学科领衔人。而且由于班额少,历史、地理、生物等学科基本上都只有一位任课教师,他们在教学上的困惑常常无同伴可以商议,缺乏教研氛围。

## 二、四种引领赋能教师专业成长

要"强"校,教师是最关键的。学校从愿景引领、情感引领、专业引领、价值引领等方面进行探索与实践,构建适合每一位教师成长的管理机制,突出针对性和实效性,推动老、中、青年教师发展。

**（一）愿景引领，汇聚群体力量**

学校愿景是全体教职员发自内心想要实现的愿望或景象，概括了学校的未来目标、使命及核心价值，具有凝心聚力的力量。如何让学校愿景深入人心？自2019年起连续3年的教师节，学校举办"从'新'看霍山"教师分享会，由当年新入学校的教师围绕学校强校目标"精细管理、精致课程、精良老师、精准教学、精雅学生、精美环境"谈谈"新"教师进入校园的感受。通过新入教师的"新"角度的分享，作为听众的老教职员工再次回顾强校进程中学校的变化、进步与提高，从"心"感受在实现6个"精"的强校目标进程中全校上下团结一致的力量。新入职员工也很快在新环境中找到了价值认同感。每年的全教会，工会组织征集"我为强校献一计"的提案，让努力"建设一所家门口的好学校"成为新霍山大家庭成员共同的价值追求和美好愿景，由此激发了教师们的热情活力和奉献精神，凝聚了学校奋进发展的合力。

**（二）情感引领，增强自我成长的内驱力**

著名教育学者朱小蔓认为，促进人正向、积极情绪情感状态的持存，不仅是有意义学习的基础条件，也在人的健康习性养成、道德价值观内化，以及人格培养等方面发挥着弥散性的效用。情感在很大程度上左右着人们对职业的选择以及其后的专业发展。教师的"择业""守业"和"弃业"阶段都会受到情感的影响。教师情感渗透在工作的各个环节，扮演着核心角色，关系"师生的个性发展、健康和幸福"。

我校学生的学习基础差异大，教师在课堂教学中很难顾到"两头"，为了赶进度，教师在课堂教学时往往是"一言堂"，很少启发学生进行高阶思维。学校中考成绩常徘徊于区第三梯队的尾部。教师外出参加教学技能比赛，因为班级少，没有"磨课"试讲的班级，常常在初赛阶段就被淘汰。挫败感让教师深陷"无能"的痛苦与无奈中。如何对教师进行情感引领，让他们重拾专业发展的信心？

1. 同侪间的共享和支持给予教师积极的情感体验

为了实现同侪间的共享和支持，给予教师积极的情感体验，学校制定"一个都不能少，上下齐心一起干"的工作原则，让每一位教师都有参与学校工作的机会。为遵循"一个都不能少"原则，学校一年一度的体育运动节，从裁判到参赛，从组织学生排练入场式到教工运动风采展示，使每一位师生都有参与的机会。工会在组织的迎新会上营造"人人都是主角"的氛围，以工会小组为单位，教师"人人都上台"表演节目。在教育教学工作中，学校组建了一支"护教"团队，帮助参赛的教师"磨课"、试讲、修改再试讲，从学生行为规范指导到参赛点整理桌椅、拍照，等等，每个细节都由"护教"团队负责保障。教师逐渐减少了孤独无力感，重新拾起专业发展的信心。

2. 学生成长是教师积极情感的重要来源

学生是教育教学活动的主体，更是教师要精心培育的对象。教师非常在意学生的反馈，学生的进步、对自己教学的认可都会让教师感到快乐，激发正向的情感。因此，学校大队部组织学生开展"老师助我成长的瞬间"征文，记录教师在课堂、学习、社会实践等场景中指导和帮助学生的温情时刻,同时引导学生主动向教师表达感谢、尊敬之情。学生的成长进步及对教师的认可,让教师们产生了积极的正向情感。

**(三)价值引领,开启自我成长的自觉**

习近平总书记要求:教师要做有理想信念,有道德情操,有扎实学识,有仁爱之心的"四有"好老师。一般来说,教师的从业旨趣存在一定的差异。一些教师以工作为谋生手段,在功利主义和技术理性的影响之下,容易在日常工作中迷失价值方向。因此,学校需要持续给教师先进的、积极的、正确的价值导向,从而帮助其形成正确的教育观,引领他们成为学生锤炼品格、学习知识、创新思维和奉献祖国的引路人。

1.加强校本研修,提升教师队伍综合素养

学校把提高教师的思想政治素质和职业道德水平摆在首要位置,坚持两周一次的全校性校本研修。教师们通过专题讲座、实践体验等,深入学习习近平关于教育的重要论述,并结合新时代中国发展面临的机遇与挑战、重大的理论问题与时政要闻,深刻解读新时代中国发展的问题。学校引导教师以坚持素质教育、培育时代新人的教育理想为自觉使命,以献身教育事业、勤于自我修炼的人生理想为发展目标,通过和谐师生关系案例分享、心理学团辅等形式,帮助教师建立积极正向的态度与认知方式,发现自我优势与潜能,增强自我效能感、职业幸福感,找到支持自我生命成长的内驱动力,不断获得心灵品质的提升。

2.加强行政干部队伍建设,做教师成长的引路人

普通教师在工作中往往易受上级行政干部自身对待工作的态度及人格魅力的影响,因此,如何发挥行政干部"关键少数"的作用,将直接影响青年教师的价值取向。优化整个管理团队成员思维方式和加强成员的品质是新阶段实现教师发展和学校发展的新生长点。学校围绕行政干部要具备"捕捉智慧、发现问题、研究改进"3项基本功要求,坚持每周进行学习型中心组建设,由校长、副书记带头领学,各级行政干部围绕学习任务,结合工作,进行头脑风暴式的学习分享与相互启发。逐渐地,行政干部在职称申报、人才梯队申报、教学技能比武等方面都起到了领头羊作用。他们关注教师的身心健康并给予工作指导,合力营造有助于教师形成正确、积极、健康的人生观和价值观的工作、学习、成长环境。

3.加强评价奖励机制建设,引导教师树立科学的教育发展观

依据《深化新时代教育评价改革总体方案》要求,学校加强评价奖励机制建设,把师德表现作为业绩考核、职称评聘、评优奖励首要要求。以"增值评价"理念替代简单的分数或个数比较排名评价,修订了学业质量奖励制度。用"内差异评价"理念,从班级水平提升度进行纵向评价,从学生课程参与度、综合素养发展情况进行班主任工作评价。学校不以学生考分多少来评价教师,而是从年级均衡度、学科均衡度对教师进行横向评价。这样的评价机制促进了教师们积极开展年级教研,共同进步;各学科教师注重学科整合,提升课程实效;教师注重团结协作,对学生全面培养,学科均衡发展。如今校园里比的是"哪位教师能消除学生的恐惧""哪位教师的课,学生最喜欢""哪位学生进步最

大",等等。

**（四）专业引领,获取成长动力**

整合集团内部的各项资源,发挥迅行中学在教师培养方面的优势,大力推进各类共同体建设,以此作为我校教师学习培训、信息交流、教学研修的专业发展平台,助力教师摆脱成长的困惑,引导和促进他们专业成长。目前,已经搭建的学习共同体有:

1. 青年教师发展共同体

以"师徒结对"为载体,以课堂教学设计、专业阅读与案例撰写为内容开展活动。学校建立了新入职青年教师"三年过三关"的培养机制,即"教育教学常规关""课堂教学关""教学技能关",青年教师须完成每学期一节展示课评比、一份完整的课例设计展示、一个教学金点子案例征集。很多青年教师在入职后一年内就奠定了发展的良好基础,走上了专业成长的快速路。学校还成立了由35岁以下的教师组成的"青联会"。他们在党支部的领导下,结合学校工作,自主开展提升政治素养、业务素质和团队凝聚力的活动,真正成为学校最有战斗力和创新精神的发展共同体。

2. 德育研究共同体

迅行和霍山两校的分管校长、政教主任以及德育骨干整合德育关切的问题,围绕班主任工作焦点、学生心理疏导难点等,先后开展了"乘风破浪,携手共进"德育团队联谊活动,"以'首在立人'为核心的学生行为规范的教育实践"德育研讨会,由集团各校的业务骨干就教师所面临的教育困惑,各抒己见作解析,共享"金点子"。德育研讨活动激荡起教师的智慧涟漪,传播了育人新理念,推动了教师优化育人新方式。集团骨干教师的"酵母"反应,在学校班主任队伍中逐渐显现,教师们跃跃欲试地想向集团骨干教师学习,以问题为导向,以课题研究项目任务为驱动来提升自身的教育能力和水平。自此,学校德育团队开启了与日常教育工作相融合,不断提炼自身教育实践智慧的研修之旅。

3. 教学研究共同体

两校的分管校长、教导主任以及教研组长组成教学研究共同体,帮助学校诊断、归纳梳理、解决教学改革中的问题。紧密型办学的合作、交流,促进了智慧的流动和提升,给教师的专业发展带来了机遇。从2018学年第二学期开始,集团开展"加强学科建设,着力内涵发展"系列教学研讨课,为加强校际教师的课堂教学交流搭建了平台,为教师专业发展提供了动力保障。近两年来,学校教师也意识到:专业发展前期可以依靠集团校扶持,但最终自己需成为专业发展的主人。2021年11月,学校组织申报了区级重点项目"聚合教师智慧,提升小规模学校教研水平——'联''跨''新'机制研究",教师们基于课堂关键问题解决,开展在课堂实践和教研活动中不断自觉反思、自主研究、自我更新的行动研究。

4. 课题研究共同体

教科研应密切结合教育教学实际,对教学产生反哺作用。为了让课题研究成为教师专业成长的路径之一,学校组建了3类课题研究共同体:上海市"提升学生高层次思维能力的课堂改进"专项研究共同体、"运用项目式学习理论(PBL)的初中校本化社会考察课程开发与实践研究"德育工作研究共同体、"'活教育'思想理念下的'提篮桥文化'校本课程的开发与实践研究"校本课程研究共同体。学校采取邀请名师进校、论文面对面指导、课题申报一对一辅导、学校发展规划研制等形式,逐步树立起教师正确的科研观念,提高了教师教育教学的问题意识,激发教师在日常教育教学中寻找有价值的问题的积极性,以获得专业成长的力量,寻求更适合自己成长的途径。

## 三、实施成效

2020年至今,学校累计市区教学类评比获奖教师共计48人次,占教师总人数超过70%。教师迅速成长,积累了丰富的教学实践经验,实现了教育教学质量的提升。学校的中考成绩稳步提升。学生在市区各类比赛中崭露头角,语言表达、实践动手、创新能力等稳步提升,社会责任感增强,养成了良好的道德品质和行为习惯。强校至今,学校累计开展市级项目5个、区级课题和项目18个。2020年度上海学校德育"德尚"骨干项目的研究成果荣获第五届长三角德育创新论坛优秀成果奖。每一个教师在霍山学校的校园里都找到了适合自己的发展空间,明晰了自身专业发展的方向,获得了专业发展的支撑,同时学校也积聚了持续发展的力量。

## 参考文献:

[1] 尹弘飚.教师情绪研究:发展脉络与概念框架[J].全球教育展望,2008(4).

[2] 朱小蔓.与世界著名教育学者对话(第一辑)[M].北京:教育科学出版社,2014:55.

[3] 于冰,邬志辉.校长课程领导:新时代基础教育 高质量发展的重要支点[J].社会科学战线,2020(9).

[4] 李霞.信念、态度、行为:教师文化建构的三个维度[J].教师教育研究,2012(05).

# 以专业进化校本研训优化师资队伍建设

上海市虹口区第三中心小学　徐文秀

[摘　要]教师队伍结构性矛盾突出、学科专业能力发展不平衡、青年教师稀缺是三中心小学可持续发展面临的三大问题。专业进化校本研训是我们解决这些问题，促进教师专业成长，促进学校可持续发展的着力点。通过构建基础研训、靶向研训、多维研训三个维度的校本研训机制，形成教师专业层级化递进型成长路径，回应每位教师专业发展需求，激发专业发展内驱力，取得了显著成效。

[关键词]专业进化　层级化　基础研训　靶向研训　多维研训

党的二十大报告提出了坚持以人民为中心发展教育，加快建设高质量教育体系，发展素质教育，促进教育公平的目标。"双新"背景下的教改，就是要从教材、教法两个方面改革创新，实现面向人人、适合人人，为每一位学生提供出彩和成才机会的教育宗旨。其中，课程、教材的改革体现了国家意志，而立足于学生发展目标的达成进行课程校本化的重构和丰富，并高质量、创造性实施是学校的主责，无论哪一点，关键在于一支有专业认识、创新动力、改革智慧的队伍。

## 一、师资结构中存在的问题

2019年，笔者调到虹口区第三中心小学（以下简称"三中心"），在熟悉了解的过程中，发现学校的师资队伍存在结构性矛盾突出、学科专业能力发展不平衡、青年教师稀缺三大问题，将严重影响课改的深入推进和学校的可持续发展。以语文学科为例，35名语文教师中，年龄在40岁以下的仅有2人，最年轻的38岁，3—5年内将退休的占1/3。高级教师7人，5年内将有3人退休。这意味着我们一方面亟待引进青年教师优化结构，另一方面需要抬高底部，壮大领衔力量。

3年努力，初见成效。同样以语文学科为例，30岁以下青年教师从0增加至5人，高级教师新增2人，1名40岁以上教师突破瓶颈晋升中级。其他学科也在发生着同样的变化。

　　三中心曾经是一所出经验、出名师的学校,从这里先后走出了6位特级教师和校长,以及毛蓓蕾、沈功玲等在全市、全国有影响力的名师。在推进"双新"教改的当下,三中心如何才能在育人成已中擦亮品牌呢? 专业进化校本研训是促进教师专业成长、促进学校可持续发展的着力点。

## 二、专业进化校本研训的维度

　　打造一支高质量教师队伍,需要构建以目标和需求为导向,能推动教师专业层级化、递进性成长的校本研训机制,回应每一位教师专业发展需求,激发专业发展的内驱力。为此,我们从3个维度构建专业进化的校本研训:第一个维度是面向全体、标准导向的基础研训,着力解决借助单元教学的流程和规格,实施单元教学活动的意识和能力,实现抬高底部的目标,包括运用流程设计单元教学活动、运用双向细目表设计单元评价、运用评价数据诊断评价内容和运用作业属性表设计单元作业四部分内容。第二个维度是面向个体、需求导向的靶向研训,着力解决突破瓶颈、满足个性价值,打造骨干品牌,实现壮大引擎的目标,主要内容是个性化图谱的专业支持。第三个维度是面向青年、技能导向的多维研训,实现职业动能的强化,主要内容包括教学设计中资源运用、教学活动后的反思改进和项目实践下的课题研究。

　　随着研训活动的推进,教师专业发展初见成效。3年中,新增3名高级教师,7名教师晋升中级,包括1名43岁已不再打算晋升职称的中年教师。21人次先后获得全国、市区教育教学比赛各类奖项。

## 三、专业进化校本研训的实施

### (一) 全员"过水"单元教学

　　教师队伍的老化往往伴随着职业倦怠和对新教学方式的消极对待。随着全市层面单元教学推进的深入,上海市教研室围绕教学目标、评价、教学,陆续出台了指导性的文本,着重从流程和规格的角度帮助教师开展单元教学的实施。怎样才能让每一位教师深刻认识到基于规格和案例的单元教学是教学基本形态,将案头文本中的案例转为可视化的行动,撬动教学方式改进呢? 我们着重采取了以下两个策略。

　　第一,细化校本教研行为,为全员"过水"单元教学每一个环节创造条件。三中心是一所大型学校,每个年级学科教研组的教师少的有三四人,多的有七八人。我们以"五个一"的形式分解每学期的任务,全员"过水",以共同的经历让研训同频共振。

　　第二,我们每年确定一项重点,逐步推进单元教学每个环节的落实(见表1)。在组织实施中,辅助于样例范本、专题解读和案例分析形式的"微格化"培训,着力帮助解决"是什么""怎么做"的问题,整体提高全员实施单元教学实践的意识和能力。

表1　单元教学"微格化"培训

| 学年度 | 推进重点 | 实　施　目　的 | "微格化"培训主题 |
|---|---|---|---|
| 2019学年 | 单元教学设计 | (1) 进基于单元教学设计,规范备课方式<br>(2) 借助团队合作方式,完成各学科单元教学设计,改进和优化日常教学设计<br>(3) 掌握设计规格,形成单元教学设计的思维方式 | (1) 细化学科要求,设计单元教学目标<br>(2) 学情分析的维度 |
| 2020学年 | 单元学科评价 | (1) 优化评价,增强评价诊断作用<br>(2) 掌握单元评价设计规格流程,学会借助双向细目表开展单元评价设计<br>(3) 借助评价数据、命题比赛强化科学评价的意识,增强命题设计的能力 | (1) 评价数据图表的解读<br>(2) 运用评价数据开展案例分析 |
| 2021学年 | 单元作业设计 | (1) 借助作业设计项目化团队的研究案例交流,了解作业设计思路和规范化流程<br>(2) 选择部分单元,依据作业设计流程开展教研实践 | (1) 作业设计的流程<br>(2) 单元教学目标和作业目标的联系和区别<br>(3) 作业属性表的使用 |
| 2022学年 | 单元作业优化 | (1) 借助团队分工合作方式,推进学科单元作业优化<br>(2) 在教材配套练习梳理基础上,进行调整与完善,系统化选编、改编、创编校本化作业补充<br>(3) 每位教师都能独立借助属性表,根据教学目标和实际学情,独立设计作业 | (1) 借助作业属性表优化作业设计的思考<br>(2) 如何立足学科素养发展设计作业内容<br>(3) 怎样的作业设计体现单元特质 |

**（二）个性定制增色图谱**

如果说全科全员"过水"单元教学每个环节,是细节性的弥补,是一种"形似",更是一种外力推动下的发展,那么要从"形似"走向"神似",就需要有一群自觉行动的中坚力量——既代表教师队伍专业高度,也是拉动专业发展的引擎。我们主要采取以下策略。

1. 感受被需要,激发自主发展的内驱力

马斯洛的需求层次理论提出,人的需求从低到高有5个层次。发挥自己的潜力,满足尊重需求和自我实现则是高层次需求。每个学校都有一批表现形式不同、专业能力高、专业潜能强的教师,三中心也是如此。我们采取负责组团项目研究、创设展示平台、导师带教指导等形式,为增色自身个性图谱创造条件,在更多地被需求中激发自主发展的内驱力,实现专业提升。3年来,这些教师在校内外都发挥了很大的作用,以2020—2021学年我校的教学展示交流活动为例(见表2),教师们都展现了专业能力,激发出强大的内驱力。

表2　2020—2021学年教学展示交流活动

| 时　间 | 主　题 | 范围 |
|---|---|---|
| 2020年5月 | 线上与线下教学衔接校本化设计 | 虹口区 |
| 2021年11月 | "沪滇同步课堂"教学活动 | 上海市 |
| 2021年12月 | 中华优秀传统文化主题序列化研究 | 上海市 |
| 2021年12月 | "聚力融合,精心设计,立德树人""三进"主题交流 | 虹口区 |
| 2022年1月 | 小微单元设计解析 | 虹口区 |
| 2021年10月 | 目标导向下的单元教学设计 | 虹口区 |
| 2021年6月 | 精心设计学习活动,有效推进单元教学 | 上海市 |
| 2021年12月 | 基于目标　优化作业设计 | 虹口区 |
| 2021年12月 | 小学语文学科素养导向下教与学方式的转型 | 虹口区 |
| 2022年4月 | "空中课堂"模式下教学活动设计 | 虹口区 |

2. 提供专业支持,实现专业内涵更新迭代

教师在专业发展过程中都会碰到瓶颈问题,学校则为其提供专业支持,助其突破瓶颈,并实施基于需求的靶向研训重要策略。学校有位教师35岁前是学校信息技术设备管理员,35岁转岗做教师。当我们看到这条信息时,一般会如何预判他的职业未来呢?可能更多的是担心他能否胜任教学岗位。5年后,他成为区学科基地的成员,多次承担了各级公开教学展示活动,完成了中级职称晋升。从这样的变化中我们不难看出,这是一位很努力,对自己专业有追求的教师。走到这一步,他非常不容易。一般情况下晋升完中级职称,大部分的教师会觉得自己的专业成长到了瓶颈期。他也同样如此。但我们在和他沟通中发现他的瓶颈来自对教学理解的困顿,而不是懈怠。我们判断他需要激励,更需要一个机会实现学科认识上的突破。2020年,通过评选他被推荐参加市教学评比,我们意识到这是一个关键的机会。结合这次比赛,在教研员的支持下,我们组建了团队开始"磨课"的过程。学校请来了市里的各位学科大咖进行指导,前后试教19次,在不断质疑、近乎崩溃、重拾信心的过程中,他成功了,获得了上海市教学评比一等奖。这位教师的成长故事让我们深刻感受到在教师的专业成长中,为其提供个性化支持的重要性。

下表是这位教师的成长历练的发展经历,从中更能体会到这样的个性定制发生在每一位有需要的教师身上,一定会帮助我们实现教师个体专业内涵的更新迭代到骨干教师的更新迭代。

表3　该教师2019年到2022年取得的一些成绩

| 时　间 | 内　　　容 | 取　得　成　绩 |
|---|---|---|
| 2019.6 | 思政学科"伶仃洋上的中国'脊梁'" | 市时政大赛三等奖 |
| 2020.5 | 道德与法治学科"科学技术改变世界" | 党的十九大进课堂部优课 |
| 2021.10 | 道德与法治学科"中国有了共产党" | 区级公开课 |
| 2021.11 | 道德与法治学科"星星之火,可以燎原" | 市级公开课 |
| 2021.12 | 道德与法治学科"古代科技,耀我中华" | 获中青赛第一名 |
| 2022.6 | 思政学科"伟大事业都始于梦想" | 推送部优课 |
| 2021.10 | 案例"让思政课堂变得更有亲和力" | 区人才梯队成长叙事案例报告评选二等奖 |
| 2021.10 | 道德与法治学科"学习活动的设计与实施" | 市教师研修共享课程 |
| 2021.12 | "聚力融合,精心设计,立德树人" | 区级"三进"主题交流 |
| 2022.5 | "'空中课堂'模式下如何进行活动设计" | 区级讲座 |

## 四、叠加带教,多维培训促发展

随着退休高峰期的来临,5年内三中心有近1/4的教师即将退休,青年教师的培养决定着学校能否借此机会完成队伍结构调整,能否重新建立一支有生命力、有专业高度的青年教师团队。我们重点推进基于发展的多维研训,这里主要介绍其中两个策略。

第一,叠加带教促反思改进。3年来,我们先后引进了13名青年教师。我们采取叠加带教的形式:一是1位青年教师在校内配备2位导师,组成学习小组的形式;二是"校内带教+校外专家"的形式;三是带教3年,层层递进。这样的形式既能发挥校内优质师资的作用,同时变带教为学习共同体,互为影响,互为成就,起到叠加效应。不仅青年教师成长迅速,也促进了带教导师的再学习、再提升。

第二,项目实践站位新起点。带教以最直接的方式使老教师成熟的经验得到传承,但面对新课改的要求,如何避免把其中陈旧、不合时宜的方法更新是需要思考的。我们通过项目化实践使研训做到站位新起点,带教实心化,让教师的专业成长始终以教学问题解决为导向,使导有目标,研有收获。如,2021学年我们的项目重点是单元作业设计。我们将青年教师列入团队项目,各年级选择一个单元开展实践研究。青年教师承担设计的文案工作,团队老师共同学习研究,再完成反思修正。这样的"研训"让青年教师直接在教改最核心问题研究中积累经验、掌握方法,优化了"研训"成效。

在推进"双新"课程改革的背景下,教育局发起了花大力气狠抓教学质量的要求。学校始终要着眼当前,立足未来,抓住队伍专业能力这个关键,以教学与学业的评价、作业的优化设计引导教与学的方式的改进,凝心聚力,把规划中的事化为行动,承担起以教育改变思维和行为方式,满足学生的未来发展需要。

# 教师专业成长"三从"校本支持体系的思考与实践

上海市虹口区广灵路小学　余　琦

[摘　要]专业化教师队伍是办好人民满意教育的根基,也是教育、科技、人才统筹发展的支撑。有效的校本支持体系建设是促进教师专业发展的内在要求。广灵路小学基于对新时代学校党建工作和教师队伍建设的独特性规律思考,整合校内外资源,构建了"从政治上看发展,从系统上谋发展,从规律上促发展"的校本教师专业发展"三从"模式,强化了对教师的思想引领,构建了教师成长的联动系统,创新了教师成长的递进平台,实现了新时代教育体系下学校层面的教师专业发展理念和体系创新。

[关键词]教师专业成长　"三从"模式　校本支持体系

民族复兴,系于教育;教育强国,教师为本。在党的二十大上,习近平总书记强调了新时代教育改革发展的重要价值和行动路径。党的二十大对教育的重要论述强调了传承和创新的有机结合:传承主要表现在始终坚持教育改革发展的人民立场[1],把"坚持教育优先发展,办好人民满意的教育"作为始终如一的追求;创新主要表现在把教育、科技、人才进行"三位一体"统筹安排、系统部署,明确提出教育、科技、人才是全面建设社会主义现代化国家的基础性、战略性支撑[2]。不论是办人民满意教育的一贯追求,还是教育、科技、人才的统筹安排,都需要依靠高素质专业化的教师队伍。

虹口区广灵路小学立足新时代学校党建工作和教师队伍建设的独特性规律思考,整合校内外资源,构建了"从政治上看发展,从系统上谋发展,从规律上促发展"的校本教师专业发展"三从"模式,实现了新时代教育体系下学校层面的教师专业发展理念和体系创新。

## 一、从政治上看发展——关注教师成长的思想引领

专业发展不仅关乎教师个体生活,也关乎国家进步、民族复兴。我们认为,要站在民族复兴和中国式现代化的战略高度,以"为党育人、为国育才"的战略使命为出发点,审视

教师专业发展,突出教师队伍建设的政治意义,进一步强化党组织对于教师队伍建设的组织、引领和保障价值,强化教职工思想政治教育,着力提升教师师德师风建设,把学校教师队伍真正建成思想政治素质高、专业发展能力强的新型队伍。

**（一）强化党组织的统一领导**

立场问题、方向问题是教师队伍建设的首要问题。坚持党的领导,全面贯彻党的教育方针,坚持社会主义办学方向[3],是教师队伍建设中必须关注的前提性工作。不论是基于全面从严治党的时代背景,还是基于教育改革发展的现实需要,都需要强化党组织对教师队伍建设的集中统一领导。学校认真学习全面加强新时代中小学党建工作、中小学党组织领导的校长负责制等相关文件精神,不断加强党组织自身的组织力、创新力、凝聚力、服务力建设,坚持将党的领导全过程全方位融入学校各项事业发展,让党组织深度参与教师队伍建设的谋划和实施,切实提升教职工思想政治素养,帮助他们奠定立德树人的思想基础。

**（二）打造师德师风建设的独特体系**

师德师风建设是新时代教师队伍建设的首要内容,也是从政治层面看待教师队伍建设的关键点。师德建设作为精神世界的塑造活动,更多取决于被塑造者自身的精神动力,尤其离不开师德信仰的内在引领。[4]基于这样的认识,学校通过教师共同价值观的凝练,引领教师道德建设,提升师德师风教育效能。学校将社会主义核心价值观与教师的日常工作和生活相联系,组织教师集思广益,形成学校教师共同价值观宣言,并用教师易于接受的话语加以表达。价值观宣言包括13个方面的内容,是教师共同价值的体现,是教师教学、管理的行为规范,也是对教师职业道德的约束。在这种共同价值引领的基础上,学校确定了"尊重、理解、宽容、民主、平等、信任"等校本教师道德培训的6个关键词,研发了"以师爱核心行为构建和谐师生关系"的教师职业道德培训系列课程,通过"影视鉴赏""案例剖析""沙龙研讨""实战演练"等形式开展师德培训,形成了支撑教师师德师风建设的独特支撑体系。

## 二、从系统上谋发展——建构教师成长的联动体系

教师专业发展,尽管在实践领域更多地表现为教师自身能力素质的提升,但是这种成长必然是植根于学校完整的教学和管理体系,与学校其他领域的工作息息相关。学校着眼教师成长的复杂性,注重从思想和制度两个层面,构建起支撑教师成长的多维联动体系。

**（一）注重与时俱进的办学思想引领**

教师的成长需要思想层面的引领,既包括对教育共同价值的合理认知,也包括对学校独特办学理念的认同。学校根据时代的要求和自身的特点,将办学理念从"广学灵动"深化为"广学灵动,明善能群"。"广学"指向学习的广域和发展的纵深;"灵动"指向学习品

质和实践智慧;"明善"是学生对于"善"的认知与追求;"能群"是学生对于社会性存在的理解认识与教养习性。这种变化是基于我们对新时代教育新价值的研判。我们认为,新时代教育内在价值的核心即"善"与"群"。其中,"善"是教育一以贯之的追求,"群"是社会与时代发展的要求,二者共同构成"广学灵动"的目标指向,也是"广学灵动"的实践结果。这8个字概括了每个广灵路小学教师的共同信仰,不仅集中回答了新时代学校"培养什么人,为谁培养人"的问题,也为教师的专业成长提供了学校层面的精神引领。

**(二)注重刚柔并济的管理制度创设**

学校注重从制度层面为教师专业发展提供保障和支持,依托制度建设打造刚柔并济的管理文化,激发教师成长的内在自觉。"刚"即依据一定的法规、规章制度来管理学校,强调的是纪律、秩序,避免因感情用事导致管理无序;"柔"即以人为本,强调人文关怀,人本化管理。

为了使两者有机结合,学校在制度建设时力求做到阐述不教条,留有余地;处理问题不盲目,留有空间。以教师考勤制度为例,学校"教师考勤制度"中对教师的"迟到、早退、调休、病假、事假、公假、产假、旷工"都作了详尽的阐述。在具体实施时,我们允许教师一个月有两个半天可以在下午3点以后外出看病,一学期有一天调休(8小时)的待遇,并允许教师采用调休的方式抵冲迟到的弹性操作。然而近年来,学校中老年教师的比例开始增加,教师们普遍反映好多专家门诊的号都在上午,下午3点以后就医往往没有号了;也有教师觉得调休8小时不够用。学校了解到这些情况后,就对这一制度作了调整:取消原先每月有两个下午3点以后外出看病的规定,将原先8小时的调休增加至24小时。这样既解决了教职工看病问题,又解决了他们处理家庭突发事件的忧虑,从而让这一制度成为大家认同并愿意遵守的"公约",也让教师真正感受到制度是为其成长服务的,从而加深了对学校的认同感。

## 三、从规律上促发展——创新教师成长的递进平台

教师队伍建设有其内在的逻辑和规律,其中最基本的规律就是教师成长的阶段性规律。20世纪50年代中后期,富勒运用"教师关注问卷"对教师不同成长阶段的关注重心进行了研究,分析了教师在生涯过程中所经历的从关注自我到关注教学任务,再到最终关注学生的转型。[5]这一研究引发了学界对于教师生涯周期、生涯阶段等问题的关注。国内外学者普遍注重运用量化分析的方式,试图揭开教师专业成长的阶段性秘密。时至今日,不同成长阶段的教师有不同的成长需要,需要差异化、针对性的帮扶[6],已经成为各层级教师队伍建设的基本共识。基于这样的规律,学校注重从顶层设计入手,对教师进行分层分析和引领,帮助各层级教师们追寻个体价值,体验职业幸福,实现专业发展。

**(一)以"见习规培"促教师走向胜任**

学校以市教委提出的"四模块"18个要点的培训要求为依据,按照"了解需求、细化

维度、精确靶向、调整内容"的操作步骤,精心谋划实施见习教师培训。学期带教之初,学校对学员开展全面的需求调查,基于学员的需求构建了"四模块"的课程;结合见习教师的学习情况,对课程内容和实施做动态调整;阶段性课程结束后,组织见习教师客观填写"课程满意度调查表",对课程内容和授课方式进行满意度评价,实现见习教师培训的循证创新。

**(二)以共同体建设促教师走向成熟**

教师要进行内涵性专业发展,就要冲破阻挠教师专业发展的文化和组织藩篱[7],走向以组织为核心的"共同体"建设。在广灵路小学的实践体系中,"共同体"是指以"互相尊重、信任"为基础,以"提升专业能力"为共同梦想,由有丰富教学经验的教师与入职5年之内青年教师共同组成的特定群体。这个群体走在教改前沿,致力于解决教改中的实际问题。

在具体实践中,通过"无边界共同体""小N共同体""紧密共同体"等共同体建设的创新,发挥教师专业发展中的集群效能。无边界共同体,即开设"3+X"微信群,所有入职2—5年的青年教师均需要进群。"3"是指在此交流互动平台中,展示每周一页钢笔字、每周一则板书、每月一节汇报课。"X"是指将日常看到的先进教育教学理念分享在群中供大家学习;学校也会通过这个平台推荐阅读书目、发布培训信息、分享教育智慧等。

"小N共同体",即为了聚焦学科学习培训,学校以学科为单位,组建由分管领导领衔,教研组长、骨干教师、带教导师共同参与的共同体,一方面促进职初教师掌握专业本体知识,解决教学困惑,提升教学能力;另一方面发挥骨干教师的示范作用,搭建辐射平台,以提高整体教师队伍的专业素养,"小语共同体""小数共同体""小体共同体"等一个个带有明显学科特征的共同体如雨后春笋般绽放在广灵的校园中。

"紧密共同体",即为了进一步增强培训过程中的即时性、针对性、有效性,学校为每位职初教师配备带教导师,让师徒双方组成"紧密共同体"。一般来说,师徒与徒弟会安排在同一年级组或同一办公室,便于带教导师及时发现问题,为职初教师提供最直接、最有效的指导。

**(三)以课例研究促教师走向优秀**

课例研究是教师在校本研修中研究、改进课堂教学的主要形式,是教师专业成长的重要途径。对于经过职初培训逐渐走向成熟的教师,开展课例研究式的校本研修,旨在通过"研课""磨课"帮助教师优化教学行为,提升反思能力。课例研究的载体包括组内研究、校级展示,以及跨校教研。

其一,组内研究。学校在每学期开展课例研究之前,都先确定研究的主题,然后要求教师在教研组或备课组中开展主题式日常课例研究。这一过程主要采用"一人一课多轮"的方式。操作路径具体细化为:统筹安排汇总课表—分组实施一课多轮—反思总结择优建库。其中第二个环节主要包含个人初备、第一次试教(由试教班级教师听课评课)→一次教学改进,第二次试教(由组内教师共同听课评课)→二次教学改进、展示汇报课

（分管学科及年级行政和组内教师共同参与）。校长可随机选取教师的某一轮进行听课，分管学科和年级行政领导原则上以听展示汇报课为主。

其二，校级展示。结合"广灵教育学术节"，开展优秀课例展示交流活动，为青年教师搭建一个平台，提供相互学习的机会。

其三，跨校教研活动。依托教育集团化办学，与广中路小学开展主题式跨校教研。每次教研活动都围绕一个主题开展课例研究，以团队合作的形式进行教研活动成果展示，实现教师成长的共建共享。

**（四）以项目引领促教师走向高端**

结合学校实际工作的需要，有意识地将日常工作设置成一个个项目，聘请优秀教师担任项目负责人，再由他们自行选择项目组成员，组建团队开展研究工作。如"见习带教"项目，项目中担任导师的都是优秀教师。他们不断参与开发、优化培训课程，目前构建了120余门课程。优秀教师在担任导师的同时，也在专业上不断经历实践、反思、调整，与学员教学相长，共同进步。再如"项目化学习"项目，学校将优秀教师，连同科研室主任、分管领导、教研组长一起组成了"项目化学习"研修团队。他们在初期学习的基础上，确立了"主题节+项目"校本化实践的理念。项目团队先整体规划实践的思路，然后又研制了项目实施的方案表，再指导教师如何策划、制订设计方案，组织项目方案的审议活动，在审议的基础上再作修改完善，最后才落地实施。在完成项目的过程中，优秀教师既促进了自身的专业发展，也很好地起到了示范引领的作用。

尽管当下的教师专业发展理念和实践中，越来越强调教师"自造"的概念，倡导教师作为主体自觉、主动、能动、可持续的建构过程[8]。但是从我国独特的领导制度和教育管理体系看，有组织地设计与实施依然是教师专业发展的重要特色和优势。新时代，学校依然需要在整体做好制度设计、政策创新的基础上，更好地发挥能动性，通过思考与构建，生成更具有中国本土特质的教师专业发展路径。

## 参考文献：

[1] 孙春兰.办好人民满意的教育[EB/OL].(2022-11-09)[2022-11-10],http://news.haiwainet.cn/n/2022/1109/c3541093-32509809.html

[2] 刘昌亚.深入贯彻落实党的二十大精神　高质量推进教育发展规划工作[N].中国教育报,2022-11-08.

[3] 韩喜平,李帅.习近平关于新时代教师职业重要论述的价值意蕴[J].福建师范大学学报（哲学社会科学版）,2020(01).

〔4〕杨连俊,姜建成.牢固确立新时代师德建设的信仰之基〔J〕.江苏高教,2021(03).

〔5〕Fuller, F.. Concerns of teachers: A developmental conceptualization〔J〕. *American Educational Research Journal*, 1969, 6(02).

〔6〕钟祖荣,张莉娜.教师专业发展阶段的调查研究及其对职后教师教育的启示〔J〕.教师教育研究, 2012(06).

〔7〕魏同玉.自组织:教师内涵性专业发展的路向〔J〕.当代教育科学,2017(05).

〔8〕Bullough, R.V., Kauchak, D.P., Crow, & Stokes, D.K..Professional Development Schools:Catalysts for Teacher and School Change〔J〕. *Teaching and Teacher Education*, 1997, 13(02):153-169.

# "一师一案"，为每位教师定制个性化成长路径

## ——构建新课标背景下特教教师发展机制

上海市虹口区密云学校　丁　霞

[摘　要] 新课标对新时代特殊教育教师提出了全新的要求与挑战，亟须学校思考如何与时俱进，更新教师培养机制。我校以特殊教育"个别化教育"为理念，以新课标为准绳，以"一生一案"学生教育康复方案为思路，重新定义特教教师评价标准，逐步形成"一师一案"的评价机制，助推每位教师找准自身个性化成长路径，从而全面提升学校教师整体素质。

[关键词] 多维度评价　特殊教育　教师专业成长　一师一案

特殊教育是现代社会文明程度的重要标志。在党的二十大报告中，习近平总书记明确提到"强化特殊教育"。从党的十八大的"支持"、党的十九大的"办好"，到如今的"强化"，国家和社会对特殊教育愈来愈重视和关注，国家和人民也对特殊教育提出了更高的要求。为落实国家特殊教育精神，上海市教委等八部门制定《上海市特殊教育三年行动计划（2022—2024年）》，特别提出"全面推进本市特殊教育优质融合发展，让每一个特殊儿童都有人生出彩的机会"。特殊儿童不仅拥有平等的受教育权利，现代化优质特教应该赋予每一位特殊儿童高质量的成长与生活品质。

时代进步，特教改革，基层学校提升办学水平，离不开师资队伍的与时俱进，不断强大。新课标背景下，现代特教教师不仅需要"爱"，更需要"专业"！因此，如何依据学生发展需要、顺应学校发展目标，重新定义特教教师专业标准，优化特教教师评价，助推教师个性化成长，从而最终提升学校整体师资是当下基层特殊学校的重要课题之一。

## 一、把握挑战：明确教师发展的出发点与落脚点

"时代发展，特教教师评价方式该如何调整？当我们简单沿用普通学校教师评价内容与指标，或者学校教师评价机制一成不变，教师普遍感觉不适合。模糊的评价方

式既不能反映教师工作成效，也不具有激励作用。"要办好人民满意的教育，教师专业发展是核心力量。为了全面贯彻党的教育方针，需要在充分了解校情、生情、师情的基础上，厘清特教教师专业发展需求与难点，进行切实的校本化定义，正确评价与引领教师成长。

唯有找准"挑战"，才能正确"应战"！

**（一）挑战一：新课标与新课堂呼唤**

教师是需要高度专业的职业，对于特殊教育教师而言，面对发展迟滞，认知、学习能力显著落后，个体差异显著的特殊儿童，更应同时具备"温度、厚度、高度、精准度和专业度"。2020年，《深化新时代教育评价改革总体方案》等文件提出"改革教师评价，推进践行教书育人使命"的工作要求，合理定义与评价新时代特教教师的专业发展，首先应该把握时代标准。

2016年以来，随着《培智学校义务教育课程标准》的出台与实施，课堂教学改革一直是学校教科研的重点与难点。然而，我们通过大量的"教学比武"、扎实的课堂研究、系统的教师培训等活动与工作，尽管积累了一批优质课例，教师在一定程度上获取了知识与技能，但依然缺少系统的课堂教学评估机制。换句话说，在新课标背景下，如何评价教师的课堂教学是学校应该思考的。

**（二）挑战二：不断发展的"密云"需求**

我校是虹口区内唯一一所专门招收中重度智力残疾学生（IQ≤50）的九年制义务教育学校。2018年至今，密云学校不断推进国家课程校本化实施，先后开展"基于评估培智学校部编教材校本化实施的实践研究""新课标背景下构建培智学校'3+X'创新教室的实践研究"，探索符合密云特色的"一生一案"教学模式和班级管理模式。在这一过程中，尤其关注教师"学生评估""解读评估数据""解读课程标准""运用数据进行教学设计、实施"等能力。这在学校原来的"教师评价"中并没有体现出来。为顺应学校发展，及时将教师评价校本化至关重要。

**（三）挑战三：教师自身发展的需要**

密云学校现共有教师60人，其中女教师52人、男教师8人。教师年龄结构呈现出"两头多，中间少"的分布态势。46周岁以上教师占38%，而且将在10年内面临退休。与此同时，22—30周岁的教师占27%，教龄在10年内。学历情况为：博士1人、硕士6人、本科40人、大专13人。

不同年龄阶段、学历背景的教师表现出各不相同的发展特征与需求：新教师学历层次高，但对特教岗位还未适应；年轻教师具有较高的专业素养，学习能力强，文本撰写能力强，但接触特殊学生少，缺乏与学生沟通、互动、下达教育指令的技巧与智慧；老教师经验丰富，面对问题行为严重的班级也能有恰当的应对方式，但或多或少固执于传统的教育理念，对吸收全新的教育观念与提升自身专业发展并不积极。

## 二、正确应战：构建"一师一案"的教师成长路径

"尽管面向课标,面向学校的核心目标是相同的,可每位教师的发展特质却各不相同,如何找到能够衡量每位教师的那把'尺'呢?"

### (一) 构建三层"靶状"目标与多种发展路径

笔者以为,特教教师的发展应包含新课标、学校与个人三层目标。新课标为最高统领性目标,涵盖所有教师的整体发展方向坚定不移;在其基础上,每所学校基于各自的发展理念,深化内涵,缩小外延;最后,不同教师发展需求与发展特质各不相同,因而聚焦形成各自不同的发展目标。同时,每位教师的成长方式与速度也会不同,因此,在落实新课标的过程中,面向三层"靶状"目标,每位教师应该生成各自不同的发展路径(见图1)。

面向特殊学生,我们提倡"一生一案"为了培养更专业化的特教教师团队,我们同样需要开展"一师一案"的评价与发展机制。

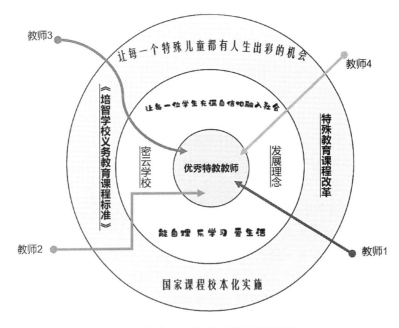

图1 "一师一案"特教教师成长路径

### (二) 一个核心与多维度表现性评价

教师评价的根本目标在于促进学生成长,提升学校办学实力。换句话说,何为优秀教师? 何为专业素养高的教师? 最重要的衡量标准是开展有效的教育教学,促进学生成长。优质的教师评价最直接的作用就在于,能够清晰直接地反映教师当前发展水平,帮助教师了解不足与优势,指明发展方向,促进其自主成长。

实际上,自2019年学校"一生一案"课堂教学改革推行,原有教师评价制度的缺陷不

断放大,如没有清晰描述从低水平到高水平各等级的具体表现,教师容易在评价过程中失去精准度;评价指标模糊,评价结果自然无法准确反馈教师的专业发展水平。因此,"教学实践能力"是"一师一案"评价机制的核心内容,其意义可概括为:① 面向新时代,基于学校发展,践行办学理念,对教师专业发展的"密云"校本化再定义。② 以激活教师自主发展内驱力为目标,促进教师自主评价、主动发展,让不同年龄阶段、专业背景的教师获得个性化成长。

学校以《特殊教育教师专业标准(试行)》及2021年教育部发布的《特殊教育专业师范生教师职业能力标准(试行)》为参考,结合教师访谈,基于教师现状,调整二级指标内容并明确1—4等级各水平的表现。主要呈现与评价教师专业知识与教学技术掌握与运用能力、课标教材解读与学生评价分析能力、教学设计与实施能力、作业设计与评价能力以及落实个别化教学的能力(见表1)。

### 表1 "一师一案"教育教学实践能力评价表

| 一级 | 二级 | 内 容 与 评 价 标 准 | | | |
|---|---|---|---|---|---|
| | | 1 | 2 | 3 | 4 |
| 教育教学实践 | 教材解读 | 教学与教材、课标有关联,但缺少深入分析 | 正确解读课标与教材,未与单元教学产生衔接 | 理解课标与教材,以此为依据进行教学,具有单元教学设计意识 | 熟悉、理解课标与教材,并以此为依据进行教学;精准把握,注重单元教学 |
| | 学生评价 | 正确使用评价工具,但缺少数据解读分析 | 正确运用评价工具;能针对各层次的学生分析与运用评估数据 | 正确运用评价工具,对每位学生有分析、有解读 | 熟练运用评价工具;对每位学生进行评估数据分析,解读正确且全面 |
| | 教学设计 | 文本与课堂设计较完整,目标有分层 | 体现分层教学,课堂教学较合理、完整 | 目标合理、可测、有分层,活动设计合理、有层次,尝试运用"3+X" | 分层落实、体现个别化;目标可测且合理,个别化支持策略落实到每位学生,活动设计有亮点;充分体现"3+X"创新运用 |
| | 教学实施 | 教师教态优雅,教学流程清晰;能关注学生,给予学生参与机会,体现分层教学 | 教师教学语言精准,教态优雅;关注学生生成,给予适当反馈;学生参与充分,体现个别化教学,教学目标基本达成 | 教师教学语言精准生动,教态优雅;关注学生生成与反馈;学生参与充分,注重个别化教学,教学目标达成良好 | 教师组织能力强,教学语言体现个人文化底蕴和人格魅力,教态优雅、亲切;关注学生生成,能有效推动教育教学,构建多元化的评价方式;个别化教学突出,教学目标达成良好 |

续　表

| 一级 | 二级 | 内　容　与　评　价　标　准 | | | |
|---|---|---|---|---|---|
| | | 1 | 2 | 3 | 4 |
| 教育教学实践 | 作业设计 | 有重点, 有反馈 | 作业有分层、有反馈,体现了评价的功能 | 形式多样,分层落实;评价功能凸显 | 形式多样,体现个别化;高效评价,反映课堂学习 |
| | 评价材料<br>1. 教师提供: 学期学科教学计划及学生个别化教学计划(一个班级)。教学"一条龙"或教学案例(1份): 教材与学情分析、教学设计(包括板书与作业设计)、教学反思<br>2. 学校检查: 教学实施结合教研组与行政听课评课,作业抽查 | | | | |

### （三）直指目标与过程性全面评价

学校以激励教师为导向,通过多样化的评价材料、多元化的评价主体,以过程性评价作为主要评价方式,全面评估与记录教师教育教学实施与发展现状,促进教师注重过程性积累与有效反思,寻找适合自己的发展路径。

在具体实施过程中,教师学期初递交个别化教学计划;学期中,开展教研组"研讨课"与行政"推门课"的听评课活动;同时,教研组定期检查学生作业,"双减"以来学校更注重个别化作业的落实。学期末,教师就本学期课堂教学择优递交1篇教学设计或教学案例。

由此,学校全面结合教师自评、教研组互评、行政定评评价主体,针对教师文本撰写、课堂教学以及学生作业等评价材料,综合评估教师在每学期教育教学工作中,从学生评价、撰写计划、教学设计、教学实施、学生作业,以及教学反思等方面科学准确与有效落实程度。

同时,针对每一次评价结果,学校由相关行政和教研组长与每位教师沟通、剖析其得分情况与原因,促进教师注重过程性积累与反思改进。

## 三、由个体及整体,激活学校办学活力

### （一）激发教师发展内驱力

通过"一师一案",每位教师不仅了解了自身水平,还清晰知道自身优劣势在哪里,这样教师发展更有方向、更有动力。经历一个学期,以"课堂组织与实施"评分为例,得分为4的教师从8位增加到13位,平均得分从2.8分提高到3.2分。通过评价,老教师逐步养成撰写论文,积累成果的习惯;新教师通过个案研究,逐渐适应课堂、了解学生。在每位教师获得不同程度进步的同时,学校涌现了一批飞速成长的优秀教师。短短3年,学校增加区级学科带头人1名、骨干教师4名。越来越多的教师在各种平台获奖与展现自我。

### （二）推进学校整体发展

教师成长是促进学校开展教育科研、课程改革的第一动力。通过教师评估，评估结果的一对一反馈，帮助教师从茫然到胜任的过程中，也促进学校了解教师的困惑，可相应地开展讲座教研等，有利于提升学校的整体办学水平。此次上海市特教三年行动计划（2018—2020年）实施情况终期评估中，我校的这项工作也得到专家肯定，终期评估档次获得A档。

2019年以来，"一师一案"的评价内容与评价方式为学校课程改革、教师发展与学生成长带来显著的促进作用。由此可见，此优化评价实施策略适用于我校校情、生情与师情。接下来，学校将通过相同的手段与路径对教师评价中的"综合育人""自主发展"板块进行调整与优化，全面完善校本评价机制。

实际上，与普通教育相比，特教教师或许无法获得"桃李满天下"的职业成就感。特教教师对于每一位特殊儿童教育康复的"过程性投入"，很难通过学生显著的成长结果体现出来。这种"过程"与"结果"，"付出"与"获得"的完全不对等，很可能导致教师弱化"过程性投入"。因此，特殊学校就更有必要通过设置优质合理的教师评价机制，明确新时代特教教师的专业技能与发展要求，促进不同阶段教师有序成长，主动学习、实践、钻研与反思。

## 参考文献：

［1］陈林华.初中教师绩效评价的实践和思考［J］.教育教学论坛,2011（05）.

［2］杨秀玉.教师职业倦怠的根源与破解之道：教师韧性的视角［J］.中国教师,2022（08）.

［3］周文叶,董泽华.教师表现性评价系统的研发与实施逻辑：以edTPA为例［J］.教育发展研究,2021,41（12）.

［4］赵月,黄峥.积极心理健康教育视角下特殊教育教师职业倦怠应对策略研究［J］.中国特殊教育,2017（05）.

［5］杨柳,李方方.国外特殊教育教师职业倦怠的研究进展［J］.中国特殊教育,2016（09）.

［6］周厚余.积极心理学视角的特殊教育教师情绪劳动策略研究［J］.教师教育研究,2016,28（01）.

# 教师专业发展中的名师作用

上海市虹口区外国语第一小学　王莉韵

[摘　要] 教师专业发展的研究越来越注重探寻合理的教师专业发展策略与路径。本研究聚焦于教师专业发展的策略问题，展现了教师专业发展中名师的作用，构建了一种以名师引导为主要特色的教师专业发展路径。储备期名师的作用主要体现在减压、树立榜样等方面；适应期名师的作用主要体现在指导、引领和协同等方面；发展期名师的作用主要体现在督促和鼓励之上；创造期名师的作用则主要体现在促进与提点之上。

[关键词] 名师　教师专业发展　作用

振兴民族的希望在于教育，振兴教育的希望在于教师。习近平总书记在党的二十大报告中关于教育工作的重要指示和论述，使学校在办学中更加深刻地认识到，建设一支高素质、高水平的教师队伍是教育质量得以保障的重要前提和基础。

名师，是教育积淀的宝贵财富。《辞海》中对于"名师"的解释为"著名的教师"。从当下的教育生态看，笔者以为名师就是在教育教学的某一范围或领域中，具有一定的知名度、社会认可度和影响力，且一般具备良好素质、良好品德和先进教育理念的教师。他们长期在教育领域里辛勤耕耘，对教育事业无比忠诚和热爱，对教学专业上下求索，精益求精，形成了高尚的师德，精湛的教学艺术。他们在整个教师队伍中具有显著的高标作用，是教师队伍发展的旗帜。

在教师专业有效发展的路径中，需要诸多因素的促进，学业基础、职业认同、勤奋努力、奉献精神等都不可或缺，且名师的影响和引领起着非常重要的作用。本文探讨的是，名师在教师队伍专业发展中的作用。

## 一、名师在教师专业发展各时期的作用

在教师专业发展的漫长过程中，名师的存在和影响确实能够为教师的专业发展提供很大的借鉴与帮助；不同时期，随着被引领的教师自身的发展与进步，名师的影响与作用实施的方式处于一个动态的变化之中。

### （一）名师对储备期教师的作用

储备期的教师，严格说还不能被称作正式教师，他们要么还在师范院校中就读，要么就是刚刚确定进入教师队伍，但还没有正式开展工作，没有走进教室、踏上讲台。这一时期的专业发展，特别需要入职心理的调试、理论知识和基本技能的储备。这些工作是教师专业起步和发展的重要前提和基础。名师对入职储备期教师的作用主要体现在以下几个方面。

#### 1. 减压作用

新入职的教师，尽管有着初为人师的自豪和兴奋，但由于其角色转变需要在较短的时间内完成，从学生到教师的过渡和对未知的恐惧可能造成入职教师的压力过大。名师可以通过与新入职教师结对和谈话等方式，给予新入职教师一种安全感和依靠感，减轻他们入职初期的各种压力。

#### 2. 榜样作用

俗话说，榜样的力量是无穷的。有了学习的榜样，新入职的教师才会有发展的阶段性目标和持久的发展动力。一般来讲，名师不仅仅是教育教学效果良好、教育教学手段先进的教师，更重要的，还有他们对教育事业的责任心和事业心。名师良好的师德素养、精湛的教学技能、崇高的个人品格都会给新入职的教师留下深刻的印象，成为他们专业发展的正确方向。

#### 3. 带领作用

教育事业是一种高情智注入的事业，需要教师对教育的深厚情感、良好的责任心和敬业精神。这是每一位新入职教师都必须要清楚并努力去拥有的。在这方面，名师以他们多年的实践活动为青年教师树立了榜样，带领新入职教师明白什么是教育、怎样做教师、怎样做个好教师。这对于他们今后的专业发展是极其重要的。

### （二）名师对适应期教师的作用

入职适应期的教师，经历着人生重要的角色转变，刚踏上讲台，往往会幻想面对一个安静、高效的课堂，希望获得学生和家长的信任，期望尽快在工作和事业上取得突破，盼望得到同事和领导的首肯和赏识。然而，理想是美好的，现实是严峻的，理想与现实的落差很可能制约他们的专业成长。这一时期的名师作用应该主要体现在以下几个方面。

#### 1. 指导作用

对于这一时期的教师来说，由于他们刚刚踏上工作岗位，对于教育教学活动的认识还停留在师范院校中所学的理论层面。实际的教学活动往往与理论有着明显的差异，面对这些差异，适应期的教师往往会产生很多困惑。此时的名师指导作用最主要的就是，对他们进行课堂教学技能的指导。这种指导作用可以通过不同的方式开展，比如师徒共同备课、徒弟观摩师傅上课、师徒相互听课等。除此之外，名师还可以把自己多年教育教学工作中积累的经验传递给他们。这对他们的成长来说是极为重要的宝贵财富。掌握了这些经验，对于他们的专业发展来说，就会少走很多弯路。

2. 引领作用

对于入职适应期的教师来说,名师的引领作用主要是一种理念的引领。就教育理念来说,它可以划分为三个不同的层次:宏观教育理念、一般教育理念和教与学的理念。理念是行动的先导,对于中小学教师来说,微观层面的教与学的理念对于其教学活动的开展有着重要的指导意义。但是,对于入职适应期的教师来说,其特有的教育理念难以一时形成。这就需要名师将自己所认同并坚持的教育理念传递给他们,使其能顺利地适应和开展教育教学活动。

3. 协同作用

入职适应期的教师所面对的很多工作对他们来说都是全新的工作。他们缺乏处理和从事这种工作的经验和信心,可能出现畏首畏尾的情形。这时候名师可以与青年教师一起从事很多工作,在共同的工作过程中将经验和理念传递给他们。这一方面有助于他们顺利完成日常工作,另一方面,也在无形之中一步一步地促进他们知识与技能的提升。

**(三)名师对发展期教师的作用**

发展期的教师具有四个鲜明的特征:从教师的心理素质角度看,他们已经具备了较强的职业意识和事业心、责任心;从教师的基本技能看,他们已经具备了观察了解学生的能力、一定的教育教学和课堂组织管理能力、一定的教育科研能力、一定的信息收集和转化以及传递的能力;从教师与其他教育主体的关系看,他们已经基本上赢得了学生和家长的信任,很好地融入了教师群体之中,并在这个新的群体中开始扮演一定的重要角色;从教师的类型看,此时的他们已经出现了分化的特征,不同类型的教师开始逐渐形成。总的来讲,处于发展期阶段的教师已经能够自主地处理教育教学过程中的多数问题,能够自主地设计自己的专业发展方向和路径,能够自主地开展一定的教育研究活动。此阶段的名师作用主要体现在两个方面。

1. 督促作用

教师的专业发展是一种非线性的发展方式。这意味着教师的专业发展不可能是一帆风顺的。这个过程中势必既有高潮,也有低谷。进入发展期阶段的教师,随着自己对教学工作越来越驾轻就熟,对学生和班级管理越来越得心应手,往往会产生一种专业发展的惰性,甚至职业倦怠感。之前各阶段中强劲的专业发展势头不复存在,专业发展的"高原期"不期而至。在这样的情况下,名师要充分洞察到他们成长过程中的心理变化,充分发挥督促作用,让他们确保持久的专业发展激情与动力。这在瞬息万变的当今时代是极为重要的。

2. 鼓励作用

处于发展期,特别是发展后期的教师,他们对于自己的日常工作已经能够有着较好的把握。但是,现代教育对于教师的要求越来越高。这种要求首先体现在教师知识和技能的多元化上,因此,一个有发展动机的教师不应该只将发展的视线聚焦于教育教学活动。这一时期的名师应该适时地鼓励青年教师多从事一些日常教育教学活动之外的工作。例如,课题申报和研究、相关的展示课、研讨班、技能培训和进修等,从而促进青年教师多元化地提升自我,以便适应现代社会的需要。

### (四)名师对创造期教师的作用

经过多个阶段的不同发展,创造期的教师终于迎来了自己职业生涯发展的高峰。这一时期,教师已经不满足于教育教学功能的发挥,而是开始从整体上对教育教学系统进行反思,并试图突破原有观念的束缚,构建具有个性化特征的教学与管理风格。总体而言,处于这一阶段的教师,一般具备了个性化的教学风格、比较先进的教育理念、相对丰富的科研成果,在经验积累、教学业绩、专业发展和社会影响等各个方面都达到了较高的程度。他们往往开始被称作"学科骨干""优秀教师",很多教师也开始被称作"名师"。这一时期的名师作用,与以往其他时期相比,已经出现了明显的不同:一般已经不再出现在教师专业发展的前台,而是在幕后默默地发挥着自己的作用与功效。

#### 1. 促进作用

经过名师引领与作用的教师,成长的过程中充满了名师的印记。这种印记在教师专业发展的创造阶段往往会成为教师继续前行的一种羁绊。教师要么出于对名师的崇拜和敬畏,要么出于对自我发展的满足。他们要想脱离名师的影响、铸造自己的风格,需要经过心理与技能双重关隘。这个时期,名师需要秉承"青出于蓝而胜于蓝"的思想,提醒青年教师要大胆创新,突破自己的束缚。只有如此,才能使得青年教师的专业发展达到一种新的高度。

#### 2. 提点作用

按照教师专业发展的阶段理论,处于创新期的教师,职业发展已经迎来了顶峰。但是,教师的专业发展是一个没有止境的活动。这个活动只要延续,教师就随时可能产生新的问题与烦恼,也就依然需要名师的提点。只是此时的教师经过多年的专业发展,应对和处理问题的能力已经得到了全面的历练与提升;名师的提点与帮助也不再是亲身参与式的直接帮助,而更多的是一两句话、一两个动作的提醒,从而使得教师自己真正成为专业发展的主人,将教师的专业发展权利最终还给教师自己。

创造期的教师通过艰苦而持续的努力,其中有一部分悄然成长为新的名师,开始发挥名师的作用,继续推动教师队伍的专业发展。

## 二、名师作用在教师专业发展中的特征

依据笔者的研究和亲身经历,笔者认为,教师专业发展过程中的名师作用呈现出如下特征。

### (一)规定与自发相结合的特征

一般来讲,新教师在进入学校之后,学校或者当地教育行政部门都会为他们选择和配备一名师傅。这个师傅虽然不一定是名师,但是他们在新教师专业发展过程中起到的作用和扮演的角色与名师是有很大相同之处的。这种制度性的规定和约定俗成的做法,就

是名师作用的规定性。然而,同样是被名师指导和影响,不同教师的专业发展结局却可能存在着极大的不同。这与名师作用的自发性相关。在接受名师影响和作用的过程中,青年教师自己所起到的作用同样值得关注,一般而言,主动接触名师、主动向名师求教、主动接受名师教导的青年教师,专业成长的速度更快、效果更好。

### (二) 静态与动态相结合的特征

教师专业发展的过程之中,无时无刻不在发生着各种各样的问题,可以说,只要教师在发展,问题就不断出现,对于名师的求助需求就会一直持续。名师的作用是体现在教师专业发展全过程之中的。这就是名师作用的静态性。然而,教师专业发展阶段理论告诉我们,不同发展阶段的教师,其专业发展的内容和需求是不尽相同的。现代教师培训理论也同样特别强调针对不同发展时期教师的不同专业发展需求进行有针对性的培训。对于教师专业发展过程中的名师作用而言,这样的基本原则同样适用。不同专业发展时期的教师,希望从名师那里得到的帮助和指导是不同的,名师需要依据教师的专业发展阶段动态地设计自己的帮助与指导方针。

### (三) 集权与放权相结合的特征

名师在教师专业发展过程中扮演了一定的"教师"角色,名师作为教师的教师,实际上承担了教师专业发展的管理任务。涉及管理,就必然会涉及权利的分配问题。在笔者看来,教师专业发展过程中的名师影响,是一种集权与放权相结合的影响。处于职业发展初级阶段的教师,他们对于专业发展的概念、思路和策略都没有清晰的认识,这时候名师所采用的多是集权式的管理方式,通常表现为让教师做什么、教给教师怎么做,或者为教师设定未来几年的发展目标与方向;而随着教师专业发展水平的不断提升,教师自我设计发展思路的能力得到强化,名师的作用就开始由集权到放权的转型,即名师更多地让教师自己自主地设计和思考自己的专业发展问题,积极主动地应对发展中的各种问题,而此时的名师,更多的是转型到幕后,做教师专业发展的默默支持者。

名师在教师队伍专业发展的作用是客观存在,也早已经引起教育管理机构的高度重视。当前各个层级的教育领导管理机构都重视名师的培养,重视不同层级教师的管理和培育,重视名师在整个教师队伍专业发展中的作用。但是对这一领域的研究还有待深入,对其中规律性的内涵还有待进一步认识。

### 参考文献:

[1] 董静.中小学教师职业生涯发展的阶段与特点[J].内蒙古师范大学学报,2010(6).

[2] 顾明远.国际教育新理念[M].海口:海南出版社,2001:99.

# 精心打造师资队伍建设，落实立德树人根本任务

上海市虹口区九龙路幼儿园　张　霞

[**摘　要**]师资队伍建设是幼儿园各项管理工作中的重中之重，是深化幼儿园课程改革、推进素质教育的原动力，更是学校发展必须深入研究的永恒性课题。要使教师在专业上获得较快的发展，必须大力为教师的专业发展"培土植肥"，创建有助于教师专业化成长的管理机制；强化以人为本理念，挖掘教师的内在潜力；优化园本培训，提高教师专业化水平。只有构建一支具有高度敬业精神和较高教学水平的教师队伍，才有可能建设优质幼儿园。

[**关键词**]立德树人　师资队伍建设

在党的二十大报告中，习近平总书记提出要办好人民满意的教育。教育是国之大计、党之大计。培养什么人，怎样培养人，为谁培养人是教育的根本问题。育人的根本在于立德，因此要加强师德师风建设，培养高素质教师队伍，弘扬尊师重教的社会风尚。

教师职业本身就是一种特殊的职业，而幼儿教师则尤为特殊，他们是孩子的人生启蒙教师，一言一行将直接影响到孩子的一生。所以，对幼儿教师提出的要求就更加具体、更加严格。加强幼教师资队伍建设也是提高幼教质量的关键环节、主要途径和重要保证，因而重视师资队伍的建设日益成为幼儿园管理者的一大共识。在队伍建设中，我们始终以发展的思路激发所有教师的成长潜能。

## 一、建章立制

良好师资队伍的建设应建立在科学、合理的规章制度之上，人人参与、全员认同的规章制度才会激发起广大教职员工的工作和学习热情。

幼儿园建立各种制度，目的是以规范制约人、塑造人，树立学校的良好声誉和形象，从而促进学校的可持续发展。在办学思想和管理理念上，要最大限度地发掘教职员工的

潜力,调动他们的工作积极性,在全体教师的参与、认同下,制定和完善幼儿园的各项规章制度;要体现出"人人参与管理"的管理思想;体现出"为人大气、团结协作、乐于奉献、敢于负责"的幼儿园师德氛围建设的要求;努力使规章制度以内部法规的形式定型下来,成为做事行为的准则,让教职工有法可依、有法必依,使管理工作真正做到公开、公正和公平。

## 二、立德树人

幼儿园文化是幼儿园之魂,它代表了一所幼儿园的精神内涵,体现了幼儿园的办园理念,是将幼儿园全体成员凝聚在一起的强大的精神力量,也是幼儿园的品牌形象的关键所在。

在校园文化建设上,九龙路幼儿园在"团结合作、勇于奉献、快乐同行"的九龙精神的感召下,在"安全在行,健康成长"办园理念的引领下,开展九龙的校园文化建设,积极打造健康、快乐、文明、发展的校园文化。每学期有专人负责定期开展师德师风和政治学习,如每位教师围绕中心议题,根据自身的实际情况制定个人文明计划;组织全园教职员工认真学习习近平总书记的重要讲话,结合"立德树人"的根本任务谈自己的感想和体会;学习《未成年人保护法》《新时代幼儿园教师职业行为十项准则》《教师职业道德规范》等相关教育法律法规,做到知法守法,依法办园;及时组织教职员工认真学习和分析反思社会上出现的新情况、新问题、新热点,不断地促使教师将师德规范真正转化为自己的实际行动,通过各种学习树立正确的思想观念和良好的师德师风,不断增强执行师德规范的自觉性,形成一种积极向上的校园氛围。我园通过一次次的学习,一次次的警钟长鸣,时刻提醒每一位教职员工要始终牢记自己的身份,走好路,管好嘴,不踏红线,牢牢守住自己的师德底线。

校园文化建设是一个系统工程,需要全园教职员工长期共同的努力,更需要各职能部门齐抓共管、同心协力发挥各自的功能,互相配合,形成合力,营造健康向上的园所文化。

## 三、专业成长

在教育改革中,教师的专业成长尤为关键,教师既是幼儿园品质的体现,又是幼儿园达成专业幼教目标的保证。幼儿就像一个圆,圆周是无限的。教师是半径,它决定着圆的大小和面积,半径越长,教育的世界就越广阔。所以说,教师的专业能力是决定教育半径长度的重要依据。

**(一)制定个人计划,树立目标意识**

幼儿教师的专业成长虽然在很大程度上受到环境的影响,但更重要的是取决于自己的心态和作为。教师不应是专业发展"被动的接收器",应该要有明确具体的专业化发展目标。而幼儿园园长有责任引领幼儿教师制定适切、个性化的发展目标。

首先,我们会分析不同教师的现状,了解教师最需要解决的问题是什么。全能的幼儿教师毕竟只有少数,大多数幼儿教师要想全面发展,就得付出相当大的努力。我们的教师若能依据自身的特长找准一个突破点,持之以恒地实践,形成自身的亮点,达到人无我有、人有我优,就可以以此为依托,生发出更大的前进动力和更好的完善计划。只有对现状剖析清楚了,才能找准适合我园教师专业水平提高的突破点和落脚点。

其次,我们与教师一起进行剖析,帮助教师找到自己的长处和短板,使其能根据自身发展的现状,明确自己的职业目标和今后发展方向,然后制定出适合自己的、有针对性的个人三年发展规划。

最后,我们会根据幼儿园教师队伍的实际情况,制定教师专业素养的培训方案,并落实实施的途径、具体的负责人、评价人,并且培训实效还与奖金挂钩。此外,我园将园本研修相关内容纳入幼儿园三年发展规划,并逐年分解落实到相关计划中。

我们认为,幼儿园不仅是发展孩子、服务家长的地方,也是成就教师的摇篮,我们全力帮助教师在教育岗位上获得成功感。

**(二)走出去请进来,引领内涵发展**

我们积极创设机会,根据不同层级教师的需求,让他们走出校园,聆听专家学者的讲座和开展参观活动。例如,园长参加了上海市幼儿园新任园长后勤管理工作通识培训、区教育局组织的儿保专家现场指导、特级园长方红梅关于"幼儿园课程建设与课程实施方案"等讲座培训,不断提高管理能力和教育教学能力;新教师到虹口实验幼儿园、西街幼儿园参加了区级培训基地的学习,以及幼儿园班务工作的学习和指导。我们还想方设法让教师外出观摩,让教师多听、多看、多想。青年组教师前往上海市浦南幼儿园、安庆幼儿园、嘉定区新城实验幼儿园进行了各种观摩活动。

同时,我们也邀请专家走进来,比如在区教育局的牵头下,和本总支的示范园——西街幼儿园进行园际联盟的结对。在结对的过程中,我们得到了西街幼儿园的大力帮助,参观学习他们的环境创设,观摩教研组活动,请教师到现场对我园的课程管理、家长工作、学习活动等做现场指导和点评。每一次的外出观摩学习,我们都要求教师第一时间分享外出学习的信息,使其他教师及时了解幼教最新讯息,汲取新经验,引发新思路。通过外出观摩和内部交流等方式,教师们将观摩和实践相结合,并在交流分享的基础上分析案例,将其变通到自己设计的活动中去。教师们表示,外出观摩不是模仿和照搬别人的东西,而是思考这些活动背后的理念、价值。

**(三)组建项目活动,发挥教师能动性**

我们促使教师们学有所长、术有专攻,调动起九龙路幼儿园每一位教职员工的积极性。我园通过项目的形式,定期开展实践研讨,各项目组根据本学期园务计划和教师的薄弱环节,寻找一个切入点,开展相关的小课题研究,并在本学期进行展示和总结报告。如运动组开展了"春季亲子运动会",将户外运动活动进行梳理和调整(材料、队形、场地、组织方式）。青年组将外出观摩的经验进行了交流分享,并且承担了大教研集体备课以及向见习生开放的任务。环境组围绕主题背景墙进行了理论学习,开展"促进幼儿自主发展的班级主题墙面创设的实践研究",并结合幼儿园某些班级的主题墙进行了具体的剖析和讨论。科研组完成了市级课题"区域性幼儿园特色课程'三共'式组团发展的实践研究",并对幼儿园现有的一些特色课程材料进行了初步的整理。游戏组根据我园情况开发了"游园式"的户外游戏等。项目组的学习加强了组员之间的相互学习与交流,为促进有效园本教研起到了助推作用。

**（四）注重梯队建设,推进分层成长**

拥有一支高素质的师资队伍是维系学校教学质量生命线的重要基础。一直以来,我园把师资队伍建设作为学校发展教育的永恒主题。我们要尽快培养出更多合格的幼儿教师、优秀的中层管理人才,以适应幼儿园的发展,提升幼儿园软实力。同时,我们还要为今后的人才做好储备和输出的准备。作为园长,我深刻认识到:（1）教师是有差异的,所以学校的教师队伍是由不同层次结构的教师组合而成的;（2）每一位教师都有尚待开发的潜能,因此必须坚信每一位教师都有发展的可能,要以发展的眼光看待每一位教师的成长。

因此,我们尽可能把教师的发展可能转化为现实,帮助每一位教师在原有水平上有所进步,获得专业发展。

1. 骨干教师——示范引领

我们充分发挥园内骨干教师的引领作用,鼓励骨干教师在全园、全区范围内展示、亮相,使其在实践中锻炼、感悟,获得成长,同时也引领园内教师的专业成长。一是开放示范课,二是带教青年教师,三是积极参加并承担区、市级各类展示活动。特别是在骨干教师带教工作上,我们是有要求、有质量、有针对、有评价、有进步。如在两名骨干教师的带教中,1名青年教师在2018学年虹口区见习教师规范化培训中荣获了一等奖等5个奖项,1名教师在2019年青年教师评比活动中荣获总支一等奖、区三等奖的好成绩。在骨干教师的带领下,青年教师的教研积极性和专业能力有了质的飞跃。

2. 成熟教师——崭露头角

对于成熟教师,我们鼓励他们积极参与总支、区级各类评比,接受开放任务,争取成为品牌教师。我们的苏轶、孙健、王筱玲等教师就是在多次的开放活动,参加区业务评比、交流中而被大家所熟悉并认可的。

3. 青年教师——稳步扎实

我们对青年教师开展"搀、扶、放"三部曲的培养和指导。开展师徒结对活动,充分发挥"传、帮、带"精神。我们分别请有多年带教经验的老教师带教新入园的教师,让新教师学习老教师踏踏实实、认认真真的工作态度,以及建立幼儿一日生活常规等最基本的工作。日常工作中,我们行政和保教主任加强对青年教师一日活动的观摩,在观摩评析中帮助新教师切实提高业务水平。

同时,我们还为青年教师搭建舞台,让他们有机会展示自我:一是开展青年组沙龙,二是参加教研组展示,三是承担园内大活动、园外的部分活动,让他们在一次次的任务中积累经验,树立信心。

4. 开展比武练功,以求进步提高

每学期我们都要开展多项评比活动,勤练内功,如环境布置评比、游戏评比、集体教学评比,以及后勤营养员自制点心、烹饪菜肴比武,保育员理论知识竞赛和现场操作(盥洗室消毒)比武等,在评比中寻找不足,在评比中力求进步。各项行之有效的任务激发了大家的创造欲望,促进了教育智慧的生成,教职员工也由此获得了多种经历的发展。

新型的幼儿园教师不但要有符合时代发展需要的思想道德素质,还要具有多层复合的、独特的业务知识与能力以及符合时代精神的教育理念。教师专业队伍的发展不仅是幼儿园保教质量的根本保证,也是幼儿园教育内涵不断提升的动力,更是一所幼儿园有序、持续发展的关键。不断提高教师的专业化水平,是教育面对的一个永恒课题,需要我们为此不断探索与努力。

## 参考文献:

[1] 尤艳利,刘磊.幼儿园园长如何优化内部管理[M].天津:天津教育出版社,2019.
[2] 毛美娟,邵乃济,郑惠萍,徐丽萍,高一敏.今天,怎么做个好园长[M].上海:上海教育出版社,2017.

# 园长在引领教师专业成长中的角色

上海市虹口区多伦路幼儿园　潘莉丽

[摘　要] 园长是幼儿园教师队伍成长的"关键人物"。园长最重要的工作任务之一就是帮助园中所有的教师获得自己专业的成长,逐步提升教师们运用实践课程的意识与专业能力,激发其专业发展的内驱力。

[关键词] 教师专业成长　园长角色　成长共同体

## 一、园长作为引领教师专业成长的"领跑者"

所谓园长"领跑者",就是园长每学期深入教学第一线,在活动前帮助教师理解活动目标,在教师进行教育教学的活动中,园长及时发现教师在教学现场的实际问题,并通过园长"当场示范"来有效地帮助教师提升实际的教育教学能力,使教师课程实施的效果更为有效。那么,在什么情况下,园长会"下水示范",成为引领教师专业成长的"领跑者"呢? 当发现教师的某个教学环节进行不下去时,当教师不理解幼儿语言时,当教学常规出现问题时,当教师的提问偏离教学目标时,园长就将开启自己"领跑者"的身份,开始"下水示范"了。下面以园长教学现场"下水示范""猜谜语"为例具体说明。

### (一) 园长"领跑"过程

青青老师在进行"动物的舌头"的教学活动试教中,有一个环节是让幼儿猜一个谜底为"舌头"的谜语。青青老师让幼儿听了一遍谜面:"红红软软一条带,会伸会缩还会卷,甜酸苦辣都知道,说话要它来帮忙。"但青青老师的语速特别快,对幼儿的回答也无法做出正确的判断与相应的回应,因此幼儿怎么猜也猜不出来。这样下去花在猜谜语上的教学时间会越来越多,就会影响后面的教学环节。这时园长就"下水示范"了。当时园长判断幼儿可能没有听清楚谜面,也没有理解谜面的意思;另外可以将猜的范围缩小,再让幼儿猜更合适。当园长说完谜面和猜的范围后,就有幼儿猜是"头",园长就反问他:"头是红红软软一条带吗? 你再想一想?"又有一个幼儿猜是"嘴巴",园长便回应他:"嘴巴是可以吃到甜酸苦辣,但是嘴巴会伸会缩还会卷吗? 你再想想,不过已经很接近正确答案咯。"这时,园长还加上了一点肢体动作帮助幼儿去思考。最后,幼儿终于在园长的引导下猜出了"舌头"。

青青老师在园长示范的过程中看到园长是如何引导幼儿一步步猜出谜底的。在后面一次试教中，她便模仿园长引导幼儿的过程，还模仿园长与幼儿互动的语言，逐步引导幼儿猜出谜底，顺利进入下一个教学环节。

**（二）教师"跟跑"体悟**

青青老师写道："在我第一次试教'猜谜语'环节时，孩子们总是猜不到。我也试着加以引导，可离正确答案就差'一口气'。就在我焦急之时，园长亲自给我做示范，现场指导我，当遇到这样的情况要怎么与幼儿互动，首先要放慢语速，让每位幼儿都听清楚这个谜语的谜面，然后给出一个准确的范围，告诉他们谜底范围在头上；当他们没有一下子猜出来的时候，也不要着急，慢慢引导幼儿继续思考，也可以运用一些动作提示幼儿。这样一步步引导他们，最后一定能猜出谜底。

通过园长生动的现场指导，我有了一些收获，如与幼儿互动时有时肢体语言也能起到很大的辅助作用；活动中对幼儿的肯定和表扬能更好地激发幼儿参与活动的积极性。我也逐步有了要去接住幼儿抛过来的'球'的意识。我们在一个问题提出后要关注幼儿的反应，并能根据他们的反应进行互动，在第二次的试教中，我也通过仔细倾听幼儿回答，运用结合肢体语言等方法，引导幼儿猜到了谜底。

这样的成功体验，使我在后面的很多教学活动中都会运用这些方法与幼儿进行有效的互动。我发现自己开始理解幼儿了，与幼儿互动的水平有了很大的提高，自己实施教育教学课程的能力也得到了逐步的提升。"

平时园长在看课时，时常会"亲自下水"上一个环节，让教师能直观地理解"什么是有效的师幼互动？""如何做到师幼互动中语言的针对性和多样性？""教师的互动语言如何促进幼儿的思维发展？"，等等。园长教学的"现场领跑"可以让教师们有直接的感知，她们也愿意将其转化为今后自己的教育教学实践，"园长领跑"能有效地提高教师们实施教学课程的能力。

## 二、园长作为引领教师专业成长的"陪跑者"

所谓园长"陪跑者"，就是园长会针对每位教师教育教学长项（如师幼互动、家长工作、教学反思的撰写等）进行专项的"专业陪跑"，传授相关的经验，帮助其提升专业能力。作为园长，要培养自己成为一个会发现教师们优点的"有心人"，学会发现每位教师的专长，投其所好地进行"园长陪跑"，这样才能更有效地提升每位教师的专业化发展。下面以园长现场"手把手"指导陈老师的案例来具体说明。

**（一）园长"陪跑"过程**

我园青年教师陈老师是一名外专业转行来的老师，撰写教学反思对于没有做过幼儿园教师的她来讲是有困难的。所以，园长一开始就将撰写的基本格式框架"手把手"地教给她,让她学习其他教师写的教学反思,引导她尝试自己理解;然后再指导其观察幼儿的一些方法,比如可以针对一位幼儿进行跟踪式观察,也可以就幼儿们对一个教学内容的反馈进行观察,还可以就幼儿遇到的成长问题进行观察等;指导她每次观察幼儿后要学会思考这些现象背后的原因到底是什么,找出原因后再去思考相应的教育策略与方法,教育策略除了教师的引导,还可以考虑生生互动、家园配合等多方面的教育策略。陈老师前两年的所有教学反思都由园长亲自批阅。现在,陈老师的观察反思案例撰写客观、描述仔细,分析反思精准到位,教育策略有针对性,方法策略多样化。接下来,园长还会引导她对班级几名幼儿进行跟踪式的观察与反思,遵循幼儿的发展规律,继续学习体验因材施教的教育方法对幼儿发展的益处。

**(二)教师"跟跑"体悟**

陈老师写道:"还记得第一次写观察反思时,我花了长篇大论写了背景描述,进行了简单的分析反思。园长把我叫到办公室,耐心细致地告诉我观察反思的格式、内容可以怎么写,并且在我的反思下面详细写下了对策与方法,让我对如何撰写观察反思有了初步的了解。每次我把观察反思交给园长后,我总是很期待看到她为我写下的评语,从阅读她的评语中,我知道了哪些方法是用得好的,哪些地方还可以改进。在我对如何指导个别幼儿有困惑时,园长总能适时地为我出谋划策,她总是能一针见血地'透过现象看本质',为我提出的建议是作为一名新教师的我马上可以进行实践的,并非那些'遥不可及'的'纸上谈兵'之计。

园长对待我这样的新教师,总是能先看到我的优点,以肯定、鼓励的方式'陪伴'我成长。在园长的指导下,我写的观察反思有了一定的进步,园长给我的评语从'观察幼儿越来越仔细了'到'对策与方法越写越全面,分析与反思越来越深入从幼儿角度思考问题'。在园长的帮助下,我已初步建立了科学的儿童观,客观、真实地观察和了解幼儿,重点记录幼儿有意义的行为表现,积极地看待每位幼儿的每一点进步,利用幼儿的进步促进其全面发展,我观察反思的专业能力有了很大的进步。"

园长通过对每位教师的"专项陪跑",促进每位教师在她的专业长项当中发挥自己的特长。同时在"陪跑"的过程中,园长也会有意识地给这些教师搭建展示其特长的平台,比如让教师去参加区里的教育专项的比赛,参加"上海市家教年会"的家教论文的交流等,让她们将"园长陪跑"后的成果展示出来,从而帮助她们树立自我成长的信心,调动其成长的内驱力,加速教师们的专业成长。

## 三、专业共同体:"领跑"与"陪跑"的共同方向

教科研活动中,园长也会进行"园长领队",带领教师学习各类教科研理论,支持其教育实践。苏霍姆林斯基曾说过,如果你想让教师的劳动能够给教师带来乐趣,使天天上课不至于变成一种单调乏味的义务,那你就应当引导每一位教师走上从事研究的这条幸福

的道路。园长作为教科研的第一负责人,在成为幼儿园教科研的"领跑者"与"陪跑者"的同时,应该为教师们树立民主、开放、创新的教科研的氛围,鼓励更多的教师主动研究问题,大胆表达自己的想法,促进教师之间的有效互动,提升教师们的科学研究的素养与能力,从而促进教师们实施课程、运用课程的能力。下面以园长"现场教研"指导幼儿运动活动中教师的观察要点具体说明。

**(一)园长"领跑"与"陪跑"过程**

每次活动前,园长会先与教研组长进行"教研预案"的沟通,并根据学期计划以及现阶段教师急需解决的困惑决定活动研究的主题,并制定目标、教研环节与准备。

有一学期,我们研究的主题是《教师在幼儿运动中师幼互动的实践研究》,园长与教师们共同讨论:"幼儿户外活动中,教师的观察要点有哪些?"让教师们畅所欲言。青青老师说:"活动中应将安全放在首位,考虑幼儿的年龄特点不做危险的动作。"园长问大家:"是不是在运动中只要关注安全呢?"明明老师说:"我们除了关注幼儿的运动安全外,还要观察幼儿与材料的互动情况是怎样的,观察幼儿接触的这些材料是否能满足他们的需要。"丹丹老师说:"要观察幼儿的动作发展。"园长又问道:"那么动作发展水平有什么依据吗?"依依老师说道:"我们可以参照《3—6岁儿童学习与发展指南》,参照其中指向幼儿动作发展水平的要点,包括身体素质、运动能力、发展水平等。"这时玲玲老师说:"在活动中要观察他们是否自主布置运动场地,摆放玩具,以及观察幼儿能否自主地玩这些玩具,作为老师应该鼓励幼儿玩出新花样,当他们自己选择做主时,教师都应给予表扬与肯定。"贝贝老师还说:"幼儿要有遵守规则意识。观察幼儿是否在活动当中能够理解相应的规则,并愿意遵守。"敏敏老师说:"在运动当中还要观察幼儿与幼儿之间的交往,当遇到问题的时候,是否能一起解决。"最后园长总结道:"我们教师应尊重每位幼儿运动的发展水平、能力、经验、学习方式等个体差异,因人施教,使每位幼儿在运动中都能够对自己进行评价,对他人进行评价。在我们教师的肯定、欣赏、鼓励下,一定会增强他们对运动的兴趣和自信心,从而提升幼儿的运动能力和身体素质。"

**(二)教师"跟跑"与园长感悟**

"园长领跑"或"园长陪跑"的园本研究能促使我们每一位教师都成为自主参与反思、彼此思想碰撞,交流互助,发现问题,解决问题,改善教育行为,激发创造潜能,构建教育智慧的"课程实践者"。我们在这样一次又一次有效的教科研活动中发现自己实施运用课程、观察理解幼儿、师幼互动、教育实践转化为教育理论,以及教育理论迁移为教育实践的能力都有了不同程度的提升。

园长作为幼儿园教科研活动的"领队",有时是"领跑者",有时又是一名"陪跑者",无论扮演哪个角色,都应当重视幼儿园文化在教科研中的价值引领,营造教师们良好的教科研的氛围和积极向上的幼儿园教科研的探究精神,通过园长的指导与教师之间的"智慧碰撞"来提升大家的专业能力与素养。

## 四、园长既是"领跑者"也是"陪跑者"

作为园长,只有真正地走进教育第一线,自己体验并亲身实践,才能真正了解和把握真实的教育情境中的一些问题,理解与体悟教师们的切身体会和困惑。无论是教学现场的"下水示范",还是对教师的"专项陪跑",或是园长的"教研领队","园长陪跑"制度深受教师们的认可和喜爱,他们的专业能力也得到了快速的发展。

在"园长领跑"的过程中,我们也发现了一些弊端。园长在指导教师的过程中,应突出"指导"角色,不能事必躬亲,更不能包办代替。我们应该遵循"导而不代"管理原则,逐步将"园长领跑"变为"园长陪跑",从而最大限度调动起教师学习与发展的自主性,激发其自我发展与成长的"内驱力"。

另外,就"园长领跑"的管理机制来讲,园长一个人的"领跑"未必能带领全园教师一起"跟跑",园长一人"领跑",身单力薄。我们设想可以从"园长领跑"机制开始,慢慢延伸发展出"园长陪跑""保教主任领跑""教研组长领跑"等相关机制,从而更好地调动起园内更多的人力资源,共同推动教师队伍的成长,逐步提高教师实施课程的能力。

总而言之,园长不仅仅是一个幼儿园的"领跑者",更多时候应该成为教师们的"合作伙伴",成为能积极调动其"学习成长内驱力"的"陪跑者",形成彼此促进,共同进步的"成长共同体"。

**参考文献:**

[1] 何幼华,郭宗莉,黄铮.园长的故事——幼儿园领导与管理案例[M].上海:上海教育出版社,2019:138-140.

[2] 韩艳梅,周洪飞,金京泽.基于问题解决:提升课程领导力的行动[M].上海:华东师范大学出版社,2014:249-252.

# 依托项目,提高教师专业发展 内驱力的策略研究

上海市虹口区同心路幼儿园　陈　可

[摘　要]伴随着教育改革的不断推进,提高幼儿教师的专业素养、建立高质量的幼儿教师团队,成为学前教育高质量发展的关键问题。而教师专业发展必须唤醒其自身的发展自觉性,激发内在驱动力,只有这样才能将专业发展变成个体的自觉行动。本文依托幼儿园开展的项目化活动,探讨如何基于项目提高教师专业发展的内驱力。

[关键词]项目　内驱力　专业发展

百年大计,教育为本;教育大计,教师为本。在中华民族伟大复兴战略全局和世界百年未有之大变局的时代背景下,党的二十大报告中强调要坚持教育优先发展、办好人民满意的教育。要把"优先发展"真正落到实处,把"优先"转化成"优质"的教育教学和"优秀"的接班人、建设者。纵观近年来世界各国所推行的教育改革举措,教师是决定人才培养质量和教育改革成败的关键因素。"办好人民满意的教育"必须要有一支高素质的教师队伍,高质量教育体系必须以高素质教师队伍建设为基础。因此,我园基于项目实施经验,以教师专业发展内驱力为着眼点,实现幼儿教师跨越式、阶梯式成长,推动园所保教质量稳步提升。

## 一、内驱力与教师专业成长

### (一)内驱力是教师专业成长的动力源泉

内驱力是指在需要的基础上产生的一种内部唤醒状态或紧张状态,表现为推动有机体活动以达到满足需要的内部动力。教师发展内驱力表现为在幼儿园园所环境和自我对话交流中产生的,具有驱动效应的,能给自我以积极暗示的信号。这是一种无意识的力量,这种力量植根于教师的自尊心和实现自我价值的内心需求,通过内心需求唤醒教师自主发展的自觉意识,不断驱动自我向更好方向发展。幼儿教师的专业发展有外部因素刺

激和内在自主发展需求两方面,单方面依据行政指令与政策的"外驱力"很难快速、有效地提升教师的专业发展。自主发展是教师主体自我更新和进取的内部驱力,是教师专业自主发展的动力源泉,任何外部力量都必须要转化为教师的个人内驱力,才能最终成为教师专业成长的不竭动力。

**(二)项目是提升教师专业发展内驱力的沃土**

在教师专业成长的多种路径中,培训作为赋能教师专业成长的主要途径备受关注。近年来,教师参与培训的机会不断增多,培训规模不断扩大,能为教师提供多种学习机会,获取最新教育理念,丰富教育教学知识储备。但这种培训形式往往是单向式传输,教师参与深度不够,而且每个教师的需求不同,所面临的问题也不同,自上而下的去情景化培训难以有效解决教师在实践中产生的诸多实际问题,更难以激发教师自主发展的内驱力。

园本教研也是教师专业学习与成长的重要途径,是教师就职后专业发展最直接、最自然的途径。结合我园教研实践,我们创设了"项目式"教研新路径。项目,是指一系列独特的、复杂的并相互关联的活动,这些活动有着一个明确的目标或目的,必须在特定的时间、预算、资源限定内,依据规范完成,是需要通过行动、思考解决的实践问题,或具有创新意义的某项工作。幼儿园课程实施中的每一个问题就是一个项目。以项目为教研组织形式,基于保教实践及课程实施中的问题形成项目小组,不限制参与人数和参与形式,给予教师指导性的目标设定,并通过项目中的分支组合,给教师更多的发展空间。项目相比其他教研形式,包含面更广,更强调融合。教师在项目实施中,同伴间的互相学习机会、个人的展现机会、思维上的碰撞会更多,专业发展能得到实质性的提升,也能有效激发教师对自我的认同,获得进取向上的内驱力。

## 二、基于项目,提升教师内驱力

从宏观层面,项目实施需要考虑园所文化、课程方案、管理制度和教师队伍结构。从微观层面,项目实施需要从项目主题确定、人员组合及实施推进等进行系统规划,以保证项目的实施。结合我园实践,项目实施过程可分为以下几个步骤。

**(一)基于课程方案,确定项目主题**

课程是幼儿园教育教学的核心,是支持幼儿可持续发展的重要载体,也是幼儿园办园质量的生命线。在课程改革不断深化、不断追求高质量课程实施的背景下,教师的专业化水平成为决定课程改革高质量推进的关键。而课程设计、实施、评价的过程,也是教师专业成长最扎实的载体。因此,项目实施必须基于幼儿园课程背景确定大的主题。自2011年我园开展"幼儿安全课题"起,我们就在着力推进幼儿安全课程的实施。到2020年,通过不断的课题深化研究,围绕安全教育园本课程,我们形成了以"安全星期五"(安全集体活动)、"心满意足"(足球活动)、"安全小港湾"(环境创设)、安全主题大活动、家长定期安全讲座等形式为主的园本特色课程。我们在课程设计、实施、推进过程中,形成了一个个与特色课程相关的项目主题,帮助教师更好地理解课程理念,更好地参与课程设计与实施。

### (二)扎根保教实践,聚焦问题解决

项目主题既要考虑幼儿园的实际情况、园所课程体系及教师团队结构特点和能力水平,同时还要着眼于教师在课程实施中真实存在的问题,了解保教实践中教师存在的困惑或困难。只有从教师自身实践中产生的问题出发,才能真正激发教师参与的热情,并在项目推进中萌发自主发展的意识。因为认可并参与是调动内驱力的第一步。基于此,我们将学年项目主题确定为"'心安体全'课程理念,融入一日课程的实践研究"。同时围绕项目大主题,不断聚焦实践问题,确定不同小项目的分主题。

### (三)多元结构组合,成立项目分队

在教师专业发展与成长的道路上,一个人可以走得很快,但难以走得很远。教师的专业提升需要"抱团",更需要"组队"。在我园的项目实践中,我们将教师分为了"新手教师、成熟教师、骨干教师"。项目组设有组长1名,由骨干教师担任,小组共有10名成员,以青年教师为主。项目小组组长在学年初确立本学年项目主题后,小组成员以学年为单位,围绕项目主题自由组合,以1名主导教师带领2名助理教师确立研究小项目。同时,在自由组合的基础上,我们有意识地引导不同层面的教师合作,促使不同需求的教师都能通过项目活动获得不同的成就感,从而激发内驱力,进而使得课程实施能力有不同程度的提升。

### (四)定期组织活动,阶段性探讨交流

国内外的很多研究显示,教师同伴互助是促进教师专业发展的重要手段之一,教师同伴互助的质量和效果是影响校本教研效果的重要因素。因此,项目教研除了要有组织体系,还要公开相应的计划、活动记录、进展安排等过程实施情况,定期组织交流活动,明确每个参与者在活动前、活动中的具体责任分工,带着任务参与项目,让每名教师都处于教研工作状态,而不是"围观者"。

我园项目教研往往围绕项目主题,每月组织一次研讨活动。例如,我园开展的大项目活动"'心安体全'课程理念,融入一日课程的实践研究",不同项目小组各自梳理项目主题,如第一项目小组基于运动课程开展了大班幼儿足球展示活动。在活动中,主导教师带领2名助理教师设计了很多合作、对抗的足球游戏,并在展示活动后就"足球活动"在锻炼幼儿身体机能方面的作用,对幼儿良好心理品质的影响与启示等,做了分析与汇报。另有2个项目小组分别确立了从幼儿游戏、生活活动中融入"安全"课程的研究方向,形成了"运动""游戏""生活"三大板块课程中融入安全课程的小项目,并积极思考与实践,在项目展示活动中有了更加扎实的表现。

### (五)年终汇报,输出项目成果

每一个项目的开展都需要有实质性的成果输出,才能形成完整的教研闭环。项目成果既能帮助教师梳理教研经验,将项目开展过程中的知识与经验完整呈现,同时也能在展示过程中提升教师的自我效能感,让每个参与项目的教师看到并认识到自己实质性的提

升与发展。因此,我园基于每月组织的项目专题活动,项目小组成员会开展与项目相关的实践活动展示、资料收集等,通过集体梳理小结等方式不断调整、完善项目,在学年末形成若干份小项目结题报告。结题报告不同于"高标准"的科研成果,其形式灵活,可以是方案集、案例集、专题经验总结、实践汇报等。在项目成果输出过程中,每位参与其中的教师都能将梳理的知识体系和经验输出展示。最终,由每个小项目组长汇总整理形成幼儿园的项目小结。这些项目成果会上传到园所网站及公众号平台,让全园教师共享,并对外宣传扩大影响力,教师的积极性也会被大大增强。

## 三、项目实施中教师内驱力提升的表现

### (一)专业发展的自主意识和需要被唤醒

《幼儿园教师专业标准(试行)》强调,幼儿教师要"优化知识结构,提高文化素养,具有终身学习与持续发展的意识和能力"。教师是自我专业发展的主体和主动承担者,需要不断地学习补充自身的知识储备,提高专业水准,提升教育教学水平,进而更好地发挥优势,真正实现自身价值。以往组织的教研活动往往要求所有教师必须参加研讨,外在的任务压力使教师参与教研总有些"无可奈何"的被迫感。而项目教研中,教师可以自主选择感兴趣的多个项目进行组队,由于是自主选择、自愿参与,教师的积极性和自主性更加强烈。外在的任务压力变为内在的发展需求,根植于内心专业发展的自主意识和需要也被唤醒和激活了。同时对于积极完成项目的教师,园所及时给予精神上和物质上的鼓励,教师由此所产生的获得感以及自身专业能力提升所带来的发展感,是促进教师内驱力形成的双重保障。例如,我园大雁组长经过一年的项目策划、组织,教研能力显著提升,已可以独立策划、组织教研组的活动并独立负责年级组的常规教研。

### (二)问题意识和探究能力得到提升

项目式活动的切入点与教师的保教实践非常贴合,问题均来自教师日常教育教学的实际情境,能帮助教师学会发现问题,随时进行记录。在项目主题确定的前期,每个教师都需要列举在实践中发现的各种难题。在集体讨论中,分析哪些是值得长期研究探讨的真问题,哪些是可以当场解决的小问题。通过几个回合的讨论,教师的问题意识会得到增强。

例如,基于我园开展的"安全启蒙课程",项目组成员不断开展幼儿运动中的安全策略实践研究。在这个过程中,就运动中如何把握好"挑战"与"安全"之间的度,教师存在一些困惑。以此为契机,我们每两周组织一次业务学习,每月开展一次项目研讨活动,开展了"国外安全教育"的分享活动,"科学组织幼儿体育游戏"的研讨,以及"科学解读幼儿行为""运动能力的案例剖析""运动活动的科学设计""运动活动中的观察指导"等系列活动,提出了更利于儿童发展的解决方案。在整个项目推进过程中,教师的问题意识、探究能力都得到了提升。

### (三)自我效能感被激发

教师自我效能感是指教师对教育价值、对自己做好教育工作与积极影响儿童发展的教育能力的自我判断、信念与感受。多项研究表明,教师自我效能感的提升源于更多的成功体验。在项目活动中,教师之间不是各自为战,而是合作共同体,抱团发展,通过分工合作的形式共融、互助、共建、共赢。同时,项目推进中,不同层面的教师都有机会发表想法,即时呈现不同教师的思维过程和思维方式,教师之间碰撞交流,能开阔眼界,相互学习,在更高的视角下审视自身的教育教学行为,更容易体验到来自团队的认可和成就感,品味教书育人的职业幸福感。

在每年的项目总结中,令我们开心的是,"教研共同体"的形成,让教师们找到了归属感。教师们纷纷表示,"喜欢这种抱团发展,一起组队,共同成长的教研形式";也有老师表示,"穿梭在不同项目中,感觉自己越来越能干了!"几个新晋项目组长表示:"从开始的不知所措,到现在能独立策划,组织教研活动,游刃有余,更加自信了!"

### 四、结 语

当然,教师自主发展内驱力的形成是一个较长的过程。当教师在日常教育教学实践中,能够熟练运用自身的专业知识系统阐述和解决工作中的问题时,其内在的认知内驱力就会得到激发。当教师多次运用其掌握的知识经验获得更多成功时,就能体验到满足自身需要的乐趣,从而巩固了最初的求知欲和自我发展的满足感,形成一种比较稳固的内部发展动机。良好的内驱力一旦形成,会随年龄的增长而增加,一直贯穿幼儿教师整个职业发展生涯中。所以,项目活动也需要不断地、反复开展,通过项目帮助教师掌握专业知识,并能熟练运用,形成积极向上的发展内驱力,让专业成长成为教师的个性需求和自觉行动。

**参考文献:**

[1]蔡迎旗.自主学习:幼儿园教师专业发展的现实之需[J].学前教育研究,2016(3).
[2]张莹,符文娟.教师同伴互助:教师专业发展的有效途径[J].新课程研究(下旬刊),2011(11).
[3]陈兰萍.自我效能感是促进教师专业发展的内驱力[J].渭南师范学院学报,2011(4).

# 尊重规律、尊重差异，促教师队伍专业化发展

上海市虹口区银联幼儿园　范　蓉

[摘　要] 要"办好人民满意的教育"，必须有一支高素质的教师队伍。首先，标准、规划及规章制度的建立与完善是教师队伍建设的基础和保障。其次，教科研是其专业发展的主渠道。最后，创造性地提供多样化的平台，以促进教师的差异化发展，不断形成学校的人才梯队，让学校发展有强劲的生命力和发展动力。

[关键词] 夯实基础　教科研作用　多样化平台

为贯彻党的二十大精神"为党育人、为国育才"和"办好人民满意的教育"的总体要求，作为教育工作者和管理者，希望打造一支有自信、能担当、愿奉献、强专业的教师队伍，因为"教师强大了，学生自然素质高，学校才会发展得更好"。努力打造一支现代化高素质的教师队伍，成了每一位幼儿园园长努力探索和研究的课题。

教师队伍的发展是有潜力的。首先，标准、规划及规章制度的建立与完善是教师队伍建设的基础和保障，使整个队伍有一个正确的发展方向，保证了发展的最基本的要求和目标。其次，由于教师职业的特殊性，需要终身学习，教科研就成为其专业发展的主渠道。最后，针对教师的发展差异性、对教师发展的不同需求、针对学校发展对教师人才梯队发展的要求，我们还应创造性地提供多样化的平台，为不同的教师提供不同的、更适切的培养途径，以促进教师的差异化发展，不断形成学校的人才梯队，让学校发展有强劲的生命力和后续的发展动力。

## 一、标准、规划及规章制度的建立与完善是教师队伍建设的基础

每一所幼儿园从建园伊始，都把标准、规划及规章制度的建立放在首要位置。因为标准、规划、规章制度的建立与完善为教师队伍建设提供了良好的基础与保障，能不断地夯实队伍建设。

### （一）保障性

从个体角度来说，各类标准、规划、规章制度的建立既能保障教师的基本权益、保障教

师的规范行为、保证教师队伍的稳定与循序渐进地发展,又能让所有的教职员工在工作中有章可循、有法可依,也就有了自我约束、自我评价的机会。从学校角度来说,幼儿园发展的历程、规划、目标以及所有发展要求是以规划和制度的方式呈现出来的,如"幼儿园各类规章制度""岗位职责"是为了实现幼儿园目标,对幼儿园各项工作和对各类人员的要求加以条理化、系统化,制订必须遵守的行为准则和工作规程。

**(二)前瞻性**

幼儿园在新三年发展规划的制定过程中,首先会把幼儿园发展目标、教师队伍发展前景进行描述。其次,新三年发展规划制定在教代会上通过,使每位教职员工都能了解幼儿园最近三年的发展目标,也都能明确自己的定位,将自己个人的规划与学校的发展目标紧密结合在一起,把自己当作团队中的一员。制定幼儿园三年规划的过程就是教师为自己制定新三年规划的过程,也是教师进一步融入团队的过程。这样形成的幼儿园三年发展规划与教师个人三年发展计划具有前瞻性和操作性。

**(三)导向性**

幼儿园发展倡导的核心价值、队伍建设发展的目标,大多以制度的方式表现出来,并要求全体教职员工共同遵守,这就充分体现了制度的导向功能。我们建立了鼓励教师开展研究的课题奖励制度,青年教师专业能力评价标准、激励方案,这些成为青年教师的努力方向,具有导向作用。

我们充分关注到标准、规划及规章制度的保障性、前瞻性和导向性作用,为促进队伍的建设、人才的培养打下扎实的基础。

## 二、充分发挥教科研主渠道的作用

教科研是教师专业成长的保障,是学校提升教学质量最有效、最常见的基本方式,也是培养教师队伍的主渠道。

**(一)关注教研方向,注重理论引领**

幼儿园的园本研修是实现教育教学理论与实践之间有效架构的重要途径,大教研组大多以理论学习为基础,以教学实践为重点,打造学习型教研团队。有的通过读书活动加强教师对专业理论和职业素养的研读;有的由园内一些有实践经验或能把外面的新信息进行梳理,并有一定心得的教师率先开展富有理念性与实践性的专题讲座、话题讨论;有教师学习《指南》后结合自己的实践,从理解儿童的年龄阶段特点入手,通过案例的剖析解读,开始真正"走进幼儿、关注个体差异,看得懂孩子的行为"。

**(二)依托教研联动,注重教学实践**

教师对理念理解的最后落脚点应该内化在实践中、落实在行动上。园本教研通过聚焦教师教学实践中的核心问题,开展了以大小教研联动为模式,以年级组实践活动为载体,聚焦课堂,以实践促对话的教研方式。有大小教研组之间的联动、骨干教师与一般教师之间的联动、成熟型教师与青年教师之间的联动等不同层面上的经验共享和合作研究，开展有效的教研互动,提高教研实效性。

如,以"集体教学中师幼互动"为重点,对集体教学活动中的环节设计、时间把握、师幼互动的有效性进行了研讨和反思。其中有大教研组的理论先行"集体学习活动中师幼互动的优化",通过聚焦解读优秀教师"师幼互动"的精彩案例,让教师们进一步理解师幼互动的魅力;小教研组的一课二研,更关注在教学过程中教师和幼儿互动的方式,如何进一步优化教学环节,使教学活动更为有效。

**（三）注重课题引领,打造研究型教研**

科研促教研,科研课题引领下的教学研究是幼儿园内涵发展的基础。如在"主题背景下的建构游戏实践和研究"课题引领下,大小教研组围绕课题,在大教研组的理论引领下,小教研组进行了各具特色的个性化研究,或采用积木漂移法,或采用个案追踪法,或采用案例说明法等,对各年龄段幼儿建构游戏特点、建构游戏的发展目标、游戏环境的优化与创设进行了研究梳理。课题研究激发了全体教师的自主发展、主动发展的需求。通过一次次的案例交流、阶段专题经验交流、现场教研、"建构实践月"、主题情景式陈列方式等,让每位教师研究的积极性大大增强,教师自身的建构兴趣和水平都有了长足的进步。

**（四）搭建多样化平台,促进差异化发展**

教师的发展有差异,发展环境也有差异。作为教师个体,因为他的目标、原有经验、成长途径并不尽然相同,所以他的专业需求、发展速度一定是有差异的。

1. 尊重个性、尊重差异促发展

教师个体的发展与学校价值、文化氛围、团队基本风格、课程特质、管理方式与导向紧密相关。作为学校的管理者,应尊重个性、尊重差异,顺应而为。

针对成熟型教师,他们教学经验丰富,有明确的目标,并有一定的自主发展意愿。我们创设的平台可以是让他们担任园内的重要角色,如大小教研组长、课程组长、科研组长、项目组长,给他压担子、分配任务,并积极地鼓励他们参与各种岗位培训,积累经验（比如工会主席、保教主任、后勤组长……）,在岗位上发挥骨干引领作用,促使他们在带领团队的过程中进一步地发展专业能力。

有些成熟型教师日常工作缺乏目标,没有动力,疲于应付日常保教工作,言语中时常有显得消极。如何激发这群教师的工作积极性和自主发展能力呢? 作为管理者,应站在这群教师的立场上来思考,他们曾经也为幼教事业奉献过自己的青春年华,曾经也有梦想,有目标;随着课改的深入,他们精力不如从前,幼儿园许多"抛头露面"或者重要的岗位逐渐向青年教师偏斜,他们有被忽略的感觉。但是他们日常保教工作的经验是丰富的,与家长的沟通技能是娴熟的。面对这群教师,我们应在充分尊重、理解他们的同时,在常规培训和研讨中发挥他们日常班务工作中的强项,让他们带教新教师传授自己的经验,并结合园内师德学习,给予他们园内的荣誉称号,如评选"五心教师""师德标兵""家园沟通好榜样",让他们感觉自己还能发光发热,自己的付出被理解、被认可。

针对青年教师,他们已具备较稳定地完成日常保教工作的能力,有潜力,但由于经验的缺乏,在日常工作中缺乏闯劲、探索创新精神。这时我们可以创设一些园内的技能比武、专业知识竞赛或者才艺展示等,鼓励青年教师积极准备与参与,同时让一些成熟型教师进行专业点评并颁发奖状。青年教师从中一定能收获自信,扬帆再起航。

针对新教师,由于他们缺乏幼儿教育的经验,为了让这些新教师能尽快地适应新岗位,顺利完成日常保教工作,除了让他们完成规定的新教师培训基地的培训,幼儿园内更应积极搭建让他们快速成长的平台,如师徒结对;让新教师参加园外的专项课程培训等,来开阔他们的眼界,锻炼他们的专业水平,促使他们快速成长。

教师是幼儿园发展的主体力量。管理者还可以根据实际情况采取人性化管理,发挥"以人为本"的理念,灵活地掌握运用各种方法,让每位教师在必须遵守的规章制度下感受到集体的温暖,增强教师的主人翁意识。

2.搭建多样化平台助推全员化发展

打造一支能够承担学校未来发展重担的队伍,还必须更多地创设多样化学习平台,给予教职员工顺应他们各自发展需求的环境,支持他们实现差异化发展,最终形成学校有发展潜力的人才梯队,保障学校未来持续发展的长远需要。主要形式有:

(1)学习培训:这是获取最新教育理念最直接的方法之一。目前幼儿园的教师学习培训一般有:园本培训,市级、区级培训,自我培训。

(2)专题研讨:全体教师共同围绕一些主题展开讨论。以课程理念为指导,立足于广大教师的理论学习、教学实践和教学反思,通过教师的教育思想碰撞、教育教学经验整合、教育教学智慧分享,达到促进教师专业发展的目标。幼儿园的专题研讨一般有从研讨内容出发的教学反思、案例研讨、专题讲座、集体培训、课题化研究、个别指导、理论答辩、教学观摩、评析等形式;从研讨方式出发的实践体验式研讨、问题跟进式研讨、充电式研讨、文化式研讨。

(3)展示交流:园内外的各类展示、示范、公开活动已成为教师专业发展的重要手段,也是我们经常说的为教师搭建舞台——让每位教师都有自我展示的机会。由于教师个体间的差异形成了需求上的差异,所以我们搭建的展示交流的舞台可以有这样的划分:

从工作经验上分为老教师和年轻教师,对他们提出不同的发展要求,进行分层指导;从业务能力上分为骨干教师和发展中的教师,给他们压担子,承担不同的教研任务。通过为每位教师搭建不同的成长平台,人人享有成长的空间。

展示交流的内容有:基本功展示(唱歌、三笔字、备课、讲故事、游戏案例等),教育教学类的展示(游戏活动、集体活动等),教学成果的展示(年会交流等),同课异构,由同一学科教师执教同一课题,以展示不同的理念、设计、实施和效果,让大家在对比中受到启发,从而有效地指导自己的教学。

(4)竞赛比武:市、区级的专业技能、课堂教学、游戏指导、多媒体信息化、课题撰写、案例、竞赛、比武等。

作为管理者,在教师队伍建设的道路上,必须带领全体教师全面贯彻党的教育方针,践行立德树人的初心,牢记"为党育人、为国育才"的使命;在幼儿教育工作岗位上,努力成为照亮孩子们心中希望和梦想的那束光。

## 参考文献:

[1] 教育部师范教育司.教师专业化的理论与实践(修订版)[M].北京:人民教育出版社,2003.

[2] 王浩倩.基于教师职业专业化的师范教育发展[J].教育与职业,2014(29).

[3] 叶文梓.教师专业化制度建设的进展、问题与策略[J].教育研究,2006(08).

# 赋权增能：幼儿园教师队伍建设的实践研究

上海市虹口区实验幼儿园　顾伟毅

[摘　要] 我园以幼儿园课程机制的优化为突破口，实现教师课程自主权能和专业智能的增值。我们把握教师的需求，架构赋权制度群；明晰权责，提升有序性赋权；支持专业分享，形成发展性赋权；择宜选择，关注弹性化赋权，从而激发教师们的潜能，推动园所高质量发展。

[关键词] 赋权增能　课程机制　教师专业自觉

教育最终是"回归人之本来"。外在赋权能给予教师信息、资源、权力、发展机会、影响力，但是赋权的效果究竟如何？关键还要看赋权后个体的内心感受，能否让每一个个体最大限度地发展潜能、激发动力、找到热爱，这才是教育应秉承的理念与价值追求。这是教育之"道"，也是教育之"魂"。

当前，"幼儿发展优先"行动正在上海各级各类幼儿园全面展开。而这一行动要得以真正落地，关键人物之一是教师。因为任何理想和美好的课程，不经教师的实践和创造是无法实现的。

作为课程实践的主体，他们是否以幼儿园的课程愿景和幼儿发展目标为追求？是否在思想和行动上主动作为，愿意坚韧地朝着目标去落实？是否基于幼儿，持续直面和解决课程中的问题？而要实现这些目标，势必要求学校组织从外部因素的赋权来实现教师内部的自我增能。

## 一、对于赋权增能——我们的价值信条

"赋权增能"由"赋权"和"增能"两个词汇并列构成。其中赋权是手段和路径，增能才是初心和目的。当前许多学校在赋权初始，往往只关注了权力的外在分配，而忽略了个体内部动机、能力胜任、价值认同、标准理解、机制保障等各种因素的联结运作和相互激发，最终导致"一放就乱，一管就死"的恶性循环。我们认为，真正的赋权教师，需要做到以下三点。

**(一)赋权教师,需内嵌"相信教师"的信念力量**

赋权的基点是相信。相信沉浸在具体场景中的每一位教师最真实的感受和体验,相信他们在课程抉择中有足够的自我认知和有效的自我调节、自我演进能力;相信他们差异的思想、感受、建议对团队具有价值启迪的功能。只有在这种信任基础上的赋权,才能真正带给教师自主决定的空间、自主发展的动力、自我掌控的节奏、自我成就的体验。所以,撬动教师自发动力的秘诀就在于对人性的信任、尊重、关注和成就,点燃每一个人心中的"火把"。教师能够在实现使命的过程中找到个人的价值和意义所在,也许这才是赋权最终的意义。

**(二)赋权教师,需体现合作共享的管理思维**

当下的课程改革是具有开放性、探索性、个性化、动态性的。而要想达成持续的、深远的、呼应性的预期效果,我们必须打破标准化、集中化的课程管理和金字塔形的课程决策机制,变纵向参与为横向的合作和共享,让所有教师在捍卫同一种文化价值观的基础之上共同发亮发光,强调共创、共担和共享。这是一群人为共同的目标奋斗的过程,每一位教师既能自主决策,又能协同作战,既强大又敏捷。

**(三)赋权教师,需创生权能激活的运作体系**

"赋权"和"增能"是相辅相成,辩证统一的关系。学者绍特(Short)和内哈特(Rinehart)曾提出与教师赋权增能有关的六个维度(见图1),包括赋权的外部条件和内部动因。由此,要保障教师的课程权利自然实现,必须要给予其系统的支持与保障。例如,形成明晰、具体的赋权制度保障;营造教师权利的自主性场域、引导教师形成权利共同体和学习共同体;改善评价机制;共建教师课程创生的舞台和机会;放大成就体验、孕育文化认同等。

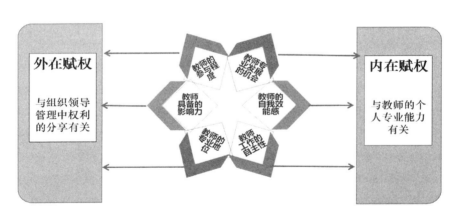

图1 教师赋权增能的六个维度

## 二、对于赋权增能——我们的突破路径

那么究竟该如何赋权? 赋予教师哪些课程权利? 教师应该如何行使这些课程权利? 当教师权利运作失范,我们该如何监督和制约? 当学校课程文化和教师专业发展不均衡时,赋权的尺度该如何把握? 我们从最基础的制度做起。

### （一）把握需求，架构赋权制度群

在实践中，我们发现要促进教师课程权利的实现，教师需要：（1）知晓、明确、理解自己拥有的课程权利并形成价值认同；（2）拥有行使和运作课程权利的自主性空间；（3）拥有经常性和自我、同伴、家长、专家协商、分享、反思的机会和时间保障，能对运作的课程权利结果开展持续性的评价；（4）有经常性展示、激励、传播教师课程权利运作成效、努力程度、进步发展的平台、机制和文化氛围。

由此，基于主体的需求，同时依据政策法规中赋权教师的相关精神，为保障教师有动力、有能力、有条件行使权利，我们需要结构化设计赋权制度群（见图2）。例如，参与类制度、支持协调类制度、制约类制度、评价类制度，它们分别从不同维度以制度的形式赋予、维护、支持和保障教师课程权力的实现（见表1）。

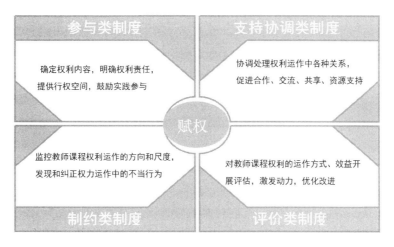

**图 2 赋权制度群的结构化设计**

**表 1 相关赋权的课程制度列举**

| 制度类别 | 制 度 列 举 |
|---|---|
| 参与类制度 | 《教师课程权利宣言》《园本课程开发制度》<br>《课程资源管理制度》《主题课程审议制度》等 |
| 支持协调类制度 | 《协同观察制度》《课程资源请购制度》<br>《课程创新成果孵化制度》《课程作息听证制度》等 |
| 制约类制度 | 《一日活动质量监控制度》《一日活动安全操作指引》<br>《"三位一体"保教操作指引》《月度课程质量分析制度》等 |
| 评价类制度 | 《园本课程评价制度》《环境质量评价制度》<br>《家长问卷反思制度》《优秀课程领导者评选制度》等 |

**（二）明晰权责,提升有序性赋权**

所有的放权都是相对的,而非放任自流。给教师赋权,应让教师自己知晓自己拥有哪些权利,并知道这些权利的范围、边界、责任、行使机会等,即帮助、引导教师理解课程的基本价值,坚守初心;形成影响课程基本质量和实施的一些要求与准则,给教师提供检验课程成果的一些标准,以及必需的课程资源。

例如,随着我们对儿童当下学习兴趣和经验的追随,教师在班本化课程实施中弹性空间大、课程权利意识强,那课程权利运作的效能如何保障呢? 一张主题质量检核表(见表2),一张清晰的反思行动框架图为教师感知课程实践,提升反思质量指明了方向,支持教师向权责对等的目标前行。

**表2 主题质量检核表**

| 主题前思 | ● 幼儿已有哪些经验?<br>● 幼儿对主题的哪些问题真正关心?<br>● 可以为幼儿提供怎样的挑战,以满足幼儿新经验发展的需求?<br>● 是否充分开发和利用了幼儿园的空间、设施设备和活动材料等多样的资源来支持幼儿主题学习和探索?<br>● 该如何指导家庭与幼儿共同搜集他们需要的资源并能彼此分享呢? |
|---|---|
| 主题后思 | 这次的主题活动<br>● 是否促进幼儿全面、和谐、可持续发展?<br>● 预设的课程目标、核心经验是否达成?<br>● 是否为幼儿提供了发现、探究和解决真实问题的学习机会?<br>● 是否有机整合和平衡了幼儿多个领域的经验和学科内容?<br>● 能否满足幼儿不同的学习方式、速度和水平等个体需要?<br>● 是否充分开发和利用了幼儿园内外的多样资源来支持幼儿的学习和探索?<br>● 是否关注了幼儿所关心的、感兴趣的问题和现象等? 幼儿生成的内容是否得到回应? |

唯有通过一系列基础性课程制度保障,才能确保课程权利在转移和下放的同时,课程依然在科学规范的轨道上运行,课程质量依然保持在合理的期待中。

**（三）专业分享,形成发展性赋权**

每一个班级、每一位教师都有一定的课程自主权,这并不等同于教师的孤军作战和随意任性。教师在享受课程民主和专业自主的同时,必须对自己的课程价值观、课程行动有明智的判断和选择。教师可能面临更大的专业挑战和责任感,由此也更需要彼此鼓励、相互支持和启发增能。

首先,我们应该建立一个强大的、多元的、无处不在的专业分享支持平台。线上线下、正式与非正式、同行和跨界,让教师有权利享受咨询探讨、解决问题的专业资源。

其次,我们要重视引导教师在分享中聚焦课程价值观,聚焦课程创生过程中的真实问题,形成充分的、个性化的对话。而这样的专业分享过程,也逐步孕育了幼儿园目标一致、乐意分享、情感依托、深度学习的协同学习共同体。

最后，我们要打破惯有的听讲模式，更应凸显"情景体验""合作研磨""项目驱动""听课评课""实战演练"等模式。例如在幼儿园新手教师训练营中，我们通过"采访校园熟人""搜集校园信息""校园我见分享""组团评价问答"，拉开了新手教师增进对幼儿园了解的序幕。从被动输入到主动代入，从统一目标到自主选学，从信息了解到综合素养提升，我们意识到，教师"热情的主动行为、内心的自我觉知"，才是专业成长的基本前提；把管控的有为之手放开，蕴含在广大教师中的巨大能量才会被充分释放出来。

### （四）择宜选择，关注弹性化赋权

制度有其不可动摇的权威性，刚性和统一性是其内在要求。但是，赋权的本意是追寻教师在复杂真实的情境中对课程的适宜选择，具有内隐性、突发性、个体性等特点。因此，在保证制度刚性的同时，在实施运作中要注意弹性实施。

1. 制度设计要有选择的宽度

我们要在课程制度上打破一刀切的统一模式，为教师行权留有空间。例如，幼儿园原先的作息像火车时刻表，准点实施，从8:45—9:05盥洗、喝牛奶开始；如今改为8:00—9:30为生活、游戏时间，调整后的大块面柔性作息让教师有了基于儿童需要，灵活实施课程的自主选择权。

2. 制度发展要有演进的梯度

由于课程、教师、儿童发展的动态性，我们的制度设计也不可能一蹴而就，一成不变。制度也需要去回应发展需求，动态调整，以维护教师课程权利运作的合理性和科学性。

例如，幼儿园课程环境的质量直接关联着儿童学习发展的机会，"谁才是环境评价的主角？""怎样的环境才是优质的环境？""从哪些路径、哪个时段采集评价信息更科学、更合理？""教师权利运作中，会获得怎样的能力和心智成长？"我们经历了三次制度之变，记载了幼儿园对课程权利主体、权利运作方式、运作路径、价值准则的不断思考（见表3）。

表3　环境评价制度变化

| 发展阶段 | 评价主体 | 评价方式 | 评价视角 | 评价时段 |
|---|---|---|---|---|
| 第一阶段 | 行政管理 | 根据评价指标，环境现场观摩，分级评价 | 材料数量<br>材料类别<br>空间设置合理性<br>材料生活化 | 开学初 |
| 价值取向：初始的评价制度注重真实情境、关注标准引领、强化评价激励，但是却忽视了教师在评价中的主体地位，导致评价"一言堂"，缺乏参与性、分享性 | | | | |

续　表

| 发展阶段 | 评价主体 | 评价方式 | 评价视角 | 评价时段 |
|---|---|---|---|---|
| 第二阶段 | 教师<br>行政管理 | 各班教师<br>环境设计分享<br>同伴相互点评 | 材料的多元性<br>材料的开放性<br>材料的可玩性<br>材料的创新性 | 开学初 |
| 价值取向：第二阶段的评价制度中，教师被赋予了实实在在的自评和他评权，教师的专业地位、影响力、创造性、成就感被充分激发。但是评价缺少儿童主体的感受反馈，信息采集受时空局限，缺乏过程性追踪；评价结果的科学性、合理性仍需提升 | | | | |
| 第三阶段 | 教师<br>儿童<br>行政<br>家长 | 课程环境介绍<br>学习故事分享<br>儿童访谈<br>作品解读<br>现场活动观摩 | 材料赋予儿童的发展机会<br>材料与儿童经验连续体的相应程度<br>儿童在环境中的发展水平 | 开学初<br>学期中<br>学期末 |
| 价值取向：第三阶段的评价制度中，评价主体、评价方式、评价标准、信息采集的路径和时间都得以拓展和优化，既蕴含着我们对课程多元主体权利的尊重和维护，也呈现出对优质环境质量的内涵探寻，更孕育了共享共生，为儿童发展尽责的协商文化 | | | | |

环境评价制度的动态演进，不仅呈现着行权主体、行权规则、行权路径的改变升级，更呈现出我们教育观、课程观、儿童观持续的跃进和更新。

3. 制度运作要有"个性"的温度

每一个幼儿园的课程发展阶段、组织文化氛围、教师专业发展的不均衡各有各的情况，所以，教师的课程权利并不能在每个幼儿园，每一个教师那里都完全得以实现，这更需要我们有针对性地引领教师课程权利的逐步实现。

我们可以在赋权的范围上，选择充分赋权和部分赋权。在赋权的节奏上，允许分批逐步实现。例如同样的项目，激励一部分教师大步走、做示范；陪伴一部分教师小步走，形成价值认同，摸索方法；允许部分教师旁观，在看到权利运作效益后逐步跟进。在赋权增能的路径上，形成个性支持。如职初教师的新手训练营，以师徒共成长的方式，提升其教育规范，达成身份认同；熟手教师以"微项目"研究推进对课程意识、教学能力的深入研究；骨干教师带教新手、主持课题、项目组团、承担辐射，扩大其专业影响力，成为课程权利运作的示范者等。

研究至今，我们越来越感受到：教育最终是"回归人之本来"。赋权让每一个个体最大限度地发展潜能、激发动力、找到热爱，这才是我们应秉承的理念与价值追求。园长作为未来的价值领导者、课程领导者和组织领导者，更需要从一个无所不知的智者形象转身成为一个热情、敏锐的激发者，从一个提供结论的分析者转身成为一个问题解决过程中集体认同的促进者。园长不是教化大家、评论大家，而是把大家联系起来，把大家的潜能激发起来，让每个个体感受自我价值的实现。

## 参考文献：

［1］张笑予，马多秀."双减"政策背景下教师赋权增能的理论模型构建［J］.当代教育论坛，2022（3）.

［2］陈蓉辉，马云鹏.赋权增能：教师课程参与的保障——美国教师"赋权增能"策略及启示［J］.外国教育研究，2008（2）.

［3］康晓伟.西方教师赋权增能研究的内涵及其发展探究［J］.比较教育研究，2010（12）.

［4］曾文婕，黄甫全.美国教师"赋权增能"的动因、涵义、策略和启示［J］.课程·教材·教法，2006（12）.

［5］操太圣，卢乃桂.教师赋权增能：内涵、意义与策略［J］.课程·教材·教法，2006（10）.

［6］闫寒冰，单俊豪.从培训到赋能：后疫情时期教师专业发展的蓝图构建［J］.电化教育研究，2020（6）.

# 基于需求，立足团队，促进教师专业发展

上海市虹口区小不点幼儿园　梁月秋

[摘　要] 幼儿园教师团队的可持续发展是幼儿园发展的不竭动力，需要从发展的角度来审视教师的专业成长，以形成完善的教师队伍发展机制，构建良好的发展氛围。小不点幼儿园通过架构科学有效的激励机制、保障教师基本需求、注重团队文化浸润、搭建伙伴式教研平台以及教研机制的建设，充分发挥所有教师的整体效能，将每位教师的个人成长与发展置于整个团队发展的背景中，将团队的建设建立在每位教师的发展基础上，促进教师个体与教师团队共同发展。

[关键词] 团队　教师专业发展　个体发展　团队发展

教育的根本目的是促进人的发展，在不断深化的幼儿园课程改革中，教育理想与目标需要通过教师的工作去实现，教师发展与幼儿园发展是一种共生关系。

帕克·帕尔默在《教学勇气——漫步教师心灵》一书中说："如果想要在实践中成长，我们有两个去处，一个是达到优质教学的内心世界，一个是由同行所组成的共同体，从同事那里我们可以更多地理解我们自己和我们的教学。"[1]这句话真实地说明了教师团队对教师个人专业发展的重要性。因此，要促进教师专业成长，就要充分发挥所有教师的整体效能，将每位教师的个人成长与发展置于整个团队发展的背景中，将团队的建设建立在每位教师的发展基础上，这样才能更加有效地促进教师团队的共同发展。

## 一、架构激励机制，形成发展愿景，激发教师发展主动性

我园以物质激励为保障，以人文激励为核心，以专业能力激励为引导，构建了"激励树"机制。"激励树"机制运行模式包括四个部分：土壤、树干、树枝和树叶。"土壤"是"树"扎根的地基，主要指在幼儿园办园理念下的具体行为样式，我园在"让每一个小不点与多彩的世界相遇"的办园理念下生发出"乐融"校园文化，引领着教师保持开放的视野，遇见并接纳不同，在与不同之间的互动中创造精彩的生活。做"乐暖"教师成为教师

们自我发展的追求。"树干"是指有效的激励机制的实施路径:目标、评价、激励方式。我们与教师共商发展目标,并配以与之对应的评价内容,采用一定的激励方式,促使教师不断追求卓越。"树枝"和"树叶"是根据教师的需要搭建的发展平台。在理念先导、行为跟进、制度保障的"激励树"机制模式运行的过程中,我园从教师成长每个阶段的需要入手,采取相应的举措,促进每一位教师像大树般向阳生长。

## 二、尊重个性需求,满足基本需要,保障物质激励效应

物质激励机制的根本在于满足教师的生活需要,保障教师的切身利益,因为只有生活、安全得到保障才能安心工作。我们主要采取了以下策略。

第一,创新"特殊福利"。在生活中给予教师更多的关怀,在教师需要帮助的时候伸出一把手,让教师感受到学校对其家庭生活的支持,这样教师才会安心地工作。通过教代会,我们创新了许多"特殊福利",例如"探亲日""亲子日"等,这些假日为教师们解决了后顾之忧,也是隐形的物质激励。

第二,完善"绩效工资"方案。对那些勇于探索、积极实践幼儿教育的教师给予肯定,让教师在多劳多得、优劳优得的价值观引领下形成对自我发展的认同。

第三,建立"评价相连"体系。物质激励效应的实现要靠相应的评价制度保障。通过每月的月考评、年终的积分制等评价方式,帮助教师明确努力的方向,变教师被动接受考核到主动寻求发展,教师的积极性与主动性得到提高。

## 三、打造团队文化,关注个体差异,续航教师发展动力

支持性、研究型的组织氛围能有效激发教师的工作潜能,实现其自我价值。[2]为此,我们从办园理念出发,设计一系列相关活动,让教师感受到个体发展与幼儿园发展共享共赢的自在与喜悦,对团队形成归属感,激发教师自我发展的愿景。

**(一)营造和谐氛围,凝聚人心**

每个教师来自不同的家庭,有着不同的成长背景。承认教师的差异性、包容教师的差异性、尊重教师的差异性,是让幼儿园每一位教师融入团队、共同生存、共同发展的基本条件。我们设计了"夸夸我的好搭班""感动小不点的事""我眼中的小不点人""神秘温暖人"等活动凝聚人心,增强教师的团队归属感与工作的幸福感。

**(二)变革评价方式,以人为本**

对教师课程执行的评价也是幼儿园保教质量评价的核心板块。我们将质量评价要求变为教师操作细则,鼓励教师开展课程实施的"自我评价"。我们变行政听课为保教质量调研,充分与教师对话,既达到质量评价的目的,又让评价成为教师自我检验、反思、提升的专业发展过程。

**（三）设计分层培训，项目助推**

承认教师之间的差异性，认同教师性格的独特性，鼓励教师发展的多样性是我们基于教师差异性及培养问题的思考与提炼。在对不同教师专业发展特点分析的基础上，我们明确了分层培养的目标、路径与考核，设计了不同的培训课程，以项目任务助推团队整体发展。

**（四）定制发展规划，目标引领**

我们对教师个体的成长状态进行诊断，根据他们的特长为其规划职业愿景，设计发展路径；将教师的个人成长作为发展性考核的内容，帮助教师确定分阶段目标，小步前进，形成自我管理的新运行机制，增强教师自主发展的意识。

## 四、开展"伙伴式"教研，搭建对话平台，助推教师专业发展

教研团队建设对激发教师自主发展的动力，提高教师的课程领导力，促进教师的专业成长有着十分重要的现实意义。理想的教研应该是从个人化的、孤岛式的研究走向群体。因此，对于研究共同体的构建来说，教师之间的有效合作关系的形成是至关重要的。基于以上认识，我园提出了"伙伴式"教研。所谓"伙伴式"教研，就是以"激活伙伴关系，发展开放性、合作性园本教研"为基础，营造自主自觉、互助合作的学习文化和研讨氛围，开发分层、多元的研修内容，引导教师主动搜寻问题，在与团队、同伴的对话中，反思教学、积累经验，促成教育理念与教育行为的融合。

**（一）营造教研"对话"氛围，与伙伴相遇**

在教研组形成初期，由于彼此还不熟悉，各有各的顾虑，虽然表面上大家围坐在一起讨论，但是往往并不能做到坦诚相见，这样将使得教研流于形式，不利于深入研讨，教师也无法得到真正的发展。于是，在实践中，我们使用了一些"小办法"。

办法一："未知的同桌"。大教研活动时，教师们总喜欢和平时要好的同伴坐在一起，讨论对象固定。为了改变这一现象，我们采用了临时抽座位号的方式，教师根据"抽签结果"对号入座。"未知的同桌"改变了教师的交往方式、范围和对象，促成教师之间多点、多向、多目标指向的互动，达成教师之间教育经验的有效传递和人际关系的融洽。

办法二："HOLD不住姐"与"酱油妹"的评选。只有组内教师将各自持有的教学理念或假设不断地显露出来，才能形成有效对话。为了鼓励教师积极分享自己的思考，每次教研活动结束时，我们总会投票评选出当日的"HOLD不住姐"与"酱油妹"，这两个词均来自网络，很接地气，分别用来表彰在教研活动中，"HOLD"不住自己、畅所欲言的教师以及默不作声、有"打酱油"之嫌的教师。由参加研讨的教师投票选举，从开始的票选，到后来的直接提名，"分享之门"慢慢开启，信任感在潜滋暗长，即便是被选为"酱油妹"的教师也是在大家哄然大笑中对大家说"抱歉，这次准备得不充分"。

办法三：在线教研。现实中有这样一种现象，比起面对面的交流，有些人更喜欢在网

上谈,那样感觉更轻松,更自在。特别是对于新教师而言,由于专业上的差距,大家研讨时语速较快,他们来不及消化吸收。同时,害怕讲错也成了阻碍他们发言的"拦路虎"。

网络将研讨速度放慢,青年教师有了足够的时间来理解别人的观点,同时组织自己的话语,形成对话。此外,将要说的话变成文字后,大家表述的逻辑性更强,也更理性。因此,在教研组形成初期,针对看课评课,我们利用校园网站办公平台,采用在线教研的方式开展研讨。根据研讨主题,大家针对教育现场纷纷亮出观点,提出自己的思考。久而之,大家慢慢放下戒心,打消顾虑,用开放的心态接纳"不同的声音",遇到问题也会向教研组求助,同时不再满足于网络评课,而更愿意"趁热打铁",及时分享观课后的感受,开启真正的合作。

### (二) 在冲突中对话,与伙伴思辨

在教研中的冲突更指向在专业教研中教师与同伴的"思"与"辩"。例如,大班幼儿在玩游戏"画语解读"时还会进行游戏计划。但教师们也发现了幼儿存在计划与执行不匹配的现象。在研讨的过程中,组员们产生了两种不同的观点,在两种思维碰撞中,教师们再次走入游戏现场去倾听幼儿的心声。教师们发现幼儿在游戏中的心情或者是外部环境都可能造成了所谓的不匹配现象,在后续的交流中教师们感悟到,要多维度地去倾听幼儿的感受。教师们在和同伴的思辨中从"看到什么"到"看懂什么",更重视"解读"这两个字。

### (三) 在评价中对话,与伙伴共生

直击现场,听课评课也是教研的主要内容之一,但在评课时,有的教师往往情感优先,或出于情面保持缄默。于是我们调整流程,要求在看完现场后,所有的参与者都及时进行"教研沙龙",执教者对本次活动从背景、幼儿经验到目标和达成效果进行阐述反思。观摩的同伴可以就本次活动过程中发现的闪光点和困惑、建议与执教老师进行面对面的交流,最后再进行数据分析评价。通过现场观摩+沙龙讨论的形式,教师在实践中的理性思考和专业行为更融合,对同伴专业评价也更客观。

在"伙伴式"教研中我们努力建立"链接":教学实践能力与理论学习水平的链接,教师个体发展与园本课程发展需要的链接,教育活动设计与教师反思调整的链接。

## 五、选好研修课题,注重研有所得,提升教师研修品质

提升保教质量是持续发展的核心,我园的园本研修始终以"团队研修解决教学真实情景问题"为宗旨,使教师处在研究状态中,不断克服工作带来的职业倦怠,体会出"教学活动"的乐趣和"园本研究"的价值,努力形成"实""活""研"的教研机制。

抓住一个"实"。每学期教研主题有针对性,主题都来自教师在教育教学专业成长中的瓶颈问题,来自对幼儿园保教工作整体研究和全局把握的思考。例如,针对"幼儿语言表达能力较弱"这一问题,我们把各班的表演区游戏作为研训内容,从实践观察中了解分

析目前幼儿表演区域的现状及教师的指导策略。在各年级组中"以点带面"进行实践观摩,认真观察、反思,不断调整指导策略,在实践中教师们知道适时地提供材料能直接影响幼儿游戏的水平和游戏兴趣。"实"主要采取大小教研同步、循环推进的方式。

突出一个"活"。教研需要活力,这样才能吸引教师们投身研究中,教师们的智慧才会被激活。因此,我们尝试教学研究多元化,即一课多研推进式、同课异构、微格剖析等方式;提供好课"仿"与"磨",把教研中的问题用真实的"教学演绎""优质克隆"进行实战;有研究共同体、工作室研讨,使志同道合的教师们在一起开展研究;在情景演绎或游戏体验中研讨与学习,用"活"的方式使研训增效。

专注一个"研"。在教研活动中重点"研"什么,决定了教研活动的质量以及推动教师专业成长的作用。教研活动中"研"的一定是来自教学实践的"真问题",才能最终回到教学实践,进而有效改善教师的教学实践。

"相遇"是"伙伴式"教研的专业唤醒,"牵手"是"伙伴式"教研的平等对话,"共进"是"伙伴式"教研的成长进步。教师在"伙伴式"教研的过程中不断与同伴进行思想碰撞,同时也不断地体察自己的行为、思想,在察觉中自我评价、反思和学习,从而产生了内生性研究的专业自觉。

塑造合作的教师团队文化需要进行系统的思考与设计,从基本的教育理念到幼儿园的管理制度都要进行相应的调整。教师是课程的主要实施者,他们不仅仅在课程中与孩子们相遇,而且,幼儿园还应创造更多的机会,让教师们遇见团队,遇见同伴,在相遇中品味不同,成就更精彩的自己。

**参考文献:**

[1](美)帕克·帕尔默.教学勇气——漫步教师心灵[M].方彤 译.上海:华东师范大学出版社,2020:24.

[2]何幼华,郭宗莉,黄峥.园长的故事—幼儿园领导与管理案例[M].上海:上海教育出版社,2010:243.

# "三大课堂"助力党员教育提质增效

[**摘　要**]党员教育管理是党的建设基础性、经常性工作。迅行中学党支部在开展党员教育过程中,发现党员教育存在发挥党员主体作用不明显,党员教育形式较为单一,党员的政治理论水平有待进一步提升等问题。因此,党支部积极探索打造理论式"初心课堂",提升党员思想政治素质;打造体验式"移动课堂",增强党员责任担当;打造示范式"先锋课堂",促进党员岗位争先。"三大课堂"充分调动党员的学习实践热情,有效激活党员教育"一池春水",助力党员教育提质增效。

[**关键词**]三大课堂　党员教育　提质增效

党支部在开展党员教育过程中,以党员组织生活为平台,将党员教育与学习贯彻习近平新时代中国特色社会主义思想相结合,与重大纪念活动相结合,与立足岗位争做"四有"好老师相结合。本文从"三大课堂"实施措施、主题呈现、辅助手段、实际效果入手,着力探索党员教育提质增效新路径。

## 一、"初心课堂",强化党性修养

2021年是中国共产党成立100周年,2022年又迎来中国共产党第二十次全国代表大会的召开。为有效推进党史教育入脑入心,走深走实,提高党员教育的实效性,在"初心课堂"中开展党员"微党课"活动,被确定为党支部党员教育的年度工作重点。经支委会和党员大会讨论,最终确定了"初心课堂"的年度主题、主旨、主要内容、参与对象、党课形式与受众。

"初心课堂"的主旨,是提高党员思想政治素质,通过"微党课"实现自我教育,强化党性修养。2021年主题为"学党史　讲党史",以党史中的重大历史事件为脉络,作为"微党课"的主要内容;2022年主题为"中国这十年",以实现两个百年奋斗目标的五位一体总体布局为脉络,作为"微党课"的主要内容。我们按照以下流程开展工作:党员完成初稿—支部审稿—党员修改并展示"微党课"—支部点评并做好资料留档工作。

在具体的实施过程中,党支部注重政治引领,引导党员从理想信念、政治功能的角度讲党课,每篇党课讲稿都由支委成员分工审阅,确保内容的真实性、主题的鲜明性与教育的针对性。

其中,支委成员讲的党课有《从中共一大代表的浮沉看党员党性》《中国共产党党旗党徽条例学习暨党旗党徽的故事》《习近平新时代中国特色社会主义教育思想之教师高质量发展》《习近平新时代中国特色社会主义教育思想之民办教育高质量发展》;党员讲的党课主要有《1921开天辟地建党》《2021全面建成小康社会·打赢脱贫攻坚战》等。

党员李老师在讲了《改革开放四十周年 中国经济逆行史》"微党课"后,深有感触地表示,民办学校也是乘着改革开放的东风发展壮大的,面对目前的教育改革,唯有聚焦使命担当,科学应变、主动求变,在教育实践中悟初心、践使命,才能为推动学校教育教学质量提升,乃至虹口区教育教学高质量、高水平发展贡献智慧和力量。

在党员"微党课"活动开展过程中,党支部还注重将"初心课堂"与学校"立人"师德素养课程和少先队活动课程相结合,将党员"微党课"的对象从党员拓展为少先队员和教师。先后整合内外资源,组织了"全面建成小康社会·打赢脱贫攻坚战""人大换届选举知多少""生态文明·垃圾分类我能行""传承和弘扬虹口党史及红色文化资源蕴含的价值基因"等七场专题讲座或报告。其中部分讲座由开展党员"微党课"的教师主讲,充分发挥党支部"初心课堂"的辐射作用,引领全校师生与全体党员感悟追梦之路,领悟信仰之光,思考担当之要。

## 二、"移动课堂",传承红色基因

为了提高党员理论与实践相结合的能力,深刻感悟在中国共产党领导下的城市、社区、教育巨变,领悟人民城市发展理念,党支部还将党员教育理论学习与行走参观相结合,将党员教育的阵地从校内拓展为校外。通过"移动课堂"走出校园,党员与少先队员行走上海、虹口、集团各校、曲阳社区,利用这里的红色资源,开展党员、少先队员齐学党史,赓续红色血脉,传承红色基因。

党支部在"移动课堂"开展前,都会向全体党员预告活动内容、征询活动意见,并选派支委成员或党员代表先行实地考察以评估活动预期;在活动正式开始前,将行走参观的注意事项和关注要点整理汇总,注重引导党员将学习理论与行走参观实践相结合;活动结束后,进行总结评价并整理图文资料留档。

近年来,党支部组织党员与少先队员走出校园,开展了"行走上海·感受城市巨变""走进让百姓高兴的曲阳社区""花开中国梦·参观花博会""致敬最美曲阳人""人民城市·一江一河·行走北外滩"参观访问活动。

与集团学校一起举行主题为"百年征程,不忘初心,首在立人,使命担当"的联合党日活动。上海市民办迅行中学、上海市霍山学校、上海市鲁迅初级中学、上海市曲阳第二中学等四校的党员代表从不同角度诠释了共产党员的理想信念和初心使命,讲述了党支部教师群体砥砺践行"首在立人"教育理念,立足岗位建功立业的感人故事,并以真情而生动的演绎,追溯建党百年历程的艰难与辉煌,讴歌一代代共产党人为中华民族复兴前仆后继的丰功伟业。在联合主题党日活动的最后环节,全体党员重温入党誓词。当党员们再一次举起右拳,集体对着党旗宣誓时,不忘入党初心,奋进未来征程,成为全体党员践行信念、奉献事业的主旋律。

### 三、"先锋课堂",凝聚奋进力量

党支部将党员教育与立足岗位争做"四有"好老师相结合,与开展防疫志愿服务相结合,与为师生办实事相结合,坚守"为师生服务"底色,扎实践行党员的责任担当,坚持实践、实干、实效,回应关切凝聚师生,切实为师生排忧解难。

党支部将新时代中小学教师职业行为十项准则要求与"首在立人"精神融合于学校"立人"师德素养校本课程中,强化职业行为准则教育,制定迅行中学教师职业行为准则十诫;开展"四有"好老师先进事迹表彰活动,引导广大教师扎实践行立德树人根本任务,为虹口教育优质均衡发展奋力前行。

在每年的台风季,总有党员教工值夜班的身影。在学生疫苗接种和2022年居家线上教学期间,十多名党员同志报名并参与到志愿服务中。在返校复课的六月和秋季开学,又是党员挺身而出,参与到校园核酸检测志愿服务中。在居家线上教学的三个多月间,党员班主任更是竭尽所能关心关爱学生心理健康,特别是关注患病学生,指导学生和班级平稳度过居家线上教学的艰难时刻。而作为毕业班任课教师的党员同志则奋战在教学第一线,为迅行中学2022年中考取得优异成绩作出了积极贡献。

党支部还将青年教师的培养与发展作为党员教育活动中"我为群众办实事"的重点项目之一,引领青年教师政治进步,聚焦专业成长,先后开展了"听听青年教师心里话""青年教师硬笔字比赛""我运动·我健康"等活动;结合学校新一轮发展规划的实施,制定《迅行中学青年教师三年发展个人规划实施方案》,开设了《标准化试卷命制规范》《职称评定与教师专业发展》《单元作业设计》讲座,搭建教育教学展示平台,引导青年教师抓住新机遇,迎接新挑战,落实学科知识,提高业务能力。

党支部在开展"我与群众面对面"过程中,积极回应关切,努力破解急难愁盼问题,发动党员深入组室开展"金点子"收集,将在家访和调研座谈中教工集中反映的问题,少代会上学生提案反映的问题等,梳理汇总并提交董事会,努力为董事会优化学校工作提供最真实的参考意见。近年来,董事会按照轻重缓急进行了多次"微改造",每次都给师生带来了惊喜。漫步校园,冷热两用直饮水机分布在教学楼的一楼和三楼;安装了"暖宝宝"热水器为师生服务;教师的办公硬件设施全部整修更换;教室、实验室和礼堂都安装了希沃白板设备;图书馆、教师食堂、学校绿化景观等,每年"微改造"、三年大变化,面貌焕然一新。师生在物质和精神层面上有了更多的幸福感、获得感。教师将获得尊重与理解的深切感受,转化为守教育初心、担育人使命的自觉行动,为学校发展注入了原动力。

## 四、成效与思考

在"初心课堂"中,从党员"微党课"的准备到开讲再到反馈的过程中,党员深刻感悟中国共产党百年奋斗的光辉历程,学习传承中国共产党在长期奋斗中铸就的伟大精神,努力做到明理增信、崇德力行。党员讲"微党课"活动也成为党员年度印象最深刻的活动。

在"行走课堂"中,一次次难忘的旅程,以互动体验式学习点燃党员学习教育"引擎",让大家感受到了上海这座城市在党的领导下日新月异的变化,对"人民城市为人民,人民城市人民建"重要理念有了更深刻的认识。"行走学习"也让大家更明确了肩上的一份职责——紧跟上海,创造高品质生活的步伐;立足岗位,为办人民满意教育不懈奋斗。

例如,在参与追寻红色遗迹·2021"中行杯"梦想成真公益健步行活动中,有师生写下了在"移动课堂"学习的体验感悟:"在活动中我们锻炼了身体,还和很多徒步者一同探寻了虹口'红色遗迹',是对我们心灵上的一次'洗涤'。""本次健步行全程约5公里,途经公平路码头、礼查饭店旧址、上海邮政总局、中共四大纪念馆等红色地标,极具纪念意义,那就是——红色记忆永记于心!革命精神永垂不朽!""在如此远距离的行走中学习党史、感受党史,铭记初心、牢记使命,为自己也为队员们感到骄傲!"

在"致敬最美曲阳人"中,党支部组织党员教师和少先队员走访了生活在曲阳、工作在曲阳、奉献在曲阳的党员先进模范人物。党员队员们感受着全国劳模殷仁俊为民服务的真心,感受着中国海军英模萨本茂拳拳爱国之情,感受着虹口青年劳模毛项杰巾帼不让须眉的工匠精神。大家在为"最美曲阳人"的先进事迹折服的同时,也为社区发展和变迁感到高兴,更认识到要学习"最美曲阳人"身上的优秀品质和崇高精神,更好地参与到社区建设中,为社区治理做贡献。

走出校园的"移动课堂"成为党员最受欢迎的组织生活形式之一。

在立足岗位奉献的"先锋课堂"中,党员强化立德树人,为师生服务的使命感和责任感,在本职岗位上当先锋、做表率,充分发挥了先锋模范作用,获得了师生的一致好评。集团的总校长兼支委成员陶薇芳同志率先做出表率,在学校设立了"宋耀生奖教金",连续两年花费20余万元,以已故先生的名义奖励为学校做出突出贡献的先进党员和先进教师。先后有十余名党员及教师获得"宋耀生奖教金"。近年来,学校表彰的市区级园丁奖3名教师全部都是党员,每年党员获评各级各类先进占比超过当年获评先进的30%以上。在学校入选虹口区人才梯队建设名单中,党员占比50%,充分发挥了党员在专业发展上的引领作用。

当然,在开展党员教育的过程,党支部还需要着眼坚定历史自信和增强理论自觉,坚持不懈用习近平新时代中国特色社会主义思想武装头脑;着眼提高政治能力,坚持不懈领悟"两个确立"决定性意义,坚定做到"两个维护"的高度自觉;着眼强化宗旨意识和激发昂扬斗志,坚持不懈为群众办实事办好事,坚持不懈弘扬伟大建党精神,把推动党员学习教育同做好中心工作结合起来,把党员学习教育成效转化为干事创业的动力、举措和成效,满怀信心奋进新征程、建功新时代。

## 参考文献:

［1］中国共产党党员教育管理条例［EB/OL］.［2019-5-21］https://www.12371.cn.

［2］2019—2023年全国党员教育培训工作规划［EB/OL］.［2019-11-11］https://www.12371.cn.

［3］关于在全党开展党史学习教育的通知［EB/OL］.［2021-2-26］http://www.gov.cn/zhengce.

# 关于全方位发挥党员先锋模范作用的思考

上海市虹口区教育事务服务中心　丁　强

[摘　要]党支部要发挥好战斗堡垒作用,推进中心事业稳步发展,党员在各个领域充分发挥先锋模范作用是关键。本文从理想信念、担当作为、正风肃纪、服务群众、开拓创新、善抓落实六方面,结合习近平新时代中国特色社会主义思想,提出几点思考,希望对党员在新时代踔厉奋发、勇毅前行,实现"第二个一百年"奋斗目标提出一些新的思路和建议。

[关键词]全方位　党员　先锋模范

党的二十大报告指出,全面建设社会主义现代化国家,全面推进中华民族伟大复兴,关键在党。我们党作为世界上最大的马克思主义执政党,要始终赢得人民拥护、巩固长期执政地位,必须时刻保持解决大党独有难题的清醒和坚定。全党必须牢记全面从严治党永远在路上,党的自我革命永远在路上,决不能有松劲歇脚、疲劳厌战的情绪,必须持之以恒推进全面从严治党,深入推进新时代党的建设新的伟大工程。作为一名基层党员干部,聆听了习近平总书记领航掌舵、召唤奋斗、擘画未来、催人奋进的二十大报告,我深深地感到,必须坚定拥护"两个确立",坚决做到"两个维护",始终牢记"三个务必",增强历史主动,撸起袖子加油干、风雨无阻向前行,带头在六个方面做表率当先锋,用实际行动把党的二十大精神落到实处造福群众,始终沿着习近平总书记指引的方向坚定前行。

## 一、带头在坚定信念上做表率当先锋

习近平总书记在党的二十大报告中强调:"坚持不懈用新时代中国特色社会主义思想凝心铸魂,全面加强党的思想建设,加强理想信念教育,引导全党牢记党的宗旨,自觉做共产主义远大理想和中国特色社会主义共同理想的坚定信仰者和忠实实践者。"

习近平总书记经常教导我们:"心有所信,方能行远。面向未来,走好新时代的长征路,我们更需要坚定理想信念、矢志拼搏奋斗。"我们要用习近平新时代中国特色社会主义思想武装头脑,深刻理解其核心要义、精神实质、丰富内涵、实践要求,系统掌握贯穿其中的马克思主义立场、观点、方法,不断检视初心、滋养初心,锤炼忠诚干净担当的政治品格。

时代是出卷人,我们是答卷人。每个时代都有需要解决的根本任务,一个个时代之问犹如一份份考卷,检验着应考者的智慧与胆魄。党的事业发展永无止境,"考场"犹在,"考试"仍在继续。作为基层党员领导干部,要始终保持"赶考"状态,以奋进姿态把这场"考试"考好;要时刻坚守在基层各自的工作岗位上尽职履责,勇于作为,在日复一日的砥砺奋斗中锤炼过硬本领,以时不我待、只争朝夕的奋进精神,以"坐不住、等不起、耐得烦"的责任感和紧迫感,学习更多的服务基层群众的新本领、新技能。前路漫漫,唯有奋进,在中国式现代化建设新征程中会面临诸多困难挑战,要主动深入基层艰苦一线,立场坚定、旗帜鲜明,不胆怯、不退缩,甘为时代发展"干将"、改革"闯将"、攻坚"猛将",用实际行动书写共产党人永不磨灭的奋进本色。

## 二、带头在担当作为上做表率当先锋

习近平总书记在党的二十大报告中强调:"建设堪当民族复兴重任的高素质干部队伍,坚持德才兼备、以德为先、五湖四海、任人唯贤,树立选人用人正确导向,选拔忠诚干净担当的高素质专业化干部,选优配强各级领导班子,加强干部斗争精神和斗争本领养成,激励干部敢于担当、积极作为。增强党组织政治功能和组织功能,坚持大抓基层的鲜明导向,把基层党组织建设成为有效实现党的领导的坚强战斗堡垒,激励党员发挥先锋模范作用,保持党员队伍先进性和纯洁性。"

习近平总书记教导我们:"是否具有担当精神,是否能够忠诚履责、尽心尽责、勇于担责,是检验每一个领导干部身上是否真正体现了共产党人先进性和纯洁性的重要方面。"领导干部应当尽心尽力、忠诚履职,事不避难、敢于担当,为党分忧、为国尽责。现实工作中,有的领导干部工作敷衍塞责、消极应付,不敢担责,出现了部分"撞钟和尚"式的不作为干部、"稳坐钓鱼台"式的慢作为干部、"晋信书"式的乱作为干部;有的领导干部组织协调、应急处突能力不足,工作习惯照抄照搬,用会议落实会议,用文件贯彻文件……这都是在工作中不敢担当的具体表现。"顺境逆境看胸襟,大事难事看担当。"担当,就是有胆有识、敢于负责、果断决策;就是雷厉风行、敢抓敢管、敢作敢为。面对突如其来的新冠疫情,各级党组织、广大党员干部迎难而上,严防死守,坚决把党委决策部署贯彻到底、落实到位,打响疫情防控的总体战、阻击战,生动诠释了伟大的抗疫精神。勇于担当、敢于负责是领导干部的基本功,就是要面对矛盾迎难而上,面对歪风邪气坚决斗争,面对艰难险阻挺身而出。勇做成事的"铁肩膀",不做败事的"溜肩膀",努力做出无愧于时代的新业绩。

## 三、带头在正风肃纪上做表率当先锋

习近平总书记在党的二十大报告中强调,坚持以严的基调强化正风肃纪,锲而不舍落实中央八项规定精神,持续深化纠治"四风",重点纠治形式主义、官僚主义,坚决破除特权思想和特权行为。坚决打赢反腐败斗争攻坚战持久战,腐败是危害党的生命力和战斗力的最大毒瘤,反腐败是最彻底的自我革命。只要存在腐败问题产生的土壤和条件,反腐败斗争就一刻不能停,必须永远吹冲锋号,坚持不敢腐、不能腐、不想腐一体推进,以零容忍态度反腐惩恶,决不姑息。

习近平总书记教导我们:"清正廉洁作表率,重点是教育引导广大党员干部保持为民务实清廉的政治本色,自觉同特权思想和特权现象作斗争,坚决预防和反对腐败,清清白白为官、干干净净做事、老老实实做人。"每一位领导干部都应当对照要求、对准目标,强化自我修炼、自我约束、自我塑造,在廉洁自律上作出表率。当前,我国还处于消极腐败现象易发多发的阶段,反腐败斗争是一项长期的、艰巨的、复杂的任务。从近年来查处的领导干部腐败案件中可以看出,领导干部不论职位多高,不论过去有过什么功劳,一旦世界观、人生观、价值观出了偏差,就会抵挡不住名利、地位、金钱、美色的诱惑,就会身不由己地坠进腐败的泥潭,这类教训极为深刻。方志敏烈士曾说:"清贫、洁白、朴素的生活,正是我们革命者所能战胜许多困难的地方!"因此,领导干部要坚守崇高的理想信念,坚守政治底线、经济底线、法律底线、道德底线,不该去的地方不去,不该做的事不做,手持戒尺,心存敬畏,口有遮拦,行有边界,坦坦荡荡为人,规规矩矩办事,做到心明眼亮方向正、是非善恶辨得清、腐蚀诱惑抵得住,随时随地守住心中那道清正廉洁的防线。

## 四、带头在服务群众上做表率当先锋

习近平总书记在党的二十大报告中强调:"为民造福是立党为公、执政为民的本质要求。必须坚持在发展中保障和改善民生,鼓励共同奋斗创造美好生活,不断实现人民对美好生活的向往。我们要实现好、维护好、发展好最广大人民根本利益,紧紧抓住人民最关心最直接最现实的利益问题,坚持尽力而为、量力而行,深入群众、深入基层,采取更多惠民生、暖民心举措,着力解决好人民群众急难愁盼问题,健全基本公共服务体系,提高公共服务水平,增强均衡性和可及性,扎实推进共同富裕。"

习近平总书记教导我们:"为中国人民谋幸福,为中华民族谋复兴,是中国共产党人的初心和使命,是激励一代代中国共产党人前仆后继、英勇奋斗的根本动力。"人民群众是党的生存基础,是党的事业取得胜利的根本保证。离开人民,背离人民,我们党就会成为无源之水、无本之木,就会一事无成。作为基层领导干部要树立宗旨意识、人民立场,贯彻党的群众路线,体察民情、体验民生、体会民意,倾听群众意见建议,关注群众安危冷暖;在群众最盼的时候慰民心,在群众最急的时候解民忧,在群众最难的时候办实事;始终坚持在思想上尊重群众,在感情上贴近群众,在决策上想着群众,在工作上服务群众,在利益上惠及群众,切实维护群众的合法权益和社会公平正义。

把群众拥护不拥护、赞成不赞成、高兴不高兴、答应不答应，作为衡量一切工作得失的根本标准。把实现好、维护好、发展好群众的根本利益，作为一切工作的出发点和落脚点，以实际行动落实好以人民为中心的发展思想，多做为民谋福利的"民心工程""暖心工程""惠民工程"，切实做到为官一任、造福一方，以扎实的工作业绩赢得民心、赢得掌声。

### 五、带头在开拓创新上做表率当先锋

习近平总书记在党的二十大报告中强调："教育、科技、人才是全面建设社会主义现代化国家的基础性、战略性支撑。必须坚持科技是第一生产力、人才是第一资源、创新是第一动力，深入实施科教兴国战略、人才强国战略、创新驱动发展战略，开辟发展新领域新赛道，不断塑造发展新动能新优势。"

习近平总书记指出："创新是引领发展的第一动力。抓创新就是抓发展，谋创新就是谋未来。"改革开放40多年的实践证明，守正创新是一个民族进步的灵魂，是改革开放的灵魂，是一个政党永葆生机的源泉，也是实现中华民族伟大复兴中国梦的不竭动力。

创新是推动高质量发展的动力。作为基层领导干部，要有主动进取精神和创新意识，勇于打破安于现状、墨守成规、不思进取的思想，在充分调查和认真研究的基础上，积极探索、大胆实践，敢为人先、开拓新路。要坚决摒弃"躺在功劳簿上"的懈怠思想，坚持与时俱进，切实提升创新能力，拓宽视野和思路，创新方法和措施，不断提升助力经济社会高质量发展的能力。

### 六、带头在善抓落实上做表率当先锋

习近平总书记在党的二十大报告中强调，我们要落实新时代党的建设总要求，健全全面从严治党体系，全面推进党的自我净化、自我完善、自我革新、自我提高，使我们党坚守初心使命，始终成为中国特色社会主义事业的坚强领导核心。我们要坚持和加强党中央集中统一领导，健全总揽全局、协调各方的党的领导制度体系，完善党中央重大决策部署落实机制，确保全党在政治立场、政治方向、政治原则、政治道路上同党中央保持高度一致，确保党的团结统一。作为基层干部，如果沉不下心来抓落实，再好的目标，再好的蓝图，也只能是镜中花、水中月。反对空谈、崇尚实干、注重落实，是我们党的优良传统。"一分部署，九分落实。"落实是做好一切工作的关键环节，也是衡量领导干部党性和政绩观的重要标志。基层领导干部一定要有咬定青山不放松的韧劲，以上率下、真抓实干，抓工作不能只满足于开会、发文，而是要深入基层、深入群众，在克服困难、解决问题中推动工作落实。抓工作落实既要抓开局、抓过程、抓结尾，又要抓具体问题、抓薄弱环节、抓工作实效，防止做虚功、做无用功。抓工作落实需要务实，离开了"实"字，落实就会落空。实

践证明,凡是工作不落实的单位,党员干部的思想作风、工作作风、领导作风或多或少都存在问题。比如说大话、空话多,走过场、表态多,深入调查少、跟踪服务少等,都会使落实大打折扣。领导干部要重落实、敢落实、善落实,不断增强事业心和责任心,敢于负责、敢于较真、敢于碰硬,发扬钉钉子精神,以抓铁有痕、踏石留印的作风,把党委的部署要求落到实处,确保收到实效。

# 促进教师队伍高质量发展的
# 人才管理服务思考与实践

上海市虹口区教育人才服务中心　钟　靖

[摘　要] 近年来,为促进虹口区教师队伍高质量发展,虹口区教育人才服务中心着力改进关乎虹口教师队伍建设,关乎每位教师切身利益的师资招聘和职称改革等人才管理服务工作,优化人才服务方式和工作流程,提升人才服务工作水平,为虹教系统广大教师的专业成长赋能,为虹口区教育高质量发展助力。在师资招聘方面,转变招聘方式,广开招聘渠道,进一步构建一个全流程化的招聘平台;在职称改革方面,优化教师队伍职称结构,发挥职称评价的指挥棒作用。

[关键词] 人才管理　教师队伍　高质量发展

教育部教师工作司党支部书记、司长任友群在《学习贯彻党的二十大精神　打造新时代高质量教师队伍》一文中指出,党的二十大报告高位谋划了全面建设社会主义现代化国家的路径,就建设教育强国、科技强国、人才强国作了重要部署。教师是教育高质量发展的第一资源,是科技自立自强的关键支撑,是人才队伍建设的重要保障,贯彻落实党的二十大精神需要打造新时代高质量教师队伍。有了高质量教师,才能办出家门口好学校,有了高水平的师资队伍,才能办好人民满意的教育。

长期以来,虹口的师资招聘方式较为单一,人才信息收集推荐缺乏科学性与精准性,与信息时代和后疫情时代的要求不相匹配,很难从源头上保证教师队伍的高质量。另一项和教师队伍建设有重要关系的就是职称改革工作。由于历史原因,虹口中级教师的比重一直处于全市各区的前列,而高级教师数量却与之相反,职称结构急需优化。基于以上现状,为解决现实问题,促进虹口教师队伍的高质量发展,我们做了一些思考和尝试,取得了一些成效。

## 一、筑巢引水,赋能师资招聘

为适应虹口教育改革发展需要,切实增强教师队伍建设,进一步规范和完善虹口区教育系统人员招聘录用工作,2017年3月,区教育局出台了《关于进一步完善虹口区教育系统教师招聘工作的办法》;同时完成了《关于加强虹教系统师资队伍建设情况的报告》,提出要进一步加大招聘引进力度,突破户籍限制,招录优秀应届毕业生,聚天下英才而用之。于是,我们走进华东师范大学、上海师范大学等高校,与学生就业处保持紧密联系,大力宣传虹口教师招聘的新政。我们主动邀请虹口的名师名校长走上上海师范大学的"知行讲坛",介绍虹口基础教育的发展规划,讲解教师的职业生涯发展。我们跟随区政府的教卫系统代表团前往四川进行教师招聘,增进四川师范大学、四川大学对虹口的了解。我们与市教育人才交流服务中心加强联系,推荐接纳未来教师"种子计划"学员到虹口学校跟岗实习。一年两次的长三角师资招聘会,我们每一次都进行精心策划,创新布展方式,制作宣传资料,推介虹口教育,受到文汇报、解放报、劳动报、新民晚报、东方教育时报等多家主流报刊媒体的多次采访,虹口教育的办学成果、招聘政策、招聘方式等得到广泛宣传,赢得了较好的社会声誉。疫情期间,我们果断转变招聘方式,采取线上线下相结合的方式,针对紧缺学科开展专场招聘。国家规范培训机构政策出台后,我们又进行培训机构人员专场招聘,应势而为,趁势而起。

要招到好教师,一定要广开招聘渠道。以往,单位通常借助邮件和参加招聘会的形式来收集应聘者的报名信息和简历。但这两种途径都有缺陷。借助邮件的方式,招聘人员对应聘者的条件审核不方便,同时无法满足分类统计和筛选。参加招聘会的学校数量有限,得到的简历信息也无法第一时间使未到现场参会的学校了解,也就不能快速遴选。这样收集遴选招聘简历的模式很低效,推进招聘信息化建设迫在眉睫。

在政策资金技术支持下,2016年底,我们决定顺应信息时代的潮流,积极创新工作方法,运用社交媒体、大数据等技术做好招聘的服务保障工作。建立招聘门户网站和官微,统一投递简历入口,快速收取应聘者简历,有效提升招聘信息的传播效率。首先,在公众号正式上线当月,就在长三角地区联合师资招聘专场上投入使用。应聘者通过公众号就能及时知晓虹口教育的招聘政策和招聘计划,还可直接通过微信平台注册、投递简历。截至目前,微信关注人数近万人,产生了一定的社会影响。之后,我们又开发了教师招聘系统,建设了招聘网站。应聘者也可在中心的招聘网站上了解招聘学校,查找招聘岗位,投递简历。利用网站,中心还建立了人才数据库,提高了数据汇总与分析能力,强化了人才推送效能,完善了人才推送机制,提升了学校满意度。

关注应聘者的需求,加强与人才沟通连接是招聘工作的重要任务。而如何提升应聘者对招聘工作的新鲜感与体验感,打造两者间更为契合的价值链接,提高师资招聘工作的科学性与精准性已成为全新挑战。如何招到适配学校的人才,实现精准招聘,已成为招聘工作中的核心诉求。结合人才成长规律与组织选人用人要求,对目标人才进行特质和特征的勾画,并做数据化的展示,构建岗位画像和人才画像,能为人才招聘、培养与发展提供更为精准的依据。

平日,工作人员往往疲于应对事务性工作,大量的时间用于简历的汇总、核对和笔试面试等事务,没有精力和应聘者进行及时有效的沟通,招聘宣传效果差、反馈不及时、信息不对称,最终导致应聘者体验差。未来,为了师资招聘既高效又科学,为学校甄选到优秀的教师,我们希望进一步构建一个全流程化的招聘平台。当今的招聘越来越趋向一个"双向奔赴"的过程,用人单位与应聘者前期沟通是"网友",后面能否"奔现",就要看能否留给对方良好的印象。若能及时沟通应聘者的相关问题,既可以体现学校对人才的重视,也可以提升双方的效率,同时也能减少应聘者在等待期的焦虑感、不确定性;帮助学校实现从需求上报到录用审核的招聘全流程数字化管理,让应聘者在第一时间得到招聘进度的反馈,从而大大提升工作效率。最后,通过大数据分析,对招聘平台中的简历进行智能化匹配与筛选,快速锁定目标人才,提高招聘的成功率。

我们坚信只有顺势而变,只有努力打开招聘工作的新局面,为提高虹口教师人才队伍的质量引来活水,才能将招聘工作做得鲜活起来,才能助推虹口师资队伍整体质量和水平的提高。

## 二、动态调整,优化职称结构

根据市督导室公示的2015年上海市师资队伍情况数据,我区各学段高、中级教师结构不合理。高级教师占比过低,除了高中、职校学段在全市排在中游,小学、初中、幼儿园学段均排在全市倒数四名内;中级教师结构比例严重超标,小学、幼儿园学段在全市排在末位,初中、高中、职校均排在全市倒数四名内;有大量教师职称评聘停滞于中级,工作缺乏主观能动性,安于现状,这些是虹口教育亟待解决的短板问题。因此,我们直面问题,以严控比例,减缓增速,提升质量为总思路,着力改善教师队伍职称结构,缩小与先进区的差距,推进虹口教育强区建设。

我们进行了严格控制2017年虹教系统教师中级专技职务任职资格考核评议通过比例的可行性分析,确定了严格控制中级职务考核评议的通过率的总体方针,根据各学段实际情况,合理制定通过比例,好中选优,减缓中级职务教师比例的增速,实现调结构,提品质,促强区这一目标。各学段中级职务通过比例最终为幼儿园、小学控制在35%及以下,初中、高中和职校控制在40%及以下。各学段通过比例降低了近一半。同时,还提出要严格控制引进中级职称教师。拟引进教师任教学科确实是学校紧缺的学科,本人教育教学能力确实优秀,方可考虑。我们也不断鼓励支持教师申报高级职称,通过组织申报者集中辅导,帮助申报教师及时掌握申报流程关键点;通过推广具有示范意义的优秀申报材料,给予专业培训,增强申报者竞争力。

2017年督导公报数据显示,我区初中专任教师中级占比60.02%,位列全市第一。2020年督导公报数据显示,我区初中专任教师中级占比56.80%,排名全市第三。根据2020学年师资报表统计,义务教育(初中)专任教师中级占比下降至49.89%。这个占比如果与2020年督导公报中各区相比,排位在全市第12位。因此,到2020年,我们决定适当提高初中学段中级的通过率，从原40%提高到50%。2021年，我区教师中级职称比例及在全市16个区中的排名情况显示，我区高中和初中的排位在全市都已偏低，小学和幼儿园尽管依然比例偏高，但从2021年到2024年将分别有220名和110名左右的教师退休。因此，为进一步优化教师职称结构，为优秀的青年教师提供专业发展空间，在2021年中级职称考核评议中再次提高了各学段的通过率，高中和初中从原50%提高到70%，小学和幼儿园从原35%提高到50%。一切从实际出发是我们工作的出发点和原则，合理调整虹教系统教师中级专技职务比例，方能优化教师队伍。

### 三、回应问题，完善中级评议

我们认真学习文件并研判本区实际情况，发挥职称评价指挥棒作用，优化人才队伍建设。在2018年虹教系统教师中级职称考核评议工作中，评议专家反映了两个问题。其一，各学校对申报人师德和工作业绩的评分评价标准不统一，校际差异比较大。这部分的分数和权重占总评分的比重较大，有时会左右最后的结果。其二，在随堂听评课环节，随堂课由申报人自定课题，出现个别教师事先过度准备，导致评委听到的并非真实的随堂课的不良情况。这些都有可能影响评审结果的公平与公正。

经过调研及听取专家及部分校领导的意见，我们针对以上两个环节的评价方式作了调整。其一，完善师德和工作业绩的评分办法。师德和工作业绩部分的评分从完全由学校打分改为学校打分占50%，学科组专家打分占50%，总分和占比不变。降低学校评价总分和比重，减少因学校评价标准不统一导致校际差异大对最终评审结果产生不利的影响，促使学校和申报人能更加重视申报材料的准备，评委专家更认真地审阅材料，对申报人作出更客观的评价。其二，调整听课评课环节的模式。听课评课环节由评委走校改为申报人走校借班上课，同年级同课题，集中时间、集中地点。即采用"定校、定班、定课"模式，力求避免教师事先过度备课的情况，能较为客观真实地反映申报人的教育教学水平。这一模式实行4年来，在促进公正评价方面取得较好效果。

我们紧跟中央、市、区职称制度改革的精神，不断优化工作方式，力争圆满完成各项工作。针对传统计票方式费时易错的缺点，我们从2017年开始使用自行开发的"中小学教师职称评审会议投票系统"，践行"无纸化"办公，节省投票、计票时间，使结果"立等可取"，杜绝人为出错或者舞弊的可能，大大提高了评定的工作效率。随着全市各行各业大力推行信息化建设的总体趋势，我们立足本区，以市评估院职称申报平台为蓝本，结合既往系统建设的经验，依托最新的人事综合管理平台，在此基础上开发了"虹教系统职称管理工作"模块。该模块一期工程目前包含中小学教师初级职务认定和中小学教师中级职称考核评议教科研成果鉴定两大块。通过信息化手段，从破解"跑腿多、材料多、环节多、流程长"等痛点难点问题入手，推动各项业务"少跑""快办""不见面办"，让群众有更多、更直接、更实在的获得感、幸福感、安全感。减少基层学校在职称申报时的工作量，优化流程、提高效能,让群众少跑腿,让数据多"跑路"。同时,所有材料"上网"也可使职称评定工作全程可追溯,有利于后期的工作复盘、结果统计和数据分析等。

面对新时代现代化教育对教师队伍建设的要求,着眼虹口教育"十四五"规划的奋斗目标,需要我们不断改进工作机制,促进教师专业发展,优化人才队伍结构,加快推进虹口教育现代化,建设虹口教育强区。

# 优化内部管理

# 区域社区教育管理新模式的文献研究

上海市虹口区社区学院　张　阳

[摘　要] 随着社会经济的发展和城市化进程的推进,探索社区教育管理新模式成为社会学家和教育家研究的热点。本文在文献研究的基础上,发现传统社区教育管理模式的经验及存在的问题,探索新形势下社区教育管理可操作可复制的策略与途径,从而带动区域各街道社区学校的制度、队伍和教育特色建设,满足社区居民的学习需求,提升区域社区教育整体水平。

[关键词] 社区教育　管理模式　工作模式

## 一、研究背景

### (一) 社会背景

社区教育是上海持续构建"人人皆学、处处能学、时时可学"的学习型社会和终身教育体系的重要组成部分。2016年,《教育部等九部门关于进一步推进社区教育发展的意见》(教职成〔2016〕4号)、《上海市教育委员会等七部门关于进一步推进本市学习型社会建设的若干意见》(沪教委终〔2016〕9号)等文件印发,成为指引社区教育在新时代发展的纲领性文件。2021年10月27日,在韩国延寿举行的联合国教科文组织第五届国际学习型城市大会上,上海首次荣获联合国教科文组织学习型城市奖。党的二十大报告中更是明确提出,"推进教育数字化,建设全民终身学习的学习型社会、学习型大国"。

### (二) 项目背景

2008年,虹口区建立社区学院,挂靠区业余大学;2020年,区业余大学撤销;2021年,区社区学院成立。作为一所以专业技术岗位为主体的事业单位,虹口区社区学院以促进全民终身学习、建设学习型城区为目标,以"立足社区,服务社区,提高居民思想道德素质、科学文化素质、健康素质和职业技能"为办院宗旨,构建覆盖全区域、面向市民的终身学习平台,落实社区教育、老年教育、技能培训、学生社区实践指导等终身教育工作。

学院在全面改革与升级过程中面临着三大转变。一是组织架构。业余大学包含党办、人事处、校务办公室、总务处、开发办、开大教务处、业大教务处、科研室；社区学院包含党务办公室、行政办公室、人力资源部、教务部、技能培训中心、教育科研部、信息图文部、后勤保障部。二是人员编制。业余大学社区教育编制10人，社区学院编制70人。三是工作方式。业余大学由原来的社区教育办公室的9人对接8个街道社区学校，社区学院则由全部8个部门所有教职员工共同统筹开展相关工作。

**（三）研究目的及意义**

作为有独立法人资质、专业从事社区（老年）教育的终身教育办学机构，区社区学院需要通过对相关文献的研究分析，解决3个问题：（1）了解社区教育研究现状；（2）分析现有相关研究的经验与不足；（3）在文献分析的基础上，明确区社区学院的功能定位与社区教育模式的顶层设计思路。

社区教育管理新模式的探索旨在进一步完成社区学院教育服务功能的升级，创设一个由多元主体共同推进的终身学习服务平台，为学习者提供优质、均衡、丰富、便捷的学习支持；建立一个能够激发区域社区终身教育活力的制度保障体系，形成促进人的全面发展与城市可持续发展和谐统一的良好局面。

## 二、数据来源以及文献分析

本研究的数据来自中国学术期刊出版总库，检索关键词"社区教育管理"；数据来源时间为2001年1月到2022年5月；数据来源类别为期刊论文以及硕博论文，并剔除了会议论文和报纸来源；数据检索条件：精确。对有关社区教育管理的论文在数据库中进行高级文献检索，删去部分不符合要求的文献，获得有效文献共426篇。本文还针对主题词或关键词中的近义词、反义词进行合并删除，以防其影响分析结果。

**（一）可视化分析**

1. 社区教育管理研究趋势分析

通过对社区教育管理研究相关的文献进行检索发现，近20年相关研究的发文量整体呈增长趋势（见图1）。

2. 社区教育管理研究分布分析

通过对社区教育管理相关研究的具体内容进行分析，发现大部分研究聚焦于社区教育管理的技术开发、开发研究和应用研究上（见图2）。

**（二）文献分析**

1. 关于社区教育管理的要素分析

20世纪80年代中期，现代意义上的社区教育开始在我国兴起。几十年的时间，社区教育从最初的提高青少年素质的学校社区教育，逐步拓展为提高社区全体成员的素质、生活质量的社区教育。

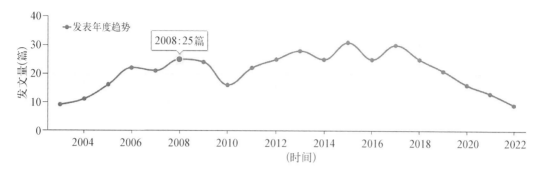

图 1    近 20 年间关于社区教育管理的发文数量

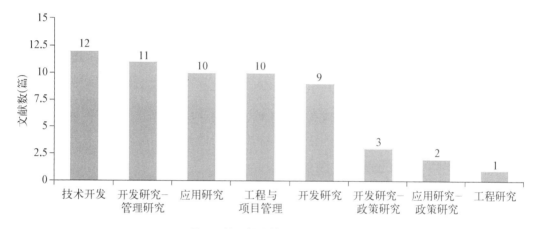

图 2    社区教育管理研究发文量

社区教育管理理念分为"管理就是权力""管理就是责任""管理就是服务"和"管理就是协调"4个层面。这4个层面"在管理行为运作实践过程中总是以一种整合的形态而发生指导作用的"。社区教育管理的基本理念是提高社区教育管理行为效果的理性前提,笔者通过分析汇总,社区教育管理的要素大致有以下几个方面。

（1）社区教育的运行机制。李平依据适应性、比较性、整体性原则和当前我国社区教育开展的现状,构建了社区教育未来运行机制的微观结构体系。其第一层次结构包括了目标机制、执行机制、反馈调控机制和保障机制4个子机制。[1]邱建新与查永军依据当前我国社区教育开展的现状,提出其有效机制应包括激发社区成员不断增长的学习需求,形成社区教育发展的内在动力机制;建立以地方政府和社会各部门广泛参与的社区教育组织管理体制强化政府行为;建立和完善社区教育的督导评价机制等。[2]

（2）社区教育发展模式。目前一般认为我国社区教育发展模式可以简单概括为四种:一是以街道办事处为中心进行的联动型社区教育模式;二是以中小学校为主体进行的活动型社区教育模式;三是以社区学院为载体进行的综合型社区教育模式;四是以地域为边界进行的自治型社区教育模式。笔者作为区社区学院的负责人,本项目主要是研究以社区学院为载体进行的综合型社区教育模式。

（3）社区教育资源开发与利用。在社区教育资源开发与利用方面，诸多学者就实现社区教育资源共享的目标、原则、策略等一系列问题进行了探索和研究。其中，具有代表性的是刘杍的《创建学习型社会背景下的社区教育资源共享问题研究》、龙井仁的《浅析社区教育发展中教育资源的共享》和李征的学位论文《社区教育资源开发研究》。不少学者对社区居民的学习意向、学习需求以及学习参与等问题进行了调研，分析了其影响因素并提出了相应对策，如赖立的《关注需求、引导需求、服务需求——大中城市社区居民教育需求与教育参与调研报告》、吴遵民与邓璐的《上海市民终身学习意向与现状的实证研究》等。

（4）社区教育队伍建设。学者普遍认为，社区教育队伍建设应包括专职管理人员的配备、工作人员的培养与培训和专兼结合教师队伍的建立。另有学者就社区教育中对人力资源的急切需求提出了引入志愿服务的设想，论述了志愿者队伍建设的迫切性与可行性，并就实施中遇到的问题给出相关对策。

2. 关于社区教育管理的实践经验

社区教育管理的开展，必须采取有效的策略，通过相应的途径确保社区教育的持久性发展，并在教育开展过程中让更多的社区居民积极主动地参与，自觉提高学习能力和生活能力，提升幸福感。

（1）树立多元主体的理念。社区教育管理的主体非常多元，社区教育应以居民群众的需求为根本出发点，细分学习主体，并根据学习者的年龄特点、知识储备、兴趣爱好等特征，提供相应的教育服务，真正做到为人民服务，确立共同愿景，努力实现共同目标。

（2）社区教育管理队伍培训。社区教育的专职教师的管理理念和发展愿景直接影响到社区教育的开展。从国内一些地区的成功做法中，可以得出以下几点启示：意识先行，打造优秀社区教育队伍，首先应增强社区教育工作者对社区教育的认识；专业保证，社区教育教师呈现老龄化的特点，年轻教师有一技之长，但缺乏经验，因此要促进教师结构转变，创新培训和交流，尤其是培训形式和内容上的创新，切实提高教师参与培训的积极性和主观能动性。

## 三、已有研究述评

### （一）当前社区教育管理研究中存在的不足

我国社区教育研究已涉及各个方面，呈现出从自发走向自觉，从无序步入有序，从活动型转向制度型、实体型、网络型和规范型。但研究中仍存在一些问题：

1. 理论研究不够充分

由于从事社区教育理论研究与实践的多是一线教师，他们在社区教育理论研究中缺乏一定的理论性和深刻性。作者受自身教育理论水平和理论研究环境的限制，也影响了其实践经验的总结，难以在社区教育中形成新理论。

2. 实证性研究不够深入

自社区教育实验在全国推开,实证性的研究也随之日益增多,但研究多为调查研究,其中大部分研究者采用了问卷调查的方法。问卷调查法的优势在于,能够宏观地把握对某一问题的整体看法,但是无法对某一问题进行深层次的研究。如果单纯采用问卷调查法,得出的结论可能非常表面,对于进一步地分析原因、提出对策的帮助不足。

3. 理论研究和实践结合不够紧密

目前所做的研究与实践从基本原理上探讨较多,从实证研究上做得较少;从宏观层面上探讨较多,从微观的具体操作层面上探讨较少。

**(二)思考**

1. 找准定位,确定学院管理模式

我们学习上级相关文件,结合虹口区实际情况,对学院的办学宗旨、主要任务、教育教学形式、内部管理体制、财务和人事管理制度等作出全面规范;引导教职工讨论、提炼学院文化精神、办学特色、发展定位,为社区学院的工作开展指明方向,找准重点。

落实虹口区终身教育规划,统筹各社区的工作,指导社区学校开展各类教育培训和学习型组织、学习型团队等创建工作;发挥区社区学院在区域社区教育中业务指导和课堂教学的龙头作用,完善以市学习型社会建设服务指导中心办公室、区社区学院、街道社区学校和居民教学点的四级社区教育网络体系。

接受市教委终身教育处和市学习型社会建设服务指导中心办公室的指导,调研兄弟区社区教育以及各街道社区学校工作推进情况,根据调研结果优化学院管理,调整学院管理组织架构和部门分工,明确员工岗位职责,设计合理的评估激励机制,完善中层干部每年一聘的管理机制。

2. 且行且试,探索学院工作模式

研究线上线下、项目管理和教学实践、教学示范和课堂教学、教学研究和师资培训、虚拟教师和资源平台相结合的工作模式,探索社区学院在资源建设、教育示范、业务指导、课堂教学和理论研究方面的工作模式创新。

且行且试,明晰社区学院各部门所承担的职责和任务,并细化到部门成员所承担的职责和任务,保证学院功能定位的实现。开展具体工作时,部门与部门之间既各自有分工,又互相有协作;提升人力资源效能,部门主任互为AB角,保证各项工作持续稳定开展。社区学院教师不仅是社区教育的管理者、指导者、组织者、服务者,更是社区教育的教育者、实践者、研究者,从而打造"双能型"教师队伍。

3. 加强培训,建设高素质教师队伍

紧扣《上海市社区教育教师专业能力指南》的要求开展教师培养工作,夯实教师专业发展体系,推动教师终身学习和自主发展,开展社区教育教师培训模式研究,建立教师培养长效机制,完善区域社区教师培训方案,为教师各项专业能力发展提供指导与服务。

设计教师晋升和评价机制。教师原职称是高教系列,学院梳理内部评审要求、排位原则,构建职称晋升体系,为复评和晋升职称的教师提供指导,帮助教师评聘高一级技术职称。

研究教师培养路径。构建教师梯队,对新手教师、骨干教师、学术带头人分层级培养,帮助教师梯度成长;将8个街道社区学校作为社区学院教师培训基地,安排教师下沉到街道社区学校轮岗学习,开展课堂教学、教育科研、项目管理工作。

4.创新教学体系,打造品牌项目

基于文化自信的虹口区"文化三地"学习项目,孵化社区学校特色品牌建设。如构建虹口社区教育立体学习空间,包括开通上海广播电台107.2频率虹口社区教育专栏、创设艺术体验基地、学习成果展示场馆等。

## 四、结语

社区学院的教育管理和教育教学工作开展的方式和要求有别于成人高校和基础教育,在文献研究的基础上,我们将在独立法人设置前提下,创新虹口社区教育工作模式,探索可操作可复制的策略与途径,从而带动区域各街道社区学校的制度建设、队伍建设和教育特色建设,满足社区居民的学习需求,提升区域社区教育整体水平。

**参考文献：**

[1] 李平.社区教育运行机制的选择和建构[J].职业技术教育.2005,26(01).
[2] 邱建新,查永军.我国社区教育发展的有效运行机制[J].成人教育.2001(06).
[3] 朱卫国.社区教育管理创新的途径与思路[J].学苑教育,2017(23).
[4] 施苏苏.社区教育管理队伍培训的探索与实践——以常州市为例[J].智库时代,2017(13).
[5] 张仿越.新形势下社区教育管理模式的创新研究[J].教师,2017(22).
[6] 杨东.新形势下社区教育管理模式创新研究[J].产业与科技论坛,2016(11).
[7] 陈乃林.社区教育管理创新简论[J].职教论坛,2012(30).
[8] 李静珠.国内社区教育管理的研究综述[J].高等函授学报:哲学社会科学版,2011(5).

# 从"易经哲理"看领导学校教育管理变革应遵循的有效原则及其现实应用

上海市鲁迅中学　周　巍

[摘　要] 在学校教育管理变革中,领导者借鉴中华典籍《易经》中所揭示的有关哲理,根据实际转化为学校管理变革中的有关原则加以实践,可以取得事半功倍的成效。本文就《易经》所揭示的4条变革原则,对其在学校教育管理变革过程中的应用、影响及成效加以阐述,希望能启发同行思考。

[关键词] 教育管理　易经哲理　变革原则

习近平总书记在党的二十大报告中指出,要"坚持以人民为中心发展教育,加快建设高质量教育体系",同时也提出文化事业需"增强中华文明传播力影响力。坚守中华文化立场,提炼展示中华文明的精神标识和文化精髓"。这些精辟的论述既是对当代中国教育的要求,也是对未来中国教育的展望,更应当成为教育管理者办学治校,推进教育管理变革的指导思想。

学校实行教育管理变革时,往往会遭遇到不同程度的困难和阻力。领导者需要审时度势,针对变革引发和产生的问题,进行反思、修正和调整,以取得更好的变革成效。在变革实施过程中,面对具体而繁复的问题,领导者需要制定和遵循一定的变革原则,有效指导和保障变革的持续性。作为中华文明精神标志的文化典籍《易经》中所揭示的有关教育变革哲理,在变革原则方面给了我们宝贵和重要的启示和借鉴。

## 一、"与时偕行"是学校有效开展管理变革的出发点和归宿

《易经·乾·文言》中有这样一句卦辞"君子终日乾乾,与时偕行"。古人是用自然现象的变化来比拟说明人事。"与时偕行"就是针对"乾卦"所揭示出的哲理:"天行健",就是指万物运动和变化是天地自然的本质,是常态,事物是不断变化和发展着的。因此"君子当自强不息",要像天体运行那样强劲不息,应当随着天道运行的变化而变化,随着时

代的变化而谋求变革发展。同样的哲理还出现在《周易·益卦·象传》中,"凡益之道,与时偕行",意思就是要变通趋时,把握时机,作出适于时代需要的判断和选择。

教育的任务就是为国家和民族的未来发展培养人才。国家和社会对于人才的需要是根据时代发展而不断变化的,就如同万物的运动和变化。因此,作为学校教育管理者,就应当"与时偕行",不断顺应时代的变化,孜孜以求地追求变革。《易经·系辞下》中说"唯变所适",就是明确了我们面对时代发展,应当以"与时偕行"的概念与方法,来经常检点和反省学校管理的工作内容是否陈旧,工作的方法是否陈旧,领导者自身的管理思路、设计和策略是否做到了"事适于时"(《吕氏春秋·恃君览第八》)。"穷则变,变则通,通则久",只有在检点和反省的基础上,力求变革和创新,才能保持学校长久与可持续发展的前进动力。由此可见,"与时偕行"不仅是学校开展管理变革的出发点,也是最终的归宿。

在教育大变革时期,鲁迅中学的办学同样面临着"与时偕行"与"革故鼎新"的需要。为了办学更具时代性和使命感,学校启动了以思想理念引领,依据发展规划办学的模式。学校召开了多个教师座谈会分别听取意见和建议,经过讨论,最终把办学理念确定为"首在立人"。这既是秉承鲁迅先生"人立而后凡事举""立国必先立人"的思想,也符合"以人为本"的教育思潮,又特别突出了一个"立"字,凸显了教育的本质和价值功能。2018年,学校对"首在立人"的办学理念进行了再一次的内涵思考,提出"素位而行,立己达人"的办学治校思想,进一步确立了立人的价值最终应当体现在学校、教师和学生的发展上。这种发展是遵循着先"立己"后"立人"的思想逻辑的。只有加强师德师风建设,努力提升教师专业发展,才能更好地发展教师,进而培养学生,发展学校。

目前,但凡教育形势有所发展和变化,学校总能"与时偕行"地跟上变化,并能真正做到"革言三就",以集体的智慧来讨论、辨析、决策。从近年来开展"首在立人"校训的确立、"三全导师制"建设、校本培训的试点,到学校五年规划制定和科研主课题"旨在提高教师课堂教学设计力的生本课例"课题的实践研究,到"上海市家庭教育示范校"的申报成功,再到"沪果携手,同频共振"信息化特色项目研究,鲁迅中学的每一个规划的制定、形成和实施,每一次重大的变革,无不遵循"与时偕行"的原则,契合着时代的需要,也无不经历了集体思维碰撞、上下交融、求同存异、协作发展的过程,并取得了良好的效果。

## 二、"以作事谋始"是学校有效开展管理变革的前提条件和首要方略

《易经》第六卦"讼"的卦辞中说,"《象》曰:天与水违行,讼:君子以作事谋始"。所谓"天与水违行,讼",就是指上卦象为天,下卦为水,天的性质向上,水的性质向下,双方背道而驰,象征着人们由于意见不合而打官司。这就是讼卦卦象。要避免这样的情况出现,就要做到"君子以作事谋始"。这就是说君子为人行事要从中受到启发,在做事前要深谋远虑,要预先仔细筹划,考虑如何做好,从一开始就要消除可能引起争端的因素,尽量做到与人和谐相处。这句话的内在含义其实是告诉我们,在行事前要善于理顺关系,消除

矛盾,才能避免争端。

"以作事谋始"对于学校教育管理变革有非常重要的借鉴意义。一所学校在实行变革之初,总会遇到形形色色的困难和阻力,如何未雨绸缪,仔细考虑和谋划方方面面可能出现的利益冲突,把变革的风险和代价降到最低,是变革能得以顺利进行的有效谋略。在学校管理变革中"以作事谋始",就是要做到既积极谋事,同时也要善于谋人。在谋事中积极倡导、引领变革的学校发展方向,在谋人中形成上下和谐、求同存异的学校文化氛围和格局,力求达到《易经·革卦》中所描绘的"大人虎变、君子豹变、小人革面"的变革境界。

2018年底,学校根据教育发展变化以及教职工的意见建议等实际情况,依照"多劳多得,优劳优酬"的基本思路,在《鲁迅中学绩效工资改革方案》的基础上,对学校的干部队伍进行了调整,对绩效工资的发放进行了变革。在整个过程中,管理者充分了解到,过去在制订方案时只注意了方案的合理性和可行性,而忽视了与基层教师群众的沟通,因而教职员工对上级精神和方案不理解,有各种各样的想法和顾虑,甚至对方案有抵触情绪。于是,学校领导班子和中层统一思想,决定采用谈心的方式,以情动人,以理服人。一方面召开各种类型的会议,另一方面真诚与每一位教工进行沟通和交流,听取教工们对方案的意见和建议,同时进行政策的宣传、解释和疏导。经历了这一过程,教工们对学校的方案有了准确理解,也表示支持。在第二次全体教职员工大会的表决中,这一方案顺利通过。这充分说明,领导者只有在管理变革中真正以"以作事谋始"为原则,把刚性的制度和柔性校园文化紧密结合在一起的管理才是有效的,才能形成制度文化,促进学校的文化自觉。

## 三、"以恐惧修省"是学校有效开展管理变革的思想保障和重要方法

《易经》第五十一卦"震卦"的卦辞中说,《象》曰:洊雷,震,君子以恐惧修省"。"洊雷,震"就是说巨雷连击,是震卦的卦象。"君子以恐惧修省"是强调君子观此卦象,从而戒惧恐惧,修省其身。象辞说:"震来虩虩,恐致福也。"打雷的时候,能够感觉害怕,是好事。能生恐惧心,则需要反身自省:自己有什么不足,需要如何努力,才能提高? 这一哲理告诉我们,应当居安思危,怀恐惧心理,不敢有所怠慢,遇到突发事变,也能安然自若,谈笑如常。

在学校内部实施教育管理变革,就如同在平静的湖面中扔下一块巨石,往往会激起千层波浪,会有意想不到的情况发生。即便是变革得到支持后实行,有时也会有始料未及的外力影响或内部的突发事件出现,就如同突如其来的响雷,会直接影响甚至阻碍正在进行的变革。作为学校的管理者和领导者,在变革的进行过程中,不仅要做好设计与规划,还必须常常"以恐惧修省",把这个原则作为学校开展管理变革的思想保障和重要方法,牢固树立居安思危、防微杜渐、见微知著、有备无患的"恐惧修省"精神,时时常怀危机意识和戒惧之心、敬畏之心。同时,注重个人修身立德,严于律己,使自己的言行合乎道德、法

规、政令。只有这样,才能避免可能出现的进一步的祸患,从而抵达"笑言哑哑"的无忧无惧境界。

鲁迅中学以章程治校,就是较好地体现了"君子以恐惧修省"的管理原则,避免了管理者个人专权,把学校引向极端的可能。2018年以来,学校传承发扬这一传统,结合高中教育目标,梳理和完善了现有的规章制度,补充了新的制度,修订完成了《上海市鲁迅中学管理手册》,还根据新时期教育发展要求,制定了《鲁迅中学教师职业道德考核制度》,使教师进一步明确了自己的使命和职责。同时,学校还健全校务公开制度,确保学校重大问题实行集体决策,对重大问题要通过教代会或其他形式征求教职工的意见和建议并形成书面决议。学校还进一步健全学生会和学生团委参与学校管理的机制,彰显"以人为本"办学理念。学校设立了"校长热线电话"和"校长信箱",以便学生、家长及社会各界对学校工作进行有效监督。这一系列的举措都是学校在实行管理变革中加强"以恐惧修省"的体现,从而较好地从思想和制度上保证了变革的进行。

## 四、循序渐进是学校有效开展管理变革的基本过程和必要途径

《易经》第五十三卦"渐卦"的卦辞中说,"《象》曰:山上有木,渐。君子以居贤德善俗"。"渐卦"的卦象为异卦(下艮上巽)相叠。艮为山,巽为木。所以说"山上有木",是逐"渐"成长的。在木成长的过程中,山也随着增高。这是个逐渐进步的过程,所以称"渐";"渐"即进,渐渐前进而不急速。这一哲理告诉我们,凡事宜循序渐进,则谋事可成;不宜急进,性急则败。同时,当境况不佳时,要耐心等待,切莫操之过急。

循序渐进是任何管理变革必经的过程,也是学校教育管理变革遵循的重要原则之一。教育有其内在的运行规律,学生的认知和智慧的成长有一个逐渐发展的过程,教师的教学内容和方法的制定和设计也有相应的逐渐递进的过程。学校的管理变革更是如此,管理者需要步步为营,依照既有的方针有序推进,在渐进中逐渐从量变走向质变,最终实现飞跃。学校管理变革的循序渐进还体现在管理者应该根据实际情况和条件来设定变革的步骤和流程。当变革遇到较大阻力时,需要坚定信心,同时通过变通或迂回的方式来逐渐改善条件,培养人才,不断努力"建立一个有利于让整个团队共同计划、推行变革的组织系统",以此渐渐地形成变革所需的环境氛围,慢慢积聚支持变革人才和力量。只有这样,变革才有有效实现的可能。

鲁迅中学这些年就较好地遵循了循序渐进的原则。2019年起,学校通过"旨在提高教师课堂教学设计力的生本课例"课题的实践研究,聘请了22位特级教师对学校的部分中青年教师进行课例指导,为教师的专业发展构筑平台进行了有效变革。同时,引导教师制定教师专业发展的规划。第一步,学校引导每一位教师制定个人发展规划:一是找出自己专业水平上的优势和不足;二是根据学校发展目标,制定自己的发展目标;三是思考达到目标所需要的措施;四是需要学校提供的帮助等。第二步,加强对于教研组建设和

校本研修的实践研究,引导教师反思自己的教学,研究学生的学习特点、寻求教学改进策略,探索教学轻负担、高质量的落实途径,变"教"的课堂为"学"的课堂。通过深化各学科组进行教学环节实践研究,改变师资队伍整体薄弱的现状。第三步,以科研为先导,拓宽教师专业成长的渠道:一是确立学校的科研主课题,形成课题群,有效开展科学研究;二是不断健全和完善学校教育科研机制;三是充分发挥教育科研促进教师自主发展的功能;四是营造良好氛围,促进学校科研。通过多年循序渐进地实践与探索,学校教师的专业化能力与水平有了较大的提高。

总之,学校教育管理变革"需要去创造一种新文化"。以上所论述的4条《易经》哲理,作为学校教育管理变革现实应用的原则来看,给我们带来的启示是深刻和深远的。如果我们能深入地学习钻研其精神实质,在现实管理变革中有效借鉴和应用,我们的教育管理改革一定会取得事半功倍的成效。

## 参考文献:

[1] 黄寿祺.周易译注[M].张善文,译注.上海:上海古籍出版社,2007:4.

[2] 张双棣,等.吕氏春秋[M].北京:中华书局,2007.

[3] 张延明.建设卓越学校——领导层·管理层·教师的职业发展[M].北京:北京大学出版社,2004:5.

# 新形势下提升教研品质的若干思考

上海市江湾初级中学　丁　蓓

[摘　要] 在教育改革举措密集出台等新形势下,通过提升教研活动品质,应对教育教学变革和突发状况的紧迫性和重要性不断凸显。有品质的教研活动,具有教研主题因需而生、教研形式灵活多样、教研内容专业新颖、教研成果及时转化、教研合作真诚等特征。厘清教研组建设的责权利、实施基于规准的教研管理、引导教研的主要方向是学校提升教研品质的有效管理策略。

[关键词] 教研品质　特征　提升策略

学校管理者有责任把党的二十大精神落实到教育改革发展的各方面全过程,努力办好人民满意的教育,培养德智体美劳全面发展的社会主义建设者和接班人。在教育改革举措密集出台等新形势下,更需要发挥好教师团队的智慧和力量,守正创新、勇毅前行。校本教研作为推动课程改革,保持学校发展动力、促进教师专业成长、培养学生核心素养的重要途径、提升其品质的重要性和紧迫性,不言而喻。

## 一、教研品质亟待提升

2020年,突如其来的疫情让所有教师被迫切换教学模式,同时也带来了教研生态的变化。在特殊时期,当已有经验、既有资源、固有做法面临要作出颠覆性改变的时候,教师们参与教研组活动的积极性和投入度相对提升,教研成果的转化程度较高,反馈速度也比较快。尽管如此,教研活动还没能发挥其应有的作用。

纵观基础教育,要应对的变化远不止"居家在线教学"这样的突发事件,"中考新政",学生核心素养培育,线上、线下融合式教学,都是社会发展推动教育变革的必然结果。应对教育发展和变革,有品质的教研活动所起的作用举足轻重。

经过自我诊断和分析,我们发现,教研活动存在三个主要问题:一是教研主题随意,缺少关联性和延续性;二是教研活动缺乏设计,形式单一,内容专业度低;三是教师缺乏主动参与教研的意识,在教研活动中相互启智的热情较低。这些问题产生的主要原因在于学校的教研机制不规范,不专业。以此为契机,改变现有教研组建设中存在的问题,提升教研品质是当下学校教研管理的首要任务。

## 二、教研品质表现特征

品质由管理学领域引入,品质的提升不在于个人的责任,而在于组织成员的信念与承诺。教研活动是否有品质、有成效,可以从以下几个特征来判断。

### (一)教研主题应需而生

从接到"停课不停教"的指令到返校复课,近3个月的时间里,学校管理层对于特殊阶段教研活动的特殊性、针对性、实效性和可持续性做了充分研判。学校层面指导组织的教研活动共有4次,在"培养学生学会学习"这一顶层主题的导向之下,分别以新技术学习、教学进程研究、运用大数据诊断优化评价,以及优质教学资源的生成与共享为研究主题,开展教研活动(见表1)。

表1 校教研组活动

| 教研时间 | 学校教研导向 | 教研组研究主题 | 针对问题的教研"痛点" | 区域或学校提供的教研资源 |
|---|---|---|---|---|
| 2月22日 | 培养学生学会学习 | 学习信息技术 | 不熟悉新技术及平台运用 | 新技术教学视频(区师训中心提供) |
| 3月上旬 | | 通过制定并讨论运用"在线教学课时小结",研究在线教学流程及策略 | 对在线教学方式不适应,基本教学目标无法达成 | 《上海市江湾初级中学在线教学工作要求》,内含"在线教学课时小结"模板(学校教导处研制) |
| 3月下旬 | | 个性化练习与指导助力自适应学习 | 作业上传、批阅、反馈费眼费时,缺乏个性化指导 | 智能环境下自适应学习应用实践平台(学校参与的教育部科技司项目) |
| 4月下旬 | | 制作"智慧锦囊"(微视频或微讲座)培训 | 教学资源重复开发,质量有待提升 | "智慧锦囊"制作指南(学校科研室研制) |

每一次教研活动主题都与教师在在线教学不同阶段所面临的最棘手的问题有关:在线教学之初,关注选择什么样的直播互动平台,如何操作使用;空中课堂讲授教学与亲师答疑辅导如何衔接;如何梳理知识结构,把握学习进程;作业批改和反馈费眼、费时,有效性差怎么办;如何改变居家办公时的闭门造车、资源无法共享的局面,市级空

中课堂的优质教学资源如何发挥持续作用；等等。教研内容源于在线教学的真问题，据此确定的教研主题自然能引起教师的共鸣与投入。当教师的需求能在教研活动中得到认同、回馈和满足之后，他们会以更大的热情投入教研组活动中，努力发挥自己的一份力量。因此，可以说，教师对教研活动的需求性判断和情感认同度决定了其投入程度。

**（二）教研形式灵活多样**

这一阶段的教研活动形式、载体和时空的变化不但没有削弱教研活动的成效，反而提高了效率和参与度。这也促使我们思考以往坐而论道式的教研形式会逐步被新的形式所替代，如视频交流互动、教学片段分享、按需分组研讨、跨学科项目实践、任务驱动式教研等。这些形式或许能在今后的教研活动中发挥更大的作用。

教研中还出现了随时发起、按需研讨、跨组交流的形式。如"学习新技术"教研活动结束后，应部分教研组教师的要求，学校信息中心专门组织了一次综合教研，有近20%教师自愿报名，在线研讨技术应用过程中遇到的问题，学校技术骨干当场答疑解惑。这样主动要求参与教研培训，研讨时结合实践中遇到的问题积极提问，不断追问的教研场景，让人不禁感叹：有品质的教研可以不拘形式。

**（三）教研内容专业新颖**

在研究在线教学流程及策略的过程中，教师们将学校提供的"在线教学课时小结"模板更名为"在线学习课时小结"，一词之差体现的是学校"培养学生学会学习"教研主题在教师教学理念中已扎下根基，对学生学习进程的关注已贯穿教学始终。

语文教研组进而在"在线学习课时小结"原有的4个板块中添加了"单元学习目标"板块。这一做法被其他教研组借鉴。理化生教研组衍生形成了用思维导图的形式绘制"在线学习单元小结"的方法，指导学生以单元为单位，形成结构化的学科知识体系。

**（四）教研成果及时转化**

运用智能平台和分层练习解决上传、批阅、反馈费眼、费时又低效的问题，教师们在教研活动结束后马上现学现用，大大提升了师生完成和批阅客观题的效率。平台产生的大数据还能为每位学生提供个性化的错题集及作业反馈指导微视频，提高了教师设计分层练习和进行个性化辅导的可能性。

随着信息化平台的运用，"在线学习课时小结"、分层练习设计、"智慧锦囊"微视频、微讲座等过程性数据，得以自然留存。这些宝贵的资源经过收集梳理、筛选评估、形成体系，进入学科建设资源库中供教师们共建共享。

**（五）真诚合作的教研氛围**

各教研组在组织学习"智慧锦囊制作指南"的基础上，制定本学科的"智慧锦囊"主题和任务分工表（见表2），分阶段逐步形成系列化的微视频或微讲座，用于在线教学和返校后混合式教学。

表2　各教研组制作"智慧锦囊"微视频的主题

| 教研组 | "智慧锦囊"主题 |
|--------|----------------|
| 语文组 | 初中学生语文记叙文阅读策略研究 |
| 数学组 | 基于单元教学的重难点突破 |
| 英语组 | 学生学习困难指导的实践研究——时态和语态 |
| 理、化、生组 | 借助"专题复习"研制"智慧锦囊",提高在线教学有效性 |
| 政、史、地组 | 培养关键能力的"智慧锦囊"的开发与应用 |

在研修过程中,教研组内所有成员的优势被充分激发,名师的学科结构化思维能力、资深教师对于学情的充分了解和对教材的驾驭能力、青年教师的信息技术优势形成了相互依存、取长补短之势。这种交互融合促成了良好的教研氛围。你有问题,我有方法;我有困难,你有对策。教研就有了共同的目标,不需要点名发言,教师们自然而然地围绕问题开展了讨论互动,并且能达成教研共识。我们将支持这种良好的教研氛围延续下去,继而形成学科向心力和教研文化。

## 三、教研品质提升策略

提升教研品质,需要进一步研究教研的规范性与专业性,探索提升教研品质的策略和方法。

### (一)关注明责赋权,厘清教研组的责权利

作为学校开展"学科研究指导"的基层组织,只有厘清明晰了教研组的责权利,才能明确运作的目标和路径,调动成员的积极性,实现组织功能,体现组织价值。

"责"指的是教研组职责、教研组长岗位职责、每位组员应承担的责任和义务。"权"指的是在学校赋予的范围内,教研组有相应的调动资源的权力和权限。"利"指的是利益,包括专业上的发展机遇、学科上的获得感、心理上的支撑感和认同度等。这些要素在《上海市江湾初级中学教师手册》中得以厘清和明示。

### (二)实施教研管理,保持教研规准

2015年,学校在接受市教研室对学校进行的课程与教学调研活动中得到启发,开展了"活用调研工具,提升教研品质"的项目研究,以活用调研工具为教学管理策略,为学校教研组建设立标准、定目标、评过程、提实效。经过5年的坚持实施,学科建设和教师发展成效显著。

在这一特殊阶段,学校管理层没有因为情况特殊而降低对教研活动的规准要求,简化

教研流程,减少教研环节,而是指导各教研组结合学科特点,依托市区校提供的导向和资源,认真规划,谋定后动,优化实施。

**(三) 顺应教育发展,引导教研方向**

虽然社会发展迅猛,教育需要顺势而为,但教育也有其内在的规律和坚守。如在线教学期间,学校的教研导向性主题仍然是"培养学生学会学习",要求教师关注学生的学习是否真正发生;关注学习进程中在哪个环节中遇到什么问题;关注用什么方法、技术和资源助力学生解决问题等。

为教研组建设引领方向,设定规准,动态指导、过程评估的管理思路必将影响教研活动的开展效能,助力教研品质的提升,使教研组真正成为学校孕育教师智慧、提升教学品质、开展学科建设的基本组织。

对教师而言,无论是考试招生制度改革的更迭,还是对学生核心素养培育的要求,无论是社会经济文化日新月异的发展,还是互联网思维、信息技术的强势加持,都意味着教师必须在不断的变化和优化中适应这份"培养未来人"的职业。在变化中发现新问题、深入研讨、求得实效、共享成果、团队共进将成为教研活动的新常态。这也是教研组建设的意义和价值所在。

无论教育改革形势如何变化,不管实施在线教学还是混合式教学,有品质的教研始终是教师应对教学痛点、提高教学实效、提升专业能力最有力的支撑,也是学校学科建设、教师专业发展、课程迭代与课堂教学优化的基本保障。未来,我们将继续全面贯彻党的教育方针,落实立德树人教育根本任务,在新时代新征程上,努力办好百姓家门口的学校,为党的教育事业的发展行远自迩,笃行不怠。

**参考文献:**

[1] 张剑杰.中小学教研组建设[M].南京师范大学出版社,2010.

[2] 何穆彬,李金龙.提升教研品质,服务教育发展[J].天津教育.2016(Z1).

[3] 成秀.集团化背景下教研品质提升的有效策略[J].江西教育.2020(10).

# 优化绩效管理,提升学校教师专业发展水平

上海市虹口区曲阳第三小学　储　蕾

[摘 要] 学校自2013年1月起开始实施绩效管理工作,全面提升教师专业素质水平。学校针对不同绩差教师团体制订了对应改善方案。针对教龄较长的教师,开展"教学信息发布""实践课""教学方法经验总结分享""我欣赏的格言"四大板块新教学理念授课;针对青年教师开展"青苗成长计划"等项目培养和挖掘青年教师,发展储备干部,从而提升其专业水平。

[关键词] 绩效管理　专业水平　发展成长动力

## 一、研究背景

学校自2013年1月起开始实施绩效管理工作,全面提升教师专业素质水平。在实施中,我们面临着诸多的困难与障碍。教师们在教育科研方面普遍存在一些问题。之后,我们针对年资较长的教师的专业水平不佳进行原因分析,并针对性地给出改善方案,即开展四大板块新教学理念授课;针对青年教师开展"青苗成长计划"等项目,培养和挖掘青年教师,发展储备干部,从而提升其专业水平。自实施绩效管理以来,学校教学水平发展已取得显著的成绩,获得多个市区级奖项及荣誉称号,多次在区级学科统考中成绩名列前茅,学校的教学质量逐年提升。

## 二、对"绩效管理"与"绩差教师"的认识

### (一) 绩效管理

所谓绩效管理,是指各级管理者和员工为了达到组织目标共同参与的绩效计划制订、绩效辅导沟通、绩效考核评价、绩效结果应用、绩效目标提升的持续循环过程。绩效管理的目的是持续提升个人、部门和组织的绩效。

### (二) "绩差教师"

与其他组织的员工相比,教师的工作有其特殊性,教师的工作职责不是单纯地教书,

同时还担负着育人的重任。教师的工作业绩不仅表现在自身的专业技术的提高上、学生成绩的优劣上,也体现在学生的人格、能力等各方面综合素养的培养上。

所谓"绩差教师",是指在学校中的工作行为和表现,以及其教研成果、学生成绩和从事提高学生素质有关活动中,绩效考核为差评的教师。

学校自2013年1月起根据教委相关文件精神开始实施绩效管理工作,提出把绩效考核结果作为绩效工资分配的主要依据,分配激励政策与考核结果紧密联系,实现多劳多得、优劳优酬。同时,把教师绩效考核与教师资格认定、职称晋升、岗位聘用等紧密结合起来,引导教师不断提高自身素质和教育教学能力,鼓励教师全身心投入教书育人工作。我们在绩效管理中发现,"绩差教师"主要体现在以下两个群体。

第一,具有15年以上教龄的教师,教学上有较多的经验积累,虽然工作认真负责,但是对新型课程的认知、接受度较差。他们早已习惯小学课程中对基础性课程的教学和评核方式,长时间的往复循环工作使其形成了一定的职业倦怠。他们不了解学科的主要特征,也不愿意花精力开展更多的专业"研修",以提升自身的专业素养。

第二,35岁以下的青年教师,虽然他们对待工作勤勤恳恳,但在各自的教学业务上仍然不够熟练。

如何制定有效方针,用有效的绩效管理推动"绩差教师",特别是青年教师的专业水平,从而使其成为学校强有力的"储备力量"显得至为重要。

## 三、探索与研究

学校针对不同"绩差教师"团体制订了对应的改善方案。

### (一)针对教龄较长教师开展四大板块新教学理念授课

教师队伍的建设一向是学校发展中一个突出而又关键的问题。一所学校如果没有足够数量的合格教师,学校发展势必受到很大的影响。几年来,学校管理的一项主要内容,就是致力于以务实、创新的态度深化教育改革,切实加强素质教育,特别是精心打造教研组活动,促进教师专业化的发展,提升教师素质,形成优秀教师群体。

学校一向重视教研组的改革和建设,特别是教师自身教学观念的转变。以前的教研组活动,除了听课就是评课,要不就是读长篇大论,教师收获不大,还觉得单调枯燥。为此,学校以全新的"教育信息发布""实践课""教法得""我欣赏的格言"四个板块替换原有的模式,并且由一位教师主持。教师们通过教研组汲取现代教育理念,输出教学经验,进行教法创新。原先已经工作多年且形成固定授课习惯的老教师也萌发好奇心,在一定程度上提高了积极性,使教研活动真正落到实处。

1."教学信息发布"

为了使教师开阔眼界,了解国内外最新的教育动向,不至于落后于现代教育发展的进程,学校要求教师围绕实施"主体互动、长进"的课堂教学策略,思考教学方式转变中所遇到的困惑，自主收集发布各类信息，并根据个人教学情况主动阅读学习这类信息。

2. "实践课"

教师在阅读了各类信息之后，需要有一个交流切磋、扬长避短的研学平台，才能在碰撞中诞生智慧的火花。学校通过让教师上观摩课、研究课、实践课，组织教师听、评、议、"研"、学，营造学科内的互动、开放式教研环境。此外，为了能引领教师走上"转变教学理念，践行理念"之路，安排由资深骨干教师先带头开示范课，然后在校内讨论、探索，并组织其他青年教师尝试实践课。这样的方式促进了教师备课、上课评课、研课能力的积累，切实把理论灵活运用于课堂实践，有效提高了授课质量。

3. "教学教法经验总结分享"

优秀的经验是使教学事半功倍的法宝。为此，学校组织每位教师开展对现代化教学方法的学习、研究（如问题教学法、示范教学法），结合自己平时在实践中积累下的点点滴滴，把自己摸索、探究的教法心得在组内交流，形成互助学习的教研氛围。

4. "我欣赏的格言"

学校除了注重对教师教学能力的培养，还注重教师文化底蕴的积累。教师精心撰写的一条条格言，既倾吐了教师的心声，也让教师展露出自己的文学功底。教研活动的大胆变革，让教师向自己固有的陈旧的教学思路、教学习惯发起了挑战。教师之间在互动中构建起新的关系，业务能力和创造能力也得到了提高。

**（二）针对青年教师开展的项目**

2015年，学校"曲三成长工作室"推出了"青苗成长计划"。"青苗成长计划"作为"曲三成长工作室"工作的一部分，着重于培养和挖掘青年教师，为学校的健康发展储备强而有力的优秀青年干部。学校为所有的青年教师确定了各自的培养目标，专门安排定向的带教老师进行指导，提升他们在各自轮岗岗位上的教育管理和实践能力，逐渐了解学校各部门工作的规范，对各自分管的条块进行梳理，将工作落到实处。每个班子成员都有蹲点的部门和组室，既能发挥引领的作用，又能在第一线了解教师的教育教学情况。学校始终对青年教师给予高度关注，努力通过各种手段提升青年干部的综合素养，要求青年教师们具有高尚的师德、较高的教育教学水平，并且具备一定的教育科研能力。

"青苗成长计划"初期让5位青年教师学习处理学校部分行政事务以及管理工作，并分别由不同的带教老师进行指导。5位带教老师均为学校中层行政领导，具有常年教学与行政领导经验。自"青苗培养项目"启动以来，带教老师与5位青年教师进行"一对一"师徒结对，分别从师训工作、学籍管理、财产管理、大队部、科研等方面，不定期通过座谈、沙龙、案例讨论等形式，向青年教师们提供带教引领，督促教师们及时进行工作总结反思、交流讨论，努力提高青年教师们的教学水平及各项综合能力，培养成学科带头兵。在带教期间，青年教师们在工作上恪尽职守，在业务上积极进取。

除了上述"师徒结对"的纵向培养模式，学校还依据各位青年教师的性格特点、教龄长短，推出青年教师互相结对的横向工作模式，由"长"带"幼"，让青年优秀干部提携教龄较短的储备干部教师,帮助他们迅速成长。学校创造条件,给他们搭建施展才华的舞台,绩优教师带头上教学公开课和参加课题研究。滚动式的培养使一批教师的教育的能力得到提高。其次,充分运用校外优秀教师资源,通过借"外脑"外聘区级学科带头人的方式,每两周和工作室的教师们直接对话,或随时听课评析,或就一个专题发表见解,或就一个难题引发探讨。导师从确立选题开始,进行一系列具体的指导点拨,针对每个人的课题和教学实际逐一剖析,使大家清晰明了科研的步骤与方法,使科研更符合教学实际,具有操作性和实效性,更好地提升了教学水平。

2017年第一学期,学校还成立了叶丽雯名师工作室,通过以点带面的方式带教部分青年教师,扩大叶老师工作精神的辐射效应。计划初期,青年教师曹蕾、陈姝靖、陈晨作为首批叶丽雯名师工作室成员,在叶老师的指导下完成各项教育教学。"名师工作室"活动激发了教师之间的思想碰撞。教师从名师那里汲取对事业的执着追求,对业务的深究钻研,对工作的负责精神,进而激发自身追求卓越、完善自身的热情。

## 四、绩效管理成果显现

### (一)资深教师自身优质辐射效应显现

四大板块新教学理念很大程度上激发了老教师的兴趣,充分挖掘出教学经验丰富的资深教师的智慧与潜力,使其融合原先的教学方法,展示独具魅力的教育风格和教学特长。学校因此涌现出一批具有丰富经验的资深骨干教师。他们除了在各自的工作岗位上起到先锋模范作用,更是将自己宝贵的教学经验传授给青年教师。比如肖黎丽、沈苇老师,通过不定期班主任工作经验讲座,分享自己的教育教学经验。成熟教师获奖也逐渐增多,肖黎丽、徐萍、吴瑛老师分别获得了区优秀指导教师二、三等奖等。

### (二)青年教师获奖颇丰

"青苗成长计划"开展以来,5位最早参与轮岗工作的青年教师在各自的岗位上都得到了带教老师的肯定,各项工作落实有效,开展有序。同时,5位青年教师的教学水平得到大幅提升,并在各自领域斩获多个荣誉奖项。比如赵晔宁、沈瑜老师获得了虹口区园丁奖,陈晨老师在2020年上海市虹口区中小幼教师课堂教学单项技能评比活动中,荣获小学数学学科技能评比三等奖等。

随着青年教师人数的不断庞大,每年的获奖数量也是与日俱增。2022年虹口区"教育数字化转型背景下的学与教"征文活动中,学校共计获奖19人,其中2人为虹口区一等奖,获奖总数位列全区第一。

## 五、总结

教师是教育的脊梁,师资队伍建设是办学永恒的主题。如何引领不同的教师梯队提升其专业水平、提升教师专业化发展并带领其成长,在当今现代化教学体系的方针下显得至关重要。在今后的教学活动中,学校将不断改进、不断完善,继续致力于拓展新的教学方式,激发教师自主发展潜力、活力和动力,以促进教师专业化、提升教师整体专业水平;同时仍将把绩效评估落到实处,从而加强学校的内涵建设,提高教学质量,实现可持续发展。

## 参考文献:

[1] 钟燕,马红宇.教师工作绩效研究述评[J].中国教育与教学,2006,9(1).

# 园本教研

## ——引领教师提升课程实施的效能

上海市虹口区新港幼儿园　　沈佳文

[摘　要] 办园质量的提高与课程实施效能的提升息息相关,园本教研作为课程实施的重要路径之一,是教师成长以及基于课程问题解决的重要途径,有效的园本教研能够提升我们课程实施的效能。本文以园本教研活动的改变为切入口,从现状分析入手寻找问题根源,精准介入,尝试通过改变教研模式,拓宽实践路径等方式,聚焦实践问题,让教师从接受学习到成为研讨主体;重视实践验证,提升课程实施效能,调整教研制度;落实常态化管理,夯实课程的实施,构建课程共同体,提高课程实施的效能。

[关键词] 园本教研　引领　课程实施效能

## 一、问题描述

园本教研是课程实施的重要路径之一,是解决课程问题,促进教师成长的重要途径,有效的园本教研能够提升课程实施的效能。我园的园本教研已形成了一定的制度,保障了教研定时定期定人组织开展。但作为提升课程实施效能重要路径之一的园本教研,是否唤醒了教师们的问题意识?是否解决了实践中遇到的问题?是否对教师的成长有所帮助?能否保障我园课程实施的效能?这些问题引发我们静下心来,走近教研,认真审视我园教研的现状。我们想了解:教学研究内容究竟有没有从教师的职业诉求出发?教研的过程是否注重主体间的对话与体验,从而引领教师更好地实施课程?组长的组织引领能力能否真正指导教师,使教师在教研中有所得?教研实践是否仅流于形式,研讨后教师的课程实施效能是否得到良好的提升? ……我们希望通过对园本教研的重新审视发现问题,寻找解决问题的途径与方法,从而提升我园课程实施的效能。

一次大班教研活动开始,组员们准时走进活动室,组长杜老师开始了本次教研。杜老师先告知大家今天是专题教研,主要讨论角色游戏中如何从材料的提供中支持幼儿的自由自主。接着杜老师开始分发事先准备的学习资料,再叫琪琪老师通读了一遍,然后提问:"什么叫自主性行为?"燕燕老师看着学习资料回答:"它包括个体的主体性……"接着杜老师抛出了第二个问题："我们应该怎么提供材料来满足幼儿的自由自主？"教师们沉默了一会儿，然后在学习资料上寻找答案。教师一说：自由规划空间……教师二说：提供低结构材料……教师们的回答均来自学习资料。这时，我追问："请大家结合实践谈谈准备怎样自由规划空间或提供低结构材料？"教师们再次陷入沉默。我再追问："提供怎样的低结构材料？"教师回答："纸盒、笔、雪花片……"我继续追问："提供的依据？"教师再次陷入沉默。显然，这次的答案似乎在学习资料上找不到，我的追问让组长到教师都陷入了沉思，觉得今天的教研似乎跟以往的教研有所不同……

## 二、实践过程

园本教研是一种唤醒，是教师职业意识和研究意识的唤醒；也是一种体验，是教师对课堂教学和专业成长的体验；更是一种对话，通过对话，共享经验、智慧、人生的意义和价值。教研使幼儿园形成自主交流与和谐互动的园本文化，提高园本课程的实效性，促进幼儿、教师及幼儿园的可持续发展。

### （一）了解现状，分析问题，寻找根源——唤醒教师研究意识

调查法与问题分析法是科学管理的方法之一。可以根据调查的第一手材料和数据，揭露现实存在的问题，暴露矛盾；通过不断解决内外部的各种矛盾促进发展，这是按解决问题的思维过程，寻找出问题所在，并确定问题发生的原因的系统方法。教研活动后，我们通过访谈、调查问卷等方法进行了现状调查，了解教师对我园教研的参与度、认可度与期盼度等方面的真实想法。在调查中我们发现，我园的园本教研在组长素养、教研模式、教研内容的选择等方面都出现了问题，而这些问题的产生直接降低了我园课程实施的效能。

### （二）精准介入，提供平台，提升教研组长素养——提升组长的引领能力

园本教研具有促进教师发展的典型意义，是解决课程问题的重要途径。而教研组长在园本教研中起到了重要的作用，能引领教研有效地开展。但从目前我园的教研现状不难看出，我园的教研组长在专业与组织等素养上都有待提升，如对研讨话题的预设，研讨中的梳理总结，实践与研讨的逻辑关系等。但组长素养的提高不是一蹴而就的，这是个艰巨的系统工程，需要幼儿园根据实际状况，运用有利资源来精心设计和培养。于是，我们首先开展园内自我培训，尝试开展组长例会，从学习《今天我们如何做教研组长》入手，理论结合实践对教研开展中研讨问题的选择、教研中如何促使人人参与、积极对话与经验分享等方面进行学习培训。

其次，我们继续依托园际联盟平台，在这一平台上，区教研员基于我园实际，对教研计划的制定进行了具体的指导，保障了我园教研的有效开展；同时我们走进东幼现场观摩学习了教研活动的组织与开展。在一系列高质量输入性的学习的同时，我们尝试在我园组长例会上交流学习的体会，然后三个教研组分别实践练兵，分期开展现场教研展示。实践练兵提升了教研组长的教研组织能力，大家学习了如何聚焦问题的方法，探索了激发人

人参与教研的方法,提升了教研的有效性。

**（三）改变教研模式,聚焦问题,让教师从接受学习到成为研讨主体——注重对话与体验**

不断的学习使我们认识到教研活动是教师交流教育感受、分享课堂经验的平台,是教师专业化发展的重要途径。一次有效的教研活动应具备人人参与、聚焦问题和结论明确这些要素特征。很明显,我们目前的教研未能达到以上特征,我们开始思考怎样使教研活动有效。我们发现教师们在教研中的参与度与研讨度不高,很大程度上源于他们参加教研的准备不充分,教研研讨全靠临场发挥,因而大家的研讨度不高、发言质量不高。我们反思"研讨—实践"这种常用的模式是否阻碍了园本教研的有效开展。于是,我们尝试了"预告—研讨—实践"的教研新模式,让每位参加教研的教师在教研前都清晰明了教研的重点,了解教研前应该做好哪些准备工作,这样改变了教师在教研中参与热情不高、讨论问题漫无边际等现状,改变了有些成员只旁听或逐渐被边缘化的现象,给予了每位教师充分思考、查阅资料的时间。预先的思考与准备就如同搭建了一个阶梯,可以让一些不太习惯表达的教师做有准备的研讨,教师在教研活动中处于主动,能够聚焦问题、激发思维的火花,这样才能实现有效教研。同时,预案的告知能让教师们在教研前就了解了教研中的核心问题,有充分的时间进行有指向性的思考,在教研中就能集中话题讨论,在思维的碰撞中更能聚焦问题,克服了以往研讨中的随意性,避免了"东一榔头西一锤子"的研讨现象。这一教研模式的调整使园本教研的问题更聚焦,教师成为研讨的主体,课程实施的效能也相应得到提升。

**（四）拓宽实践路径,重视实践验证提升课程实施效能——注重实践过程的体验**

对教师进行指导培训,应以指导目标的制定为起始,以获得指导效果的反馈为结束。这一过程应包括研讨与实践,这两者有着紧密的逻辑关系。反观我园的教研,我们发现我园的教研实践多流于形式,忽视对研讨后实践的验证;实践与研讨间的逻辑性不强,实践一般均在研讨后开展,这样的教研生命力不强,也略显得苍白无力。如何让教研回归课堂,实践体现其有效性和实用性? 我们尝试拓宽实践路径,将实践延伸至教研前,将预案提前告知,给予教师充分的实践时间,让教师们在教研活动前对自己的观点进行实践论证,这样在教研中表达的观点就有了实践的支撑。研讨后,继续鼓励教师在实践中验证研讨的观点,使我们的教研完成实践、反思、再实践、研讨的螺旋上升的过程。教师们在研究过程中比较容易地达到研究目的,从而产生一种愉悦的感受。同时,我们也依托"园际联盟"、总支教研等平台,为教师们搭建实践的平台,促使教师形成科学的儿童观、课程观,提高整支队伍的专业水平,提升专业自信。

## 三、案例分析

### （一）寻找问题根源,创新升级提升办园质量

发现问题很重要,没有问题就是最大的问题。创新是一个民族进步的灵魂,是引领学

校发展的第一动力。所以,创新更需要正确地发现问题。本次园本教研的改变就是由问题引发的一系列思考与改变,从而达到提高园本课程实施效能的目标。因此,作为学校的管理者,要懂得寻找问题、发现利弊、突破固有思维、创新升级,提升学校的办园质量。

**(二)构建课程共同体,提高课程实施的效能**

幼儿园课程领导力是园长、教师等课程领导者构建课程领导共同体,相互影响并形成合力,在逐步形成和全面落实幼儿园课程愿景和目标的过程中,主动思考与开展课程实践,发现和解决课程问题,推进幼儿园课程不断优化的力量。在本次园本教研中,我们关注课程实施执行的主力军——教师,关注课程实施的主阵地——园本教研,尝试将以往课程实施自上而下的模式改为上下双向共同体的模式,搭建平台引发教师主动地思考与实践,形成研讨合力,从而提高教师课程实施的效能。

1. 唤醒问题意识,变被动为主动,提升教研内需

为了提升教研的实效,我们尝试以问引研,提高实效。帮助教师有针对性地学习,更好地聚焦问题,强调围绕问题来学习,带着问题去学习,才会使我们的教研更具实效,也更能满足教师专业发展的需求。其次,我们关注教研中的真问实想,分享心得与经验,营造平等、民主的学习氛围,使教师在轻松的氛围中增强对"研"的兴趣。

2. 注重实践对话与体验,变讨论为思践,完善教研方法

教研是在实践基础上进行的研究,不是一味地理论学习,而是实践、反思、再实践、研讨的螺旋上升的过程。教师们只有在实践中适时总结、反思、提炼、再实践,才能形成正确的认识,才能从一个平台跃上另一个更高的平台。

**(三)关注四个着力点,提升课程领导力**

我们着力提升幼儿园课程领导力,基于"儿童视角"对教育价值、课程愿景达成认同并共同追求;基于"问题意识"对课程方案和实践不断反思和优化,从而落实到行动;基于"团队共建"上下联动,产生广泛的专业影响,不断对话和相互支持;基于"文化自觉"传承创新,形成制度,并将课程特质积淀和优化。

# 提升保教质量的实践探索

上海市虹口区飞虹路幼儿园　黄奕玲

[摘　要]办好人民满意的教育,追求学前教育高质量发展,提高幼儿园保教质量是幼儿园可持续发展的基础。幼儿园要蓬勃发展,必须在提高保教质量上下功夫,采取多种途径和方法提高保教质量,努力让家长满意,让孩子健康茁壮成长。我园从高素质的师资队伍建设、适宜的课程设置和教育方法、家园社区联动等多方面着手,探索提高保教质量的有效方法。

[关键词]保教质量　师资素养　优化课程设置和教育方法　家园合作

习近平总书记在党的二十大报告中再次强调加快建设教育强国、科技强国、人才强国,办好人民满意的教育,坚持以人民为中心发展教育。习近平总书记把人民"期盼更好的教育"作为"人民对美好生活的向往"的重中之重,要求在幼有所育、学有所教上持续用力。这为当前教育发展进一步指明了奋进方向、提供了根本遵循。因此,我们必须把人民是否满意作为衡量教育发展水平的标准。学前教育高质量发展的命脉在于提高每所幼儿园的保教质量,这是落实立德树人根本任务和实现园所发展的生命线。

2020年,上海市教委出台《上海市幼儿园办园质量评价指南(试行稿)》,其中"管理与课程评价指南"部分为我园提供了自我检测、自我反思的依据,使我园在原有基础上找到了新的努力方向。

2022年2月,教育部印发《幼儿园保育教育质量评估指南》,聚焦幼儿园保育教育过程及影响保育教育质量的关键要素,提出了15项关键指标和48个考察要点,引导幼儿园全面贯彻党的教育方针,落实立德树人根本任务,尊重幼儿年龄特点和发展规律,坚持保育教育结合,以游戏为基本活动,不断提高幼儿园办园水平和保教质量。

我园以党的二十大报告精神、教育部《评估指南》、市教委《评价指南》为指引,园所、教师、家长达成一致理念,传承优势,分析不足,以落实幼儿园三年发展规划为目标,积极开展如何提升保教质量的实践探索。我园以理念引领为先,以课程建设为重,以师资队伍发展为保障,遵循教育规律,在稳步前进中求发展,全方位、立体式地为办好家门口人民满意的教育奉献智慧。为此,我园在如下方面进行了实践探索。

## 一、队伍建设强素质

教师是幼儿园的最大资源，是发展的关键，我们根据幼儿园现状，确立建设一支有爱心、有热情、理念新、业务精、会合作、擅思考，能给予孩子鼓励和支持的学习型、合作型教师团队，积极发挥各层次人员的作用，使教师整体素质有进一步的提高。

**（一）师德为先，岗位尽责**

我园以党建引领为抓手，组织教职员工深入学习党的十九大、二十大报告精神，习近平新时代中国特色社会主义思想，习总书记考察上海时重要讲话精神等时政，尤其对"幼有所育，办好普惠性学前教育，让每个孩子都能得到让人心安且专业的照看"进行深入探讨，使教职员工人人明确新时代对教师的师德师风和专业发展提出了更高的要求，我们必须具备极强的耐心和专业素养，充分认识和理解孩子懵懂未开、活泼好动、充满探究欲的年龄特点，充分认识教育就是转变人、塑造人的过程，不忘教育初心，坚守职业誓言，做有情怀的教育者，做有爱心的教育人，用师德的光辉铸就幼儿人生的启蒙阶段。

我们学习专业理念，结合师德课程对"秉持师德为先理念"进行专题讨论，帮助教师树立正确的儿童观，努力塑造教师良好的个人修养、健康的心理状态、乐于学习的品质，不断地在实践中感悟、纠正和提升自己的教育行为。

我们积极开展"不忘初心、牢记使命"，争做"新时代四有教师"的主题教育活动，通过教学展示、技能比武、温情小故事征文、"微心得"评选、"师爱满飞虹"读书演讲活动、志愿者服务等，进一步激发教师提升境界，规范行为，增强事业心、责任感和服务意识。我们倡导党员、团员教师在本职工作中加强党性意识、纪律意识，有作为，能担当，挑重担，开展争先创优活动，多方位展示自己的工作亮点和个人风采。我园7名有志青年郑重地向党组织递交了入党申请书，体现了他们在思想上有觉悟、有追求，在行动上有决心、有信心长期接受党组织的考察，立足本职工作，为弘扬师德，引领正气做好表率。

**（二）梯队建设，分层多元**

我园始终把教师队伍建设作为人才强校战略的重要组成部分，整体规划幼儿园师资队伍，推出"梯队式结合、小步子成长"的发展路径，形成四个梯队，以此引导每一个发展阶段的教师的可持续发展。

1. 骨干教师

我园通过重品行、压担子、做表率等方式做好骨干教师的选拔、承责与培养工作。对新上任的青年教研组长开展引导式带教，针对有效组织与实施教研活动进行培训与实践，并通过项目领衔和兼职工作、落实巡检职能等措施提升骨干教师的研究、组织、管理、沟通等综合能力。同时，通过每学期的组长展示课发挥骨干教师的示范辐射作用，为全园教师提供观摩、学习、研讨、借鉴的机会，激励他们高位提升，积极申报教科研成果。

2. 青年教师（3—5年）

我园要求青年教师根据自身专业能力中的弱势项确定小步递进的主攻发展方向，制定切实可行的个人发展规划,进行教学实践,同时行政部门加强现场指导与评价;鼓励青年教师积极参加各类学习、交流、竞赛、展示活动,期末通过学习心得交流、开放活动等汇报展示学习成果,多方面锻炼,促进了青年教师专业能力的均衡发展。同时,委以重任,让骨干青年教师担任师训员,多媒体信息技术员,语言文字管理员,师德课程、素养课程、实践体验课程的项目组负责人,充分发挥青年教师的特长与能力,在岗位上锻造大局意识、责任意识以及敢于担当的品质。

3. 新教师

通过师徒结对带教,以幼儿园规范为抓手,让新教师明晰不同年龄段幼儿一日常规带教的要旨与方法。在带教中,一是凸显"陪伴制"。入职初期,带教老师全天陪伴新教师共同进班,这样既可以让新教师逐渐适应教师工作,同时让他们不必过分担心和紧张,边看边学边模仿,循序渐进地适应幼儿园工作。二是做好心理疏导。入职之初会遭遇很多意想不到的状况,承受来自幼儿、家长、学校等多重压力,会产生职业动摇,我们及时关注新教师的心理健康,做好心理疏导,引导新教师放松心情看待问题,学会请教和求助。

4. 中老年教师

我们支持中老年教师以自身某一教学亮点进行展示或交流,如学科教学、个别化学习环境创设的材料管理、家长工作、自主性游戏交流展示等,为青年教师提供学习和借鉴的机会,激发中老年教师的从教热情与钻研教育的积极性,从而减少职业倦怠。

同时,我们关注教师们积极向上的表现,大到评比、竞赛、交流、获奖,小到办公室值日卫生情况,都会及时地给予肯定、鼓励,放大教师们工作中的点滴收获与积极的情感体验,使他们在快乐中积累对职业的认同和感情,体会职业的幸福。

## 二、课程建设求实效

幼儿园课程建设是凸显办园理念,实现办园特色的有力举措,我们立足幼儿园实际,修订了《飞虹路幼儿园课程园本化实施方案》,使课程体系更完善,课程设置更科学化、合理化、个性化,对课程的实施、管理和评价更具操作性和指导性。

### (一)保教工作常态管理,抓好教育监控与质量评价

我们以教育部《幼儿园保育教育质量评估指南》、上海市教委"三大指南"为指引,严格落实教师一日活动操作规范和管理工作,强化"一日生活皆教育"的理念,认真做到每天计划、教案、教具在先,活动落实到位,观察反馈及时,反思小结深入,树立常规教学规范意识。我们进一步健全了"一日三巡"精细化常规管理的督查机制,使中层人员从督查目的、重点、记录、反馈等方面加强了动态管理。

同时,重视家长参与幼儿园课程实施、师德师风建设、保教质量等方面的评价,组织家长对幼儿园大活动、教师课程组织能力、师生关系、教师的教育行为等方面进行评价,通过多种评价方式,多角度抓好教育监控,切实提高保教质量。

**（二）教科研工作齐头并进，优化教师教育方法，提升课程执行力**

我们针对课程操作中的实际问题和需求，确立教研重点。例如，为应对雾霾天和雨天，我们开展了"幼儿室内运动环境创设与材料提供策略"的教研活动。在研讨中，一是进行了理论梳理，了解了运动中什么是平衡发展；二是寻找到扩大室内运动空间的有效策略；三是教师在教研中总结出了保障幼儿室内运动安全，同时兼具运动挑战性的几条操作要领。

由此，我们将室内运动的研讨成效进一步深化、迁移到对核心素养视角下"如何激发幼儿参与区域运动的兴趣"的研讨，不仅梳理了运动中该关注和发展幼儿哪些方面的核心素养，寻找到激发幼儿自主参与运动的一些有效策略，更在实践过程中提高了教师对运动类课程的执行力。

同时，我们注重丰富教研形式，基于问题导向，让教师在判断、筛选、呈现、总结、提炼、经验分享等过程中提高教研的互动性和实效性。

我们加强对特色课程"节日文化教育"的实践研究。科研先导，以研促教，我们在"节日文化教育与幼儿社会性发展的实践研究"园本课题引领下，挖掘每个节日所蕴含的幼儿社会性发展的培养目标，围绕发展目标制定实施方案，如"六一"小小运动会中设计了多个环节促进幼儿社会性发展：早操律动展示环节培养幼儿的集体荣誉感，个人运动技能展示环节激发幼儿的自豪感和自信心，运动游戏竞赛环节培养幼儿的竞争意识以及交往、协商、合作等人际交往能力。整个运动会耗时较长，但也很好地锻炼了幼儿的坚忍力和意志力。这些都是幼儿社会性发展的重要表现。

我们以幼儿园节庆活动为切入点，依托校本研修，对"如何创设节庆环境来促进幼儿社会性发展"进行实践研讨，提高教师利用和创设相适应的教育环境的能力，使幼儿在借助具体事物的支持下自然、愉快地成为节庆活动的主人，在潜移默化中内化节庆活动的价值。教师也总结形成了《在多样化的节庆活动中培养幼儿感恩情怀》《节日文化教育活动中的环境创设和资源利用的实践探索》《传统节庆"春节"主题活动开展的实践初探》等十多篇有特色的经验报告。研修结合的方式实实在在地提高了教师的课程执行力和科研能力。

## 三、家园社区求合力

我园坚持开放办园，努力构建幼儿园、家庭、社区"三位一体"的大教育网络。

我们成立"家长委员会""膳食委员会"，让家长参与学校的管理和建设，监督办园行为和质量；开展家委会成员看课评课，参与保教质量评价等活动，落实家长对教育的知情权、监督权、参与权和决策权。

同时，我们将家长资源引进幼儿园课程建设中，积极开展家园合作活动。如亲师幼共同收集主题活动资料，共同商讨如何呈现主题环境；家长参与节日庆典、参观访谈、亲子游戏等；家长志愿者为平安校园保驾护航；客座教师进课堂，教孩子们画画、宣传交通安全、介绍社会职业分工等，让幼儿们获得了不一样的学习体验，增进了家长对幼儿园课程建设的参与度。

我们重视家庭教育指导工作，编制不同年龄段家长学校系列讲座校本教材，形成系统、稳定的家长学校课程内容，增强家庭教育指导的专业性、针对性。每学期通过专题讲座、各班家长会、家长观摩半日活动、节日庆典、毕业典礼等线下活动，家园联系、班级微信群、"班小二"等线上互动平台，多途径、多渠道开展家庭教育指导活动，提高指导工作的服务水平和质量。

另外，我们开放课堂，将园本特色课程"节日文化教育活动"向社区开放，每逢"六一""国庆""元旦迎新"节庆大活动，都邀请社区中的散居儿童参与；"4.22世界地球日""世界粮食日"等邀请社区居民参观"绿色创意亲子制作展览会""幼儿环保宣传美术作品展览会""粮食制品展览会"等；"九九重阳节"邀请幼儿的祖辈和社区老人共同参与"老少同乐庆重阳"活动；每逢新年，幼儿为宝元居委的退休党员爷爷奶奶们送去精彩的表演和新年祝福。"校社联手"最大限度地实现了资源共享、优势互补，形成了共驻共建的良好态势，也赢得了家长与社区的认可。

办好人民满意的教育是党的不变初心、不倦使命，也是教育工作者的价值所在、责任所系。在全面推进社会主义现代化国家建设的新征程上，我们将全面把握人民满意的教育的核心要义，办有质量的学前教育，做新时代高素质的幼儿园教师，把家长的期待变成我们的行动，让孩子享有幸福的教育，让教师享有教育的幸福，不忘教育初心，砥砺前行！

**参考文献：**

［1］习近平.中国共产党第十九次全国代表大会文件汇编：第一版［C］.北京：人民出版社,2017：36-40.

［2］党的二十大报告学习辅导百问：第一版［C］.北京：党建读物出版社：学习出版社,2022：25-28.

［3］中华人民共和国教育部.幼儿园保育教育质量评估指南［EB/OL］. http://www.moe.gov.cn/srcsite/A06/s3327/202202/t20220214_599198. html?from=timeline&isappinstalled=0.

［4］上海市教育委员会教学研究室.上海市幼儿园办园质量评价指南（试行稿）［M］.上海：上海教育出版社,2020.

# 幼儿户外运动"三位一体"保教工作的管理

上海市虹口区江西北路幼儿园　李桂玲

[**摘　要**] 幼儿在户外运动中的保教工作与班级内的老师、保育员密切相关,两名教师与保育员之间的配合形成了"三位一体"的教育格局。在幼儿的户外运动中,教师、保育员不仅需要让幼儿通过运动锻炼习得运动技能,增强体质,愉悦身心等,在运动前、中、后还需关注幼儿游戏安全、运动安全、器械安全、卫生等问题。因此,在幼儿的户外运动中,教师与保育员之间需科学配合。

[**关键词**] 三位一体　幼儿户外运动　保教工作

幼儿园管理者必须让教师与保育员明确户外运动保教结合目标、内容,完善制度、开展培训指导,实施有效评价,落实具体措施策略,从而有效地提升幼儿户外运动中"三位一体"保教的有效性。

## 一、"三位一体"的概念界定与重要性

"三位一体"是指两名教师和保育员进行合理安排,从而实现保育和教育的结合,三人协同一致。在幼儿的户外运动中,教师、保育员不仅需要让幼儿通过运动锻炼习得运动技能,增强体质,愉悦身心,自我服务,在运动前、中、后还需关注幼儿游戏安全、运动安全、器械安全、卫生等问题。因此,三位保教人员适时、适度、适宜的科学配合,能保障幼儿户外运动的安全,提升运动的质量,有利于形成幼儿健康的体魄。

我园户外运动场地狭小,从安全的角度和合理使用场地的角度考虑,需要保教人员彼此密切的配合。活动前,保育员检查场地的安全,排除不安全因素,教师提前预设、规划运动活动内容,提前做好器械的准备工作。

托小班幼儿大肌肉发育未完全,自我保护能力弱;中班幼儿运动量增加,但运动中预判危险的能力较弱;大班幼儿在运动中交往合作频率增多,更爱挑战性运动。在他们的运动中随时会出现各种不确定因素,因此,保教人员"三位一体"高质量的互相配合、观察、指导尤为重要。

## 二、户外运动"三位一体"目标与管理内容

我园户外运动的管理目标主要有：第一，在幼儿户外运动"三位一体"双向互动中，教师与保育员携手育儿，将教育与保育工作结合，让幼儿体格得到锻炼，能力得到提升；第二，明确幼儿户外运动中教师、保育员合理的观察、指导、保育护理内容与有效指导策略，优化科学、适度、有效的保教行为，促进幼儿健康成长。

户外运动"三位一体"管理内容主要包括：（1）建立"三位一体"保障机制。完善管理，形成管理网络，落实"三位一体"的幼儿户外运动保育工作规范操作要求（见图1）。（2）制定关于班级"三位一体"的工作制度。（3）开展"三位一体"的幼儿户外运动保育培训。开展园本培训，指导教师和保育员关注"三位一体"保教工作，保教人员必须深刻领会保

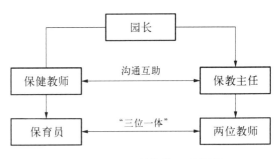

图1 "三位一体"管理网络图

教结合的原则，并将这一原则贯穿实际工作中，这是做好"三位一体"保教管理工作的关键。（4）"三位一体"的幼儿户外运动监控和评价。根据"三位一体"保教融合工作的实际需求，制定专项评估细则评价指标，将理念转化为行为，为保教工作提供反馈信息（见表1）。

表1 "三位一体"工作评价表

| | 内　　容 | 分值 | 得　　分 |
|---|---|---|---|
| 1 | 职责分明、分工明确,各项工作规范有序 | 20 | |
| 2 | 团结互助、沟通及时,"三位一体"形成合力 | 20 | |
| 3 | 计划详实、实施到位,根据情况及时调整 | 20 | |
| 4 | 恪守制度、共同管理,保教常规自主运转 | 20 | |
| 5 | 熟悉幼儿特点,护理及时富有成效 | 20 | |
| 评价 | | | |

## 三、"三位一体"户外运动工作要点与具体落实措施

### （一）各年龄段幼儿"三位一体"户外运动工作要点与具体落实

表2　小班幼儿"三位一体"户外运动工作要点与具体落实

| | 观察要点 | 保教结合工作 | 保育护理要点 | 指导策略 | "三位一体"站位 |
|---|---|---|---|---|---|
| 运动前 | 1. 幼儿的着装是否便于运动<br>2. 天气的变化对于幼儿的影响<br>3. 运动器械是否安全<br>4. 运动场地是否合适 | 1. 了解活动地点，教师、保育员沟通摆放器械的具体要求，根据要求选择合适场地，请部分幼儿协助合理摆放器械<br>2. 检查场地、器械是否安全，清洁场地，如有无碎石、积水，器械是否损坏等<br>3. 新投放的器械运动前给幼儿介绍示范<br>4. 组织幼儿进行运动前的准备活动，做好适应性准备 | 1. 准备好足够的垫背巾、擦汗干毛巾、热毛巾，将毛巾、纸巾按要求摆放并告知幼儿摆放的位置<br>2. 指导幼儿外出运动前如厕、整理衣裤、鞋子<br>3. 检查幼儿衣着是否便于运动、鞋子是否适宜，鞋带是否系牢<br>4. 为体弱儿、肥胖儿垫好垫背毛巾，了解班内幼儿的身体状况，关心生病的、体质差的以及刚恢复健康的幼儿 | 1. 清一清：排除隐藏在运动中的危险隐患<br>2. 理一理：指导幼儿如厕，穿脱衣服，冬季协助包好衣裤、整理衣服等<br>3. 调一调：调动个别幼儿情绪，以一起参与活动的方式提高幼儿对活动的兴趣 | 1. 上下楼梯老师一前一后，保育员在队伍中间侧走，以便观察前后幼儿<br>2. 早操运动：教师在队伍前，保育员在队伍后<br>3. 体育游戏活动：幼儿相对密集点站位<br>4. 区域场地中间站位<br>（1）走跑跳区<br>（2）平衡投掷区<br>（3）钻爬区<br>（4）球类区<br>（5）骑车区<br>（6）大型玩具<br>5. 站位遵循原则<br>（1）站在弥补观察困难的地方<br>（2）站在相对具有危险性的活动场地<br>（3）站在幼儿人数相对密集的活动场地<br>（4）站在便于观察全体幼儿的地方 |
| 运动中 | 1. 幼儿在运动过程中是否有不良的生理反应<br>2. 幼儿在运动中是否有情绪变化<br>3. 幼儿的动作发展是否平衡<br>4. 幼儿在运动中是否有安全意识 | 1. 保教人员指导和帮助幼儿，随机进行安全提示<br>2. 相对危险的区域或稍有难度的动作，保教人员应做好相应的保护措施；及时补位，做到不缺位 | 1. 在运动过程中须时刻观察特殊幼儿的活动量及运动密度，如幼儿脸色红润、满头大汗，活动幅度较大，督促幼儿注意休息，防止运动过度；如幼儿脸色无变化，动作幅度小，就要提高活动量 | 1. 说一说：通过给幼儿说说严重后果等方式引导幼儿停止不安全行为<br>2. 教一教：指导幼儿正确擤鼻涕，先洗手再喝水，不用脏手揉眼睛等良好卫生习惯 | |

续　表

|  | 观察要点 | 保教结合工作 | 保育护理要点 | 指导策略 | "三位一体"站位 |
|---|---|---|---|---|---|
| 运动中 | 5. 个别幼儿在运动过程中的需求 | 3. 引导幼儿熟悉并能尝试使用提供的体育器材,满足发展基本动作的需要<br>4. 观察幼儿的活动量,提醒幼儿增减衣物,引导幼儿将脱下的衣服放到指定的位置<br>5. 站在合适的观察点,关注孩子安全、生理、情绪 | 2. 经常摸摸幼儿的头、颈、背出汗情况,及时为出汗较多幼儿垫上毛巾并指导幼儿自主用毛巾擦汗。协助出汗幼儿及时脱衣并指导将脱下的衣物挂放到指定位置<br>3. 督促幼儿先稍作休息再去喝水,喝水量不宜太多,应少量<br>4. 胆小的幼儿要鼓励他们积极参加运动 | 3. 帮一帮:观察幼儿活动的进展情况,回应个别幼儿在活动中的需求<br>4. 看一看:随时观察特殊幼儿在活动中的面色、动作变化。掌握灵活机动原则,注意个体差异,对运动能力强或弱的幼儿要视其身体状况调整活动内容<br>5. 放一放:尊重幼儿活动意愿,注意个体差异 |  |
| 运动后 | 关注幼儿的生活料理 | 1. 稳定幼儿情绪,使其由兴奋状态转为平和状态<br>2. 保教人员带幼儿回教室,并引导幼儿如厕、洗手、适量饮水、休息等<br>3. 保育员清点、整理运动器具,并摆放整齐 | 1. 督促出汗较多的幼儿及时擦汗,多鼓励幼儿喝水<br>2. 根据天气变化协助不出汗幼儿及时穿好衣服,防止感冒<br>3. 根据幼儿的出汗情况取垫背毛巾(抽取时应根据出汗量适时擦拭背部),帮助幼儿用热毛巾擦汗 | 1. 教一教:引导幼儿正确使用毛巾,将额头、脖子的汗擦干<br>2. 走一走:指导幼儿减小运动量,在场地上漫步一会儿<br>3. 看一看:需关注幼儿一次的饮水量,指导幼儿运动后不宜一次喝太多水 |  |

表3 中班幼儿"三位一体"户外运动工作要点与具体落实

| | 观察要点 | 保教结合工作 | 保育护理要点 | 指导策略 | "三位一体"站位 |
|---|---|---|---|---|---|
| 运动前 | 1. 2. 3. 4. 同小班<br>5. 幼儿的生活料理 | 同小班 | 1. 同小班<br>2. 引导幼儿外出运动前如厕,整理衣裤、鞋子<br>3. 引导帮助幼儿能自己检查衣着是否便于运动,鞋子是否适宜,鞋带是否系牢<br>4. 同小班 | 1. 清一清:同小班1.;帮助幼儿了解积累简单的自我保护的方法<br>2. 理一理:同小班2.;指导幼儿相互检查衣着等<br>3. 调一调:调动个别幼儿情绪,提高幼儿活动的兴趣 | 同小班 |
| 运动中 | 同小班 | 1. 鼓励幼儿结伴参与<br>2. 引导幼儿正确使用体育器材,满足发展基本动作的需要,并能探索与创造器械的多种玩法<br>3. 培养幼儿自我保护能力,引导幼儿出汗时知道脱衣服或有不适时主动告诉老师<br>4. 相对危险的区域或稍有难度的动作,保教人员应做好相应的保护措施,及时补位,做到不缺位<br>5. 站在合适的观察点,关注孩子安全、生理、情绪,随时进行安全提示 | 1. 同小班<br>2. 关注体弱儿、身体不适及刚刚病愈的幼儿,需适当减少运动量,或多作休息后再运动<br>3. 关注休息幼儿不吵闹,视情况提醒休息中的幼儿恢复运动<br>4. 引导肥胖儿可选择高密度、中低强度、有趣味的全身运动,可采取运动和游戏相结合的方式,提高肥胖儿活动兴趣,脉搏比运动前增加约30次/分钟为宜 | 1. 同小班<br>2. 引一引:引导幼儿正确擤鼻涕,先洗手再喝水,不用脏手揉眼睛等良好卫生习惯<br>3. 帮一帮:观察幼儿活动的进展情况,回应个别幼儿在活动中的需求<br>4. 看一看:随时观察特殊幼儿在活动中的面色、动作变化。掌握灵活机动原则,注意个体差异,引导幼儿出汗时能知道脱衣服或身体不适时主动告诉老师<br>5. 同小班 | |

| | 观察要点 | 保教结合工作 | 保育护理要点 | 指导策略 | "三位一体"站位 |
|---|---|---|---|---|---|
| 运动后 | 1. 同小班<br>2. 幼儿能否根据自己的能力整理运动器械<br>3. 幼儿是否能保管好自己的物品 | 1. 协助稳定个别幼儿情绪,使其由兴奋状态转为平和状态<br>2. 教师引导幼儿帮助保育员清点、整理运动器具,并摆放整齐,做一些力所能及的事<br>3. 保育员协助教师带幼儿回教室,并引导幼儿如厕、洗手、适量饮水、休息等 | 1. 引导出汗较多的幼儿及时擦汗,多鼓励幼儿适量饮水<br>2. 同小班<br>3. 根据幼儿的出汗情况取垫背毛巾,幼儿自主用热毛巾擦汗 | 1. 引一引:引导幼儿正确使用毛巾,将额头、脖子的汗擦干<br>2. 同小班<br>3. 看一看:需关注幼儿一次的饮水量,运动后不宜一次喝太多水 | |

**表4　大班幼儿"三位一体"户外运动工作要点措施**

| | 观察要点 | 保教结合工作 | 保育护理要点 | 指导策略 | "三位一体"站位 |
|---|---|---|---|---|---|
| 运动前 | 1. 2. 3. 4. 同小班<br>5. 幼儿的生活料理 | 1. 2. 3. 同小班<br>4. 引导幼儿自主地准备活动<br>5. 成立安全服务小队、协助保育员一起检查活动准备情况 | 1. 提醒幼儿外出运动前如厕,整理衣裤、鞋子<br>2. 提醒幼儿能自己检查衣着是否便于运动,鞋子是否适宜,鞋带是否系牢<br>3. 同小班 4. | 1. 清一清:协助保育员排除隐藏在运动中的危险隐患,引导幼儿在运动中提醒同伴<br>2. 理一理:提醒幼儿如厕,穿脱整理衣服,冬季同伴间相互检查是否包好衣裤<br>3. 调一调:调动个别幼儿情绪,用同伴关系提高幼儿活动的兴趣 | |

续　表

| | 观察要点 | 保教结合工作 | 保育护理要点 | 指导策略 | "三位一体"站位 |
|---|---|---|---|---|---|
| 运动中 | 1.2.3.4.5.同小班<br>6.幼儿是否有自我保护的意识 | 1.保教员协助指导和帮助幼儿,随机进行安全提示,增强幼儿自我保护意识<br>2.引导幼儿根据自身身体状况及时调整内容和运动量<br>3.引导幼儿在运动中学会文明交往,与同伴一起尝试将各种运动器械进行组合,探索和创造新的玩法<br>4.培养幼儿勇于尝试、挑战自己的意志品质 | 1.同小班<br>2.相对危险的区域或稍有难度的动作,保教人员应做好相应的保护措施,及时补位,做到不缺位<br>3.提醒幼儿先稍作休息再去喝水,喝水量不宜太多,应少量<br>4.需时刻关注有攻击性行为的幼儿,如有异常要及时制止 | 1.论一论:通过引导幼儿与同伴讨论等方式让个别幼儿自觉停止不安全行为<br>2.同小班3.<br>3.看一看:随时观察特殊幼儿在活动中的面色、动作变化。掌握灵活机动原则,注意个体差异,引导幼儿根据自己身体状况适当休息<br>4.同小班5. | |
| 运动后 | 1.幼儿能否根据自己的能力整理运动器械<br>2.幼儿能否保管好自己的物品<br>3.同小班1. | 1.同小班1.<br>2.引导幼儿帮助保育员清点、整理运动器具,并摆放整齐,做一些力所能及的事<br>3.引导幼儿将脱下的衣服拿回教室并折叠好放入小柜中 | 1.提醒出汗较多的幼儿自主擦汗、休息,多鼓励幼儿喝水<br>2.根据天气变化提醒幼儿先抹去身上的汗再增加衣服<br>3.自主用热毛巾擦脸 | 1.擦一擦:提醒幼儿正确使用毛巾,将额头、脖子的汗擦干<br>2.走一走:提醒幼儿减少运动量,引导幼儿在场地上漫步一会儿<br>3.同小班3. | |

**(二) 保健、行政一日巡视观察与指导**

1.保健教师观察与指导

（1）巡视户外运动器械及场地安全；

（2）检查保教人员户外运动用品的提供情况；

（3）观察体弱儿及肥胖儿的面色、精神，注意其运动量的控制；

（4）检查保教人员户外运动护理用品的使用情况。

2. 行政人员巡视观察与指导

（1）是否保证充足的运动空间和时间；

（2）是否做好充分的准备工作；

（3）运动过程中是否做到"三看"（看情绪、看表征、看运动量），"三提醒"（增减衣服、安全游戏、调节休息）。

## 参考文献：

[1] 吴超伦主编.幼儿园一日活动的探索与实践：保教结合操作手册[M].上海：上海科学技术出版社，2013：77-82.

[2] 上海市教育委员会教学研究室编.上海市幼儿园办园质量评价指南（试行稿）[M].上海：上海教育出版社，2020.

# 以"平行式互动"教研推动教师专业能力的发展

上海市虹口区四川北路幼儿园　杨赛男

[摘　要]教师专业发展是园本教研的核心与关键,但是由于我园年级组内的教师年龄不同、专业经验不同、专业水平不同,往往会导致话题不能聚焦及深入,对教师的推动力度不够。我们将教师重新组合成各方面条件相近的"平行式小组",并运用与群体特点相吻合的互动策略,激发教师参加研修的积极性,从而推动教师专业的发展。

[关键词]平行式互动　教师专业能力　专业学习共同体

习近平总书记在党的二十大报告中这样强调:我们要坚持教育优先发展、科技自立自强、人才引领驱动,加快建设教育强国、科技强国、人才强国,坚持为党育人、为国育才,全面提高人才自主培养质量,着力造就拔尖创新人才,聚天下英才而用之。虹口教育"十四五"规划中也提出"虹课优学,赋能高质量发展"的要求,高质量发展的根本是提升教师队伍的整体素养。高质量的师资队伍是高质量教育发展的中坚力量,而教研是提高教师整体素质的有效手段。如何以"新教研"模式为专业支撑,促进教师内生性成长,成为我园近几年的研究方向。

我们发现,在幼儿园园本研训教研模式中,一般以"年级组"作为主要的分类模式,也就是将负责同一年龄段幼儿的教师组织在一起进行常规教研。此种模式最大的优势在于帮助教师对幼儿的年龄特点有更好的把握,以及能解决同一年龄阶段内的共性问题。然而当年级组针对某一个话题展开深度研讨时,有一部分成熟型教师会产生"吃不饱"的现象,同时因为他们具备一定的经验,又很容易形成"权威性",而青年教师及刚入职的教师则更容易成为旁听者。

教师成为专业学习的共同体是园本教研的核心与关键,让教师与同伴积极对话,唤起教师专业发展的内在动力,是教师成长的必由之路。因此,我们在分析、研究每位教师特点的基础上,根据一定的专业标准进行划分归类,使每位教师都处在一个相对适合、有对话基础的环境中,由此形成若干个具有一定特点的小群体,形成"平行式互动"小组。我们对"平行式互动"的价值及策略展开了实践研究,希望在开展研究的过程中,有针对性地选择、运用与我们这个群体特点相吻合的互动策略,力求发挥群体中每位教师参与互动的积极性,提高教师之间的互动效率,增强研修的有效性。

## 一、"平行式互动"教研的价值

### (一)"平行式互动"教研能促进幼儿园民主开放研修文化的建设

"平行式互动"教研关注教师在园本研修中的主体地位,注重教师间的平等尊重,为年龄、经验相近的教师搭建了充分交流的平台,鼓励教师大胆表达自己的观点,契合教师不同的追求和本质需求。这种教研形成的变化改变了传统的教研氛围,激发教师自主成长的热情和民主参与精神,使教师真正地解决自己的问题并拥有话语权,从中得以建构与发展自己的专业,并逐渐形成了民主的教研文化。这种教研文化将对我们的价值观、学习态度、对话氛围、管理机制形成强有力的影响,对教师的专业成长、对学校的可持续发展具有深远的意义。

### (二)"平行式互动"教研能形成园内的资源库

在教师群体中,因为经验、个性、思维方式的差异,每个个体对同一事物有着不同的理解。这种理解的差异性就是群体互动宝贵的学习资源。而"平行式互动"的教研模式将充分利用这些资源,给予大家选择和思考的空间,并抓住问题与矛盾这个关键要素,形成认知冲突,激发对话思考,使教师在互动中学习,在共同构建的主旋律下增强个体的专业能力。教师获取有效资源并建构新经验的同时也在不断补充着"资源库"的内容,使这个"资源库"得以动态良性地发展,具有鲜活的生命力。

### (三)"平行式互动"教研能推动教师的有效互动,共同建构专业经验

教师的专业成长不仅需要个体在自己的经验基础上积极建构,同时也依赖与他人的交流互动,共同建构专业经验。当教师的专业水平、发展目标比较接近时,他们往往会拥有共同的话题,互相之间的理解比较默契,更易进行互动交流、思想碰撞、经验共享,从而形成具有同频共振效应的专业对话环境。"平行式互动"利用的不是个体或部分教师的资源,而是群体的资源,使教师们在彼此的对话互动中获得更多的信息,逐渐形成新的概念和策略,给予大家更多选择与思考的空间。这种有效的对话生动地体现了教师共同建构专业经验的过程,为教师的专业成长提供了环境的支持与保障。

## 二、"平行式互动"教研的方式

"平行式互动"教研指的是将有着相近的专业经验的教师组合在一起,开展以思想交锋、观念碰撞为主要特征的教研活动,它最为注重的是每个不同特质的个体在教研活动中的"对话"。在活动中,教师依托教研组的专题研讨,围绕自己的问题展开对话,在共同建

构的过程中解决问题并形成新的认识,从而专业能力得以发展。经过两年的实践研究,我们总结出以下几个主要的教研方式。

**(一)问题陷阱式**

问题陷阱,是指教研组长在组织教研活动中故意预设的问题情境,以增强教师参与研修的纵深度。组长在教研活动中借助"欲擒故纵""无事生非""推波助澜"等策略来设置"问题陷阱",这样既可以使每位教师的智慧在活动中通过碰撞、交流、对话得以产生,使教师的思维更深度化,从中得到更多的收获,又可以提高组长在研修活动现场灵活地把控能力,提高其提问的技巧,引领组员交流共享,从而改善研修活动的氛围。

**(二)组队辩论式**

组队辩论,是指教师组成观点相反的两方进行辩论,通过为己方辩解和质疑他方来锤炼求异思维、辩证思维。在园本研修的分众式活动中,我们的组队辩论是由组长确立一个中心议题,议题的选择围绕教师的当前教育需要和最近发展区,将教师分成两组进行正反组队辩论,由组长进行总结。组队辩论过程一般有准备十分钟、自由辩论、组长小结这三个阶段,缺少其中任何一个阶段都不是一场完整的辩论。教师在组队后根据自己的辩题与小组同伴讨论,根据问题的核心判断、梳理阐述要点,想方设法用丰富的理论与实例支撑观点;在自由辩论时针锋相对,不断完善和修正自己的观点,加强语言表达的逻辑性,将论点阐述清楚;最后通过组长小结对中心议题达成共识,学会辩证地看待问题。

**(三)主持问答式**

主持问答,是指在教研活动的过程中,由组员轮流担任主持人介绍自己的观察实录或学习故事,接着其他成员围绕话题对主持人提出肯定、质疑、补充、建议。面对大家的发问,主持人要予以积极的应答,或认同,或讲解,或释疑,或辩驳;也可以对组员提出问题,由大家解答。轮流主持的形式把很多教师推上了主持人的位子,使大家因此有了不一样的教研体验。

**(四)头脑风暴式**

头脑风暴,主要是指通过研讨的形式,让参加活动者在比较自由的气氛中畅所欲言,自由表达自己的想法或观点,并以此引起其他人的反应,产生更多的设想,并对提出的设想、方案逐一客观地分析和梳理,形成一定的共识。我园在"成熟型教研组"内进行"头脑风暴式"教研活动,采用小纸条的形式,鼓励教师最大限度地把自己的观点亮出来,同时听取别人的见解,促使不同的思想相互碰撞,实现思维"联网",智慧共享,增强教师之间的合作,促进学习共同体的形成。我们发现,小纸条的形式对一些并不擅长语言表达的教师而言是一个很好的交流机会。

自从"平行式"教研采用了不同的教研方式以来,我们发现教师的发言量有了明显的提高,活动后教师也有了不同的体验。例如,冯老师表示,这种教研活动令她茅塞顿开,原来的想法比较单一,大家的集体讨论拓展了她的思维。李老师说,在质疑中完善自己的想法,让她对幼儿游戏状态的解读更明确了。王老师认为,不管是认同还是质疑,都要有观点支撑,这样考虑问题才会更深刻,更全面。

## 三、"平行式互动"教研的思考

### (一)相近的专业经验为"平行式互动"中对话的质量提供了基础

我们在研究中发现,当一个教研组的教师具备了相近的专业经验时,对研讨的问题就能产生共鸣,会从不同的角度来看待所研究的问题。此时就形成了一种据理力争的教研氛围,让教师们在讨论中迸发新的想法,产生"1+1>2"的效果,最终又形成新的经验,继续为教师各自解决类似的问题提供了有效的思考途径和解决问题的依据,教师专业能力得到发展。相反,如果教研组的教师不具备相近的专业经验,那么在探讨问题时就失去了"对话"基础,容易产生"权威"或旁听的现象,"平行式分众"的价值也无法体现。

我们认为,相近的专业经验具体可以指相近的教育观念、相近的知识结构、相近的经验背景、相近的思维方式以及相近的教育能力等。我们还发现,专业经验的层次越高,相对的思维具有一定的深度,对话的有效性就越能体现。

### (二)和谐平等的教研氛围,为"平行式互动"中对话的产生提供保障

我们所指的"和谐"绝不是单纯的教师之间的人际关系。真正的和谐指的是个性张扬与互相包容,相互协作与优势互补,自我超越与共同发展。和谐能产生凝聚力、高效率。一个充满激情、强项互补而又具有共同理想追求的群体就会不断产生新的智慧。要形成平等的教研氛围,与幼儿园的文化背景、教师本身的人文素养(个性特征主体发展意识等)有着直接的关系。我们幼儿园已经初步形成了和谐、向上的校园文化,而这样的文化又引导教师逐渐具备了平和、互助、进取的人文素养。在互动过程中,我们提出"责任共同承担制",将教研的重点立足于对问题的研究,立足于解决问题,立足于教师在问题情境中专业能力的提升。教师在这样的氛围中得到一种良好的心理体验,建立了对话的自信,群体间就比较容易产生对话。

### (三)"平行式互动"教研方式对组长的专业素养提出了更高的要求

"平行式互动"教研方式对组长提出了更高的要求,也给组长带来了新的压力。组长要在教研过程中激发同伴的积极思维,形成良好的对话氛围,落实教研目标。因此,需要组长具备综合素养,比如组长必须具备观察、分析、判断能力。当教师们将大量的信息呈现时,组长在倾听的同时要能辩证地看问题,并且及时对这些信息进行处理,做出价值判断,引导教师们对某一个问题展开深入研讨。另外,组长还应具备、归纳、总结的能力。教研活动的最后,组长必须根据当天的活动内容提炼关键经验,进行及时的总结和提炼,给予大家一些启示,使教师们在感性的表达后有理性的思考。除了这些能力,组长还应具备良好的管理、组织能力,良好的全局观,协调整个教研活动中可能出现的问题。这种现场的掌控能力绝不是依靠理论学习就能得到的,只有通过教研现场的磨炼,在实践中不断地积累经验,才能提高组长的"教研应答"能力,使组长真正成为教研的引领者。

## 参考文献:

[1] 李建君.分众多向联动建构专业经验的教师研修模式的研究[Z].中国学前教育研究会"十一五"滚动课题项目,2008.

[2] 张晓红,张静,熊建文,姚建欣.分层联动教研模式的建构——以中学物理为例[J].课程·教材·教法,2018,38(06).

[3] 陶文莹.基于专业化发展的幼儿园教师分层园本培训策略研究[J].华夏教师,2020(03).

[4] 金怡."分层式"促园本教研实效[J].课程教育研究,2013(09).

[5] 张血玲.以问题为导向的幼儿教师分层培训策略[J].继续教育研究,2017(03).

[6] 陈水玲,俞李.分层教研策略的实施[J].小学教学研究,1999(06).

[7] 罗梅兰.教师专业成长培训模式的实践策略探析[J].数学学习与研究,2015(18).

[8] 李晶.教师专业发展阶段与分层培训研究[J].北京教育(普教版),2007(10).

[9] 霍劲松.实施精准分层培训 打造高素质教师队伍[J].基础教育参考,2019(13).

[10] 刘臣进,张克龙.提升校本教研质量的"分层分类"行动策略[J].现代中小学教育,2018,34(06).

# 构建成就"三心"教师文化品质的精细化管理机制

上海市虹口区花园幼儿园 陈洁毅

[摘 要]虹口区花园幼儿园提倡以"用心工作、爱心育人、诚心共享"的"三心"品质为核心的教师文化,这种文化的形成需要"稳定的管理机制、全员式的管理主体、常态化的评估标准"三个关键因素作用的发挥。本文论述了这三个关键因素的实施过程与反思,以促进自律、有责任感、主体意识强的教工团队的构建。

[关键词]精细管理 "三心"品质 教工团队

新时期,随着社会不断发展、变革,学校管理必然要求一种科学的管理方式——精细化管理。在学校精细化管理中,我园主要从制度建设、规范管理角度,提倡以"用心工作、爱心育人、诚心共享"的"三心"品质为核心,包括稳定的管理机制、全员式的管理主体、常态化的评估标准三个关键因素,形成自律、有责任感及主体意识的教工团队。

精细化管理机制的具体目标是:(1)把实施过程中的关键问题和薄弱环节作为管理重心,"精"即切中要点;"细"即细化过程,切实提高执行力。(2)把精细理念内化为有效的管理行为。(3)把制度管理的规范性与全员参与的主体性相融合,为教师成长助力。

## 一、相对稳定的管理体制与精细管理的机制

建立精细的管理机制包括形成管理网络、细化管理目标,即明确各岗位分工,落实具体管理职责,实行分层管理,着力培育一支有凝聚力、有使命感、能共同担当的中层管理队伍,逐步形成有利于学校持续发展的管理资源。

### (一)实行园长负责制,党支部充分发挥政治核心作用

我们坚持把支部建设与幼儿园的中心工作结合起来,在党组织的坚强领导下,保证党和国家教育方针的落实,坚持社会主义办学方向,保证学校中心工作顺利开展。我园基于"三心"品质的主旨、一园两部的实际情况,实行"三横两纵"的管理模式。"三横"即学校

三个主要部门的块面化担责,"两纵"即园所负责制,相互之间既有合又有分。党支部充分发挥党组织的战斗堡垒作用和共产党员的先锋模范作用。我们行政团队都是党员,"一个党员一面旗",将每名党员紧密联系起来、有效组织起来,形成具有统一意志、统一纪律、统一行动的整体。行政团队在学期初制定分管工作计划书,并落实到每月每周,月末有工作反思及成效总结。变园长管理为团队管理,权力层层有,任务个个担,责任人人负,让管理团队都能找到属于自己的工作坐标,在实践中学习管理经验。

以人为本培育和谐校园文化。我们党、政、工联手,合力打造"行为规范奖——模范执行,表率作用""不断进取奖——坚持不懈,蓬勃向上""团结合作奖——待人诚恳,相互帮助""创新点子奖——教育教学、管理方面提出可行性建议且效果好""重大贡献奖——高度责任心,突出成绩"评选,弘扬为人师表主旋律,传播无私奉献正能量。

**(二)依法规范办园,体现全程质量管理要求**

在制度管理中,我们改变过去以"管"为主的方式,建立以"标准"为指导的管理模式。让制度具体化、显性化,使每位教职员工都能理解、把握和实施,有利于形成自律的管理体系。因此,标准细化就是具体化、情感化、人文化,充分考虑人的不同差异,使学校管理由粗到细、由细到精,保障学校各项制度实施的流畅、有效。

既着力于建立严格的规章制度,又重视对执行效果的监控。根据各类人员的岗位职责,我园实行分层考核,谁分管谁考核,做到"执行有力、量化公开";结合行政随机抽查、各类评比展示等形式,不断深化单项奖励细则,真正落实奖优罚劣、优绩优酬、多劳多得的奖励原则。

**(三)良好的职业道德,自主形成共同体**

为打造一支团结协作的教师团队,在教师对"幼儿园核心价值观和办园理念"的认同方面,首先下足功夫。例如通过师德文化宣讲、"我心目中的好教师"评选、教职工会议、我爱读书平台等途径,在教师心中倡导一个理念——遇事正思维,传递正能量;营造一种氛围——干事创业,专业提升;提升一种能力——承传统、实日常、求创新、做更好。

教科研整合,将课题研究与园本课程教学实践能力的提升相连,使得教师对游戏的观察更加有深度,问题解决能力更强,使得幼儿动手操作的兴趣和解决问题的能力得到培养。教师教育教学研究能力整体提高。教研活动氛围民主、热烈、投入,教师勇于实践、积极探讨、敢于质疑、积极回应、不断反思,具有对专业追求的内在动力。

**(四)规范操作能力,逐步形成发展梯队**

保健员开展每月一次后勤实践活动,采用工作研讨、带教竞聘等方式为后勤人员搭建展示平台;通过反复研讨和实践梳理,形成保育常见操作标准流程,并拍摄视频录像作为新入保育员的培训资料。同时,我们落实"实践操作—积极备考—互动考核"流程,保证两个园部工作标准同步。

建立后勤考核小组,对后勤工作进行职业道德、学习研讨、常规工作、保育技能、安全等内容考核,组织保育员"闯关活动",以跟踪指导、实地反馈、现场考核等形式,形成竞争激励机制,促使保育员的操作过程日趋规范。

## 二、共同的价值追求与全员参与的管理

全员式的管理主体,就是将人作为管理体系中的主体,将每一位教职员工的发展作为管理的目标之一,使园务管理成为促进教职员工发展的重要途径。

**(一)发展规划,全员参与明确议题**

我园不断树立"全心全意依靠教职员工"的办园思想,在积极、广泛听取教职员工意见的基础上实施民主管理;定期召开教职工会议、中层干部例会等,让每位教职员工积极地参与到幼儿园的建设与管理中来,使教职员工理解、认同办园理念与目标;在制定规划、重大决策时均注意听取各方意见,合理采纳有价值的建议。

为实现新规划既定目标,我园在章程框架内对原有各类规章制度进行了梳理、补充和完善,汇编成《花园幼儿园管理工作手册》;强调重视制度落地,针对每个工种制定了各岗工作流程,确保责任到位;以此构建奖惩分明、公平考核、良性竞争的机制,努力使规章制度的执行成为教职员工的一种自觉。

**(二)质量监控,双层级跟踪反馈**

以发现问题、分析问题、解决问题为质量监控准则,健全质量监控机制。在保教工作质量监控中,建立双层级反馈跟踪、互动共享机制,强调管理中指导的过程性。

建立双层级反馈跟踪机制。每月举行组长会,由园长进行指导,有分析、反馈、改进措施,持续提高课程品质;中层干部作为日常管理的实施者,对教师的日常工作进行评价。我们通过现场反馈、专题评析、个别恳谈、问题回头看等多种方式,有序落实、监督到位,帮助教师在实践中反思、进步。

制定专题质量监控方案。每月制定专题性的质量监控方案,有针对性地加强教师课程实施的能力,找准教师专业发展中存在的共性问题,以及幼儿发展过程中的薄弱处,促进教师不断加强反思、实践,提升能力。

双层级反馈跟踪机制的建立锻炼了一支骨干队伍,关注教师专业发展,使教师的主观能动性成为推进质量提高的潜在动力。

**(三)民主监督,参与园所管理**

我园坚持公开、公正、民主、透明地执行各项议事制度和考核评优制度,坚决执行"三重一大"制度,幼儿园的重大人事制度、重大的干部任免工作、重大经费的使用等充分体现公开、公正、公平的原则,强化民主管理职能,提高民主管理的有效性。

坚持全教会制度、园务委员会制度,充分保障民主决策程序。园务会议,除了就幼儿园重大事件展开商讨外,各部门也会对阶段工作做出客观评价,就产生的相关问题提出协商,共同寻找合作解决方法和途径。管理层注重与教职员工沟通,教职员工通过电子信箱和园长联系,也可以主动找中层干部们谈心。

### （四）凝聚团队，形成共同价值追求

我园非常重视关爱氛围的营造，提倡"零距离"原则，"心与心"的沟通。我们通过"有话大家说"的方式，真诚倾听教职员工的心声，从中发现问题，寻找有价值的信息，以调整管理策略；同时给予每一位教职员工自主发展空间，唤醒他们的主体意识。

开展教职工大讨论。例如，深化教师专业标准的学习，重点就专业理念、师德、专业知识、专业能力等方面的具体指标进行学习、研读；在和谐文明校园和一级园的争创过程中，教职员工积极分享案例小故事。

党政工团形成合力，开展丰富多彩的"学术立身，文化立人"活动，培育充满思想，富有智慧和激情的教师群体，努力提升教职员工的道德素养，共同建设和谐校园文化。

## 三、完善教研评价的标准与教师考核标准

我们逐步建立了常态化的评估标准，以技术手法强化质量意识，并一以贯之，使之成为每个人的行为标尺、自觉意识。

### （一）形成教研组评价标准，增强教研的有效性

在教研前，我们明确要求组长要做现状分析，厘清问题，预设研究点，制订教研预案；预案提前3天上传，由保教主任审阅批复，给予指导；由园长、主任参加现场教研活动，再与组长共同反思教研效果；通过组员评议、组室中期汇报，推进研究成果辐射，使组长增强研究意识，关注研究实效。

### （二）制定一日活动评价标准，强化保教质量意识

全体教师共同商定幼儿园四大板块活动的评价指标，共同讨论每条评价指标，了解评价意义，熟知评价标准；对专项考核组织分析会，对照考核评价标准逐条讲解分析，强化全体教职员工对保教工作质量标准的认识。随着各项工作要求的不断提高，我园再次修订评价标准，使其细化、优化，使评价指标人人入心，标准统一，评价客观，达成共识。

### （三）建立分层培养机制，优化队伍建设

我园教师的年龄结构断层非常大，教师队伍的管理复杂。一方面，超过半数的教师年龄都在50岁以上，虽然他们教学经历丰富，但面对学前教育日新月异的发展与改革，老教师们着实有些难以招架。另一方面，随着老教师的退休，一批"新鲜血液"也加入教师队伍中，青年教师们需要时间去成长和积累经验。

我们让新老教师分别发挥专长，为他们搭设彰显自我价值的平台。比如与家长打交道是幼儿园工作的重要一环，但这恰恰是青年教师的薄弱环节，而从业多年的老教师们对此得心应手，他们对孩子的观察更敏锐，能通过具体案例与家长交流孩子的点滴成长，家长自然更信服。

管理是一门科学，更是一门艺术，推进和提升学校精细化管理是运用最科学的手段调动教师的情感和积极性，真正建立起适应学校特色、时代特点和教师需求的精细化管理体

系。我们以"三心"品质为内涵,以提高保教质量为目标,不断优化精细管理机制,努力实现园务管理的"规范、自主、有效",扎实保障学校与教工团队的健康发展!

## 参考文献:

[1] 焦叔斌.管理学(第四版)[M].北京:中国人民大学出版,2014.
[2] 王少华.关于学校精细化管理理论的研究[J].中小学教师培训,2009(02).

# 促进教师专业发展的绩效管理

上海市虹口区曲阳第三幼儿园　姜　敏

[摘　要]幼儿园贯彻二十大精神,建设高素质教师队伍,把绩效管理的理论运用到幼儿园绩效管理,关注愿景激励,凸显绩效管理的目标导向和文化意义,借助SMART原则进行金字塔形教师团队建设,致力于建设一支富有朝气、勇敢创新的专业性教师队伍。幼儿园以关注教师发展需求为依据,在绩效管理中抓住核心项目——以推进教师培训的有效性为切入口,提升绩效管理的达成度;落实监控的常态和持续,提升绩效管理的效益和成果;开展360度全方位评估,保障绩效管理的科学和人本观念,促进教师专业发展。

[关键词]绩效管理　专业发展　愿景激励

党的二十大是在全党全国各族人民迈上全面建设社会主义现代化国家新征程、向第二个百年奋斗目标进军的关键时刻召开的会议。学校当前和今后一个时期,把深入学习宣传、贯彻落实党的二十大精神作为首要政治任务和长期战略任务,把思想和行动统一到党的二十大精神上来,使广大教职工充分认清新时代办好人民满意教育的重大意义,深刻理解办好人民满意教育的核心要义,全面落实办好人民满意教育的实践要求,增强办好人民满意教育的政治自觉、行动自觉,积极为全面建设社会主义现代化国家、全面推进中华民族伟大复兴做出贡献。《习近平谈治国理政(第四卷)》中提出,教育是国之大计、党之大计,从党和国家事业发展全局的高度,全面贯彻党的教育方针,坚持优先发展教育事业,坚守为党育人、为国育才,努力办好人民满意的教育,坚持社会主义办学方向,把立德树人作为教育的根本任务,要重视人才队伍建设,建设高素质教师队伍,进一步提高学校党员干部和教职工的责任感、使命感,践行"为党育人、为国育才"的神圣使命,争做有理想信念、有道德情怀、有扎实学识、有仁爱之心的"四有"好老师。

如何让教师的专业有效提高,我们通过绩效管理来开展教师队伍建设。威廉姆斯把绩效管理视为管理员工绩效的一个完整系统,包括四部分:一是为员工确定绩效目标和绩效标准;二是对员工的绩效进行监督和管理,提供反馈和支援,帮助排除障碍;三是对员工的绩效进行考核和评估;四是针对考核结果给员工进行奖励、培训和安置。这样的绩效管理机制为一线管理操作提供了比较规范、科学并具有实践指导意义的理论框架。

我园的绩效管理就以此为理论依据,在实践中梳理幼儿园绩效管理机制中的核心要素和实践运用中的操作策略。

## 一、愿景激励:绩效管理的目标导向和文化意义

### (一)建立规划,实施共同愿景

对于学校而言,建立一个规划实施的共同愿景,形成一种积极进取的教师自我发展氛围是至关重要的。我们借助SMART原则(是Specific、Measurable、Attainable、Relevant、Time-bound首字母,具体指具体的、可衡量的、可实现的、相关的和有时限的)进行金字塔形教师团队建设:致力于建设一支富有朝气、勇敢创新的专业性教师队伍。为使幼儿园的整体目标制定与各组室、每位教师始终保持共同愿景,所有教师对本年度的幼儿园整体工作和组室工作进行评价总结,然后园长进行全面总结与反馈,并对下一年幼儿园的整体工作目标、各部门组室目标进行讨论与完善,通过上下沟通,让每位教师对幼儿园的发展规划具有清晰的认识,特别是规划中对幼儿园教师专业发展的目标与举措有了更好的理解与认同,"为了孩子更好的发展,从我做起"是每个教师的职责与使命,教师充分了解幼儿园战略信息,为推进我幼儿园的《教师人才梯队培养方案》提供保障。

### (二)制度建设,提供保障

借《上海市虹口区教师人才梯队培养方案》的东风,我园跟进制定本幼儿园《教师人才梯队培养方案》,此方案既是对区方案的有效执行,又是结合本园教师专业发展的实际需要,提升幼儿园整体师资水准的路径。

徐卓新认为,绩效指标应该遵循SMART原则:绩效指标要明确具体,不能模棱两可;指标要可以测量,尽可能量化;设置的指标员工应该可以达到,应该与员工的职责相匹配;指标应该与员工的主要职责相关;指标应该有时效性,应该根据员工职责的变化不断进行调整。因此,我们在设计考核指标的时候尽量考虑到内容的具体性、可操作性,使整个指标的设置科学、合理。

在方案制定中,我们广泛听取教师建议,努力做到诚信、公正、专业、以人为本、互相尊重。人才梯队的架构给了每位教师自主专业发展的可持续目标,且有着很强烈的团队意识,作为团队的一分子,"我要努力,不能落后"的意识不断鼓励着教师追求进步。通过师德教育、项目研究等实践,教师整体在观念认识、事业精神、专业能力、团队合作等方面又有了明显的提高,让我们看到此方案的实施对推进幼儿园教师专业发展起到积极的作用。

## 二、教师发展需求:教师专业成长的机制建设的前提

绩效管理的目标意识是达成计划的基础,必须借助于实践情境中的具体项目来助推。

我们仔细分析团队中教师目前的发展现状和发展目标之间的落差及其产生的主要原因。其中，教师发展的自主意识、教师发展需求和培训内容不契合、专业团队互助的资源运用等成为我们的主要矛盾。由此，我们在实践中，以关注教师发展需求为依据，在绩效管理中抓住核心项目——推进教师培训的有效性，提升绩效管理的达成度。

**（一）学习型培训方式，提倡专业发展的自主性**

幼儿园定期组织教师开展主题性业务学习，鼓励教师开展书籍理论自学、上网学习；多渠道多角度组织业务讲座，了解业务新信息，更新观念。如骨干教师参与市级课程培训后对教师开设讲座传递信息，园长、中层教师为基层教师提供各类专业讲座，鼓励基层教师参与特色教学能手专项讲座、市教育文件学习交流、比武切磋活动、外出参观活动等；利用业务学习指导教师如何看课评课；结合幼儿园科研，请来专家指导课题研究，请教研员给予教师教育教学指导。

此外，我们依据教师发展的不同需求，组织教师开展分层研训活动，为骨干教师提供区中心教研组的学习和市各类教学观摩研讨会；为青年教师提供新教师第一年的区培训机会，上海市导学班的学习机会，以及师徒带教的机会；为成熟型的特色能手教师提供课程培训、园际培训的机会；为每位教师的课题研究提供专家"一对一"指导；为全体教师提供市、区、支部不同层面的比武展示机会、外出教学观摩机会；为有班务经验的老教师提供带教新教师的机会，让他们发挥所长。在分层研训中，教师们感受到每个人都有自己的擅长之处，大家取长补短，促进自身专业水平的不断提高，逐步形成有效的教师成长梯队。

**（二）研究型培训方式，提倡教师发展的专业性**

研究型培训方式主要通过教研组形式开展。由于上海二期课改的进一步高要求、师资的更新等现状，最急迫的是如何更快提高教师的教育教学专业水平。多年的实践让我们感到充分发挥教研组群体的作用，能够让教师获得最适合的帮助。从制度建设上，我们完善园本教研制度、教研组长工作职责、备课制度、听课评课制度、信息共享制度等。

教研组长是幼儿园的中层教师，身为绩效管理的主要实施者的同时又是绩效管理的对象，学校中层对教师绩效管理的决策具有相当的话语权，在管理中具有特殊的地位和作用。因此，幼儿园给予教研组长更大的管理权，让他们在幼儿园管理中起到承上启下的作用。

在教师开展"专题实践研修一体"的观摩、交流与研讨中，教研组加强了教学观摩与评析的次数与力度，通过合作学习、案例分析等，引导教师以研究者的眼光审视、反思、分析和解决自己在教学实践中遇到的问题，帮助教师树立正确的教学方式与策略等。通过研讨，教师们敢于实践，敢于面对挑战，在现场反思中敢于讲出教学中的不足，反思更深刻了。教师由关注到投入、由实践到反思，在个体实践中体验，在同伴观摩研讨中感悟，在团队碰撞中得到专业发展。

### 三、常态监控：绩效管理的效益的保证

#### （一）利用网络持续监管

我园尝试采用网络管理，进行教师资源整合，提高教师的教育能力。幼儿园内部建立网络系统，提供教师工作交流、课程共享的平台。例如，多年来幼儿园通过课题研究积累的科学教育园本课程方案通过网络作为教师教育教学的共享资源，为教师提供学习、分享、再提高的平台；又如专门设立的园长平台，其中的栏目"教学热门话题""金点子你我""案例反思源""原创设计秀"等考验着教师们的专业能力。此外，幼儿园制定各类教师专业素养的指标与考核，教师定期自评，提供自主报告，进行自我监管。管理者会协调各方信息，做好反馈、调整。

#### （二）现场指导，过程监管

在课程实施中，面对内外部环境的变化，课程的实施会产生一些问题。园长要始终领会精神，根据幼儿园实际把握课程方向，不断寻找问题并加以调整，实现动态管理。要了解课程的落实情况，亲临第一线是最有效的举措。园长的工作再忙，但每周"推门看质量"活动是一定要保证的。因为保教质量体现在常态教学之中，常态下幼儿园一日活动的每一个环节、每一个基本活动都值得推敲、研究，"推门看质量"不仅是了解幼儿的学习发展情况，更要了解课程的实际操作人，即教师的执行情况，除了园长，每一位中层教师、基层教师都有很多机会观摩到幼儿园内各位教师的教学情况，大家互相切磋，也为课程的不断完善提供依据。

### 四、360度评估：促进教师专业发展的重要方法

#### （一）360度评估，努力做到客观、全面

我们依据全方位评估程序，采用与持分者有关的组织内外多方位的评价，使评估的结果更加客观、全面。对于教师专业发展的评估，我园通过各级例会讨论，将采用以下多方角度进行：上海市评估机构评估（三年一次的验收），园长评估（每年一次述职、座谈、日常教育教学评价），中层评估（问卷、日常教育教学评价、教研组活动质量评估），教师评估（教师自我评估、同事互相评估），家长评估（开放活动教育教学评估、师德问卷评估），幼儿评估（座谈）。各评估形式、标准建立在公平和透明的基础上，避免评估偏差。幼儿园成立评估小组，开展对评估者与被评估者的培训，统一标准，谨防偏见；每次评估后做好反馈，并提出完善之处，从而促进教师专业发展。

#### （二）以人为本，达成共识

在以往实施评估中我们发现，对教师的评价意见不能光用口头形式，考评组必须慎重对待每一位教师的专业表现，用书面形式，明确评估的目的，注意书面表述的措辞，实事求是，语气积极，正面表述，并听取被评者想法，达成共识。

### （三）正确理解反馈目标，激励教师的可持续发展

反馈的目标在于发现并肯定教师的成绩，同时激励教师根据绩效反馈的结果重新审视并确定自己新的目标，向更高层次迈进。因此，360度的全方位反馈向被评者提供了较为客观、全面的反馈资料，教师们对其认可度也相对提高。通过文本、面谈、数据的反馈形式，评价者走近被评者，特别是面谈形式，良好的沟通会让被评者有被尊重的感觉，且有即时效应，对激励教师的发展有积极作用。如平日随堂听课评课，评价者会在当天及时反馈，肯定教师的成绩，提出改进的建议。由于教师是一个专业性很强的工作，没有绝对的是与非，适合的才是最好的，教师运用的教育手段总是在追求更好，因此在沟通中，评价者善用激励方法，鼓励教师追求教育方法上的更好。

### （四）奖励教师，促进发展

幼儿园为教师专业发展制定了一系列奖励制度，有幼儿园绩效工作奖励方案、教师日常工作考核制度、学历培训奖励制度、市区级研修班培训经费奖励制度、教师开放活动奖励制度、教师教育教学竞赛奖励制度、教师科研工作奖励制度、幼儿赛事教师奖励制度等。这些制度与教师每月、年末的绩效奖励挂钩。此外，幼儿园每年投入经费保障教师培训，教师可定期主动向园方申报一年的培训计划与经费需求，只要是对教师专业发展有利的、适合的，都会得到批准。

幼儿园通过建立绩效管理机制，推动了教师专业成长，让每个教师明确发展方向，满足了教师内在的需求，形成教师积极向上的发展态势。因为有了明确的专业发展目标，教师们更体现出学习的动力，在幼儿园业务、教研、教师进修等培训中更注重学习的实效，并敢于展示自己、挑战自己，能积极面对幼儿园的各项工作，并努力做出成绩，形成团队良好风貌。这一良好效应激励着教工们更加积极地投入幼儿园的各项教育教学改革中。

## 参考文献：

［1］习近平.习近平谈治国理政(第四卷)［M］.北京：外文出版社,2022.

［2］理查·威廉姆斯.组织绩效管理［M］.北京：清华大学出版社,2002.

［3］徐卓新.国有企业战略性绩效管理初探［J］.理论界,2008(02).

# 夯实基础，小步递进，创优促建

上海市虹口区曲阳第五幼儿园　杨立群

[摘　要]　办好幼儿园，为社会提供优质教育是一项综合工程。我们从园务管理、课程建设及师资建设方面进行改良。园务管理方面，建章立制，提升管理效能；规划引领，科学有序发展；丰富文化，建设美好环境。课程建设方面，优化课程方案，促进均衡发展；整合课程资源，创新实施方式；完善质量监控，提升实施效能。师资建设方面，创新分层培养模式，激发自主发展；发挥园本研修主渠道，提升教师研究素养；探索内培机制，丰富教师成长路径。由此，幼儿园夯实基础，创优促建，力争实现从"家门口的好学校"到"优质园"的转型。

[关键词]　建章立制　课程建设　队伍成长

虹口区曲阳第五幼儿园创建于1987年，是一所公办二级一类幼儿园。20世纪80年代，曲阳第五幼儿园作为曲阳新村的配套设施，努力为曲阳新村的居民解决了孩子入园难的问题。自建园起，老一辈幼教人心怀朴素的教育思想，形成了"以爱为基础"的教育底色，以"老师像妈妈""校园连接家园"的"全纳式教育"获得了家长、社区的认可。

2019年8月，幼儿园扩建分园形成一园二址的办园规模。园所规模扩大、教师队伍壮大，教师团队年龄结构更为合理。随着上海二期课改不断深入，我园的办园理念与时俱进，逐渐调整为"以幼儿发展为本"，经过多年的发展，家长满意率逐年提升，从服务社区型幼儿园发展成为"家门口的好学校"。

随着课改新理念的学习深化，教师教育理念和教育行为也随之变化，支持幼儿差异化发展成为我们共同追求的目标。社区、学校也迫切希望幼儿园更上一层楼，因此我们从园务管理、课程建设和师资队伍等方面进行改良，踏上了从办"家门口的好学校"到努力创建"优质园"的奋斗之路。

## 一、园务管理：建章立制，规范引领

"办好一所幼儿园，为社会提供优质教育"是一项综合工程，因此，园务管理应以法治园、以德立园，做到制度先行、规划引领、文化滋养。

**（一）建章立制，依规办园，提升规范管理**

我们采取"全员参与、全岗覆盖"，不断健全、规范幼儿园各项管理制度。

1. 完善和优化管理制度

我们借助三年发展规划，将推进制度建设、内化制度管理作为主要工作之一。幼儿园营造了"引导、激励、服务、支持"的制度文化，在制度健全的过程中提升了管理效能。近年来，幼儿园"立改废"制度几十项。

2. 建立管理网络，夯实机制

随着分园的开办，我们调整和优化保教质量保障机制，将日常工作中影响幼儿园与幼儿发展的因素都纳入强化管理的范畴，从优化一日活动入手，关注常态工作的细节管理。各条线管理人员在"一日数巡""半日跟班"过程中，对照各岗位规范操作流程等细则，及时发现、分析、解决问题。

**（二）目标导向，全员参与，科学有序发展**

我们从建设"家门口好幼儿园"到争创"家门口优质园"，以学校三年发展规划为引擎，小步递进稳步前行。

1. 目标导向

（1）发展规划实施：基础之年（2016—2019）

我们实现了管理规范有序、办园特色确立、保教质量逐渐提升、教师队伍后继有人；建立了信任互助型社区家园关系；后勤保障能为教育一线服务；设施设备按计划逐年完善。

（2）发展规划实施：奋进之年（2019—2022）

我们确立"以人为本，共同成长，和谐发展"的办园理念，明确以争创一级幼儿园为目标，结合幼儿园主客观条件和已有的特色优势，确定规划中每年的阶段目标和措施，制定可操作的阶段发展措施。

2. 全员参与

我们以规划为引领、以"立足新起点，促进再发展"为主题，教职工对三年发展规划的愿景、具体思路和措施等进行了充分的学习和讨论，形成了争创一级园的共同愿景；在规划的运行过程中，不断内化"以幼儿发展为本"的办园理念，通过定期对年度规划的总结和分析，理性分析幼儿园各项工作的优势及不足，对促进幼儿园不断发展的举措达成共识，并为之而努力践行。

**（三）文化建设，凝心聚力，共创美好环境**

校园文化是一种环境、一种氛围、一种理念，也是一种精神。校园文化建设更是学校可持续发展的动力。

1. 以人为本，彰显民主管理

我们坚持民主集中，教职工积极参与到幼儿园的建设与发展中，每一项制度的制定、推行与落实，每一个活动的开展都广泛听取群众意见，增强其可行性、科学性与实效性，提升教职工的归属感及凝聚力,园内初步形成良性运转的教育环境。

2. 文化滋养,增强凝聚力

我们携手工会倡导"积极向上,互助合作"的价值观,秉持"互助与欣赏",为教职员工创设一个愉悦温暖、合作共荣的团队环境。

我们开展师德活动,增强从事教育工作的光荣感、使命感和责任感,激励广大教职员工爱岗敬业,在平凡的岗位上创新进取,展现自身乐于奉献、勇于实践的工作精神;开展多种活动将大家的"心"连接在一起,增强团队凝聚力,逐渐形成一支积极向上、互助合作的团队。

## 二、课程建设:优化方案,提效升能

课程建设是确保幼儿园保教质量的核心。幼儿园通过课程的构建与实施,彰显办园理念和目标,切实保障保教质量的逐步提升,而教师队伍也在课程建设过程中得到磨炼和提高。因此,强化课程意识,完善课程方案,提升课程实施质量,成为幼儿园加强保教质量的核心抓手。

### (一)优化课程方案,促进均衡发展

1. 构建完整的课程方案

幼儿园成立由多方代表共同参与的课程领导小组,形成园内三级课程管理网络,努力规范课程实施。

我们不断完善课程实施方案,以"以幼儿发展为本"理念为先导,促进每个孩子全面、和谐、富有个性地发展,并将这一目标蕴含于实现幼儿园课程的一日活动之中;在课程的设置中注重课程的平衡性与适宜性,保证生活、运动、游戏、学习四大板块、不同组织形式的均衡设置;建立各种课程制度,保障课程的实施,为课程的落实保驾护航;开展大小教研,指导教师实施课程;确立幼儿园基础课程资源库,将各年龄段主题开展序列及各主题中的基本内容整理成册,保证了课程内容的相对稳定性;提供"教学宝典",直接指导教师们开展一日活动。

2. 助推特色活动发展

基于对幼儿发展特点和规律的认识,我们依据幼儿园的特色,将音乐活动从生活、学习拓展到游戏中,将基础性课程与表演游戏作为突破口,开展表演游戏的改革和实践,拓展幼儿艺术发展和社会领域发展,鼓励幼儿创造性地表达表现,让幼儿在游戏中欣赏美、实践美和创造美;同时在大社区、大教育观念的影响下,利用周边社区资源,将社区资源纳入幼儿园的课程体系中,让幼儿有多元体验。

### (二)整合课程资源,创新实施方式

1. 环境材料

我们秉承一日生活皆课程的理念,积极开展环境创设:生活环境体现了幼儿的自主

表达;游戏环境体现非语言的记录方式,增加同伴间的互动。课程环境创设体现"畅玩"的特点,让幼儿在环境中体验,在环境中展示,在环境中发现。

2.师幼互动

"畅-唱"课程注重营造游戏的环境,注重幼儿在真实的生活、在玩中运用多种感官感知生活、表现生活、展现自我。我们从推进儿童自主性游戏入手,以点带面实现突破。

通过对游戏的研究,教师们的儿童观和教育观发生着可喜的变化,在观察、支持幼儿时,教师的教育行为为之转变。教师的"放手"换来的是孩子的自主性、表现性、创造性获得了大大的提高。

### (三)完善质量监控,提升实施效能

1.建立常态化监控机制

课程实施的规范性与有效性是提升质量的基础。我们学习相关文件,梳理评价标准,以文件为指引,以《幼儿园课程实施方案》为依据,对一日活动每一个环节规范操作的要点进行梳理,帮助教师规范实施课程。同时对照一日活动作息时间,我们又形成与之匹配的保育员、营养员工作手册,让两大员明确一日工作中的时间节点、操作要点,保证后勤操作的规范性,同时在课程实施过程中真正做到保教结合,提高课程实施的有效性。

幼儿园课程监控机制是一个不断加强和完善的过程。在实施过程中,我们不断探索,逐渐形成以"重规范、抓重点"为出发点,通过学期(课程内容统整)、月度(教研组集体备课)、周(计划制定及反思)、日(园长、园所主任、保教主任巡视、听评课)等督察方式,及时反馈与调整,夯实基础性课程的日常落实,关注课程实施质量,不断总结方法与经验,提高一日活动实施的有效性。

2.尝试多视角的课程评价

我们注重课程实施过程中保教质量的定期分析,还对幼儿发展水平进行全方位的测评,分析测试数据,了解教师实施课程的情况,发现实施过程中的问题和优势,为课程内容优化和实施策略调整提供依据。

## 三、师资队伍:创新途径,促进成长

教师作为教育关系中重要的生产力,具有发展潜力和动力。这种发展潜力和动力正是队伍不断实现专业成长,促进保教质量提升的重要来源。教师专业成长的步伐决定了一所幼儿园的生命力,我园一直高度重视教师队伍建设,形成了以"赋能教师自主成长"为宗旨,以"问题解决和能力提升"为目标,以"以园为本、以需定研、以求定修"为原则的队伍建设体系。

### (一)创新分层培养模式,激发自主发展

1.制定分层培养方案,规划梯队发展

教师专业成长需要激发其成长的内驱力。幼儿园以制定个人三年发展规划为手段,

引导教师在制定个人三年发展规划时要依托规划制定的大、小背景来思考自身发展规划，确保目标制定切实可行，具体措施有可操作性。

根据教师专业发展差异，对教师进行分层培养，园内自培有针对性地把师德素养放在首位，鼓励差异化发展。发挥骨干教师引领作用，鼓励他们主动参与幼儿园的课程管理。激发成熟型教师职业热情，鼓励他们发挥自身优势，带教青年教师，在青年组中开展专题讲座，运用现场答疑的方式辐射自己的经验。在这一过程中增强了专业自信，体验到职业带来的成就感，走出了职业倦怠，专业觉悟重新焕发，个人的专业能力得以再次提升。激励青年教师岗位成才，建立32岁以下青年教师"阳"青年组，使之成为他们学习、成长的基地。在这里不论教龄、资质、进园的时间，提倡"能者为师"，鼓励主动承担实践任务，引领他们在互动指导中学以致用、自主成长。近年来，从青年组先后选拔出现了区级优秀青年干部、区级人才梯队教师，园内一位现任教研组长也出自青年社团。帮助新手教师胜任日常工作，对新手教师采取"两位导师，三个建立"机制，建立项目带教、"一对二"师徒结对和青年组学习机制，使新手教师尽快适应工作，能够较为顺利地独当一面。

2. 创新制度，激励差异化发展

我们以制度建设为抓手，采取"三激励""五加持""一例会"方法，激励教师差异化发展。

（1）"三激励"：制度先行，我们推进制度创新与完善，激励一线带班教师、后勤各岗工作人员，促进教职工队伍的成长，园内骨干教师梯队初步形成。

（2）"五加持"：时间、条件、任务、荣誉、奖励加持。根据教师自主选择的项目给予时间和平台；提供知网卡，鼓励进行教科研；组织教师进行信息化技术的相关培训；优秀班主任评选，肯定在日常工作中认认真真、兢兢业业的教师并给予绩效奖励。

（3）"一例会"：分管人员汇报相关工作情况，互相交流管理方法，对共性问题和遇到的困难进行商议，通过找问题、求方法、勤思考，提高管理主动性。

**（二）发挥园本研修主渠道，教科研一体化**

1. 园本研修

我们立足教学实践，通过教研联动的模式开展"理论—实践—讨论—验证"的园本教研活动，聚焦教学实践中的核心问题，以大教研理论引领、学习研讨、经验分享为主导，以年级组实践活动为载体，聚焦课堂，以"实践中促对话"的教研模式，通过采用大小教研之间的联动、骨干教师与一般教师之间的联动、成熟型教师与青年教师之间的联动等不同层面上的经验共享和合作研究的方法，提供共同交流与思辨的平台，提高研修的实效性，促进团队成员的互助成长。

2. 项目研究

2019年，幼儿园开启"音乐表演游戏课程促进儿童完整人格发展的实践研究"（立项为区级一般课题），2021年结题；2020年进行"优化音乐园本课程，开展中华民俗文化教育的实践研究"（立项为市级德育课题），2023年结题并获得市级三等奖；2022年"表演游戏促进幼儿社会情绪能力养成的实践研究"获批为区级重点课题；另有两项获批为区级青年课题；2023年一项市级一般课题正在申报中。近年来，园内教师积极开展园级子课题或专题研究，积累了若干课题成果，科研项目的研究促进了教师的专业成长。

### （三）探索内培机制，丰富成长路径

1. 内部竞赛，多元发展

常规工作的标准化互评让同伴间相互学习长处。每学期的"创意周"活动则采用分层评价标准，激励青年教师创新，勇于探索和实践；鼓励成熟教师、骨干教师在发挥自己的特长的基础上勇于挑战自己。

2. 开发多样化学习途径

（1）"出去学"：把外出培训作为一种奖励手段；教师外出培训后反哺，在园内开展信息沟通讲座或上示范课。

（2）"请进来"：邀请教研员、督学专家定期送教上门，邀请专家进行专题讲座。

（3）项目任务驱动：教师主动报名，期末展示完成情况，与绩效奖励挂钩。

（4）师徒带教：新手教师与成熟教师拜师结对，依据新手教师成长速度可有1—3年的跨度。

（5）科研组课题实践：加大科研奖励力度，鼓励教师积极开展科研；形成科研汇报机制。

作为一所家门口的幼儿园，我们在积极践行着习近平总书记为谁培养人、培养什么样的人的教育思想和理念，为教育兴国做出自己的贡献。

# 规范、均衡、融合，促优质发展

上海市虹口区运光第一幼儿园 黄 琳

[摘 要] 为了每一个幼儿的终身发展，幼儿园坚持育人为本，让幼儿在过程中体验快乐、自信，在结果中收获健康、乐群，促进每一个幼儿在原有水平上充分发展，着力打造一所管理优、队伍精、质量佳、环境美的健康特色园。我园通过规范管理、夯实幼儿园发展基础，制定并完善各项规章制度，提升教师队伍素养，形成了一支师德高尚、业务精湛的师资队伍；通过均衡课程，优化资源，确保每位幼儿的全面发展；通过双向融合，构建家园共建体系，引领幼儿教育走出幼儿园，走进社区，拓宽幼儿视野，促进幼儿健康成长。我们在"规范、均衡、融合，促优质发展"理念的指导下，不断提升保教质量，推动幼儿园可持续发展。

[关键词] 规范 均衡 融合 优质发展

上海市虹口区运光第一幼儿园地处曲阳地区，创办于1988年9月，是一所全日制公办二级一类幼儿园。历经34年，我们走过了一条从社区保障型幼儿园到努力争创一级优质园的发展之路，在周边社区众多家庭的关注中稳步发展。校园枝繁叶茂，是上海市花园单位，被家长称为"小区里的阳光花园，孩子们的健康乐园"。近年来，我园以创建优质园为目标和契机，引导全体教职工夯实基础，寻求突破与发展，努力提升保教质量和办园效能，争创上海市优质园。

## 一、规范管理，夯实幼儿园发展基础

我园在发展历程中，始终坚持以规范办园、均衡发展为追求，以制度建设和规划建设来凝聚教职员工队伍，提升教职员工的综合素养，从而夯实办园基础。

### （一）制度筑底，规范幼儿园管理

制度建设不但是规范管理的途径，更是研磨队伍，提高教职工综合素养的有效手段。近年来，我们利用对各项制度的审视和"立改废"，逐步梳理了学校各岗工作的准则标准和细则，明确了工作的评价要求，以此来向全体教职员工传达认真对标、规范执行、持之以恒的价值观、质量观。严密的制度、严格的执行为教职员工提高专业素养和岗位执行能力提供了保障,让教职员工努力有目标,工作有方向,让制度有了"态度"。

我园成立家教指导小组,严谨老师担任家教组长。开展工作后,教师们提出要完善家教指导工作制度并制定早教教研制度的建议,并积极参与制度的修订。这两项制度的完善与增订,对幼儿园而言有两个意义:其一,预示着教师不仅仅是制度的执行者,也是制度制定的参与者,甚至是提出者;其二,制度创新和执行不是外在束缚,而是形成自觉行为、自我认知的一个目标,让制度有了"温度"。教师们了解了标准和规范,知道发展的方向,明确行为的准则,从而能自觉地将自己的行为与制度对标,完成专业的蜕变过程,真正成为学校发展的主人。

**(二)规划引航,形成发展愿景**

幼儿园三年发展规划的出台,呈现出幼儿园未来的发展愿景。规划引航,将教师紧紧地凝聚在一起,朝着幼儿园创优质促发展的共同目标努力前行。

2019年9月,基于我园的发展背景,结合园所自身区域特点及发展现状,我们运用调查问卷对全体教职员工、家长进行了意测,听取意见建议,集思广益,自下而上地分析和讨论,制定了幼儿园的三年发展规划。2020年6月,在对我园三年发展规划第一年发展自评过程中,教师对第一年发展评估满意度不高。在充分了解情况,分析原因后,我们对三年发展规划进行了重新修订,各部门将各块面内容细化了年度目标,列出了实施措施,设定了目标达成度等。本学期的全教会一致通过新的三年发展规划。教师们纷纷表示,修订的发展规划更具体,也更具有可测性了,能清晰地了解幼儿园每年的目标,参与幼儿园的建设,看到幼儿园的发展。

**(三)师德为基,优化师资队伍**

教职员工的职业道德和行为规范是幼儿园各项工作有序开展的保障。每学期,我们通过多种形式的师德教育活动,抓教职员工的职业道德、师德修养、政治素质;根据《幼儿园教师职业规范实施细则》,完善教师师德考核评价表,通过解读让教师了解幼儿园教师的职业规范,更好地规范自己的言行,清晰自己的职责。

我们开展了"讲讲班级中的故事"师德活动,以班级管理中的实例来进一步感悟作为幼儿园教师应如何根据幼儿健康成长的需求给予幼儿积极、正面的回应;通过聊聊班务工作中的"亮点",说说班务管理中的"故事",分享彼此班务管理中的一些好策略、好方法,在不经意间细细品味其中所包含的教育智慧,在为同事点赞的同时提升了自身在正确的儿童观和教育观指引下应该具有的职业素养和职业能力。

我们加强师德师风建设,积极倡导"自主发展、积极进取、和谐互助"的模式,形成公平竞争、团结协作、全面发展、凸显个性的队伍建设机制,实现发展教职员工个性的培养目标,促使师资队伍不断优化,提升教师教育实践能力,构建一支师德高尚、专业发展良好的师资队伍。

**(四)机制保障,促进教师专业发展**

近两年,新进人员不断加入我们这个团队,他们有的有一定教龄,有的是新教师;有的来自不同的区域,有着不同的园所文化差异;有的有自己的想法和认识。他们都需要不断地学习实践对于幼儿园的认同、课程实施的规范要求等。因此,如何让大家快速融入、认同幼儿园的理念并规范执行成了我们的重要课题。

秉着"在岗位上历练"的管理思想,我们大胆启用有专业发展意识的青年教师或有特长的新进教师,让他们在最短时间内感受幼儿园对自己的认可,如通过竞聘担任师训员、家教组长、网络信息员等。有一位青年教师才入编一年就通过竞聘成功担任早教组长的职务。正是这样民主、先进的管理,激发了大家的主人翁意识。

我们利用互动交流机制,让大家互相取长补短,现场交流环境、生活、游戏等环节,让大家互学互助;利用服务蹲点指导,由园领导深入教师日常保教工作,了解其半日活动过程的发展现状,发现问题、分析原因,给予理念与实践的处方;利用每学期的听评活动、骨干示范课展示等向大家传播先进理念和方法,每次课后及时讨论总结,做到人人参与,人人提高,促进教师教育理念的更新和教学自省能力的提升。

正是这样的"团队合作、携手共进"的校园文化氛围,促进了教师快速融入、团结奋进、激情投入。

**(五)分层规划,推进教师个性化成长**

教师的专业能力及素养的提高是课程实施的有效保障。因此,我们把教师的专业成长放在首位,通过园本教研、课程建设等途径,为教师搭建平台,帮助教师不断更新观念,提高教学水平,努力让每位教师都有自我完善和自我提高的机会,不断提升幼儿园的软实力,提高课程实施的有效性。

我们通过骨干教师、成熟型教师、青年教师三个层面的规划自评,给予教师充分发掘、呈现自身优势及能力的机会。

1. 骨干教师:教师队伍建设的带头人

骨干教师是幼儿园队伍建设的领军人物,发挥骨干教师的示范引领作用、加强骨干教师队伍打造是队伍发展的重中之重。我们依托骨干教师对幼儿园发展有着共同愿景的基础,对幼儿园绩效评估情况进行分析及讨论,使骨干教师对当前幼儿园各项工作的实施情况及效能有了明确的了解,工作实施的抓手更为清晰;我们对《运光一幼绩效分配方案》进行了反复的讨论,力求在大家达成共识的基础上形成决策,真正地起到推动幼儿园发展的作用。

2. 成熟型教师:教师队伍成长的谋划者

我们以多渠道的形式引领成熟型教师开展各种提高专业素养的培训,通过搭建不同的平台给予不同层次、不同需求的教师以展示其能力的机会。我们鼓励成熟型教师根据自身发展规划,通过主动承担年级组中"上一次实践活动""主持一次微型讲座"等活动,鼓励他们积极参加上下互动的园本研修,发挥自身优势;我们依托课程建设的需要,整合人力及资源,依托这些具有丰富经验的教师团队,对原有室内运动活动室进行了改建,对活动室的环境及材料投放等进行了重新创设和思考。

3.青年教师:教师队伍建设的后备军

为了稳步推进青年教师专业成长,我们加强对青年教师常规工作的现场指导,通过对保教计划制定的指导等抓好青年教师的常规带教,提高青年教师带班基本功;通过青年教师成熟课的打磨实践,开展互助式研讨;与新教师一起分析教材、制定目标和确定教学策略;通过每一次随堂课,针对"预设活动设计比较粗浅""缺少对幼儿经验的预设""教师对活动内容解读欠清晰""活动中互动缺少有效性"等问题进行沟通和剖析,寻找提高教学有效性的方法和策略,期望通过常态化的现场指导,加快青年教师有效组织实施活动的步伐,确保常态化教学中基本功的锤炼。通过教学展示活动,青年教师对幼儿年龄特点和发展水平的把握比之前更准确,在活动组织实施的过程中,与幼儿之间的互动更为有效,青年教师自主成长的能力不断提高。

我们还充分依托市区优质资源,输送青年教师走出去参加培训,满足青年教师的专业发展需求。现我园共有7位教师参加市级的名师导学班,2位教师参加区中心组活动;我们根据"虹教系统教师队伍梯队建设实施意见"精神,对青年教师的政治素养、个人修养、专业能力、组织能力等一贯的表现进行了剖析,徐婵老师、庄莹老师被推荐为区教学能手;梁蓓蓓老师被推荐为区教学新秀,荣获"虹口区教学评优三等奖"。我们为幼儿园的后备专业梯队发展做好了相应的准备。

## 二、均衡课程,促进幼儿全面发展

### (一)完善方案,保障均衡实施

结合幼儿园课程实施的实际情况,我们不断完善《运光第一幼儿园课程实施方案》,保障每一位幼儿的健康成长。首先,我们科学制定一日活动作息,以保障孩子一日活动各领域的整体均衡;幼儿园共创设了5个专用活动室(室内运动室、美工室、图书室、科探室、建构室),对一日活动的基础课程进行补充,构建成领域完整、内容丰富的课程基本框架,以此来保障幼儿基本经验的达成,促进其均衡全面的发展。其次,我们充分打通室内外的环境,充分利用多样化的场地,多种地形、多种材料、多种方式,让孩子的体验更丰富。最后,我们充分利用幼儿园绿化环境的优势,为幼儿创设小山坡、高大的乔木、低矮的小花、会爬藤的风车茉莉、春天的海棠、秋天的银杏等,努力打造一个能满足每个幼儿的个性发展,满足不同需求差异性学习的幼儿课程环境。

### (二)优化资源,凸显儿童主体

第一,我们充分优化资源,提供大量的活动材料、活动内容以供选择。比如15块场地有不同的内容可让幼儿自主选择。

第二,大量的活动材料和方式,满足幼儿创造性的表达表现。比如我们的美工室为幼儿提供了丰富的美术材料和工具,供幼儿自主选择,充分支持与满足幼儿的表达表现的需求。

第三,我们为幼儿创设了一个多种运动的幼儿园环境。幼儿园里到处都能看到可爱的吉祥物小芸豆、跑道、圆盘等富含运动元素的标记,幼儿十分喜欢,并随时与环境互动,逐步熟悉环境、亲近环境、驾驭环境,真正成为环境的主人。

### 三、双向融合,构建家园共建教育体系

近年来,我们积极构建开放、互动式的家园共建教育体系,不断整合优质资源,努力实现幼儿园与家庭、幼儿园与社区的双向资源融合,共同实施幼儿教育新格局。

2020年9月,幼儿园成立了二级家委会组织。园级家委会成员共同制订了相关规章制度,从安全保障、膳食营养、课程评价等全方位参与幼儿园的管理工作。目前,我园已与周边学校、警署、超市、社区服务中心等6家单位签订共建协议,充分利用社区资源,定期开展各类活动,实现开门办园,不断丰富幼儿园课程内容,让我园的幼儿们走出幼儿园,走进社区,拓宽视野。

同时,我们作为虹口区早教分中心,认真为社区散居儿童进行早教服务,专人负责,免费开放幼儿园活动室,进行早教指导,赢得虹口区早教中心、曲阳街道以及广大社区居民的一致好评。

多年来,我园一直致力于打造一个阳光下的健康乐园,让幼儿能亲近自然、充分运动、健康成长,真正做到传承特色,提升保教质量。我们前期已经完成了"优化幼儿园运动形式,提高幼儿运动能力的均衡发展""创设开放性室内运动区域,让幼儿的室内运动更合理有效"等研究项目。2022年,我们又开展了区级重点课题"在亲子运动游戏中促进健康家庭生活方式养成的实践研究",进一步从家教指导方面寻求突破,打破单一的8小时以内课程实施的局限,更多地去研究促进幼儿运动健康成长的要素与方法。项目的推进和双向融合最终保障了我园既能够形成资源的共享、资源的再利用,又拓展了我们教育的内涵和外延,丰富了教育的手段和途径,使教育真正实现了整体全方位的推进,最终确保我园保教质量的提升。

# 使命引领，责任实践

上海市虹口区乐乐幼儿园　杨伟伟

[摘　要] 园长作为幼儿园的领导者、教育者和管理者，是幼儿园的灵魂和领军人物，使命重大，责任重大。使命意味着园长要着眼未来，仰望星空，而责任更意味着园长要立足实际，脚踏实地。当前教育的竞争，既是发展速度的竞争，更是管理发展水平的较量，对于身处复杂社会的管理者而言，要做好管理工作不易，但只要通过自身素质的完善和科学工作方法的落实，将管理科学化、人性化，使管理更加完善，才能促进幼教事业的发展。

[关键词] 幼儿园管理　使命　责任

## 一、教育使命的内涵诠释

"使命"一词的含义，《现代汉语词典》的解释是："重大责任。"《辞海》的解释是："重大任务。"党的二十大报告中指出，"建设教育强国是中华民族伟大复兴的基础工程，必须把教育事业放在优先位置，深化教育改革，加快教育现代化，办好人民满意的教育"。国家发展靠人才，民族振兴靠人才，培养人才靠教育。因此，教育工作者的使命就是在当下所面临的重大责任与重大任务，也就是办好自己所在的幼儿园，办好一所让孩子快乐、家长满意、教师发展、政府放心的幼儿园。要达成以上任务，必须肩负起自身的使命。

《国家中长期教育改革和发展规划纲要》为我国教育提供了未来十年改革发展的宏伟蓝图和行动指南。学前教育事业从未像现在这样承载着如此高的期望，面对国家、社会和人民对学前教育的期待，我们在不断推进幼儿园改革发展的漫漫征途上进一步明晰自己的使命。

一园之长对于幼儿园的发展承担着不可推卸的责任，园长必须为幼儿园可持续发展负责。园长作为领导者，承担着这所幼儿园所赋予他进行专业管理的使命：为幼儿园的未来发展规划，构建具有自身特色的校园文化，引领全园共同实现美好愿景。

园长对于本园教师的成长、发展有着不可推卸的责任。教师成长与发展的舞台在课堂，离开了幼儿园这个平台，教师无从发展。而且教师的发展决定了孩子的发展、幼儿园的发展。因此，园长有责任将建设一支优秀的教师队伍作为办好一所幼儿园的核心任务来落实,肩负起引领全园教师专业发展的重大使命。

园长办学必须关注每一个孩子的健康成长,这是园长义不容辞的重大责任。《国家中长期教育改革和发展规划纲要》在二十字的工作方针中把"育人为本"摆在了重要的位置,关心每个孩子,促进每个孩子主动地、生动活泼地发展,尊重教育规律和孩子身心发展规律,为每个孩子提供适合的教育。同时也进一步明确了教育就是要关注每一个孩子的成长、成才,为每一个孩子的终身发展负责这一重大使命。

## 二、教育责任的实践途径

### (一)园长要引领校园文化建设,树立教学特色品牌

园所文化是一所幼儿园共同价值观、愿景、行为规范和思维方式等的综合体现,是一所幼儿园特有的个性和气质,它总结着幼儿园的过去,说明着幼儿园的今天,影响着幼儿园的未来。

我们始终践行着园所的办园理念,倡导"信任与尊重、分享与合作、学习与思辨、创新与发展"的文化价值观,从"倾听心灵"入手,努力为教职员工创设一个温馨、合作的团队环境。如我们以构建"和谐校园"、营造校园文化氛围为幼儿园文化建设的主旨,在工作过程中加强"凝聚力工程"的建设,完善"凝聚力工程"机制。我们通过"我身边的好老师"事迹收集、宣讲活动,激励广大教职员工爱岗敬业,在平凡的岗位上创新进取,增强从事教育工作的光荣感、使命感和责任感,展现自身乐于奉献、勇于实践的工作精神;通过为每一位教职员工订购生日蛋糕、送上一份节日慰问、对生病住院的教职员工进行探访等活动,使教职员工能时刻感受到团队的温暖及力量;通过开展教师节主题活动、读书活动等传递人文精神的激励、真挚情感的关爱,做到经典活动有特色、传统活动有新意,全方位地将大家的"心"和"情"凝聚在了一起;通过外出郊游等活动,开阔视野、陶冶情操。我们以活动凝聚人心,以关心温暖人心,从而在共同参与活动的过程中增强了大家的凝聚力,逐渐形成一支合作、奋进、优秀的团队。

### (二)园长要关注教师专业发展,成就教师职业幸福感

打造一支优良的教师队伍是每一所幼儿园的核心任务。我们通过专家指导、师徒带教、教学实践、科研引领等多种途径来切实提高教师的教育教学能力,同时,我们也更清晰地认识到调动教师自我发展、激发教师自我实现的重要性。

我们倡导为孩子奠基快乐的启蒙教育,前提就是每位教师每天都要有愉快的好心情。我们给予每位教师去尝试的机会,让教师在尝试的过程中扬长避短,在合适的岗位上发挥特长,锻炼能力。知人善任是我们分配任务的原则。"幸福不是终点,而是对沿途风景的欣赏",享受幸福,就是要关注现在,做好当下每件事情。作为园长,要引导教师学会欣赏教育过程中的沿途风景,使教育不仅仅是奉献,也是获取职业成长的快乐。

1. 规划先行,推动教师自主发展

教师是幼儿园规划实施并提高实施效能的主体,因此,我们组织教师解读《幼儿园教师专业标准》,在此基础上鼓励教师构建《教师个人三年发展规划》的框架,并以"如何制定一份对自己行之有效的规划"为题进行相关的培训,引导教师依托制定规划的大、小背景来思考自身发展规划的思路,帮助教师确立自主发展的意识。我们通过"骨干教师""成熟型教师""青年教师"三种类型的教师的规划自评,给予教师充分发挥、呈现自身优势及能力的机会。骨干教师对如何更好地以自身的人文素养、专业精神和能力以及管理能力等发挥引领作用有了更加深切的体会;成熟型教师在回顾近年的工作历程中明晰如何在工作中调整自己的脚步,克服职业倦怠,扎实工作每一天,在平凡中感受无数的小快乐;青年教师直面工作实践中的事例,感悟自我成长中必须要付出认真与踏实的行为,对自身的专业成长和职业觉悟有了进一步的认识。

2. 师德建设,提升教师职业素养

教师是学校发展的灵魂,一支良好的师资队伍是学校内涵发展的原动力,而良好的师德素养又是优秀师资队伍的根本。我们加强教职员工的师德建设,组织教师学习优秀教育工作者的事迹、学习"好老师的五大特质"、人的49种品格等内容;开展了"孩子,你教会了我……""我身边的好老师"等主题演讲活动;以班级管理中的实例来进一步感悟作为幼儿园教师应如何根据幼儿健康成长的需求给予幼儿积极回应。

3. 分层培养,促进教师整体成长

教师的专业能力及素养的提高是课程实施的有效保障,因此,我们把教师的专业成长放在首位,坚持"全园参与、分层指导,共同发展"的原则,通过园本教研、课程建设等途径,为教师搭建平台,帮助教师不断更新观念,提高教学水平,努力让每位教师都有自我完善和自我提高的机会,不断提升幼儿园的软实力,提高课程实施的有效性。

4. 教研联动,促成团队互助成长

根据我园教师发展的特点以及课程建设的需要,我们立足教学实践,通过教研联动的模式开展园本教研活动,聚焦教学实践中的核心问题,以大教研理论引领、学习研讨、经验分享为主导,以年级组实践活动为载体、聚焦课堂,以"实践中促对话"的教研模式,通过采用大小教研之间的联动、骨干教师与一般教师之间的联动、成熟型教师与青年教师之间的联动等不同层面上的经验共享和合作研究的方法,提供共同交流与思辨的平台,提高研修的实效性,促进团队成员的互助成长。

**(三)园长要实施园所科学管理,倡导个性化办学模式**

幼儿园管理有不同的类型和阶段:一是主要依靠园长的教育观念、人格魅力与工作能力,这就是人本管理;二是主要依靠完善的管理制度和机制,这就是制度管理;三是主要依靠校园文化,这就是文化管理。科学的管理应该表现在有序、高效、自主等方面。为实现这样的目标,园长要提出幼儿园发展的科学目标,制定有效的工作思路和程序,调动教职员工积极、主动、自主工作。

1. 聚焦规划,形成共同愿景

幼儿园发展规划是引领学校发展的行动纲领,是推进学校不断发展的动力,规划的制定既需要立足本园、着眼内部建设,又需要对接全局。因此,在三年发展规划的起始年,我们根据《上海市学前教育课程指南》《虹口区学前教育三年行动计划》等文件,在调查问卷、充分讨论的基础上,制定和实施三年规划,逐步营造"信任与尊重、分享与合作、学习与思辨、创新与发展"的团队文化,倡导"学高为师、身正为范"的职业理想,引领教师的精神世界和人文追求,凝聚教师的工作热情,提高教师教学实践效能,提升教师的幸福感。

2. 建章立制,凸显规范管理

贯彻落实好"均衡、优质、公平、开放"的教育宗旨,必须以"以人为本、和谐发展"的工作思路开展园务管理,坚持规范发展与自主发展相结合的工作思路,以岗位质量意识以及内部制度执行为抓手,落实自主管理和分层管理效能的提高。

我们以"质量意识"为主导,在实践中不断提升管理效能,通过每学期的园务会议对园务计划各块面工作目标进行解读、讨论,确立大、小教研、后勤组等各组室学期工作的重点以及具体的做法,努力建立和落实目标分层管理机制;通过每月核心组会议,对幼儿园当前工作推进的情况、是否需要调整等进行充分的讨论和商议,确保幼儿园各项工作能够上通下达,树立常态、规范的管理模式,较好地提高幼儿园的管理效能。

我们以"目标管理"为主线,不断要求各岗位、各层级人员坚持以目标为导向组织实施各类活动,通过定期召开核心组会议、骨干教师会议等,讨论幼儿园重要决策、经费使用、推优评奖、制度建设、课程建设等工作;每月由园长组织,保教主任、后勤组长、保健员、事务员共同参加的"保障工作会议",通过各部门之间工作的总结梳理,发现问题及时沟通、协商及解决,将各岗位的责任及目标层层分解、逐级落实,使各项管理工作能够细致到位,不断提高工作效率。

3. 民主管理,营造务实氛围

团队的和谐有赖于大家的齐心努力,也有赖于始终坚持民主管理。因此,我们积极营造公开、公正、公平的务实氛围,保障教职员工的知情权。我们认真贯彻执行园务公开制度,严格按照"幼儿园园务公开方案细则"中的内容和形式一一实施;我们遵循在"做事中认同、在认同中做事"的基本原则,关注教职员工对于管理工作的认同度,以此完成幼儿园的民主管理,并不断提升执行力。

**（四）园长要加强自我学习能力,不断提高个人素养**

当下建设一个学习型的校园是幼儿园发展的重中之重,而园长毫无疑问就是领跑者。园长自身素养的高低直接影响着幼儿园的发展质量,园长要多读书,积淀自己的知识素养,多与比自己能力强的人交流,开阔自己的视野。园长还要有明确的目标和清晰的思路,并且具有促使这一目标转化为全体教师共识的能力。在日常实践工作中,园长要提高自身各方面的素养,使自己成为这个团队中具有个人魅力、令人信服的领导者和同伴。园长只有不断学习、不断提高,才能更好地引领团队不断前进,促使园所更好地发展。

## 参考文献:

［1］郭佳慧.绥化市北林区私立幼儿园园长领导力现状分析［J］.学周刊,2015(04).

［2］刘霖芳,柳海民.教育变革背景下幼儿园园长领导力的现状及提升策略［J］.现代教育管理,2015
（02）.

# 推进健康中国建设，关注幼儿科学饮水习惯的培养

上海市虹口区车站西路幼儿园　苗　瑾

[摘　要]　科学饮水习惯作为一种现代的健康生活方式，是幼儿身心和谐发展的重要基础，从小培养受益一生。本文旨在将幼儿科学饮水习惯的培养置于健康生活方式教育的大背景下，通过了解幼儿的饮水现状，分析相关问题的成因，为幼儿科学饮水理念的知行合一、习惯养成，梳理、提炼教育教学上的指导与建议。

[关键词]　健康生活方式　科学饮水　活动

## 一、问题的提出

世界卫生组织（WHO）指出："健康是整个身体、心理和社会适应的完好状态，而不仅仅是没有疾病或不虚弱。"为此，联合国教科文组织提出了"提高生命价值、重视生活质量"的全球性教育目标。健康生活方式教育逐渐受到世界各国卫生组织、教育机构乃至企业界的青睐与重视。

作为学前教育者，我们的这项实践与研究，无疑是对这一教育目标的积极响应与行动追随。科学饮水的习惯作为现代健康生活方式之一，有其研究的价值：3—6岁幼儿处于生长发育的关键时期，他们的成长离不开水。日常生活中一些常见的状态，如注意力不集中、易疲倦、烦躁等认知功能受限、精神状态欠佳的活动表现，往往和缺水有关。而充足的饮水、适量的水摄入是幼儿保持充沛体力、脑力的关键，从小培养科学饮水的习惯，是保证幼儿健康成长的基础，良好的健康生活方式的养成将使其受益一生。

然而，实际生活中3—6岁的幼儿渴觉机制尚未发育成熟，自我服务的意识也有待提高，适时饮水、适量饮水对他们来说，存在较大的困难。那么，如何通过各种途径和措施开展相关的教育教学和实践研究？如何通过有效的活动，探索、总结科学饮水习惯培养的有效方法？解决好以上问题，不仅能够更好地促进幼儿的身心发展，还能优质地实施健康、积极的人文关怀。

## 二、研究路径

### (一)采取多种方式,了解幼儿饮水现状

我们通过观察、问卷调查,了解幼儿在园主动饮水的现状,在园、在家饮水的误区,家长对科学饮水的认识,以及对幼儿饮水习惯的培养等,发现我园幼儿科学饮水方面存在的问题有以下两方面。

1. 幼儿主动饮水少

大部分幼儿没有主动饮水的意识与习惯,都是在教师统一的安排下去饮水,个别幼儿还需要教师反复叮嘱、催促。

2. 幼儿不善掌控饮水量

不少幼儿往往一次倒太多,导致喝不完浪费,或是一次倒太少,达不到补水的效果。

### (二)汇总多方信息,分析问题相关成因

1. 观察指导不够精细

日常指导中,教师往往关注指导幼儿饮水行为习惯的养成,不清楚不同年龄段幼儿每天、每次该喝多少量的水;对幼儿喝水情况缺乏关注;有时为了迎合家长,一味强调喝水越多越好。

2. 科学饮水意识薄弱

家长在与教师沟通的时候,常会有"老师,让我们宝宝多喝水"的叮嘱,或者给幼儿增加营养,将果汁饮料、牛奶饮品等代替白开水给幼儿饮用,认为毕竟幼儿爱喝这些,比被动饮水好。

3. 快餐文化难掩弊端

现代生活中,饮食品种丰富、良莠混杂。有的食品品相普通、气味不佳,却对人体的健康颇有益处;有的食品色香味俱佳,却是无益于健康的垃圾食品。面对千滋百味的食品世界,幼儿难以分辨,常会陷入误区。

4. 教养方式尚有缺陷

幼儿尚未独立,生活需要依赖成人。家长的健康观念和育儿行为对幼儿的饮水习惯影响甚大。现在,家庭结构以祖辈同堂或专由老人养育孩子的居多,即使是年轻父母自己带孩子,也会难抵各种诱惑,未养成健康的生活方式,也就难以树立榜样作用。过度的迁就、宠溺,更会滋长幼儿的不良饮水嗜好,忽略了对科学饮水的关注以及科学饮水习惯的培养。对错误的饮水观念和行为长期不予纠正和改进,会对幼儿的健康造成很大的隐患。

## 三、研究成果

为此,我园以"今天,你喝了吗?"等综合活动为载体,家园共育,有针对性地开展科学饮水的系列教育教学活动。例如,通过"家园小报、家园联系栏、微信家长群"等途径,

宣传科学饮水的相关知识;开展"科学饮水讲座、科学饮水咨询活动、保健教师进课堂、日常小便记录"等活动,进行3—6岁幼儿科学饮水的指导,帮助幼儿了解科学饮水的方法,真正实现科学饮水、健康成长的教育宗旨。

**(一)利用环境资源,激发幼儿科学饮水的动机**

环境具有隐性的教育作用,因此我们通过墙面互动,让环境说话,用图文、标识、符号来暗示、指导幼儿的意识、行为。学龄前幼儿主要是以直观形象性思维为主,因此我们充分利用环境与幼儿互动,使幼儿更加直观地了解饮水的重要性,从而激发、调动主动饮水的积极性。

1. 创设饮水主题

在主题墙创设"科学饮水,身体棒棒"的内容,介绍水的用途,凸显水可以供我们喝。根据不同年龄段幼儿创设的内容各具特色,例如小班通过照片的形式进行布置,教师鼓励幼儿将自己喝水的照片带来轮流贴在墙上,以激发幼儿喝水的积极性;图文并茂地布置了"小草要喝水,小狗要喝水,小朋友也要喝水"的提示语,每次喝水时,幼儿都会自然、自由地指着念一念、说一说,情不自禁地调动了饮水意识和行为。

又如中大班,我们通过主题墙的创设,用图片或者简笔画的形式让幼儿们明白什么时候我们需要喝水。这样的墙面创设很好地优化了饮水环境,也潜移默化地提高了幼儿主动饮水的意识并逐步养成习惯。

2. 改进互动墙面

在饮水区域,我们尝试在每个班级创设"今天你喝了吗? 这是我的第几杯水?"等墙面布置,幼儿喝完一杯水后,在墙面上找到属于自己的杯子,然后放一根吸管或其他物品、标识,代表自己已经喝过一杯水,这样不仅能让幼儿感受到与墙面互动的乐趣,同时也有助于我们的教师科学地观察每个幼儿一天的饮水量,更方便地让教师适当帮助个别幼儿调整一天的饮水量,喝过多时我们可以建议幼儿少喝点;喝得比较少的幼儿,教师可以提醒他适当增加饮水量。为了让幼儿达到一天的标准饮水量,有的班级在墙面上还创设了"半杯水和满杯水"的对比图,提醒幼儿接水时要适量,不宜过多或过少。尤其是中大班的幼儿,通过关注墙面上自己的饮水量,开始尝试自我认识与自行调整。

3. 美化饮水器具

经典的卡通形象和当下流行的动漫元素往往是幼儿非常关注并喜欢的。因此,我们对幼儿饮水器具进行装饰和美化,将饮水桶装饰成幼儿喜欢的卡通人物,幼儿喝水积极性明显提高,同伴之间相互提醒,效果甚好。

**(二)开展主题教育,积累幼儿科学饮水的经验**

为了进一步促进幼儿科学饮水习惯的培养,我们在各年龄段开展了许多关于水的系列主题活动。如小实验"救救豆宝宝",教师制定的目标一是了解水和饮料对人的身体生长的作用;二是探索饮料中添加剂的特点和危害。过程中,教师为幼儿对饮料中添加剂的探索做了一系列的铺垫,如:健康饮食对人体生长的需要和作用;发现、比较喂豆宝宝喝饮料与水的不同状况;猜猜饮料里有什么? 好看的、香香的、好吃的是什么? 多喝饮料有什么危害? 最后,在众多的事实证明下,幼儿发起了救救豆宝宝的自觉行为,产生主动选择水的意愿。通过幼儿的表现,活动的价值由此显现,幼儿都认识到饮料好看、好闻、好喝但不健康,我们都要少喝。

**(三)凸显要求要点,建立幼儿科学饮水的秩序**

幼儿在园是否具有主动饮水的意识,是否能够喝足量的水,不仅意味着幼儿的基本生理需求是否得到满足,更从深层次反映出班级的心理氛围及师幼关系的质量。因此,幼儿在喝水环节中呈现出的状态成为衡量班级工作质量的显性指标之一。结合幼儿园喝水活动的具体实践情况和幼儿的年龄特点,我们提出了喝水环节对幼儿的常规要求和教师的指导要点。

(1)针对小班幼儿的指导要点

① 在幼儿喝水前观察盥洗室的地面是否干燥,为幼儿喝水提供安全的环境。幼儿手脏时,帮助幼儿洗干净手。

② 以游戏的口吻激发幼儿喝水的愿望;组织幼儿轮流喝水,每4—5名幼儿一组。

③ 幼儿不小心洒出水时,及时擦拭地面,避免幼儿滑倒、摔伤。

④ 在盥洗室用不同标记或图案划分出等待区、接水区、喝水区,培养幼儿有序喝水的常规。

⑤ 为幼儿准备温度适宜(30℃左右)的白开水,提醒幼儿端起自己的水杯喝水,指导小班幼儿有序、独立接水,提醒幼儿接水时眼睛看着水杯,接半杯或三分之二杯水。

⑥ 指导幼儿握好杯把,端稳水杯,轻轻走到喝水区,一口一口慢慢喝,提醒幼儿不把水洒到衣服或地面上。

⑦ 随时提醒幼儿安静喝水,并及时肯定幼儿的良好喝水行为,对说笑、打闹的幼儿给予指导和纠正。关注幼儿嘴巴或衣服的前胸部位是否有水迹,及时用毛巾帮幼儿擦干或更换晾晒。

⑧ 鼓励幼儿喝完杯中的水,注重发挥教师自身或幼儿同伴的榜样作用,带动喝水困难的幼儿共同喝足量的水,引导幼儿将水杯放到固定位置。

⑨ 准确把握幼儿的喝水量。通常情况下,每位幼儿每天在园大约喝水600 ml。特殊情况时,比如身体不适、运动后出汗过多、天气炎热等,要给予个别照料,适当增加喝水量。

⑩ 注意把握喝水时机。在上午10点左右、户外活动后、午睡起床后、下午15:00—16:00,及时引导幼儿喝水。主动向家长反馈幼儿在园的喝水情况及喝水量,提出指导建议。

(2)针对中、大班幼儿的指导要点

① 为幼儿准备温度适宜的白开水(30℃左右)。

② 提前擦拭、整理盥洗室,保持室内干燥和整洁。

③ 提醒幼儿用正确的方法端取水杯,接适量的水。

④ 关注幼儿喝水情况,对聊天、打闹、拿着杯子乱跑的幼儿及时提醒和引导,及时表扬幼儿有序等待以及在固定的区域安静喝水等良好喝水行为。

⑤ 帮助幼儿了解喝水与身体健康之间的关系,学习根据身体需要及时调整自己的喝水量。比如,感冒发烧、小便发黄、天气炎热、吃了较干硬食物后要增加喝水量;饭前半小时之内不要喝水;运动后休息一会儿再喝水等。

⑥ 提醒幼儿喝完杯中的水后,将水杯轻轻地放到固定位置。

⑦ 引导幼儿知道地上有水时,及时告知教师;提醒幼儿及时用毛巾擦拭嘴上的水迹或更换被洒湿的衣服。

⑧ 引导幼儿讨论、制定喝水规则,使幼儿愿意遵守喝水规则。

⑨ 与家长充分沟通,以保证幼儿在"最佳喝水时机"适量喝水,使幼儿逐步养成在"最佳喝水时机"及时喝水的习惯。

参照具体的指导要求,教师要根据不同年龄段幼儿不同层次的发展水平和具体的个体差异,或细致周到地帮助、吸引幼儿,或充分发挥幼儿自主性、主动性,指导幼儿实现喝水环节中的自主管理,逐步提升幼儿主动喝水的意识与能力。

**(四)注重家教宣传,强化幼儿科学饮水的习惯**

家园同步对幼儿园教育起着至关重要的作用。我们在研究过程中发现,在教师的引导下,幼儿在园已基本适应了喝白开水,可每当家长来园接幼儿回家时,大多会拿出一瓶饮料递给幼儿。

于是,我们对家长开展科学饮水的家教宣传,让家长了解科学饮水研究的初衷、目标及意义。丰富的家教宣传方式得到了家长的认可,他们在给予理解并配合的过程中,也对比、反思,调整了自身的不良行为,从而有效促进幼儿健康饮水习惯的养成。

## 四、结论与启示

通过科学饮水活动的研究,我园幼儿的饮水习惯和意识也随之逐渐变化,家长对科学饮水的概念也日渐清晰,教师在幼儿饮水环节的指导也更有针对性和科学性。

学前幼儿行为的目的性开始逐步萌发,这与幼儿的认知水平和情感体验有密切的关系。因此,借助多样活动不断提高幼儿对于健康的饮水方式、行为的认识和自我体验,就能培养幼儿逐步脱离成人的提醒、示范或灌输、控制,自觉地在生活中接纳、比较、选择健康的饮水方式。

党的二十大报告将"健康中国"作为2035年发展总体目标的一个重要方面,提出"把保障人民健康放在优先发展的战略位置",充分彰显了以人民为中心的发展思想。同样,推进健康中国建设,关注幼儿科学饮水习惯的培养,不仅是以幼儿发展为本,也是国富民强的需要。

我相信,健康、科学的生活理念一定会随生活教育内容的丰富与夯实而深入并推广,帮助幼儿形成"内化于心、外化于行"的良好习惯。

## 参考文献:

[1] 中华人民共和国教育部.3—6岁儿童学习与发展指南[M].北京:首都师范大学出版社,2012:11-12

[2] 佘桂爵.谈谈科学饮水[J].心血管病防治知识,2010(07).

[3] 谢珊珊.如何科学饮水[J].政工学刊,2013(07).

[4] 吴彩萍.培养中班幼儿的饮水习惯[J].成功(教育),2011(02).

[5] 顾明远.教育大辞典(第1版)[M].上海:上海教育出版社,1990:6.

[6] 卢元镇.全民健身与生活方式[M].北京:北京体育大学出版社,2002:1.

# 管理"加持"，从"星"出发，促进园本管理高质量发展的实践探索

上海市虹口区小海星幼儿园　段旖旎

[摘　要] 随着新时代教育改革的不断深化和持续推进，幼儿园的管理观念以及管理方式也要与时俱进，本文以小海星幼儿园为例，探讨了幼儿园管理工作的重要意义和主要内容，从愿景规划、相关法律法规标准、教师成长建设、打造乐善课程与环境等方面探讨了提升幼儿园高质量管理的实践做法。

[关键词] 园本管理　高质量发展　内涵建设

## 一、问题的提出

习近平总书记在党的二十大报告中强调，"高质量发展是全面建设社会主义现代化国家的首要任务"，"教育、科技、人才是全面建设社会主义现代化国家的基础性、战略性支撑"。学前教育要高质量发展，离不开高质量管理做保障。根据《"十四五"学前教育发展提升行动计划》，提升治理能力、推进依法治教、依规办园是提升学前教育治理能力现代化水平的关键所在。

小海星幼儿园（以下简称"小海星"）是上海市虹口区一所公办二级幼儿园，在历经多轮三年发展规划、办学行为督导、区二级园验收等重要办园历程后，进一步明确了办园理念、办园制度，推动了保教质量提升，幼儿和教工队伍呈现同步发展的良好态势。

由于我园地处虹口西北角，拆迁户和外来务工人员较多，参差不齐的生源来源、园所设施设备的更新、新老教职工的交替等变化，给园本管理机制带来了前所未有的挑战。比如，部分岗位定标或是指标的精细化程度不足以支持教工形成清晰的自我发展和管理；又比如，依据《幼儿发展评价指标》《上海市幼儿园办园质量评价指南》等指标，现阶段课程方案需要有与之衔接完善的机制，等等。因此，我们需要进一步努力完善管理机制和管理过程的动态平衡、促进教师发展的内驱力，探索适合"小海星"特质的管理路径与策略，办好家门口的每一所幼儿园，切实把党的二十大精神贯彻落实到办学治校各环节，推动幼

儿园内涵式高质量发展。

## 二、园本管理高质量发展的策略

### (一) 携手构建"愿景"之星,顶层规划依法办园

#### 1. 携手共议,"行"中有"方向"

无论是幼儿园管理者还是幼儿教师,都要树立法治观念,一切管理、教学工作都要依法开展。在幼儿园管理过程中,我们始终认真贯彻《教师法》,始终遵循《幼儿园教育指导纲要(试行)》的精神,深度分析我园发展过程,全面梳理园所特质和弱项。经多方调研、问卷、座谈、教代会共商共议等不同形式,我们对园所的顶层设计以及三年发展规划,进行多次共议决策,制定落地。上一轮三年规划达成度每年递增,家长、社区对我园整体发展持肯定态度。微调后的顶层设计内容与新三年发展规划的匹配度与融合度有所提高,全体教工都能认同并形成共同愿景。

#### 2. 携手建章,"行"中有"制度"

近年来,我们坚持做好园务公开,成为首批依法治校标准校。各岗位人员任职资格符合规定,全部持证上岗,非编人员聘用合同规范。我们重新梳理了管理组织架构,使运行符合实际发展需求;做好各类规章制度立改废工作,进行了精细化管理定标,夯实管理专业度;制定了较系统的《小海星幼儿园制度管理手册》,它的出台让所有教职员工对我园管理运行的规范性、完整性、持续性、执行性都有了更有效的约束和规范;同时,我们还制定了"后勤操作细则",加强后勤规范管理,用现场管理方式保证规范工作的落实,加强对三大员培训,将各岗位规范工作要求、流程进行调整,细化后勤人员各类相关职责或制度,整体提高后勤工作质量。

#### 3. 携手管理,"行"中重"责任"

"一个人可以走得很快,但一群人可以走得更远。"我们根据"团队协同,多元管理"的思路,把核心管理与分层管理结合,把目标管理与现场管理结合,依托各层级的学期计划,实施现场管理,第一时间获取信息,发现管理过程的疏漏就给予解决,突显管理针对性,增强管理有效性。把项目管理与自主管理结合,我园部分工作采用项目管理方式实施,让普通教师参与,发挥其自身独特的个性和能力。如活动室设计、园所宣传互动屏、网关信息、安全工作有不同团队、个人承担,实施管理。教工根据自己的才能和特长进行项目认领,在落实过程中发挥展示他们的才能、潜力与自主精神,使其体会到管理执行的自主性,更清晰园所发展的共同愿景。

### (二) 强化"标准"之星,助推保教管理与实施的内涵品质

#### 1. 解读指标和课程方案,强化课程标准

我们一直把重心放在针对课程质量指标的解读,对《幼儿发展评价指标》《上海学前教育课程指南》《上海市幼儿园办园质量评价指南》进行分解学习。此外,我们请专业讲师运用指南中的指标来审视自己的教育行为,在指标的深入解读和仔细研究中提升保教质量。

课程方案是幼儿园课程实施的基本标准。我园课程组先行,全体教师作为课程领导力的共同体,以小海星实际课程基础与资源条件为依据,进行整体、全面的规划设计。从之前结构比较单薄的课程方案基础性内容开始入手,梳理原方案中的不足和未来发展的方向。我园依据课程实施现状和园本特色活动进行重新优化构建,出台"爱,让每一个儿童'乐善'成长"课程方案。

2. 保教实施目标管理,提升活动品质标准

"一日生活皆是课程。"面向全体幼儿的共性发展需求,我园组织活动不再专注集体教学,而将其拓展于不同时段和环节,确保户外两小时的活动更趋完善和丰富,将原来整齐划一的作息调整成弹性的活动方式,让孩子们在户外充分地、尽情地享受阳光、空气、天地和游戏。

师幼互动的理念在教师们心中扎根,他们在活动中努力以幼儿的角度看问题,从幼儿的需求出发,尊重幼儿话语权,记录幼儿学习轨迹。

3. 重视各种管理问题,强化过程监督标准

我们更注重的是每周、每日、每刻对保教质量常态化的监控管理,通过现场巡视、检查、评价、监督、调控、自评、他评等途径发现工作中的偏差或失误,找出原因,采取措施加以纠正,制定"评优论不足"评价机制,保证听评质量;围绕问题,提修改建议;执教者调整改进,提升自己的专业能力。

我们重视安全管理、卫生管理和疫情管理。应对疫情,认真制定各类传染病防控制度,严密规范工作流程,开展风险隐患排查,制定应急处置预案进行演练,引导三大员提升服务意识,严格落实主体责任,切实做好疫情防控工作。

**(三)打造教师"成长"之星,促进队伍建设可持续发展**

1. 制定分层管理,自我规划发展

党的二十大提出,"教育、科技、人才是全面建设社会主义现代化国家的基础性、战略性支撑"。教育人才的建设就是加强师资队伍的建设。首先,我们修订幼儿园全体教工队伍发展三年规划、教师个人新三年发展规划,明确队伍发展的方向和目标;每学年对教师队伍建设情况和个人年度目标达成情况进行汇总谈话、梳理、总结、调整。

其次,更多地考虑教师自身的特点、特色,提供支持与服务。根据个人特质,进行园内分层培养(职初、合格、发展、骨干);增订教师发展的部分制度,制定相应各层级培养基本标准及评价表。

最后,开展多元化教职员工素养熏陶,让全体教职员工具有良好的职业道德行为规范,有责任感,无违规或违背师德行为。近三年来,全员所有教职员工获得多项个人、团体、支部、区级奖项。

2. 创建园本研修平台,提升专业成长

教师专业化发展体现在教育过程的设计、思考、研究中。我们先后围绕"幼儿观察与解读之——科学地解读幼儿行为""《幼儿园办学质量评价指南》学习""相关幼教APP培

训实践操作""幼儿运动系列培训""后疫情时期信息技术在评价系统中有效运用"等内容,积极开展基于园本课程的研讨与基于教学的课程培训,聚焦课堂,聚焦教师,以活动组织为载体开展实践研讨。

在园本研修中,发挥教研组室基础团队研究平台的作用,夯实教师四大板块活动组织能力基本功。师徒带教形成共同观察、共同实践、共同建构的研修模式;鼓励教师提出真问题、真建议、真改进、真思考,能在活动设计、课堂调控点拨、适时评价反馈等方面获得'应该如何做'的实践智慧,进而改善教学行为;后勤团队通过自学、线上培训、集体学习、实践操作、每周一测等多元化方式,内化《三大员一日操作细则》要点,推进后勤队伍的操作规范和保教结合行为的落实,促进全园队伍整体成长。

**(四)打造"乐善课程",构建幼儿发展课程管理**

孟子曰:"仁义忠信,乐善不倦。"崇德向善的道德准则是中华传统美德和基本道德规范,小海星幼儿园在办园理念上积极打造"乐善课程",师生共同践行"心"中蕴"大爱"的海星风采。

1.  "活"中显"个性"

园长是幼儿园课程管理的第一责任人,要依照法规和本园课程管理方案实施有效管理;负责和领导课程实施方案的编制,对课程资源进行统筹协调,并在动态的过程中形成适合本园和幼儿发展需要的课程运作流程,对课程实施质量进行评价等。例如"一日作息"管理需遵循幼儿年龄特点和身心发展规律,是一日活动有效指导的框架和行动指引。我们将原来相对固定,持续时间大致在20—40分钟,以教师调控为主的作息安排进行调整再优化,满足幼儿2小时户外活动,让幼儿集中少自主多,调控少开放多,有力支持幼儿主动学习的发展需求。

2.  "均衡"中展"和谐"

课程实施过程中,我们先后制定集体教学活动、操节律动、主题环境创设、自然角环境创设等方面的指标导向,让教师从"如何思考—怎样商议—及时呈现—反馈效果"四个方面思考。教师课程实施更从容了,观察解读更深入了,作息与课程之间的衔接更有效了。

我园幼儿有健康体态,动作发展协调;情绪安定乐观,生活自理能力强,生活和卫生习惯较好;能按照自己的想法游戏,有自主的情节创造;遵守行为规范,同伴友好交往;亲近自然,有好奇心,能用基本方法探究自己感兴趣的事物与现象;乐于动手动脑,会提问,能表达;有聆听、阅读和书写能力;喜欢艺术表现,热爱生活中美的事物;是和谐、健康发展的海星小宝贝。

3.  "评估"中重"调适"

随着保教实施经验的积累和专业化能力提升,教师体会到观察评价的价值。观察记录包括基于个别幼儿的重点记录评价、一日活动实施的达成、保教重点的反思、专业化提升落实的反馈等。近几年来,我园还使用线上评价系统,对幼儿可捕捉的各方面表现进行点对点的跟踪评价,用科学客观的方式对幼儿的发展进行评估,为每一位幼儿个性化的发展,乐善特质的发展提供依据。

**（五）构建"乐善"环境之星,"基特"而"温馨"**

"海纳百川,共筑'乐善'之星",是我园办园理念,寓意包容、尊重、支持,共同构筑具有"乐善"特质的幼儿、教工、家长和幼儿园。目前,小海星幼儿园所有硬件配置、设施均符合装备指南规定,最大限度将空间留给孩子。如保健室有两个单独通道的观察室;食堂增加面点间、单独洗碗间,打造明厨亮灶;操场上扩建海螺状沙水种植区;盘活楼顶天台场地,楼梯角落有不同设计等。

开展"爱∞"特色活动,多元拓展各类活动外延,让幼儿在环境中浸润、在生活中自主、在运动中强健、在游戏中满足、在学习中积累,让每一位幼儿乐活、乐群、乐学、乐享,铸就善心、善行、善思、善言的特质。

目前小海星特色环境初步显现,传递出独特的海星园所文化底蕴和名称特色。蓝白灰的主色彩基调,在统一、素雅、温馨的色彩中让幼儿获得美的熏陶。全园教职员工合力设计,谋划盘活所有空间,让幼儿获得更大的收益。

## 三、结语

幼儿园的科学管理之路任重而道远。学习先进的管理经验与方法,思考管理本质,成为每一所幼儿园管理者的基本工作。未来,我们将一如既往,与时俱进,在"标准"上更科学严谨地执行;在"品质"上与理念更融合;在"提升"上使内涵再升华;在"生活"中蕴含更多保育渗透;在"大爱"上付诸更多巧思;在"个性"上彰显创新的特质。前路漫漫,我们坚信小海星幼儿园会继续奋楫笃行,闪烁熠熠星光!

**参考文献:**

[1] 张晓燕.新时期提升幼儿园管理水平的路径思考[J].亚太教育,2022(09).
[2] 倪文兵.简析提升幼儿园管理水平的有效策略[J].学前教育,2019(06).
[3] 沈爱武.幼儿园管理中的主要问题与对策研究[J].学校管理,2015(07).

# 新政策环境下民办学校优化管理、激发活力的策略

上海市民办新复兴初级中学　朱筱仙

[摘　要] 自2018年以来,在教育均衡化的大背景下,民办学校的生源进口和毕业出口都有了较大的变化。同时学校中层干部和教师骨干也纷纷退休,人员组织结构面临调整。学校未来的发展面临新的挑战,但同时也有新的机遇。学校遵循国家政策,顺应社会需求积极开拓进取,在规划学校发展和优化内部管理方面做了积极有效的工作,将学校工作推进到一个新的层面,进一步通过管理激发活力,"发展以学生为本,管理以高效为准"。

[关键词] 民办学校　教育综合改革　优化内部管理　学校发展

## 一、问题的提出

党的十九大报告指出,党和政府应办人民满意的学校:教育应当围绕服务国家重大战略需要,聚焦人民群众所急所需所盼,国家着力构建优质均衡的基本公共教育服务体系,加快缩小区域城乡差距。

习近平总书记在二十大报告的第五部分"实施科教兴国战略,强化现代化建设人才支撑"中,再次强调加快建设教育强国、科技强国、人才强国,办好人民满意的教育等,这为当前教育发展进一步指明了奋进方向,提供了根本遵循。

最近几年集中落地的一些政策看上去似乎对民办教育不太利好。先是对于招生政策的诸多限制,后是学业考试改革中对于不选择生源学校的重点倾斜。2020年起实施的民办学校超额摇号制度更是将民办学校的招生全面规范地进行了管理,从根本上杜绝了民办学校任何"掐尖"的行为。2021年"五项规定"和"双减"政策在规范了校外培训机构的同时,也对民办教育的教学行为、课程实施进一步做了根本性的规范化要求。

由于上述原因,导致一些教师对学校发展预期有些迷茫,师资队伍的稳定与发展问题日渐突出。近年来在教育均衡化政策的推动下,公办学校各方面的条件在不断提升,对我

校没有编制的教师产生了吸引力,从2019年起,陆续有5位教学骨干调动到本区或外区的公办学校。同时学校的德育主任已经退休一年,教导主任也已经退休。教师专业发展动力也有所退减,在上一轮七级人才梯队的评选中,我校仅有1名学科带头人,但是好在有7位骨干教师。

面临政策调整、设施更新、队伍建设等诸多问题,学校并没有在困难面前退缩,而是着力依法依规地去解决好这些问题。

值此办学的"寒冬",我校进一步明确学校办学定位,重构学校发展的战略规划,凝聚师生智慧,确立"新时代"学校发展共同目标,形成学校发展合力。我们认为,这样的研究成果是可以辐射到同级同类学校的,并且在交流和推广过程中进一步完善优化,形成长期策略,为学校在党的二十大教育方针指引下不断创新发展提供规划依据。

## 二、优化管理的理念支撑

### (一)协同融合是核心

我们首先要解决中层管理团队老化和精简,以及教师队伍的稳定问题。一个学校的组织不论组织架构大小如何,要保证正常运作,就离不开管理。而管理的核心就是"协同与融合"。管理者不能仅凭一己之力去做,而是要把包括中层在内的成员拧成一股绳,劲往一处使,形成富有效能的组织结构。在当下政策环境下,尤其要注重这一点。所以,在原德育主任和教导主任退休后,学校并不是立刻提拔补缺,而是深入地做了调研,包括汲取了兄弟学校的有益做法,也吸取了以往的一些经验教训。

良好的组织应符合以下基本标准:目标明确、组织有效、统一指挥、责权对等,分工合理,协作准确,信息畅通,沟通有效。这些标准在应用于学校的组织管理中也一样适用。

### (二)巩固教师的愿景与情怀

当下的政策确实会让教师对于学校发展的前景产生迷茫,但是这既是挑战也是机遇。其实各个民办学校实行录取"超额摇号"制度就是一种重新洗牌,原先民办学校被分为三个梯队,现在则可以借助多层次的生源情况,全方位地发挥不同教师的特长,将教师的积极性调动起来,从而初步形成学校教师专业化发展百花齐放的局面。同时,学校在一系列改革中反复强调教师的"愿景与情怀",要办人民满意的教育,要有"为党育人、为国育才"的情怀。同时,学校也在政策范围内力所能及地切实解决教师的实际困难,提高教师队伍的各项福利待遇。

### (三)坚守学校的发展与格局

越是面临学校重大变革的关口,越是要从"回归教育的本源"这一价值取向出发。1998年分校时的复兴初级中学,2006年转制后的民办新复兴初级中学,都是抓住了教育的本源而立于不败之地,始终处在高位运行的状态中。学校的领导在定位学校发展上都离不开"格局与修养",始终将学生的发展放在首位,在高负担、强训练无法支撑学校发展的时候,学校并没有感到迷茫,学校教师也没有显得无所适从,而是从容面对。

## 三、学校优化管理的成效

### (一)人员到位,机构精简

在组织架构问题上,学校一直采用谨慎稳妥、精简高效的用人原则。中层干部的提拔任免也是在党组织领导下进行全面考察,坚持宁缺毋滥、人尽其责的用人原则。所以,学校的中层队伍总体人数一直比较少,包括校长和书记在内的全体管理人员维持在10人左右,占全体教职员工的比例一直保持在9%以下。很多中层干部身兼数职,而校长、书记还要兼顾许多具体的事务,可以说新复兴这支干部队伍是精简高效、不计得失的。同时由于在分配上是向任务重责任大的一线任课教师倾斜,而中层也能积极做到模范带头作用,所以,群众也非常认可这支干部队伍,干群关系非常和谐。

2018学年原德育主任退休后,学校通过充分酝酿,并没有立即提拔新的德育主任,而是由办公室主任兼任。德育工作是学校教育工作的重头戏,当时有很多教师担心德育工作是否会就此弱化。其实学校参与德育工作的有心理健康专员、大队辅导员,四位年级组长以及全体班主任,另有学校的党支部书记本身也积极投入德育的具体工作。相反,办公室的工作呈现周期性,德育工作则呈现常规性和突发性结合的特点。作为曾经担任过大队辅导员和年级组长的原办公室主任也勇挑重担,身兼两职,将周期性的办公室工作提前安排妥当,将常规性的德育工作分配合理,将一部分精力放在德育工作中突发、偶发事件上来。短短两个学年,我校德育工作就上了个新台阶。

2019学年第一学期,考虑到学校数字化转型的迫切性,学校急需一名技术上非常专业的信息主任。学校将原总务主任,非常精通信息技术的教师改任为信息主任,新成立以她为首的信息部,分管学校的课程数字化转型工作。而同时提拔一位精明强干,善于协调对外关系的教师做总务主任。虽然在本次人员调整上,一开始遭遇了部分教师的质疑,但是后来的事实证明了本次人事安排的正确性。新的总务处由于工作聚焦到了学校事务,剥离了电化教育到信息部门,工作很快有了很大的起色,尤其是食堂工作受到了全体师生的好评。而电化教育和信息部门则同样由于工作有了专业领导后得到了加强,尤其是2019学年暑假全校的信息化改造大大推升了学校的教育信息化水平。

教导处的工作有间歇性,开学前后和学期结束前后比较繁忙,而学期当中则是一些常规工作。在信息化的时代,利用信息化工具提升工作效率可以简化大量繁琐的重复工作,比如换课排课、监考排片、学籍统计等。如果安排得当,将会提升组织效能,反之则会让学校的工作陷于被动。2021学年原教导主任退休,此时教导处一共剩下3位教师,分别负责学籍、教务和教学的日常工作,并分别承担了课程计划、"双减"、综合评价相关的一些周期性的事务。在教导主任退休后,3位教师主动承担了相关工作任务,保障了整个教导处运行有序。其实另有几位一线教师在教学上有一定的建树,学科上能成为一个很好的领衔者,是有能力成为新教导主任的。但是他们同时也承担了很重要的教学和教育任务,比如班主任和教研组长、学习组长等。学校的中层工作和班主任、教学工作一样都是学校的工作,并非为官主政。根据管理学的奥卡姆剃刀原则——"如无必要,勿增实体",为了避免破坏原有平衡,也为了将学校工作做好做实,学校提拔了原教导处主持工作的一位教师担任教导副主任。全体教导处的积极性得到了提高,盘活了整个教导处,工作效率也大大提升。以前教导处最高峰有6位工作人员,但人浮于事。现在仅仅3位熟悉信息技术和课程教学的工作人员就承担了原来的所有工作,并且近几年的综评、中考改革以及"双减"等工作也能很好地落实。

学校巧妙地利用好人事安排的杠杆作用和人员管理的组织效能,做到了"人员到位,提升组织效能",并且让有能力的人想干事,让有想法的人干成事,让不想干的人得干事。我们人事安排的人可能不一定是最合适的人,但是我们的人事安排一定是最合理的安排!

**(二)硬件到位,配套课程**

在提升组织效能,引领教师发展,优化课程设置的软件下功夫的基础上,学校为解决发展空间不够、后力不足的问题,已经尝试和实施了多项重大举措,效果也很明显。

2018学年,学校利用新中考实验操作考人工智能赋分数据采集项目,首先改造了化学实验室,在2019学年的暑假再度改造了物理实验室。2019学年,学校利用排球特色项目改造了操场和部分体育设施。2019学年暑假和2020学年寒假,学校利用课程数字化转型项目进行了大范围的数字化教学改造,网络重新铺设,做到了校园网络全覆盖,学校为每个教室安装了希沃电子白板,并利用自有资金为每位教师更新了笔记本电脑。

2019学年到2022学年是学校发生天翻地覆变化的三年,学校在本轮三年规划期间做了大量的工作。

新建立信息部门后仅仅半个学期,2020年初突如其来的疫情暴发,全体教师面临全新的不熟悉的线上教学模式。新任信息主任发挥她的专业特长,将疫情期间的线上教学安排得井井有条。

学校刚刚完成信息化改造后的2021学年第二学期,疫情再次在上海集中爆发,教师由于有了新的设备,加上之前一次线上教学的经验,本轮线上教学又体现了新的特色。学校据此总结的线上教学案例在全区案例评比中荣获一等奖。在2022学年开学后,疫情零星爆发,时有教师或学生被封控,教师们利用希沃的双向互动功能,既保障了封控教师能为在校学生进行教学,也保证了封控学生在家可以享受到通过希沃现场传过来的课堂实况,可谓得心应手。

2021学年,原教导主任退休,学校将教导处工作做了重新划分,并确定了每个人的分管工作和责任主次。2021年7月,全国"双减"相关文件和"五项规定"发布。按照事先的工作框架,教导处工作人员很好地完成了相关工作任务。

## 四、反思

在优化内部管理和引领教师发展以及规划学校课程上,学校的管理者应坚持"人人皆可成才"的理念,推动每一位学生成为具有健全人格的合格公民,推动每一位教师成为术业有专攻的优秀教师。其实学校管理并没有什么料事如神,只是按照教学规律,遵循政策法规,依据大政方针合理安排好学校的一切工作就自然会产生"前瞻思维"。

同时学校的发展要与时俱进,这时候,就需要有新的动力推动奔跑的车轮滚滚向前。这个新的动力名叫"新课标和新教材"。在这方面我们还应有更多的思考和行动,很多教师习惯了路径依赖,习惯了既有的教学模式,没有意识到"新课标和新教材"带来的如滚滚巨浪一般的改革。这不是一两次培训,若干次教研能解决的。我们将把"双新"作为学校管理中引领教师发展和领导课程教学的重要课题,以二十大报告中培养创新型人才的目标为指引,进一步深入课程改革的研究。

## 参考文献:

[1] 孟鸿伟.教育研究中的多层分析方法[J].教育研究,1995(2).
[2] 吴金香.从期望理论谈提升学校组织效能的策略[J].教师之友,2007(3).

# 谨慎研判风险隐患，精心组织考务工作

上海市虹口区教育考试中心　　刘定明

[摘　要] 高考是国家选拔优秀人才的重要途径，确保考试的公平与公正，直接关系广大考生的切身利益，关系教育公平的实现，关系社会的和谐稳定。本文以"促进公平，平安高考"为目标，谨慎研判风险隐患，强化安全管控，确保公平公正；强化部门协同，确保一体作战；强化技术保障，确保可靠稳定；强化信息水平，确保系统平稳四个方面，总结了在新高考中精心组织考务工作的应对策略。

[关键词] 考务管理　公平公正　风险意识　新高考

党的二十大对推进教育现代化、建设教育强国、办好人民满意的教育作了新的部署，指出教育、科技、人才是全面建设社会主义现代化国家的基础性、战略性支撑，这体现了党对教育事业的高度重视，国家对高素质人才求贤若渴。报告提出要加快建设高质量教育体系，发展素质教育，促进教育公平。

高考是国家选拔优秀人才接受高等教育的重要途径，确保考试的公平与公正，直接关系广大考生和家庭的切身利益，关系教育公平的实现，关系国家教育考试的社会信誉和社会的和谐稳定，深受社会各界的高度关注。

2017年开始的上海新高考改革，区教育考试中心在教育局的领导下，在教育考试院的指导下，以"促进公平，平安高考"为工作目标，在考试组织和招生录取等环节，做好设计，规范操作，稳妥实施，坚持高招工作公平、公正，坚持考务规定有温度，为考生服务，让越来越多的考生理解、接受"院校专业组"的志愿填报和投档录取模式的上海新高考改革。其中高考考务工作组织的顺利与否，直接影响到新高考改革的稳慎进程。因此，我们在工作中谨慎研判风险隐患，精心组织考务工作，助力上海新高考改革。

## 一、强化部门协同，确保一体作战

高考考务工作繁重艰巨，运维系统高度复杂，如何正确引导社会舆论、考生安全管理及如何保障考点周边的交通、安全都必须周密布局，整合资源。明确各部门职责任务，齐抓共管,形成合力,运用力量,切实强化统筹协调,确保一体作战。

**(一)区考试中心作好考区考务工作,实行三级培训**

考务培训层层开展,覆盖到所有考点,所有考试工作人员,确保层层有岗,岗岗有人,人人有责。各考点按照市教育考试院的要求,积极落实考试各项准备工作,并对所有考场及设施设备进行检查,对发现的隐患及排查中存在的问题进行整改。考区各学校排摸考生考前状况,及时与考点沟通处理,对个别学生作好合理照顾。

在新冠肺炎疫情常态化管理外,考点同时也要做好考试前期传染病预案。对出现患有肺结核、水痘、带状疱疹等症状的考生,区考务领导小组联合区疾控中心及相关部门,指导学校、考点制定应急预案,妥善处理。严谨的考务工作中还要带有"温度",才能稳定考生、家长的情绪,正确引导社会舆论,保障考试平稳开展。

**(二)各方通力合作,推进考区考务工作要求的落实**

按程序召开区高考联席会议。按照《教育部等10部门关于进一步加强国家教育统一考试环境综合治理和考试安全工作的通知》的要求,充分发挥联席会议机制作用,开展专项行动,狠抓关键环节,加强内部管理,综合治理考试内外部环境,确保高考考试安全和公平公正。

在考前,电力保障部门主动与各考点对接指导;公安部门全警动员上岗,主动排查考点周边环境,排摸风险点,确保平安;卫健委对考点防疫工作进行检查指导;建交委提供路点保障;区绿色护考各职能部门全面落实保障方案。

考试期间,分管区长、教育局主要领导坐镇区指挥中心,区绿色护考各职能部门领导值守区国家教育考试考务指挥中心,集中现场办公,及时协调处置各类突发情况,保障考试平稳顺利。

## 二、强化安全管控,确保公平公正

保密工作是考试生命线,一招不慎,对考试工作来说就是满盘皆输。如何监控试卷运送,如何屏蔽无线信号,如何对监考人员安全教育,是春季高考、三校生高考、秋季高考的重中之重。

**(一)加强保密室建设**

考前市区保密局多次来到区教育考试中心,对区试卷保密室开展检查。区教育考试中心对存在风险隐患的地方立即整改完善,确保落实安全保密制度,保密场所的管理规范到位。

**(二)加强人员培训**

试卷发放和回收环节采用多人多轮核对。试卷整理人员手机、照相机等与整理试卷工作无关的物品不得带入试卷整理场所。试卷整理过程中应有2人以上同时在场,所有人员在整理试卷工作全过程中不得单独离开试卷整理现场,离开时须接受必要的检查,确保没有将涉密材料带出试卷整理场所;返回试卷整理场所时须再次接受违禁物品检查。确保发卷环节安全和收卷准确无误,打造标准化考务流程,有效提升管理水平。

**（三）加强发卷和收卷中试卷运送环节管理**

一律采用加装视频监控的邮政车,2人以上考务人员随车,全程警车保障的运送方式,确保了试卷运输的安全。试卷入库整个行进路线全程在摄像监控下,试卷整理、保管、分发场所须安装2个以上摄像头。

按照严、慎、细的工作要求,考试均放在标准化考点实施进行。全程、全方位、无死角监控、录像,考点设立从考务办公室到考场的"封闭式"专用通道;考点主考组织对考试工作人员、监考员进行违禁物品检查,严禁手机带入考场、考务室。试卷必须在双人监控下,不得单独保管试卷。

**（四）加强无线信号的屏蔽**

协调无线电管理部门采取有效手段严密监控重点地区考点周边电磁环境。严防考生将手机带入考点、考场。在考生入场时或考生中途离座返回后,利用金属探测仪进行全方位检测、复测。重点打击考点内外串通利用无线电设备实施考试作弊以及替考作弊等违法违规行为。

以"零差错、零事故"为考务工作总目标,要求所有考点制定一考点一方案,统筹做好各项考务工作。在实施过程中,按照管理到位、措施到位、责任到位、服务到位的考务工作要求,并做好应急处置预案,实现平安高考。

## 三、强化技术保障,确保可靠稳定

外语科目听力考试一直是高考最为关注的风险点之一,考后常有考生投诉周边有噪声,接收效果不佳。考前区教育考试中心要求各考点利用全市听力试运转时对所有考场内的电台播音接收效果进行四角测试,测试效果由检查的师生共同签字确认,确保每个考场的收听质量。只有防微杜渐,才能防患于未然。

关于小语种听力考试,市教育考试院也做了调整,逐步采用光盘为主、磁带为辅的播放方式。我区是最早采用小语种笔试编排相对集中的,上财北郊考点统一化的操作程序,进一步增加小语种笔试和听力考试的安全性。

关于人机对话模式的外语听说测试是上海高考改革的新变化点,外语听说测试的考务组织重点发生了变化,更需关注硬件环境的可靠性、考试系统的稳定性。现场的考务工作也被分成了候考管理、现场管理和留置管理三个环节,监考技术人员增加成为影响考试组织的重要因素。为此,我区采用集中一个考点(南湖高院)编排外语听说考场,统一考场设备、统一考务要求,培训相对成熟的监考队伍和技术人员队伍。我区也是目前全市唯一采用此种方案的区,这几年取得不错的效果。

考前一个月,考点都会启动相应的准备工作,对所有听说测试考场进行安全与技术检测，协调电力部门对考点双路电源、UPS电源进行检查和应急处置。考前一个月组织所有考生进行全真模拟考试，排摸疏漏，细化优化考务操作程序，确保考试当日场次周转频繁的听说测试人机安全。

## 四、强化细节管理，确保平稳推进

根据市考试院要求，在上海新高考改革中，所有高考招生项目，含春考、专科自主招生、三校生考试招生、秋季高考等，报名工作都在网上一次性完成。网上缴费等流程需要全面对接全市的一网通办平台，春考、高考志愿填报都需对接市级平台。每个学校、每位考生都要经历最多不同时段的5次缴费和6次志愿填报的操作。考生对信息操作的熟练程度参差不齐，往往会漏报、错报。招生工作时间跨度长，各类信息的平稳对接，有利于后期的高招工作开展，确保高考工作平稳推进。

区教育考试中心及时总结经验，预判可能会疏忽的环节，强化细化管理。（1）报名环节抓重心。对所有考生的资格承诺、成绩承诺状态逐一梳理，严守底线，不漏报、不错报一人，确保信息准确和安全。（2）根据节点检查执行进度。每一付费阶段前作好提醒，付费截止前再核实每位考生付费情况；考生志愿填报前，区考试中心根据市级要求结合本区考生的特点对各负责人员开展培训，指导学校完成考生培训，确保每位考生知晓招生流程、填报原则。考生志愿填报后，区考试中心将所有志愿表与随机码进行比对，以防考生修改后漏交新志愿表。

招考工作无小事，高招工作关系到每位考生及其家庭。上海新高考改革作为全国高考改革的排头兵，还在不断完善的路上。考试中心将继续坚持以考生为本的宗旨，坚持考务公平的原则，按照"严而又严，慎而又慎，细而又细"的工作要求，强化风险意识，不断加强与完善考务管理工作。切实增强政治自觉，落实政治要求，扛起政治责任，以"时时放心不下"的紧迫感，落细落实落小各项考务工作，以"悠悠父母之心"的责任感，用心用情用力做好各项服务保障，以实际行动学习贯彻落实好党的二十大的精神，回答好"新时代办好人民满意的教育"这张大考卷，确保高考安全、平稳、有序、圆满进行。

**参考文献：**

［1］教育部教育考试院.五突出，五确保，全力做好2022年高考命题和组考工作［Z］.教育部教育考试院微信公众号，2022-6-7.

# 新形势下学校数字基座建设与应用

上海市虹口区教育信息中心　徐　扬

[摘　要] 为推进数字化转型赋能新形势下的教育变革和高质量发展,建设学校数字基座,使其成为可控、可信、可用、智能、高效的教育高质量新基础服务设施,形成"物联、数联、智联"一体化的学校数字基座新生态。它可以解决教育信息化发展过程中出现的一些矛盾和瓶颈问题,实现多源异构数据的有效管理,集数据采集、转换及加载于一体,在各个应用之间实现数据安全应用与交换。在未来促进教育管理业务重组和流程优化,支持管理决策和教育治理,实现校、区、市三级的数据有效融通共享,为基层教育单位进行技术减负、管理减负等方面有着广泛的应用前景。

[关键字] 学校数字基座　数字化　高质量发展

"教育兴则国家兴,教育强则国家强。"在党的二十大会议上,习近平总书记在报告中明确指出:教育、科技、人才是全面建设社会主义现代化国家的基础性、战略性支撑[1],高屋建瓴地为我国教育事业向教育强国方向发展建设指明了道路。作为教育系统中信息化改革和落实的部门,信息中心始终坚持以习近平新时代中国特色社会主义思想为行动指南,根据习总书记提出的要求——要全面深化教育领域综合改革,增强教育改革的系统性、整体性、协同性;要抓好深化新时代教育评价改革总体方案出台和落实落地,构建符合中国实际、具有世界水平的评价体系[2],将数字化、智能化融入教育信息化项目中,在市教委的统一部署下,探索我区学校数字基座建设,实施从学校的教育数字化转型,实现技术赋能学校治理体系和治理能力的现代化。本文简单论述新形势下学校数字基座的建设与应用。

## 一、学校数字基座建设背景和意义

为进一步落实教育部《教育信息化2.0行动计划》的三个全覆盖"教学应用覆盖全体教师,学习应用覆盖全体适龄学生,数字校园建设覆盖全体学校",建设学校数字基座,推进服务购买,改善信息化建设、管理及应用模式。以制定学校数字基座建设标准为引领,推进整体规划统筹,整区推进,以学校为最小建设单位,推进"政府定标准、搭平台,企业做产品、保运维,学校买服务、建资源"的信息化建设及运维模式,促进教育管理业务重组和流程优化,支持管理决策和教育治理,促进校、区、市三级的数据有效融通共享,为基层教育单位进行技术减负、管理减负,推进数字化转型来赋能教育变革和高质量发展。

人工智能时代,信息技术为学校信息化建设提供了多种途径,这也就造成了学校各自为政,各自开发,从而造成功能碎片化和标准差异化的情况,与"一网通办"不能较好地契合,从而影响教育现代化的实现和发展。数字基座是以新兴技术为底层支撑,构建开放共享、技术集成、交互可视的数据治理综合体系。学校数字基座作为数据中心,是多种技术的组合,是教育数据汇聚地,完整、规范、准确的数据体系能够将来自各级各类教育平台的多源、多态、异构、海量的数据,进行标注定义及分层建模,使得不同平台之间的数据高效融通共享,形成"物联、数联、智联"一体化的学校数字基座新生态。学校数字基座是教育信息化的基础系统架构,可以解决教育信息化发展过程中出现的一些矛盾和瓶颈问题。

学校数字基座应用接入规范标准的建立有利于打破信息孤岛,构建市级、区级、校级系统化应用生态,实现业务联动、数据融通、服务集成、资源协同的教育信息化发展格局,为显著提升教育治理水平,不断优化教育生态,以数字化转型全面赋能教育模式变革奠定坚实基础。建立符合教育数据标准的平台服务,从而实现市、区、校级教育数据的智能治理,促进数字化转型,进而保障教育的高质量发展。

## 二、学校数字基座建设的基本架构

依托教育数字化转型契机,以数据为核心、生态为基础、校级基座为关键点,打造学校数字基座,建设成为可控、可信、可用、智能、高效的教育高质量新基础服务设施。学校数字基座围绕教育教学的变革,在市级层面,要建设基础的核心数据库、市级管理平台和应用市场,提供统一认证,建立教育数字化转型的标准规范体系;在区级层面,要建立教育数据中心、区级管理平台和教育统一认证的区级子域。数字基座的建设需求需从数据标准规范、统一技术体系、服务体系、教育统一用户管理、统一应用市场、应用服务、安全标准规范等方面着手考虑。

学校数字基座建设的基本架构遵循"五大中心+五大规范","五大中心"是指物联中心、组织中心、数据中心、消息中心和应用中心,"五大规范"即建设及运营规范,包括学校数字基座建设规范、学校数字基座数据标准规范、学校数字基座应用接入规范、学校数字基座应用上架规范和学校数字基座运营服务规范等核心标准。

学校数字基座的五大中心具体描述如下。[3]

物联中心:解决所有物联设备的无缝连接。接入教育行业云与教育网,加强对物联感知设备统筹管理,加强网络安全及运维保障,为各类教育数字化应用提供高效便捷、安全稳定、按需使用的基础设施资源。

组织中心:全市建立统一组织用户体系,市、区、校按照实际管理的组织层级进行关联。市级平台设置市、区、校管理员,管理员可使用组织服务提供的管理功能,对组织关系、组织成员进行管理操作。各级组织自建的业务应用,按照统一要求接入学校数字基座,可使用组织服务提供的统一认证功能,实现业务系统用户的单点登录。组织内进行权限角色管理、权限点设置、管理员管理、应用授权,实现不同角色的用户权限管理。

数据中心:基于数据标准规范,提供教育数据从采集、存储、加工、分析、共享及可视化的全过程能力。针对市、区、校三级用户,提供独立的云上数据空间,用于存储各类数字化应用的业务数据及经标准化加工处理后的数据,并通过数据基座实现跨数据空间互联,实现教育数据在市、区、校之间的共享。通过可视化的呈现方式,为市、区、校管理平台提供基础数据、应用使用情况等数据的汇总概览。

消息中心:包括应用级消息(市级消息分发、区级消息分发、学校消息分发)和系统级消息(物联、数联、智联的消息分发和汇聚)。打破条块分割、单部门内循环模式,提供消息推送功能,利用基于基座的应用App方式,以学校、班级、个人等为单位,向用户按需推送各类消息和通知,并向上层应用提供消息通知的统一接口。

应用中心:构建市、区、校三级应用服务体系。统建市级应用市场,基于第三方应用提供易接入的标准化接口,实现应用准入、上架、展示、搜索及监管,为学校提供具有通用性的基础应用,区、校可浏览、查找应用,安装到组织成员的工作台进行使用。通过应用市场的监管分析,实现使用体验、评价、服务内容和质量的监管统计,配套应用淘汰机制,为用户建设真正满足使用需求的多样化、个性化应用。

## 三、学校数字基座应用及要求

### (一)学校数字基座业务场景简述

学校数字基座中涉及的业务场景主要包括教育评价、教育管理、教辅后勤、行政办公、信息服务等五大业务场景,共计28项详细的功能模块,其中包括14项推荐应用和14项拓展应用。

教育评价:教育评价指从学校、教师、学生、班级四个方面进行评价,包括学校发展性评价、教师专业发展记录、学生评价和班级考核等。包含以下三项核心应用:学校发展性评价、教师专业发展记录、学生成长档案。

教育管理:教育管理分别从学生、教学、作业、资源、科研、教研和学业记录等方面进行学生档案库、在线教学、作业管理、教学资源管理、科研课题管理、教研活动记录管理和学业情况记录管理等管理。

教辅后勤:教辅后勤模块包括课程管理、考务管理、学生考勤、安全管理、报修管理、资产管理、场地管理等部分。

行政办公:行政办公模块包括组织架构、人事档案库、教师考勤、批办公文等部分。

信息服务:信息服务模块包括应用管理、调查问卷、校内通知、校历、新闻发布、家校沟通等部分。

### (二)学校数字基座的应用原则

学校数字基座的应用应遵循"六个统一"原则:统一门户集成、统一用户管理、统一授权管理、统一接入管理、统一资源管理、统一安全防护,在市级数据标准的基础上,建立校级数据库。实现多源异构数据的有效管理,集数据采集、转换及加载于一体,在各个应用之间实现数据交换,并能向上级数据中心提供可靠的数据。

### (三)学校数字基座的应用安全

信息化建设安全性是基础和保障。为了保障学校数字基座的信息安全和应用,安全接口组件可采用CA证书和商用密码来保障信息安全。[4]

CA证书提供了安全套接层证书的一站式服务,包括证书申请、管理及部署功能,与顶级的数字证书授权(CA)机构和代理商合作,为网站、移动应用提供HTTPS解决方案。包括提交、取消证书订单、上传、下载证书等。

提供通过商用密码产品认证的国密Encryption SDK,其采用信封加密的方式,结合KMS多级密钥,灵活指定数据加密密钥的管理策略。用户只需调用加解密接口和关注CMK的权限控制,即可轻松实现本地高性能海量数据加解密。具体通过五步实施:第一极简加解密服务,第二多密钥容灾保护,第三数据密钥缓存机制,第四安全合规,第五国密算法支持。

## 四、学校数字基座应用与发展展望

虹口区基于区"数字虹教"建设需求,同时根据上海市教委关于数字化转型与学校数字基座建设等一系列文件要求,开展了虹口区教育数字基座的建设探索工作,目前初步搭成了虹口区学校数字基座网络版与增强版两个版本的数字基座,以满足学校低投入、高可用、灵活自主的数字基座应用需求,并投入了实际应用。

### (一)实际应用已落地

经过近两年的建设,当前数字基座基本形成了四大支撑服务。

数据融合与服务。包括了全区学生、所有在编与部分外聘教师、所有教育直属与相关机构为主体内容的三大基础库,并基于各类业务应用数据,融合构建了以实时数据、周数据、月数据、学期数据与年度数据为层次的30余个动态数据看板,为各类用户提供融合数据服务。

应用融合与服务。面向所有学校,提供包括一证(统一认证)、一平台(统一应用市场、统一权限管理、统一消息接口、统一接口标准)的各应用融合与服务。

数据与应用输出。提供面向区教育管理者、校长、相关业务科室、教师、学生家长等六大角色空间,实现市、区、校三级共计近40个第三方应用,构成面向各类角色服务的应用中心。

基座运营服务。正在构建"建、运、管、营""四位一体"的运营服务体系,降低学校的使用难度与使用成本。

### （二）发展规划已启动

#### 1. 完善保障体系

我们基于市级标准规范体系,完善区校数字基座标准规范体系,切实指导虹教数字基座的常态化及安全、高效地运营。主要需要规范化的内容包括:数据规范、安全规范、运营规范等。

#### 2. 提升基座基础能力

我们对标市教委数字基座规范,提升虹教数字基座整体支撑能力:构建物联中心,加强对物联感知设备统筹管理,加强网络安全及运维保障,为各类教育数字化应用提供高效便捷、安全稳定、按需使用的基础设施资源;提升消息中心能力,构建低代码开发平台,构建智能语音、人脸识别、地理位置等基础能力。

#### 3. 提升运营管理能力

我们提升虹教区、校数字基座运营管理能力,实现各项运营工作的规范化管理,同时提升平台运营效率;实现组织和用户信息的规范化、流程化管理;实现开发者注册、应用创建、业务审核、上架发布的规范化、流程化、自动化管理;构建API管理中心,实现数据接口、基础能力接口的统一管理,各类API接口的发布、查询、申请、审核、调用实现规范化、流程化。

#### 4. 提升对教育场景的服务能力

我们以市教委数字基座规范为指导,实际业务需求为导向,丰富应用中心对教与学及管理业务的服务能力;创建应用市场,引进市场化运作机制,允许供应商提供公开应用上架到数字基座应用市场售卖给教育单位使用;丰富能够服务于教、学、考、评、管、党建六大领域的创新应用;提升移动端功能。

#### 5. 扩大增强版校级数字基座试点范围与推广

我们在试点学校的基础上,总结经验并进行提升,根据实际情况扩大增强版校级数字基座试点范围与推广。

## 参考文献：

［1］习近平.高举中国特色社会主义伟大旗帜　为全面建设社会主义现代化国家而团结奋斗——在中国共产党第二十次全国代表大会上的报告［N］.新华社,2022-10-25.

［2］习近平.在加快推进教育现代化的新征程中培养担当民族复兴大任的时代新人,习近平谈治国理政(第四卷)［M］.北京:外文出版社有限公司,2022:6.

［3］GB/T 1.1-2020 学校数字基座需求说明与建设标准［S］.2021-10.

［4］GB/T 1.1-2020 学校数字基座建设规范［S］.2021-10.

# 新形势下教育财务管理者的新要求

上海市虹口区教育财务中心　邓　平

[**摘　要**]本文从教育财务管理者的角度,阐述新形势下教育财务管理的新定位以及特点。新定位催生对教育财务管理者的新要求,即应当做有教育情怀、有专业担当、有领导艺术的管理者,探索如何开展教育财务精细化管理,真正为教育系统基层单位把好财务门,守好经济关,为高质量教育发展做好财务保障工作。

[**关键词**]教育财务管理　新定位　新要求

习近平总书记在二十大报告中强调:"办好人民满意的教育。坚持以人民为中心发展教育,加快建设高质量教育体系,发展素质教育,促进教育公平。"所谓兵马未动,粮草先行,资金保障是教育工作的重要组成部分,是教育教学得以顺利进行的基础。教育的资金保障涵盖了校园管理各方面。随着事业体制改革不断深化,以部门预算、国库集中支付等为核心的财政管理体制改革,对教育单位财务管理者提出了更高要求。抓好教育财务管理与服务,对推进虹口教育的发展,实现"虹口教育强区"的总体目标有着重要的意义。

## 一、新形势下教育财务管理的新定位

### (一)教育财务管理工作的定位

教学和财务对于学校来说是车之两轮、鸟之两翼,相辅相成。两者相依存而生存,相矛盾而发展。教学是主要的、主动的,起引领作用的;财务是次要的,被动的,起跟随作用。财务管理是学校管理的一部分,其任务就在于动用各种管理手段,通过组织、指挥和协调财务系统,确保教育教学工作的顺利开展。

根据财务管理在教育中的地位和作用,财务管理要随着教育目标变化改变保障的方向,只有跟随到位,才能保障到位,服务到位。跟随到位需要有强烈的服务意识,积极的保障态度,机动灵活的工作机制,敏锐的预见力和洞察力。只有深谙教育规律、教学规律,才能做到急教育之所急,想教育之所想;只有深入调查研究,才能了解学校的真正需求,使服务更具有实效性和针对性,才能真正做到以学校满意作为工作的出发点和落脚点。

财务保障最重要就是要做到"四勤",即脚勤、眼勤、脑勤、手勤。深入基层,发现问题,思考问题,解决问题。当今世界日新月异,在飞速发展的信息时代,财务管理也会面临很多新情况、新问题和新挑战,这就需要财务管理者不断地学习,吸收养分,向前人学,向今人学,把别人的问题当作自己的问题,把别人好的经验当成是自己的经验,把别人的教训当成自己的教训,针对问题举一反三,防患于未然。

### (二) 教育财务管理的特点

#### 1. 资金条线多、管理范围广

随着社会对教育重视程度的提高,教育改革的力度不断加强,政府对教育的经费投入也随之提升。从资金条线来讲,资金渠道不断拓宽,仅财政拨款就有不同的来源,加之其他资金渠道,导致资金来源主体更为多元化。从费用支出项目来讲,不仅有教职员工工资及离退休人员福利,还有学校日常办公支出、教学内涵发展支出、物业管理、设备采购、食堂等。因此,财务管理在教育事业经济活动涉及范围广且复杂。

#### 2. 政策性、专业性强

财务管理工作涉及学校方方面面,必须遵循相关的财经法规开展管理工作,这都需要财务人员掌握一定的专业技能,技术素质越高,管理工作成效越好。财务管理者无须样样精通,但应是个全才,在政策允许的范围内合理地开展财务管理,才能更好地为教育服务。

#### 3. 具有阶段性的特点

例如,开学前后或年终关账前,学校采购添置设备会特别多。

#### 4. 综合性

财务管理工作是一项综合性的系统工作,服务范围广,远超其他部门。这就需要财务管理尤其是教育系统财务保障工作,需要站在教育主管部门的高度,制定一整套系统的、科学管理的方法,才能适应综合性的特点。

#### 5. 自觉性

由于财务管理工作面对的是广大的师生员工,这就要求财务管理者应具备主动性、自觉性强的素质,发挥高度的主观能动性,积极、主动做好服务工作。

#### 6. 敏感性

财务工作者要有高度的敏感性,因为学校财务工作的服务对象不是一般的单位和社会人员,而是教育管理者和教师。面对预算执行、报销等财务工作,如宣传说明不到位或教条主义,会让他们产生误解。作为财务管理者,要善于了解学校的需求、校长的教育理念,既考虑学校的利益与需要,同时又要结合政策的规定,考虑可能性和可操作性,从全局出发,考虑周到,避免盲目。

#### 7. 基层财务队伍业务素养薄弱

学校的主业是教学,财务人员属于后勤二处人员,在岗位晋升、职称认定、绩效奖励方面,学校都向一线教师倾斜,财务人员往往得不到重视。因此,财务人员对自身业务技能提升的内驱动力不足,业务素养薄弱,给教育财务管理带来很大难度。

## 二、新形势下对教育财务管理者的新要求

### （一）做有教育情怀的财务管理者

在教育系统工作，无论在哪一个岗位，都应该保持对教育的情怀。教育情怀是教育管理者对教育的一种热爱。但凡在教育管理领域有所建树的，都有着对教育的一腔热情和深情。教育财务管理者如果不是一个理想宏大、性格刚毅的人，不足以承担重任，不足以带领财务队伍，因为他的责任重大，道路遥远；一个教育财务管理者若没有坚韧的品质和宽广的教育情怀，不足以建立起现代化的教育财务保障体系。

财务管理者的角色意识、责任意识、作为意识、荣誉意识都是来源于对教育的情怀，来源于教育主人公责任感。作为教育财务管理者，就是需要做基层学校的公仆，必须勤勤恳恳，兢兢业业，全心全意地为学校、为教师、为学生服务，甘当基层学校的孺子牛。在其位，谋其政，司其职，求奉献，不索取，在教育发展和教育教学改革中打先锋，当闯将，做领头羊，领导教职工队伍朝既定目标前进。

### （二）做有专业担当的财务管理者

思想是行动的先导，担当是行动的具体体现。一个有思想的人，必定是一个有担当的人；一个有担当的人，一定不是一个从不得罪人的老好人。也只有担当，我们才能直面挑战，迎难而上，不忘初心，创造价值。"桥的价值在于承载，人的价值在于担当"，担当就是自己对自己的承诺负责，为自己的行为后果负责。

怎样才能担当呢？有担当，靠的是信念，讲的是原则，比的是付出，拼的是智慧。做一个有担当的人，就必须具备担当得起的能力。

#### 1. 探索财务精细化管理

随着社会的发展和教育改革的深入，财务管理也逐渐由传统管理向科学化管理转变。推行细节服务、精细化管理，是新形势下提升教育财务服务质量和管理水平的必然要求，在今后的财务管理工作中可以作一点尝试和探索。

首先，精细化管理体现在"细"上。"细"就是必须健全管理制度。"不以规矩，不能成方圆。"财务管理作为一项基础性和保障性的工作，制度在教育系统的财务管理中起着根本性的保障作用，是教育工作中不可缺少的重要组成部分，尤其是教育的决策层面，要加强制度的顶层设计。只有建立形成一整套完整的、规范有序的、合理的、可操作的制度体系和管理办法，才能保证财务管理有条不紊地运行。"不怕做不到就怕想不到"，只有想得细，想得全，才能做得到位。将工作环节控制作为精细化管理的切入点，做到每一件事情有目标、有落实，按照财务管理系统所涉及的各个条线，制定相应的制度、实施细则或管理办法，让基层学校在开展任何财务事宜时行之有据，按章办事，有规可依；让每个学校明确财务工作应当如何做、何时做、怎么做。

"细"也可以衡量财务管理的水平。财务服务必须善于抓小事、抓细节。重视细节、善于抓住带有倾向性的小事和细节，这实质上是提倡一种认真的态度和科学的精神。在

财务工作中没有一件事情小到不值得去做,也没有一个细节应该被忽略。越是不起眼的小事,如果不认真对待或不及时处理,小到影响教学环境,大到影响正常的教学秩序,甚至会造成触及底线、踏破红线的严重后果。所以,必须认真细致地对待每个细节,在"细"字上下功夫。

其次,精细化管理落实在"实"上。"实"是对财务管理实施者工作成效的反映。财务管理工作的服务性和保障性很强,必须有非常清晰的职责分工和责任关系。管理部门的管理对象不重叠、不重复,不相容岗位设置完善并坚决执行,避免因职责边界模糊而造成管理错位、管理失位,以及管理留白。在划分责任上,既有部门之间的责任范围,又有责任管理的深度控制,即明确各自责任管理的区域及层面深度,防止出现因交叉管理区域的责任不清而造成出了问题部门之间相互推诿扯皮,造成管理混乱,形成风险的局面。

"实"也是对财务管理工作的评价,是检查考核的过程。各项具体管理工作的落实情况都必须通过考核来完成。要将精细化管理内容纳入量化的目标责任制,进行综合考核,并作为评价考核的重要依据,真正做到"点滴求合理,细微见管理"。

最后,精细管理的成效在"精"上。向管理要成效,加强教育财务管理工作,充分有效地利用人、财、物,提高财政经费使用效率,这是提高办学效益非常重要的一环。

"精"能促进管理不断创新的动力。只有更好没有最好。财务管理工作必须与时俱进,不断创新,以新的更高的要求不断自我鞭策,才能适应教育不断发展的需要。要实现这一要求,一是完善预算绩效管理制度和机制,进一步拓展教育经费绩效管理的广度和深度,完善财务工作和虹口教育内涵发展协同机制,确保绩效管理延伸至预算单位和资金使用终端。二是实现绩效和预算管理一体化,进一步加强公共教育财政支出预算公开化、透明化,建立事前、事中、事后全过程绩效管理闭环系统,"硬化"预算和绩效"双约束",对绩效目标实现程度和预算执行进度实行"双监控",着力提高财政资源配置效率和使用效益,改变教育经费分配的固化格局,为虹口教育事业发展提供有力保障。三是强化绩效目标管理和监督,围绕虹口教育"大抓教育教学改革,狠抓依法治校"的各项重点任务,聚焦教育重点工作、重大项目,进一步提高预算部门绩效管理的意识,强化主体责任,落实"谁使用,谁负责"的管理要求,确保权责统一;对预算部门全面落实绩效管理的情况进行绩效监督,以监督促管理、提绩效,确保教育改革发展的顺利推进。

2. 精细化管理对财务管理者提出更高的要求

需要有精细化管理的意识。精细化管理需要全员智慧、力量发挥集合的作用。财务管理是靠一个个细节组成的,需要每个人都认识到精细化管理的重要意义。

需要身体力行做表率。财务管理者没有"细、实、精"的工作作风,是不能做好财务管理工作的。财务管理不但要注重结果,更要注重过程和细节,需要对全局了然于心,心中有数。

做"专"才,更要做"将"才。所谓千军易得,一将难求。特别是随着时代变化和教育发展,对财务保障要求越来越高,各类新矛盾、新挑战层出不穷,财务管理带头人的才能,对于财务保障和服务任务的完成,有着极其重要的意义。

对权力的敬畏之心。财务管理者对资金、资产等有行使决策的权力,承担领导责任。作为领导干部,除了应怀有对权力的敬畏之心以外,在日常管理中,更应该建立科学的监督机制,建立相应的问责机制和风险防范机制,让权力晒在阳光之下,确保权力行使的合法性,不触底线,不踏红线。

### (三)做有领导艺术的财务管理者

资金保障主要是管理和服务,在管理和服务过程中,人的因素是决定性的因素。因此,财务管理服务特别需要一支专业能力强、综合素质高的团队。团队的成员应具备责任心和求真务实的工作态度,敬业爱岗,遵章守纪,互相协调,能够维护教育的利益。

管理者应"善度材,善运众工",知人善任,将合适的人放在合适的岗位上;从感情上尊重对方,信任和理解员工,在此基础上实施目标激励、岗位激励、荣誉激励,激发大家对教育的热情,克服和消除财务人员在教育系统内低人一等的消极思想;切实关心他们的学习、工作和生活,通过人心管理激发人的潜能,充分调动人员的积极性。

管理者应重视每一个员工,善于发现每个人的闪光点,加以赞赏,这会增强员工的自信心,产生亲和力。管理者也可以适时地宽容一点。宽以待人,会增强团体的亲和度,这样的团体就有了凝聚力、战斗力,形成一个有机协调的整体,吐故纳新,成长壮大。

总之,教师的职责是教书育人,而财务人员的职责则是服务教育。作为教育财务管理者,要始终保持着清醒的头脑,深入学习贯彻党的二十大精神,在全面开启建设社会主义现代化国家的新征程上,面对虹口教育即将迎来与区域发展定位相匹配的新局面、新使命、新任务,继续坚持把握大局、审时度势、科学谋划、全力以赴,不断完善服务内容,找准定位,不忘初心,为虹口教育事业的成功,甘做衬托鲜花的绿叶。

## 参考文献:

[1]学校财务管理的特点[EB/OL].http://www.kjlww.com/m/article-3665.html.

# 调适外部环境

# 家校深度合作的复兴探索

上海市复兴实验中学　陈　辞

[**摘　要**]中学是青少年健康成长发展的关键阶段。如何使青少年在中学阶段养成阳光乐观的品格、健康良好的体格、正直善良的人格,塑造良好的学习习惯、生活习惯和行为习惯,为未来锻炼成长为德智体美劳全面发展的社会主义建设者和接班人打下坚实的基础,是一个重要而现实的课题。上海市复兴实验中学在长期的办学治校和育人实践过程中,坚持学校与家庭深度合作,教师与家长密切携手,充分发挥家委会助学、督学、治学的作用,初步探索出了富有特色的家校合作之路。

[**关键词**]家校合作　家委会　家庭教育　素质教育

落实立德树人根本任务,建设高质量教育体系,发展素质教育,是一项利国利民却又相当艰巨复杂的社会工程。这仅仅依靠学校和教师是无法完成的,必须开展深度的家校合作,由学校和家庭、教师和家长、教育界与全社会协同配合,互相支撑,共同完成。在此过程中,学校和教师发挥引领与主导作用,家庭和家长发挥配合与监督作用,社会各界发挥支撑与协同作用。

## 一、家校深度合作的基本思路

上海市复兴实验中学是虹口区一所中等规模的优质公办初级中学。学校的发展定位是建设成为一所"家门口的好学校"。学校秉承"求真为的,育人为基"的办学理念,依托区级复兴教育集团的优质教育资源,坚持以习近平新时代中国特色社会主义思想为指导,坚持贯彻落实新时代党的教育方针,坚持社会主义办学方向,坚持"求真"校训,坚持继承和创新发展相结合,努力践行优质教育和素质教育之路。

学校在家庭教育合作方面有着优良的传统,是"十五""十一五""十二五""十三五"家庭教育指导实验基地学校,基本形成了规范有序、目标明确、措施落实的家校合作工作格局。近几年来,学校立足于本校实际,坚持"家校协同配合,规范机制建设,丰富合作内涵,打造品牌特色,共建、共育、共管、助学、督学、治学"的家校合作工作思路,精心规划设计,着力构建家校合作素质教育共同体,逐渐形成了自身特色,素质教育和优质教育显见成效。学校特别注重亲子沟通、家校交流、社区认同,关注家长的获得感与满意度,关注学生的健康成长,受到学生与家长一致称赞。媒体的关注、同行与社区的认同,使得上海市复兴实验中学已然成为百姓心中"家门口的好学校"。

## 二、家校深度合作的具体举措

### (一)加强顶层设计,明确建章立制,优化家长委员会管理体系

家校合作的目的,就是充分发挥学校与教师在素质教育中的引导作用,发挥家庭和家长在素质教育中的配合与监督作用,发挥社会力量在素质教育中的支撑与协同作用。为此,必须从体制机制方面加强统筹规划和顶层设计,从制度建设层面为家校合作找准出发点和落脚点。上海市复兴实验中学特别重视家校合作的建章立制工作,并在学校章程中予以体现,明确规定了"家长对学校办学活动和管理行为有知情权、参与权、建议权、监督权和参与决策权","学校设立家委会,加强家校联系,提高办学透明度"等相关内容。学校还制定了《上海市复兴实验中学家长委员会工作章程》,明确了家长委员会成员构成、产生办法、程序和家委会成员的权利和义务等内容。

学校建立了由校级—年级—班级构成的三级家长委员会网络。自2014年起,家委会就参与学校管理,对学校开展的教育教学活动特别是事关学生切身利益的事项进行监督,提出意见和建议,帮助学校改进工作。同时学校也通过家委会平台,广泛宣传家庭教育在促进未成年人思想道德建设中的重要作用和不可替代性,积极探索与家长、社区交流合作的新途径、新方法。

经过多年的努力,家校合作的机制已日臻成熟,家委会参与学校各项管理已成常规,家委会竞选、履职等活动已经制度化,家校合作的意识已深入全体师生和家长心中。

### (二)加强分类管理,整合各方资源,强化家庭教育指导工作

开展深度家校合作,在充分发挥家长委员会作用的同时,还必须加强对于家庭教育的指导工作。上海市复兴实验中学在近三年的发展规划中,对家庭教育工作进行了全盘的思考与规划,每学期学校会根据具体计划开展家庭教育指导系列活动及课题研究。

学校建有三层级家庭教育组织架构(见图1),融合家、校、社三方力量,承担不同的职能分工:第一层级为学校家庭教育领导小组,由校长担任组长,依据《中华人民共和国家庭教育促进法》等上位文件精神,负责整体规划和推进学校家庭教育工作;第二、三层级分别为家庭教育骨干团队和家庭教育实施团队,承担家庭教育研究指导和具体落实工作。

学校积极开展全员导师制的实践与研究,让每位教师都成为优秀的家庭教育指导者。学校每学年举办一次家庭教育指导研讨会。参加人员由最初的班主任和德育工

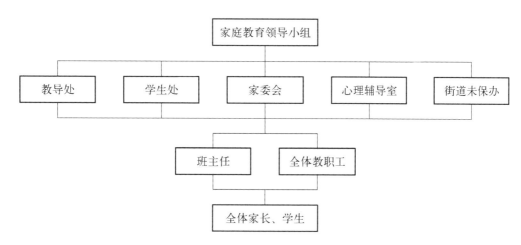

**图1 上海市复兴实验中学家庭教育工作架构图**

作负责教师,发展成目前家庭教育专家、班主任、心理老师、科任教师、家长和学生共同参与的新格局。研讨主题也更为多元,涉及"家校联系中的规范与艺术""学生人生规划指导教育中的资源开发""创新素养培育视角下的家校合作"等议题,备受家长们欢迎。

学校积极加强家庭教育指导者能力建设,借助市区级培训及学校资源,鼓励教师积极参加家庭教育指导师、心理咨询师等专业培训,多方面提升家庭教育指导能力。同时按照家庭教育指导工作计划,所有的家庭教育指导服务都计入教师工作量,并纳入年度绩效考核,学校同时承担教师参加家庭教育培训和学习的费用,激励更多的教师投入家庭教育工作中来。

学校充分整合家庭、社区资源,建立"家庭—学校—社区"家庭教育协调共建机制:学校与附近居委、干休所结对,每年假期都会安排两三名教师志愿者,参与组织社区学生活动和家庭教育指导工作;每年假期,学校会组织亲子活动。通过开展深度社区合作、军民共建,学生素质教育真正融入了家庭和社区。

此外,学校还拥有一支有一技之长的家长代表兼职队伍,定期参与学校拓展探究课,如徒手剪纸、腰鼓、少儿拉丁舞、瓶雕等,有些课程已经形成了校本课程。学校还为家长提供平台,建立了家长讲师团,用家长的力量帮助家长正确施行家庭教育,聘请有关家长开设讲座,介绍成功的家庭教育经验。

**(三)办好家长学校,开展家长心理培训,增强家庭教育指导的实效性**

办好家长学校是学校开展素质教育的一个重要抓手。学校对家长学校的建设常抓不懈,持续用力,根据《上海市中小学家庭教育指导大纲》的要求,精心设计家庭教育指导校本课程框架(见表1),并根据形势和需求变化不断充实和调整课程内容,引导家长们正确面对教育改革新政,正确引导孩子们的学习和成长。

表1　上海市复兴实验中学家庭教育指导校本课程内容架构

| 年　级 | 主　题 | 主要内容 |
|---|---|---|
| 六年级 | 新生入学指导 | （1）家长——孩子的"教科书" |
| | | （2）小升初衔接教育的重要性 |
| 七年级 | 培养良好学习习惯 | （1）正确对待孩子的学习成绩 |
| | | （2）引导孩子正确使用网络 |
| 八年级 | 帮助孩子顺利度过青春期 | （1）重视培养孩子独立自主 |
| | | （2）重视孩子审美能力培养 |
| | | （3）科学对待生理心理变化 |
| | | （4）引导孩子热爱生活、珍惜生命 |
| 九年级 | 正确面对中考 | （1）认真对待人生又一转折 |
| | | （2）采用最合适的学习方法 |
| | | （3）临近毕业，学生的身心状况及应对措施 |
| | | （4）协助孩子做合理升学选择 |

此外，学校还大力开展家庭教育分类指导，针对不同学生的行为表现特点及家长的教育能力等情况，开展不同形式和内容的家庭教育指导，帮助家长使用科学的教育方法，树立现代家庭教育理念，建立民主、平等、和谐的家庭关系和良好育儿环境。这些活动得到家长的广泛认可和积极参与。

近年来，学校重视家长心理教育的培训，认为这是满足不同家庭实际需求的有效方法。开展家长心理培训旨在帮助家长读懂自己，从而塑造健康的心理情绪，进而使亲子关系变得更加健康和富有意义。学校借助社会、高校等专业力量，通过不同形式、不同层面的心理培训，满足家长们的心理需要。既有对全体家长进行的普适性心理健康培训，如"'避雷'教育并不难——浅谈青春期孩子家庭教育""居家学习期间家长的自我照料""家长的焦虑源自哪里？"等具有针对性和时效性的讲座和互动，也有满足特殊需求的小型团体心理辅导和家长读书会。这部分家长也作为家长群体中的引领者，积极推动了家庭心理健康教育。2022年，学校开设了"非暴力沟通——用爱搭建沟通桥梁家长成长工作坊"，邀请华东师范大学心理中心的教授以心理剧的形式开展系列心理辅导。

这样的培训符合家长的实际需求，活动的出勤率很高，反响也很好。每次活动都能引起家长的热烈呼应，也改善了家长的育儿理念以及家庭教育方法。

**（四）强化家访工作，让家长走进学校，开展多种家校合作活动**

在开展家校深度合作方面，上海市复兴实验中学既重视家访工作，促使教师们走进学生家里，也鼓励家长们走进学校，加强对于学校的了解、理解和监督。

在家访工作中，学校规范了班主任和导师们家访工作的具体要求，强调"访前备课、访中记录、访后反思"3个环节。针对新生的首次家访，学校事先开展新生家长问卷调查并进行分析，从整体情况和个案上对教师们进行家访前的分类辅导，促使首次家访科学有效，从而建立良好的沟通基础。

在鼓励家长们走进学校、监督学校方面，学校精心策划丰富的校园开放活动，让家长走进学校和了解学校，增进亲子沟通和交流；让家长们通过听课、交谈、走访、调研等方式，了解和监督学校教育教学工作，使家庭教育与学校教育紧密接轨，形成积极有效的教育合力。在疫情期间，学校仍旧坚持线上校园开放，邀请家长代表走入线上学校，共同参与和谋划线上学校的建设。

学校每年开展"复兴实验智慧家长"评选，挖掘一批具有科学育儿理念的家长，推进家长间的互相学习、互相促进；通过"小手牵大手"的方式，培养学生与家长共同学习与成长的意识，在创建学习型家庭的同时也践行着学校的社会责任……实践证明，这些举措大大提高了家长对学校素质教育的关注与支持度，使家校互动产生良性循环，产生积极推进的效应。

**（五）充分沟通意见，加强舆论引导，鼓励家长参与监督、管理学校**

学校的教育教学管理等工作，如果想得到家长们的理解和支持，信息沟通、舆论引导是关键的一个环节。在家庭教育工作中，学校充分利用校园网站、微信公众号平台，宣传学校的办学理念和阶段性重要工作，充分听取家长们对学校教育教学管理工作的意见和建议，并及时答疑解惑，同时注意收集和整理家长们的意见和建议，利用家长会等契机，与家长们进行充分沟通交流。如：在学校微信公众号、学校网站设立家校互动专栏，开设校长接待日，与学生家长进行及时、快捷、有效的沟通，将一些已露苗头的矛盾和问题及时化解在萌芽之中。

学校、家庭、社会是学生成长发展的共同体，共同承担着教育责任，共同承担着学生健康生活、快乐学习和幸福成长的责任，共同承担着引导崇尚、实现真善美的重任。只有通过开展深度的家校合作，让家长与社会真正参与共建共育共管，深入开展助学、督学、治学，才能发挥家庭与社会对于学校的协同与支撑作用，才能更加有效地促进学生全面健康发展。近年来，上海市复兴实验中学一直致力此方面的研究与实践，以开放的办学姿态不断向着家、校、社合作，共育、共生、多赢的理想状态努力前行，办学质量逐年提高，社会声誉日渐提升，赢得了学生、家长和社会的广泛赞誉，成为真正意义上的"家门口的好学校"。2022年，上海市复兴实验中学被评为上海市"十三五"家庭教育指导实验基地特色校和上海市家庭教育示范校，不断发挥着辐射引领作用。未来，学校将深入贯彻落实党的二十大精神，坚持以习近平新时代中国特色社会主义思想为指导，继续在落实立德树人和提升素质教育方面持久用力,在以往工作的基础上,在家、校、社合作领域精耕细作,在合作内容、方式、课程建设、评价等方面开展深度探索和实践,努力塑造学校特色,推进素质教育高质量发展,为办好家门口的好学校和办好人民满意的教育再创新的佳绩!

## 参考文献:

[1]鲁道夫·德雷克斯.父母:挑战[M].花莹莹,译.北京:生活书店出版有限公司,2017:45-47.

[2]毕庶刚.家校合作模式下初中班级管理[J].新课程教学(电子版),2021(09).

[3]赵红霞.家校教育合作新模式的构建[J].教学与管理,2020(20).

[4]倪天丰,朱世彦,高占欣.家校合作模式下的初中生心理健康教育研究[J].基础教育论坛,2020(31).

# "杨柳风"起处，读书不觉春已深

## ——"杨柳风家长读书推进会"引领家庭教育指导的实践思考

上海市虹口区柳营路小学 陆建锋

[摘 要]基于上海市虹口区柳营路小学家长和学生的实际情况，学校在家庭教育指导工作中不断摸索，逐步形成了具有柳营特色的"家长读书推进会"机制。学校以阅读为抓手，坚持家校合作，在"家长读书推进会"模式中通过"三推四进"促进家长教育观念的转变，从而营造良性的亲子关系，实现亲子共同成长。

[关键词]家长读书推进会 亲子阅读 亲子共同成长

在党的二十大吹响了迈向第二个百年奋斗目标的冲锋号之际，柳营路小学作为育人的主阵地，必须全面贯彻党的教育方针，落实立德树人的根本任务，培养德智体美劳全面发展的社会主义建设者和接班人。

我校是上海市唯一一所公办的100%招收外来务工随迁子女的小学。全体家长都是外来务工者，忙于生计，无论是学历层次、文化水平、文明素养，还是教育理念、教育方法等，都比较落后，无暇顾及家庭教育。虽然初中及以下学历的家长占据家长群体70%以上，但同样期盼孩子能获得良好的成长与发展。

由于校情特殊，"柳营"家长成长的重要性甚至超过了学生成长。学校致力于研究出适合我校的家庭教育指导之路，以"丫丫81个好习惯"引路，着力于"亲子共同阅读"，逐步形成柳营路小学"杨柳风家长读书推进会"家庭教育指导特色，引领亲子共同成长。

学校确定了以"家长读书推进会"为载体，对家长开展亲子阅读指导，并为"推进会"起了富有寓意的名字——"杨柳风"。"沾衣欲湿杏花雨，吹面不寒杨柳风"。意通过指导家长掌握亲子阅读方法，推进亲子阅读，营造良性亲子关系；通过多种形式的家校合作、沟通，转变家长育儿理念，最终实现亲子、家校共同成长。

## 一、阅读科研课题：从"阅读扶贫"走向"阅读致富"

阅读的功效远不止语文成绩的提高，更大的意义在于知识背景的拓宽、情感的熏陶、文化的认同,以及在读书过程中培养注意力集中的能力、读书的习惯、与他人分享感受时获得的情感支持等。这些益处对孩子来说,具有更大的养成价值[1]。

学校科研课题"杨柳风读书推进会促进亲子共同成长"结题时被评为"优秀"。该课题研究的初衷是牵着"柳营"的学生及家长的手,带领他们改变阅读的"穷困面貌",从不阅读到爱阅读。虽然研究已结题,但阅读要继续发展,"阅读扶贫"将逐步转变为"阅读致富"。

### (一)"杨柳风"促进亲子共同来成长

1."推"家长育儿理念的蜕变

通过"推进会"的指导,帮助家长认识阅读的重要性,掌握正确的阅读指导方法,形成正确的育儿观念。

《"杨柳风"亲子阅读的乐趣与方法的指导》校本教材依据家长学历、家庭教育能力、亲子关系等因素分年级编写。每个年级的教材设5个单元,每个单元设置"知识篮""问题盒""解锁法""建议库"4个指导板块,通过多种形式指导家长带领孩子走进读书天地,产生阅读的愿望;通过多种途径拓展家长阅读知识面,激发亲子阅读的内驱力;通过多种实践体验活动指导家长掌握实践探索的方式,激发阅读的主动性、积极性;给予家长实用易操作的亲子阅读方法;指导家长了解阅读内涵,愉悦地进行亲子阅读。

2."推"家长陪伴方式的转变

学校引导家长在亲子阅读的过程中增强亲子沟通与交流,增进相互了解与理解,从根本上促进家长陪伴方式的转变。

家长和教师共同设计"杨柳风读书笔记",使用后再听取各方意见,进行修改。每月的"亲子读书笔记",由家长和孩子共同阅读完成。"推进会"对如何做好亲子阅读笔记做了指导。

"推进会"利用各种途径进行读书好方法的分享。例会上,说读书方法、成果;读书节,分享阅读乐趣;班级群,交流阅读感想;"亲子读书笔记"展,交流读后感。家长在教师的引领下深刻剖析家庭问题,在交流中智慧碰撞。

3."推"家长学习内容的改变

家长意识到家庭教育的重要性,主动做好家庭教育,孩子才能健康茁壮地成长。推动家长学习内容的改变也是重要的一环。学校通过"请进来""走出去"的方式,为家长提供了多元学习内容,引导亲子"大阅读"。

学校请来儿童心理学硕士研究生钱海燕,为全体家长作绘本《葡萄》的亲子阅读指导示范。家长了解了亲子阅读绘本的方法,懂得了在孩子成长的过程中要不断地施予爱。学校还邀请上海师范大学儿童心理学博士生导师吴念阳教授为全体家长作"阅读促进认知发展"的讲座。家长们掌握了亲子阅读的一些方法,极大地激发了开展亲子阅读的兴趣。上海市语文特级教师乐燎原为全体家长作了"怎样欣赏唐诗宋词"讲座,得到家长们的好评。

学校还组织学生和家长参加"亲子面塑"活动；组织学生前往上海少儿图书馆，进行"有趣的绘本"阅读活动。家长和孩子在共同学习的同时，收获快乐，增进了亲子情。

**（二）"杨柳风"带领亲子共寻文化根**

"柳营"的孩子从身份上而言，分散在祖国各地；从归属感来说，他们始终惦记着"老家"。"推进会"带领家长和孩子共同寻找、阅读自己家乡的文化之根，这不同一般的"寻找"过程中，实现了四个"进"。

1. 亲子间认同度的改进

互相认同的亲子陪伴，才是最有意义的陪伴。自我认同的形成是从家庭中获得的。家长和孩子共同寻找、阅读有关于家乡美食的书籍。孩子摸到了阅读的门道，家长们深入参与到亲子阅读中，开始理解孩子，全力支持孩子，对孩子一生的成长将产生至关重要的影响。

2. 亲子间亲密度的增进

"推进会"组织开展的各项活动，让孩子感受到平等与尊重，在各种阅读活动中与家长互动、与家长交朋友，形成良好的交流模式，提升了亲子关系的亲密度。

3. 亲子间成就感的跃进

学校通过"推贤让能"，发挥家长们的特长，让他们真正参与到家庭教育指导工作中来。每年聘请"推进会"成员为"阅读理财师"，让家长共同参与项目的管理，帮助大家在亲子阅读中实现"教育增值"。

4. 亲子终身学习的跟进

"柳营"的家庭教育指导工作打破了学校边界，走出校门，与兄弟学校携手同行。近年来，"绘本阅读"亲子教材成为"三新联盟"教育集团的走校教材，给其他学校近百名学生与教师"传经送宝"。

学校召开研讨会，班主任、家长与多伦同心小学的教师共同参与，分享亲子阅读指导的方法。班主任们紧紧围绕"亲子阅读"这一主题，对家长们进行指导。家长代表分享自己开展亲子阅读的经验。亲子终身学习的氛围渐浓，方法渐多，乐趣渐生。

# 二、阅读人员构成：从"阅读小径"拓宽为"阅读大路"

## （一）微光大义：话教师阅读

教师阅读好比"微光"，照亮了学生的心灵，使他们拥有一生都能健康、快乐向前奔跑的兴趣、能力。

我们倡导教师广泛阅读，强化教师自主读书意识，人人读一本教育专著，每月完成一次读书摘抄，年年参与教师读书节活动。我们组织教师探访"建投书局"，开展多种读书活动，提升教师师德素养，改善知识结构，提升理论和实践水平，推进课程改革，有效改进教学行为,促进专业发展,做学生践行社会主义核心价值观的引路人。

### (二)书海灯塔:说学生阅读

学生阅读犹如灯塔,照亮的是一生的航行之路。在关注学生学习经历、培养学习习惯、激发学习兴趣的教育新形势下,学校结合"快乐、和谐、发展"的办学理念,以"让每个孩子得到适合的发展"为宗旨,开展系列读书活动,培养学生良好的阅读习惯。

学校开展"古诗词诵读——彩虹绘就梦想 经典浸润人生"的活动,传承中华优秀文化,营造博学多思的校园文化氛围,增强学生的民族自信心和自豪感。"语文阅读节"活动,充分激发学生的读书兴趣,引领学生在书海中"浸润美丽心灵、品味真情真理"。

### (三)星光闪耀:论家长阅读

学校以"推进会"成员为阅读核心,由他们邀约、组织各自班级中的家长一起阅读,更贴近了家长们的需求;我们又以亲子阅读这一形式,请家长们参与到各种阅读活动中,通过各种有效的途径,采用各种适合的办法,激发家长们的阅读兴趣,养成阅读好习惯,让家长们释放阅读热情。

## 三、阅读方式方法:从"阅读单一"变成"阅读多元"

阅读不是简单地增加阅读量,需要立体发展,多维度推进。

### (一)专家指导,阅读不盲目

阅读质量的提升有赖于数量的积累。阅读量很重要,同时要会阅读。在掌握正确的阅读方法的基础上,方能以"数量"换"质量"。学校先后聘请上海师范大学吴念阳教授为学校开展亲子阅读进行专业指导;聘请特级教师乐燎原老师为家长进行"中华传统文化"的讲座……专业人士的加入,大大提升了我校家庭教育指导的水平。多元化、多维度的队伍建设,架构起学校家庭教育指导工作的立体网络,丰富了指导工作的文化内涵,拓展了空间外延。

### (二)光影世界,阅读有创造

"小镜头,大阅读",家长和学生在春节这个传统节日,在自己的家乡共同拍摄以"年味"为主题的照片;闲暇时,家长与孩子共同拍摄各种主题照片……亲子共启另一种阅读模式,用镜头去观察、去思考、去交流。

### (三)绘本阅读,阅读入人心

因为绘本在语言、画面形式、内容、主题等方面的特征,符合儿童的认知规律,受到儿童的欢迎[2]。学校倡导的"亲子绘本阅读"不是仅仅让孩子准备好阅读材料,作为一项任务读给家长听,也并非单纯地让家长阅读给孩子听,更不是让孩子和家长一起对阅读材料简单地看或读,而是倡导家长和孩子在共同阅读中共同成长。

小韩妈妈是"推进会"成员,特别热爱亲子阅读。小韩喜欢绘本《环游世界做苹果派》。

在老师的指导下,小韩妈妈把亲子阅读拓展到家以外的地方,带着孩子,带着绘本去超市,把亲子阅读放到实践中去。她们辨认世界各地的食材,讨论食材的产地、味道……她们阅读兴趣更浓了,视野更开阔了,思考更深入了。孩子和妈妈的交流更顺畅,心灵的连接更紧密了。

四(2)班老师在母亲节给家长和孩子们上了一堂别开生面的亲子绘本阅读课。老师先邀请妈妈和孩子阅读安东尼·布朗的绘本《我妈妈》;再请孩子画妈妈,作品做成PPT,亲子共同阅读自制绘本《我妈妈》。不少孩子满怀自豪,说着妈妈的"好"……孩子和妈妈还互相吐露心声,有效的沟通增进了互相理解。

亲子绘本阅读项目的结束,并不意味着家庭教育指导的终结。亲子绘本阅读是"良药",但仅靠一服"良药",是没法"治本"的。后续有效的思想疏导、正确的方法指导必不可少。学校对亲子关系有问题的家庭进行仔细询问,定期进行个性化的家庭教育指导。

"杨柳风"起处,读书不觉春已深。通过指导,家长认识到阅读是愉悦的,不是对孩子的惩罚,不是逼迫孩子完成的任务。阅读既可以增长知识,又可以拉近亲子之间的关系,是孩子跟家长敢沟通、能沟通、会沟通的良好媒介。家长进一步认识到了亲子阅读的重要性,从被动转变为主动,积极参与、关心孩子的成长过程,形成正确的育儿观念。家长和孩子的心理健康发展,家庭也更加和谐美满。

## 四、对于"文化寻根"的阅读探索的思考

### (一)新起点,新亮点

学校在培育和践行社会主义核心价值观的过程中,注重从校情出发,从学生家庭的实际出发,从教师、学生、家长三个层面积极推动,开展读书活动。下一阶段,"引领全体学生、家长、教师以'文化寻根'为主线,牢固树立终身学习的理念,从读书做起,传承中华优秀文化,弘扬民族精神,增强文化自信,掌握阅读良方,积极培育和践行社会主义核心价值观"将成为学校的新起点、新亮点。

### (二)新探索,新教育

习近平总书记在党的二十大报告中将教育、科技、人才放在第五部分进行统筹部署。科教兴国战略、人才强国战略、创新驱动发展战略都是党中央提出的需要长期坚持的国家重大战略,也都是事关现代化建设高质量发展的关键问题。"这既坚持了教育、科技、人才是全面建设社会主义现代化国家的基础性、战略性支撑,又强调了三者之间的有机联系,通过协同配合、系统集成,共同塑造发展的新动能新优势。"新的政策背景和学校新的发展阶段都对学校各方面工作提出了新的要求。如何在学校的收官阶段圆满完成最后几届学生的培养任务? 如何让"阅读之文化寻根"牵"五育"——即在德育、智育、体育、美育、劳动教育中渗透有效有趣有意义的阅读? 如何使教师队伍能够充满热情、砥砺前行,做好人才的储备与输送工作? 这些都亟待我们不断反思与探索,在勇往直前的实践中谨慎思考,保持优良作风,有志有为!

## 参考文献：

［1］吴念阳.让孩子爱上阅读［M］.上海：上海人民出版社,2012：11.

［2］吴念阳.绘本是最好的教科书［M］.北京：北京大学出版社,2015：23.

# 构建高质量家校合作教育生态体系，共育"五自"新人

上海市虹口区第六中心小学　尹　杰

[摘　要] 构建高质量教育体系必须加强家校合作，共创促使学生全面健康成长的良好育人生态。对此，学校高度重视，将"加强学校、家庭、社会密切配合的育人体系建设，形成教育合力"构想写进了学校章程，通过优化家校合作机制，努力建构高质量家校合作教育生态体系，培养道德自律、学习自主、健体自觉、审美自悦、劳动自立的"五自"新人，收到了一定的成效。

[关键词] 高质量　家校合作　教育生态体系

教育是国之大计、党之大计。习近平总书记指出，我国社会主义教育就是要培养德智体美劳全面发展的社会主义建设者和接班人，要努力构建德智体美劳全面培养的教育体系，形成更高水平的人才培养体系。

## 一、时代呼唤，现实要求

党的二十大报告指出，办好人民满意的教育，离不开教育工作者的辛勤付出，也离不开社会各界对教育事业的大力支持。在建设高质量教育体系的过程中，无论是思想道德教育、文化知识教育、社会实践教育等各环节，还是基础教育、职业教育、高等教育等各领域，抑或是家庭、学校、教育主管部门等社会各方面，都要积极为青少年成长营造良好氛围，提供必要条件，努力形成全员育人、全过程育人、全方位育人的格局，共同汇聚起为党育人、为国育才的磅礴力量。

学校、家庭是孩子成长最重要的环境，学校教育与家庭教育密不可分。现实中，学校在日常处理家长与教师之间的问题中发现一些情况：有的是由于家长偏听偏信，不了解学校的实际情况而造成的；有的是教师不了解学生家庭情况而错怪孩子。分析下来，问题根源在于学校与家庭、家长和教师相互的不了解、不信任。如果让家校多沟通交流，增

进相互的了解和信任,让家长从学校教育的"旁观者"转为"参与者",进而成为"合作伙伴",就能创设促成学生全面健康成长的良好育人生态,促进立德树人目标的实现。

对此,学校高度重视,在听取家长和教师意见的基础上,协同各部门,将构建新型家校合作关系写进了学校章程,提出了"加强学校、家庭、社会密切配合的育人体系建设,形成教育合力"的构想;学校3年发展规划为家庭教育指导工作指明了方向,以培养"五自"新人为育人目标,将"家委会职能创新,推进学校、家庭、社区三方联盟主体发展"作为重要工作目标;年度工作计划将家庭教育列为重点工作内容,努力勾画以立德树人为圆心,以家校合作为半径,共育"五自"新人的同心圆。

## 二、完善机制,创新举措

《中华人民共和国家庭教育促进法》要求家庭教育、学校教育、社会教育要紧密结合、协调一致。为此,学校秉承"手牵手,心连心,自主快乐同成长"的办学理念,以"上海市家庭教育指导实验基地"建设为契机,以课题研究为载体,发挥党政"一肩挑"组织优势,带领各部门通力合作,完善优化家校合作相应机制,通过队伍建设、合作内容研发,特别是"三员制"家委会职能的创新实践,激励家长广泛参与学校管理、课堂教学、教育实践等活动,家校携手,共筑高质量家校合作教育生态体系,凝聚培育"五自"新人合力。

### (一)优化机制队伍,定向育人

1. 完善组织制度

习近平总书记强调,要建立健全坚持和加强党的全面领导的组织体系、制度体系、工作机制,切实把党的领导落实到各领域各方面各环节。学校将党的领导贯穿家校工作全过程、各方面。党的领导是一种凝心聚力、奋发向上、创新作为的重要力量,党支部书记兼校长全面负责,指导相关部门统筹家校合作机制,推动家校共同体规划实施,建立了学校家庭教育指导领导工作机制,有计划地开展家庭教育指导。学校领导带领班子成员、党员骨干教师着力在开放办学及家委会职能发挥方面进行探索研究,制定了相关制度,保障了学校家庭教育指导工作有序运作。

2. 建立"三层级家委会"

家委会是学校推进家校合作、促进家长参与的重要组织,也是代表家长利益、履行家长权益的组织。为了科学有效地发挥其职能,支部书记带领学校管理层遵循民主、公开、自愿的原则,精心策划、动员家长根据家委会委员的任职条件积极参与,采用自主申报和无记名投票、民主推荐相结合的方式,选出委员会代表,组成班、年级和学校"三层级家委会"。

3. 组建专业团队

家校合作离不开良好的师资这"第一资源",需要培养、训练出一支有理想信念、有道德情操、有扎实学识、有仁爱之心的"四有"好老师专业团队。为此,学校将教师培训与课题研究相整合,点面结合,分层分类指导培训:7名教师参与了中国青少年研究会举办的"中国家庭教育指导师"培训，3名教师参加了区"萨提亚"模式家庭治疗培训，1名教师参加了与港大联合开办的引入生命自觉"萨提亚"模式家庭治疗初阶、进阶班培训，形成了家庭教育指导核心团队。学校还聘请了家长作为指导员，具有专业特长的人员作为长期兼职教师，形成了近200名家长志愿者的队伍。优质的专业团队为家校合作奠定了人才基础。

**（二）创新举措"二三四"，智慧育人**

**1. 推行"家访二人行"**

习近平总书记提出，要实现全程育人、全方位育人。为落实全方位关心到每一个学生，学校以全员导师制为基础，创新家访形式，推行了"家访二人行"，即一位导师和一位班主任一起家访，与受导学生家长进行沟通，建立陪伴支持、真诚互动、协同合作关系，开展科学、有效的家庭教育指导。这一做法体现了以班主任家访为主向教师全员参与家访的转变。教师与家长交流，多角度切入，从学校生活、学习习惯养成、家庭教养等各个方面跟家长进行沟通指导，全面关心、帮助学生成长，产生了"1+1>2"的合作育人效果。

**2. 实施"三员制"**

家校合作过程中，如何通过制度规范、机制完善和功能创新，既能让家委会履行权利，又能保证学校教育的专业性？为破解这一难点，书记带领班子成员，针对学校和家庭双方需求进行组织机构改革实践，集思广益，独辟蹊径，创新家委会职能，创建了"三员制"，即"视导员""协理员""指导员"。"三大员"既独立履职，又团队协作。"三员制"现已成为学校开放办学的引擎，有效促进了家校互动，实现了学校和家庭"双赢"。既体现家长对学校教育的知情权、监督权、评议权和参与决策权，促使家委会做到"有位"更"有为"；同时，也促使学校教育教学管理更规范科学，促使教师的教育行为不断变革、优化提升。

**3. 引导家长"四参与"**

习近平总书记强调，广大家庭都要重言传、重身教，教知识、育品德，身体力行、耳濡目染，帮助孩子扣好人生的第一粒扣子，迈好人生的第一个台阶。新时代教育的责任和使命是培养德智体美劳全面发展的社会主义建设者和接班人，要让每个孩子都能享有公平而有质量的教育，都有人生出彩的机会。要实现这一目标，必须切实提升家校融合的育儿能力。学校想方设法为家长提供公益性家庭教育指导和实践活动。学校党政领导指导各部门联手探究，将"参与"作为密切家校的发展性策略，引导家长参与学校管理、参与课堂教学、参与教育实践、参与督导评价。家长在"参与"中了解学校，理解教师和学生，加深了彼此情感，学到了更适切、更科学的育儿方法。

**4. 开辟"智能专栏"**

党的二十大报告指出，要构建高质量的教育体系必须加强信息化、数字化和智能化建设。依据《中华人民共和国家庭教育促进法》第40—41条要求，支部引领指导，党员教师积极参与，将家校合作贯穿教育教学全过程，开发了面向不同应用场景的培训和家长学校课程，深得家长欢迎。在"校微智能平台"推出的"家校汇"专栏，至今已有53期；每周线上定期推出"家长讲坛"动员令，线上报名，不同职业与阅历的家长充分发挥自身的优势和特长,走入校园、走进课堂、走近孩子,让课后服务更加立体多彩。"校微智能平台"面向不同应用场景,打造学校端、教师端、家长端,为课后服务三大核心角色提供了数字化管理支持。三大端口实现了课程风采展示、签到考勤管理及双向互评等功能,增强了家校联系,画好家校共育的同心圆。

根据《上海市0—18岁家庭教育指导内容大纲》中家教指导内容的专题,学校借助智能平台,每学期至少开展两次全校性家庭教育指导。学校领导带头亲自做专题报告,班子成员积极参与。内容丰富的讲座、针对性的个别咨询、充满愉悦的交流分享,形成了家校双向和谐互动,满足了不同家长不同时段的需求,吸引了家长广泛参与,学习科学的教育方法,提高了育儿能力。

## 三、成效显现,思考再出发

### (一)家校"和合","双赢"共进

党支部领导为家校合作提供了坚强的组织保障,校长亲自抓,专班进行落实,党员、骨干教师积极参与。经过多年坚持不懈地实践探索,学校以课题为引领,顶层设计,形成了较为完善的家庭教育生态机制,打造了专业团队,科学指导家校合作,呈现了一定成效。相关课题被列为市级课题和重点项目,相关文章在市级期刊发表,相关经验在市、区进行了交流。经调研,对学校提供的家庭教育指导服务,家长满意度为98%,社区满意度达100%。

家校合作搭起了家长与教师沟通的桥梁,通过多途径指导、建立档案成长册,运用网络对话栏等有效交流途径,改善了亲子、家校之间关系,激发了家校之间的育儿智慧,践行了学校"手牵手、心连心,自主快乐同成长"的办学理念。为了孩子自主快乐同成长这一目标,家校双方心往一处想,劲往一处使,深度融合,全方位全覆盖合作,家庭与学校、家长与教师、家长与孩子之间有了更多、更深的了解,增强了信任,增进了感情,营造了"和合"校园文化,顺利推进了学校课改等重要项目的落地。"双减"背景下的课后服务是一项涉及众多参与主体的系统性、规模性教育服务项目,学校、教师、家长互通互融,开拓了办学思路,带来了丰富的教育资源,使得学校课后服务暖心"着陆";同时,也为家庭文化建设提供了有力保障。良好的生态、优质的教育服务惠及每个家庭,让每一位学生都能在"双减"政策下健康而全面成长。学校课后服务的做法被多个媒体专门报道,赢得了社会点赞。

### (二)深度思考,再探索再实践

"教育兴则国兴,教育强则国强。"教育、科技、人才是全面建设社会主义现代化国家的基础性、战略性支撑。党的二十大报告再次强调,"坚持教育优先发展"。为了进一步促进学校教育高质量发展,更好地实现让每个孩子"上好学""学有优教"的美好愿景,在今后家校融合、携手共进的征途中,学校将在以下各方面进一步深度思考与探索实践。

1. 拓宽掘深,立体合作

在支部引领下,学校加强家校合作队伍建设,扩大"减负"背景下的全员导师制效应,鼓励全体教师走入家庭,营造"人人是德育工作者、人人也是家校工作者"生态;同时,将校微智能平台赋能家校合作,办好"家校汇",让家校互动更加立体多彩,增强合作力量,立德树人,全面育人,促进学生德智体美劳全面发展。

2. 完善课程,形成体系

学校将组织学生成长部梳理、整合已有的家校合作内容,包括讲座等知识性材料和教育实践活动性材料,整体构思,分门别类,分层推进,努力形成较为完整的"家庭教育常态化+"课程体系,为进一步提升家校合作品质提供科学、系统的课程资源。

3. 打造"家校端",智能育人

党的二十大强调,教育高质量发展、高品质教育要加强信息化、数字化和智能化建设,以教育信息化提高教育教学质量和办学效益,促进教育现代化,实现优质教育资源的广泛共享,促进教育公平和对社会的开放。

学校以智能化平台的力量推进家校合作建设,将在原来主要用于课后服务的"三端"("学校端""教师端""家长端")基础上,将其拓展延伸到家校合作的各方面,为家校合作提供更便捷、更高效的数字化服务,使家校合作朝着规范、科学、有效的方向迈进。

4. 正向示范,区域辐射

学校经过数年的实践探索,家校合作取得了正向效应,助推了学校高质量发展,荣获了"上海市家庭教育示范校"称号。如何发挥示范功能,辐射周边区域内的学校是我校今后要努力的方向。比如,"家长委员会的职能创新实践"项目适合各类学校,可以为其他学校有效发挥家委会功能给予借鉴,提供路径,实施的具体内容可以结合校情特点进行调整。

今后,学校将进一步强化教书育人的使命担当,坚持立德树人,推进优师、优教、优校"三优"建设,引领、推进家校深度合作,与时俱进,大胆探索,动态完善,整体设计,构建高质量家校合作教育生态体系,努力打造有高度、有深度、有温度的家门口高质量品牌学校。

## 参考文献:

[1] 习近平.高举中国特色社会主义伟大旗帜　为全面建设社会主义现代化国家而团结奋斗——在中国共产党第二十次全国代表大会上的报告[N].新华社,2022-10-25.

[2] 习近平.习近平关于注重家庭家教家风建设论述摘编[M].北京:中央文献出版社出版,2021.

[3] 黄河清.家校合作导论[M].上海:华东师范大学出版社,2008.

[4] 陈玉香,苏伟仲,庞蕴馨.赢在沟通——家校合作的成功智慧[M].重庆:西南师范大学出版社,2020.

# 共建共联，在区域合作中实现共赢共享

上海市虹口区复兴实验小学　司徒琼

[摘　要] 扬帆教育联盟以团队合作的形式，以组织、师资、教研、课程等多维度的建设实践为着眼点和落脚点，先后确立了多个校际教研项目，开发了"七色风帆"德育行走课程，参与拓展课堂教学实践研究。我们立足优势、紧密合作，致力于区域内优质教育资源均衡发展这一目标，为打造虹口区家门口的好学校而努力奋进。

[关键词] 课程共建　资源共享　合作共进

2015年11月，上海市教委发布了《关于促进优质均衡发展，推进学区化集团化办学的实施意见》(沪教委基〔2015〕80号文)，提出要推进学区化集团化办学，坚持优质导向、专业引领、主体激发，通过校际的多样合作与联动，缩小校际的办学差距，增强学校的改进与重建，办好家门口的每一所学校，为每个适龄儿童提供公平优质的基本公共教育服务。2019年1月，上海市教委出台了《上海市教育委员会关于推进本市紧密型学区和集团建设的实施意见》，要求以"办好每一所学校、成就每一位教师、教好每一位学生"为工作总目标，按照"紧密合作、优质共享、提质增效"的工作思路，以组织、师资、教研、评价多维度的建设实践为着眼点和落脚点，互通互融，提高成员校的办学效益，整体提升区域的教育水准。这为区域合作、共建共联、实现共赢奠定了政策基础。

## 一、共建、共联相关问题的提出

我们以总支为基本单位，在2016年就正式挂牌成立了"扬帆教育联盟"，建立了联盟管理委员会，确立了联盟章程和基本制度。秉持着"共建、共赢、共享"的行为准则，我们联盟各成员单位在保持原有管理体制、隶属关系、人事关系、财产管理体系不变的基础上，共同承担联盟内优质资源的开发、建设、整合与共享，共同推进区域教育质量的均衡发展。

但是，对照市教委和教育局关于提质学区化办学的要求，我们认识到当前存在的问题，需要借助"种子计划"项目的实施、依托团队成员的智慧共同突破、再建。问题主要表现在以下两个方面。

**(一)怎样做好课程共建?**

课程建设是新时代教育背景下提升学校教育品质、拓展学校治学高度的一个途径。各校也都积极研发适合校情的校本课程,积累了开发课程的一定经验。我们团队也想通过合作方式,完成可供联盟成员校共同使用的课程来丰富学校的课程内容,同时在实践中提升团队成员的课程研发能力。我们的研究重点确立为可供长期研究开发、带动教师群体共同成长的课程共同体项目,从而形成具有我们联盟特色的课程。

**(二)怎样发挥骨干教师在联盟中的辐射作用?**

以问题为导向,重点突破联盟在人才、课程、教改等关键领域因学校法人不统一而存在的局限性,发挥联盟优势,集思广益,在分析问题、找寻对策、实施改进的研究过程中锻炼人、培养人、出方案、出经验;同时进一步挖掘和发挥骨干教师在联盟建设中的智慧,促进各校学科教学水平不断提升。

## 二、共建共联、区域合作的内容与方法

2019年初,项目团队成立,组内大部分成员都长期在联盟成员校任职,全程参与了扬帆教育联盟从试点到正式挂牌的全过程,对联盟发展的现状和今后发展的突破点、落脚点有比较清晰的认识。这就为项目的策划、组织和实施提供了思想和观念上的有力保证。

2019年4月项目开题之后,团队成员根据各自特长,分板块认领研修项目任务,落实分板块负责人。负责人带领团队成员,同时带动各自学校的骨干教师共同商议具体推进措施,并组织分步实施。

**(一)项目内容**

1. 语文校际教研项目

我们经过前期调研排摸,确立了"小学语文统编教材阅读策略单元教学设计的联盟策略研究——系统思维理念下的'四W'诊断法"这个项目,由时任丰镇一小副校长王佳颖(现任中州路小学副校长)作为主要组织者。这个项目的立项初衷就是针对不少语文教师对于如何上好统编教材中阅读策略为主题的单元内容存在困惑,没有现成的经验可借鉴,非常需要组建项目团队开展针对性的课堂实践和联合教研,共同解决阅读单元教和学的普遍性、规律性问题。

2. 数学校际教研项目

由"种子团队"成员刘瑛老师负责的"小学数学单元智趣作业设计与实践的教育联盟推进研究"于2019年9月立项。这项课题的确立是基于数学作业设计既要关注数学基本概念和运算技能掌握,也必须关注学生作业心理这一目标。本课题从小学生作业心理出发,结合市教研室确定的基于单元的教学要求,注重兴趣、探究、合作等因素在单元作业设计中的应用,以此调动学生主动学习的积极性,提高学习效率。

3. 联盟德育"行走课程"

"行走课程"是一种全新的课程形态。它改变了传统的学习方式,让孩子们走出校门感受"立体式学习",从而获得更加立体生动的学习体验。我们团队中有两位具有丰富德育工作经验的副校长。他们带领联盟内的大队辅导员和德育教导共同梳理了各校已有的"行走课程",并在反复讨论之后,确定了利用市区特色场馆共建"七色风帆"德育"行走课程"的主题项目。旨在结合学校已有课程效能,以整体化考量和重构,形成富有联盟特色的七大板块课程内容,让学生在巡回走访中观察、思考,同时制作主题实践手册,留下可翻阅、可回味的行走足迹,以体验带动学生认知发展,以体验促进学生品格提升。

4. 骨干教师柔性流动

2020学年,联盟开启了为期两年的骨干教师柔性流动跨校带教。联盟召开执委会会议,再次修订了骨干教师柔性流动(跨校带教)实施方案。根据学校推荐、执委会讨论、总支委员会审核通过的流程,确定导师人选。8位导师都是区七层级梯队中的骨干教师。其教授的学科有语文、道德与法治、英语、音乐、体育、心理,学科覆盖的范围较广,并分别带教8位青年教师。我们希望通过骨干教师柔性流动,进一步加强区域内优质教师资源的合作共享,促进联盟学校办学质量的高位提升。

5. "优秀基因　现代传译"课程

"中华传统文化——优秀基因　现代传译"是上海市特级教师、复旦附中黄荣华老师负责主编的以"48个汉字"为核心的传统文化读本。其通过每学年20个单元的学习阅读,帮助学生更好地认识、理解、欣赏中华传统文化优秀基因图谱,实现古今联通。我们团队在前期分析资料、分析教师和学生的基础上,根据联盟成员校的实际情况,或者选定年级,或者选定班级和社团组织教学,通过这个项目的推进,把优秀传统文化基因的种子种植在学生心中。

6. 心理工作坊

心理健康教育在新形势下尤为重要,我们建立联盟心理工作坊,组织开展丰富多彩的心理活动,包括团队辅导、主题讲座、家庭教育论坛等形式,搭建各校心理健康教育沟通的平台,提升心理教育工作水平。

**（二）项目方法**

1. 观察法

为了提高项目实施的针对性、实效性,我们项目组成员分别从不同视角做大略调查和试探性观察,包括深入联盟成员校观察了解。观察前,每位负责人都要确立观察的目的和中心,制定相应的观察提纲。

2. 调查法

我们每年组织问卷调查和相关访谈,进一步通过数据和交流了解事实情况,分析研究,得出结论,寻找解决办法或进一步研究的方案。

3. 行动研究法

针对联盟建设中已经存在或者预判可能发生的问题,在行动研究中不断探索、改进工作,解决实际问题。开展项目研究,是运用行动研究的主要内容。我们强调将改革行动与研究工作相结合,边执行、边评价、边修改。行动研究法对于我们的项目来说,是最重要的研究方法。不仅如此,我们本就强调联合性与参与性,联盟成员校负责人参与行动研究法实施的全过程,同时,在整个研究过程中不断总结、不断反思、不断改进。

4. 经验总结法

在行动的过程中,我们组织阶段性的研讨与小结,既有组员圆桌式的交流、汇报,也有开放性的资料收集、整理、提炼。我们总结的经验既包括开始前的背景分析、数据整合,也包括过程中的实践积累,最后将经验作为成果呈现。

## 四、共建、共联,区域合作的实施

3年来,我们以项目为引领,依托团队成员共同的智慧,在联盟中开启了校际教研、课程建设、骨干辐射等项目支点的大门,摸索到了这些项目开展的方法,稳步地向既定的目标推进。

### (一)校际教研

1. 语文校际教研

联盟语文校际校研项目组以区级课题"小学语文统编教材阅读策略单元教学设计的联盟策略研究"为主线,根据制订计划中提出"四化"(制度化、常态化、项目化、示范化)要求,积极探索符合区域特点、富有区域特色的语文教研模式。在专家的引领下,项目组成员加强理论学习,立足单元整体视角,抓住语文要素,进行教材教法的研究,并积极落实教学实践。自项目开题以来,有十几位项目组成员在联盟内开展教学展示。同时项目组结合教学实践,针对阅读策略、单元教学设计、教学反思、案例片段等组织主题交流、研讨,分享有效教学策略与方法,促进学生思维的发展,并逐渐形成案例。

2. 数学校际教研

数学校际教研项目组以区级重点课题"小学数学单元智趣作业设计与实践的教育联盟推进研究"为主题,开展智趣作业的设计和实践。项目组成员在专家的现场指导下逐渐摸索出单元智趣作业的多种体现方式,以单元评价为切入口,设计了多份智趣作业。两年中有十几位项目组成员在联盟内开展智趣作业的课堂教学实践,让已经设计好的单元智趣作业设计回归课堂。在专家的引领下,在同伴互助中,探索如何将设计成文的智趣作业融合到课堂教学中,做到了理趣与智趣相结合,真正促进学生的"学数学"兴趣和能力的提升。

### (二)课程项目

1. "优秀基因　现代传译"项目

"优秀基因　现代传译"这个项目组由红旗小学时任教导副主任黄爱萍老师(现任红旗小学副书记)负责。课程在项目组全体成员的实践推进中,已完成第二卷一至八单元的教学实践,同时优化了教学案例。我们撰写的文稿作为黄荣华老师课题研究成果的重要一部分,参加了上海市基础教育优秀成果评选,获得一等奖。今后我们还将坚持用好这套课程,坚持开展课堂教学研讨活动,让学生成为中华优秀传统文化的受益者、传承者、发扬者。

2."七色风帆"德育"行走课程"项目

德育团队成员善于挖掘江湾、凉城区域优质资源,在团队各成员思维火花的碰撞下,把课程分为红、绿、银、蓝、白、黄等七大板块,各校一颜色,各校一特色。每个板块推出的核心场馆和推荐场馆侧重点不同,体验方式和体验任务不同,得到的体验感悟也不相同,但最终达到的愿景是一致的,就是促进学生多方位的发展、综合素质的提升。2020年9月,"七色风帆"德育"行走课程"体验册完成了整体设计,并经排版印刷后交付各校一年级使用。

## 五、共建共联、区域合作的成效

### (一)导师带教初见成效

联盟导师带教是从2020年10月启动的,成效明显。在学期末的小结中,导师与青年教师都表示在柔性流动跨校带教的工作中,不仅促进了青年教师的专业成长,同时使骨干教师在引领示范中得到进一步提升。2021学年,有1位被带教青年教师在区教研活动中进行了教学展示和发言交流、1位在区科研成果评比中获三等奖、1位在全国性杂志上发表了论文、1位带教导师也顺利通过了高级教师职称评审。

### (二)校际教研成果展示

2021年5月13日,联盟召开了"奋楫扬帆,智趣行远"为主题的数学校际教研展示活动。虹口区各校的数学教师代表和区七层级梯队成员都参加了此项活动。展示活动围绕"共建、共联、共享"的指导思想,以"版面展示、游艺体验、公开教学、主题论坛"等形式,全方位交流汇报了联盟数学"智趣作业"项目研究至今的实践成果。项目组探索实践的过程得到了区数学教研员钱晓明老师和资深数学名师徐燕老师的高度评价与肯定。他们对课堂游戏活动的设计如何更好地培养数学学科核心素养、提升学生思维深度提出了进一步研究方向。

语文项目组围绕课题,聚焦统编教材的教学设计,定期开展课堂教学实践,研讨各类课文的不同阅读策略的运用,以及案例分享、交流反思等活动,总结提炼可复制、可迁移的阅读策略,培养学生的深度思维。

联盟"种子计划"团队项目的落地实施,不仅使成员自身获得了专业素养和管理能力的成长,也使成果在校内得到了进一步的推广、提炼和延伸,真正发挥了"种子团队"带动区域群体发展、促进优质办学的作用。

新的时代,新的征程,我们要坚决贯彻落实党的二十大精神,坚持为党育人、为国育才的使命宗旨,多措并举深化教育改革,促进教育公平,提升育人质量。

# 融合家园共育的园本课程开发与实施

上海市虹口区舟山路幼儿园　陈晓艳

[摘　要] 课程建设是幼儿园保教质量提升的关键,以往教育的"顺序模式"正在转变为一种新的"重叠模式",即在儿童和青少年成长的每一个阶段,家长、学校、教师、社会的联系越来越紧密,共同影响着孩子的成长发展。如何将这些不同的教育因子有机结合在一起,形成一种整合优势,已成为当前课程建设、家园合作的一个重要课题。本文以园本"小舟"课程中的舟幼生活节生活故事活动为例,对园本课程融合家园共育展开实践研究,并进行梳理总结,以期更好地发挥家园合作在园本课程建设、实施中的作用。

[关键词] 园本课程　生活故事　家园共育

课程建设是幼儿园保教质量提升的关键,在课程建设过程中,我们感受到伴随着经济增长与社会转型,以往教育的"顺序模式"——即家庭教育、社会教育和学校教育先后在个体成长过程中发挥各自作用——正在转变为一种新的"重叠模式",即在儿童和青少年成长的每一个阶段,家长、学校、教师、社会的联系越来越紧密,共同影响着孩子的成长发展。如何将这些不同的教育因子有机结合在一起,形成一种整合优势,已成为当前课程建设、家园合作的一个重要课题。

在探寻过程中,舟山路幼儿园从园本"小舟"课程入手,有目的地将课程的部分活动融入家园活动中。特别是其中的选择性课程"小舟启航",围绕"乐自己""悦他人""亲社会""爱自然"四大板块展开,进一步拓展幼儿活动的场域,充分挖掘家长资源、社会资源,在家长的大力支持、家园的合作共育中更好地推进园本课程建设,促进幼儿和谐发展。下面以舟幼生活节生活故事活动为例,阐述我们对于园本课程融合家园共育的思考。

## 一、"小舟"园本课程的缘起

众所周知,孩子自从出生时起便开始了逐渐成为一名社会人的过程,每天的生活对他来说都是独特的经历。"一日生活皆课程"是我们实施课程的理念,舟山路幼儿园的园本"小舟"课程就是努力让孩子在一日生活中经历美好的体验,不仅在幼儿园,也在家庭、社会中延续。因此,我们关注孩子们的生活,注重在生活中发展孩子们的社会性。舟幼生活节因此应运而生,第一届的主题为"爱我生活"。

生活节可以有哪些活动呢? 我们对"生活"这一核心概念展开思考。生活是什么样的? 多彩、新奇、忙碌、快乐、甜蜜、浪漫、悠闲、陪伴、幸福、美好……在生活中每天都发生着许多有趣、难忘的故事。这些故事对于儿童的意义又是怎样的? 我们怎样才能用故事架起通往儿童世界的桥梁呢?

一番思索后,我们将目光聚焦到了生活故事。

和其他大部分一次性主题家园活动不同的是,舟山路幼儿园在生活节中开展的生活故事活动是一个阶段,乃至是渗透在整个儿童期的家园活动。

我们期望通过孩子的生活故事的记录、讲述、分享,让孩子和家长共享美好的生活时光,感受生活的千滋百味,增进亲子情感,提升陪伴品质,获得能力发展。这也让我们感受到家园合作共育在园本课程建设、实施过程中的力量。

## 二、"小舟"园本课程的实施

### (一) 活动初期: 发现生活的美好

策略: 将共同经历转化为生活故事,增强对话感受。

生活即教育。舟山路幼儿园始终将园本课程活动的视角聚焦在幼儿生活,尝试以生活故事为载体,在家庭、社会和幼儿园之间找到联结,引发家长关注生活中的点点滴滴对于孩子成长的教育意义,而这需要家长和孩子共同经历、发现、感受。

从第一届舟幼生活节"爱我生活"生活故事活动开启之时,家长和孩子就共同踏上了回忆之旅。家长拿出和孩子在不同时期、不同活动中拍摄的照片,回顾点滴,欣赏谈论,生活中的乐事、旅行中的奇事、成长中的趣事再次一一展现在彼此眼前,细细品味,生活是如此的美好,对于生活的喜爱之情被不断激发。谈论中,家长和孩子共同选择自己感受最深刻的生活故事,有感而发,将其完整记录下来。在这一过程中,家长懂得站在孩子的角度,倾听孩子的想法,看到了他们的成长,而孩子也感受到了浓浓的亲子之情,乐于带着自己的照片和生活故事来幼儿园和同伴、老师分享。美好的、向上的生活能量正深深地影响着他们。

### (二) 活动中期: 分享生活的乐趣

策略: 用生活照片打造生活环境,引发多元互动。

环境是人赖以生存和发展的物质、社会、心理条件的综合,是儿童发展的资源。儿童通过与环境的相互作用生成并开展活动。因此,园本课程建设过程中,我们始终注重创设适宜的生活环境。

每个孩子的生活都有自己的精彩之处,我们致力于让孩子们感受生活的五彩缤纷,通过多种方式将每个孩子的生活照片分类呈现在环境中,有我们爱旅行、我是小吃货、劳动最光荣、亲近大自然、运动小达人、快乐假期、开心一刻、冰雪奇缘、我的动物朋友、我们在一起等主题，充分体现生活的多面性和丰富性。这些生活照片立即引发了孩子们对同伴生活的关注，每天来园、离园、开展户外活动时路过生活照片墙，孩子们都会驻足欣赏，或对感兴趣的生活照片提出问题，积极与同伴交流；或向同伴讲述自己的生活故事，聆听同伴的生活故事。同伴间的互动、分享传递着生活的幸福感。同时，教师也通过生活照片这一小小的窗口对孩子有了更多的了解，和孩子共同分享生活的乐趣，汲取生活中的智慧。而这也在一段时间内成为班级、幼儿园、家庭的共同话题，对美好生活的共同体验拉近了家、园之间的距离，也让彼此感受到其对于孩子的教育价值。

策略：在不同平台表达表现，促进幼儿发展。

正如每个孩子的生活都具有独特性，其表达表现能力也各不相同。我们尊重幼儿学习与发展的个体差异，在"爱我生活"生活故事活动中搭建多层次展现平台，以适宜他们的发展节奏。

舟幼生活节环境的营造，让孩子们讲述自己的生活故事变得自然而然、有话可说。有了日常自由轻松的讲述交流，孩子们更积极地参与到海选活动中，主动和家长一起认真准备要讲述的生活故事。在这一过程中，孩子的潜力不断被激发，更乐于在集体面前大胆表达表现，还会将同伴的生活故事带回家讲述给家长听，亲子间的分享、鼓励充满着生活的温馨感。而教师则将孩子们讲述生活故事的照片、视频在班级群里和家长分享，让家长看到孩子的进步，并根据不同年龄段幼儿的特点，运用不同的评选方式，和孩子、家长一起选出进入决赛的选手。

我们邀请家长代表、姐妹园园长、区教研员担任评委，共同参与"爱我生活"生活故事活动的决赛。通过班级海选进入决赛的25名小选手为大家讲述了或生动，或有趣，或新奇，或美妙的生活故事。家长们现场聆听，真切地感受到孩子们丰富的生活经历和三年不断成长的过程，对于未来的家园共育促进孩子的发展更加充满信心。

**（三）活动后期：体悟生活的教育价值**

策略：在共同体验中思考前行，提升家园共育品质。

美好的生活需要家长高质量的陪伴，我们希望孩子们的童年更多的是在良性的亲子互动中展开，而不是在各类培训班中度过。因此，舟幼生活节生活故事活动的开展是一个契机，既让家长和孩子在回忆、记录、讲述、分享中体验过去和现在生活的美好，也带给家长一些思考：促进孩子全面和谐发展的家庭教育究竟是什么样的？未来如何创造更幸福美好的生活，书写属于自己的生活故事？同时，教师们也对园本课程融合家园共育有了新的思考。

有家长表示，这次活动让她与她的女儿有了一次相互学习、共同进步的体验机会。在全家整理和挑选照片的过程中，他们和孩子一起回忆了过去一段时间经历过的事情。他们将继续用彼此的陪伴营造温馨愉悦的家庭环境，和孩子一起成长。

朱老师表示，我们相信舟幼生活节生活故事活动将成为孩子们生活中的又一个意味深远的故事。愿我们都能选择一种合乎童心、顺应童意的故事呈现方式陪伴孩子成长，用有故事的童年，成就有故事的人生。同时，我们也将从舟山路幼儿园"小舟"园本课程中的生活节活动出发,抓住生活对于幼儿的教育价值这一核心,在家园深度合作中提升家园共育的品质。

**(四)活动延续:提升生活的品质**

策略:在一年又一年的延续中,深化园本课程理念和实施方式。

经历了2019年第一届舟幼生活节,我们在每年的5月都会如期开展生活节,虽然主题会有不同,例如第二届的"爱护自己"、第三届的"我在舟幼的美好时光"、第四届的"爱满生活",但故事的记录、讲述、分享所传递出的美好生活的理念和方式则影响着更多的孩子及其家庭。幼儿的和谐发展不仅仅是身体健康成长,心理健康发展和社会健康发展在孩子成长道路上的影响更为深远,关乎孩子未来的幸福生活,而这需要家庭、幼儿园和社会的共同努力,为幼儿创设温暖、关爱、平等的家庭和集体生活氛围,建立良好的亲子关系、师幼关系和同伴关系,让幼儿在积极的人际关系中获得安全感和信任感,发展自信和自尊,在良好的社会环境及文化的熏陶中学会遵守规则,形成基本的认同感和归属感,不断提升美好生活的品质。这也是舟山路幼儿园园本课程所要坚持的课程理念和实施方式,通过持续性的园本课程活动的开展,家园合力,真正让每一叶"小舟"从这里启航。

## 三、"小舟"园本课程的深化

舟幼生活节生活故事活动将园本课程的实施主体扩展到了家长,实施空间延伸到了家庭,真正达到了回归幼儿生活、关注幼儿生活体验的实施效果,让我们感受到一种充满温情的亲子相处方式、一种细水长流的家庭教育方式、一种共生共长的师幼共建关系。我们重新认识到家园活动的价值——优化亲、师、幼相处模式,提升家园共育质量。更激发我们进一步探索研究园本课程家园活动的开展方式——生活化、长效化。

舟幼生活节生活故事活动不仅仅是一次家园活动,幼儿园创设平台,鼓励孩子和家长一起用心感受生活的点点滴滴,并用故事讲述的方式进行展现,它不只在舞台上,更多的是在生活中。在园本课程建设的道路上,我们也将进一步创设家—园—社共育的生态圈,不断丰富舟幼的课程体系,利用好家长、社会资源,助推园本课程的发展,最终为幼儿的全面、和谐发展提供优质的成长环境。

## 参考文献:

[1]上海市教育委员会.上海市学前教育课程指南(试行稿)[M].上海:上海教育出版社,2004.

[2]郁琴芳,温剑青.教师家庭教育指导实务(学前版)[M].上海:上海社会科学院出版社,2018.

[3]毛美娟,邵乃济,郑惠萍,徐丽萍,高一敏.今天,怎么做个好园长[M].上海:上海教育出版社,2017.

图书在版编目（CIP）数据

虹口教育·2022年度"思·想"：虹教系统校（园）长书记
年度学术论文集：上、下/上海市虹口区教育局主编.
—上海：上海教育出版社，2023.7
ISBN 978-7-5720-2060-5

Ⅰ.①虹… Ⅱ.①上… Ⅲ.①教育—文集 Ⅳ.
①G4-53

中国国家版本馆CIP数据核字（2023）第125666号

责任编辑　戴燕玲
封面设计　郑　艺

**虹口教育·2022年度"思·想"：**
虹教系统校〔园〕长书记年度学术论文集〔上、下〕

**上海市虹口区教育局　主编**

出版发行　上海教育出版社有限公司
官　　网　www.seph.com.cn
地　　址　上海市闵行区号景路159弄C座
邮　　编　201101
印　　刷　上海昌鑫龙印务有限公司
开　　本　787×1092　1/16　印张 44.5
字　　数　928千字
版　　次　2023年8月第1版
印　　次　2023年8月第1次印刷
书　　号　ISBN 978-7-5720-2060-5/G·1851
定　　价　168.00元

如发现质量问题，读者可向本社调换　　电话：021-64373213

上海虹口教育
Shanghai Hongkou Jiaoyu

# 虹口教育·2022年度"思·想"

## 虹教系统校（园）长书记年度学术论文集

## （上）

上海市虹口区教育局　主编

上海教育出版社
SHANGHAI EDUCATIONAL
PUBLISHING HOUSE

# 代序：打造具有"文化三地"特色的大思政课

虹口区教育工作党委书记 王 磊

习近平总书记多次强调："育新人，就是要坚持立德树人、以文化人，建设社会主义精神文明、培育和践行社会主义核心价值观，提高人民思想觉悟、道德水准、文明素养，培养能够担当民族复兴大任的时代新人。"

坚持文化育人，是落实立德树人根本任务、培育"时代新人"的内在要求，也是使党的事业后继有人的重要举措。虹口，被称为"海派文化发祥地、先进文化策源地、文化名人聚集地"。"文化三地"是历史赋予虹口的宝贵文化资源，传承红色基因，赓续红色血脉，打造全域大思政课，以文化人，应发挥区域禀赋优势，从"文化三地"中汲取源源不断的育人动力。

挖掘"文化三地"育人资源。中国共产党早期领导人陈独秀、瞿秋白，以及周恩来、陈云、邓小平都曾在虹口参加过革命活动；中共四大在虹口召开，左联在虹口成立，上海第三次工人武装起义总同盟罢工令在虹口发出，中华人民共和国国旗图案在虹口诞生……在中国共产党百年历程中，"文化三地"留下了许多红色印迹，那些具有伟岸背影的革命人物，依旧是无数人心中赤诚的榜样。"文化三地"的当下在场性由其所蕴含的巨大精神能量所赋予。传承挖掘"文化三地"赋予的宝贵育人资源，一方面，可以通过保护和发展文化基因的物质形式，让学生走近红色场馆、革命遗迹、文物资料等文化实体，通过参观和学习了解、感悟、升华思想境界，牢固确立理想信念。另一方面，可以通过重新解读和丰富文化基因的教育内涵，让蕴含其中的思想理念、价值观念、人文精神等抽象文化基因在教育教学中彰显新的育人价值，成为青少年成长过程中的宝贵精神滋养。

创新"文化三地"育人功能。每种文化的产生都有与之相适应的时代和社会背景。传承优秀传统文化不是为了复古，而是为了今用；不是简单更换形式，而是要激活精神内核，推出以文化人的新创造，写出以文育人的新篇章。实现"文化三地"育人功能的充分发挥，需要坚持创造性转化和创新性发展，认真做好文化育人的内容再挖掘、形式再创新、教育再加强。"文化三地"不仅有显性的文化资源，如拥有重大历史事件的发生场所和名人故居，以及具有红色文化精神表现性的红色文化广场、纪念碑、纪念塔等红色建筑，承载了光荣的革命历史、记载了感人的事迹、呈现了党领导人民奋斗的伟大历程；同时还有隐性的红色文化资源，即内蕴着的中国共产党人的价值规范、革命精神、革命文化等。这些都是开展大思政课的宝贵财富。我们应从中汲取强大育人力量，讲好新时代的虹口故事、上海故事、中国故事，探索具有"文化三地"特色的大思政课育人路径。在形式上，注重亲和力和针对性，在润物无声中实现培根铸魂、入脑入心；在课程安排上，注重符合学生年龄特点，聚焦学段间的有序衔接，形成一体化、渐进式课程体系；在目标上，培育学生的社会责任感。

打造"文化三地"育人队伍。强教必先强师。要进一步挖掘、提炼"文化三地"的内涵，打造全域大思政课，教师是育人的关键。一方面，需要教师深度挖掘"文化三地"资源背后的"过去完成时"，梳理整合不同载体形式的文化经典，注重从典型先进文化、海派文化、文化名人中汲取教育教学资源，用文化的历史智慧、勇气和魄力凝聚激发学生前进的力量。另一方面，还需要教师深度挖掘"文化三地"资源背后的"现在进行时"，用伟大时代中生动鲜活的实践案例，不断提升文化育人的现实解释力和说服力。"经师易求，人师难得。"要把加强教师队伍建设作为大思政课重要的基础工作来抓，通过团队共进、名师引领、梯队成长、全员提升、引智讲学等行动计划，构建专业化梯队式培养体系，打造强大育人队伍，锻造一批优秀的育人"大先生"。

# 目　　录

# 加强党建引领

# 党建工作引领学校党政深度融合发展的实践探索

## ——以上海市南湖职业学校为例

上海市南湖职业学校　周巧玲

[摘　要] 上海市南湖职业学校坚持党建引领学校发展,积极探索建立党政融合式发展工作机制,实践学校党建工作与教育教学、制度建设、运行机制深度融合,将党建工作深度融入学校管理中。党组织在引领学校发展中,坚持以提升组织力为重点,突出政治功能,着力加强学校依法治校、规范管理、提升师资质量工程,实现深度融合,相互促进,筑牢学校发展根基,全面激发学校生机与活力,积极为学校的改革、发展、稳定提供强有力的精神动力、思想保证和智力支持。

[关键词] 党建引领　党政融合发展　实践探索

为认真贯彻落实党的二十大精神,上海市南湖职业学校(以下简称南湖职校)党组织在引领学校发展中,坚持以提升组织力为重点,突出政治功能,实施新时代学校党建工作质量提升工程,努力把学校党组织打造成"把方向过硬、管大局过硬、作决策过硬、抓班子过硬、带队伍过硬、保落实过硬"的党建工作示范标杆。党总支坚持党建引领学校发展,全面加强党对教育工作的领导,以立德树人为根本任务,为党育人,为国育才,坚持深化教育改革创新,坚持把教师队伍建设作为基础工作,探索实践党建工作与学校教育教学、制度建设、运行机制深度融合,探索建立党政融合式发展工作机制,将党建工作深度融合到学校管理中,为学校的改革、发展、稳定提供了强有力的精神动力、思想保证和智力支持,使党建工作充满生机与活力。

## 一、思想领航谋篇布局,融合发展筑牢根基

学校党组织坚持以习近平新时代中国特色社会主义思想为指导,认真贯彻落实全国教育大会精神,根据《关于加强中小学校党的建设工作的意见》《中国共产党支部工作条例(试行)》等文件的精神,充分发挥党总揽全局、协调各方的作用,把加强党的领导贯穿办学治校、立德树人各方面、全过程,牢牢把握社会主义的办学方向,为培养德智体美劳全

面发展的社会主义建设者和接班人,奋力谱写南湖职校发展新篇章。

南湖职校作为新时代的一所优质学校,坚持把抓好党建工作作为办学治校的基本功,坚持党建引领,植入深度融合发展的理念,牢固树立"聚精会神抓党建,围绕中心抓党建,抓好党建促中心"的理念,把基层党组织的内涵式发展工作深度融合于学校中心工作。架构起学校发展与党建工作共荣共生、深度融合、协同发展的生态体系,避免党建工作、行政工作"两张皮"的现象,促进党建工作和学校管理的深度融合、相互促进,筑牢学校发展根基,全面激发学校生机与活力。

## 二、党建引领有序有效,全面提升组织合力

学校党建工作要把方向、管大局、作决策、抓班子、带队伍、保落实,管干部、管人才,参与决定重大问题并监督实施,不断完善现代学校制度体系建设,切实支持和保证校长行使职权,保证依法治校,为推动学校改革发展保驾护航。学校将党建工作深度融入引领学校教育综合改革发展中,努力把党总支、党支部建设成为推动学校发展的坚强战斗堡垒,依托"三会一课"着力凸显党建中心意识,扎实推进党建重点工作,把党员队伍建设成为推动学校发展的骨干队伍,充分发挥党员的示范引领作用。

学校在党建工作中坚持以立德树人为根本任务,坚持"发展是党魂,党魂铸校魂"和"凝心聚力抓党建,砥砺奋进谋发展"的党建工作目标,按照"发展是根本,改革是动力,人才是关键"的工作方针,秉承"创业创新,追求一流"的南湖精神,坚持"以一流的党风带一流的教风,以一流的教风带一流的学风,以一流的学风带一流的校风",积极落实"把需要生活的人培育成生活需要的人"的办学理念,全面加强党对教育工作的领导,不断提升组织合力,努力将学校党建工作深度融合到学校改革发展和"五育并举"上,共绘学校发展蓝图。

## 三、政治功能精准发力,学校发展优质有道

学校党总支紧紧围绕贯彻落实党中央决策部署,真抓实干,突出党的政治功能,切实履行3个主体责任,通过推进学校民主建设,不断提升学校的治理能力和水平,凝练形成了学校"改革、发展、特色"的办学思想,使学校党组织工作有抓手。尤其在学校教育改革发展建设中,坚持党建引领,不断完善学校运行机制,通过加强学校制度体系建设,健全完善学校治理体系,使学校党建工作高度融入学校民主建设中,融入学校中心工作和教育改革发展过程中,推进"职业教育与普通教育是两种不同教育类型,具有同等重要地位"的探索。

南湖职校虽然历经6所学校合并,但是学校党组织始终能够抓住合并时机,坚持全面梳理和整合学校各项规章制度,建立起与国家中等职业学校教育改革发展示范校相匹配的管理与运行机制,为学校可持续发展提供强有力的政治保障、组织保障、制度保障和人才保障。

## （一）健全管理制度，规范完善管理体系

### 1.章程指引

学校依据相关政策法规，于2006年就制定了学校章程，在学校二届六次教代会上审议通过。2018年7月，六届五次教代会对章程进行了新的修订并实施。

### 2.制度管理

近年来，我们根据学校章程，规范办学，不断完善学校制度体系建设，对现有的规章制度不断进行调整和整合，通过教代会审议通过了《南湖职校制度汇编》，涵盖了学校七大方面的管理，建立健全了各项办事程序、内部机构组织规则、议事规则等，形成了健全、规范、统一的制度体系，完善了学校制度建设和规范管理，使之更加适应新时代现代学校发展的新要求。

## （二）构建治理体系，发挥民主监督作用

### 1.加强党组织全面领导

党总支始终坚持"党要管党、全面从严治党"的方针，健全完善《学校党建制度汇编》，全面加强"四责协同"机制建设，积极推进学校依法治校、民主管理、民主监督工作；全面落实党的主体责任，加强党的领导和监督，并根据现代学校制度建设要求，持续做好学校制度的"废、立、改"工作程序，有效落实"三重一大"制度、校务公开、党务公开，教代会制度，"一岗双责"等各项制度。2015年底，我们试点制定了《学校廉政风险预警防控体系建设实施方案》，坚持以明确岗位职责为前提，以规范流程为基础，以排查风险为重点，以完善制度为保障，明确学校各部门岗位的廉政风险点及岗位职责，实行廉政风险防控预警分级管理机制，建立权力运行程序规定；有效对人、财、物进行管理，设置防止腐败的"关卡"，真正形成用制度管权、管人、管事的长效机制。

### 2.建立完善教代会制度

党组织充分发挥教职工代表大会在依法治校中不可替代的作用，在建立、完善学校各项规章制度和推进学校发展的过程中充分发挥了教代会民主管理和监督的作用，为学校科学化管理，制度管事管人发挥了主要作用。学校通过教代会先后审议通过了几十项规章制度，使学校发展与建设从宏观决策到微观决策，从部门职责到岗位职责，从教职工行为规范到学生行为规范都做到有章可循，有据可依，学校的管理和运行基本实现了制度化、规范化、程序化。

### 3.健全家长委员会工作机制

学校扎实推进素质教育，构建学校教育、家庭教育、社会教育"三教"相结合的平台，并通过家长委员会、网络交流、家校座谈等有效渠道，鼓励家长提出合理化建议；引导家长关心学校教育事业发展，支持学校教育教学工作，积极参与学校管理，对教师及学校工作进行监督。

### 4.推动共青团、学生会组织参与民主管理与监督

学校定期召开团代会、团学联换届选举，鼓励学生参与学校管理，通过成立学生自主管理委员会、学生道德仲裁委员会、宿管会、食管会，让学生积极参与学生违纪事件处理，

宿舍、食堂、教学楼、校园卫生等管理。

**（三）加强内部管理，依法规范办学行为**

1. 透明的招生制度

学校招生工作以"公开公正、全面考核、综合评价、择优录取"为原则，坚持依法依规招生，维护考生合法权益和招生秩序，接受纪检监察、新闻媒体、考生、家长以及社会各界的监督。

2. 严格教育教学制度

学校原有五大专业群，都是按照上海市中等职业学校各专业教学标准制定人才培养实施方案，通过专业建设工作领导小组审定及专家指导委员会论证后，由教务处严格执行。无论是文化基础课，还是专业基础课和专业课都是采用教育行政部门颁发的课程标准（教学大纲）来执行。

3. 规范财务资产管理

党组织严明学校财经制度，通过成立学校价格询价谈判小组、项目经费使用监督小组等，制定经费管理、福利费管理、学校收费管理、公务卡管理使用办法等，细化财产管理实施细则；加强对学校的规范教育经费使用、基建工程、实训设施、财产资产等重点领域的监控管理。

4. 有效的信息公开网络

学校通过教代会制定《学校校务公开实施细则》，对学校的常规制度建设、师资队伍建设、干部队伍建设、职工福利保障、其他事项共五大方面20项指标体系进行全方面公开，并构建了信息公开网络，通过职成在线、校园网、微信公众号、手机短信、微信群、彩虹视频等平台，使各类会议、媒体等渠道及时发布信息，保障了教职工和学生的知情权和参与权，主动接受广大师生的监督。

## 四、健全制度机制建设，管理创新成效显著

**（一）强化示范引领，促进"三全"育人**

思想上统一，行动上才能形成聚合力。学校党总支一直注重发挥党员教师模范引领作用，通过开展党员亮身份，提出一名党员一面旗帜，做"四有"好老师，引导党员教师成为学校师德建设的示范者、课程改革的带头者、学生成长的引路者。学校通过教代会、德育年会和教师论坛等多种方式和途径，引领教师要让"每个人都有人生出彩的机会"，将"转变学生、发展学生、成就学生"作为教师实现自身价值的精神追求；不断深化课程育人、文化育人、活动育人、实践育人、管理育人、协同育人，推进学校师德师风建设的常态化，促进了全员、全过程、全方位育人。

**（二）建立激励机制，构建梯队层次**

随着教育的转型发展，学校提出了"给想干事的人以机会，能干事的人以舞台，干成事的人以荣誉和待遇，不干事或者干不成事的人以危机"的优胜劣汰质量管理机制，积极推进制度创新，不断完善激励机制，从抓好干部队伍和党员队伍建设，以及推进"强基工

程"入手,建立了"三推、一提升、一激励"的激励机制,把教师推向与专业相关的企业、推向课题研究、推向国内外培训基地,不断提升教师的课堂教学水平;在专业层面建立新格局,建立了"工作室主持人、学科带头人、骨干教师、教学能手、教学新秀"各层级的人才梯队。

**(三)完善制度建设,明确发展目标**

学校建立骨干教师管理制度,通过制定《上海市南湖职校骨干教师管理办法》明确骨干教师工作职责,实行骨干教师工作考核和任期制;通过完善教师继续教育、教师企业实践、专业教研、骨干教师评选、教师考核评价、行业高技能人才专兼职教师等相关制度,明确各层级教师的工作任务和考核标准,对骨干教师进行滚动培养考核,积极构建人才梯队。

**(四)搭建多元平台,鼓励专业发展**

根据各级各类教师的不同需求,学校搭建多元、立体、综合的成长平台,聚类、聚焦、聚合,满足教师专业发展需求。首先,以"三大培养工程"促教师转型,一是通过"双师"素养培养工程,实现公共基础课教师的转型;二是通过"双师"能力培养工程,实现专业课教师的二次转型;三是通过"职业教育名师"培养工程,实现教师专业化成长。其次,成立了企业专家工作室、骨干教师工作室、能工巧匠工作室,以"三大工作室"促专业教师"抱团"成长,促进教师的专业化发展。

**(五)机制充分保障,融合凸显实效**

学校在实践中建立了党建引领,融合发展,确立培养对象选拔考察、目标激励、长效培养、考核评价等一系列机制和制度,以"十三五"教师队伍建设、中层干部竞聘制、骨干教师培养序列为主要实施途径,把人才培养、提升党员队伍素质、发挥党员先锋模范作用和教师专业成长进行有机融合,使得"双培养"工程真正落地生根、掷地有声,实现教师专业发展内驱力的提升;通过推行企业实践制度,实现教师跨界融合能力的提升;通过建设"双师层、骨干层、专业带头人"梯队,实现教师持续发展能力的提升,使学校涌现出一批名师,一大批党员教师在岗位上率先垂范,发挥突出作用,为学校教育改革发展提供了强大的支撑。

**参考文献:**

[1] 中共中央办公厅.《关于建立中小学校党组织领导的校长负责制的实施意见(试行)》的通知 [EB/OL].(2022-01-26)[2022-12-06]http://www.moe.gov.cn/jyb_xwfb/s6052/moe_838/202201/t20220126_596515.html.

[2] 黄有梅.当前高校大学生党建工作机制创新研究[D].华东师范大学,2010.

[3] 中央组织部、教育部党组.关于加强中小学校党的建设工作的意见[N].中国教育报,2016-09-30.

[4] 建设党建新体系 全面推动基层党建工作创新[J].北京教育(高教版),2007(01).

[5] 冯飞芸.大学生党建工作载体创新的探索与实践[J].学校党建与思想教育,2014(11).

# "一体、两定、三聚焦"：
# 学校党建引领教师专业成长的理解与实践

华东师范大学第一附属中学　王　新

[摘　要] 强化教师专业成长中的党建引领,是加强中小学党建工作的现实需要,也是凸显教师队伍建设中国特色的必然要求。根据新时代学校党建工作的新要求,结合学校实际,我们通过"一体、两定、三聚焦"的整体设计,构建了党建引领教师专业发展的运行体系,明晰了党建引领教师专业发展的逻辑起点,丰富了党建引领教师专业发展的实践路径,打造了党建引领教师专业发展的新模式。未来的党建引领教师专业发展研究,要聚焦"中国式教育现代化"的需要,进一步凝练教师专业发展的本土特色,彰显党建引领教师成长的中国气质。

[关键词] "一体、两定、三聚焦"　党建引领　教师专业发展

党的十八大以来,习近平总书记高度重视教育事业发展,对教育的根本任务、指导思想、培养目标和发展动力等提出了一系列新理念新思想新战略,形成了新时代推动教育改革发展的根本遵循。党的二十大,总书记再次强调了"办好人民满意教育"的时代价值和核心方略。教师是教育的第一资源,"加强师德师风建设,培养高素质教师队伍"是办好人民满意教育的必然要求和核心支撑。如何创新教师专业发展路径体系,将党组织的统筹、组织、引领、服务功能有效贯穿和落实在教师队伍建设的实践进程之中,是每一所学校都必须认真思考的重要命题。华东师范大学第一附属中学(以下简称"华东师大一附中")通过"一体、两定、三聚焦"的整体性设计,打造了党建工作引领教师专业成长的有效路径,既推动了新时代党的教育方针政策和党建工作思想在学校的落实,也赋予学校教师专业发展新的动能。

## 一、党建引领教师专业发展的必要性分析

长久以来,教育领域对于教师专业发展的认知主要从学术研究的思维模式出发,探索

作为一种技术理性的教师专业发展范式建构与创新问题。然而，在笔者看来，教师专业发展问题不仅是一个学术问题，还是一个重要的政治问题，关涉到教育"为谁培养人，怎样培养人"的核心命题。从这个角度来说，在教师专业发展过程中，主动、有效地融入党建引领，是一种极为必要的选择。这种必要性体现在以下两个维度。

**（一）党建引领教师专业发展是加强新时代学校党建工作的必然要求**

加强党对教育工作的全面领导是办好教育的根本保证。2022年1月，中共中央办公厅印发了《关于建立中小学校党组织领导的校长负责制的意见（试行）》，就健全中小学校党组织领导的体制机制作出了明确规定。建立中小学校党组织领导的校长负责制，不仅有利于全面从严治党向学校延伸，而且有利于深化基础教育改革。这也生成了新时代学校党建工作的新命题。要回答好这一时代命题，就要将党建工作全过程、全方位、高质量融入学校整体发展，特别是教师队伍建设这样的核心工作。强化党建引领的教师专业发展模式，能够更好地贯彻落实党的教育方针，提升教师的思想政治素养，确保立德树人教育根本任务在学校的贯彻落实。

**（二）党建引领教师专业发展是凸显教师队伍建设中国特色的必然要求**

教师专业发展的研究起始于20世纪50年代，目前形成的认知和界定方式还是遵循西方的话语体系。在新时代，我们亟须形成教师专业发展内涵的"中国式"理解。从教师专业发展的中国特色看，中国文化倡导尊师重教，强调教师的道德教育、社会责任感和人文情怀，更具"人情味"；中国文化注重团队合作，重视通过体制化、组织性的方式推动教师学习，更有"组织意识"；中国文化强调教师及其工作的国家责任和社会责任，更具"家国情怀"。不仅如此，习近平总书记对教师队伍建设"四有""四个引路人""四个相统一"等要求，不仅具有深刻的价值意蕴，能够为教师专业发展提供引领和方向，也充分体现了教师专业发展的中国特色、中国气质和中国追求。在教师队伍建设中重视党组织的作用发挥，能够更好地保障新时代教师队伍建设的精神、思想之落实，能够更好地彰显教师专业发展的中国特色。这是我们当前推进教育现代化、涵养"四个自信"意识的必然选择。

## 二、党建引领教师专业发展的创新性设计

教师专业发展是一项系统工程，有其自身的属性、规律和要求。学校通过"一体、两定、三聚焦"的方式，形成了教师专业发展的校本性理解和实践体系，实现了党组织对于教师专业发展引领、组织、服务等功能的有效发挥。

**（一）"一体"：构建党建引领教师专业发展的运行体系**

党建引领教师专业发展，需要根据学校党建工作的整体设计构建运行的体系。党总支以系统论思维，在实践中建构了"321"党建工作顶层设计。在这一整体性设计中，"3"即"3个3"，分别为："3融合"，即党建与教育教学工作相融合，与学校管理相融合，与人才培养相融合；"3联"即1名校级总支委员联系1个学部、党支部，联系一两个教研组，重

点联系两三名党员;"3培养"即把党员教师培养成教学骨干,把教学骨干培养成党员,把优秀党员培养成后备干部。"2"即2个2,分别为:"2带",即党总支带群团,党总支带党派;"2引",即1名党员联系一两名群众,发挥党员政治思想引领作用,1名优秀党员教师联系1名骨干教师,发挥优秀党员教师的专业引领作用。"1"即"1统领",即党建统领学校整体发展。这样的顶层设计构建了党建与学校行政工作的内在联系,让党建融入学校整体发展有了抓手和载体。在这样的党建"一体化"格局设计中,党建引领教师专业发展就成为学校整体优化党建工作的重要组成部分,成为一种自然而然的组织自觉和行动自觉。

**(二)"两定":明晰党建引领教师专业发展的逻辑起点**

党建引领教师专业发展要取得实效,必须进行有目的、有根据、有逻辑性的设计,通过整体性地"定目标"和个体性的"定方案",让教师专业发展有更清晰的目标和任务,也让党组织引领服务教师专业发展有清晰的逻辑起点。

1. 定目标:形成学校独特的教师专业发展框架

学校不仅应当是优质教育资源的聚集地,还应该是一个价值和信仰的高地。在引领服务教师专业发展中,学校党总支的首要任务就是引导教师凝聚共识,坚定信仰。通过研讨并在借鉴教师专业发展相关研究的基础上,我们从4个维度厘定了教师专业发展的内涵体系,形成了党组织引领、服务教师专业发展坐标系。

思想层面:学习贯彻习近平新时代中国特色社会主义思想,坚定理性信念,涵养社会主义核心价值观,将党的理念践行于工作实际,渗透于教育教学之中;坚持理想信念、价值观、职业道德操守学习,保持思想的先进性和为人师表的纯洁性。

理念层面:学习新时代育人方式改革的精神,传承学校研究型学校文化精华,从"教书匠"向"思考者"和"研究者"转型。

知识层面:不断完善知识结构,提升学科专业知识的精度,教育心理学类知识的厚度,通识知识的广度和前沿知识的认知度。

能力层面:具备培育学生核心素养的课程开发、实施、评价、反思、研究能力和现代教育信息技术技能,能够将内在知识转化为推动教学、促进学生发展的实效。

2. 定方案:形成教师个体的专业成长行动体系

教师专业发展的路径是多样化的,但只有适宜的才是有效的。基于这样的认识,学校党总支坚持以人为本的理念,调查先行,设计"党员教师个人专业发展调查问卷",面向全体党员统一发放、收集分析,了解党员教师对专业发展的愿景与需求。一方面,基于学校教师整体性的专业发展需求,如普遍渴望在教育教学中取得成绩,期望自身价值得到认可,普遍看重市、区、校对骨干教师、学科带头人等各类名师的评选和培养活动等,整体设计学校教师队伍建设的发展规划,回应教师的普遍性成长需求。另一方面,党总支和党员分头联系教师,帮助教师分析自身成长的优势和不足,提供个体专业发展规划模板,帮助教师厘定自我的成长方案。通过个体成长方案的制订,党组织对教师成长的帮扶真正走进教师的内心世界,满足教师的成长需要。

### (三)"三聚焦"：丰富党建引领教师专业发展的实践路径

教师专业发展本质上是教师思想、知识、技能的不断提升过程。党建引领服务教师专业发展,就要聚焦教师队伍建设的核心内容和基本规律,做到有重心、有方法、有成效。

1. 聚焦教师专业发展的精神价值,强化师德师风建设

教师是一种具有精神信仰的职业,需要更高层次的道德素养作为从业保障。因而党建引领教师专业发展,就要将师德师风摆在首要位置。其基本着力点是学习践行习近平总书记的师德观,健全师德建设长效机制,提升师德建设制度化水平。学校既注重高位引领,又划定底线要求,推动师德建设走上常态化、规范化、法治化轨道;构建师德师风建设制度体系,完善师德师风考评监督机制和教职工入职考核制度,建立健全教育、宣传、考核、监督、奖励、惩处六大制度;通过"学习再出发"师德师能论坛,"学于漪·铸师魂"师德展示,寻找"我身边的'四有'好老师"等系列活动,引导教师思考时代内涵和教育工作的使命,构建文化认同机制;实施师德师风考评一票否决制,向全体教师提出师德培养的两个维度:一方面,教师职业道德的认识不仅限于教育职业活动范畴,还应拓展到社会公共活动、家庭生活领域;另一方面,新时代教师在系统掌握并内化教师职业道德要求的同时,还应以师德基本精神为导向,对教育现象作出恰当的价值判断和行为选择。

2. 聚焦教师专业发展的阶段属性,设计多样发展平台

大量研究表明,不同成长阶段的教师,面对影响其专业发展的不同的关键性事件和人物,也需要进行差异化、针对性的专业发展帮扶。学校通过丰富的平台设计,让党组织对教师专业发展的引领更具有针对性和实效性。

其一,培养职初党、团员教师的"教工青年团"平台。该平台实行学科专业和班主任带教"双导师制",积极开展"名师讲座""跨学科听评课"等各类培训,规范和提升新入职教师的教学基本技能;开展谈心会、社会主题实践等丰富多彩的活动,帮助职初期教师尽快实现由学生到教师的角色转换,为学校发展注入鲜活力量。

其二,孕育学科骨干教师的"青椒沙龙"平台。"青椒沙龙"成员由入职三年以上,年龄在38周岁以下的成长期青年教师组成。会员涵盖各个组室,大多是各学科的骨干苗子,也是学校发展的中坚力量。针对成长期教师发展需求强烈,吸收新知快、创新能力强等特征,"青椒"培训课程形式以课堂实训为主线,通过"教学比武""教研论坛""微信互动""咖吧座谈""读书学习""外出考察"等形式丰富多样的活动,对各种教育焦点问题或前沿思想实现跨学科交流与分享,帮助青年教师由单纯的经验积累转向理性提炼,实现由成长期教师向成熟型骨干教师的转变。

其三,发挥专家型教师引领作用的"名师平台"。结合学校学科高地和基地建设,积极发挥特级教师、基地或工作室主持人、学科带头人领跑作用,推进学校整体学术水平提升。利用各类课题、项目、讲座,积极发挥本校名特教师的优势,转化为师训资源,为中年以上有较高职称的教师的专业发展开辟"第二次曲线"。

3. 聚焦教师专业发展的内生动力,创设共同精神家园

从当下教师专业发展的转型看,强调教师内生动力和内在自觉成为一种流行的范式。党组织引领教师专业发展,就是通过共同精神家园的创设来激发教师成长的内生动力。利用每年寒暑假开展"书香校园"的读书沙龙活动,通过共读一本书或共研一个主题等活动,在分享中引导教师交流思想、碰撞心灵,褪去浮躁以求宁静,舍去繁杂以求本心,逐步提升自身的思想境界和个人修养;围绕"党建引领,促进教师专业发展"的主题,开设系列讲座与活动,帮助党员教师澄清价值,使教师对新形势下自身角色的定位有更明晰的认识,能够"耐得住寂寞、稳得住心神、站得稳讲台、扛得起使命";提出"党员说党话,党员做标杆""教师要做党的领导的拥护者"的具体要求;建立多元荣誉体系,评选各领域、各条线先进典型,让教师学有榜样,通过比学赶超的良好氛围,帮助教师形成专业发展的内生动力。

## 三、未来党建引领教师专业发展的思考

党建引领教师专业发展不仅是一个重要的教育问题,还是一个重要的时代命题、政治问题。特别是在新时代教育改革发展话语体系中,强调党建对教师专业发展的引领、服务和保障更具有多元意义。习近平总书记在党的二十大报告中提出,要"以中国式现代化全面推进中华民族伟大复兴"。中国式教育现代化具有其内在的政治逻辑、历史逻辑、理论逻辑和实践逻辑,要形成中国式教育现代化的道路体系,就需要各个领域中具有中国特色的教育改革发展路径设计。加强党的领导,既是我们新时代加强教师队伍建设的本质特征,也是我们的重要制度优势。在推进中国式教育现代化的历史进程中,未来的党建引领教师专业发展要以更具本土化的思维方式和话语体系,立足造就党和人民满意的高素质专业化创新型教师队伍的战略目标,发出教师队伍建设的中国声音,讲好教师队伍建设的中国故事,彰显教师队伍建设的中国气质,是中国式教育现代化的重要支撑,也是未来党建引领教师专业化建设的努力方向。

# 无问西东，勇担使命

## ——"党建带团建"育人作用发挥的实践研究

上海市虹口高级中学　吕　凌

[摘　要]高中阶段正处于基础教育承上启下的重要学段，学生也正处于人生拔节孕穗的关键时期。学校党总支贯彻落实立德树人根本任务，牢牢树立科学成才观，不断深化"党建带团建"在当今背景下的育人实践研究，立足校园，放眼新时代，彰显共青团组织在高中学校大德育体系中的作用，从而打造育人共同体、传播大道、引领价值，让马克思主义成为青年学生的人生信仰，让火红的党旗、团旗高高飘扬！

[关键词]高中学校　党建带团建　育人作用发挥

虹口高级中学(以下简称"虹中")是一所与共和国同龄，与行政区同名的学校。建校70多年来，虹中人在"勤奋、踏实、俭朴、友爱"校风的引领下，始终坚守着努力培养德智体美劳全面发展的社会主义建设者和接班人的使命，培养了一代又一代的国家建设人才。他们之中前有"两弹一星"的建设者，后有"北斗三号"的研发者……接续奋斗，与共和国同呼吸共命运，在国家建设的每一个时期留下了自己的足迹，用青春与热血书写着光荣与梦想！虹中的创立者把学校第一个共青团组织的建立之日，即1949年11月21日，确定为建校纪念日。这饱含着对虹中学子未来的期许：属于共青团的理想与激情、奋斗与奉献同样属于虹中人。

习近平总书记在党的二十大报告中，殷切寄语当代青年的同时，号召"全党要把青年工作作为战略性工作来抓，用党的科学理论武装青年，用党的初心使命感召青年，做青年朋友的知心人、青年工作的热心人、青年群众的引路人"。学校党总支牢记为党育人、为国育才使命，深入贯彻落实习近平总书记关于教育的重要论述和全国教育大会精神，贯彻落实党的二十大精神，履行把方向、管大局、作决策、抓班子、带队伍、保落实的领导职责，把政治要求贯穿办学治校、教书育人全过程。在继承与发扬虹中光荣传统的基础上，聚焦占全校学生数近40%的团员这一关键群体，为进一步激发共青团组织思想引领、素质拓展、权益服务、组织提升方面的作用；激励共青团员树立主动成才的愿望、发挥模范带头作用；引领带动广大青年学生坚定理想信念、厚植爱国主义情怀、加强品德修养、增长知识见识、培育奋斗精神、增强综合素质，着力开展"党建带团建"育人作用发挥的实践研究,积累了一定的经验,形成了一定的工作机制。

## 一、扬理想信念之帆,强思想政治引领

学校党总支坚持德育实施的顶层设计,抓住"三个面向"(面向全体学生、面向全体团员、面向骨干团员)整合课程育人、文化育人、活动育人、管理育人、实践育人、协同育人之效,开展全员、全过程、全方位德育。牢牢抓住理想信念教育,着眼全体团员,指导开展团课"青年大学习",突出思想和行动上有所提升;着眼于团员骨干,通过"校—区—市"三级"青马工程"联动,以理论学习、考察研学、志愿服务等形式,学习党的理论知识,了解党的发展历程,明确党员的责任与义务。同时为"青马工程"学员配备党员导师,与党员导师共读一本书,共话成长路,结合理想信念、学业提升、生涯发展等方面的指导,传承红色基因,增强"四个自信",让"立志听党话、跟党走,立志扎根人民、奉献国家",成为优秀青年团员的人生信仰和政治追求,并辐射引领更多的青年学生。

## 二、育优秀青年之才,起示范带动作用

学校党总支着力组织发动,构建班级团支部、年级团总支、学校团委三级团组织,将全体学生—全体团员—骨干团员组织起来,凸显团组织在班级、年级、学校的作用发挥。为了建强班级团支部,党总支选优配强团支部辅导员,让优秀的党员走进团支部,切实加强对团支部工作的指导:指导开展主题团日活动,促进团支部活动常态化;指导开展团员意识教育,加强团员的身份认同;指导团员组织发展工作,将优秀的学生培养成团员,保证了团组织的先进性;发掘培养团员,使得一批思想端正、学习优秀、工作突出的优秀团员脱颖而出,把积极向党组织靠拢作为自己更高的政治追求;团支部政治功能的发挥,提升团支部在班级中的影响力、组织力、战斗力,让团员走到"幕前台上",在成为广大学生心目中的榜样和表率的同时,自信坚定地发展自我、提升自我。

学校党总支积极支持、指导团委认真开展团委、学生会干部的培养、教育和管理,让共青团组织成为优秀青年的"孵化地"。坚持日常的学习与集中培训相结合,政治理论学习和工作实务提高相结合。由学生干部担当主角,先后以"一心向前,虹中起航""传承四史,砥砺前行"为主题,组织策划了骨干学生训练营的团建拓展、对话历史、对话人生,在学习、体验、互动、碰撞中厚植爱国荣校情怀,明晰成长奋斗目标,建立团结奋进的友谊,示范带动作用尤为突出。

## 三、领生动活泼之风,创校园先进文化

学校党总支大力倡导共青团组织成为生动活泼、阳光奋进的校园风尚之引领者。在

学校党总支的全力支持下，团委、学生会积极投身校园先进文化创建，先后开展"颂青春志梦想，传承五四精神"虹中风尚学生表彰活动，"阅读红色书籍，悦享青春心声"红色经典主题诵读活动，"勇担后浪重责，争做青年先锋"习近平总书记五四寄语学习活动，"光影印刻，知史明责"开学第一课等主题活动，借助不同媒体拓展多种途径，用青年学生喜闻乐见的形式，让主旋律生动活泼地奏响在校园，点燃青年人的理想与激情、奋斗与奉献。

基于项目学习的学生社团和综合创新活动也在团委的带领下蓬勃发展。社团招募成为虹中校园亮丽的风景线，社团的多元载体为学生发展兴趣与爱好，锻炼才干与技能提供了最佳平台。结合社团文化展示的"学雷锋三·五"义卖、义演，正在成为校园又一盛事。"阳光、活泼"的社团文化已成为校园清新之风，引导着校园蔚然新风尚。

## 四、展青年实干之力，担社会服务责任

"纸上得来终觉浅，绝知此事要躬行。"学校党总支坚持育人"知、情、意、行"协调一致的原则，将志愿服务和社会实践纳入学校课程，探索主体实践为特征的教育途径和方法。我们立足于校内的学生自主管理和校园劳动，牵手9家单位共建社会实践基地，鼓励团员"走在前，做在先"，做垃圾分类的先行者、交通管理志愿者、社区养老的陪同者、法治宣传的传播者……在服务践行中，在学以致用的同时，明确作为一个社会人的责任担当，在奉献与历练中实现一名合格高中生乃至青年团员的蜕变和提升！

## 五、成效与启示

### （一）"党建带团建"深度融合学校德育，凸显办学主体责任

学校党总支始终坚持把培养社会主义建设者和接班人作为根本任务，培养一代又一代拥护中国共产党领导和我国社会主义制度、立志为中国特色社会主义奋斗终生的有用人才作为办学现代化方向目标，承担主体责任，发挥政治领导力和组织引领力，通过推进"党建带团建"育人作用的发挥，积极探索"为谁培养人、培养什么人和怎样培养人"的校本育人途径，提升了党建的实效性和有效性，营造了齐抓共管的育人环境。

### （二）"党建带团建"，激发党团组织的组织力

高中阶段"党建带团建"工作是学校加强党对共青团工作的领导，树立广大高中青年团员理想信念和践行社会主义核心价值观的重要方式。面对新时代的教育要求与青年学生的特点，与时俱进地开展"党建带团建"育人作用的探索实践，构建符合学校建设发展要求、符合青年学生个体成长需求的"党建带团建"工作新模式，不仅丰富、拓展了学校育人的途径与方式，提升了育人成效，还提高了学校党建与团建工作水平，强化了党、团组织的组织力和行动力。2021年，我校团委荣登"上海市基层团组织典型选树"专项工作团（工）委通报表扬光荣榜。学校党总支荣获"虹口区基层党建示范点"的荣誉称号。

### （三）"党建带团建"，鼓励青年学生成为更好的自己

"党建带团建"育人作用的发挥立足青年学生最熟悉的校园和生活，借助开启学生全员DPA，依托大数据，指导学生在认识自我的基础上，发掘潜能、规划自我，实现优势发展。引导团员、学生在从他育走向自育的过程中，将对个人价值与国家命运的审视逐渐内化为一种政治自觉与成长的价值引领。近年来，多名年满18周岁的学生向学校党组织递交了入党申请书，在青年马克思主义者这条培养道路上不断地成长。就像之前从虹中校园走出的一批又一批学子，带着理想与激情、奋斗与奉献，投身属于他们这个时代的建设，承担起中华民族伟大复兴之大业，在成长与奋斗中创造属于青年新一代的荣光！

综上所述，在习近平新时代中国特色社会主义思想的指导下，学校党总支以贯彻落实立德树人根本任务为己任，无问东西、开拓进取，着力"党建带团建"在高中育人作用的发挥，播撒理想与信念的种子，培根铸魂，启智润心，为中华民族之百年大业广育英才！

## 参考文献：

［1］共青团中央、教育部、民政部、农业农村部、国务院国资委印发《关于深入实施青年马克思主义者培养工程的意见》的通知，中青联发〔2020〕5号［EB/OL］. https://www.gqt.org.cn/documents/zqlf/202006/P020200608619812673644.pdf.

［2］林晓风，刘会坚.党建带团建：借力蓄势，强化理想信念教育［J］.福建教育，2020（52）.

［3］王伟才.高中基层党建带团建工作的逻辑理路与实现路径分析［J］.中外交流，2020（15）.

# 榜样引领前行，担当育人使命

上海市澄衷高级中学　丁克芳

[摘　要] 强化教师职业道德建设和生涯规划，造就一支高素质的师资队伍，是培养高素质人才的前提和基础。上海市澄衷高级中学党总支以"校外先进引领，启思践行；校内树立典型，示范引领；挖掘校友资源，坚守铸魂育人"三大主要途径，通过"为人为师为学"系列活动，引领教职员工更加清晰明确创建师生精神共同体的重要性，明确学校发展中的强化育人共同体建设的重要性。教职员工结合自身实践，体悟反思交流，守教育初心，担育人使命，更有效地实现自我价值，从而更好地促进学生、教师和学校共同发展。

[关键词] 职业道德建设　师资队伍　育人共同体

习近平总书记在党的二十大报告中强调，"全面贯彻党的教育方针，落实立德树人根本任务，培养德智体美劳全面发展的社会主义建设者和接班人"。学校要贯彻好党的教育方针，培养高素质人才，就必须造就一支高素质的师资队伍。澄衷高级中学（以下简称"澄衷"）是一所百年老校，有着深厚的文化底蕴。面对"双减""双新"挑战，如何抓住历史机遇，激发教师内驱力，担当立德树人的使命，促进学校高质量发展，成为澄衷新时代教育的新挑战。

学校加强相关学习培训，着重理念先行，分层向全体教师、党员宣传党的政策方针，从而增强教师的育人使命感和责任感。学校邀请校外不同领域的先进人物开设师德讲座，引导教师正确认知自我，关注生涯发展和生涯成就；要求关注身边的先进教师的感人故事，充分发挥典型引领、示范和辐射的带动作用；挖掘校友红色资源，坚守铸魂育人，引导教职员工结合实际工作自我反思，汲取砥砺前行的力量，更好地践行育人使命。

## 一、校外先进引领，启思践行

根据校内教师的思想状况和发展需求，学校邀请了有影响力的先进榜样来校开设讲座，以拓宽教职员工的视野。如为更好地开展"全员导师制"，学校邀请了上海市德育特级教师、德育正高级教师付丽旻开设"以生为本,探索个性化教育"讲座。付老师结合生动案例,与大家分享了疫情背景下,智慧开展个性化指导的经验。她的教育情怀、教育智慧和责任担当令教职员工们深受启发。学校还邀请上海市第六批(瑞金医院)援鄂医疗队领队、上海交通大学医学院附属瑞金医院副院长、上海市微创外科临床医学中心主任医师、上海交通大学医学院教授胡伟国医生,做了题为"心有明灯纷相续——援鄂抗疫中教学实践和启迪"的讲座。胡院长通过医生与教师的身份,将援鄂抗疫的独特经历分为责任、技术、大爱、礼仪、升华、情怀6个主题,身体力行地阐述了对医生、教师社会责任感的深刻理解:无论是医生还是教师,都要将对社会的责任牢记于心,以扎实的基本功铸就硬核技术,以无私的大爱形成软实力,不断地提升精神境界,成为一名满怀家国情怀的人,真正践行为国为民的使命与责任。通过胡院长精彩而动人的讲述,澄衷教师不仅深刻地体会到援鄂抗疫战士的大无畏精神,也更加坚定了对自身岗位与使命的认知,在教育岗位上以更专业的精神和大爱无疆的情怀做好立德树人工作。

党员张婷婷聆听了瑞金医院胡伟国副院长的抗疫故事之后,她说:"疫情泛滥,国有难,民有患,胡院长带领本院136名医生队员挺身而出,逆行而上,勇敢出征,体现了作为医生和教师的使命担当。"吴雯婷老师在入党申请书中引用了一句话,"不是生而英勇,只是选择无畏",表达了对职业的精神追求。医生也是普通人、平凡人,除了具有过硬的救治技术,更因为肩负爱的社会责任感,让医生忘记畏惧,把使命感放在第一位,在关键时刻义不容辞上前方。新时代的教师不仅要注重培养学生有应对未来需要的专长和能力,还要培养学生的社会责任感与家国情怀,引领身心健康发展、道德品格修炼养成。如果我们的学生自豪地说,"老师,毕业后我想成为你的样子""你的背影,是我前进的方向",就是对教师最大的精神激励!

## 二、校内树立典型,示范引领

学校严格执行全员育人岗位职责,鼓励和引导教师做"四有"好老师,开展形式多样的"为人为师为学"主题教育,结合校本师德修养课程和导师制实施,连续开展了四届十佳"四有"好老师评选活动。同时,强化激励机制,开展评选"优秀党员教师""德云优秀教师""校首席教师""优秀班主任""教学技能奖"等活动,树立育人先进典型。

澄衷的教师勇担支教使命。2022学年,徐雪君副校长报名到云南省文山州教育扶贫开展3年支教工作。2019学年,我校入党积极分子、化学教师陈佳阳和教学处副主任丁志伟赴青海果洛支教3年。他们克服了身体、生活上的种种困难,抓紧抓实教育工作,为提升当地教育质量贡献了力量,并获得多项省市级荣誉称号。虹口区没有一所学校同期有两名教师支教,虽然这给学校教学秩序带来了不小的影响,但学校服从大局,做好各项保障工作,令他们安心支教。同时,学校也邀请支教教师给全体教职员工开设师德讲座,让大家了解支教的艰辛,了解他们的奉献和敬业。陈佳阳老师开设了师德讲座"不负青春,勇担使命,培养果洛未来建设者",向大家介绍了青海果洛的基本情况、教育工作及所取得的阶段性成果,并结合切身经历,与教师们分享了援青支教的心得体会,阐述了"三个使命"。陈老师克服了严重的高原反应,承担多项教育教学任务:带教3个班的化学课教学、早读和培优补差,还开设学生社团和兴趣课。在他的努力下,学校本科率大幅提升,达线率提高5.4个百分点,创下最高分历史新高。他还担任科研室副主任,和当地教师共同完成的作品荣获国家级学科类二等奖;他成功申报省级课题,实现当地学校课题申报零的突破;他还在课余时间踊跃参与其他对口帮扶工作,积极开展"三交活动"。陈佳阳在核心期刊发表论文3篇,完成课题项目3项,获国家级奖项3次、市级奖项5次。他的支教事迹被《文汇报》《青年报》、东方卫视新闻栏目等广泛报道。陈佳阳老师身上彰显出作为"90后"教师的勇气、担当和无私大爱精神。

聆听了身边榜样陈佳阳老师的事迹后,青年教师马乐乐和胡洋作为入职不久的新教师,分别从不同角度与大家分享了初为人师的工作感悟。众所周知,在系列教育政策陆续出台的背景下,教学生态发生了改变,教师们为了育时代新人,除了需要在课堂上"传道授业解惑",还要依靠自己的智慧去解决教育领域"急难愁盼"的问题。青年教师表示,会不断磨炼自己,成为澄衷不同凡响的新动力,明确个人教育生涯发展要与学校、国家的需要同频共振。

## 三、挖掘校友资源,坚守铸魂育人

党总支结合澄衷的校史学习教育,推进"四史"学习教育活动。比如,邀请上海社科院叶舟副教授为全体党员和教师做主题是"担负起民族兴亡的责任:澄衷的红色故事"的相关讲座。大家从讲座中汲取信仰之力,把稳思想之舵;汲取发展之力,把握使命担当;立志通过自己的努力和奋斗将百年澄衷精神发扬光大。以书籍《百年澄衷拾英》为背景,选择6位澄衷校友的红色故事,党员和民主党派共同开展"诵读红色故事,献礼建党百年"诵读活动。在诵读中,聆听故事;在诵读中,品味经典;在诵读中,传递信仰;在诵读中,感悟共产党人的初心使命。又如,在"赓续红色基因,不忘初心使命"庆祝建党百年主题活动中,澄衷戏剧社创排了校史原创话剧《真理之火在这里燃起》。该剧艺术地再现了由陈独秀、陈望道推动,于1920年5月1日在澄衷中学举行的上海纪念"五一"国际劳动节集会的场景。这是马克思主义理论与中国工人运动相结合的实践,也是澄衷百年画卷上富有历史意义的一页。结合百年校史、整合校内外各类专题教育资源,徐雪君副校长还领衔申报了"学唱红歌,知史爱党"党史学习教育主题活动课程,并入选了上海市中小学"中国系列"党史学习教育活动课程。

在学习党史中,党员李永华老师深切地感受到,百年党史就是一部让种子发芽、生根、开花、结果的历史,我们共产党人好比这一粒粒种子,人民就是广袤而肥沃的土壤。站在两个一百年的历史交汇点上,作为新时代的教育工作者,我们不仅是一粒种子,更是一名育种人、播种人、护种人,应当切实增强当好"育种人"的使命感。澄衷作为一所百年老校,为社会培养了一批又一批的栋梁之材,激励我们坚定志向、不忘初心、砥砺前行。

此外,学校根据发展要求,及时破解教育教学中遇到的难题。我们发现新高一年级有个心理问题比较严重的特殊学生,入学不久就频繁发作,难以自控,影响到班里其他同学。为了研究学生,开展个别化指导,让班主任和任课教师能较好地处理突发事件、教育和引导好班级学生,学校特地邀请了心理专家给德育团队、班主任和全体任课教师进行专题指导,学习和了解此类心理疾病特征及应对策略,促进形成"班主任、任课老师和心理专职教师"的团队合力,为全体师生保驾护航。又如,面对"双减""双新"和五项管理政策实施,教师们不仅要研究学情班情、学习新课标、掌握本体知识新要求、有效开展课堂教学和课后指导,还要为创建学校特色高中而努力。学校设计了特色课程专题学习,坚持系统学习,由立信会计金融学院精英团队开设现代商素养课程,积极培育特色师资力量,助力学校高质量发展。

## 四、恪守初心,担当育人使命

通过"为人、为师、为学"系列教育,学校教师队伍迅速成长,现有3名"双名工程""种子计划"领衔人、3名虹口区高端教师培养对象、4名区学科带头人、6名区学科骨干教师,充分体现了教师们不懈的专业追求和高尚的职业道德修养。学校也先后获得了上海市家庭教育示范校、上海市安全文明校园、上海市劳动教育特色校、上海市绿色学校等光荣称号。教职员工更加明确创建师生精神共同体的重要性,明确学校发展中强化育人共同体建设的重要性。教师们结合自身实践,体悟反思交流,守教育初心,担育人使命,更有效地实现自我价值,也引发了我们对教师培养的再思考。

### (一)进一步加强教师生涯指导,提升师德素养

教师队伍建设是学校发展的生命线,教师的职业道德素养直接影响学生的全面发展与健康成长。正确的生涯指导有助于教师们更好地发挥内驱力,尤其是当下我们将在过渡校区若干年,学校要智慧地开展教师职业生涯指导,推动教师个人成长和学校发展之间的同频共振。

### (二)立足课堂教学,践行育人使命

师德师风建设需要与学校中心工作紧密结合,体现在课堂主阵地的育人工作中。教师的世界观、人生观和价值观潜移默化学生,因而更要发挥"立德树人""学科育人"的关键作用。作为每个教育人,应当立好教育的"德"、干好育人的"活"、做好暖心的"事"、铸好教育的"魂"。学校要深度思考课堂主阵地应该如何践行师德师风建设,带领广大教师走持续发展之路,实现学校高质量发展。

### (三) 建立协同机制,实现"立体"育人

学校要进一步发挥学校、家庭、社会"三位一体"的共同育人机制,凝心聚力谋发展。学校要善于挖掘校内外资源,利用多种渠道,采用多种形式,开展师德师风建设,实现"立体"育人。因为师德师风不仅体现在校内,在社会也一样要经得起考验,真正成为学生的榜样标杆和前行方向灯。

# 加强新时代教师队伍建设的校本实践

上海市第五十二中学　刘晓聪

[摘　要] 落实党的教育方针,培育符合时代要求的新人,最主要依靠的是人力资源,也就是教师这一群体。我校遵循教育规律和教师成长发展规律,加强师德师风建设,激励老师做学生锤炼品格、学习知识、创新思维、奉献祖国的引路人,积累了校本实践的丰富经验。

[关键词] 人才自主培养　教师成长　校本实践

党的二十大提出,坚持教育优先发展,坚持为党育人、为国育才,全面提高人才自主培养质量。我们要办好人民满意的教育,全面贯彻党的教育方针,落实立德树人根本任务,培养德智体美劳全面发展的社会主义建设者和接班人。党的十八大以来,习近平总书记深刻地阐述了新时代教师队伍建设的重要意义及目标,为学校教师队伍建设指明了方向。从教育诉求看,教师是立教之本、兴教之源,承担着让每一位学生健康成长、办好人民满意教育的重任,是发展高质量教育的重要保障。从时代需求看,教师承担着落实立德树人、培育时代新人的历史重任。要落实党的教育方针,培育符合时代要求的新人,最主要依靠的是人力资源,也就是教师这一群体。

教师是"为谁培养人、培养什么人、怎样培养人"的具体实践者,肩负着培养担当民族复兴大任时代新人的历史重任。党的二十大提出,我们要提高人才自主培养质量。对于一所学校而言,培养有理想信念、有道德情操、有扎实学识、有仁爱之心的"四有"好老师,是责无旁贷的。如何遵循教育规律和教师成长发展规律,加强师德师风建设,让教师做学生锤炼品格、学习知识、创新思维、奉献祖国的"四个引路人",我们五十二中学有着自己的思考与实践。

## 一、加强支部内涵建设,提供政治思想保证

### (一) 提升教职工政治思想意识

学校党组织确保对教师队伍实行政治领导、思想领导和组织领导。加强政治领导,组织学习党的十九届四中、五中、六中全会精神、习近平"七一"讲话及关于教育的重要讲

话精神,明确德智体美劳"五育融合"的新时代育人要求。强化党总支委员、校务会成员和中层干部的政治意识,提高政治站位,深入理解新时代教育方针政策,明确目标,责任到位。组织教工学习新修订的教育法,为"双新""五项管理""双减""双选"等工作的落实、落地做好政治思想保障。加强思想领导,用习近平新时代中国特色社会主义思想武装头脑,积极培育和践行社会主义核心价值观。分析学校目前发展状态,了解机遇与挑战并存,激发教工的爱岗敬业精神。加强组织领导,把好选人用人关,做好中层领导干部和储备干部的选拔、教育、培养、考核和监督工作,完善激励和约束机制,激发领导干部的干事创业热情。

### (二)注重三个党支部内涵建设

组织学习《党组织领导的校长负责制》相关文件精神,明确书记选拔条件,注重选拔党性强、懂教育、会管理、有威信、善于做思想政治工作的优秀党员干部担任党组织书记。倡导党支部立足教育系统特点,创新党组织活动的内容和形式,提高党组织生活质量。全面提高党员政治素质和基层党组织凝聚力、战斗力,不断完善基层党支部组织制度建设。推进标准化党支部建设工作,开展"一个支部一个特色"建设,推进"一个支部一个阵地"建设,发挥好基层党组织战斗堡垒作用,加强对优秀教师的政治引领和政治吸纳,健全"双培养"机制。3个党支部工作开展以教研组为大本营,辐射学部组,倡导党员同志将教研组和学部组作为责任区,以党建工作促进教育教学工作开展,提高教育质量。

## 二、把握队伍建设重点,提升师德教育成效

### (一)加强政策学习,明确师德规范

在教职工大会上,要求全体教师始终牢记习近平总书记对教师的殷切希望和要求,努力提高思想政治素质和道德素质;学习《新时代中小学教师职业行为十项准则》,在"双减"背景下,教工要牢牢守住职业道德规范,切实为学生和家长减负。学校制定了教师职业道德规范和师德考核制度,教职工知晓率达到了100%。学校以教育部颁发的《中小学教师职业道德规范》和上海市教委颁发的《上海市中小学教师职业道德规范》《上海市中小学教师守则》为依据,在广泛征集意见和建议的基础上,形成《上海市第五十二中学教师职业道德考核条例》。以规范引领,以制度约束,垂范师德,规范操行,促使教师自觉提升职业道德修养,落实依法执教,践行以德育人。

### (二)坚持德育为先,探索"五育融合"

在党总支和校长室的领导下,营造"人人都是德育工作者"的氛围,构建以"崇德、尚文、健体"校训为主题的德育系列教育活动,努力把学生培养成为能明德、修德、守德,具有勤勉正直、博览人文、知行合一特质的社会有用人才。学校通过各种教育教学研讨会,让所有教师明白,要使我们学生成为有用的人才,必须德育为先,注重学科育人,注重思政教育;注重对学生进行社会主义核心价值观教育、党史学习教育、优秀传统文化教育、校

训文化和礼仪规范教育。

**（三）完善教师考核，健全管理制度**

每年教师节，学校奖励市、区、校级各类先进，大力弘扬师德师风，设年度考核优秀奖、德教双馨奖、管理和服务育人奖，优秀班主任奖，教学新秀和校先进等奖项。教代会上，学校修订了《上海市第五十二中学文明组室暨"五型"班组评比办法》，细化了"五十二中学教师考核表"和"五十二中学职工考核表"，每年度坚持教职工自评、互评和分管领导考评相结合。学校把师德考核纳入班主任考核、教工年终考核、职称评定和区级人才梯队校内履职考核等各项考核评选之中，突出教师师德修养和育人能力的评价和认定。

## 三、搭建多维成长平台，助推教师专业发展

**（一）打造两个专业平台**

1. "52"全员导师制

党组织倡议每位教师都应该成为学生的一名良师益友。学校所有教师都担任导师，与3—12位"导生"进行结对。导师可以从"思想创导、学业辅导、生活指导、心理疏导、生涯指导"五方面与学生沟通交流，引导学生树立正确的人生观、世界观、价值观，培养和提高学生的思想政治素质，帮助学生形成良好的道德品质，指导学生养成良好的行为习惯；负责学生的学业指导，指导学生掌握良好的学习方法，培养良好的学习习惯，帮助学生解决学业上的困难；帮助学生解决生活、生理、心理上的困惑，做学生的良师益友；能与学生家长沟通，全面了解学生的家庭情况，积极争取多方协作，并针对家长的实际情况，就教育子女的理念、方法、心理诸方面，给予家长指导。全员导师制工作能否真正落实落地，关键在于教师的良言善行，担当好良师益友的双重角色。

2. "52"（吾爱）论坛

（1）教育教学论坛。在每学期结束之际，全体教工必须参与德育、教学专题论坛。学年上半学期举行德育研讨会，下半学期举行教学研讨会。近几年，德育管理部门聚焦学校德育课程构建、德育队伍建设、育德能力提升、生涯教育辅导、全员导师赋能等，有调查研究的数据，有育德工作案例，有班主任头脑风暴，有点评总结提升。教学管理部门每学期组织"学科月"，组织教研组教师互相听课评课，然后组织全校的教学研讨会，聚焦教育综合改革、"双新"实施、"五项"管理、教育技术等。教学管理团队旨在通过教师谈经验、谈问题、谈困惑，引导全体教师在课程教学方面关注育人方式的改变，按照初高中不同学段的要求规范教育教学工作，将新的育人理念融入教学设计中。

（2）成熟教师论坛。学校注重教师校本培训，尊重成熟教师的教育教学智慧。以洪慧班主任工作室作为主阵地，组织班主任工作论坛。邀请善于做学生思想工作的班主任分享经验，如洪慧老师的"如何上好一堂主题教育课"、唐淑丽老师的"班主任工作的'无为'与'有为'"，朱梅老师的"问题解决从尊重开始"等。专业问题让专业的人来解答，

专业技术让有专业水准的人来培训，我校邀请教育教学效果为大家所公认的老教师为青年教师答疑解惑，做他们教育教学工作的引路人。

（3）青年协会论坛。学校青年协会组织的"倾听·朗读者"读书活动，成为学校一道亮丽的风景线。青年教师或在朗读亭，或在图书馆，或在会议厅，分享他们成长过程中受影响最深刻的一两本书。青年教师收集自己的公开课教案、科研论文、课后反思、读书笔记等，每两年出一本成长集。《在远方》《跬步集》《足迹》《追梦》《目标决定高度》等成长集见证了青年教师的发展轨迹。

### （二）凸显四支队伍建设

#### 1. 干部队伍建设

一所学校是否呈现向上趋势的发展劲头，与是否拥有一支努力拼搏、团结奋进的管理干部队伍息息相关。学校注重干部队伍的政治思想建设，每月按计划进行中心组学习。理论要时学时新，工作要越做越实。每学年进行干部岗位聘任，明晰工作职责与要求。每年度干部进行述职述廉，党组织认真审议教职工对每位干部的民主测评意见，对测评分数低的干部进行谈心谈话。坚持干部选拔标准和程序。近年来，调整了5位中层干部的岗位。新任中层干部和两级组长都是从优秀青年干部培养对象中推选出来的。

#### 2. 党员教师队伍建设

党组织精心组织"不忘初心、牢记使命"主题系列教育和党史学习教育，引导全体党员教师学深悟透，学以致用，干在实处，在思想上积极引领，在工作中创先争优，成为学校教育教学工作上的排头兵和先行者，在教育综合改革、"双新""双减"、思政工作上勇立潮头。

扎实开展实事工程，党员教师能讲党课，党员教师能承担学生生涯教育，党员教师是优秀导师。在学校公共区域和教室分别设座，党员教师为学生家长提供学习方法、生涯升学、家庭教育等方面个性化的咨询服务。2020年，党员教师率先进入社区，参与社区抗疫工作，与困难退休教师结对，与学困生结对，与居住社区结对，彰显出党员的奉献意识和服务能力。

#### 3. 思政课教师队伍建设

落实新时代思政课关键是加强思政课教师队伍建设。学校的具体做法如下：一是健全组织领导，打造精英团队。加强校党组织领导，健全制度规范，加强科组管理，按照"目标启动、理论促动、骨干带动、培训推动、激励驱动、关心感动"的总体思路，切实加强思政课教师队伍建设。二是坚持理论学习，把握政治方向。加强马克思主义理论学习，读原著、学原文、悟原理，自觉用习近平新时代中国特色社会主义思想武装头脑。三是坚定学科自信，创新课堂教学。增强上好思想政治课的决心与信心，引导学生增强对党的政治认同。初高中思政课教师在党的二十大结束时就编好了相关校本习材，及时为学生提供党的二十大报告的学习内容。

#### 4. 班主任队伍建设

一是强化班主任工作职责，完善与落实《班主任岗位聘任办法》和《班主任绩效工作考核方案》，明确班主任岗位职责，充分调动班主任工作的积极性、主动性和创造性，提升班主任的育人水平。二是依托市区班主任工作室、区班主任研究协会和区优秀德育资源平台，为优秀班主任提供脱颖而出的机会。洪慧老师在2018年获得长三角班主任基本技能大赛一等奖，2020年获得上海市优秀班主任称号。目前她主持学校班主任工作室，引领青年班主任的专业发展。三是开展校本培训，提升专业能力。采用请进辅导讲座、报告等形式在班主任中开展各类学习实践活动；开展生涯辅导培训、主题班会课培训、家庭教育培训等，搭建骨干班主任的展示平台，开展多维度的班主任培训活动，发挥骨干班主任的育德优势，提升年轻班主任管理班级的能力和水平。四是实行班主任工作研讨制度，每两周进行班主任工作例会，每学期开展主题班会评比，每学期开展学部班主任研讨会，每学年开展学校德育研讨会，统一思想，形成共识，达成五十二中学的育人目标。

## 参考文献：

［1］中共中央、国务院.关于全面深化新时代教师队伍建设改革的意见［N］.新华社,2018-01-31.
［2］习近平.高举中国特色社会主义伟大旗帜　为全面建设社会主义现代化国家而团结奋斗——在中国共产党第二十次全国代表大会上的报告［N］.新华社,2022-10-25.

# 发挥党员导师在全员导师制中示范作用的实践研究

上海外国语大学附属外国语学校东校　蔡　虹

[摘　要] 全员导师制是新时代教育综合改革背景下,推进"三全育人"、构建新型师生关系在现代学校制度建设中的集中体现,必将引发学校治理体系的深刻变化。本文围绕党员导师在全员导师制中示范作用的发挥开展实践研究,从学校实际出发,初步构建党组织领导、党员导师示范推进、全员导师制高质量开展的工作模式及相关制度。

[关键词] 党组织领导　党员导师示范　全员导师制

为深入贯彻《上海市教育委员会关于推行中小学全员导师制的试点方案》,自2021年起,上海市各中小学全面实施中小学全员导师制。全员导师制是新时代教育综合改革背景下,推进"三全育人"、构建新型师生关系在现代学校制度建设中的集中体现,必将引发学校治理体系的深刻变化。

本文围绕党员导师在全员导师制中示范作用发挥开展实践研究,通过学习明确目标、调研把握需求、实践检验思路、总结形成的机制,初步形成了党组织领导、党员导师示范推进、全员导师制高质量开展的模式及相关制度,促进学校高质量发展和师生共同成长。

## 一、明确目标定位

### (一) 政策研读,明确目标方向

党的二十大报告指出,要"办好人民满意的教育""全面贯彻党的教育方针、落实立德树人根本任务,培养德智体美劳全面发展的社会主义建设者和接班人"。办好教育的关键在教师。2014年9月,习近平总书记在视察北京师范大学时发表了重要讲话,提出打造一支有理想信念、有道德情操、有扎实学识、有仁爱之心的"四有"好老师队伍,提出广大教师要坚持教书和育人相统一,坚持言传和身教相统一,坚持潜心问道和关注社会相统一,坚持学术自由和学术规范相统一。要求广大教师做学生锤炼品格、学习知识、创新思维、奉献祖国的引路人。习近平总书记的重要讲话不仅为教师的成长提出了全面的素质要求,而且明确了具体的方法和内容,是每位导师的努力方向。

与此同时,《中共中央 国务院关于全面深化新时代教师队伍建设改革的意见》《国务院办公厅关于新时代推进普通高中育人方式改革的指导意见》《新时代上海市中小学幼儿园教师职业行为十项准则》等文件,为我们从教师队伍建设和职业规范角度进一步把握导师制工作的意义指明了方向。

**(二)学生访谈,把握学生需求**

学生对导师制有什么期待和需求? 2021年11月,支部联合心理教师以心理学中的"重要他人"理论为依据,通过3个递进式访谈活动,对全体学生开展调研。首先,由导师带领学生回想成长之路上自己记忆深刻、与自己生命有链接的人或事,在此基础上尝试用关键词描述这些"重要他人"值得自己学习和敬佩的特质,绘制"画像",最后再提炼理想导师特质关键词。

通过学生访谈,得到了以下内容。第一,可以尝试从"高度""深度""宽度"和"温度"4个维度描述学生眼中理想导师的特质。其中,"高度"指向导师的理想信念、人生观、价值观;"深度"指向导师的专业能力和经验才华;"宽度"指向导师的沟通能力和人文关怀;"温度"指向导师的性格特质和人格魅力。第二,目前学生对导师制的需求主要集中于希望得到导师的个性化指导,尤其是在生涯发展方面的指导。

**(三)党员调研,明确使命担当**

党员调研主要目的在于,了解党员对导师职责与工作现状的认识和展望。调研结果显示:第一,全体党员积极支持支部组织的"同读一本书""同行一段路""同唱一首歌"等党员导师活动,并认为这些活动对宣传党的知识、启发青年学生向党组织靠拢、提升政治素养有积极作用;第二,全体党员认同自身的党员导师身份,认同党员导师在全员导师制工作中的榜样示范作用;第三,对党员导师先行先试下阶段工作提出了意见与建议,希望党员导师工作出亮点,有特色。

前期的学习和调研使支部对学校的全员导师制工作现状有了更全面的了解,帮助我们定方向、明目标,有重点地开展实践探索。

## 二、实践探索

**(一)在导师制工作中"先行先试",提升党组织在学校工作中的领导力**

校党支部坚持党员导师"先行先试",通过党员导师制对导师工作路径、导师制活动形式和导师制评价方式等内容进行试点,积累经验、提炼做法,再由点及面,将经过党员导师试点实践证明的有效举措复制、推广到全员导师制工作中去,以提高全员导师制的工作成效。

2021年的党员导师活动主题是党史学习教育,支部以党小组为单位开展活动。第一党小组制作"中国共产党人的精神谱系"党课微视频,第二党小组设计党史学习教育双语"红路线"。全体党员带领学生研读党史故事,查阅党史资料,设计行走路线,已完成10个微视频和5条"红路线"设计制作。党史学习教育成果在校班会、主题党日、主题团日和队活动中广泛使用,在全校营造了浓厚的党史学习教育氛围。活动中,支部及时梳理工作流程,提炼工作方法,形成"如何让党史故事更精彩"和"红色导览图双语设计概要"等活动指南和操作模板。这些来自师生共同实践得出的经验体会,对下一阶段开展工作具有极强的指导价值。

2022年6月,支部在德育研讨会上向全校展示了党员导师实践成果,并将其拓展为面向全校的"导师说"项目,倡导全体导师立足学生成长,从导师制工作五方面内容出发,开展个性化生涯指导,带领学生寻找共同话题、开展共同研究、完成一个共同任务,指导学生发现和培养兴趣特长,探索生涯发展方向。

2022年暑假,第一季"导师说"正式起航,全校师生全员参与。有的学生在教师带领下从感兴趣的心理知识入手,制作心理小视频;有的学生在制作"走进四行仓库、感悟民族精神"导览图的过程中,坚定了自己等级考选科和未来职业方向;还有学生自学制作掐丝珐琅,"品味"中华传统文化魅力。第一季"导师说"活动内容丰富、形式多样,受到学生的喜爱,品牌成效初现。目前,支部正组织全体导师进行总结,为第二季"导师说"积聚智慧。

党员导师的先行先试不仅使全员导师制工作推进更有成效,而且支部在先行先试过程中呈现的勤于思考、勇于探索的创新意识和工作成效,得到全体党员和全校导师的充分肯定,提升了党支部在学校工作中的领导力。

**(二)在导师制工作中"树榜样",彰显党员导师在全员导师中的示范力**

党员先锋模范作用是指党员在工作中通过自己的骨干、带头和桥梁作用,影响和带动周围的群众共同实现党的纲领和路线的行动。党员导师立足本职、创先争优,对于全员导师而言,是很好的榜样。

党员导师的示范力,首先体现在立德树人的影响力。课堂是学校教育的主阵地,课程是学校教育的核心。党员导师坚持学科育人,主动将教学与育人相结合,深耕学校课程建设。他们以党史为背景开展的教学设计获得全国和上海市一等奖。他们带领学生开展的项目化学习项目获得区一等奖。榜样的力量是无穷的,在党员教师示范引领下,全校青年教师学科育人意识显著提升。他们更加关心党和国家大事,主动学习党史读本、主动学习《爱国主义教育纲要》《革命传统进中小学课程教材指南》《中华优秀传统文化教育纲要》等文件,主动在日常教学中融入思想品德教育、劳动教育等元素,坚持立德树人、"五育融合"。

党员导师的示范力还体现在班级导师团的组织力。党员班主任是班级导师团的政治核心。2022年4月,支部指导德育处开展"传家宝的故事"寻访活动,组织学生通过寻访"传家宝",传承中华传统美德、传承好家风、传承红色精神。当时正值疫情封控期,师生无法当面交流,为确保活动达成预期目标,支部首先召开党员班主任会议开展讨论,细化采访流程,规范活动要求,做好活动预案。随后,党员班主任分头召开班级导师团会议进行专题讨论,最后再由导师对学生组进行具体指导。在活动过程中,无论是活动前期准备、中期推进,还是后期总结分享,党员班主任和党员导师自始至终带领着班级导师团,明确本次导师制活动的教育内涵,充分发挥了党员导师在班级导师团中的主导作用,彰显了党员导师的示范力。

(三)在导师制工作中"亮身份",强化党员导师对学生的政治感召力

支部坚持"党建带团建、党建带队建",构建党团队联动工作机制。支部主持编写《团队衔接教育》校本教材,支部书记带头为学生上党课。每年联合开展青年节、儿童节和建党节庆祝活动。通过党团队联动机制和系列活动,在学生心中播下党的种子,增进对党的认识,增强组织观念,听党话、跟党走。

党员导师是学生最常接触的党员。支部要求全体党员导师在导师制活动中佩戴党员徽章,主动"亮身份",为学生树立身边的党员形象。支部整合党员同志提出的"金点子",制定"上外附中东校党员导师'红色任务书'(2.0版)",规范党员导师的政治责任。"红色任务书"分初、高中不同学段,包括"读讲访议评"五方面内容。以高一年级为例,党员导师需带领学生读一本红色读物、讲一个优秀党员故事、访一个红色纪念地、做一次志愿服务,开展一次自我问题检视。修订过的"红色任务书"特别增加了"评"这一环节,要求党员导师指导学生开展自我问题检视或民主评议。党员导师在履行"红色任务书"的行动中体现了思想先进性和行动模范性,切实增强了对学生的政治感召力。

## 三、工作反思

### (一)有利于落实党组织领导的校长负责制中党组织作用的发挥

学校党建必须围绕学校改革发展的中心工作推进,教育改革进展到哪里,党的建设就要开展到哪里,做到与时俱进、求真务实。全员导师制不仅事关学生健康成长,也是师德师风建设的重要内容,是全面贯彻党的教育方针的重要抓手。

学校党组织在做好全员导师制的过程中坚持推进党员导师制,建立党组织领导、党员导师示范,全面推进全员导师制工作高质量开展的工作模式及相关制度,有利于不断创新工作思路、优化党建工作机制;有利于履行党组织"把方向、管大局、作决策、抓班子、带队伍、保落实"的领导职责。

### (二)有利于党员在全员导师制推进实施中树立师德师风标杆

支部坚持"两手抓、两手都要硬"的工作原则,以党员导师制带动全员导师制。全员导师制促进党员导师制,二者相辅相成、共同发展。党员导师是"全员导师制"的核心力量。一方面,全体党员以积极主动的工作态度、耐心细致的工作作风、攻坚克难的创新精神投入全员导师制活动,为全校师生树立可亲、可敬、可信、可学的"身边的榜样",强化党

员先锋模范作用。另一方面,全员导师和党员导师是统一的"整体"。支部征集了智慧导师故事:疫情期间创办"云上自修室",为防疫一线家长解除后顾之忧的孙老师的故事;和方舱中的学生开展智慧对话,给予精神鼓励的何老师的故事;带着父母无暇照顾的学生回家的王老师的故事;等等。更多的优秀导师故事对党员导师是感动更是鞭策,促进了党员导师制的质量提升。

**（三）有利于构建成长"共生体",激发成长"原动力"**

全员导师制实施后,导师和学生的组合成为学校里一个个更具活力的微型"共生体"。师生在互动中相得益彰、共同成长。支部组织导师和学生开展"双向评"活动,运用"正向反馈"的力量,激发师生成长内生动力。

导师每学期期末为学生撰写"成长寄语",细致入微的描述、感人至深的话语、满怀鼓励的期许、多语种的呈现形式,体现了导师对学生的关心关爱和全方位的教育指导,不仅得到学生们的认可喜爱,而且得到家长的高度赞扬。支部组织学生们在教师节前撰写"导师印象"——"严厉而和蔼,幽默而认真,专业而细心"。这些描述对于导师也是宝贵的"正向反馈"。一位青年教师看到后这样说:"这可能是我迄今为止得到的最高评价!我很感动,我做的还很不够,我会加油的!"

"双向评"活动增进了和谐师生关系,激发了师生的成长内驱力。尤其是年轻教师,在导师制工作中,通过与学生近距离的接触、心与心的沟通,较快地锻炼和提升了自己的育人能力。导生组成为师生成长的"共同体",导师制活动成为促进师生成长的"助推器",师生共同成长。

党员导师的"先行先试"、全员导师的全力以赴,让学校的导师制工作提质增效,也使我们全体教师意识到:在教师的岗位上,只有始终坚定理想信念,不断提高道德修养,不断提升人格品质,不断完善知识结构,始终与党和国家事业发展同向同行,才能更好地传播知识和思想、塑造灵魂和生命,才能真正贯彻落实党的教育方针,为党育人、为国育才。

**参考文献:**

[1] 景春友.基于教师党员导师制的高校全方位育人机制建设的研究[J].吉林化工学院学报,2019, 36(12).

[2] 姜雪,卜叶蕾,尹宇.党员导师制助力教师发挥"四个引路人"作用探析[J].北京教育(德育),2019 (11).

[3] 高岩松."三全育人"大德育观下党员育人导师制探析[J].高校后勤研究,2019(11).

# 新时代党建引领办学治校的实践探索

上海市曲阳第二中学　龙　艺

[摘　要]学校党支部作为基层党组织要提高党建质量,发挥学校党建在办学治校过程中的引领功能和坚强战斗堡垒作用;勇担党建引领学校发展的主体责任,加强党支部对学校工作的全面领导;将党支部打造成为引领学校办学治校、强基奋进的坚强战斗堡垒,确保干部师生在学思践悟中坚定理想信念,在奋发有为中践行初心使命,以强烈的政治责任感办好人民满意的教育,着力培养德智体美劳全面发展的社会主义建设者和接班人,促进学校内涵发展。

[关键词]新时代　党建引领　办学治校

教育是国之大计、党之大计。党的十八大以来的历史成就与实践证明,全面建设社会主义现代化国家、实现高质量发展,科技是关键,人才是基础,而教育是根本。党的二十大既强调教育、科技、人才的基础性、战略性支撑地位,又强调要深入推进新时代党的建设新的伟大工程。党支部作为基层党组织,深入贯彻党的二十大精神,要将二者统一起来,全面提升学校党建质量,积极开展党建引领学校办学治校的实践探索,增强基层党组织政治功能,将提升推动教育改革发展的组织力和凝聚力作为重点,激励干部师生立足实际,担当作为,推动学校高质量发展。

站在历史与时代的交汇点上,回顾学校发展历程,曲阳第二中学(以下简称"曲阳二中")也曾遭遇教育教学改革带来的"绿色生态""减负增效""学生人数激增""班级数翻倍""师生比严重不足"等新要求、新变化、新问题,与学校管理水平、教育教学理念、校园文化塑造、师资队伍建设等软硬件条件不匹配、不协调的现象,产生了一些影响学校更快、更好发展的瓶颈问题。面对老百姓的种种不理解、不适应,教职员工工作积极性不高、职业倦怠等学校教育教学改革过程中出现的堵点、难点和痛点问题,如何解题破局,营造上下齐心、和谐求进的曲阳二中文化,成为摆在曲阳二中党支部面前的一道新课题,也是必答题。

又逢"爬坡过坎"的关键时刻,面对问题,曲阳二中党支部始终牢记习近平总书记对教育的重要嘱托,主动对标上海市教育"十四五"规划及虹口区教育工作党委新时代基层党建高质量发展工作要求,加强党支部对学校工作的全面领导,勇担党建引领学校发展的主体责任,实践探索将党支部打造成为引领学校办学治校、强基奋进的坚强战斗堡垒,在奋发有为中践行初心使命,以强烈的政治责任感办好人民满意的教育,着力培养德智体美劳全面发展的社会主义建设者和接班人。

## 一、加强政治建设,提高政治站位,凸显党支部战斗堡垒作用

围绕立德树人根本任务,曲阳二中党支部在党建工作中注重加强自身政治建设,教育引导广大干部师生进一步深化对党的性质宗旨的认识,不断提高政治站位、立足实际,把促进学校改革发展、涉及师生切身利益的急难愁盼问题与党的政治建设相结合,切实把曲阳二中党支部建设成为宣传党的主张、贯彻党的决定,团结动员群众,带动全体师生鼓起迈进新征程、奋进新时代的精气神,推动学校教育教学改革和促进师生成长的坚强战斗堡垒。

### (一)加强学习教育,坚定党的理想信念

作为曲阳路街道模范党组织,曲阳二中党支部牢记初心使命,秉持"党建引领,立德树人"指导思想,致力于党建工作与学校中心工作紧密联系、深度融合的实践探索,用党建之光照耀着师生成长之路,用阳光教育成就学生阳光人生。学校充分发挥党支部战斗堡垒作用,在党史学习教育中,引领全校师生齐心打造温馨、和谐、幸福的"阳光校园",用"一名党员,一面旗帜"书写着曲阳二中精神;用勤勉敬业、乐于奉献,诠释着共产党员的理想信念。

### (二)强化政治功能,发挥战斗堡垒作用

曲阳二中党支部在学校中心工作的开展落实过程中,把党的领导贯穿始终,把党的建设落到实处。多年来,党支部在坚决贯彻落实党中央各项决策部署上作表率,认真履行"把方向、管大局、作决策、抓班子、带队伍、保落实"职责,围绕教育教学中心工作,聚焦重大任务、重大改革、师生利益,确保疫情防控、校园大修、五项管理、全员导师制、课后服务等重点工作顺利完成,将学校党支部建设成为师生最贴心、最信赖的组织依靠,成为学校教书育人的坚强战斗堡垒,从而积极推动虹口教育高品质发展。

### (三)严格对标对表,健全党建工作责任制

党支部对标高标准管理要求,严格履行党支部书记"党建第一责任人"职责,落实落细党建工作责任制,支委会—党小组—党员,一级管一级、层层抓落实,形成长效机制。组织教师开展革命传统教育、国情社情考察、社会实践锻炼,强化师德教育、警示教育,全面提高教师思想政治素质和育德育人能力。

## 二、抓好思想建设,筑牢发展根基,让红色基因代代传承

习近平总书记强调,要在坚定理想信念上下功夫,教育引导学生树立共产主义远大理想和中国特色社会主义共同理想,增强学生的中国特色社会主义道路自信、理论自信、制

度自信、文化自信,立志肩负起民族复兴的时代重任。2021年正值中国共产党建党百年华诞和第二个百年奋斗目标历史交汇的重要时刻,为贯彻落实习近平总书记关于师德师风建设的重要指示精神和党史学习教育动员大会重要讲话精神,学校抓住这一特殊党史学习教育契机,积极推进教师队伍的师德建设工作向纵深方向发展。

**(一)凝心聚力学党史,砥砺前行立师德**

2021年,在庆祝中国共产党百年华诞的重大时刻,在"两个一百年"奋斗目标历史交汇的关键节点,集中开展党史学习教育,正当其时,十分必要。为此,学校党支部成立党史学习教育和庆祝中国共产党成立100周年领导小组,制订工作实施方案,结合学校师资培训的各种形式开展党史学习教育,以"请进来,走出去""阳光讲坛"等形式,将自学和集中学习、线上与线下相结合,不断加强党史理论学习,交流分享党史学习教育心得体会,了解党在不同发展时期的艰辛和取得的伟大成就,以及虹口在党的发展历史过程中举足轻重的地位,以此激发教师们对所从事的党的教育事业的高度责任感和使命感,提升教师的师德素养,以昂扬奋进的精神状态,以优异成绩庆祝中国共产党成立100周年。

**(二)薪火相传共育人,齐心向前同追梦**

学校党支部坚持党建带团建、带队建,注重加强自身组织建设,团结凝聚每一名党团员和普通群众,齐心育人,帮助学生系牢"红色纽带",推动红色基因生生不息,薪火相传。"曲二先锋队"就是这样一支活跃在曲阳二中校园,由党员、团员和普通群众组成的教师志愿者队伍通过"红色基因代代传"活动,引导学生坚定理想信念,明确目标榜样,学中做,做中行,争做新时代社会主义建设者和接班人。他们积极组织学生聆听党员教师讲党史,开展"心怀感恩学先锋 齐心向前同追梦"主题少先队活动课,集体诵读红色经典、邀请上海劳模进校园宣讲。教师们还充分发掘上海市及虹口区红色教育资源,按照党史脉络,突出红色因素,自主设计"红色行走课堂"路线,组织学生参观学习,让党史学习教育更"接地气",让学生在学思践悟中进一步强化责任担当,系牢红色纽带,厚植家国情怀。

**(三)知行合二为一,提高师德践行力**

学校开展党史学习教育以来,党支部通过支部书记讲党史、行政干部讲党史、党员讲党史等活动引领,发动教师参与党史学习教育,发挥课堂育人主阵地,引导学生了解国情社情民情,从小坚定实现中华民族伟大复兴中国梦的信心和决心,引导教师用育人育才实际行动献礼建党百年。教师们在教学实践中学思践悟,踊跃参加学校教师党史学习教育与师德素养提升征文活动。党支部将文章集结成册,在全校交流学习,获得了良好的反响,从而推动学校教师师德素养和教师胜任力向更高质量发展。

## 三、党建引领实践,促进师德素养提升,强基奋进助发展

学校党支部将党史学习教育融入学校党建、教师培训和德育工作,通过集中的党史理论学习和丰富多样的实践活动,促进教师队伍的师德素养得到有效提升。具体表现为:

教师的政治觉悟和初心使命意识明显加强，教师的职业认同感和育人责任感有效提升；在教育观念和人才培养理念的认知上，能够紧跟时代要求，把握教育教学改革方向，理解教育教学改革的精髓，及时更新教育教学理念。

**（一）党建引领，内涵发展促成长**

党支部依托区教育工作党委"五梯队七层级"干部培养机制和校内党员结对、师徒带教、党员先锋岗等方式，实施"多层次、多学科、多岗位"的人才梯队建设策略，给青年教师"搭平台、压担子、请名师"，帮助青年教师开阔视野，助推青年教师快速成长，使他们既找准体现教书育人价值的着力点，又发扬推进自身专业发展的"工匠精神"。多年来，在党支部的关心指导下，教师踊跃参与市、区级中青年教师教育教学评比及论文征集活动，屡获佳绩，较好地诠释了"双培养"党建机制，铸就了一批"阳光教师"，为学校的内涵发展提供了源源不断的生机和活力。

**（二）党建引领，强基奋进助发展**

2021年，党支部成功申报市普教系统党建课题"党史学习教育与中学教师师德素养提升的合力研究——以曲阳二中实践探索为例"，尝试将党史学习教育作为师资培训的重要组成部分，组织开展形式多样的党史学习教育。一方面不断提高时代责任感和育人使命感，坚定教育初心和根本立场；另一方面帮助教师深刻领会初中作为基础教育的重要一环，是为党育人、为国育才的主阵地，自觉将教育教学目标与新时代人才培养目标紧密联系在一起。党支部以党建课题为引领，强基奋进，努力实践在办学治校过程中打造具有坚定的理想信念、高尚的道德情操、对学生心怀仁爱与奉献的新时代教师队伍。

## 四、以党建助发展，深化作风纪律建设，促进学校内涵发展

习近平总书记曾语重心长地说："做好基层基础工作十分重要，只要每个基层党组织和每个共产党员都有强烈的宗旨意识和责任意识，都能发挥战斗堡垒作用、先锋模范作用，我们党就会很有力量，我们国家就会很有力量，我们人民就会很有力量，党的执政基础就能坚如磐石。"曲阳二中党支部确立"围绕中心抓党建，抓好党建促中心"工作思路，把带队伍、强素质、正风气、鼓干劲作为党建工作与办学治校的结合点，深化作风纪律建设，促进学校内涵发展。

**（一）以上率下，营造风清气正的校园环境**

在深化中考新政改革、推动"双新"教育教学改革和学校高质量发展的过程中，干部处于关键岗位，起着关键作用。加强作风纪律建设，必须先从干部抓起，帮助干部树立红线意识和底线思维。近年来，党支部带领学校行政班子定期利用支委会、行政会会议，反复进行《中国共产党纪律处分条律》《中国共产党廉洁自律准则》学习，以及财务制度、组织纪律等宣传教育，从纪律约束、制度保障、建章立制等方面，将依法治校与党风廉政建设有机结合，不断细化"三重一大"集体决策制度，不断加强干部作风纪律建设，发挥干部的

思想引领和以上率下作用,营造风清气正的办学治校环境,为学校的发展奠定坚实基础。

### (二)凝心聚力,促进"阳光校园"的内涵发展

党支部要求党员干部形成"以服务为中心、师生为主体""师生利益无小事"的服务理念,带着对师生浓厚的感情开展工作,时时以师生根本利益作为开展工作的前提。党支部带领党员干部率先垂范,用自身的行为去感染身边的教师,真正做到"情"为师生所系,"权"为师生所用,"利"为师生所谋,"事"为师生所办。从办公场地、校园环境设计、师生午餐的营养、保温,购置教师办公护眼灯,夏送清凉、冬送温暖等小事入手,实实在在地关心、解决师生急愁难盼问题,时时处处事事以"凝心聚力"为出发点,用党员的"阳光暖心"行动,赢得广大师生的支持和拥护,充实学校"阳光校园"内涵。

党的二十大精神是新时代新征程的重要航标,曲阳二中党支部将带领全体党员,在虹口区教育局工作党委的坚强领导下,把党的二十大精神全方位融入办学治校全过程,全面加强党对学校的领导,全面落实立德树人根本任务,全面推进高素质教师队伍建设,把学习成果转化为办好人民满意教育的强大力量,在办学治校过程中充分发挥党建引领作用,发挥好党员先锋模范作用和党支部战斗堡垒作用,凝心聚力、夯实基础、振奋精神,办好家门口的好学校!

## 参考文献:

[1]习近平.高举中国特色社会主义伟大旗帜 为全面建设社会主义现代化国家而团结奋斗——在中国共产党第二十次全国代表大会上的报告[J].上海支部生活,2022(11).

[2]陈向阳.不断提升超大城市基层党建工作水平[J].上海支部生活,2022(10).

[3]袁玉芝,刘复兴.教育治理的关键在于制度现代化[J].教师学习资料,2022(02).

[4]黄书光.优先发展教育战略的历史溯源与决策脉络[J].教育发展研究,2021(24).

[5]陈秋生.高校院系党组织政治功能的核心要义及实现路径[J].思想理论教育,2020(10).

# 党管干部原则的学校实践

上海市北郊学校　邱晓萍

[**摘要**] 学校发展离不开一支优秀的教师队伍,也离不开学校的中层干部。中小学校由校长负责制到党组织领导的校长负责制,学校党组织如何坚持党管干部原则是每个党组织面临的问题。本文阐述了北郊学校在中层干部的选聘中坚持党管干部原则的探索和实践。

[**关键词**] 党管干部原则　中层干部选聘　干部梯队建设

党的领导是办好教育的根本保证。要以党的政治建设为统领,全面加强教育系统党的建设,坚持和完善党组织领导的校长负责制。中共中央办公厅印发的《关于建立中小学校党组织领导的校长负责制的意见(试行)》,明确提出,坚持党管干部原则,按照有关规定和干部管理权限,负责干部的教育、培训、选拔、考核和监督。讨论决定学校内部组织机构的设置及其负责人的人选,协助上级党组织做好学校领导人员的教育管理监督等工作。

## 一、缘起

"党管干部原则是指由中国共产党来管理各阶层干部,意指各级党委坚持贯彻执行党在各时期的干部路线、方针和政策,把握原则,选拔任用干部,并对广大干部进行富有成效的监管理。"[1]党管干部原则是我党跟随时代脚步不断探索而得到的优秀的原则,也是实现我党政治、组织领导的重要保证。

2018年7月,习近平总书记在全国组织工作会议上谈到党的基层组织建设问题时指出,"党的领导落实到基层还有不少'中梗阻',在中小学、医院、科研院所,党组织领导的校长(院长、所长)负责制还没有建立起来"。习近平总书记关于中小学校党组织领导的校长负责制还没有建立起来之问,实质是强调了建立中小学校党组织领导的校长负责制既是加强基层党建的重要组成部分,又是学校理顺体制、完善机制的关键,更是党的领导贯穿办学治校、教书育人全过程的重要保障。根据这一重要讲话精神,上海市委组织部2019年工作要点中提到,"逐步探索建立党组织领导的中小学校、科研院所(院、所)长负责制",并在嘉定、普陀、金山、宝山、松江5个区研究建立中小学校党组织领导的校长负责制的试点工作。

上海市北郊学校是九年一贯制学校,由于优化教育资源配置和学校布局调整的需要,1997年由原甘霖中学和原大连新村小学合并建校,2000年原曲阳中学并入,2013年原四平中学并入。每一次合并,中层干部如何选聘,如何将他们培养打造成一支政治过硬、作风优良、能力突出、业务熟练、敢于创新、乐于奉献的新中层管理团队,以便高效地开展工作,是摆在学校党政领导班子面前的首要问题。学校在2004年以学段主管和助理的岗位选聘进行试点,开始了中层选聘的探索;2006年全部中层岗位都实行选聘制。此后,每四年一轮,每一轮选聘都是在前面基础上的进一步完善。在校长负责制的前提下,学校党组织在中层干部的选聘中充分发挥了对中层干部的教育、培训和监督作用,中层干部的选拔和考核由校长办公会负责。

## 二、实践探索

2021年6月,北郊学校开启新一轮中层干部竞聘。在建立中小学校党组织领导的校长负责制的时代背景下,学校党组织就如何在干部选拔任用中充分发挥主导作用进行了积极的探索和实践。即坚持党组织对选人用人的主导权和校长室的用人权之间的和谐统一,按照明确职权、健全制度、严格程序、强化监督的思路,把不断完善干部选拔任用制度作为做好干部工作的重要措施来落实。

**(一)健全制度,严格程序,确保规范竞聘**

在干部选拔中,坚持党组织教育、培养、考察与校长聘用相结合,实施以民主推选为主、行政调解为辅的岗位竞聘方式。坚持德才兼备标准,坚持"群众公认,注重实绩"的原则,严格竞聘程序,加强监督,保证干部选拔任用工作的有序操作。

1. 明确职责

北郊学校在干部选拔中坚持党组织教育、培养、选拔、考核和监督与校长室聘用相结合,党组织和校长室职责明确,各司其职。党组织在干部选拔任用过程中负责组建竞聘领导小组、竞聘推选委员会;制订"上海市北郊学校中层选聘方案";接受有选聘意向者报名并进行资质审核和师德审核;组织召开选聘会;根据校长室拟聘任名单,讨论决定新聘中层干部。

校长室根据学校工作和发展需要,提出中层岗位设置以及各岗位所需的专项技能及经验;对报名者进行专技考核;根据选聘会投票结果拟定聘任名单,经党总支支委会讨论后确定。

在干部选拔任用过程中,坚持德才兼备标准,坚持"群众公认,注重实绩"的原则,坚持在正常情况下得不到多数群众拥护的不予提拔、政治素养和工作能力不突出的不予任用的原则。

2. 规范程序

北郊学校实施以民主推选为主、行政调解为辅的岗位竞聘方式,制度健全,竞聘程序严格;并加强监督,确保竞聘规范,保证干部选拔任用工作的有序操作。

（1）筹备阶段。党总支组建竞聘领导小组、竞聘推选委员会;根据中层岗位设置以及各岗位所需的专项技能及经验,起草"上海市北郊学校中层选聘方案（讨论稿）",并指导工会召开教代会听证会,广泛听取教工意见,制订了"上海市北郊学校中层选聘方案",并公布实施。

（2）预选流程。有意参加中层选聘者,须在规定的时间节点到党总支办公室报名。报名截止后,党总支将启动预选程序。① 资质审查。人力资源办公室对其资质进行审查,并将合格者名单提交党总支。② 师德审查。党总支组织师德委员会在广泛听取意见的基础上,对参选者的政治素养、师德表现进行审查,并将合格者名单提交校长室。③ 专技考核。校长室以书面考试的方式,对参选者进行专项技能考核,并将合格者（即有资格参加选聘会者）名单提交党总支予以公示。

（3）选聘会流程。学校正式在编在岗教职工均有资格参加选聘会。选聘会由党总支主持,流程如下:① 领取并相互检查选票。② 当场选举工作人员。③ 候选人抽签。④ 党总支宣读预选结果及候选人抽签顺序。⑤ 工作人员宣誓公正。⑥ 教代会监督小组宣誓公正。⑦ 候选人演讲5分钟,答辩5分钟。⑧ 全体教职工投票。⑨ 工作人员唱票、计票,教代会监督小组成员监督。⑩ 当场宣布计票结果。

（4）计票与聘任。① 身份标志。全体党员每人领取一张红色票,党总支支委会和校长办公会议全体成员每人领取一张蓝色票,全体教职工每人领取一张黄色票。每人仅以一种身份领取选票。投票时,应将选票投入相应颜色的票箱内。② 分值与权重。候选人所获票数将折合为分值（满分为100分）。其所获不同颜色的选票,在计分时具有不同权重。红色满分为30分（占30%权重）,蓝色票满分为30分（占30%权重）,黄色满分为40分（占40%权重）。③ 分值的计算。候选人最终所获的分值由其所获每种颜色选票数占该颜色有效票数的比例,乘以相应权重分后累积获得。公式如下所示:

$$分值 = \frac{红色票数}{红色有效票数} \times 30 + \frac{蓝色票数}{蓝色有效票数} \times 30 + \frac{黄色票数}{黄色有效票数} \times 40$$

④ 聘任原则。底线分值原则。候选人底线分值为50分,低于50分者不予聘任。择优聘用原则。若高于50分者超过岗位设置人数,按照分值从高到低的原则聘任。试用考核原则:若高于50分者不足岗位设置人数,拟聘任满足条件者,其余人选由校长办公会讨论拟定推荐名单作为增补人员。对于增补的人员,将聘其为代理主任（或主管）,签订1年合约。其第一年为试用期,若年终考核合格可转正;若不合格则不再与其续约。

（5）校长室根据选聘会投票结果拟定聘任名单,经党总支支委会讨论后确定新聘中层干部名单并予以公示。

**（二）关注实效，严格考评，保证尽职尽责**

考评是干部管理中的重要一环。学校党组织会同校长室制定了"上海市北郊学校中层管理人员、部门助理考核评价表"，从7个方面（政治思想好，政策水平高；精通业务，谦虚好学；为群众着想，服务意识强；师德高尚处处以身作则；处理好与部门之间关系；人际沟通好，受群众欢迎；不谋私利，廉洁奉公），按优秀、良好、中等和不合格4个等级进行考评。每学年进行合理有效的测评，评议中层干部的工作成绩、态度和效率，帮助其立足岗位、有效工作、寻找问题、不断发展；通过考评和反馈，帮助中层干部反思、提炼经验，以便更好地投入工作。学校还制定了"上海市北郊学校中层管理人员罢免程序"，对于考评不合格的中层干部，学校将启动罢免程序。

**（三）完善梯队，充实力量，加强人才储备**

学校按照市、区、局干部人才队伍建设总体要求和北郊学校发展实际，进一步强化学校中层干部人才队伍建设工作，努力培养造就一支政治坚定、作风过硬、工作扎实、专业突出、效果明显的优秀青年干部队伍，推进学校更好地发展。

1. 培养原则

（1）坚持岗位需要与实践锻炼相结合。学校以各处室主任助理的方式开展岗位设置，鼓励优秀青年干部进行多岗位锻炼，丰富工作经历、积累工作经验，培养优秀青年干部的意志品质、心理素质和处理复杂问题的能力。

（2）坚持培养对象集中（集体）学习与个人自学相结合。学校支持他们积极参加教育局和学校组织的集中学习，督促优秀青年干部制订切实可行的自学计划，强化阅读、反思、实践和锻炼。

（3）建立培养对象日常工作考核与年度绩效考评相结合。学校把对培养对象日常的学习和工作纳入每月一次的考核与期末绩效考评结合起来，还将其具体工作业绩纳入绩效考评中，指导和督促优秀青年干部进一步发展。

2. 工作要求

（1）提高思想认识，重视优秀青年干部的培养

学校党总支充分认识到优秀青年干部培养的重要意义，以高度的事业心和责任感开展这项工作。学校创设各种条件，搭建更多平台，努力为优秀青年干部的成长创造条件，进而提高优秀青年干部的政治素质、理论水平、党性修养、道德品质、工作能力和综合素质。

（2）加强组织领导，健全工作机制

学校进一步完善了"上海市北郊学校后备中层管理人员见习"方案，具体内容如下：

① 资质要求。在学校工作满3年且有基层组织管理经历（包括年级组长、教研组长、备课组长、团队干部、工会委员、工会小组长等）。

② 申报程序。A. 党总支部发布相关要求、程序。B. 符合条件人员将书面申请送至

支部办公室。C. 党总支召开党员大会,广泛听取党员的意见;支部委员分头召开群众座谈会,听取教职工的意见。支部委员会和校务会召开联席会议,根据党员和群众意见讨论、确定见习人员,明确跟岗部门和带教导师。D. 公示见习人员名单。

③ 培训周期。两年为一个周期。

④ 培养途径。

A.岗位实训。以设置主任助理的方式开展轮岗锻炼,通过"早压担子""多压担子""压重担子",培养优秀青年干部独立处理问题、解决矛盾的能力和实践创新的能力。

B.导师带教。组建"导师团",以现有校级干部和若干业务精湛、经验丰富的主任作为带教导师,一对一、一帮一,言传身教,强化日常管理与指导。

C.集中培训。积极为优秀青年干部提供参加市、区、局三级学习培训的机会。除市、区、局定期集中学习之外,学校教师发展中心组织优秀青年干部每月一次定期集中学习,建立优秀青年干部微信群,日常以微课等方式推送学习主题,提供交流平台,形成学习与反思的机制。

## 三、实践反思

上海市北郊学校从2004年开始尝试干部选聘制度。2006年全面铺开,至今已进行了5轮竞聘。逐步建立了一整套干部选拔任用和监督制度,建立了"中层干部选聘办法""中层干部测评制度""中层干部的罢免程序""后备见习人员培养制度"等,不仅很好地解决了合并学校中层干部的选聘问题,而且形成了有效管用、简便易行、有利于优秀人才脱颖而出的党组织领导的选人用人机制,很好地体现了党管干部原则与校长用人权之间的和谐统一,营造了"干部能上能下,贤者上位"的良好的政治生态。

**参考文献:**

[1] 王勤奋.中国公共部门人力资源选拔模式研究[D].华东师范大学,2007.

# 青年教师队伍建设的党建引领

华东师范大学第一附属初级中学　　胡　珍

[摘　要]青年教师是学校教书育人的主力军。他们的政治素养、业务水平和师德情操将在很大程度上影响学生的世界观、人生观、价值观形成和未来发展。学校党组织应积极主动作为,深度融入学校中心工作,运用多种举措开展青年教师队伍建设。本文从思想引领、作风培养、专业指导、搭建平台和建章立制等五方面提出相应举措。

[关键词]青年教师　党建引领　队伍建设

在深入实施素质教育和持续推进课程改革的背景下,如何有效地促进教师专业发展,是学校管理必须面对的核心议题。学校经历复办、合并,教师队伍年龄结构也产生了变化。随着有经验老教师的逐渐淡出、新入职教师的逐步增多,青年教师能否扛起责任、挑起大梁,是学校需要考虑的迫在眉睫的问题。

## 一、党建引领青年教师队伍建设的必要性及意义

党的二十大明确提出,"要全面贯彻党的教育方针,落实立德树人根本任务,培养德智体美劳全面发展的社会主义建设者和接班人,加快建设高质量教育体系,发展素质教育,促进教育公平"。青年教师是学校教书育人的主力军。他们的政治素养、业务水平和师德情操将在很大程度上影响学生的世界观、人生观、价值观形成和未来发展。青年教师也是学校教师队伍中的新鲜血液,是助推学校可持续发展的源头活水。

青年教师从教时间短,从书本上学到的理论知识如何转化为课堂实际中的运用,是一种能力,也是一种智慧。作为学校教师队伍的骨干与核心,青年教师专业发展质量的高低对学生影响深远。因此,青年教师必须以实现专业发展作为不懈追求的目标,才能适应新时代教育的高质量要求。

"才者,德之资也;德者,才之帅也。"要做一名优秀的教育工作者,才能与德行相辅相成,缺一不可。习近平总书记多次强调选人用人一定要坚持德才兼备、以德为先。学校党组织在工作中承担着把方向、管大局、做决策、抓班子、带队伍、保落实的职责,对青年教师

的德才培养责无旁贷。

## 二、党建引领青年教师队伍建设的实施路径

如何让青年教师既能够站稳讲台，又能充分发挥其中党员教师在教书育人和师德规范中的示范作用，是考验学校党建工作是否务实、是否智慧的试金石。学校党组织积极主动作为，深度融入学校中心工作，通过树愿景、聚人心、建平台等多种举措开展青年教师队伍建设。

### （一）思想引领，提升青年教师道德素养

习近平总书记在党的二十大报告中强调，要坚持为党育人、为国育才。作为基层党组织，要勇担"国之所需"的使命，着力做好教师队伍思想建设，培养担当民族复兴大任的时代新人。思想政治工作作为我党特有的政治优势，在学校管理中具有十分重要的作用，也是党组织落实立德树人的重要手段。

学校利用"新时代大讲堂"开展"树中华教育魂，立民族教育根"系列活动，由青年教师从"信仰、思想、奋斗、风范""理想之光照亮生命之路""德，做人之魂；德育，教育之魂""教育的生命力在于教师成长""开拓创新，拥抱时代变革"等不同的视角，开展师德自我教育。通过宣讲，青年教师们领悟到，教师职业的特殊性决定着自己的师德必然对整个社会公德产生极大影响。师德永远是教师最重要的素质。

2022年9月教师节，教育家于漪老师给中国青年教师写了一封公开信，信中说，"选择了做教师，就选择了与国家血肉相连"。党支部号召青协会以迎接党的二十大为契机，就此展开大讨论。在学习于漪老师公开信的基础上，青协会开展了"理想就在岗位上，信仰就在行动中"主题活动，通过访谈分享对教师职业的理解、微视频记录一日工作日常等形式，既展示了青年教师的风采，也达到了自我教育的目的。

### （二）作风培养，营造青年教师尚学氛围

为了加大对入党积极分子的培养力度，学校选派思想素质高、教学经验丰富的党员教师与他们结对，指导他们的各项工作。学校党支部还举办入党积极分子专题培训，对青年教师从政治上主动引导、专业上着力培养、生活上热情关心，帮助他们全面提高思想素质和业务能力。

党支部要求党员教师首先注重对入党积极分子的思想交流。个别青年教师的入党愿望非常迫切，但思想上入党的意识却比较淡薄，入党动机还存在一定的功利色彩。老党员就提醒他们减少对利益与成功的欲望，端正自己的思想。比如，有一位青年教师是发展对象。他工作热情主动，教学上也很有特色，业务能力很强，但在听取群众意见时发现，这位教师在遵守学校规章制度方面会打折扣；还有教师认为其入党动机不够纯粹。针对这种情况，结对的老党员找他谈心谈话，告诫他要以党员标准来严格要求自己，时时处处做群众的表率；帮助他端正入党动机，使他明白入党不是为了获取政治资本，要从担当和使命

的高度去思考自己为什么要争取入党。

结对入党积极分子的这些党员中,有每年坚守毕业班的资深年级组长,有身兼数职任劳任怨的中层干部。他们对待工作热情、对待名利淡薄的态度深深影响着周边的人。有入党积极分子在思想汇报中这样写道:"通过与党员教师的倾心畅谈,我对党的认识更加深刻了。我找准自身的不足及时改正,提高了自己的党性修养……我更深刻地感受到了他们独特的人格魅力,使自己的人生观、世界观和价值观都得到进一步提升,思想认识进一步提高,更加向一名合格党员的标准靠拢。"

**(三)专业指导,激发青年教师自我实现**

按照马斯洛的需求层次理论对青年教师进行培养,搭建个性化、开放式、实践性的培养体系,是我们期待完成的目标。大多数青年教师都有着很强的创造精神和创新精神。他们年轻而富于激情,渴望在工作中展现能力,实现自我价值和人生目标。党支部充分发挥优秀党员教师的"传帮带"作用,加强与青年教师的交流,悉心帮助他们取得进步。

学校有位优秀党员毕老师长期担任初三教学,具备扎实的教学基本功与较高水平的教学组织管理能力。她能够面对不同的学生因材施教。在历年中考中,她所带班级学生的化学合格率都为100%。她指导学生参加化学竞赛,每年均有获奖,本人也荣获"优秀指导教师"的称号。作为徒弟的青年教师小吴老师长期与毕老师"并肩战斗",从师傅身上学到了许多教学技能。

她们经常把彼此上课用的PPT拿出来讨论,整理上课思路,以期达到最佳效果。小吴老师说:"化学课离不开实验,但每一个化学实验都没有理论上想得那么简单,现实生活中往往达不到实验要求。有一次,我们操作看起来非常简单的酸碱指示剂的实验,理论上石蕊变色情况是'酸红碱蓝',但是实际上石蕊从紫变红或变蓝的现象并不明显。于是我和毕老师泡在实验室整整一个下午,反复查资料和实验,终于制成了能够让变色现象明显的石蕊试剂。后来,我们还将配置方法分享给了全区的化学老师。"

耳濡目染下,小吴老师的专业发展激情被点燃,有了更多的自我发展需求。她主动请缨参加学校"高阶思维微课设计"等课题。为了更好地研究高阶思维的微课录制,她学习了录制微课的各种软件,与毕老师一同探讨化学教学中的高阶思维,寻找高阶思维点。

为了能拓宽青年教师的班级管理思路,党支部指导学校德育处成立"新手教师班主任培训沙龙"。除了外聘专家开展讲座,学校还请资深班主任与新手教师面对面交流班主任工作技巧;此外,青年教师们通过阅读,结合专家、优秀班主任的工作经验,慢慢研究出适合自己的班级管理方法。2022学年,有6位新手教师顺利走上班主任岗位,开始班级管理工作的实战演练。

学校还通过入党积极分子与党员一起备课磨课、上课研讨等,不断提高他们的教育教学能力。其中有一名青年教师,经过结对的同学科党员教师的带教及自身不断努力,从虹口区人才梯队的教学新秀晋级到了骨干教师。

**（四）搭建平台，促使青年教师创先争优**

要让青年教师的专业发展从外部控制、被动接受的"要我发展"变为自主、自觉的"我要发展"，就必须使专业发展成为青年教师的内在需要。经验储备在促进青年教师的成长中至关重要，缺少锻炼的机会就会延长青年教师的成长期。因此，学校针对青年教师的从教年限、个人特长和不同的专业诉求，为他们搭建平台，全方位提升自我。

为了更好地发挥青年骨干教师的引领作用，学校和青协会根据近年新入职教师所授学科情况，为青年骨干教师安排了校内带教任务。其中，新入职的小李老师在骨干教师陈老师的指导下，就初一年级英语听说教学进行了一次教学研讨，得到了上海市初中英语教研员赵尚华老师的肯定与好评。

党支部还制订了"双优"计划，从青年党员教师入手，有意识地在他们中培养一批教育教学的领头人与业务骨干，以点带面地鼓励教师寻找自我发展的快乐之泉。区优秀物理教研组长、青年党员顾老师就是其中的佼佼者。他的课上得生动活泼，能娴熟地运用多媒体技术，让抽象的物理课变得有趣生动，深入浅出，受到师生好评。顾老师多次开设市、区公开课，撰写的论文曾获得上海市物理教学论坛论文评比一等奖。2019年11月，他代表上海参加全国物理教学创新大赛并荣获一等奖。

他总结说："从一个观摩者到参赛者，并不是简单地去模仿，角色位置的互换，更多的是付出与辛苦。比赛前高强度的训练——'磨课'、观课、评课、说课，使得我近20年没有发作的荨麻疹也因为压力过大复发。但既然选择了这条路，又如何能够放弃！"有了信念就有了力量，才有了最终的成功。

学校党支部还积极支持学校行政部门为青年教师提供尽可能多的在职进修、培训的机会，鼓励青年教师更新教育理念、提升教育技能、提高竞争力和持续发展力。

**（五）建章立制，保障青年教师持续发展**

一所学校里，教师的教学技能是最重要的教育生产力。教师专业素养的提升很大程度上体现在教学技能的提升。青年教师的个性与特长、需要与追求不尽相同，学校行政与党支部必须制定长效机制来促进青年教师的持续发展，保障他们拥有梦想成真的机会。因此，学校党支部着力于长效的动态运行机制建设，与教导处、青协会等多方联动，通过设计多样化的学习方式，促使青年教师学习观念、参与意识、学习行为习惯等的转变。

"每月一研"，即每月推选一名青年教师上教学研讨课。教研组集体磨课，全校教师集中听课，教研组长或教师代表评课，相关学科专家点评，实现教师间的切磋交流、智慧分享。

"推门听课"，即行政领导不打招呼随堂听课，了解青年教师日常的教学动态，从而促进教师关注自身常规教学质量，夯实教学技能。

"临床诊断"，即学校邀请专家来校指导，为青年教师号脉把关，传授"武功秘籍"，加强教师的个性化教学风格形成。

学校推出的以上3项措施是相辅相成的。"每月一研"是重头戏，旨在引导青年教师以教带研、以研促教,教研一体优化教学方法,减负增效,提升学生核心素养。"推门听课"则要求青年教师不仅能上好研讨课,还要能上好家常课,保障每堂课的教学质量。青年教师在日常教学中必然会碰到各种问题,需要资深教师"临床诊断",指点迷津。事实证明,这3项措施在提升青年教师专业素养方面是行之有效的。通过以上措施,青年教师钻研教材,分析学情,改进教学方法,提高了教学针对性与有效性。他们借助开课听课、师徒结对、同行交流、项目攻关、课题研究等途径,在专业发展上取得了明显的进步。

## 三、结语

习近平总书记在党的二十大报告中提出:"全党要把青年工作作为战略性工作来抓,用党的科学理论武装青年,用党的初心使命感召青年,做青年朋友的知心人、青年工作的热心人、青年群众的引路人。"近年来,在"压力就是动力、做到还要做好"的目标引领下,党支部着力从思想、作风、专业、制度等方面打造青年教师队伍,取得了一定成绩。在深入学习党的二十大报告过程中,我们愈加领会到"人才是第一资源、创新是第一动力"的深意。作为基层党组织,在工作中要充分考虑年轻人的特点,在人才培养模式上也要有创新,要用发展性评价来衡量青年教师。在具体工作中,既要突出教学的主体地位,也要利用好党建工作的优势,进一步推进各项中心工作的落实。

如今,学校教育教学质量稳步提升,社会口碑越来越好,青年教师功不可没。一支积极向上、求真务实的青年教师队伍已然成为学校教育教学的骨干力量。

**参考文献:**

[1] 习近平.高举中国特色社会主义伟大旗帜 为全面建设社会主义现代化国家而团结奋斗——在中国共产党第二十次全国代表大会上的报告[N].新华网,2022-10-25.
[2] 党的二十大报告全文发布,这些提法值得关注[N].人民日报客户端,2022-10-27.
[3] 斯蒂芬·P.罗宾斯.管理学[M].孙建敏,等译,北京:中国人民大学出版社,2003:63.
[4] 卢乃桂,钟亚妮.国际视野中的教师专业发展[J].比较教育研究,2006(2).

# 党建引领"导师"炼"心"

## ——党建引领下全员导师制的实践探索

上海市北虹初级中学　区　嘉

[摘　要] 党的二十大报告明确提出,要"健全学校家庭社会育人机制"。这与近年来国家多次强调的重视家庭家风建设相一致也与学校当前着力开展的"全员导师制"相契合。我们认为的"全员导师制",既是党建引领下的师德师风建设的升华,也是师生共同成长、家校共育的优质平台。在此指导思想下,我们做了一些探索和尝试,也获得了一些经验,希望能对我们下一阶段的工作有所启发。

[关键词] 全员导师制　师德师风　家校共育

上海市教育委员会颁布的《关于推行中小学全员导师制的试点方案(讨论稿)》指出,中小学全员导师制是指中小学校全体教师按照一定机制与每一个学生匹配,通过与学生建立良师益友的师生关系,与家长建立协同合作的家校关系,对学生进行全面发展指导和开展有效的家校沟通,从而促进每一个学生健康快乐成长的基础教育现代学校治理制度。从此定义出发,全员导师制以师生关系和家校关系重构为切入点,以学校治理体系重构为契机,凸显教师立德树人的教育初心,推动学校建设学生生命健康成长的绿色守护网。

## 一、全员导师制背景下的党建引领

党建工作在教育系统,天然地就具有与教育教学、教师专业发展工作相融合的使命。这样的工作模式会给教学工作中注入更为强有力的教育力量,也能起到很好地规范学校教育教学管理的作用。

在全员导师制背景下,充分发挥党建引领的作用,能在第一时间通过党组织与党员教师的指导,帮助学生在世界观、人生观、价值观的形成上发挥重要作用,使价值塑造与知识传授、能力培养三者融为一体。

### (一) 将党小组建在年级导师团中

以年级组党员导师为主体,建立党小组,将党员导师的力量充分地发挥在年级组的工作中。以党组织"全心全意为人民服务"的宗旨为引领,在源头上解决思想建设、任务落实的问题。通过党小组长,与年级组长协调落实导师工作的要求与细则,通过党员教师带头干、示范做,为教职工做好榜样,促进导师深入细致地开展工作。

**(二)支部委员蹲点年级导师团**

每一位支部委员蹲点一个年级的导师团,并承担这个年级的导师工作,通过与每一位导师和具体指导学生的密切联系,更好地指导党小组、党员教师的工作;倾听意见建议,为全体导师的工作精准把脉、及时调控。

**(三)党建带团建,青年有干劲**

充分发挥教工团支部的作用,发挥好团员教师的导师作用,让团员教师在导师工作中形成自己的特色,用充沛的干劲和亲和的力量,在导师工作中发挥独有的力量。

通过以上党建工作的一些尝试,我们在全员导师制的开展过程中,充分感受到了党员教师、团员教师在导师工作开展中起到的榜样示范作用和青春活力,为校园活力注入了新的色彩。

## 二、全员导师制背景下的师德师风建设途径

**(一)导师德为先**

"人人都是德育工作者",是社会各界对教育的期待,也是全体教育工作者的价值追求。在党和国家的倡导下,立德树人作为学校办学的中心工作,已经成为学校的共识。但是受应试教育影响,少部分教师在教育教学中仍然存在"育分"比"育人"更重要的错误倾向。基于此,全员导师制在设计上提出"学生人人有导师、教师人人是导师"的要求。这是对所有教师育人初心的重新唤醒与激活。实际上,所有教师都承载着育人的重任,育人本身就是对所有教师的基本要求。全员导师制的实施有助于教师围绕减负增效,实现自身育人方式的变革和育人价值的增值。从这个意义上说,"导师"就是"教师",全员导师制就是对教师与学生共同成长的助推剂。

**(二)导师勤树德**

全员导师制的全面实施是学生成长和教师成长的冲锋号。教师全员成为导师之后,对于学生而言,导师将成为与班主任并重的最重要他人。从家校沟通角度看,按照家校沟通归口管理的原则,导师将联合甚至取代班主任,成为家校沟通的"第一发起人"。从学校教师队伍建设角度看,学校有关教师队伍培养和任用等一系列机制将发生相应的变化。我们在学校的培训工作中,加入了新入职教师的育德素养,增加了校本培训中育德能力培训内容的比重,也在教师晋升体系中赋予导师导育素养更多的权重。

**(三)导师善树德**

教师道德品质的提高,不但跟专业素养有关,也跟专业能力有关。进一步提升导师的专业能力,提升专业自信,也是提高育人能力的重要一环。我们根据教育局的人才培养

梯队建设要求,积极制订本校的人才培养计划,并跟进具体落实,对每一位青年教师做到"一人一计划",因材培养,突出个人特点,鼓励青年教师尽快成才。学校涌现了一批热爱教育、刻苦钻研教育教学的优秀青年教师。

## 三、全员导师制背景下的导师炼"心"能力

全员导师制的开展,对全体教师都提出了新的、严格的要求。我们认为,在所有的工作要求中,导师的炼"心"能力应是核心中的核心,即导师的爱心、细心和专心。

### (一)爱是无条件的接纳和包容

在全员导师制的背景下,教师的"爱心"不但是必备素养,也是需要不断更新的能力,需要导师们的师爱是"无条件地接纳"。无论学生的生活背景如何、学习现状如何,首先就是无条件地接纳:不因为他的出类拔萃而更喜爱,也不因为他满身的缺点而内心嫌弃。这种无条件的接纳,需要的不只是理论上的认同,而是需要导师们真心实意地亲近学生及他们背后的家庭。这样也才是真正地接纳。

### (二)师爱润心细无声

导师的细心体现在对学生学业的关注、思想状态的关注、人际交往的关注、家庭关系和环境的关注。这样细致的工作必然带来大量的时间和精力的消耗,所以,这种润心还需要建立在导师的静心、安心基础上,调整好自己的状态,把细致的工作落到实处,和颜悦色地传递对学生的关切。

### (三)一专多能,心宽行远

导师的专心,首先应体现在自己的教育教学上。有了深厚的学科基础,才能有坚强的专业自信。这是我们开展一切教育教学活动的底气。同时,注重培养自己各方面的教育能力,放宽眼界,才能立足于专业而不止步于专业。

## 四、全员导师制背景下的家庭教育指导探索

2022年1月1日起,《中华人民共和国家庭教育促进法》正式实施。这是我国首部关于家庭教育的专门立法。2020年上海市教委印发的《关于推行中小学全员导师制的试点工作方案(讨论稿)》等相关文件,也对导师介入家庭教育环节提出了明确要求。在全员导师制的开展过程中,学校也尝试依法开展相关工作。

### (一)梳理家庭教育骨干力量,建立培养梯队

通过几年的输送培训,我校现已有8名教师获得家庭教育指导师专业证书,并且每年不断输送到市区培训。学校在梳理最新的家庭教育骨干力量的基础上,排摸在家庭教育方面有经验、有兴趣的导师,列入培养计划,逐年安排外出培训。

**（二）建立培训机制，提高指导能力**

学校通过师训计划，将家庭教育指导能力培训列入年度计划，通过不同层面、不同形式和内容的培训，提高导师的理论知识和实操能力。

**（三）依托家委会，建好家长学校**

通过近几年家委会的建设，已经初步建立起一支热心学校工作、积极参与建言的家委会队伍。在此基础上，学校逐年完善家长学校的课程建设，不断优化各类讲座、个别辅导；针对特殊学生，以召开专题会议的形式，提高家庭教育指导的实效。

**（四）依托社会力量，试点社工驻校**

作为虹口区第一家社工驻校试点单位，学校前期已经与社工建立了密切的工作联系，依托社工，开展青少年的家庭关爱、联系社区的工作，将家庭教育指导延伸到社区，对全方位的教育网络建设起到了很好的作用。

## 五、反思与展望

《教育部关于进一步加强中小学班主任工作的意见》中指出："中小学班主任是中小学教师队伍的重要组成部分，是班级工作的组织者、班集体建设的指导者、中小学生健康成长的引领者，是中小学思想道德教育的骨干，是沟通家长和社区的桥梁，是实施素质教育的重要力量。"从以上定位可见，班主任在班级工作中应当起到核心作用。现在，在全员导师制实施的过程中，这种核心作用的重心与体现都应有所调整。

根据综合素质评价工作的要求，学校将八年级的学生探究课题与全员导师工作有机结合，导师具体指导自己的学生自然成为一个探究小组，共同探究一个课题并形成成果。此项工作已经试点了一个学期，由于导师和学生都相对熟悉，选题、具体探究的开展和最后成果的形成都比较顺利，学校也在进一步地探索实践中。

目前，学校采取的还是年级组统一调配导师的方式，对于导师与学生匹配的方式有待进一步探索。同时，也在不断制作更新导师的自我介绍视频，期待能够尝试导师与学生的双向自主选择。

综上所述，在学校开展的全员导师制的工作中，党建引领起到核心作用，一些试点的工作探索起到了一定的作用，同时导师们在工作的具体开展中，认真参与培训，不断提高教育能力，针对具体问题具体求证实践。这种敢于试错的精神也值得肯定。对教育管理者来说，不但要认真领会上级文件精神、落实具体措施，还要充分考虑到实施过程中的评价机制、奖励机制。这样才能使一项工作保持可持续发展，真正做到师生共同成长，学校不断发展，教育天天向上。

## 参考文献：

［1］王伟杰.中小学实施全员导师制的若干思考和建议［J］.现代教学,2021(22).

［2］李正刚.中小学导师的专业自觉与成长支持［J］.现代教学,2022(18).

［3］叶文婷.全员导师制背景下的师生关系探析［J］.现代教学,2022(18).

［4］胡然.全员导师制实施中导师进行个别化指导的有效策略［J］.现代教学,2022(18).

［5］万志超.全员导师制视角下的家校协同育人新思考［J］.上海教育,2022(2).

［6］徐伟.全员导师制与教师内涵发展［J］.上海教育,2022(2).

［7］王大洋.信息化背景下党务公开与党建工作的革新策略［J］.杨凌职业技术学院学报,2022(2).

［8］刘国材.立德树人背景下学校党建与中学教育教学工作深度融合探索与研究［J］.甘肃教育研究,2022(9).

［9］陈忠武.中学党建工作与教师专业发展融合的探索与实践［J］.新课程,2022(16).

# 构建以党员为核心的育人力量

## ——以学生社会考察活动体系构建为例

上海市鲁迅初级中学　王晓闻

[摘　要] 加强党组织对德育工作的领导，是新时代基础教育领域贯彻党的全面领导的必然要求，也是学校德育工作创新发展的需要。上海市鲁迅初级中学党组织在充分发挥战斗堡垒作用基础上，贯彻落实立德树人的根本任务，坚持加强对学校德育工作的全面领导。学校党组织通过完善德育工作体系和制度，构建德育共同体，深化课程育人、文化育人、活动育人、实践育人、管理育人、协同育人，积极有效地解决德育工作过程中存在的实际问题，为培养学生成为德智体美劳全面发展的社会主义建设者和接班人奠定坚实的思想根基。

[关键词] 党组织领导　立德树人　德育

党的二十大报告指出，"我们要全面加强党的领导，确保党中央权威和集中统一领导，确保党发挥总揽全局、协调各方的领导核心作用""坚持为党育人、为国育才""办好人民满意的教育，全面贯彻党的教育方针，落实立德树人根本任务，培养德智体美劳全面发展的社会主义建设者和接班人"。在学校办学治校过程中，如何落实好对德育工作的全面领导，是学校党组织面临的一个具有挑战性的新任务。在学校试点中小学校党组织领导的校长负责制的改革背景下，我们从理论和实践的角度不断探索全员全过程全方位的育人格局，落实立德树人根本任务的重要途径，实现对德育工作的主导权和管理权。

## 一、加强党组织对德育工作领导的重要意义

### （一）加强党组织对德育工作领导是贯彻党的全面领导的必然要求

坚持和加强党对教育工作的全面领导，是办好教育的根本保障。《中小学德育工作指南》明确要求，"加强党对中小学校的领导，全面贯彻党的教育方针，坚持社会主义办学方向，牢牢把握中小学思想政治和德育工作主导权，保证中小学校成为坚持党的领导的坚强阵地"。德育作为学校工作的先导和学校育人的主阵地，必须体现党要管党、全面从严治

党的要求,因为"党管德育"必然成为坚持和加强党的全面领导的重要组成部分。同时,加强对德育工作的领导,是促进学校完善育人格局,落实立德树人根本任务的重要途径,是新时代基础教育领域坚持和加强党的全面领导需要研究的实践课题。

**（二）学校德育工作的创新发展需要党组织提供坚实的保障**

随着教育变革的紧迫性和复杂性,学校需要在德育形式、实现路径等方面有所创新,以提升德育的有效性。例如,上海市初中学生综合素质评价工作实施以来,我校在学生社会考察活动板块做了积极的尝试,以期实现学校特色建设与"综评"工作的有机融合。经过一轮具体实施后我们发现,虽然德育处组织的社会考察活动很多,但活动之间没有一定的关联,年级之间也没有阶梯衔接,内容呈现出碎片化、缺少系统设计等问题。为进一步完善学生社会考察活动体系,亟待通过发挥好党对德育工作"把方向、管大局、作决策、抓班子、带队伍、保落实"6个方面的作用,为学校德育工作的创新发展提供组织体系、制度体系和工作机制上的坚实保障。

因此,在进一步加强党的全面领导的新形势下,学校党组织成立了党支部书记担任组长的学校德育工作领导小组,全面领导德育工作,统筹制定学校德育的指导思想、工作方针。一方面,结合学校实际情况,定期分析学生思想和德育工作状况,对学校德育工作进行顶层设计;另一方面,学校党组织针对学校德育的现实和学生发展的需求,从抓价值引领入手,强化实践体验,整合校内外资源,将党员的先进性落实在学生社会考察活动体系的建构和推进中,让德育工作"实"起来、"活"起来。

## 二、党组织领导下,学生社会考察活动体系构建的积极探索

### （一）优化顶层设计

学校党组织根据新时代人才培养需求,遵循教育规律,以践行社会主义核心价值观为基础,以立德树人为根本任务,以培养德智体美劳全面发展的社会主义建设者和接班人为目标,重新规划已有的学生社会考察活动内容,有序衔接不同年级的德育主题,发挥学校主导作用,引导家庭、社会增强责任,拓展育人空间,形成育人合力,共同实现对学生的价值观塑造和综合素质培养。

学校德育工作领导小组牵头成立学生社会考察工作小组,负责优化社会考察活动项目的顶层设计,将学生的社会考察136个课时细分并落实为常态的项目化管理,并根据学生的成长阶段、发展特点,分层次、分内容设计系列化社会考察项目,每学期安排4—6次,每次2—8课时的社会考察(见图1)。

### （二）细化目标设置

总目标:加强理想信念教育,弘扬社会主义核心价值观,引领学生完善品德修养,坚定文化自信,积极参与实践活动,做到知行合一,促进学生核心素养提升和全面发展,培养具有家国情怀、文化自信、创新精神和社会责任感的鲁迅初级中学人。

★ 六年级　参访鲁迅纪念馆
★ 七年级　参访左联会址纪念馆
★ 八年级　参访中共四大纪念馆
★ 九年级　参访中共一大纪念馆

**模块一 培根铸魂**

**模块二 走近大师**

★ 六年级　行走"鲁迅小道",探访先生足迹
★ 七年级　"鲁迅小道"之木刻讲习所探访
★ 八年级　"鲁迅小道"之内山书店探访
★ 九年级　"鲁迅小道"之景云里探访

立德树人

★ 六年级　鲁迅文化月研学活动
★ 七年级　绍兴研学活动
★ 八年级　团中央旧址渔阳里研学活动
★ 九年级　毕业研学活动

**模块三 启智润心**

**模块四 实践力行**

★ 六年级　加入社区少先队
★ 七年级　参与一次社区志愿服务
★ 八年级　寻访一位社区党员
★ 九年级　开展一次社区调研

**图1　党建引领下的学生社会考察图谱**

1. 模块一:培根铸魂,坚定理想信念

学校所在的四川北路街道拥有57处红色文化遗址旧址,为学校提供了丰富的红色教育资源。因此,我们通过组织学生场馆考察、调查探究、担任志愿讲解员等,加强学生理想信念教育,弘扬社会主义核心价值观,根植红色基因,传承红色精神,赓续红色血脉。

2. 模块二:走近大师,传承鲁迅文化

立足学校鲁迅文化特色,学校以"阅读鲁迅"为主题设计"微行走"课程,让学生通过行走"鲁迅小道",探访先生足迹,知道鲁迅其人,了解鲁迅作品,感悟鲁迅精神,传递立人思想,实现文化润心,全面提升学生的文化素养。

3. 模块三:启智润心,提升综合素质

以研学旅行为实践体验途径,开阔学生视野,引导学生在研学过程中增加对集体生活方式和社会公共道德的体验,完善品德修养、价值追求和精神品格,不断提升学生综合素质。

4. 模块四:实践力行,促进全面发展

以社区为考察载体,引导学生积极融入社区生活,参与社区实践活动,做到知行合一;通过加入社区少先队组织,参加社区志愿服务、寻访社区党员、开展社区调研等社会考察活动,促进学生更全面地认识社会、参与实践、主动创造,养成社区生活文明习惯,提升服务社会意识和劳动能力,促进学生全面而有个性地发展。

**(三)发挥堡垒作用**

在学生社会考察活动实施过程中,支部充分发挥党组织的战斗堡垒作用、党小组的"红色纽带"作用、党员教师的先锋模范作用,改变了以往仅有德育工作者参与的单一主体模式,形成了团队式推进策略。每个党小组参与到学生社会考察中的两个活动模块,与德育队伍组合成4个项目组,分别承担不同模块的具体活动设计与实施,形成了多主体参与、跨学科融合的良好育人生态。

同时,支部还成立了以党员为主力军的"红色宣讲员"队伍,在每学期社会考察活动实施前,党员教师给学生上"红色微党课",以红色历史、红色精神、红色道路为课程内容,引导学生赓续红色血脉,厚植爱国情怀,坚定理想信念,然后再带领学生走出校门开展实践考察,把思政小课堂和社会大课堂相结合,发挥育人作用。

**(四)传承校园文化**

传承"鲁迅精神"是校名赋予学校的特殊使命,学校德育工作在党组织领导下,坚持以习近平新时代中国特色社会主义思想为指导,以落实立德树人根本任务为出发点,秉持鲁迅先生"首在立人""人立而后凡事举"的精神,坚持做好传承"鲁迅精神"的学校特色品牌建设,构建鲁迅校园文化,形成符合学校特色、学生年龄特点的鲁迅教育品牌。

在学生社会考察活动中,立足学校鲁迅文化特色,设计了以"阅读鲁迅"为主题的行走课程。学生们通过行走"鲁迅小道",探访先生足迹,开展社会考察小课题研究,不断激发对鲁迅家国情怀、民族责任和社会理想的思考。其中,"鲁迅与虹口的不解之缘""鲁迅笔名的由来",以及"鲁迅先生的青年观""鲁迅精神在当代的使命"等相关的考察研究成果获得了市、区级的研学奖项。

在主题研学模块中,学校设计了"走进鲁迅故里·传承立人精神"绍兴研学之旅活动。学生们带着多学科融合的"鲁迅研学宝典"及作业单,走访鲁迅出生和少年时生活的地方,为语文教材中的鲁迅文章配了一幅百草园实景图,在三味书屋上了一节私塾体验课;并在德育老师的辅导下,以小队形式完成了《爱国主义教育基地的保护和开发》《鲁迅文化的传承方式创新》等社会考察报告。通过研学旅行,鲁初的学生比其他学校的学生有更多的机会来全面地了解鲁迅先生,更多地知道鲁迅先生的故事,更深刻地理解"鲁迅精神",进而更深入地践行社会主义核心价值观。

## 三、党组织引领方向,构建协同育人机制

学校党组织领导学生社会考察活动体系的构建,充分体现了学校党组织履行把方向、管大局、作决策、保落实的职责,在活动体系构建全过程中,始终把牢政治方向之"舵",坚持为党育人、为国育才,厚植爱国情怀,坚定理想信念,明确培养社会主义建设者和接班人的育人目标;在注重价值导向的同时,挖掘蕴含教育意义及能够助力学生成长的校内外资源,充分发挥以党员为核心的多元育人团队的力量,筑牢育人根基。

**(一)双向联动保落实,实现育人目标**

在学校党组织的领导下,我们根据育人目标精心设计了学生社会考察活动体系,横向联合、纵向衔接、多维推进,不断丰富育人资源,形成了一条完整的社会考察活动链,满足学生多样化的成长需求。

其中,社会考察活动模块设计横向联合,通过落实培根铸魂、走近大师、启智润心、实践力行四大模块的育人目标和具体任务,帮助学生在理想信念、文化审美、道德品质、实践创造等方面实现全面发展;同时,遵循学生成长规律,注重纵向的年段衔接,在整体推进过程中根据每个年级的实际需求和不同年级学生的认知特点和成长需求,选择适合的活

动内容,形成社会考察的纵向衔接,循序渐进,实现学生的阶梯成长,为学生全面发展提供持续的动力源。

**(二) 构建德育共同体,丰富育人资源**

在学校党组织领导下,我们以多元协同为思路,建立多主体参与的社会考察活动体系。校内各部门多元联动,学校、家庭、社会协同参与,不断壮大德育力量,形成育人合力。同时,整合社会资源,实现学校、家庭、社会教育的"空间延伸"与"资源共享",为学生提供广阔的实践平台,为学校教育赋能。

近几年,学校党支部先后与上海鲁迅纪念馆、中国"左"翼作家联盟成立大会会址纪念馆签订了共建协议,建立校园鲁迅文化志愿讲解队和"朝花"鲁迅纪念馆志愿讲解服务队。一批批学生在社区红色场馆的志愿服务中,培养了社会责任感和主人翁意识,以劳动实践传播民族精神与红色文化,进一步理解了"鲁迅精神",同时收获了自信、体验了成功。有多名学生被评为上海市、虹口区优秀志愿者,学校"朝花"志愿服务队被评为2022年全国中学生志愿服务示范项目。

## 四、结语

在学校党组织领导下,我们完善了学生社会考察活动体系,通过成立工作专班,设计社会考察活动板块之间的纵横联动,改变以往单一的以学校德育部门为主体的模式,构成了全空间、全过程、全人员的育人场域,有效落实了立德树人的根本任务。

后续,在具体实施学生社会考察的过程中,还需在学校党组织的进一步领导下将每个模块的活动方案进行细致完善,充分调动校内外资源,在具体职责区分和任务清单的细化过程中,发挥党员教师先锋模范作用,以党建促进德育工作的有效落地。

**(一) 进一步加强对德育管理的顶层设计**

德育是学校各育之首,对其他各育具有先导、开路和保证作用。德育管理的加强对学校的管理工作具有极大的促进作用。学校党组织是德育工作的领导者和决策者。要加强对德育管理的顶层设计,将党和国家的德育方向和大政方针贯彻到具体的德育实践中,研究学校德育的指导思想、工作方针、重大任务,主持制定学校德育的总体规划与实施计划,定期分析学生的思想政治状况和德育工作状况,保证学校全面贯彻教育方针,发挥德育工作对学生健康成长的作用,对学校的导向、动力及保证作用。

**(二) 努力形成以党员为核心的育人力量**

教师是学校德育有效开展的人才资源保障,因此,党组织需要通过加强师德师风建设和育德能力专项培训,坚持在全体教职工中贯彻"全员德育"思想,引导每一位教师争做"四有"好老师,成为学生的"引路人";同时,通过党建带团建、党建带队建,进一步发挥党员的先锋模范作用,加强德育队伍建设,提升学校德育整体化管理水平,使党组织成为学校教书育人的坚强战斗堡垒。

## 参考文献：

［1］教育部基础教育司.中小学德育工作指南实施手册［M］.北京：教育科学出版社,2017：37-45.

［2］张红云,王泽旭.党组织领导下学校德育课程体系构建的实践研究［J］.中国教育学刊,2021(S2).

# 时代新人培育的内生需求与融合共进

## ——以虹口区青少年活动中心党建工作与中心工作深度融合为例

上海市虹口区青少年活动中心　王　徐

[摘　要] 近年来,虹口区青少年活动中心党支部始终坚持习近平新时代中国特色社会主义思想,牢固树立党建工作和中心工作融合发展的理念,推动党建工作和中心工作深度融合。以党建为统领,培育时代新人。充分开发利用虹口红色文化资源,让"彩虹计划落实、育人课程创建、文教结合共建、队伍建设培育"成为立德树人的生动实践,积极在"营造新环境、树立新目标、赋予新内涵、运用新方法"上开展实践,有所创新。党建工作与中心工作深度融合,力争做到同频共振、融合共进。

[关键词] 党建工作　深度融合　内生需求　融合共进

党的二十大报告指出,教育是国之大计、党之大计。培养什么人、怎么培养人、为谁培养人是教育的根本问题。基层党组织要从党和国家事业发展全局的角度,坚守为党育人、为国育才,把立德树人融入思想道德教育、文化知识教育、社会实践教育各环节。基础教育党建应准确把握育人方向,努力领会新时代育人要求,践行新时代育人职责,建设成教书育人的坚强战斗堡垒。

虹口区青少年活动中心(以下简称"中心")是全区唯一一家校外教育机构,承担着区域内德、科、艺各方面的活动策划、组织和实施。近年来,"中心"党支部始终坚持以习近平新时代中国特色社会主义思想以及习近平总书记在全国教育工作会议上的讲话为指导,以党建为统领,认真落实立德树人根本任务。"中心"为更好地实现虹口红色文化资源的开发利用,在培育时代新人的生动实践中,建设让党中央放心、让人民群众满意的基层党组织,破解"两张皮"问题,推动党建工作和工作深度融合,把党建融入"彩虹计划落实、育人课程创建、文教结合共建、队伍建设培育"的各个环节,努力在"营造新环境、树立新目标、赋予新内涵、运用新方法"上有所实践创新。党建工作与中心工作深度融合,力争做到同频共振、融合共进。

## 一、方向引领：开展"四史"教育，培育时代新人

"中心"党建引领方向，党支部全面贯彻党的教育方针，围绕"中心"各项工作，落实立德树人根本任务，充分利用和深入挖掘虹口区"文化三地"教育资源，寻找身边的爱国主义教育素材和题材，结合"四史"教育，传承红色基因。针对青少年身心成长规律，寓教于乐，开创具有虹口特色的青少年校外活动，培育时代新人。

"中心"认真落实习近平总书记提出的，"把党建工作与中心工作一起谋划、一起部署、一起落实、一起检查"的要求，切实解决"两张皮"问题。依托鲁迅纪念馆、犹太难民纪念馆、"左"联会址纪念馆等一批爱国主义教育基地，深挖"文化三地"丰富的教育资源。党支部通过"四史"教育，引导师生知史爱党、知史爱国、知史爱校，坚定理想信念，坚定立德树人的教育方向，明确新时期的责任担当。

"中心"用艺术的手段，将那些挂在墙上、写进书里的历史记忆变为演在舞台、注入课程且又活在当下的鲜活角色。这既是对历史的一种敬仰，也是对培养学生良好道德品质，做时代新人具有积极的价值和意义。例如，2015年的《东方之舟》，2016年的《赤子之心》《黎明之前》，2018年的《青春之歌》(校园版)，以及2019年根据左联五烈士原型排演的《笔墨丹心》等艺术的再创造。正如《新民晚报》和上海新闻广播《教子有方》的报道："青少年活动中心组织的演出让学生体验感悟当时革命人物的高尚情操，让学生们关注红色文化。""青少年能够知晓我们祖国从何而来、为何出发，从而在他们心中根植红色基因，积蓄前行力量。"

## 二、课程育人：构建特色课程，拓宽育人途径

"中心"党支部充分意识到，构建特色课程是课程育人的一个重要环节。因此，我们将"课程育人"工程作为党建"围绕育人抓党建，抓好党建促育人"工作目标的重要抓手，做好"育人课程创建、课程文化引领、队伍建设培育"有机融合的顶层设计，努力探索实践，既坚持正确的方向引领，又采取务实的课程育人，将两者有机统一在培育新人的过程中。

课程育人，首先在课程理念的确立上要有所突破和创新。"中心"以虹口区域"三地文化"为抓手，把戏剧艺术教育和创作、欣赏作为突破口，探讨和实践出一个具有创新价值的艺术课程模式。课程育人既要有先进的理念，还要有担当主力的教师队伍。"中心"一方面积极引进人才(近几年已引进3人)，另一方面争取与上海话剧艺术中心、上海戏剧学院等专业单位紧密联系，寻求他们的大力支持，从而有力促进了教师的戏剧素养和能力提升。"中心"成立了全市首家区级的戏剧教研组，成员不仅有"中心"自己的教师，也有基层的教师；不仅有专业的艺术教师，也有语文、历史等学科教师。戏剧教研组不仅要学习戏剧专门的知识，还要从事戏剧的创作实践；不仅一个人学习和创作，还要一个组、一个团队进行学习和创作。宝剑锋从磨砺出，教师们在理论和实践两方面取得了实实在在的双丰收！

"中心"结合"彩虹计划"构建特色课程,是推进立德树人的生动实践。以红色戏剧为代表的先进文化进校园、进课堂、进头脑,通过课程这一有力载体巩固工作成果,扩大普及面,真正起到课程育人的作用。例如,戏剧教研组成立后,出版了戏剧教材《新时代美育精品课程系列·中小学戏剧教程(高中学段)》。其带有虹口区红色戏剧鲜明特色且有上海特征、中国特色,在2019年秋季开学第一课原创话剧《笔墨丹心》首场公演的时候公开发行。这为高中学校开展美育教育提供了丰富的理论指导和实践参考。国家督学、中国教育学会副会长、上海市教育学会会长尹后庆为此书作序并指出:"在普及戏剧教育的起步阶段,首先抓住教程建设这个牛鼻子,是一件值得称道的事情。"

### 三、活动创新:推进戏剧建设,落实学生主角

培养什么人,是教育的首要问题。党支部树立党建思维,提升学校德育工作的站位,凝聚中心德育工作的合力,从而将立德树人这个根本任务落地落实。把舞台让给学生,让学生成为主角,是学生自主发展的要求,是教育发展的需要,更是内生的需求和使命的呼唤,让人备受鼓舞。

德育活动首先要让学生产生情感共鸣,让学生感到是一件有意义的活动,才能发挥德育主渠道的作用。我们通过原创舞台剧的"角色扮演",让学生的认知从历史到现实反复转换和不断追问,形成一个相互理解和共鸣的过程,为学生搭建了一个"零起点美育"和"无痕迹德育"的教育创新活动平台,鼓励所有的高中生在这一平台上展现自己的努力与才华。同时,在专业教师指导下,他们能够亲自了解鲁迅、聂耳、殷夫等耳熟能详的名人。这对当下的高中生而言是极具吸引力的。澄衷高级中学高三学生高瑞杰先后在《赤子之心》《鲁迅在上海》《黎明之前》三部大戏中扮演重要角色,被评为2016年度全国"最美中学生"。在谈到艺术课程创新和艺术演出给他带来的变化时,他表示:"通过戏剧夏令营里面的红色定向走访活动,我才知道自己出生的地方有那么多值得了解和传承的红色记忆。我能够取得一些成绩,是同青少中心的老师热情鼓励和精心指导分不开的。老师的引领更坚定了我在政治上追求进步的信念。"北虹高级中学学生邓逸萍谈到参加戏剧学习体会时说:"我学着如何伸展身体,解放思想,表达情感。从一个沉默无言的女孩,变成一个善于表现、表达自己的勇者。除了表演的长进,我更明白了为人处世的道理,要谦逊有礼、换位思考……所有的一切,都会影响我今后的道路。"

思想的收获令人鼓舞,专业的进步也同样令人振奋。这也是党建工作和中心工作深度融合的初衷所在。

### 四、文化联动:强化机制建设,打造特色品牌

用党的建设引领学校文化建设,支部在党建过程中融入文化建设,以文化建设促党

建,以立德树人为根本出发点,打造特色品牌。"文教结合"是上海市为了贯彻国家文化大发展、大繁荣的战略方针,在艺术人才培养方面推出的一个新举措、新模式。"中心"积极落实"彩虹计划"要求,找到文化与育人的契合点,实现文教联动的共有、共享、共创效应,推动学生获取对"三地文化"的真实体验,让红色文化基因在学生身上留下烙印。

"中心"建立了一系列的制度并推进机制创新,打造特色品牌。

### (一)建立与专业院团、领导专家的对话和协作制度

多年前,上海戏剧学院校领导就亲自深入我区相关学校指导戏剧教育有关工作。尤其是近几年来,上海话剧艺术党委书记田水、总经理张惠庆,上海戏剧学院院长黄昌勇等,多次来到我区指导工作。在主旋律戏剧排演现场,在有关学校艺术节闭幕式等各种场合,都能看到领导专家的身影,给予我们精心的指导。同时,"中心"的工作人员将自己的想法和创作意图及时与他们沟通,建立起良性互动的协作制度,取得了较好的效果。

### (二)建立以项目带工作、以工作促项目的人才培养机制

中心首先优化项目实践,避免项目研究实践中只是"栽盆景";充分凸显某一主题下的连贯性实践,持之以恒,重视积累经验,生成规律,这样便起到"种苗圃"的作用。这种人才培养机制既锻炼了队伍,又起到了推广辐射作用,取得了一些成效。例如,建立戏剧教研组,聘请话剧艺术中心的著名资深演员许承先、李传缨等专家前来参加授课等活动;排演《东方之舟》,要求主办方之一的教育艺术发展基金会委派专业导演和制作人前来负责演出制作工作;编辑、出版《中学戏剧》(高中学段),邀请上海戏剧学院委派资深教授前来承担主编和教师培训工作;排演《赵氏孤儿》(与北虹高级中学合作),邀请著名导师糜曾教授前来担任艺术评审工作。

### (三)建立艺术家"常驻制",进行创作和欣赏的工作指导

虹口区不仅有革命遗址,还有一些文化场馆——如1933年老厂房等。"中心"不仅关注学生的艺术演出,也关注文化市场的演出动态。对一些具有发展潜力又受到学生追捧的青年编剧、青年导演和青年演员,"中心"采取让他们入驻学校、入驻"中心"的方法,担任培训班教师和艺术指导,负责"一对一"的带教工作,让学生们零距离感受艺术家的创作风采。文化、戏剧界专家的加盟,不仅使剧目的艺术质量得到保证,学生舞台表现技巧也突飞猛进;而且通过全过程潜移默化的影响,学生从艺术家身上学到了敬业精神和更多的创作灵感。

党的二十大提出的"科教兴国、人才强国、创新驱动发展"战略任务,需要我们不断创新理念、拓宽工作思路。"中心"在怎样更好地"营造新环境、树立新目标、赋予新内涵、运用新方法"上,不断探究,不断反思。

# 从"坐"着学到"站"着做

## ——抓实组织生活会制度,强固"战斗堡垒"

上海市虹口区第二中心小学 陈 晔

[摘 要]要有效开展组织生活,确保党内政治生活各项规定执行到位,真正使党内政治生活严起来、实起来、活起来。为此,我们以组织生活制度为"抓手",完善"三会一课"体系,在组织生活的生动实践中,积极创新"三会一课"的内容和形式,让党员从"坐"着学到"站"着做,让组织生活会"党色"更艳,"党味"更浓,党性更强,使学习更"实",让党政工作同频共振;改变"三会一课"的固有模式,把"三会一课"与实践巧妙结合,丰富活动内容,增强团队凝聚力,调动党员的工作激情,让教育"触角"立体延伸,让"战斗堡垒作用"更加坚固。

[关键词]三会一课 党性教育 组织生活 生活会制度

党的十八届六中全会审议通过的《关于新形势下党内政治生活的若干准则》,为基层党组织和党员干部进一步规范党内政治生活提供了遵循和路径;只有用好组织生活这一手段,才能确保党内政治生活各项规定执行到位,真正使党内政治生活严起来、实起来、活起来。[1]我们党支部在开展党史学习教育中,为让学习入心、入脑,在"三会一课"中采用多样化形式,加强党史学习教育。然而,怎么让党史学习教育与为人民群众办实事相结合? 能不能改变"三会一课""坐"着学的形式,走到实践中去呢?

## 一、由"坐"到"站":党组织议事出妙招

习近平总书记曾经强调,"必须扎实做好抓基层、打基础的工作,使每个基层党组织都成为坚强战斗堡垒"。[2]在学校工作中,党支部要充分发挥基层党组织在落实任务中的战斗堡垒作用,充分调动党组织和党员干部的积极性,才能体现党建工作在办学治学中的重要性。

支部委员会委员经过学习讨论认为,开展党史学习教育要以组织生活会为契机,推进党史学习教育走深、走实。

如何走深、走实？支部决定要突破"瓶颈"。根据党组织的议事制度，我们邀请几位党员中层干部和一线的党员班主任一起参与党组织会议，就几个棘手问题展开"头脑风暴"。偶然间的一句话"党史学习教育党员在学，为什么不带领大家一起学呢？"顿时激发了大家的灵感。有的说，大思政的背景下，我们可以讲"四史"故事给学生听，不仅让学生受教育，同时准备故事的过程中，我们党员也增强了主动性。有的说，我们小时候很喜欢看地道战、地雷战，现在的学生却根本不了解。我们不仅可以讲故事，还可以进行场景的设计。还有的建议结合体育锻炼设计游戏，可以起名"爬雪山""过草地"；同样结合劳动教育设计游戏"打背包"……

"山重水复疑无路，柳暗花明又一村"，大家豁然开朗，纷纷提议把"三会一课"开到实践中去。

于是，支部主动承担起上级党组织所赋予自身的工作职责，摆好自己的位置，与各部门、各位党员沟通，以"传承红色文化，弘扬革命精神"为主题开展党史学习教育系列实践活动，把"三会一课"从会议室内开到室外，开到服务对象当中，让党员同志从"坐"着"学"到"站"着"做"，真正落实党支部战斗核心作用。

## 二、由"学"到"做"，党组织生活的生动实践

过好组织生活，对于加强党员的教育、管理和监督，保持党的先进性，充分发挥党员的先锋模范作用都具有十分重要的意义。

### （一）生动实践，敢为表率

1. 画面一

"同学们，今天老师要和大家分享的'四史'故事是……"对着镜头侃侃而谈的并非专业演员、主持人，而是青年党员们利用午休拍摄介绍鲁迅先生的视频。

为了讲好故事，党员教师带着自己结对的入党申请人一起上网查找资料，阅读学习历史故事；为了更适合学生观看，在编排文字顺序和措辞上，他们反复推敲，还利用周末休息时间，参观了鲁迅纪念馆和鲁迅故居。两位老师觉得"比备课和上课都难"，不过，他们也坦言，这是一个从自己学到和学生分享着一起学的过程，对自己也是一种成长和督促，在持续学习的过程中，也更坚定了自己对国家对党的热爱与忠诚。

党组织生活不但要继承发扬传统的形式，还应与时俱进，注重实效、富有生机、丰富多彩，以提高组织生活质量、增强基层党组织的凝聚力和战斗力为目的，起到对党员进行有效教育管理和凝聚感召的作用。

2. 画面二

"我这次设计的'豆宝不怕远征难'沉浸式互动场馆名称是'飞夺泸定桥'，学生在等候区域先观看电影《飞夺泸定桥》片段，然后依次去活动区域完成穿越（呼啦圈）—匍匐（垫上前进）—跨越（障碍物）—挑战答题……"青年党员教师蒋祺钦一边播放提前录制好

现场模拟的活动视频,一边讲述设计意图。而在下面聆听的是党员和部分教学经验丰富的老教师。党员潘秀丽老师听完设计方案介绍后指出,整个活动要突出"飞",因此要有时间的限制,要突出"夺",挑战成功后可以插上一面小红旗,删去挑战答题。蒋老师听着频频点头。

为了让"豆宝不怕远征难"六一活动精彩有序,本次党日活动的主题就是"论证设计方案,助燃青年教师成长"。整个方案论证会让每位青年教师都深刻认识到"他山之石,可以攻玉"。每位党员教师全情投入,倾力而为,不仅仅指出方案设计不合理之处,更是想办法解决问题,让青年教师的困惑得以解除。支部还邀请了一部分经验丰富的老教师一起出谋划策,一定程度上也提高了这些教师的工作积极性。

"一言堂"的组织生活形式转变为"共同参与"的形式,从"角色"转换中唤起党员的参与意识,让党员真正成为组织生活的"主角"。

3. 画面三

"河山只在我梦萦,祖国已多年未亲近,可是不管怎样也改变不了,我的中国心……"大礼堂的舞台上,党员郭维量老师深情地演唱《我的中国心》,台下响起热烈的掌声。这是一次向全体教职员工公开的组织生活会——"歌颂七十载华章 传承五千年文化"庆祝新中国成立70周年的音乐党课。

"《血染的风采》《我爱这蓝色的海洋》《歌唱祖国》这些经典红歌太脍炙人口、催人奋进了,熟悉的声音令人感动!"退休党员代表刘健老师饱含着热泪说着。"今天的党课不仅让我们看到二中心老师的多才多艺,用歌声为新中国70岁华诞献上了自己的祝福,也很让我们受教育,我们为伟大祖国繁荣富强喝彩!"家长代表动情地说道。教师们说:"今天的音乐党课让红色歌曲与党史知识结合在一起,让人产生积极向上的动力,我们认真地签下《师德承诺书》:廉洁从教,让教师的职业更加神圣、更加崇高!"

近几年,支部每学期都会向全体教职员工或者青年教师展示一次党日活动或上一次党课,带领教师们一起聆听党课,学习党史。开放的组织生活会不仅加强了党的路线、方针、政策的贯彻执行,也让群众更多地了解了党员的思想、工作、学习和生活,从而提高了党员队伍的战斗力和凝聚力。

4. 画面四

在《你笑起来真好看》歌曲旋律中,孩子们和导师一起玩转"纸杯碰碰乐",用纸杯和身体律动为歌曲伴奏,动听的乐声就像冬日暖阳,温暖了在场的所有人。

这是学校党支部为全面贯彻落实"立德树人"根本任务,积极推进"双减"政策背景下的全员导师制工作,举办的"党团队手拉手,温暖有爱共成长"主题党日活动。快乐的党建团建活动,让作为导师的党团员教师表示:要用真情去关心爱护每一个受导学生,走进他们的心灵,构建家校共育合力,努力成为孩子们的良师益友。

生动的实践活动增强了党员的主体意识、参与意识、竞争意识和合作意识,不仅给党员教育、素质提高提供了一个平台,也拓宽了党员的思路,增强了党员作为群众表率的能力。

**（二）筑牢"堡垒"凝心聚力**

支部通过抓实党员组织生活会制度，创新"三会一课"的内容和形式，极大地提高了党员教师参会积极性，使工作效能有效提升，筑牢了"堡垒"。

1. 学习更"实"，让党政工作同频共振

组织生活会积极发挥党支部的主体作用，引导每名党员奋发进取，用积极的言行推进学校中心工作的开展。例如，全员导师制工作党员带头做，通过主题党日活动"党团队手拉手，温暖有爱共成长"，让党员导师和学生互相亲近，通过主题党日活动"居家不停学，隔屏不隔爱"，交流导师日志。党员导师的带头和经验交流带动着全校导师工作的顺利开展。

组织生活会积极构建党支部与学科教学融合的渠道，例如开展"'四史'故事我来讲"活动，支部和语文学科组、道德与法治学科组和信息技术组先行沟通，选取素材"地道战""狼牙山五壮士"等，由党员老师编创文稿并讲述故事，信息技术组查找视频资料制作媒体，最后录播成一个个高质量的故事，通过"萌豆靓宝"电视台和微信公众号让学生家长收看，效果非常好。

组织生活会注重结合学校传统文化的传承，从"'四史'故事我来讲"到"一章一典点亮童心——红印故事我来讲"，不仅强化了育人环节，还深化了校园文化。篆刻是学校传承传统文化的一个重要途径，"红印故事我来讲"让师生从篆刻红色印章里了解了党史故事，探寻红色足迹。

支部在加强组织生活制度的同时，积极推进党群融合建设，探索建立党支部、工会、团支部、少先队"四位一体"的党工队共建联动机制。

2. 氛围更"浓"，让教育"触角"立体延伸

支部改变"三会一课"的固有模式，把"三会一课"与实践巧妙结合起来，通过形式多样的活动平台及丰富多彩的活动内容，增强了团队凝聚力，调动了党员教师的工作激情，不仅使得学习氛围更浓郁，也让教育"触角"立体延伸。

习近平总书记说："历史是最好的教科书，也是最好的清醒剂。"[3]为切实贯彻落实"四史"学习教育工作要求，党支部带领团支部和少先队联合开展"'四史'故事我来讲"活动。学生和家长也发来了自己制作的讲党史故事的视频。三（2）班的曹翙霄和他的妈妈在5分钟的视频中演绎了英雄董存瑞的故事。曹翙霄的妈妈说："通过讲述这个故事，孩子幼小的心灵种下了一颗敬党、爱国的种子，而且我自己就是一名共产党员，能够带着我的孩子一起学党史，这是一件特别有意义的事。"

支部定期适时将组织生活会对青年团员教师开放，或对全体教职员工开放，不断将学习教育走深走实。

根据历史事件，支部带领党团员设计"豆宝不怕远征难"沉浸式的互动活动，有21个体验活动，带领队员们从"红船起航"，走上"救国之路"，再踏上"建国之路""复兴之

路",全体师生共同学习党史,传承红色精神……

党组织生活会营造的学习氛围延伸了教育的"触角",不仅提高了党员学习的积极性、主动性和自觉性,加深了大家对中国共产党百年历史进程与规律的认识,科学地确立对党史的整体认识,还让群众知道我们党员在学什么、怎么学、学习的效果怎么样,在知晓与监督的过程中参与学习,一同深刻领悟和体会到中国共产党为什么"能"、马克思主义为什么"行"、中国特色社会主义为什么"好"。

党组织生活会紧紧围绕学校的中心工作来开展,让党员从"坐"着学到"站"着做,让党员在思想上解惑,在精神上解忧,在文化上解渴,在心理上解压。生动的实践赋予了组织生活会新的生命力,让组织生活会"党色"更艳,"党味"更浓,党性更强,让党员的榜样作用更加显现,让党组织更具有凝聚力、战斗力、创造力,让"堡垒作用"更加坚固。

## 三、思考与跟进

为全面贯彻新时代党的组织路线和党的教育方针,坚持和加强党对中小学校的全面领导,根据党章和有关党内法规、国家法律,根据中共中央办公厅《关于建立中小学校党组织领导的校长负责制的意见(试行)》和虹口区《关于建立中小学校党组织领导的校长负责制的实施方案(试行)》相关文件精神,我们要进一步健全完善党组织生活会制度。

支部根据党员的思想实际和不断满足党员日益增长的精神需求,把组织生活会制度落到实处,让"三会一课"更好地发扬党内民主,疏通和拓展党员反映、表达意愿的渠道,让党员把自己对学校重要发展规划、重要工作部署、领导班子、制度落实等方面的意见和建议通过"三会一课"这个平台反映出来,充分表达自己的意愿,增进党组织与党员之间的沟通。

## 参考文献:

[1] 辜学斌.用好组织生活这个经常性手段加强和规范党内政治生活[J].四川党的建设,2017(5).

[2] 习近平.建设一支宏大高素质干部队伍[EB/OL]. http://www.xinhuanet.com//politics/2013-06-29/c_116339948.htm.

[3] 习近平.历史是最好的教科书,也是最好的清醒剂[EB/OL]. https://china.huanqiu.com/article/9CaKrnJFbNR2014-7-7.

# 练好内功,服务社区,共建共赢

## ——推进小学党支部优质建设的实践探索

上海市虹口区东余杭路第一小学　高　瑾

[摘　要] 学校党支部将党建工作的重点落实在把党对教育的政策和要求转换为教职工的自觉行动。围绕强化角色意识、学习意识、成果意识、创新意识,确立学校党建工作基本思路。增强学习系统性、教育互动性、岗位实践性,提高学校党建工作效能。为社区提供自愿服务、志愿服务、党建服务,成为社区教育连接桥梁,实现精神文明建设共建共赢。

[关键词] 党建　教师专业发展　社区共建

近年来,学校始终认真贯彻党的教育方针,立足本校实际,积极实践,秉承"每一个学生都能学好"的办学理念,为办好人民满意的教育而努力奋斗。学校党支部以落实管党治党责任为关键,以强化基层党组织政治功能和服务功能为核心,将党建工作的重点落实在如何把党对教育的政策和要求转换为教职工的自觉行动,以严和实的作风狠抓工作落实,推动党建工作与学校中心工作、重点任务、日常工作有机统筹、深度融合、始终贯穿,实现党的建设与学校教育事业联动发展、相互促进。

## 一、强化四种意识,确立学校党建工作基本思路

### (一) 强化角色意识,模范引领学校教育教学发展

一是明确党支部书记的角色意识,牢固树立学校党建第一责任人的意识,团结并发挥支部其他成员作用,分工不分家,共同推进学校教育教学改革,切实担负起领导党建的责任。二是明确党员教师的角色意识,发挥每一位党员教师的先锋模范作用,不断增强为民服务意识,培好土,育好人,带动学校教育教学质量的提升。

### (二) 强化学习意识,政治理论引领教师专业发展

一是学校党支部通过推荐阅读、主题研读、自学品读等形式组织党员开展政治理论学习,让学习成为党员教师专业发展的好习惯。二是党支部引领党员立足本职工作和教

学实际开展教育理论学习,不断改善思维方式,重构心智模式,提升教育思想水准与理论修养。

**（三）强化成果意识,夯实学校精神文明建设基础**

一是重视党建工作的资料整理,每学期不断总结党组织建设的经验、成效,及时发现党建工作中存在的问题或软肋,为下一个学期党建工作的改进、调整奠定基础。二是重视党建在学校育人工作中的引领作用,总结提炼党组织领导下的少先队建设、教师共青团队建设、教代会等方面的鲜活经验,推进学风、校风、学校精神文明的整体建设。

**（四）强化创新意识,改进党建工作方式与方法**

一是开展调查研究,走群众路线,紧密联系基层、联系群众,特别要到矛盾积累比较多、师生员工意见比较集中、工作开展比较困难的年级或办公室开展调查研究,广泛听取教职员工对学校管理、教育教学等方面的意见,摸实情、办实事、求实效[1]。二是改进党建的形式与方法,如纪念红军长征胜利80周年活动,党支部精心设计了"三个一"环节:环节一是观看一段视频——《信仰之路》,环节二是阅读习近平总书记专题讲话,环节三是完成一项测试。我们通过中心组学习、党员组织生活等多种层面开展了深度学习,进而不断提高大家对当代长征精神的理解和认识。

## 二、增强三类特性,提高学校党建工作效能

### （一）增强学习系统性,提高全体教师育人意识与能力

教师队伍可视为学校教育第一资源,构成学校的核心竞争力。没有好的老师,就没有好的学校。在党支部的领导下,建设一支师德高尚、专业精湛、结构合理、充满活力的高素质专业化教师队伍成为首要任务。因此,学校党支部精心设计教师学习系列课程。

一是精心设计党员学习系列课程。党员学习是党建工作重要组成部分,精心设计党员学习课程,力争党课学习系统化,力戒党课学习形式化。学校党员学习课程主要分为政治理论学习、政治教育活动两大部分。学校利用课余时间组织党员学习习近平新时代中国特色社会主义理论、党章党规、党史国史、校史校情等政治理论,进一步强化理想信念教育,加强党员意识、纪律规则意识。结合培育和践行社会主义核心价值观,弘扬中华优秀传统文化,深入开展了党风廉政建设宣传教育活动,帮助党员教师树立高线意识和底线思维。

二是认真设计全体教师政治学习系列课程。教师学习内容分为三类,第一类是师德师风类,如"增强自身修养,提高师德素质""立德树人,与爱同行""正师风,立师德,铸师魂"等课程;第二类是教育教学类,如"基于课程标准的教学与评价""在校本体验课程建设中提升小学教师专业自觉的行动研究"等主题研讨或学习培训;第三类是艺术人文类,如"走进玻璃博物馆"等体验活动。通过三类课程的培训,提高教师师德修养与育人意识。学校党支部采取集中学习与个人自学相结合、专题报告与交流研讨相结合、"请进

来"与"走出去"相结合等方式，将学习做到有机整合、相互穿插，让教师在丰富的学习活动中不断提高综合素养。

**（二）增强教育互动性，激发党员教师先锋模范意识**

2018年，中共中央、国务院颁发的《关于全面深化新时代教师队伍建设改革的意见》要求，"将全面从严治党要求落实到每个教师党支部和教师党员"，"充分发挥党员教师的先锋模范作用"[2]。

一是党员人人讲党课。党课教育是党的思想政治建设的重要载体和手段。党支部改变了以往党支部书记一人主讲党课的单一形式，授课方式变单向灌输为互动探索，增强了党课的灵活性和多样性。给每位党员创造了一次"角色转换"的机会，变"被动授课"为"主动参与"，变"被动思考"为"主动思考"，变"要我学习"为"我要学习"，通过备课、讲课、讨论等活动，促使党员自觉学习掌握党的基本理论、方针政策、法律法规、专业技术等方面的知识，从而达到强化党员的先锋意识，提高党员能力素质的目标。党支部成员已经进行了"同志，你好好'生活'了吗？""党员同志注意了，这些事情不能做""强我军威""不忘初心、砥砺前行，奏响时代强音""聚焦党的二十大报告""争做充满激情、富于创造、敢于担当好干部""点亮生命的灯火——向于漪老师致敬"等专题交流。

二是开展党员体验活动。在"学党章党规、学系列讲话、做合格党员""'两学一做'学习教育"活动中，党支部开展党风廉政专题教育、重温入党誓词、党日活动、党员亮牌活动，帮助党员在活动中牢固树立党章意识、宗旨意识，提高作为一名党员教师的党性和教书育人的崇高使命感、责任感、荣誉感。

**（三）增强岗位实践性，引领学科教师担负起为党育人重任**

公办中小学教师职业除了专业性外，还有公务性，要接受党的领导，为党工作，为党服务，要把党和国家确定的知识、价值和理念传递给学生[3]。这一切都与教师素养、能力直接关联。帮助教师在岗位实践中正确理解新一轮课程标准，理解学科素养，不仅把书本上的知识转换成学生能理解的知识、应掌握的能力，同时身心和品德都能得到健康发展。这将成为学校党支部重点工作领域。

学校立足"以德为先，自律向上，持续变革"的教师成长原则，使教师从"技术熟练者"转变为"反思性实践者"。一是严抓教研组，党支部要求每个教研组必须围绕教学中心，找准切入口，在教研团队建设、专题教学教研、教研方式选择、形成常态规范等方面下功夫。二是开展分层培养，学校党支部依托区虹口区教师队伍梯队建设，"双名工程种子计划"团队等多种平台，形成了"区级骨干教师引领，校级骨干教师示范，青年教师重点培养"的队伍建设模式。三是党支部为学校青年教师搭建各种平台，通过教育集团和总支联盟等进行校内外师徒结对、学校青年教师协会的各项活动、青年教师专场教学展示活动等多种形式，帮助青年教师站稳讲台，站好讲台，活跃在教育教学第一线。

### 三、提供三种服务,携手社区党建共建、共赢

学校党建除了围绕教育教学,还有一项重要功能,即服务社会的功能。学校的健康发展离不开社区支持。学校党支部与凉城新村街道签订了"党建工作责任书"和"区域化党建工作联席会议共建协议书"。通过这个平台,发挥共建双方的工作优势,整合社区内各类资源,实现资源共享、优势互补、共同发展,共同提高学校和社区党员干部队伍的整体素质。

**(一)提供资源服务,学校党支部成为社区教育连接桥梁**

学校为乐乐幼儿园建立幼小衔接专项参观、开放活动;志愿者走进虹口区图书馆帮忙整理书籍;组织少先队员走进街道党建中心,感受凉城街道的昨天、今天和未来;团员青年积极参与凉城街道庆"五四"青年节诗歌朗诵会等。党支部组织学生积极参与"快乐随行,童心绘凉城"新中国成立70周年墙面彩绘活动,一幅幅出自学生亲手设计、绘画的作品在社区活动中心展出;学校合唱队受邀参与凉城新村街道庆祝新中国成立70周年的大型文艺演出。

**(二)提供志愿服务,学校党团员教师支援社区精神文明建设**

每逢暑假,党员教师率先参与暑期志愿者进社区活动,放弃休息时间,组织、策划社区内的学生开展丰富多彩的假期生活。暑期里,学校大队辅导策划支持的"国韵清风"活动受到社区领导、居民和孩子的一致好评,"虹口有线"还做了专题报道。在创建文明社区的活动中,学校党支部联手社区内的志愿者,冒着严寒酷暑,在凉城社区主要街道宣传交通法则,协助居民文明出行。2020年新年伊始,疫情防控工作正处于关键时期,学校党支部第一时间组建志愿者进入凉城街道下属的3个居委会,协助居委干部全面开展各项工作。

**(三)提供党建服务,联结学校社区党建时空阵地**

学校党支部组织党员走进党建服务中心上党课,增强党员对社区党建服务的了解、熟悉和认同,积极营造开启新征程,续写新篇章的浓厚氛围;"岁月有痕,看图说'化'"的情景党课,讲述了党建服务中心、社区党建工作及社区发展的变化,让生活在凉城社区的我们感到骄傲自豪;在街道党建中心大厅开展重温入党誓词的那一刻,让全体党员不忘当初自己的入党誓词,用饱满的激情投入日常工作中,带领身边的同志共同前进。在学校党支部与社区党建中心的紧密联动下,学校和凉城街道共同得到发展。

习近平总书记在教育大会上曾经说过:一个人遇到好老师是人生的幸运,一个学校拥有好老师是学校的光荣,一个民族源源不断涌现出一批又一批好老师则是民族的希望。相信在党支部的带领下,全体老师一定会牢记教师的使命和担当,脚踏实地,无私奉献,为培养新一代的祖国建设者和接班人贡献自己的力量。

## 参考文献：

［1］吴庆琳.完善中小学校长"党政一肩挑"管理模式的实践与思考［D］.华东师范大学,2011.

［2］新华社.中共中央　国务院关于全面深化新时代教师队伍建设改革的意见［EB/OL］.(2018-1-31)
　　　［2022-12-11］http://www.gov.cn/zhengce/2018-01/31/content_5262659.htm

［3］李帆,程路,冀晓萍.教师队伍建设的重点、难点、突破点［J］.人民教育,2018(06).

# 让党建铺就师生成长的底色

上海市虹口区新宏星小学　叶蓓芳

[摘　要] 生动活泼、特色鲜明、亮点纷呈的党建工作,能够成就最好的老师和学生。以聚焦"合力领航",深化党组织的政治核心作用;"党建+育人",把党的领导贯穿育人全过程;聚焦"名师引领",党员教师站在时代前列,通过新思路、新机制、新手段谋划和推进学校党建工作,促使党建优势转化为学校发展优势,促进了党建资源转化为学校发展资源的目标,有效地推动了学校的内涵发展和办学质量的提升。

[关键词] 党建工作　立德树人　红色精神

学校的中心工作是教育教学工作。党建工作最根本的目的就是为教育教学工作提供思想理论依据和动力保障。它是学校内涵特色发展的政治保障,有效地保障了党的教育方针政策的贯彻落实。因此,党建工作必须与学校教育教学工作有机结合才能达到最终目的。

## 一、聚焦"合力领航",深化党组织的政治核心作用

### (一) 端正思想,熔铸党建之魂

支部坚持以党建为龙头,以党组织生活会和党员活动日为阵地,努力提高党员干部的政治素质和理论水平。通过集中学习、个人自学、小组研讨等方式,踏实组织党员干部学习《中国共产党章程》《习近平谈治国理政》《习近平新时代中国特色社会主义思想三十讲》等文件及专著;坚持用党章、党规规范党支部和党员行为,用总书记系列重要讲话精神武装头脑、指导实践、推动工作;定期开展批评与自我批评,查找工作中存在的问题和不足,班子之间互相启发、用心思考具体措施。坚持理论联系实际,让学习成为明责、察己、反思的平台。

### (二) 学习进行时,新时代党的教育方针

近几年,正处教育改革之年,对照"办好人民满意的教育"的目标,对照习近平总书记提出的"四有"好老师和"四讲四有"合格党员的标准,支部组织全体教师全面解读《中

华人民共和国教育法》《关于进一步减轻义务教育阶段学生作业负担和校外培训负担的实施方案》《义务教育课程方案和课程标准（2022版）》《党的二十大报告关于教育的新思想、新战略、新要求》等。认识充分、思想重视，行动才会有力，落实才能到位。在工作中，我们始终对标党的教育方针，深入落实立德树人，培根铸魂，启智润心，培养德智体美劳全面发展的社会主义建设者和接班人。

## 二、"党建+育人"，把党的领导贯穿育人全过程

### （一）"党建+阵地"让红色精神通过"国旗下讲话"发挥渗透作用

支部将每周一"国旗下讲话"设计为"学四史，明担当，让领巾更鲜艳"的宣讲活动，将历史发展线索、重大历史事件和历史发展规律融入"四史"讲坛。以新民主主义革命时期为例，中国共产党的诞生、巾帼英雄·铿锵玫瑰、红军不怕远征难、永不消逝的电波、誓拼热血固神州——抗日战争、出生入死，六次负伤的大将粟裕——解放战争、火种·理想·希望·人民——观影《1921》、难忘四行仓库的弹痕、国歌的故事等生动翔实的事例，用通俗易懂的语言，深入浅出地讲活历史故事、用活红色资源。"星光大道"各中队的表演，增强了学生们"四史"学习的情感体验。每周的"四史"讲坛和每月一次的党史知识竞赛，成为孩子们的期待。在实践的基础上，支部申报了"中国系列"党史学习教育活动课程"学'四史'知担当，做党旗下的好少年"。

### （二）"党建+课程"让红色精神通过理论引领发挥主导作用

支部还结合语文和道德与法治学科进一步学习"四史"，从学科教材中挖掘"四史"素材，搜集、整理，形成相关学习资源包，将"四史"学习融入教育教学全过程，创新手段，传承红色基因。

在落实"四史"进课堂的实践中，教师们努力通过驱动型问题设计问题链。如五年级《道德与法治》教材中原子弹——"铁的脊梁骨"的内容，其读本低年段里也有我国第一颗原子弹爆炸成功的内容，在学习中，教师提供影片《我和我的祖国》《相遇》一章和学生一起观看，并给学生提供支持学习的问题链：① 什么是核武器？核武器的危害有哪些？② 核武器有那么大的杀伤力，为什么中国要研发原子弹？③ 原子弹的研发人员都是怎样的一群人？④ 当初中国的核科学家为什么要隐姓埋名呢？⑤ 什么是"两弹一星"精神？举例说说今天的"两弹一星"精神。既提供学生相应的学习指导和支持，还将学习的主动权交给学生，使学生边学习边思考，将"四史"学习内化于心、外化于行。

建党百年之际，支部采用多种形式把建党百年历史中最重要、最精彩的内容和全体教师分享，通过"从苦难走向辉煌""走向共同富裕的初心""民富国强复兴已在眼前""传承和弘扬虹口党史及红色文化资源"4次系列党课，34位党团员青年教师走上讲坛。全体教师系统化地学习党建知识，全面认识党的光荣历史、方针政策、伟大成就、革命传统和优良作风，坚定为党育人、为国育才的信念。

**（三）"党建＋实践"让红色精神通过活动体验发挥塑造作用**

教育的使命就是要传递、涵养、彰显人的精神属性，教育就是要引领师生守正、勤劳、尚义。我们的教育则要在尊重生命存在差异的前提下，让学生充分享受成长的幸福和尊严，将学生带到丰富的人类精神世界中去，引领每一个孩子有信仰、人格健全、可持续发展。

每学期，党支部、团支部牵头少先队，开展以爱国主义教育、理想教育、革命传统教育、劳动教育、公民素质教育等为基本内容的系列教育（见表1），努力让少先队的共产主义思想教育与少先队全面发展的素质教育相一致。

**表1　少先队每月教育内容**

| 日期 | 教育内容 | 主　　题 |
|---|---|---|
| 9月 | 理想教育<br>爱国主义教育<br>公民素质教育 | "童心向党，做新时代好少年"开学典礼<br>"缅怀抗战英烈，共创美好未来"系列活动<br>"铭记历史，珍爱和平"国防教育 |
| 10月 | 爱国主义教育<br>理想教育<br>传统教育 | "爱我中华随手拍"，我眼中的社会主义核心价值观<br>中国少年先锋队建队日教育活动<br>"关爱老人，传递快乐"重阳主题教育 |
| 11月 | 理想教育 | "领巾心向党，争做新时代好队员"少代会 |
| 12月 | 革命传统教育 | "智慧中国，衣食住行"主题教育等 |
| 2月 | 理想教育 | "童心向党，筑梦新时代"开学典礼 |
| 3月 | 革命传统教育 | 不忘初心学雷锋，牢记使命共传承 |
| 4月 | 理想教育 | "了解航天日，致敬航天人"航天精神教育 |
| 5月 | 劳动教育 | 劳动创造美好，"劳动能手养成"系列教育活动 |
| 6月 | 劳动教育 | "全国土地日"我和大自然有个约会 |
| 7月 | 理想教育 | 足迹探索红色文化系列活动 |

支部依托学校党建工作培育青少年社会主义核心价值观，以党建带团建、队建，挖掘红色精神的教育功能，探索对新时期青少年进行政治启蒙的有效路径，把爱国情、强国志、报国行贯穿学校育人全过程，引导成长在新时期新形势下的青少年扣好人生第一粒扣子，让正确的人生观、价值观和远大理想的种子在学生小小的心田里播撒、生根、发芽，对"为谁培养人、培养什么人、怎样培养人"这些问题进行了有效探索。

**（四）"党建＋社区"，让红色精神通过校外阵地发挥激励作用**

"士不可以不弘毅，任重而道远。"习近平总书记强调，中华民族伟大复兴，绝不是轻轻松松、敲锣打鼓就能实现的，我们必须准备付出更为艰巨、更为艰苦的努力。

新冠疫情蔓延的严峻时刻，党员群里发出招募社区志愿者的号召，校长、书记、支委会成员在第一时间报名，半小时内，所有党员报名参加。在守护我们的校园，保障线上教学，关心关爱学生的同时，我们安顿好家人，火速集结。危急之际，"为人民服务"绝不仅仅是一句口号。我们投身志愿服务，将自己的力量贡献到社区。我们是党员，使命担当是我们的初心。

我们用踏实、勤奋、协作、认真的工作态度，在居民小区、商务楼宇之间奔波，用责任和担当为防疫第一线筑起坚实的堡垒，回应了党员教师冲锋在前的承诺。云散天晴，重回讲台，我们告诉孩子们，"面对困难，有那么多的医护人员和志愿者为之奋战。苟利国家生死以，岂因祸福避趋之。作为老师，我们也不会退却！"行胜于言，虽身处和平年代，但贯穿民族复兴征程的斗争精神绝不能丢，为实现中华民族伟大复兴注入磅礴力量。

## 三、聚焦"名师引领"，党员教师应该站在时代前列

### （一）相遇身边的榜样

古人云：独学而无友，则孤陋而寡闻。的确，和一群人走，你会走得更远。

近年来，支部不断丰富教师师德教育的形式，把学习贯彻党的十九大、党的二十大精神与每一阶段学校主要工作结合起来，加强对党员乃至全体教师的理想信念教育，坚持树典型来引路。每学期初的"师德讲坛""教师论坛"，鼓励教师讲述自己为人为师为学的故事。学期末的"教育嘉年华"，讲述积极成长的教师及其教育教学案例，讲述老师和孩子们的成长故事。此外，每三年一届的"我心目中的好老师"评选，鼓励教师立德树人争当先锋，充分调动了广大党员和教师不忘初心，用理想、担当和情怀作为人为师、为学的激情。

### （二）着眼于细微处的榜样

学校的各项工作中越来越多地出现了党员的身影，他们敢为人先，引领项目的开展，带头上教学研讨课；课后服务课程全身心地投入，精益求精；关注学生习惯，实现"师无为而生自化"……支部通过"随手照片"和"微故事"，记录并讲述党员教师有信念、讲奉献、有作为的故事，并予以真情实感的点评，引领党员可学可比可追赶，不忘初心。

### （三）一位党员一面旗

师资队伍建设是学校发展的关键。支部以"做终身学习的主人"的目标激励教师，以"育子之心育人"的教育思想引导教师。我们苦练基本功，为专业发展植入肥沃的土壤；我们善于学习他人长处，为专业成长储存能量；我们勇挑工作重担，苦练工作的"内力"；我们广泛涉猎各学科知识，为专业成长增加渠道；我们培养个人良好的志趣，为专业成长拓宽发展之路。我们多元的知识结构让课堂变得好玩；我们广泛的兴趣爱好滋养着学生们的生命，让校园生活丰富多彩！我们学做"四有"好老师，把学生的生命力放到更长的时间轴上去考量，努力实现学生生命个体的多元价值。

党支部更是结合争先创优的活动,开展以"讲党性、重品行、做表率"为主题的党员实践活动,构建积极"生长圈",每位党员积极主动投身于教育教学改革中,在师德规范、课堂教学、教书育人等日常工作中勇挑重担,努力做到成绩突出,家长满意,学生爱戴。党组织成为学习型团队的领头雁、教改的排头兵,发挥"一位党员一面旗"的模范带头作用,在校园中唱响学习的旋律。

在国家出台五项管理和"双减"政策背景下,党支部更是先试先行、主动作为。为确保"双减"落地落实,党支部组建党员先锋队,研究练习设计融入课堂,研究减量不减质,优化单元教学设计,关注学生的学习经历。党支部发挥着引领和堡垒作用,牵头带领教师们策划开发了"国旗升降台""红色经典阅读""拼出我的国""活字印刷体验""解锁游戏"等人文、科学、艺术、游戏、劳动类别的活动。课后服务努力向着家长放心、孩子开心、教师积极的方向发展,真正做到"留人留心",努力为群众办实事,为群众办好实事。

一场疫情,我们从三尺讲堂迈向互联网。当一方屏幕成为必须坚守的"战场",支部呼吁全体党员率先行动,确保守土有责,守土尽责。为确保"抗疫情、抓教学"两不误,支委会和行政召开部署会议,对有可能启动的线上教育、教研、教学工作进行详细安排。党员牵头组建先锋队,组织骨干党员教师认真研究在线互动模式和方法,提前测试在微信群、腾讯会议等平台上开展教育教学的效果。每一位党员积极尝试各种软件,先试先行,撰写可借鉴的操作流程,供全校教师和兄弟学校教师参考。党员教师们秉承共产党人不畏艰难的初心本色,磨炼技能,克服困难,关键时刻站得出来。

"短绠不可以汲深井之泉。"党员教师要成就理想和时代使命,就必须锤炼过硬本领,不断提升与时代发展相适应的教育教学能力。

教育改革大潮滚滚而来,学校党支部将不断深入学习贯彻党的十九大、党的二十大精神,以习近平新时代中国特色社会主义思想为指导,发挥党支部在学校教育教学工作中的战斗堡垒作用和党员同志在各项工作中的先进模范作用,学习在心、示范在行,在基础教育这片沃土上勤耕耘,乐奉献,洒热血,为明天绘就一幅"喜看稻菽千重浪,欣听花果作涛声"的丰收蓝图。心怀中国梦,共圆教育梦!

**参考文献:**

[1]管亮东.让党建铺就孩子成长的底色[J].陕西教育(综合版),2021(Z1).
[2]肖三杏.围绕"党建+"推进学校师德师风建设[J].教师发展,2020(10).
[3]丘梓鹏,杜茂根.注重课程融入　潜心立德树人[J].理论探索,2021(06).

# 党建引领小学青年教师专业化发展的工作路径

上海市虹口区第一中心小学　史蓉晖

[**摘　要**] 小学党建工作重点任务之一就是引领好青年教师专业化发展。党建在把握青年教师队伍建设的正确方向,促进青年教师专业素养的有效提升,满足青年教师个性化发展需求等方面发挥着重要作用。学校党支部依据政治素养与专业素养提升相结合、岗位需要与实践锻炼相结合、集体要求与个性发展相结合等工作原则,通过科学定位、因人施策、争做先锋等工作路径,促进青年教师队伍专业化发展。

[**关键词**] 党建　青年教师　专业化发展

习近平总书记在党的二十大报告第五部分"实施科教兴国战略,强化现代化建设人才支撑"中,再次强调加快建设教育强国、科技强国、人才强国,办好人民满意的教育等,为当前教育发展进一步指明了奋进方向、提供了根本遵循。要办好人民满意的教育,关键要有一支高质量教师队伍。高质量教师队伍建设必须坚持党的领导,由党领导、听党指挥。党建是党的基层组织建设的重要组成部分。小学党建工作重点任务之一就是引领好青年教师专业化发展。

## 一、党建引领青年教师专业发展的价值内涵

### (一) 党建把关,保证青年教师队伍建设正确方向

中国共产党是优秀、先进的象征者和代表者,坚定不移地拥护党的领导是小学青年教师队伍发展的重要要求。青年教师是学校可持续发展的骨干力量与生力军。他们的政治思想、教育教学专业能力直接关系学校的未来生存与发展。学校不断提高党组织作为青年教师精神支柱和思想灵魂的作用[1],引导每位青年教师积极主动、自觉自愿地同党保持一致,做好学生童年时代学习知识的"启蒙人"、品德萌芽和发育时期的"引路人"[2]。

**（二）党建引路,促进青年教师专业素养的有效提升**

在《现代汉语词典》中,"素养"指"在长期训练和时间中所获得的修习涵养",强调经过长时间训练内化为自身的、稳定的、长期发挥作用的基本品质涵养。教师专业素养是在长期的教育教学实践和终身学习过程中形成的,包括良好的师德素养、教育教学素养、信息素养、创新素养等。学校党支部带领青年教师在课程育人、文化育人、活动育人、实践育人、协同育人等教育教学实践中,凝魂聚气、强基固本,提高青年教师专业素养,升华职业责任感和荣誉感。

**（三）党建支持,尊重青年教师个性化发展需求**

贝尔和格里布里特（B.Bell & J.Gillbrert）给出教师专业发展所遇到的3种情境:确认与渴望变革、重新构建、获得能力[3]。青年教师由于年龄、工作经历等差异,个人教师职业的发展需求和目标就会不同。学校党支部遵循青年教师发展一般规律与特点,摸清每一位教师的基本信息和个性特点,探索适合本校每一位青年教师个性化培养的路径,以激发教师专业提升的内驱力,支持教师可持续发展。

## 二、党建引领青年教师专业发展的工作原则

**（一）政治素养与专业素养提升相结合**

学校党支部以高度的事业心和责任感带领青年教师加强政治理论学习,借助视频课程、专家讲座、参观考察等途径,学习习近平新时代中国特色社会主义思想基础理论、党章党规、党史国史、校史校情等,加强青年教师理想信念教育,牢记党的教育方针,以张琼老校长为榜样,努力成为"有理想信念、有道德情操、有扎实学识、有仁爱之心"的"四有"好老师。学校要求青年教师制订切实可行的自学计划,充分利用时间强化阅读和反思,认真做好个人自学,提高专业素养。

**（二）岗位需要与实践锻炼相结合**

学校结合新时代小学教育教学改革和发展的新形势、新任务和新要求,引导青年教师在岗位实践中深化学习,做到学习理论与运用理论、改造客观世界与改造主观世界相统一,把学习成果转化为运用科学理论、科学知识分析和解决教育教学实际问题的能力。学校紧密结合实际工作岗位需要,鼓励优秀青年教师进行多岗位锻炼,丰富工作经历和工作经验,培养青年教师的意志品质、心理素质和处理复杂问题的能力。如岗位实训。通过轮岗锻炼等形式,早压担子、多压担子、压重担子,培养优秀青年干部独立处理问题、解决矛盾的能力和实践创新的能力。

**（三）集体要求与个性发展相结合**

青年教师是我校师资队伍的重要组成部分,青年教师能否迅速成长,关系到学校的长远发展。为进一步实施课程教材改革,提高青年教师的队伍建设,也为使学校对青年教师的培养工作更有针对性和时效性,让青年教师更快更好地成才,校党支部力求建设一支师

德高尚、专业过硬、素质优良的青年教师队伍,并结合学校发展实际制定了相关的培养方案。

学校党支部为青年教师搭平台、领项目、攻难题等路径创造条件,增强他们的思想政治与师德修养,提高现代化教育理论和专业水平,加强课程整合能力、教育技术运用能力和教育教学改革研究能力,让教师们得到充分的锻炼和培养。如导师带教,为优秀青年、人才选配业务精湛、经验丰富的带教导师,言传身教,强化日常管理与指导。

## 三、党建引领青年教师专业发展的工作路径

### (一)科学定位,帮助青年教师认识自己潜在优势

学校党支部力求客观、准确地认识每一位教师,帮助青年教师发现自己的潜在优势,提升职业幸福感。一是通过与青年教师谈心、谈话,了解青年教师的家庭、生活、学习状态。二是通过听课、说课、研讨交流,了解青年教师的教育教学能力。三是听取教师的自我分析,围绕教师的优点、潜在优点和新的生长点进行分析研判,充分共情、共商发展方向,确立科学定位,给予蓄势补给。

### (二)因人施策,凸显青年教师发展时代特色

新时代要努力建设一支高素质、专业化的教师队伍,已经成为我国教育工作的重点和中心。在这一背景下,教师队伍建设不仅应该从整体的方向推进和实施,还要从不同发展阶段教师的现状出发,因人施策。学校党支部书记、校长都深刻认识到并相信每一名青年教师都有成功的愿望,都有成功的潜能,把让青年教师成功作为自己的主要工作,作为学校的工作重点,把时间、精力、经费投入帮助教师成功的工作中去。学校根据教师所带学生情况、执教学科、教学内容与方法,以及专业素养等方面的差异,鼓励青年教师立足自己的教育教学,扎实提高自身的专长和技能,逐步形成自己的教学风格。

蔡老师是教龄7年的一名青年党员教师。2020年2月上旬,蔡老师光荣地承担了3年级下册第一单元"道德与法治"中"空中在线"教学的录制任务。面对时间紧、任务重、教材新、技术缺等挑战,学校党支部书记电话连线保证新教材、教参落实到位,帮助解决备课、拍摄中遇到的困难;团队负责的党员教师及团队其他所有教师们鼎力相助,一次次模拟演课、一次次审稿修稿、一次次奋战到凌晨,在整整一个半月中完成了4节课共8课时的教案和媒体教学。

### (三)争做先锋,以个带全,促进教师队伍的建设

学校倡导青年党员教师争做模范先锋,要注重自己的道德情操与作风表现,加强自己的品行修养与德行建设。党员教师带头引领、做表率,可以充分发挥榜样的力量,让身边教师看得到、学得了、做得到。

毛老师是我校的语文学科组组长,在2019年的虹口区中小幼课堂教学评比中获得一等奖,专业能力有目共睹。她承担的是三年级第六单元6课时的网课内容,拍摄时间定于10月中旬。毛老师是二年级的班主任,开学后工作非常繁忙,6课时的教学任务压力和难

度并存。毛老师勇于担当,迎难而上,倾尽全力,发挥了一名共产党员的先锋模范作用。

近年来,学校党建承担青年教师队伍建设的主责。在2019年的区教学评比中,学校语文、数学学科两位青年教师获一等奖;信息、道德与法治、美术学科三位中青年教师获二等奖。3年间,学校一批中青年教师在区域学科教科研中逐渐崭露头角,人才都输送到区域的多所学校继续发展,成为学科中心组成员及骨干成员,1位教师成功获得高级职称。学校党支部将继续为青年教师个性化发展搭建更多、更好、更广的舞台。

## 参考文献:

[1] 曾令辉,包丽红,周美怡.推进新时代中小学党建工作规范化建设的思考——基于广西中小学15500名教师的调查[J].学校党建与思想教育,2021(06).

[2] 霍苏健.党建引领下的中小学教师队伍建设[J].新课程研究,2021(22).

[3] 王艳.教师风格形成探究[D].辽宁师范大学,2005:8.

[4] 教育部课题组.深入学习近平关于教育的重要论述[M].北京:人民出版社,2019.

# 党建引航,探索全域推进新路径

上海市虹口区广中路小学　刘　晔

[摘　要] 面对"培养什么人、怎样培养人、为谁培养人"的时代之问,虹口区广中路小学坚持党对学校工作的全面领导,坚持立德树人根本任务,坚持社会主义核心价值观,依托《虹口区"彩虹计划"实施方案》,聚焦核心素养的培育,以"立德树人"为根本,打造组织育人、文化育人和实践育人三大平台,通过"党建+理念引领、党建+实践赋能、党建+家校共融"育人模式,精心打造从课上课下到校内校外的全员、全过程、全方位育人的立体场域,探寻一条立德树人的"广中路径"。

[关键词] 全域推进　"三个课堂"　路径　融合

## 一、擦亮全域党建立德树人的红色底色

为了打牢思想基础,支部坚持打造学习型党组织,深入开展党史学习教育,全身心投入育人实践。以党建"三个课堂"开展各项学习活动,充分发挥支部战斗堡垒作用和党员先锋模范作用,增强支部政治凝聚力。

**(一)"党员课堂"感悟真知,提升党性修养**

学习贵在坚持,重在感悟,直击心灵的学习提升全体党员涵养品质。"党员课堂"坚持个人自学和集中学习研讨相结合,线上学习和线下培训相结合,广泛开展主题突出、特色鲜明、形式多样的学习活动。线上学习,借助"学习强国"和"支部i生活"两个平台,汲取精神养分;党员学原著、读文章,参与竞答,展示、分享学习成果。线下学习,通过"电影党课""书记党课""党员微党课"等形式,感悟真知。

在支部引领下,党员们沉浸在红色故事中,学习党的优良传统,感受昂扬力量,激励担当作为,进一步增强"四个意识"、坚定"四个自信"、做到"两个维护",把自己所从事的教育事业继续推向前进。

**(二)"党员讲堂"传承信念,充盈精神境界**

信念之魂,重在传承。支部组织全体党员在"师德月"上以多种形式把中国精神演给教师们看;带领"阳光"讲师团,在升旗仪式上、红领巾广播里,把党史知识讲给孩子们

听;支部还深挖资源,利用校园特色场馆,把党史知识用"非遗"技艺、微视频作品制作等形式展示。每周的主题升旗仪式上,党员带头围绕社会主义核心价值观关键词进行"国旗下的讲话",通过庄严的仪式激励学生努力成长成才。

支部引领下,党员、教师、少先队员一同了解伟大祖国奋进历史,传承理想信念,让初心薪火相传,把使命永担在肩;利用每周的全教会,进行党员微宣讲活动,将二十大精神要点在全校范围内进行宣传;构建线上、线下相互促进的学习载体,通过在线学习、短视频制作、情景剧展演等形式,提高学生学习党史的积极性和主动性,当好党的政策方针宣传员,弘扬身边正能量,提高对党的认识。

**(三)"党员学堂"引领示范,彰显担当作为**

党员引领示范,学校引导党员立足岗位创先争优,在疫情防控、学生课后服务、学生作业管理、手机管理、垃圾分类、光盘行动等工作中示范引领。全体党员坚守在不同的岗位上,转换的是角色,不忘的是本色。

面对群众,党员示范服务坚持常态有作为。支部积极推进党员志愿行动,通过排摸情况、分析调研,精准服务,扎实开展各类志愿者活动,提升志愿工作的品质。

每两年一次的"感动广中十大事迹"评选活动,鼓励全体教师、家长和学生积极参与,撰写征文并投票评选。表彰仪式上,党员教师的故事一一呈现,"小故事,大能量",温暖的是人心,展现的是责任担当,凝聚的是前行的力量。

## 二、标示全域党建立德树人的靶心方向

全环境立德树人的根本在于育人,学校党总支认真落实立德树人根本任务,深入推进"党建+育人实践",将育人贯穿教育教学全过程,为实现全过程育人、全方位育人提供保证。

**(一)优化生态,情景交融**

学校注重行规教育环境的创设,以"红绿辉映"为核心,红色培养的是文化自信,绿色滋养的是昂扬的生活态度与习惯养成。在学校环境建设上,我们齐心打造绿色校园文化,厚植广中校园育人根基,力求做到"每一处环境都能和学生对话",使校园内一草一木、一室一廊都体现教育的引导和熏陶。

1.让无声的环境"说话"

学校在各班教室张贴社会主义核心价值观,方便学生随时朗读记忆,内化于心,并落实到日常行为之中。教室醒目位置张挂师生共同制定的班级公约,以此营造学习规范的浓厚氛围。每月各班根据不同的主题进行板报和走廊乐高墙的布置,展示学生自己创作的作品。

2.与无声的环境"对话"

教室阳台上铺设"垃圾分类跳跳棋""交通规则飞行棋"等主题地贴游戏。开放性的

游戏规则设计让学生在参与快乐活动的同时学会合作、学会自律、学会守则。环境助行，文化浸润，用优美、有序的校园环境促进学生的行为。

**（二）拓宽途径，体验育人**

学校发挥教学主渠道，实现教育教学融合育人。一是发挥教学主渠道，实现学科育人。细化落实中小学德育内容至各学科课程目标之中，充分挖掘各门课程蕴含的德育资源，在各个学科中实现融合育人。制定好每周活动课主题，上好少先队活动课，精心设计爱国教育、习惯教育、理想教育、感恩教育、文明礼仪教育等环节，注重学生情感体验和道德实践。

二是开展主题教育，实现流程育人。在"红色仪式教育中开展礼仪教育""绿色社会实践中开展绿色文明教育""七彩学科活动中开展学习习惯养成教育"中，强训练、重实效、促内化，引导学生由被动心态转为自觉意识，实现知与行的统一。

"红讲堂"解码红色基因，"红阅读"感悟拳拳初心，"红歌诵"吟诵祖国赞歌，"红课堂"感受红色力量，"红志愿"诠释铮铮誓言，"红成长"提升红色素养。体验中医文化，感受经典国粹；带领学生在校本特色课程"龙狮欢腾"中了解中华传统文化，提升美育鉴赏能力；在校园中寻找草本植物，推动中医药文化进校园，提升青少年文化自觉和自信。

在虹口区创建文明城区的过程中，广中少年在党员教师的带领下再次行动起来，胸前佩戴鲜艳的领巾，身穿鲜红的志愿者马甲，充分利用早晨广播操结束后的"行规微点评"时间段，发现问题、提出倡议，让"广中绿"点亮社区和校园内外。

三是驱动多元评价，实现育人为本。坚持"自主管理、自主辨析、自主评价"的育人策略，借助少先队特有的红领巾奖章"争章"活动，有活动、有养成、有收获。集规范化和个性化评价于一体的"绿色成长册"，反映学生的成长轨迹。通过课程学习评价、日常反馈评价、奖章自我评价、示范评价、考核评价等多措并举，自我激励；寻找不足之处，自我改进；寻找新目标，自我提升。学校"星课堂""星力量""星舞台"的展示，"美德好少年"的"海选"，为学生打造属于自己的"明星"，让同龄人带领同龄人，让同龄人感染同龄人。

## 三、汇聚全域党建立德树人的坚实力量

全环境立德树人"新"在全环境，覆盖面更加广泛，学校、家庭、社会、网络都是"主战场"，场域环境和对象群体更加多样。

支部依托社区资源，每学期带领学生组织开展形式多样的公益活动，服务社区，践行社会责任，温暖民心：带领队员们走进幼儿园，开设幼儿园里的"少年微课堂"，让小朋友们体验快乐学习、快乐活动；开设暑期阳光少年爱心暑托班，为特殊学生打造假期活动的乐园，解决特殊学生家长的后顾之忧；学校的"绿韵"党员志愿者服务队，从单纯的由党员组成，扩展到了现在的学校党员、团员青年、家长志愿者和社区志愿者多方合作的志愿服务团队，服务的区域从校内扩展到了校外。

"落实立德树人根本任务,健全学校、家庭、社会、网络等全环境育人机制。"这要求我们立足不同场域环境、针对不同对象群体,组织开展宣传教育活动,全面推动全环境立德树人。

## 四、融合全域党建立德树人的"三力"思考

广中路小学党支部多年来坚持"党建红"引领"广中绿",通过"党建+"多元融合,开启学校党建工作新模式,为学校发展增添了新动力。

**(一)政治引领,夯实党建"育人牵引力"**

一名党员是一面旗帜,一个支部是一座堡垒。多年来,学校坚持将"党建+"的思维贯穿学校发展始终,把握党建育人的核心要素,积极整合协同学校的各项教育工作、各项育人元素,完善学校的德育管理制度,明确部门、教师的职责,发挥党组织的政治功能。理解党建引领的深刻内涵,发挥党建"牵引力",统筹学校党建工作,增强党建组织力,以党的组织活力激发德育工作活力,充分发挥学校党组织引导、少先队组织参与、家庭社区协同的联动作用。

**(二)"五育并举",深化党建"育人融合力"**

习近平总书记指出,教育的使命与价值就在于"培根铸魂,启智润心"。从传统课堂到智慧课堂,育人方式旧往新替。破立之间,学校试图重构学习空间,聚焦教育价值,改变教与学的方式,赋能师生成长。

在实施"五育并举"、深化德育教育、落实立德树人的大背景下,学校坚持"五育并举"同频共振,将德育渗透在全科德育和全员德育中,扎实推进学生思想教育,循序渐进地将爱党爱国和社会主义核心价值观融入团队活动之中,融入师生教育之中,推进党建引领,发挥党组织领导作用,扎实推进学生思想教育,渗透融入立德树人全过程,着力将红色教育与"五育并举"融合推进,为"五育并举"注入强劲动力,让爱党爱国情感厚植心中,构建学生德育成长共同体,积极推进学校校风和学风的建设。

**(三)文化渗透,增强党建"育人影响力"**

坚持贯彻教育方针的总原则,就是要扎实推进校园文化建设。学校以校园文化建设为平台,充分发挥活动育人功效,把立德树人融入学校办学理念及各项活动中,打造德育特色品牌集群。

把学校党建工作与学校文化融为一体,发挥二者的协同效应,加强全体师生的文化引领,引导师生增强政治认同,通过开展丰富多彩的文化活动,将红色的基因、信念的种子植于学生的心田,积极营造良好的文化氛围,实现活动育人。

党建,全域党建立德树人的引领;育人,全域党建立德树人的根本;共建,全域党建立德树人的依托。在这三条实践经验指导下,广中路小学党支部将继续探索实践,走出一条全域党建的"广中路径"。

# 党建引领培根铸魂，凝心聚力共谋发展

上海市虹口区祥德路小学　　郭　慧

[摘　要]全面发挥党的领导核心和政治核心作用，不断引领和推动学校党建工作高质量发展。坚持立德树人，以德为先，贯彻"双减"方针，实行"五育并举"，全面提高教育教学质量。促进党建工作与教育教学中心工作的深度融合，使党的宗旨成为学校的最强音，使党建工作为教育事业发展赋能。

[关键词]党建工作　组织建设　师资管理　学校发展

以习近平新时代中国特色社会主义思想为指导，全面贯彻落实党的二十大精神，持续加强党建工作，以党员教师为基干，引领全校教职工坚定大局意识、宗旨意识和服务意识；明确"为谁培养人，培养怎样的人"这个新时代的命题，开拓进取，提质增效，切实办好让人民满意的教育。

## 一、抓党纪、正党风：提高站位，发挥政治引领功能

党的二十大报告指出，全党必须持之以恒推进全面从严治党，深入推进新时代党的建设新的伟大工程，以党的自我革命引领社会革命。深入贯彻落实新时代党的建设总要求和新时代党的组织路线，以党的政治建设为统领，加强党建基础，推动学校党建工作质量持续提升，为办好人民满意的教育提供坚强有力的政治保证和组织保证。

### （一）提升政治自觉，践行初心使命

学校党支部以学习、宣传、贯彻党的二十大精神作为当前和今后一段时期学校的首要政治任务，并将其作为一切工作的要件和指针，要规范落实好"三会一课"，完善制定年度计划与安排，重视、完善、规范会议记录；对本对标，以寻找问题为导向，解决问题为驱动，直面存在的问题，勇于整改落实。

学校利用"学习强国""上海微党课"等平台，在支委会成员层面先读先学，然后组织行政班子成员共同学习，践行党组织领导的学校管理模式，统筹协调党组织与行政事务的关系。在党员教师层面，充分用好组织生活等形式，带领全体党员持续扎实推动"不忘

初心、牢记使命"主题教育、党史学习教育、"我为群众办实事"等实践活动。以党员为主体,辐射带动全体教师,提高政治站位,系统强化政治自觉、思想自觉、行动自觉,以实际行动诠释为人师者的初心与使命担当。

**(二)增强政治担当,鼓励善作敢为**

党支部以学习、宣传、贯彻党的二十大精神为契机,履行把方向、管大局、做决策、抓班子、带队伍、保落实的领导职责,进一步强化教职工的政治意识、责任意识、使命意识,把准政治方向、站稳政治立场,着力提升推进新时代党的教育事业迈向高质量发展的进程。当前,要加快推进"双减"政策下新课改建设,倡导教师勇于改革而不因循守旧,敢于作为而不拘泥成规。要努力做到减负增效,提质增效,保障学校教育教学质量得到稳步提升。我们以高度的政治责任感和使命感,用实际行动落实党的二十大对教育提出的育人目标,持续推动学校党建工作。

**(三)加强政治把关,规范选人用人**

党支部实行"双培养"机制,将理想信念端正、业务能力优秀的骨干教师,尤其是青年教师作为积极分子培养和考察对象,为党组织不断吸收新鲜血液,使学校的党建工作和教育教学工作焕发长久的生命力。

党支部要在党员群体中发掘人用好人,重视调动党员教师的工作积极性,引导党员教师群体学在先、做在前,发挥"一个党员一面旗"的堡垒作用。对于党员教师中的可用之人,要规范选用、放手使用。

党支部将党务干部纳入教育"五梯队"干部人才培养范围,注重强化党建和教育教学管理岗位的"双重锻炼",为党组织领导下的学校管理模式做好干部储备工作。

## 二、抓师德促师风:守住底线,营造风清气正氛围

学校党支部作为基层组织,具有身处一线直面群众的特点。党组织是否风清气正,党员是否表率自律,都将影响到党在人民群众心中的形象。因此,党支部要经常性开展党员教育活动,要不断警醒党员时刻以党纪正言行。只有每个党员都能做到正气正义,才能保证党组织保持昂扬的战斗力和凝聚力。

学校作风是指在办学思想、教育教学和引导师生生活学习等方面所表现得比较稳定的态度或行为风格。学校作风的建立、巩固和完善应符合党和国家的办学方针。"办好人民满意的教育"是新时期的教育方针,对每所学校提出了明确的办学方向,也对每一位教育工作者提出了行动要求。学校党支部要把握时代走向和教育方向,以习近平新时代中国特色社会主义思想为指导,以师德师风建设为核心,注重加强校风建设,营造良好的学校发展思想氛围。

## 三、抓党建重引领：压实责任，促进学校持续发展

习近平总书记在党的二十大报告中强调，我们要坚持教育优先发展、科技自立自强、人才引领驱动，加快建设教育强国、科技强国、人才强国，坚持为党育人、为国育才，全面提高人才自主培养质量，着力造就拔尖创新人才，聚天下英才而用之。

党建引领下的学校管理模式，为实现总书记报告中的要求起到了压舱石的作用。强化党组织的作用，坚定党员理想信念，在各项工作中凸显党建优势，是保障办学质量的重要因素。在领导组织办学的过程中，要明确以下几点关系。

### （一）明确党建工作和日常教务的从属关系，彰显党的领导作用

党的建设始终处于学校各项工作之首，这是我们党的宗旨和性质所决定的。只有加强党对教育事业的全面领导，覆盖到学校教育教学工作的方方面面，促进党建工作与教育教学、德育和思想政治工作深度融合，才能确保教育工作的社会主义方向，才能做到为党育人、为国育才，实现教育强国目标。

学校的具体事务要服从于党建工作，要在党组织的引领下设计和开展。要正确认识党组织的领导力量和保障功能，不能因应对日常事务的琐碎和复杂而忽视党建工作。涉及学校发展的重大事项的决定与实施要尊重党组织、经过党组织。

学校的发展和进步不仅需要党组织和党员，还需要广大教职工群众的共同参与、共同努力。党组织要发挥引导和导向作用，把握好党群关系和干群关系，凝心聚力共谋学校发展。当前，学校即将进入第六轮三年发展规划的总结阶段，党支部带领行政班子对照发展规划的办学理念和主要任务全面梳理实施中的困难与问题，总结经验，寻找问题，发现亮点，并坚持问题导向，经验总结，注重对实际问题的有效回应。面对"双减"政策的要求，面对新课程标准的颁布与实施，党支部更注重将党建工作与教学工作紧密结合在一起，通过文本的阅读、专家的讲座、做思维导图、写学习心得、进行交流等多种形式，对课程标准进行深度学习。学校践行新课程标准，改变课堂教学行为，坚持"提质控量"，在教育教学中达成学科核心素养目标，落实立德树人根本任务。

### （二）把握党建特色与办学特色的互补关系，传承党的红色基因

要正确理解创党建特色的重要性和意义，努力打造"党建品牌"。在创建过程中，既要展现学校的传统和优势，也要体现新时代党对教育工作的要求。要正确看待党建特色与办学特色之间的关系，要把互相促进、互相作用作为把握两者关系的切入点和目标。

首先，在党员教师群体中，党支部要带领全体党员率先讲好红色故事、中国故事，让党员教师更深刻地感受到共产党人经历过的血与火的峥嵘岁月，在缅怀革命英烈中更好地感悟到自己的初心与使命。

其次，在教育教学岗位上，坚持以立德树人为根本，坚守为党育人、为国育才的宗旨。党支部积极引领学校思政教育工作，将其融入社会实践，在青少年群体中广泛开展红色主题社会实践活动，打造学校"行走的思政课"，构建并形成了红色文化与祥和文化相结合

的育人模式。

自2018年以来,在学校党支部的引领带动下,基于少先队原有的红领巾寻访活动,结合"党建+"的工作思路,我们立足校情、师情与生情,将"行走的思政课"与党建品牌工作相融合,在探索和实践中逐渐确立了以"党带队"的模式开展校本红色基因教育的工作机制,并以此为切入口,梳理和落实了党团队一体化育人链条的内在逻辑及实践要求,制定了"童心向党,从521开始……"红色研学项目方案,以项目活动来推动学校校本红色基因教育工作。

学校地处虹口区祥德路,与欧阳路、山阴路相毗邻,周边有李白烈士故居、鲁迅纪念馆和中共四大纪念馆等红色地标,相邻的杨浦区建有国歌展示馆……这些资源成为学校"党带队"机制下寻访活动的重要场所。党支部领导校少工委梳理学科知识与"四史"知识、红色精神相关的教育内容,结合各学科教材和学生年龄特点,以道法课、音乐课和少先队活动课为主要途径,每个年级探索5位"红色人物"、2处"红色地标"和1首"红色歌曲",以丰富、翔实的内容助力开展校本红色研学活动,赓续红色基因。

2021年适逢建党百年,研学寻访活动不仅以走出去的方式进行着,学校也鼓励队员以课外、校外自主探究的方式进行,并作为红色足迹研学汇报的展示。2022年,"党带队"模式下红色基因教育课程继续在线上开启,在学校党支部的引领下,全体党员教师分组带领学生们开展云端红色寻访活动。

**(三)整合研学活动与党建工作的协同关系,增强党的基层力量**

伴随着红色研学活动的不断推进,我们在党支部带领下不断学习、总结反思、磨合完善,陆续调整着活动的实施路径与方式。党支部引领少先队,党员带领队员,传承红色基因,培养爱国、爱党、爱队的情感,在传承红色基因的实践活动中,促进了队员们的社会化、文明化和个性化。由此,学校党建品牌项目更立体、更可行,体系更明朗,尤以"521"红色研学,"微课堂""微行走""微展示"为特色路径。

微课堂——由党员教师和学校入党积极分子组成讲师团,根据各年级不同的红色人物及红色地标,进行备课与上课;微行走——由党员教师(或青年教师)带队,带领队员实地或"云上"寻访"521"板块中的红色地标;微展示——学生根据不同主体的个性化、趣味化活动单,及时将自己在研学过程中的所见所闻所思所想记录下来,留下研学的足迹,共享自主研学成果,扩大教育效果和活动影响力。

我们以"党带队"的模式,采用"三微路径"的实施方式形成研学活动开展机制,用儿童听得懂、看得见、摸得着和想得通的研学内容,联合社区和家庭开展活动,带领少先队员理解并传承红色基因,取得了较好的工作成效及育人效果。

**(四)强化教师担当与学校责任的依从关系,履行党的教育目标**

党的二十大报告提出了"教育的高质量发展"的要求,规划了"教育要面向世界、面向现代化、面向未来"的蓝图。学校更需要贯彻落实好新时代教育,因此提出3个"为基"的党建思路。

1. 以党建为基，强化培根铸魂

学校不断开创新形式，努力把国家对我们的教育期待变成"看得见的风景"。学校办学要始终坚持立德树人思想，以培根铸魂、德行兼备为主线，打造"党建+"的教育，通过广泛开展多形式、多角度的主题学习教育活动，切实把党的二十大精神转化为行动，推动学校教育事业实现高质量发展。

2. 以党建为基，铺就育人新路

学校要铺好重要育人路，以教育目标为准，坚持以质量促进发展、以特色打造品牌、以"双减"促学生德智体美劳全面发展的理念，完善"五育"举措，形成与素质教育高度贴切的新形式、新途径。

3. 以党建为基，带领全体教师

教师要当好引路人，把教育理念变成"走得到的景点"。用习近平新时代中国特色社会主义思想铸魂育人，在青少年学生的"拔节孕穗期"引导他们"系好人生第一粒扣子"，筑牢信仰之"基"，补足精神之"钙"，厚植爱国情怀，培养高尚的道德情操。

作为基层学校党组织，要把党的二十大报告精神转化为指导学校发展的行动纲领，坚持和加强党的全面领导，办好人民满意的教育。

作为一名基层党务工作者和学校管理者，要团结人、带领人，牢记党的宗旨，践行党的使命，将党的声音转化为学校工作的最强音，努力实现党建工作为教育事业发展赋能增能；要自觉强化转型意识，牢牢把握意识形态工作中的领导权和话语权；要完善和落实意识形态工作责任制度体系，重视教育教学阵地管理，明确党支部书记是师德师风建设第一责任人，建立健全师德师风建设长效机制，构建党政齐抓共管的工作格局。

## 参考文献：

[1] 田娟.坚持党建引领，深化教育理念内涵[J].吉林教育，2022(25).

[2] 郑敬斌.抓好党建工作是办学治校的基本功[J].中国德育，2022(17).

[3] 刘国材.立德树人背景下学校党建与中学教育教学工作深度融合探索与研究[J].甘肃教育研究，2022(09).

# 党建引领园长专业发展的思考与探索

上海市虹口区海门路幼儿园　张　琼

[摘　要]全面贯彻党的教育方针,落实立德树人的根本任务,培养德智体美劳全面发展的社会主义建设者和接班人,加快建设高质量教育体系,发展素质教育,促进教育公平是每个教育工作者应有的追求。作为园长,更应从营造育人文化、领导课程教学、引领教师成长等方面提升自身办园的本领。本文论述了海门路幼儿园围绕办好人民满意教育这一目标实施的各项举措。

[关键词]党建引领　园长专业发展　思考

"培养什么样的人,如何培养人,为谁培养人"是习近平总书记在北京大学师生座谈会上提出的重大教育命题。幼儿园作为一个教育机构,不仅承担着培育学龄前儿童的保教工作任务,同时也担负着培养教师队伍的重要职责。习总书记的这三问引发我们深深的思考。习总书记进一步明确指出,我们的教育要培养德智体美劳全面发展的社会主义建设者和接班人。这就给我们的办学、教育指明了方向。

## 一、具化办园价值体系

### (一)立足岗位,践行目标

在对习总书记讲话深入学习的系列活动中,我们开展了"办人民满意教育,我们能做些什么?"的大讨论、"党是太阳我是花"的征文比赛、"学四史践行动"的专业技能展示……教职员工们通过讨论思考,对在自己岗位上如何体现"人民满意的教育",有了具象的、细致的认识。同时,乘着"创建文明单位"的东风,学校领导班子紧紧围绕"执着探究、文明乐群、互帮互助、自主自信"的园本文化加大政治学习、集体活动力度,保持文化理念的新鲜度,通过榜样引领、师徒结对、认知实践等多种形式,让新进入单位的教师真切体会我们园本文化的内涵,尽快感知、认同、内化,增强队伍凝聚力,形成积极向上的工作氛围。教师在工作中不断地改善自己的行为,提高家长的满意度。在近几年的全园家长满意度调查中,家长对教师的满意率均达到95%以上。

**（二）弘扬模范，坚定信念**

我们始终把"将党员培养成干部，将干部培养成党员"作为学校工作中的重要一部分，在对教师政治素养培育过程中，大量的先进青年在岗位中涌现。园内护墙板老旧、颜色脱落，党员、骨干、青年教师组成的小组利用暑假将1—3层公共区域的护墙板全部贴上崭新的墙纸，为幼儿营造一个安全、温馨的环境。当街道防疫工作需要支援时，园长、保教主任、大组长等人积极报名，党员、骨干、积极分子的思想境界在一次次任务中锤炼，让信念更坚定。他们的表率也影响着其他教师，讲奉献、行互助让幼儿园的氛围更积极、温馨，丰富了幼儿园的文化内涵。防疫特殊时期，党员、骨干成立了专班，制定了方案，在线开展"一天一见面""一天一活动""一周一聚会"等活动，在"宅家"背景下组织开展教研活动，尝试让家长参与幼儿园课程，让教育回归生活，让生活成为家园共育的资源。

**（三）把握特点，立德树人**

如何对3—6岁的幼儿进行思政教育，如何让娃娃也来学"四史"，是我们一直在尝试实践的一项工作。我们通过幼儿园环境的隐性作用，用图示让幼儿了解社会主义核心价值观，通过亲子作品让幼儿理解核心价值观；将粗浅的"四史"内容蕴含在"运动安排表"之中；教师们根据虹口改革开放的变化创编《说唱虹口》，根据北外滩的发展设计教学活动《逛逛北外滩》《小巴辣子唱虹口》；利用地理便利到浦江边上搞活动，画画变化着的北外滩；教师有意地引导和帮助幼儿积累作为亲历者的感受，产生自豪感。我们深知，我们培养的幼儿不仅要爱家，更要爱党、爱国。

## 二、优化办园执行体系

### （一）依法治校

#### 1. 明确标准，完善顶层设计

我园以《海门路幼儿园章程》为基石，广泛听取教职员工的建议和对幼儿园发展的憧憬，制定学校发展规划，修订了《海门路幼儿园内控制度》《海门路幼儿园教师管理梯队考评方案》《海门路幼儿园绩效工资方案》等管理办法。各种制度的建立和细化落实只为更好地规范每个岗位上工作人员的行为，以保证校内各岗位的工作质量，从而达成我们的规划目标。各类制度和标准是学校发展的有力推手，广大教职员工从常规工作入手来践行制度要求。我园积极推行日常保教工作考核机制，园内行政人员深入一线关注日常保教工作，及时记录反馈小结，并对照标准进行保教质量监控，力争达成办学目标。

#### 2. 目标导向，工作有的放矢

根据本园实际，教代会在党组织领导下开展幼儿园民主管理，完善幼儿园管理决策的工作程序，保障幼儿园有序发展。对外，我们将民主规范办园的重要标志《海门路幼儿园章程》挂到了外网上；将海门路幼儿园的《三年发展规划》、阶段工作、每学期的目标、实施途径、完成情况以及经费使用情况等都定期向家委会进行汇报，利用监督机制来提高办学效益。对内,每位教职员工都明确幼儿园《三年发展规划》的内容,明确各阶段的工作目标,有的放矢地规划自己的学习和工作。基于此,我们工作中有许多的"不变":"形象化家长会""海门创意季""项目化活动""民俗嘉年华""童心向党""安全知识宣讲会"等已成为园内的常态化活动。同时,大家还在不变中求变化。如"海门创意季"的设计,从起初对青年教师技能技巧的考核,到现在每位家长积极参与,"创意季"与"项目化"有机融合。我们在"变"和"不变"中诠释着教育理念。

### (二)内部管理

#### 1.疏堵结合,确保工作质量

"疏"是引导和梳理,帮助教师们更好地理清思路,优化日常教育行为;"堵"是要求和监督,规范日常教育教学行为,为日常教学质量保住底线。我园基于幼儿核心经验,坚持开展教育行为研究,通过课程组的实地介入反馈,引导教师不断反思,改善教师们在日常活动中的教育教学行为,同时也不断优化园本课程教学内容和教师指导策略;注重幼儿主题活动与建构活动的有机结合,逐步尝试两者相融的项目化研究;以问题为导向,收集教师日常在园本课程实施中存在的共性问题,有计划地开展专题研究,如:开展了"游戏化教学"和"教学游戏"的研讨活动,把握游戏的要素,让教学活动更有趣,幼儿更喜欢;日常教学中,强调幼儿一日活动各板块的有机相融,以"幼儿自主"和"互动延伸"为基点创设主题环境和开展游戏活动,并进行过程性记录,对活动案例进行调整、归纳、共享。

#### 2.顺应变化,拓展管理主体

顺应时代发展的需求,幼儿园与家长之间的关系也发生了转变。近年来,我们在原有家园沟通方式的基础上,开设了公众号,拓展了"孩子通"评价系统中家长对幼儿行为的记录评价功能;创设条件开展"云游园"、制作短视频等形式,让家委会参与幼儿园常态化管理。学期初,家委会成员了解园务计划;学期中,家长们参与各项活动(海门创意季、建构项目化活动),做我们课题研究的观察员;学期末,家委会对园务小结进行反馈。家长对幼儿园的管理工作有了更切身的体验,幼儿园与家长之间的关系由指导者与被指导者转变为协作者、共同管理者。

### (三)园本课程

#### 1.课程的完善

随着课程方案的实施,基于园内科研成果的积累,我们对原有的园本课程进行了完善,确立了"情境驱动,自主建构"的课程理念,增加了特色活动内容,增加了多项制度,对多项评价表进行了调整,更注重对师资队伍的培训保障。我们认为,只有一支健康的教师队伍才能恪守教育准则,规范教育行为,使全园的保教质量得以提高。教科研相辅,围绕幼儿园特色课程,我们开展了"幼儿园主题背景下幼儿建构游戏的案例研究与指导策略"研究,积累了大量案例,梳理充实了园本课程资源库。根据《上海市幼儿园办园质量评估指南》,我们将不断调整课程评价的内容和形式,丰富完善园本课程。

2. 课程的实施

在园本课程实施过程中,幼儿园倡导"集体智慧,共同成长"。利用园本课程方案中的资料包,让大家一起分享团队的专业智慧。同时在课程实施过程中不断调整优化案例集的内容,现形成了小、中、大三个年龄段共9本案例集,充实了园本课程资源库。青年教师在模仿教学的过程中,对各类活动的目标、价值取向有了一个较清晰、准确的认识和把握,保证了课程的质量。"集体智慧,共同成长"还体现在因地制宜的课程实施中:运动中,教师们利用场地特点开发出更多功能和富有情趣的活动;个别化学习中,通过"让我变一变"对个别化操作材料进行变通性的应用;自然角中,孩子们开展探索和观察……我园还定期进行主题背景下环境创设、区域活动设计、建构游戏分享等展示评比,教师们的案例剖析、活动反思也为课程实施的质量提供了保障。

## 三、强化办园保障体系

### (一)引领教师成长

1. 点滴积累,崇尚高尚师德

师德是教师之魂,对于师德教育我们一直常抓不懈,开展了"和孩子共同成长""我眼中的和谐师生关系""诚信是一种美德"等交流活动。教师不仅要尊重幼儿和家长,同时要以包容的态度做好家园共育工作。我们以幼儿园教师职业标准为准绳,重视教师行为细节,提倡教师在一日活动中,通过自身的言行为幼儿及家长树立相互尊重的言行典范;为幼儿、家长提供一个安全、健康、富有积极情感回应的环境;通过全体会议、师德素养课程学习、各组室组织专题讨论,开展"教师十条素养"等活动,宣传和执行高尚师德、廉洁行风,恪守《海门路幼儿园教师师德规范》,做一个师德高尚的幼儿教师。

2. 鼓励实践,提升专业能力

对每一位青年教师,我们要求在工作中保持朝气、大气、勇气,在个人发展愿景中追求出色、出众、出彩,在不断实践试错中提升能力。这两年我们定期开展"海门创意季"系列活动,各项主题活动既有对教师弹、唱、跳、画等专业技能的考察,也有对教师实际执教、应变能力的考验。这是展示、评比,同时也让每位教师审视自己将"知识"化为"行为"的能力如何。我们开展了多种形式的专业能力学习和评比活动,如配合疫情下的教学需要,每位青年都学习了"公众号"推文的制作,网课的制作;针对青年教师的短板——"如何做科研",请了专业人员进行系列讲座……在此过程中,我们牢牢抓住教师专业知识的提高与教师专业能力提高的"匹配"问题,给予教师们所需要的教研培训。

3. 项目引领,梯队层级初显

我们开展了科研、公共环境优化、活动室创建、"两新"人员培育等项目活动,有针对性地进行学习指导和培养,让教师们清晰了自己的优势和在团队中的位置,在现有基础上明确自己的专业目标定位,也为自己三年发展设定了较为切合的目标。近两年,我园荣获

"虹口区优秀教研组"称号,上海市幼儿园环创比赛一等奖,"黄埔杯"科研论文三等奖,1位教师的案例故事《"兴趣链、问题链、经验链"赋能幼儿"学习链"》获得区特等奖,3人次获虹口区科研成果三等奖,2人次获虹口区教学比武二等奖,新进教师在培训中获2个一等奖、1个二等奖、2个三等奖,多位青年教师案例在区内进行交流。

**(二)提高后勤工作效能**

后勤工作以服务为主要目标,以规范为首要任务,以有效管理为基本原则,突出程序化、细致化管理。相关人员定期对保育员、营养员进行业务知识培训。一方面,我们加强检查,指导保育员、营养员日常工作,要求会说会做,开展了"保育员的职业道德与修养""幼儿常见传染病预防""加强防范儿童意外伤害的有效措施""幼儿园一日生活中的保育操作与护理""疫情时期幼儿园一日常规消毒工作""后防疫时期的工作流程"等培训学习和多次现场演习,确保幼儿在园的膳食均衡、健康安全。另一方面,我们强化后勤的服务意识。保育员在服务好家长、幼儿的同时,根据防护工作需要都延长了下班时间;班务会议制度让保育员主动走进班级、走近幼儿,参与幼儿的运动活动、游戏活动、生活活动,全方位地了解每个班幼儿的个性、喜好,努力为幼儿健康发展提供优质服务。

## 参考文献:

[1] 党的十九届六中全会《决议》学习辅导百问[M].北京:党建读物出版社,学习出版社,2021:84-94.

[2] 上海市习近平新时代中国特色社会主义思想研究中心、中共上海市委党校、解放日报社.党的二十大精神关键词解读[N].2022.

[3] 上海市教育委员会教学研究室.上海市幼儿园办园质量评价指南[M].上海:上海教育出版社,2020:1-29.

[4] 上海市教育委员会.上海市学前教育课程指南[M].上海:上海教育出版社,2004:1-41.

# 党建引领，赋能提升

上海市虹口区第三中心幼儿园　奚絜兹

［摘 要］我们始终坚持认真学习，不断提高自身政治理论素养。党支部在加深"学"的基础上，在"做"上下功夫，引导党员教师落实"学而做"的要求，把学到的思想理论、形成的观念认识、获取的学习成果付诸工作实践，对照"四讲四有"合格党员标准，自觉地把"四史"教育落实到日常的教育教学工作中。党支部引导党员落实"学而行"的要求，使党员在思想认识方面重新"回炉"，在纪律规范上加强"严查"，在工作执行上不断"锤打"，在制度机制上认真"补漏"，把常态化的思想建设、作风建设、组织建设、反腐倡廉建设、制度建设融为一体，常抓不懈，深入推进学习教育常态化、制度化。

［关键词］党建引领　信念坚定　"四史"教育

几年来，我党支部在教育局党委的正确领导下，不断强化党组织自身建设，积极组织广大党员开展各类活动，在紧急关头和关键时期，彰显了党组织的战斗堡垒作用和党员的先锋模范作用。今年党的二十大的胜利召开，深刻领会二十大对教育科技人才、依法治国、国家安全等方面的战略部署，不断增强基层党组织政治功能、组织功能、服务功能，不断增强中华文明传播力影响力，大力践行"三个务必"的重要要求。我们党支部坚持贯彻落实党的领导核心作用，是我们战胜风险挑战、不断夺取胜利的关键所在。我们的做法是：

## 一、书写"信念坚定"的忠诚之魂

我们不断提高自身政治理论素养，做好学习型组织建设，推动红色教育"开枝散叶"。由于疫情等原因，我们也在慢慢创新出多元化的学习形式，例如将三会一课采取线上和线下相结合的方式，"请进来"和"走出去"学习相融合等。党支部以"自学、领学、促学、导学"等方法，组织党员学习，明确基本标准、树立行为规范，加强理论武装，统一思想行动，引导党员教师主动落实"学而知"的要求，推动党员学理论、知党史、明党规、提修养。

**（一）聚焦"自学"，打造"多联式"理论课堂**

党支部统一购买各类书籍，下发到每个党员手中，制订个人学习计划，引导党员开展自学活动，深刻把握精神实质，准确领会立意内涵，形成日常学、主动学、深入学的学习方式。由于一园三址和党员外调的特殊情况，我们还分为三个学习小组——欧阳山阴组、金桐组、教育局组，分组利用空余时间共同学习、相互督促，把党规党纪刻印在心上，体现在行动上，落实在工作上。

在基层党建信息化建设的过程中，我们充分利用身边的线上学习平台，例如"学习强国"APP、"上海基层党建"的各类直播等，做到"天天上线，日日学习"，丰富党员的学习视野，并把使用情况纳入本单位意识形态工作责任制、党建工作等重要内容，积极引导党员把学习变成一种生活习惯，充分利用碎片化的时间，从而不断提升党员综合素质能力。目前，我支部党员"学习强国"达到100%活跃度，其中多位党员获得了较高的积分。不同类型的党课和讲座拓宽了党员们学习理论知识的渠道，对党的知识也有了更加深入的了解。

**（二）聚焦"领学"，打造"沉浸式"红色课堂**

我们以党日活动、党员大会、民主生活会、教职工政治学习等形式，由班子成员、优秀党员、骨干教师带头领学，深入领会习近平总书记系列讲话蕴含的丰富内涵，引导党员真学、真懂。

我们将"四史"的学习教育和实践真正融入幼儿园的工作中去，例如开展第六季"娃娃学四史"梧桐创意季活动，每位教师设计一节和"四史"有关的学习活动，深入浅出地呈现了"四史"的内容，实现了将红色精神和幼儿学习教育的真正结合。我园党员、教师设计的活动"我是小小兵""我是小战士"在2020年区级教学活动评比中荣获一、二等奖的好成绩，其他教师设计的活动也落实在平时的日常活动中，促进了幼儿德育工作有载体、有特色、有成效。

**（三）聚焦"促学"，打造"真情式"实践渠道**

为巩固深化"学四史悟初心，振兴发展迎百年"主题实践活动成果，激励教育党员、团员传承党的优良作风，我们参加了2021年幼四总支党团员"四史"学习教育知识竞赛。我们通过活动，学"四史"、知"四史"、明"四史"，从历史中获得智慧，汲取开拓前进的强大动力，在推动持续发展的进程中奋勇争先，贡献力量。

除此之外，全体党员还积极参加了上观新闻举办的"庆祝建党100周年党史知识竞赛团体赛"，有3名党员总分排名进入虹口区前100名。

**（四）聚焦"导学"，打造"融入式"引领课堂**

为学习贯彻党的精神，引导全体党员切实把思想和行动统一到党的精神上来，我们开展了"不忘初心、牢记使命"主题党日活动。在"忆入党初心"专题座谈会中，我们重温入党初心，有了初心，我们才会找到人生的方向、坚定追求，从而抵达初衷。在"谈心交心知心"的结对活动中，党员与党员、团员、群众的谈心谈话，在工作学习活动中细化学习教育的任务,加强了党支部的凝聚力。

党支部还精心组织和定期开展"三会一课",注重活动形式和内容的多样性和先进性。我们邀请专家为教师们开展党课学习,如《周总理的故事》《虹口的百年历史》和《应运而生的中国共产党》等,通过"请进来"的党课,全面宣讲"四史",把党的理论养分和思想力量输送到党的每个"细胞"。其次,党员们还准时观看党的二十大的开幕式,聆听总书记的报告,并在组织生活时从关键词来领会报告的深层意义。党支部引领的各类学习活动以及充分利用各种信息化平台,推动党员教育和党组织自身建设相得益彰,使党支部始终保持统一的思想、坚定的意志、强大的战斗力。

## 二、厚植"念兹在兹"的为民之心

"四史"的学习教育,重点在"学",关键在"做"。党支部在加深"学"的基础上,在"做"上下功夫,引导党员教师落实"学而做"的要求,对照"四讲四有"合格党员标准,自觉地把"四史"教育落实到日常的教育教学工作中。

### (一)用好红色资源,传承红色精神

国歌展示馆是爱国主义教育基地,党支部充分利用这一红色资源,组织开展了"追寻历史记忆,弘扬红色精神"体验式主题党日活动;我支部赴宋庆龄故居参观学习,开展了"传承伟人精神,牢记党员使命"特色主题党日活动;组织党员参观70周年大型成就展网上展馆,参观上海自来水博物馆,体验历史的变迁和重大成就。

### (二)重温誓词唱红歌,唤醒初心使命

以主题党日、庆"七一"活动为契机,我们组织"云"参观中共一大会址,全体党员面向党旗,重温入党誓词,举起拳头庄严宣誓,让党员感受党内生活的仪式感和庄严感,重温为共产主义事业奋斗终生的坚定信念。在纪念党的生日之际,我们参加了幼四总支开展的"不忘初心跟党走"庆祝活动,通过"经典歌曲我来唱"等,引领党员教师高唱红歌,坚定理想信念,强化党的意识。

### (三)推行党员承诺践诺,共庆建党100周年

党员紧紧围绕中心工作,结合创先争优要求和群众期盼,根据自身能力特长和职能等实际,重点从学习、工作、自律、服务等四个方面,提出合理可行的承诺事项。每位党员都有一份承诺书。

在庆祝中国共产党建党100周年活动中,我支部进行了一系列的活动,如学习李白精神活动;清明节网上祭扫;观看电影《永不消逝的电波》;参观李白故居,了解李白烈士的生平及战斗业绩;观看庆祝中国共产党成立100周年大会,认真聆听习主席的讲话;参观《潮涌百年——虹口区庆祝建党100周年主题展》,感受虹口的百年征程和日新月异;观看红色电影《长津湖》《八佰》等;以及重走习近平滨江考察之路,感受100年来在党的领导下,上海翻天覆地的发展变化。

**（四）共建共享，协作交流促共赢**

幼儿园党支部与山三居委签订合作协议，启动幼儿园和社区共建工作，共同创新设计党建工作内容。我们还和建设银行四平支行进行党建联建活动，签订联建协议，一起上党课，银行支部更是为全体幼儿上了一节课"各种各样的纸币"。我们在"互助促共建、互补促共享、互利促共赢"中形成"1+1>2"的合力。

## 三、砥砺"强国梦想"的实干之身

党支部引导党员落实"学而行"的要求，使党员在思想认识方面重新"回炉"，在纪律规范上加强"严查"，在工作执行上不断"锤打"，在制度机制上认真"补漏"，把常态化的思想建设、作风建设、组织建设、反腐倡廉建设、制度建设融为一体，深入推进学习教育常态化制度化。

**（一）宣传上有"微路径"，传播党员教师好声音**

党支部利用"党旗飘飘"微信平台讲学习、讲感悟、讲心得、讲理念、分享自身的学习体会。例如观看《榜样》，分享"学习榜样，践行初心"的做法，交流"为进博会保驾护航"体会等，引导和激励党员立足岗位，把思想和行动统一到党章的要求上来。党支部组织开展"微讲座"，有"教师的文明礼仪""做一名幸福的幼儿教师""学技巧让工作更快乐""了解民法典"等，切实提升教职工的专业素养。

**（二）精神上有"微生活"，营造党内生活新常态**

党支部积极打造党内生活"新风"，组织党员开展"不忘入党初心""开学第一课""党员示范课"等活动，开展"微学习"、举办"微讨论"、组织"微行动"、畅通"微联系"、撰写"微感悟"、发表"微祝愿"；组织党内"微生活"，定期开展批评与自我批评，从思想上、工作上、学习上找差距，说实话，说真话，对照初心使命，查摆自身不足，查找工作短板，深刻检视剖析，真正达到"团结—批评—团结"的目的。

党支部非常关注并解决党员和群众的急难愁盼等问题，帮助解决教工子女入园入托难题，参加教职工的婚礼，对产假病假的教职工进行家访等；除此之外，还关注全体教工在精神生活上的愉悦和满足，组织各类参观活动、团建活动、手工活动、春秋游活动等，鼓励教工参加高级育婴师培训和急救培训，提升了教职工的职业责任感和使命感，提高了团队的凝聚力。

**（三）言行上有"微公益"，构建志愿服务制度链**

由党员、入党积极分子和团员组成的志愿服务队，秉承"奉献、友爱、互助、进步"的服务宗旨，感受奉献之乐。我们建立健全党内关怀帮扶长效机制；寒暑假定期上门家访，时常电话慰问；通过结对家访，认真做好退休干部党员的服务工作，多次获得"模范退休教工之家"称号。

我们始终坚持做好志愿者活动。每年捐助一位困难学生家庭；向青海地区捐衣捐物;参加抗疫捐款活动、敬老院慰问和演出;全体教工报名参加志愿者网等。党员教师怀着无比热诚的心为家长、幼儿、社会服务,让大家时刻感觉到党组织在身边,党员在行动。

**(四)示范上有"微典型",传递身边好教师正能量**

党支部重视先进典型的挖掘与培育,开展寻找发生在幼儿和教师身边的"微亮点、微故事",用心发掘身边教师的先进与典型事迹。我园多名教师荣获"我和于漪老师的故事"优秀奖,多名党员荣获市、区园丁奖,全园教师在科研、课堂教学、区级"三个一"教师比赛、带领幼儿外出比赛等各类活动中荣获好成绩。

青年党员张玉玲同志参加"文化三地志愿宣讲活动";党员参与社区"垃圾分类、党员先行"的示范活动;当疫情肆虐的时候,党员参与社区疫情防控工作,党员奚岚主动报名,克服自己的伤病,到居委做连续两个月志愿者,体现了一名共产党员的先锋模范作用。

"微路径、微生活、微公益、微典型"等四微活动,诠释着平凡中的伟大,引领党员教师提振"精、气、神",在全体教工中传递向上、向善、向美的正能量,推动党组织自身建设"春风化雨"。

## 四、锻造"淡泊明志"的清正之骨

**(一)坚持党务公开,严格执行制度**

园内各类公示、捐款、党费、入党、任命等事项向全园公开并听取意见和建议。我们严格执行党风廉政建设责任制,注重"领导班子重大问题集体议事决策"过程管理;及时召开"三重一大"会议,对幼儿园重大事项决策、重要干部任免、重大项目投资决策、大额资金使用等,都必须经集体讨论作出决定,包括幼儿园的基建和采购遵循三方比价询价的原则。

**(二)重视发展党员,增加新生力量**

支部坚持党章规定的党员标准,把政治思想放在首位,吸收先进分子入党;坚持入党自愿原则和个别吸收原则,成熟一个,发展一个;按照发展党员工作步骤,我们认真做好入党积极分子的培养教育,发展对象的确定和考察等工作。

**(三)完善党建小屋,凝聚服务力量**

我们创建了党建小屋,进行各类宣传,多方联动,合作共治,开展亮身份、亮承诺、亮职责行动,使党员学有标杆、干有榜样,带动身边的教师立足岗位做贡献,创先争优当先锋。党建小屋激活了"红色细胞"影响力,实现小屋的沟通、交流、和谐共处的目的,助力"党建引领、和谐共享"建设。

今后,我们在巩固已有成绩的同时,还将不断创新,拓宽工作面,充分发挥党建引领作用,让党建工作在幼儿园工作中发挥更重要的作用。

## 参考文献:

[1] 富秀华.以"三注重三坚持"力促"两学一做"[J].上海教育,2018(Z2).

[2] 王三运.增强政治自觉抓实基础关键创新方式方法确保"两学一做"学习教育真正见到实效[J].党的建设,2016(07).

# 党建为锚，开辟学校治理发展新航线

上海市民办宏星小学　季翌丽

[摘 要] 为贯彻落实"加强党对教育工作的全面领导"的要求，化解民办学校党建工作与中心工作发展不平衡的矛盾，学校坚持党组织领导下的校长负责制，紧密围绕"党建促学校发展"的核心理念，以"基层党建＋多元融合"为路径，通过健全学校治理体系，加强校社联动，创新"党建＋"特色行动，革新学校内部制度，力求实现党建工作与学校治理结构的深度融合和良性互动。

[关键词] 治理现代化　党建引领　制度革新　合作共建

习近平总书记在二十大报告中强调，我们要办好人民满意的教育，全面贯彻党的教育方针，落实立德树人根本任务。如何达到这样的办学目标，加强学校治理是一个非常重要的路径。加强基层治理能力现代化建设是新时代中小学推进内涵式高质量发展、提升综合竞争力的内在需求，直接关系到"培养什么人、如何培养人、为谁培养人"的根本问题。

党的十九届四中全会《中共中央关于坚持和完善中国特色社会主义制度、推进国家治理体系和治理能力现代化若干重大问题的决定》着重研究了推进国家治理体系和治理能力现代化的若干重大问题，明确指出，要健全党的全面领导制度，把党的领导贯彻到党和国家所有机构履行职责全过程，推动各方面协调行动、增强合力。教育治理是国家治理的重要方面，而学校是落实党和国家治理精神的重要载体，学校治理结构和能力的优化提升对教育治理现代化将有很大程度的影响。

然而近年来，许多基层学校仍存在党建工作与学校治理结构深度融合的一些现实困境，诸如党建工作与中心工作出现"两张皮"、行政机构越位、缺位和借位等问题，阻碍了两者之间的同向互动。因此，在党组织建构中，如何将党建工作与学校治理工作相融合，推动学校的可持续健康发展是我们亟待思考的问题。

我校是一所民办学校，在学校发展初期，相对于教育教学工作的迅速"升级"，党建工作曾出现相对"滞后"的现象。在学校中心工作的治理中，由于党支部与行政之间的职能权限和义务界限并不明确，有时会激发两者作用方式不相协调的矛盾，存在角色冲突，致使党建工作没有和学校的治理结构紧密契合。

故此,我校便开启探索新时代"基层党建+制度保障"的有效路径,力求实现党建工作与学校治理结构的深度融合和良性互动。

## 一、健全学校治理结构,夯实政治核心地位

学校党支部是党的基层组织,明确党支部的核心领导地位,筑牢思想引领工作能为学校提供政治与组织保障。

### (一)明确党的核心领导,促治理体系规范化

学校明确党支部的核心领导地位,按照全面从严治党的要求,发挥战斗堡垒作用,落实党组织领导下的校长负责制。

我们努力完善以党组织为核心的新型治理体系,把党的领导贯穿办学治校、教书育人全过程,遵循"集体领导、民主集中、个别酝酿、会议决定"的原则,逐步健全党组织会议议事规则,落实支委和领导班子的定期沟通,不断提高学校民主决策的科学化水平,构建"质量党建",并通过高质量党建引领高质量办学,形成民办学校健康的发展态势。

### (二)完善领导组织机构,促治理体系现代化

学校党支部坚持建章立制,依法办学,积极推进治理体系和治理能力现代化建设。

在学校制度拟定过程中,以实际为需求,以管用为原则,在教代会中拟定、完善并通过了《学校章程》和与之相匹配的学校规章制度,如少代会制度、教代会制度、家委会制度等,形成一个章程,两级会议(支委会和班子会),三套机构(教代会、家委会、校监会)。每学年定期开展理事会议、教职工代表大会、家长开放活动等,实时开展内部落地督查与改进工作,坚持让学生、教师、家长共同参与学校民主管理,形成共识,共谋发展,努力实现治理现代化。

## 二、加强组织建设机制,横向协作,纵向联动

学校以党建为引领,校内不断推进自下而上的融合管理机制,校外着力探索社区共建互助机制,形成"宏星"治理文化品牌。

### (一)横向协作,画好育人同心圆

学校党支部积极增强学校社会共建工作,与曲阳街道东体居委签订精神文明结对共建条约:每年定期派遣党员志愿者协助开展社区工作;组织学生前往军干一所、敬老院等地开展慰问表演和爱心义卖活动,丰富社区文化生活,传递温暖与正能量。社区也积极开放资源,让学生走进身边的家园,自主实践探究。我们盘活双方的资源优势,打通共建共享的关键点,实现了以共建促合作,谋发展的局面。

### (二)纵向联动,打造治理共同体

学校把管理中心下移,推进年级组长负责制,权责明确、流转顺畅;建立党务、校务公

开制度，通过教职工大会、党员大会、组长会议、中层例会、少代会等渠道向师生及时通报、公示学校重大事宜，畅通民主监督的途径；通过官方网站、微信公众号、校长信箱等形式接受教职工和学生的信访或咨询，定期广泛征求师生意见，有效保障各个群体的参与权、知情权和表达权。

## 三、建设"党建+"引领模式，规范学校中心工作

学校党支部以"党建+"的引领模式，强化党组织阵地建设并积极将党建工作融入教育教学，凝心聚力共谋发展。

### （一）强化党组织阵地建设，凝心聚力

1. 党建+制度，夯实规范建设行动

我校坚持党管干部的原则，选优配强党组织班子，推行从优秀党员中选拔任用中层干部制度，以目标管理为手段，择优选出后备干部挂职锻炼一年，完成述职报告，经民主评议后转为正式干部，让想干事、能干事、干成事的教师有专业成长的平台，促进学校治理体系的创新。

2. 党建+师德，优化师德师风行动

我校以师德建设为龙头，通过开展"党员风采""党员责任岗""师德标兵""星级班主任"评选活动，提高教职工的道德素养。我们还要求每位中层干部参与"云课堂实践""项目化探索""创客课程"等重大项目建设，引领教师学思悟践，强化质量意识和服务意识。

3. 党建+作风，强化支部作风行动

近年来，我们将中心工作细化分解，借助"党员亮身份""党员亮承诺""党员亮标准"和"党员亮服务"活动，要求每位党员联系一个班级、一名群众和一名特殊学生，以优秀党员带动普通党员，以普通党员带动教职工，用实际行动和人格魅力擦亮党支部底色。

### （二）激发党组织引领活力，创先争优第一线

1. 党建+教学，梯队引领第一线

我校党员教师分布在各个组室，立足自身学科岗位，勇于承接市、区、校优质展示课、公开示范课等任务，切实发挥榜样引领作用。近年来，我们依托虹口区人才梯队建设，以校级名师工作室为纽带，精准识别，培养能担当、善治理的干部，加大储备优秀干部工作力度，努力把骨干教师培养成党员，把党员教师培养成骨干。

2. 党建+德育，立德树人第一线

我校坚持党建与立德树人相结合，借助党团队的三级联动，渗透"两纲"教育，开展"党员在国旗下讲话"活动，提高德育时效性和思想性，让党建贴近学生实际需求。我们还细化正副班主任工作职责，每月设立两次副班主任工作日，由副班主任负责班级各项事务，形成全员育人的教育氛围。

## 四、革新学校内部制度,激发学校发展活力

为避免"制度表层化",我们充分挖掘民办学校的办学自主权,通过支部班子会议、教代会、校监会等渠道汇编了《宏星小学制度管理手册》,并实时开展内部制度落地督查与改进革新工作,努力实现治理现代化。

1. 规范制度,实时改进革新

以师德条例制定为例,每学年学校党支部结合国务院、教育部印发的最新条例,引领全体教师学习前沿理论精神,实时推进本校师德条例制度的更新。

2013年,基于教育部《关于建立健全中小学师德建设长效机制的意见》,我们以教代会为契机,就师德考核评价与办法进行公开研讨,设计并落实五项常规制度细则与师德制度自查表,实现了考核量规划。2014年,结合《中小学教师违反职业道德行为处理办法》与《划定教师收礼六大"禁区"》,学校鼓励教职工对师德考核评价方案提出修订建议。最终从依法执教、爱岗敬业、廉洁从教三方面进一步完善《宏星小学师德考核评价方案》,将师德考核落实、落小、落细,加强师德师风的规范化建设。2016年第十七届教代会上,学校就教育部《严禁中小学校和在职中小学教师有偿补课的规定》,补充增订了《宏星小学"师德十问"》,以列出"负面清单"的形式,切实增强教职工的责任意识,提升制度实施效度。2018年,根据国务院《关于全面深化新时代教师队伍建设改革的意见》,我们进一步推出《师德规范管理制度》细则,对师德师风作出更明确、具体、规范的管理要求,实现民主管理,促进学校的内涵发展。2019年,学校于第二十届教代会组织全体教职工深入学习《关于深化教育教学改革全面提高义务教育质量的意见》文件精神,对照"四有"好老师标准,完善修订并通过了《宏星小学教师师德条例》,促使学校师德制度建设迈入程序化、法治化的轨道,实现了"法治"与"德治"双规并进的良好局面。2020年,学校第二十一届教代会以"实现教育治理体系和治理能力现代化,让每个学校都有自己的样子"为主题,学校各个部门分别从教学治理、德育治理、队伍治理等方面提出学校的改革方案。2022年,学校第二十三届教代会以"以大先生之风引领高质量教师队伍建设"为主题,基于现有的制度文化,学校党支部进一步引领全体教师探索"激励型"的制度建设。

为适应教育新态势,每学年学校都会从常规条例、标准细则、考核评价三方面对师德制度进行及时更迭,从学生视角思考制度的重构,让校园制度成为教师共同的约定,做到自觉认同、自觉践行,形成风气,健全学校师德建设的长效机制,促进学校治理结构的完善与发展。

2. 建立机制,保障制度落地

第一,建立师德监督机制。学校鼓励学生和家长担任师德师风监督员,通过日常督察、意见反馈、学生访谈、家长调查问卷等形式,接受多方监督,规范教师的师德师风。

第二,建立师德考评机制。每学年教代会,学校不断量化细化考评机制,采取日常考

核与年度考核相结合的形式,将考核结果作为教师奖惩、聘用晋职的重要依据,坚持实行"师德一票否决制"。

第三,建立师德表彰机制。学校通过开展"我心目中的好老师"评选活动,激励教师做到"德高为师,身正为范";通过开展"我为党旗添光彩"、"金点子"征集等系列活动,引领教师学思悟践,强化质量意识、服务意识,提高师德素养。

## 五、回顾总结实践成果,进一步思考与展望

### (一)实践成果

1. 治理结构牢固稳健

我校党支部将学校的治理工作打造成更具扁平化、体系化和互动式的结构体系,多元主体共同参与。

我们逐步搭建起的多元磋商治理结构满足了各方的利益诉求。教代会、家委会、少代会、校监会等多个群体围绕共同目标,参与学校重大事件的民主管理、评议和监督,不仅促使学校党支部能更全面地倾听民情,凝聚民智,解决民忧,还激发了主体参与的积极性,提高了参与质量,保证基层党组织的政治保障和监督作用。

2. 治理文化蔚然成风

学校内部治理结构的稳健发展得益于治理文化的发展。在治理实践中,我们充分发挥了党支部的政治核心作用,引领学校的精神文化建设,有效地形成良好政治生态和育人环境。

我们将学校的各项活动与制度纳入依法治校的轨道中,实现了治理文化有法可依,有章可依,将依法治校的理念全面渗透进学校的治理工作。我们还积极构建了"三全育人"多维立体德育教育体系,开发了"两纲教育""文化体验""小脚丫"三个模块系列课程,形成了全过程、全方位育人的良好文化氛围,将德育渗透于青少年教育的方方面面,逐步让"宏星"文化落地生根。

### (二)后续跟进思考与展望

1. "借力"优势,建立互促式集团党建模式

我校党支部将尝试探索建立"互促式"党建指导合作模式,依托集团化办学的优势,建立公办新宏星小学和我校党建结对联动工作机制,充分发挥先进典型的示范带动作用,达到民办带公办、公办促民办的效果,进一步提升学校党建工作水平、治理能力以及影响力。

2. "引燃"教师,激活学校自主发展内生力

学校发展的内生动力绝大程度上也源自教师队伍的活力。我校教师队伍中有许多优秀的青年团员教师,我们将会继续加强青年教师队伍管理,把优秀的团员教师组织起来,激发他们向党组织靠拢的信念,为党员队伍、党建工作和学校治理工作注入新的活力。

　　未来我们会继续探索新时期党建工作与治理文化相融合的有效路径,以党建引领改革,激发学校发展的内生动力,促进学校治理结构向高质量、内涵式优化升级,努力办好人民满意的教育。

## 参考文献:

[1] 张洪华.建国后中小学领导体制演变的特点及趋势[J].教学与管理(中学版),2010(7).

[2] 平怀林.重构多元共治的学校治理体系[J].人民教育,2022(3).

[3] 中共中央办公厅.建立中小学校党组织领导的校长负责制[J].民办教育新观察,2022(2).

# 党建引领与"三个融合"的实践探索

上海市民办丽英小学　魏　敏

[摘　要]民办丽英小学的党支部工作坚持用习近平新时代中国特色社会主义思想铸魂育人,以"聚精会神抓党建,抓好党建促发展"为基本路径,在加强党组织政治引领作用的同时,把党的建设与主题教育、岗位立功、人才队伍建设密切融合,呈现出"党建引领与学习、平台、人才三个融合"的特色,努力实现党的建设与学校发展"两不误,两促进"。

[关键词]政治引领　主题教育　岗位立功　人才队伍建设

丽英小学党支部于2000年经虹教党工委批复成立。在上级党委的正确领导、亲切关怀下,近年来,学校党建工作不断加强,呈现出"党建引领与学习、平台、人才三个融合"的特色,有力地推动了学校发展。

## 一、背景与缘起

党的十八大对党建工作提出,加强党的执政能力建设、先进性和纯洁性建设这条主线,这是加强党建工作的"纲"与"魂"。十九大提出"坚持和加强党的全面领导"等一系列重要思想,随后,中办印发《关于加强民办学校党的建设工作的意见(试行)》,把加强党对民办学校的领导作为重要主题和要求。党的二十大报告向全党全社会发出新的动员令,在教育领域,习近平总书记强调,培养什么人、怎样培养人、为谁培养人是教育的根本问题。育人的根本在于立德。要全面贯彻党的教育方针,落实立德树人根本任务,培养德智体美劳全面发展的社会主义建设者和接班人。习近平总书记关于党建和教育的系列重要论述,具有统领性、引领性的重要意义,我们必须坚决贯彻落实。

如何以习近平新时代中国特色社会主义思想为指导,加强和完善民办学校党的建设;如何聚焦为党育人、为国育才,围绕中心、服务大局,打造党建特色亮点,这是十八大以来,党支部始终在思考和探索的。

通过实践探索,我们深刻体会到,要办好让人民满意教育,凸显"民办为民"的思想,党的建设就要以"聚精会神抓党建,抓好党建促发展"为基本路径,立足民办学校办学实际、深化教育改革创新、提高育人质量、促进学校发展。我们坚持党建推动发展的理念,在加强党支部政治引领作用的同时,把党的建设与主题教育、岗位立功、人才队伍建设密切融合,努力实现党的建设与学校发展"两不误,两促进"。

## 二、实践探索

### (一)加强政治引领,培根铸魂育新人

#### 1. 把握政治方向

我们认真学习贯彻中办《关于建立中小学校党组织领导的校长负责制的意见(试行)》,党支部牢牢把握、引领政治方向,积极宣传贯彻落实以"双减""双新"为标志的国家深化教改的系列文件精神;以更高的政治站位积极应对当前民办中小学面临的变局、挑战和机遇,围绕学校各项规划、计划的制定、实施,聚焦立德树人根本任务,推动培育新理念、构建新格局、创设新模式,确立了今后五年"育人方式变革和优质特色发展"的办学新导向,努力实现学校在新时代的新发展。

#### 2. 破解发展难题

党支部积极主导学校的内涵发展、特色发展,努力破解发展难题。随着面上学校教育信息化的大发展和本校信息化教育特色进入"高原期"和"瓶颈期",党支部通过大量调研,基于教育数字化转型大背景,提出了"促进学校从信息化教育特色迈向有特色的教育信息化"新命题;广大党员同志则在数字化转型的大背景下,以学校新一轮发展为契机,创新实践,再立新功。

#### 3. 打赢防疫硬仗

2020年初和2022年上半年,党支部以"站出来、强起来、豁出去"为信念,号召党员同志带领全体师生打赢疫情防控硬仗。2022年3月在线教学首日,党支部即向全体党员发出公开信,明确提出疫情防控和在线教学工作是对广大党员深刻领悟"两个确立"决定性意义,增强"四个意识"、坚定"四个自信"、做到"两个维护"的一次重大考验。广大教师在支部推动下,切实做到了更加关怀学生身心健康和家长情绪,高度关注在线教学质量和规范,讲责任、勇担当、冲在前。90%的党员在完成本职工作的同时,还积极主动报名加入社区防疫志愿者队伍,做"最美逆行虹教人"。

#### 4. 抓好学校德育

党支部积极推动思政课程和课程思政的改革创新,不断增强思想性、理论性、亲和力、针对性,根据习总书记提出的"八个相统一"教学要求,基于立德树人根本任务,推动、指导教育教学各部门及少先队开展"四史"教育,做强丽英德育活动特色,促进思政课程和课程思政建设。在支部领导下,我们积极响应虹口打造全域"大思政课"品牌指导意见,学校德育取得硕果。我们组织学生参加教委举办的"诵读中国"上海赛区比赛,学校获优秀组织奖,并应邀参加颁奖礼;学生学"四史"诵经典的作品多次被团区委公号转载;在

区少先队诵读经典等活动中,近百人次获奖,学校荣获优秀组织奖;学生口述作品参加区纪念建队主题展示活动,受到区委宣传部和虹教党委领导好评;上海教育微信公号和虹教微信公号多次引用了我校爱国主义教育月活动;等等。我们积极开展"四史"教育,有力地促进了学生自觉延续文化基因,树立国家意识,增进爱国情感。

**(二)夯实组织建设,创新学习载体**

近年来,我们认真贯彻落实中央和市委、区委、虹教党委相关部署,紧紧围绕"不忘初心、牢记使命"主题,在全体党员中深入开展"两学一做"和十九大、二十大精神学习教育活动。党组织充分发挥在学校发展过程中的政治核心作用,确保党的路线、方针、政策的贯彻落实,确保党建重点任务顺利完成,确保中心工作有效开展。以2019年为例,党支部先后举办了中共一大会址重温誓言、中共四大会址参观学习等活动,从扫黑除恶专项斗争到"学思践悟新思想,改革开放再出发"主题党日活动和"上海先锋行动",全体党员以前所未有的精神面貌和参与度投入学习教育,"四个意识"不断增强。2020年至今,我们围绕学"四史"、党史学习主题教育,扎扎实实组织"三会一课",从"七一"重温誓言、学习《习近平谈治国理政》到贯彻二十大精神等;还先后走访了鲁迅纪念馆、犹太难民纪念馆、多伦路名人街左联会址纪念馆,等等。党支部坚决及时贯彻落实各项党建要求,两年多来,党员撰写的各类体会文章或发言文本超过300篇。

随着"两学一做"教育活动深入推进,探索如何创新学习载体,拓宽党员学习、教育、培训的有效方法和有效途径成为重要课题。例如,我们引进了"微型党课",这是顺应新时代而产生的一种党员教育新载体,针对传统党课冗长、枯燥、实效有待提高的不足应时而生,具有"以小见大、见微知著"的特点。我们以"微型党课"活动为载体,发挥党员在深入学习习近平总书记系列讲话过程中的主体作用,推动"两学一做"学习教育常态化制度化。党员的"微型党课"在较短的时间内,运用小事例或实践来阐述、宣讲新时代教育"大道理",给广大教师带来了启迪并产生共鸣。在实施过程中,党支部还采取多种举措,着力于让党组织每一名普通党员走上讲台,真正使"微型党课"成为展示党员风采的小舞台,更成为普通党员历练党性的大舞台。

**(三)开展岗位示范,党员岗位立功**

"争创党员示范岗"活动,源于丽英小学党支部从2010年起至今坚持了8年的"创先争优"活动,进入新时代又赋予了新的内涵。我们把"争创党员示范岗"活动与深入学习贯彻习近平新时代中国特色社会主义思想和党的十九大、二十大精神紧密结合起来,号召广大党员坚定改革开放再出发的信心和决心,进一步提振干事创业的精气神,以敢为人先的精神锐意创新,不断提升思想水平、境界格局、能力本领。

活动内容主要包括三方面:(1)明确党员示范标准。(2)公示党员示范承诺。(3)搭建岗位践诺平台。平台很重要,在支部领导下,学校搭建了党员梯队教师示范教学、党员梯队教师师徒结对、丽英教育集团党员志愿行动等平台,充分发挥党员群体在教科研实践、教育集团工作中的战斗堡垒作用和先锋模范作用。

通过"争创党员示范岗"活动,每一位党员的形象在教师群体中"鲜亮"了起来。丽英小学现有党员23名,占专职教师的40%,他们不忘初心、履职尽责、岗位立功,切实成为推动学校发展的核心力量。以2019年为例,共有39人次党员教师在市、区教科研各类评比活动中获奖。学校信息化教育特色成果《信息技术支持下促进个性化学习的课堂变革实践探索》荣获2018年上海市基础教育教学成果评选一等奖,承担申报任务的6位教师均为党员。

**(四)抓好"关键群体",推动队伍建设**

班子队伍、骨干教师、"身边的榜样"等是教师队伍中的"关键群体",是学校改革发展的排头兵,充分挖掘、发扬他们的引领作用和带头作用,成为队伍建设的基石。

1. 强化班子建设

党支部不断强化中心组、班子队伍建设。校务会坚持民主集中制组织原则,执行"领导班子重大问题议事决策"制度。同时,完善岗位责任制的落实,贯彻精细化管理思想,党支部和校长室坚持每月对班子成员进行思想和业务的考评。2022年,为适应主题教育活动新要求和《关于加强新时代上海民办中小学校党的建设工作的若干意见》文件精神,我们又修订了原有的党支部议事规则和校务会议事规则,进一步明确党支部和校务会的议事程序、议事范围、议事原则和成员纪律,以制度强化班子成员的"四个意识"。

2. 坚持党管人才

习近平总书记指出:"择天下英才而用之,关键是要坚持党管人才原则。"丽英小学党支部始终坚持党管人才原则,努力推进机制创新,尊重激励原则和人才成长规律,充分激发广大教师的创造活力。

2017年以来,我们根据新时代教师专业发展要求,总结了以往骨干教师的培养经验,修订了《校级梯队成员评选方案》,使之与虹教党工委区级梯队培养方案充分接轨,评选产生了第三届校级学科人才梯队教师。为进一步发挥梯队成员在学校教育改革、推进素质教育中的示范引领和辐射作用,加速学科骨干教师团队建设与梯队教师自身专业发展,党支部十分重视对他们培养教育过程的管理,制定了《校学科梯队成员任期考核管理办法》。每学年结束,就梯队教师在教学展示、培训课程、科研工作、教学评价、遵章守纪和带教情况等各方面的表现进行考评和奖励,并在任期结束汇总各学年考核成绩,对考核对象进行任期考核。

根据学校的考核管理办法,2019年,第三届校级梯队19位教师均通过了年度考核,并取得了一系列专业发展成果:13位教师进入区"七层级"梯队;22人次在区级及以上范围开展教学展示或课例交流,其中8人次获市级及以上奖项;8人次梯队成员在区级及以上范围进行发言交流或论文获奖;2022年上学期,19位校级梯队成员又执教示范课,并面向家长及在丽英教育集团内部开展了网络直播教学。

## 三、体会与思考

回顾十八大以来的支部工作,由于我们坚持"聚精会神抓党建,抓好党建促发展"的基本思路,党的建设有力地推动了学校发展。我们高度重视党建引领,加强政治领导,同时也呈现出"三个融合"的工作格局。

第一,党建与学习的融合。党员教育,基础在学。为了打牢基础,支部以党日活动、"三会一课"为抓手,主题教育抓在日常、严在经常,始终用最新理论成果武装党员教师头脑和指导实践,深刻领悟"两个确立"决定性意义,增强"四个意识"、坚定"四个自信",落实"立德树人"根本任务。

第二,党建与平台的融合。党员教育,关键在做。要真正让学习教育见成效,最终还是要在"做"上下功夫。党支部除了加强组织管理外,还要为广大党员教师搭建平台、提供提升、示范的舞台,促进他们履职尽责、岗位立功。

第三,党建与人才的融合。学校发展需要一批有理想信念、有道德情操、有扎实学识、有仁爱之心的"四有"教育人才。党支部要坚持党管人才的原则,促进人才队伍培养,从而提升党建工作活力,激发学校发展动力;也引导广大群众见贤思齐,使学习先进、崇尚先进、争当先进成为时代风尚。

## 参考文献:

[1] 习近平.用新时代中国特色社会主义实现铸魂育人.习近平谈治国理政(第三卷)[M].北京:外文出版社,2020:330-331.
[2] 习近平."两学一做"学习教育,基础在学,关键在做.习近平谈治国理政(第二卷)[M].北京:外文出版社,2017:172-173.

# 规划学校发展

# 坚持类型教育定位，实现学校高质量发展

上海南湖职业技术学院　芦秀兰

[摘　要]职业教育从层次向类型转型的过程中，需要重新审视学校的功能定位，重新确立学校的人才培养目标，将企业需求与学生的生涯发展相结合，不断优化自身的办学格局、专业设置，深化人才培养模式和课程教学改革。本文对类型教育的内涵、特征、实施路径进行探讨，并以上海市南湖职业学校为例，在改革实践中寻觅职业教育作为类型教育的发展路径。

[关键词]职业学校　类型教育　改革实践　高质量

党的二十大报告将教育、科技、人才提到全面建设社会主义现代化国家的基础性、战略性支撑的地位。习近平总书记在报告中强调，"统筹职业教育、高等教育、继续教育协同创新，推进职普融通、产教融合、科教融汇，优化职业教育类型定位"[1]，对办好人民满意的职业教育提出明确要求。

2019年，《国家职业教育改革实施方案》明确指出，"职业教育与普通教育是两种不同教育类型，具有同等重要地位"[2]。这是国家首次在政策文件中明确了职业教育的定位和定性，同时也意味着职业教育的发展需要从原来的"层次观"转换为"类型观"，标志着办好类型教育是新时代职业教育改革的核心目标与任务。

## 一、对职业教育类型定位的再认识

### （一）职业教育作为类型教育的内涵阐释

从类型学和类型论的视角来看职业教育的发展，是认识职业教育的一种新视角。这种视角对于职业教育的发展具有理论和实践指导意义。[3]一是有利于认清职业教育的本质和规律。职业教育是一种与普通教育有别的教育类型，认清这一点是职业教育认识论上的巨大飞跃，对防止职业教育普通化具有重要意义。二是有利于确立职业教育的地位。职业教育作为一种教育类型，不只局限在某个层次，在理论上与普通教育"平起平坐"，对于提高职业教育的地位和自信具有重要意义。三是有利于推动现代职业教育体系的建

立。现代职业教育体系是现代教育体系的重要内容,而指导这一体系建设的重要思想基础就是把职业教育作为一种有别于普通教育的教育类型。因此,"类型论"对打破职业教育学历层次,构建职业教育体系具有重要意义。

**(二)职业教育作为类型教育的特质探讨**

职业教育向类型教育的转变,要求举办者在院校设置、师资队伍、专业设置、人才培养模式、课程教学、评价方法等方面体现职业教育属性,凝练职业教育类型特征。

1. 教育结构决定了职业教育体系的独立性

1997年,联合国教科文组织制定的《国际教育标准分类》(ISCED),其中第三层次为"第二教育第二阶段",即高中教育阶段。该阶段的教育划分为A、B、C三种类型:3A是纯为升学做准备的普通学科型,3C是纯为进入劳动力市场做准备的直接就业型,3B是介于A、C之间的中间型。第三级(序号为5)为高等教育阶段。这一阶段分为5A和5B两个类别。5A类代表理论型,按照学科类别分设专业,相当于中国的普通高等教育;5B类代表实用性、技术型,相当于中国的高等职业教育。在这一标准中,这两类是并行存在的,无论是普通高等教育还是高等职业教育,都有自己独立的低中高不同层次的教育。从《国际教育标准分类》可以看出,与普通教育或高等教育一样,职业教育在国际上早已被认为是单独的一种类型。

2. 教育内涵决定了职业教育具有职业性和技术性

一个职业之所以能够成为一个职业,是因为它具有特殊的工作过程,即在工作的对象、方式、内容、方法、组织以及工具的历史发展方面有它自身的独到之处。一个专业之所以能够成为一个专业,是因为它具有特殊的知识系统,即在知识的范畴、结构、内容、方法、组织以及理论的历史发展方面有它自身的独到之处。职业教育之所以是一种教育类型,是因为职业教育内部的实体有主体、客体等各种对象。这些独立存在的实体在特定认知条件下所表现的特征,外显为职业教育的职业性、技术性。[4]

因为职业教育本身具有职业性、技术性,要求职业教育课程体系中的各类课程都以职业能力培养为主线,通过"横向分工协作、纵向衔接贯通",课程之间按能力递进方式进行衔接,而非学科知识递进。从而使从职业认知、职业兴趣到单项能力培养,再到复杂、综合职业能力培养,体现系统性和职业性。职业教育教学过程遵循的不是学科型知识系统的内部逻辑,而是职业岗位(群)对知识、能力和素质综合要求的内在逻辑,是工作过程导向的内在逻辑。

3. 教育面向决定了职业教育具有跨界性和终身性

从教育功能来说,职业教育供给与个性化发展需求和终身学习的要求不能失配,职业教育的发展要适应社会主要矛盾的转变和满足构建服务全民终身学习教育体系的迫切需要。在我国教育体系中,职业教育是面向人人、面向社会的教育;是能够掌握一定的专业技术,顺利就业,过上有尊严的生活,促进社会公平,实现社会和谐的有效途径。从某种程度上说,职业教育反映了"人民至上"的发展理念。

职业教育与其他教育的不同点还在于，它与经济社会的联系最密切、服务最贴切、贡献最直接，是推动经济发展的重要力量。职业教育作为一种跨界教育，是紧密联系学校教育和工作的枢纽，也是最能体现学校教育和工作双向流动的教育类型。校企之间要形成全方位的、深层次的长远合作，双方必须有共同的双重价值追求，既有利于校企合作的经济功能、学习功能的实现，又有利于发挥其独特的教育功能。

## 二、优化类型教育的实施策略

### （一）以厘清职业教育的功能和价值作为职业学校改革发展的逻辑起点

职业教育作为一种"类型教育"，与经济社会的发展联系最紧密，其生存发展的功能和价值由单一需求转变为双重需求。因此，职业教育生存发展的社会价值必须融合产业和教育的双重需求。一方面要坚持职业教育的经济社会需求导向，使专业结构与产业结构相吻合，从而更好地为经济发展服务；另一方面，应满足受教育者终身发展和个性发展的需求，强化学生综合素质的培养。有研究者指出，智能时代的应用型人才具有"人才纵向复合增强""人才横向分化加剧""人才之间边界模糊"的特征。他们的"技术思维模式培养""能力复合化、边界模糊特征"以及"以实践为基础的能力特征"都呼唤职业教育的出场。[5]

### （二）以优化办学格局作为职业学校改革发展的顶层设计

职业教育作为一种教育类型，其特殊性在于直接面向企业与市场办学，具有明显的"职业性""教育性""社会性"特征。[6]所以，职业教育办学格局应由一元转为双元或多元，由传统的仅以学校为单一办学主体转变为学校和企业或社会机构等多元主体进行合作办学的模式。因此，职业教育既要着眼学校、学习和教育等要素，还要关注企业、工作和职业等维度，即职业教育需要聚焦于"现代学校制度和现代企业制度的融合""工作与学习的融合""职业和教育的融合"。

### （三）以调整学校专业设置作为职业学校改革发展的动力来源

学校专业建设是职业学校办学效益和教学质量的根本，是学校高质量发展的突破口。一方面，学校的专业设置应以社会职业分类和社会经济发展的需求为依据，反映职业岗位和职业岗位群对个体能力的需求；另一方面，学校的专业设置应考虑学生个体发展的需求，为现代职教体系的构建服务，打好学生综合素质的基础。职业学校应在满足市场需求开设专业的同时，根据区域经济发展需要和高等院校人才培养需要，为学生终身发展搭建"立交桥"。

### （四）以深化人才培养模式和课程教学改革作为推进职业学校改革的重要抓手

人才培养模式是职业教育的基本问题，也是办好职业教育的关键所在。校企合作、产教融合、工学结合是职业教育的基本办学模式。其人才培养模式与传统的教育模式不同，由单一的学校教育转化为学校和企业共同教育，由封闭式的学校教育转化为开放式的社会教育,由理论知识学习为主转向以实践教学为主,以社会需求和行业企业需求为导向,优化人才培养结构。

## 三、类型教育的南湖实践

### (一)以"产教融合、校企合作"为引领,优化学校专业布局

一是借助职教集团平台,充分调动多方主体的积极性。我们牵头虹口新产业发展职教集团,参与本市、长三角的汽车、电子、商贸行业职教集团,努力对接区域产业动态,进一步实现校企无缝衔接;推进现代学徒制,成立由本市龙头企业牵头的产业学院,共商人才培养方案、课程体系、开发课程资源,建立校企双导师制,培养企业需要的技术技能人才。

二是紧跟产业新业态,优化学校专业布局。我们对接《上海市产业地图》,以产业转型升级、技术进步和社会需求为导向,围绕区域经济发展,通过新技术赋能传统产业转型发展、面向新需求重点培育发展新专业等举措优化和调整现有专业群;对接高端航运、数字贸易、智慧生活等新业态,积极培育生命健康产业的新空间、新亮点。学院以数字产业化、产业数字化为切入点,布局数字创意、智能汽车服务、健康护理和智慧商旅四大专业群,实现群内资源共享。

三是以"校企合作"为引领,推进学校人才培养模式改革。汽车专业板块与上汽通用公司形成"产业引领、品牌前置、双线共融、三阶带徒"的育人模式。校企共同设计并优化人才培养方案。企业为学校动态更新设施设备,成立联合项目师资团队。建立企业教学奖金,全面跟踪学生思想品德、课程教学、课程考核、企业实践、毕业考核等培养环节,积极鼓励学生参加国家认可的汽车专业职业资格认证考试,率先开展"学历证书+若干职业技能等级证书"制度试点。学生通过企业课程考核,获得毕业证书的同时考取企业资质证书,毕业后全部被上汽通用录用。

### (二)以实践教学改革为重点,提高人才培养质量

我们搭建专业共建平台、实践训练平台、技术服务平台、资源整合平台,营造各种实体与虚拟浸润环境;借助参与创造性项目、产品研发和社会服务,把企业项目引入课堂,把课堂变身为工作室,将课堂迁移到企业,迁移到工作现场,把学习与工作过程融合在一起。

项目教学和产品孵化能够更好地培养创新型人才。数字媒体专业在"全景拍摄与制作""智能硬件搭建""平面设计""网页设计""影视后期编辑"等实践性课程中,通过项目教学,以校企共育工作室为平台,孵化面向市场、具有工业化生产价值的融媒体作品,培养学生从设计、制作到营销的过程性思维,激发学生的创新创造能力。

学校建有汽车运用与维修、国际邮轮和国际商务3个市级开放实训中心和5G数字创意、健康护理2个校级的实训基地。汽车实训中心承担汽车维修工初级至高级技师的培训和鉴定。国际邮轮开放实训中心不仅满足了学校酒店管理的实训和实践教学,还承担第43届、44届、45届、46届世界技能大赛餐厅服务项目国家集训基地任务,为国家培养高

精尖人才。

**(三)以"共建共享"为抓手,加强校企一体师资队伍建设**

"双师型"师资队伍的建设是职业学校深化改革的关键任务,但目前专业课教师"入口"不畅的问题一直是职业学校师资队伍建设的难点。为了破解这一难题,学校坚持专兼职结合、学校与企业结合、教学能力与专业实践能力并重的"三大原则",依托与企业共建的"三大工作室",聚焦"双师"能力提升为主题的"三大培养工程"。我们通过制定配套规章制度,致力提升双师能力,加大兼职教师引入力度,优化教师队伍比例结构。一是引进企业特聘兼职团队;二是建立专业建设委员会,保障专业建设发展;三是创建名师工作室,发挥示范引领作用。

**(四)以"整合提升"为目标,加强改革发展保障**

构建政行校企协同推进职教发展新格局,探索"学校主体、行企参与、多方共治"的管理体制。建立区政府统筹,行业企业主导,学校支撑的产教融合机制,推动区域性产教融合型实训基地建设。学校与上汽通用、上海华渔、威盛电子等多家企业,共建共享实训中心。"十四五"期间,我们在数字创意、智能服务、智慧商旅三个专业群内分别与国内龙头企业上海喜马拉雅、BILIBILI(哔哩哔哩)、曼恒、上汽集团创建"喜马拉雅""曼恒数字""上海汽车""东湖酒店"等合作项目,建设4个产业学院,校企共建人才培养、共建产教融合实践性教学平台,校企协同育人,让企业发挥其在产教融合中的重要主体作用。

党的二十大将高质量发展列为全面建设社会主义现代化国家的首要任务,优化类型教育要求职业教育必须围绕现代化产业体系,以卓越工程师、大国工匠、高技能人才培养为目标,在加快建设制造强国、质量强国的历史使命中实现为党育人、为国育才,进而实现个体的全面发展,创造美好的社会生活。

**参考文献:**

[1] 习近平.高举中国特色社会主义伟大旗帜　为全面建设社会主义现代化国家而团结奋斗——在中国共产党第二十次全国代表大会上的报告[N].新华社,2022-10-25.
[2] 国务院印发《国家职业教育改革实施方案》[N].新华社,2019-2-13.
[3] 唐金良,李钰.体现类型教育特征的中等职业学校发展定位思考——基于文献分析视角[J].职教论坛,2020,4(01).
[4] 花兆润.台湾中等职业教育现状研究[J].职业教育研究,2016(06).
[5] 王春晖.21世纪初台湾中等职业教育课程改革刍议[J].学术评论,2015(01).
[6] 赵蒙成.高职扩招背景下中等职业学校转型发展的教育立场[J].职教论坛,2020,36(05).

# 高质量发展背景下新型五年一贯制高职的新定位与新使命

上海南湖职业技术学院　　朱建柳

[摘　要]　新型五年一贯制高职的布局与筹建是新时代职业教育改革创新的实践探索，是优化现代职业教育体系的本质要求。应明确并坚持以优化现代职业教育体系的类型观，以凸显五年一贯制人才培养特色的层次观、服务区域经济社会发展的办学新格局的新定位。同时，以提高质量为核心，实施"岗课赛证"综合育人；以产教融合为主轴，服务区域经济转型；以校校合作为平台，发挥新型高职联盟效应等，科学把握新使命。

[关键词]　五年一贯制　新型高职　人才培养　高质量发展　协同发展

党的二十大提出了"三教（职业教育、高等教育、继续教育）的协同"新要求，在新发展格局和高质量发展背景下，新型五年一贯制高职（以下简称"新型高职"）也有其时代诉求与肩负的责任和使命。

## 一、新型高职的时代诉求

### （一）新发展格局对职业教育高质量发展的政策响应

当前，高质量发展是我国全面建设社会主义现代化国家的首要任务。党的二十大报告指出，我们要完整、准确、全面贯彻新发展理念，加快构建以国内大循环为主体、国内国际双循环相互促进的新发展格局。在此背景下，教育领域也在积极求变，扩大内需，强化现代化建设人才支撑，提高在当前新发展格局中的适应性。2021年10月，中共中央办公厅、国务院办公厅印发《关于推动现代职业教育高质量发展的意见》。该意见明确指出，"一体化设计职业教育人才培养体系，推动各层次职业教育专业设置、培养目标、课程体系、培养方案衔接，支持在培养周期长、技能要求高的专业领域实施长学制培养"。成立新型高职恰恰契合了国家职业教育的改革方向与现代职业教育体系的战略定位，将进一步扩大上海公办高职院校的规模，有利于优化高等教育结构。

### （二）新兴产业转型升级对技术技能人才的现实需求

高素质技术技能人才是产业发展的人力支撑。产业的转型和升级也带来了劳动力的结构层次升级,需要匹配与之相适应的人才队伍。一是在数量上,部分产业需要大量的高素质技术技能人才,如现代服务业、民生领域等人才较为紧缺;二是在质量上,随着新一轮科技革命的推进,产业类型已经从劳动密集型逐渐向知识技术密集型转变,需要更多具备专业知识、精湛技术的复合型技术技能人才。党的二十大报告提道,要加快发展数字经济,促进数字经济和实体经济深度融合,打造具有国际竞争力的数字产业集群。统筹职业教育、高等教育、继续教育协同创新,推进职普融通、产教融合、科教融汇,优化职业教育类型定位。[1]上海已经构建出以现代服务业为主、战略性新兴产业为引领、先进制造业为支撑的现代产业体系框架。虹口区结合北外滩优势,构建上海数字经济发展新高地。这给职业教育的改革与转型提供了新的风向标,要进一步加强产教融合,积极应对产业转型升级。新型高职主要以五年一贯制为特色。长学制的贯通培养有利于为社会培养与产业需求紧密结合的高素质技术技能人才。

### （三）社会对技术技能人才可持续发展的迫切需要

办好人民满意的教育是高等教育落实"促进教育公平、提升教育质量"的重要实践。高等教育积极变革,不断将更多教育成果惠及全体人民。教育部曾提出,"十四五"末力争把劳动年龄人口平均受教育年限提高到11.3年,要继续提高教育普及水平,大力发展职业教育。[2]建立新型高职正是响应这一政策行动,是职业教育类型制度创新的重要体现。一方面,顺应了普及化进程中高等教育需求的多样化趋势,能够较好地解决学生学历提升的难题,并在一定程度上满足民生的教育需求,有助于缓解民众的入学焦虑和当前就业压力。另一方面,在新发展格局下,技术变革和产业转型升级引起我国技术技能人才层次和素养需求的提升。因此,五年一贯制人才培养也是解决高技能人才短缺的战略之举。

## 二、新型高职发展的新定位

教育领域的综合改革是上海市综合改革的重要内容,然而,上海市教育体系却面临着:基础教育和高等教育强势,职业教育相对偏弱;中职和应用型技术本科强势,高等职业教育偏弱等现实困局。因此,新型高职的布局是补充上海高职教育资源、完善上海市职业教育体系、优化职业教育类型定位的实践性举措。

### （一）坚持优化现代职业教育体系的类型观

类型是属性相同又各具特色的事物的分组归类。从社会科学研究视角来看,分类是一种唤起身份和规则的机制。[3]新职业教育法明确规定,职业教育是与普通教育具有同等重要地位的教育类型,进一步明确了职业教育的类型属性。职业教育作为一种教育类型,其属性主要体现在跨界性、职业性、多样性、终身性和普惠性等方面。[4]当前,高等职业教育改革发展走上提质培优、增值赋能的快车道《上海职业教育高质量发展行动计划（2019—2022年）》中提出,坚持需求导向,打造与上海城市地位相适应的高质量职业教育;坚持发展导向,做强高等职业教育;坚持改革导向,探索"市区共管、以区为主"的高等职业教育管理与办学体制;鼓励各区结合实际,聚焦重点产业和社会民生事业急需领域,兴办体现产教融合新型职业院校。[5]

职业教育五年制的办学模式是中国职业教育改革的创新实践。40余年的实践已经证明,五年一贯制高职改革不仅完善了我国现代职业教育体系,还有效满足了区域经济社会高素质技能型人才的需求。新型高职则是上海现代职教体系构建框架下的改革探索。其人才培养主要以面向初中毕业生的五年一贯长学制人才培养为特色,同时也面向高中(中职)毕业生的三年制学历教育。

**(二)坚持凸显五年一贯制人才培养特色的层次观**

长学制的培养顺应了职业教育技能积累的规律,同时也进一步增强了职业教育的适应性。《国家职业教育改革实施方案》提出,在学前教育、护理、养老服务、健康服务、现代服务业等领域,扩大对初中毕业生实行中高职贯通培养的招生规模,以及探索长学制培养高端技术技能人才。[6]新型高职需要以顺应技术技能人才成长规律为前提,凸显五年一贯制人才培养特色。五年一贯制如何凸显与三年制高职、中高职贯通等办学模式的差异与特色,则成为新型高职在新学制体系下所面临的难题。新型高职应准确把握产业发展与职业教育人才培养的关系,真正体现"五年制一体化"贯通培养所具有的学生入学年龄小、可塑性强、五年一贯统筹安排、课程衔接合理、实践性教学占比高、社会效益显著等优势。[7]上海南湖职业技术学院(以下简称南湖职院)为更好突出五年一贯制的人才培养特色,一方面致力于打造培养城市数字化转型需要的高素质技术技能人才的摇篮;另一方面,与头部企业共同创建产教协同创新中心,实现产业发展与五年一贯制人才培养的双向动态衔接。

**(三)坚持服务区域经济社会发展的办学新格局**

职业教育跨界性和服务经济社会的特性决定了高职院校多元化的办学格局,同时也是高职院校可持续发展和永葆办学活力的本质要求。新型高职作为上海职业教育高质量发展的一种办学类型,要形成职前学历教育教学、技术技能积累、普职融通的办学新格局,实现新型高职社会服务的多元化、全方位。例如,南湖职院将对接上海重点发展的新能源汽车、信息技术服务、生活服务产业群,依托虹口5G全球创新港,以5G技术应用为着力点,发挥虹口北外滩科技创新策源功能,建立产业学院、产教研协同创新中心,实现多元主体之间资源利用效率最大化;服务上海城市数字化转型,服务长三角一体化国家战略,充分发挥长学制特点,建设高质量专业群,培养高素质技术技能人才。

## 三、新型高职的新使命

**(一)以提高质量为核心,实施"岗课赛证"综合育人**

1. 探索新人才培养模式

新型高职院校要在新发展机遇下牢牢把握"培养什么人、怎么培养人、为谁培养人"这一根本问题。坚持立德树人,立足产业转型升级和区域经济社会高质量发展需要,结合新型高职自身特点和优势,构建连续性和循序渐进性的人才培养模式。五年一贯制的人才培养模式应该以长学制的特点为前提,不仅要考虑到学制的线性时间长度,更应该考虑到长学制所带来的人才立体化培养空间。传统的中高职贯通培养模式如今也逐渐出现诸多问题,如分段培养人才培养目标和教学标准割裂,[8]易出现"保险箱"效应和教学管理困扰[9]。新型高职应制定一体化人才培养目标、研制一体化人才培养标准、构建一体化人才培养方案、统筹一体化实践教学环节,彰显主体一体化、管理一体化、育人一体化的办学效益。

2. 布局新的专业群

新型高职应根据职业成长周期等特征,筛选并设置适合专业,科学布局产业群。[10]五年一贯制的专业开设应考虑到产业人才需求与长学制一体化的技术技能积累适配度,思考如何才能发挥五年一贯制的最大价值,如专业群对应的岗位职业能力是否需要年龄介入和技能学习,是否需要长期处于同一学习环境和文化氛围。[11]以南湖职院为例,学院聚焦战略新兴产业、信息技术产业、现代服务业、护理和养老服务等领域,坚持科技引领,形成了数字创意、智能汽车服务、健康护理和智慧商旅4个专业群,聚焦重点产业和社会民生事业急需领域,实现群内资源共享和资源集聚化。

3. 以职业能力为核心,构建"岗课赛证"融通课程体系

五年一贯制要凸显人才培养特色,课程教学是关键,需要对课程体系与教学模式进行一体化设计,尽可能避免中高贯通存在的衔接难题。首先,分析职业能力标准,明确五年一贯制人才的职业能力要求,尤其关注未成年人职业素养和核心素养的培养。其次,将岗位职业能力作为课程体系构建的核心,将真实情境的岗位典型工作任务融入课程,把职业技能竞赛融入案例和情境训练,把职业资格证书融入学习成果评价,实现相互间的有效衔接和有效融合。最后,将行业新技术融入人才培养全过程,将行业优秀文化元素融入育人全过程。

**(二)以产教融合为主轴,服务区域经济转型**

1. 打造产教融合新机制

新型高职应打造产教融合创新服务平台,紧紧围绕上海城市数字化建设的需要,特别是服务"一带一路"合作倡议、长三角一体化国家重大国家战略实施的需要,将行业发展需求融入专业建设全过程,增加适应城市数字化建设所需要的高素质技术技能人才培养的有效供给,促进高等职业教育融入国家创新体系和城市化建设进程。目前,南湖职院已建立东湖产业学院,正在筹建新媒体产业学院、智能网联新能源汽车产业学院,与多家头部企业签订产教融合战略框架协议,建立产教融合人才培养基地;引入了行业企业大师、医院资深护理骨干等,形成具有职教特点、跨界融合、创新型的双师团队。

2. 建设终身技能培养和技术服务新基地

建立健全职业技能培训体系是新型高职发挥社会服务职能的重要表现,是衔接职

前—职后一体化的关键。通过基地导入企业一线导师、前沿企业课程,汇聚企业实践基地等优质资源,面向合作企业、职业院校专业教师开展新产业的培训和实践,促进产教双向供需对接,提升新型高职技术服务的精准性和实效性。

**（三）以校校合作为平台,发挥新型高职联盟效应**

一是组建上海新型高职产教联盟。新型高职、本市新产业发展的行业协会、龙头企业强强联手,集合优势企业和教育资源,共同探讨和谋划新型高职的未来发展。二是建立"双师型"教师队伍,推进师资队伍校校联动、校企共育。对于新型高职来说,师资队伍是保障人才培养质量的关键。为了更好地提升教师队伍质量,新型高职学校之间可以加强师资交流与学习,在盘活"现有存量"基础之上"提质培优",提升新型高职教师协同发展凝聚力;以提升教师驱动力为重点,构建教师分层评价和成长机制,提升教师队伍整体质量水平。

# 参考文献:

[1] 习近平.高举中国特色社会主义伟大旗帜 为全面建设社会主义现代化国家而团结奋斗——在中国共产党第二十次全国代表大会上的报告[EB/OL].(2022-10-16)[2022-11-05]. http://www.gov.cn/xinwen/2022-10/25/content_5721685.htm.

[2] 教育部.教育部:"十四五"末力争把劳动年龄人口平均受教育年限提高到11.3年[EB/OL].(2021-03-31)[2022-11-06]. http://www.moe.gov.cn/jyb_xwfb/moe_2082/2021/2021_zl25/bd/202104/t20210401_523908.html.

[3] 上海市人民政府办公厅.关于印发《上海职业教育高质量发展行动计划(2019—2022年)》的通知[EB/OL].(2019-12-19)[2022-11-11]. https://edu.sh.gov.cn/zcjd_area_3862/20200706/0015-xw_104211.html.

[4] 国务院.关于印发国家职业教育改革实施方案的通知[EB/OL].(2019-01-24)[2022-11-11]. http://www.gov.cn/zhengce/content/2019-02/13/content_5365341.htm.

[5] 陈晓燕.新形势下"五年制一体化"贯通培养的探索性研究——基于浙江省中职护理专业的人才培养现状与需求分析[J].中国职业技术教育,2019(29).

[6] 李坤宏.类型教育视域下职业教育人才贯通培养的原则、问题及路径[J].教育与职业,2022(02).

[7] 赵晓燕,袁二凯,马建华.高素质技术技能人才贯通培养的现状、问题与对策[J].中国职业技术教育,2021(22).

[8] 刘庆根,李政.新时期我国五年制高职发展的现实困境及其破解[J].中国职业技术教育,2021(13).

# 关于"办好人民满意的教育"的思考

华东师范大学第一附属中学　袁　芳

[摘　要] 本文基于党的二十大报告的专题"办好人民满意的学校",结合学校教育管理的实践谈学习和思考,从三个方面展开阐释:德育为魂,针对互联网时代特征对于德育教化的巨大冲击该如何应对;教学为根,针对现代社会对人的素养的要求、国家课程改革的要求,对教学顽疾采用课题实践探索的方式转变教学行为,提升效益;队伍为本,从管理的视角谈学校发展、教师队伍的锻造,结合有效做法谈深入思考。

[关键词] 德育　教学　队伍

党的二十大报告指出,"坚持以人民为中心发展教育,加快建设高质量教育体系,发展素质教育,促进教育公平"。要实现这一目标,关键在学校、重点在教师,要探索一条符合学校实际,适应新时代发展之路。

在党的二十大的报告中,将"办好人民满意的教育"作为一个专题,但在目前,关于"办好人民满意的教育"尚未有统一的概念。作为一名高中学校管理者,我对"办好人民满意的教育"的理解是:办好一所学校,以机制和制度、文化保障其正常运作、安全而有序;建立丰富而有结构的特色课程体系,让每位学生的个性和潜能得到充分发展、取得长足进步;给予每一位教师足够的专业发展支持和人文关怀,在教书育人过程中成就自己的职业理想。结合学校管理实际,我总结思考了以下三个方面。

## 一、德育为魂

学校发展要坚持以学生为中心,从"育分"到"育人",落实立德树人根本任务,坚持"五育并举",使家长看到学校教育对孩子的影响。这是学生成长之道,也是教师发展之路、学校前行之标。

教育一定是育人为先。培养什么人,为谁培养人是对每个教育工作者的灵魂拷问。这就要求有一支强有力的德育队伍、充沛的德育课程体系。为此,我们做了以下工作:① 丰富修身课程的内容。每周一增设晨会课,解读一周国内国际大事、校园新闻速递,强化学校主体的德育教化作用;恢复值周班制度,强化日常管理细则,结合疫情防控,关注实施细节成效,为学校正常教学秩序提供助力;增设校园劳动环节,融合劳动教育于日常校园生活中。② 加强德育队伍建设。提高了班主任队伍的准入门槛,让更多优秀教师承担育人工作;在职称评定、选拔和评优等方面给予班主任倾斜;承诺优劳优得,绩效充分考虑班主任的贡献,最大限度地保障班主任队伍的收入处于高位。

身处互联网时代,我们实施德育课程也遇到了不少新问题。

**(一)问题一:家庭教育和学校教育的统筹**

伴随着网络化、信息化、虚拟化世界的快速发展,人类的实体生活空间日益被压缩,人类赖以生存和成长的生产实践活动越来越少[1]。现在的高中生出生于互联网时代,网络于他们而言就是空气和水,难以克服的手机依赖引发了亲子关系的巨大矛盾。互联网大大拓展了交友范围,高中生亟须获得同龄人的认同,而自身的鉴别能力又有限,一旦从家庭得不到情感关爱和支持,往往倾向到互联网中寻求情感慰藉。步入中年的父母往往陷于职业发展关键期或者家庭变故时期,无暇顾及孩子的身心变化,错过奠定孩子价值观的最佳窗口期。即便有父母主动关心,但是与青春期孩子沟通的技巧不够,或者自身主动改变教育方式的努力不够,想了解孩子却无从下手,或者手段错误反而造成亲子冲突。

身心健康的孩子的父母一般都理性而宽容,严格而有所取舍。但是孩子反映的问题往往症结在于家庭教育,这是学校教育难以覆盖的。孩子进入市示范性高中后,父母普遍将这一结果视为自身教育方法优秀,也因此固化教育观念,无法因学生身心变化而作出调整,难以真正接纳学校教师的建议而作出改变。还有一些孩子陷于父母破碎的关系中而自暴自弃,或者面对焦虑重重的单亲母亲,身心俱疲。每一个问题孩子都会牵扯学校管理各层面的很多精力,打乱整个管理节奏。

**(二)问题二:资讯繁杂带来的价值观困扰**

随着互联网教育的普及,人类进入了人人可学、处处可学、时时可学的学习化时代,出现了"非学校化"教育趋势。[2]高中生身处互联网时代,每天吸收大量繁杂的信息,但缺少阅历和经验使他们无法批判性地吸收。各类自媒体提供的断章取义式解读,因为观点抓眼球而且通俗浅显,很容易被学生接纳,造成认知错误。

社会热点经常伴随舆论撕裂,而学生对于热点的认识受制于网络观点;学校教师的正面解读往往滞后,学生先入为主的思维定式又消弭了教师的影响,出现师生观点冲突,又会让学生对教师的教育产生抵触。高中生受网络影响,平等、民主、自由意识非常强烈,教师的说教反而难以入耳。这需要教师具有较高超的引导能力,于无痕中融入对学生世界观、人生观、价值观的教育。教师本身的教育教学经验、沟通技巧尤为关键。年轻的教师团队面临着巨大的挑战,即如何引领学生厚植家国情怀、理解国家大政方针、辩证看待事物发展。

**(三)问题三:物质丰富对行为方式的影响**

学校的党员队伍建设吸引了很多优秀教师加入,也因此获得上海市优秀基层党组织荣誉。学校的班主任主体是"90后""00后",他们的人生经历处于高速发展的改革开放的中国,未曾尝过生活之苦,身上有年轻一代的鲜明特征:自我话语权、生活品质化。

党的二十大提出加强生态文明教育,绿水青山就是金山银山。生态环境问题归根到底是发展方式和生活方式问题,也是人的思想认识和实践行为的问题。构建生态文明,需要扎实的教育作基础。学校教育要培育现代人的生态道德,让学生自小就负起人对自然的道德责任,践行绿色低碳、节能减排的现代生活方式,为美丽中国建设奠定基础[3]。

在校园生活中,我们要求不浪费粮食、节约用水、随手关灯及空调等举措,一再宣传教育节约资源,但是当学生看到教师就餐时倾倒食物,教室空调不能开时(因为室外气温未到设定温度)教师办公室空调却在运转,等等,如何让学生敬重教师?若教师认为食物不够美味,倾倒了也无妨,学生自然也就会肆无忌惮地浪费食物;若教师认为空调不开无法工作,那么教室不开空调学生就可以接受,如何引导青年教师更多地从育人高度看待自身的行为?

德育是办学之魂,每个教育人都需要主动担当,人人都是德育工作者。坚持以学生为本,需要每位教师舍弃自身时间、精力、情绪,全身心、无差别地对待每位学生,细腻、温柔地对待个性迥异的学生,让每位学生感受到关爱和温暖、信任和支持。尤其碰到品行恶劣的学生,要以包容的心态给予其改变的机会和时间,是必要的,因为有教无类是教师的施教原则。

## 二、教学为根

科技的发展、强盛、创新要靠"一体两翼"体系的建设。"一体"是创新体系,"两翼"是科学普及与科技创新。教育无论是对于科学普及还是科技创新,乃至创新体系的建设都是基础支撑。基础教育中基本知识、核心素养、关键能力的培育,决定了科学普及与创新体系建设的根基。为此,通过科技发展教育、通过教育强大科技,推进科教深度融合发展,支撑先进生产力的建设和生产关系的发展,具有时代的必然性、历史的必然性[4]。基础教育要在深化课程教学改革,转变育人方式上下功夫,落实到学校教育,则是在课程教学中作出改变。

课程的实施效果依赖于教师的课程领导力、实施力和创新力,落脚点在课堂上。课堂教学效益的决定权在教师,改变课堂就要从改变教学行为开始。当下教师教学行为表现为以下特点。

### (一)重视知识点,忽视逻辑结构

"核心素养"的界定不是片段要素的罗列与相加,而是作为一体化的"整体模型"来处置的。"双新"实验初期,教师在课程核心素养的内涵、新教材的逻辑体系、单元教学重难点的把握上存在欠缺,缺乏整体性的统摄视野和贯通意识,也缺乏对新课程、新教材开展结构化梳理的实践探索。这一现象映射在教学上,必然导致教学的"散点化"——关注知识的"点",忽视学科逻辑和要素内在结构。

**（二）缺乏问题中心思维，缺少真实场景**

基于核心素养的课程标准，不仅强调知道事实之类的硬性知识，而且要更关注软性知识——能够运用知识解决某种问题的能力。笔者观察发现课堂教学现状是缺失情境，或情境过于简单直白，或缺乏真实感，与之相对应，问题设计中缺少"链式"反应和深化，缺少从简单到复杂，再到挑战的梯层递进，学生的思维长期停留在一问一答、快问快答的低阶活动状态，缺少"顺应""转换"的赋能过程，也缺乏在活动中探寻学习价值，有效串联起"内容""动机""互动"的应有体验。

**（三）缺乏"教、学、评"一体化的观念和实施习惯**

教师在教学中所发挥的主导作用，更多体现为"主"——进入学生作为学习主体应有的学习时空过程，而缺乏"导"的意识和技术。"教"成为贯穿课堂大部分时间的"自然"和"必然"，学生思维活动被大大压缩。同时这又带来了"评"的"压缩化"和"空心化"，"标准"的模糊和即时反馈的缺乏，影响了教学双方对教学过程的认识和评价，也使得应该暴露和解决的问题被搁置、延后、积集和壅塞。

针对以上的教学常态，为适应新课程教学要求，基于研究型学校文化、多年的结构化教学基础，学校提出构建新结构化的"悦动课堂"，要求课堂教学要包含情境场、问题链和反馈环，保障教学内容、学习动机、师生互动的要素充沛，给予学生富有活力的课堂体验，体现素养培育。

## 三、队伍为本

校长的工作偏向于团队管理，体现在"人心所向"及引领团队朝着"正确的方向"勇毅前行。教师面对的是"铁打的营盘，流水的兵"，需要与时俱进，更新自己的教育教学能力、实践能力、沟通技巧。校长面对的是稳定性较强的教师群体，以实现把干部教师团队打造成为一个能打硬仗的"坚强集体"为管理目标。为此，我的工作重心就是管理效益，对全体教职员工提出"智慧工作、幸福生活"的要求。

师大一附中以"三个研究型"为办学理念，教师的研究意识要培养、要浓厚、要实践，才能做到智慧工作。让队伍"强"起来，要求教师不仅传道、授业、解惑，更要不断地学习，不断地拓宽知识范围，及时更新理念以适应社会发展的需求。同时需要学校把握公平公正原则，用规章要求人，以制度约束人，让机制"硬"起来，达到管理成效。为此，我提出：高品质管理，要求教师智慧工作，要有受众思维，始终从满足工作对象的诉求去提高工作实效。

学校以学部制管理为中心，形成扁平化管理机制，每个学部相对独立地实施三年的课程教学规划，制定学生发展目标。职能部门和学部之间的纵横沟通以例会制度保障，并以教学归口教务处、德育归口学生处，让学部工作和学校整体工作和谐统一，既有共性又有个性。

队伍的培养分为两条线。一条是骨干教师的培养：青年教师进阶项目、学习共同体项目、专题研讨团队，名优教师设定三年目标，结对专家指导。另一条是青年干部的培养：岗位成才和工作例会、谈心谈话。对选拔的年轻干部队伍，基于岗位成才设定工作要求：上情下达不走样、下情上传要提炼、发掘问题找原因，解决问题有创意，工作执行有力度，事务达成要闭环，任务完成有复盘。要求年轻干部自我对照，不断优化工作流程。

在学部例会上开展工作研讨，从如何有效推进常规工作到如何完善学部年度计划，乃至如何实施新举措，均给予细化指导。及时的谈心谈话和方法指点推动各项工作有序开展，缓解了年轻干部的焦虑。

师大附中这两年干群关系和谐，教学业绩出色，得到学生家长的一致认同，被社会誉为"低进高出"的好高中。要取得更大进步还有许多需要完善、提高的地方，管理工作意味着责任，我们必须迎难而上，才能不辱使命。

纵观国家这40多年的高速发展，教育是我们成为世界上工业大国、产业链最全国家的根本保障，每个教育工作者都要有这样的底气和自信：强国有我。教育强国建设，既体现了教育发展的规律，也是民族复兴的必然要求。教育强国指教育自身要强、对外部的支撑要强，"强"体现在，教师、学生、教育内容和机制等要素能够协同支撑，为每一个学生提供适合的教育。同时，教育要对政治、经济、社会、文化发展形成"强"的支撑。教育的根本目标是培养德智体美劳全面发展的社会主义建设者和接班人。全面提高人才自主培养质量，需要教育人不懈地努力。

## 参考文献：

[1][2] 张志勇.深刻理解党的二十大报告关于教育的新思想、新战略、新要求[N].第一教育全媒体，2022-10-26.

[3] 朱永新.教育要积极应对中国式现代化战略需求[N].中国教育报，2022-10-27.

[4] 薛二勇.教育，从大国到强国的历史逻辑、理论逻辑与实践逻辑[N].人民政协报教育在线周刊，2022-11-3.

# 美育贯通构建"五育融合"育人格局的探索与实践

上海市北虹高级中学　张　峻

[摘　要]党和国家明确提出"努力构建德智体美劳全面发展的教育体系",然而现实中,"重智""疏德""弱体""抑美""缺劳"现象仍然十分普遍。在学校具体的管理实践中,"五育"也常常各自为政、互不相通,未充分发挥"五育"协同育人功能。在"五育融合"理念指导下,上海市北虹高级中学传承百年艺术教育传统,探索以美育贯通构建"五育融合"育人格局,着力建设学校"大艺术课程",提升了育人综合效益。

[关键词]高中　五育融合　美育　艺术课程

习近平总书记在2018年的全国教育大会上指出,"努力构建德智体美劳全面发展的教育体系",从国家经济社会发展的战略高度和未来人才培养的长远需求出发,确立了我国"五育并举"全面发展的教育体系。然而现实中,在教学时间有限、学生学习精力有限的情况下,面对高考升学压力,学校往往将更多的时间和精力放在考试科目上,使得体育、美育和劳动教育在学校工作中处于"讲讲重要,但做起来不重要"的地位。与此同时,在学校具体的管理实践和教学实践中,"五育"也常被划归不同的管理条线,"各自为政":德育通常被认为是学生管理部门和班主任的工作,智育似乎只存在于各学科的课堂中,体育是体育教师的任务,而美育仅限于艺术课程和艺术节活动,劳动教育只存在于班级日常劳动和学工、学农等社会实践中。

"五育并举"并不是各自为政、互不相通。"五育"之间既各自独立,又内在统一,其最终目标是一致的。落实"五育并举"关键在于,推进"五育"之间的融合,体现"五育"优势互补,发挥"五育"的综合协同育人价值。从学校实践层面看,关键在于因地制宜,明确学校"五育融合"的策略、路径和方式,把原先分离的、割裂的教育形态,通过一定的方式连接在一起,通过"五育融合",有效提升教育综合效益,从而促进学生的全面健康发展。

为实现"五育"相互促进,协同育人,北虹高级中学(以下简称"北虹")根据自身办学传统、办学实际和发展需求进行了积极而富有成效的探索。

## 一、文化引领,内化"五育融合"的价值追求

学校文化是学校育人系统的重要组成部分,是塑造和滋养全面发展的人不可或缺的教育因素。学校文化具有强烈、深刻、持久的教育作用和导向价值,对师生的思想观念、价值意识、行为方式乃至学校运行产生统摄性的影响。迈入新世纪以来,北虹继承注重全面育人的优良传统,不断进行改革探索,不断谋求创新发展。21世纪初,学校确立了"让每一个学生得到充分和谐的发展"的办学理念,结合国际上学校效能研究的有关理论,提出了新时期的办学目标,即积极创建育人为本、特色鲜明、设施先进、运行高效、民主开放的现代"有效学校",致力于将学生培养成为"有知识、有道德、积极的公民;品鉴艺术,有美学视角的生活者;追求卓越,能适应未来挑战的终身学习者"。办学理念、办学目标的明晰,进一步明确了学校的使命、愿景和价值追求,为学校发展和管理指明了方向。学校传承百年文化精髓,提炼出"自强不息、日新又新"的北虹精神,激励广大师生在新时期锐意进取;启动了"学校制度文化建设"项目,关注制度所蕴含的管理理念、人文精神和运行效度,确立"服务"为制度设计核心理念,构建以学生为圆心的同心圆式服务系统;拓展师生校园事务参与平台,强化多元主体和共同参与,推动"班级管理"向"班级治理"转型发展,"学校管理"向"学校共治"转型发展,强调"成事"与"成人"的转化统一。经过多年努力,学校形成上下一体、内外协同的文化价值系统,促进学生健康成长成为学校一切工作的出发点和落脚点,为形成"五育融合"育人格局提供了有力的思想保障。

## 二、"美育贯通",实现"五育融合"的关键策略

2019年,中共中央、国务院发布的《中国教育现代化2035》强调,"更加注重学生全面发展,大力发展素质教育,促进德育、智育、体育、美育和劳动教育的有机融合",从顶层设计角度出发,提出了"五育融合"发展的理念。2020年,中央办公厅、国务院办公厅《关于全面加强和改进新时代学校美育工作的意见》提出,"加强美育与德育、智育、体育、劳动教育相融合,充分挖掘和运用各学科蕴含的体现中华美育精神与民族审美特质的心灵美、礼乐美、语言美、行为美、科学美、秩序美、健康美、勤劳美、艺术美等丰富美育资源",明确指出各学科中都蕴藏着丰富的美育资源。"五育"怎样相融? 不同的学校可以采取不同的策略。科学求真,真是美的基础,德育向善,善是美的前提;美是真与善的统一体,美育可以贯通智育、体育、劳动教育各方面。作为一所具有悠久艺术教育传统的学校,北虹选择以"美育贯通"作为实现"五育融合"的关键策略,通过强化美育,带动诸育协同发展。

北虹艺术教育源远流长,学生演剧可以追溯到光绪五年,即1879年;乐队至少可以追溯到1884年,20世纪二三十年代学校鼓乐队饮誉沪上。这里诞生了中国戏剧教育的先驱

人物朱穰丞。新中国成立后,学校注重第二课堂建设,培养了著名导演郑洞天、词作家贾立夫等一批优秀人才。改革开放后,学校开设丰富多彩的艺术课程。1985年开始举办第一届"北虹之春"艺术节,迄今已连续举办37届。校合唱队多次荣获上海市重点高中合唱比赛一等奖,管乐队曾获华东六省一市管乐比赛二等奖。1994年,学校挂牌成为上海戏剧学院重点联系学校,艺术教育改革受到国家教委检查团的肯定。一批毕业于北虹的学生如高博文、马伊琍、孙俪等,活跃在艺术舞台上,为观众所熟悉。回首北虹百年艺术教育,可以发现有以下几个特点:第一,不以艺术技艺的习得为目的(术),始终着眼于"人"的生命境界的提升(道);第二,不局限于某一艺术门类,合唱、器乐、书画、表演等,百花齐放,注重以多样的课程丰富学生的审美体验,满足学生不同艺术爱好和特长发展的需要;第三,相较于艺术效果的完美呈现,更注重艺术实践本身的育人功能发掘,历来将多元丰富的艺术活动嵌入学校课程体系中,使之成为育人的重要载体。可以说,"以美立人"是北虹艺术教育的传统和鲜明特点,是北虹艺术教育之"魂"。

学校传承"以美立人"的艺术教育传统,根据国家对高中办学多样化、特色化发展的要求,明确了"艺术北虹"特色高中发展定位。"艺术北虹"旨在让学生通过艺韵校园的浸润、艺术课程的学习、艺术教学的滋养,丰富情感体验,获得美育素养的提升,即建立美的眼光和理性的审美标准(懂美),养成美的视角和健康的情感态度(赏美),提升美的创造和多元的表现能力(创美),形成美的追求和高雅的人格品质(尚美),最终成为"自信优雅的新时代公民"。

"艺术北虹"建设推动了德育、智育、体育、劳动教育蕴含的美育资源的开掘,并有效提升了德育、智育、体育、劳育工作品质。以德育为例,学校推进德育与美育有机融合,注重以美润心、以美养性、以美促行,形成"知美立美"行规教育、"青春织美"主题教育、"秩序致美"法治教育、"和谐至美"环境教育、"行励志美"生涯教育系列课程,取得了良好的育人效果。

### 三、课程建设,推进"五育融合"的主要途径

课程是育人的载体。在学校层面,课程与教学融合是推进"五育融合"最普遍、最直接、最基本的路径。我们围绕学校"自信、优雅的新时代公民"特色育人目标,结合"双新"实验的推进,对学校原有课程进行重构,形成了"一体、两翼"的"大艺术课程"框架(见图1)。"一体"指以国家课程为主体,充分挖掘国家课程中的美育元素和美育功能。"两翼"为校本课程,包括艺术融合课程和艺术领域课程,内容上兼顾人文、科技、生活三个方面,形式上涵盖视觉、听觉、综合艺术三大门类。

艺术领域课程围绕"懂美、赏美、创美、尚美"等美育素养培育,分层设计(见图2)。既有旨在提升艺术素养的基础课程,如美学通识、音乐、美术、戏剧影视欣赏等;又有关注个性差异的兴趣拓展课程,如乐器弹唱、平面设计、台词与表演等;还有以项目形式促进

图 1　大艺术课程框架

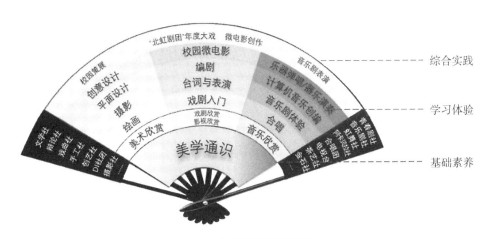

图 2　艺术领域课程图谱

学生特长提升和综合能力培养的综合实践活动,如年度大戏、音乐剧、校园策展等。三个课程群之间通过综合性的实践活动实现贯通,融为一体。

融合课程注重艺术与非艺术学科的融合。校本融合课程由艺术·人文、艺术·科技、艺术·生活三个板块构成。艺术人文课程的开发实施打通了学科界限,开阔了学生视野,比如人文科学组教师共同开发了具有地域特色的跨学科课程"百年外滩",科学技术组开发的体现科技与艺术融合的STEAM系列、实验拓展系列课程,有效激发了学生对科学的兴趣。艺术生活课程则体现了生活为艺术提供肥沃土壤,而艺术使生活更加多姿多彩。

## 四、方式适切,提升"五育融合"的实施效度

2020年,中央办公厅、国务院办公厅《关于全面加强和改进新时代学校美育工作的意见》明确提出,有机整合相关学科的美育内容,推进课程教学、社会实践和校园

文化建设深度融合,大力开展以美育为主题的跨学科教育教学和课外校外实践活动。北虹积极引导教师发掘学科审美价值,创新教学设计,推进"五育融合"在课程实施过程中落地。学校组织各学科梳理单元教学内容,编制《学科美育渗透实施指南》,明确美育渗透的实施途径;引导教师聚焦学生思维培养,积极创新教学设计。各学科教师尝试将艺术手段,如模型制作、视频拍摄、角色扮演、教育戏剧等引入课堂,增强学生学习的参与性、体验性,调动学生主动求知的积极性。如立体几何学习,从平面到空间,从具象到抽象,是一个循序渐进的过程。在多面体学习的入门阶段,教师设计了"神奇的正多面体"实物模型制作活动,帮助学生形成形象的感知,提升直观想象能力。信息技术学科教师在讲授数字图形编码时,创设"敦煌壁画修复"的情境,将壁画所呈现的独特艺术价值与技术的创新有机融合,促进了学生对科技创造美的认知。

综合实践活动是落实"五育融合"的重要方式。中国教育科学研究院课程教学研究所郝志军认为,"劳动教育和综合实践活动课程作为一种亲身参与、亲力亲为的直接的实践方式,体现出价值引导、知识运用、智力投入、情感渗透、审美赋予等综合多元的因素,内在地蕴含了五育的内容"。北虹将综合实践活动课程作为"大艺术课程"的重要组成部分,精心设计,使"五育"的内涵与教育元素在综合实践活动中得以有机融合统一。一年一度的"北虹之春"艺术节内容丰富,形式多样,时间跨度长,在全面展示学校艺术教育成果的同时,其本身也成为立体的、综合性实践平台,使学生得到全方位的锻炼。2016年,学校又以"青春剧社"为核心,组建了融表演、舞美、服化、剧评、宣传和统筹策划为一体的大型学生剧团——北虹剧团。学校许多社团都成为剧团的重要组成部分,围绕年度大戏制定活动方案:剧本的解读与人物形象分析、舞美设计、人物造型与服装设计制作、音乐音效的创编……不同社团的不同项目组,为大戏的表演提供了有力支持。学生在剧团这一综合性的平台运用多种学科知识,合作探究,达成工作目标。北虹剧团成为以学生为主体,以课程为依托,以年度大戏的排演为载体,全校师生共同参与的跨学科、项目化的创新实践的平台。

北虹的实践说明,这种以"美育贯通"来构建学校"五育融合"育人格局的策略、途径与方式等能更好地发挥"五育融合"育人功能;在加强美育的同时,可以促进学校德育、智育、体育和劳育品质的提升:学校德育与艺术有机融合,使德育的内涵、形式和手段进一步丰富,减少了说教意味,变得灵动、愉悦;艺术与学科的融合,打通了艺术学科与各学科之间的边界,发掘了学科中的审美要素,丰富了课堂教学的手段,强化了核心素养的培育;艺术与体育的结合,激发了学生的运动兴趣,起到了以美促体的效果;艺术与劳动教育的结合,促进学生技能提升,培养了学生的创新实践能力。北虹"大艺术课程"建设,推进了"五育融合",提升了教育的综合效益,促进了学生全面、和谐地发展。

## 参考文献：

［1］郝志军.新时代五育融合的路径与方式［J］.西北师大学报（社会科学版）,2022,59（03）.

［2］宁本涛."五育"融合：何谓、何来、咋办？［J］.陕西教育（综合版）,2021（04）.

［3］宁本涛,樊小伟.论"五育融合"的生成逻辑和实践路径［J］.杭州师范大学学报（社会科学版）,2022（05）.

［4］郝志军,刘晓荷.五育并举视域下的学校课程融合：理据、形态与方式［J］.课程·教材·教法,2021（03）.

# 以规划为抓手，有序实施"按章程自主管理"

上海市澄衷高级中学　潘红星

[摘　要] 上海市澄衷高级中学在创办之初就确定了依章程办学的传统，多份校史上的章程今日读来依然有重要借鉴意义。学校历届领导班子十分注意建立和完善章程执行的有效载体，除了逐步完善和优化学校制度体系，使章程条款具体落地之外，还十分注意以学校发展规划为抓手，分阶段实施章程的办学理念、办学目标与学校文化，实施学校管理、教育教学，教职工以及学生的权利与义务，学校、家庭、社区"三位一体"建设等，并通过建立学校规划自评机制，形成章程执行过程的闭环管理。

[关键词] 规划　有序实施　章程　自主管理

上海市澄衷高级中学创办于1900年，初名澄衷蒙学堂，由清末著名实业家叶澄衷以"兴天下之利，莫大于兴学"的赤诚之心和睿智眼光出资创办，开中国人兴办班级授课制学校之先河。1956年改为公立学校；1959年被确定为虹口区第一批重点中学；2009年被命名为虹口区实验性示范性高中，目前正在积极争创上海市特色普通高中。

学校创办之初，学校董事会根据叶公的遗嘱："悉心筹办，建造学堂房屋，订定一切章程，务求妥恰，克垂久远"，延聘刘树屏任首任总理（即校长），蔡元培任首任总教（即教务长），由他们酝酿、起草和形成了校史上的首份章程。自此以后，按照章程自主管理一直持续了很多年。

如今，学校已找到的1949年前完整的章程有5份，分别为：光绪辛丑年（1901）《澄衷蒙学堂章程》、光绪壬寅年（1902）《澄衷学堂章程》、民国十五年（1926）《澄衷学堂章程》、民国十八年（1929）《私立澄衷学校章程》和民国十九年（1930）《私立澄衷中学校章程》。

自1995年9月1日起施行的《中华人民共和国教育法》，要求设立学校要有章程，"按照章程自主管理"。2006年，学校以"持诚求真"为校训，关注因材施教，开始制定新的学校章程，恢复了依章程办学的传统。学校根据教育发展要求，又于2012年、2018年对章程进行了两次修订。2015年3月，在虹口教育局和虹口教育学会的领导和支持下，学校承办了"上海市中小学依法治校推进会暨虹口区现代学校制度建设现场会"第一分会。来自全国各地的专家百余人高度肯定了学校"依法治校，自主发展"的办学实践。学校公开出版了《百年澄衷章程资料及研究》。

从传统办学到现代办学的过程中,学校领导班子深刻认识到:"学校章程上承国家法律法规,下领学校内部规章制度,是学校成为独立法人组织的必备要件,是学校规范办学、自主发展的基本依据,是学校内部治理的纲领性文件,是现代学校制度的载体和体现。"如何根据教育法要求,"按照章程自主管理",学校领导班子十分注意建立和完善章程执行的有效载体,除了逐步完善和优化学校制度体系,形成《上海市澄衷中学规章制度》和《管理手册》,进一步完善细化,使章程条款具体落地之外,还十分注意以学校发展规划为抓手,分阶段实施章程的办学理念、办学目标与学校文化,实施学校管理、教育教学,教职工以及学生的权利与义务,学校、家庭、社区"三位一体"建设等,并通过建立学校规划自评机制,形成章程执行过程的闭环管理。

## 一、学校发展规划是章程办学目标的阶段性实施

学校发展规划在执行章程办学理念、办学目标等一系列过程中,将经历规划制定→实施→评价→改进等环节,通过阶段性的规划实施,不断开发学校发展潜能,提高学校的办学水平和教育质量,积极有效地将学校发展的理想转化为教育实践。主要表现在以下三个方面:

### (一)学校发展规划的制定,要关注学校章程办学理念的阶段性体现

在《叶澄衷给怀德堂诸董事的信》中,叶公澄衷表明了办学的初衷:"澄衷半生艰苦,自惭学问未深。每思造就人材,必须有人提倡,久欲在沪虹口设立学堂,延聘名师,专以教授中国经书为作人之根本,俾无力从师者,皆得就学焉","庶几从此学习之人,学有进益,大则可望成才,小亦得以谋业"。

1901年开办之初,刘树屏、蔡元培等教育家先后出任校长,为学校发展奠定了很好的基础,留下了宝贵的办学文化遗产。在1901年的《澄衷学堂章程》里就明确指出:"训蒙以开发性灵为第一义。教者了然于口,听者自了然于心;即或秉质不齐,亦宜循循善诱,不必过事束缚,以窒性灵。""性灵",就是人的禀赋和气质。人的禀赋和气质与遗传有关,也和教育有关;"性灵"可以被陶冶,也可以被泯灭;学校教育的功能首先是"不窒性灵",其次是努力地开发人的"性灵"。学校校史上长期沿袭"性灵教习"传统,办学历史辉煌,培养的5万多名毕业生中,很多成为行业的翘楚,有的更成为世界知名的学者,如胡适、竺可桢等。

1999年,在"二期课改"的背景下,学校提出"育人为本,有效发展"的办学理念。在当时应试教育盛行的形势下,这对进一步端正办学思想、提升办学质量起了很大的作用。

2018年最新完善的学校章程中,我们回望100多年历史,发现"性灵教习"传统和"育人为本,有效发展"办学理念两者一脉相承,都围绕"教育的本质是为了人的发展"展开。前者更强调教育应正视人的秉质差异,因材施教;后者更强调有效教育应围绕"育人

为本"来实施。基于以上认识,我们把学校办学理念凝练为"陶冶性灵,启迪智慧,涵养气质"。这样的表述既体现学校"性灵教习"的传统,又把"育人为本,有效发展"的核心精神融入其中,且具有校本特色。因此,我们把它写入最近完善的学校章程和当年正在实施的学校发展规划中。

**(二)学校发展规划的实施,要关注学校章程发展目标阶段性体现**

根据《国家中长期教育改革和发展规划纲要》《上海市中长期教育改革和发展规划纲要》以及《虹口区中长期教育改革和发展规划纲要》的决策和战略部署,为深入贯彻《上海深化高等学校考试招生综合改革实施方案》和《上海市推进特色普通高中建设实施方案(试行)》的相关精神,2018年修订的学校章程中将学校办学目标表述为:"继承百年历史名校的优良文化传统,为实现'环境优美、设备先进、德育为先、科研领先、特色鲜明、师资雄厚、管理科学、优质高效的上海市知名特色普通高中'而努力工作。"

章程的阶段性发展目标应当体现在学校发展规划中,2018年当时实施的《上海市澄衷高级中学"现代商业素养培育"特色发展规划(2016年1月—2020年12月)》就设置了实验性、主体性、示范性、条件性目标,侧重于培育"现代商业素养培育",并按照特色定位、特色项目、学校特色3个阶段推进。当下正在实施的《上海市澄衷高级中学五年发展规划(2021年1月—2025年12月)》已经有了配套的学校特色发展规划。

**(三)学校发展规划要关注学校章程培养目标阶段性体现**

基于学校特色发展的目标,我们在原有培养目标的基础上,将学生培养目标加入了现代商业素养培养目标,并把学校历史积淀中体现现代商业基础素养的部分提炼出来,作为现代商业素养重点培养目标。因此,2018年最新完善的学校章程中学生培养目标表述为:"能服务于未来社会的德、智、体、美、劳全面发展的合格高中生,成为现代商业素养突出,重责任、讲诚信、有性灵、能创新、善自律、会合作的澄衷人。"

章程的阶段性培养目标应当体现在学校发展规划中,2018年实施的《上海市澄衷高级中学"现代商业素养培育"特色发展规划(2016年1月—2020年12月)》和现在正在实施的《上海市澄衷高级中学五年发展规划(2021年1月—2025年12月)》,对"重责任、讲诚信、有性灵、能创新、善自律、会合作"进行了重点阐述,并且分年级设置了培养目标。

在执行学校章程提出的办学目标和培养目标的过程中,我们十分注意通过每学期的工作计划加以落实学校发展规划。每学期,各部门在制订工作计划时,必须对标学校发展规划,注意实施学年度的目标、措施,关注达成度。

## 二、实施学校课程方案,使章程办学目标执行有载体

章程办学目标阶段性的执行载体除了学校发展规划以外,还应有与之配套的学校课程方案。

学校校史上的几份章程有一个共同的显著特点,即主体部分的文字在7 800—11 000字之间,而且有关课程的文字占据相当大的篇幅;课程是章程的重要组成部分。1926年的章程共18章7 886字;其中,第二章"课程"有1 627字,占20.6%。1929年的章程共12章8 607字;其中,第四章"学科及学分"(相当于"课程")有2 587字,占30%。1930年章程共12章11 024字;其中,第四章"学科及学分"有3 522字,占32%。

2018年的学校章程,第四章是"教育教学管理"。在这一章里,阐明了教育教学基层管理机制和"三全"德育的工作格局,贯彻国家课程、地方课程和校本课程的三级管理体制,以及围绕学生培养目标设置的学科课程、拓展课程和综合实践活动课程,从而形成了具有本校特质的课程架构。

学校通过与学科课程有机结合,与拓展课程广泛结合,与综合实践活动课程深度融合的方式构建了学校的特色课程,推进了学校的特色建设,从而培育学生的现代商业素养,落实学生的核心素养,促进学生的全面而有特长的发展。学校每年还通过举办一次"商业嘉年华"特色课程展示活动,展示学校学生现代商业素养培育的成效。

为了确保特色课程的落实,今天,我们和校史上做法同中有异。相同的是,学校课程依然是学校章程办学目标阶段性执行的重要载体;不同的是,由于学校课程育人的核心地位,我们在学校发展规划之外做了学校课程专题方案。

继《上海市澄衷高级中学"现代商业素养培育"特色发展规划(2016年1月—2020年12月)》之后,学校制订了《上海市澄衷高级中学"现代商业素养培育"特色课程方案(2016年1月—2020年12月)》,包括学校商科传统和特色发展、"现代商业素养培育"特色定位和发展目标、"现代商业素养培育"特色发展课程体系、"现代商业素养培育"课程实施、"现代商业素养培育"课程管理和保障五部分。

学校按现代商业知识、技能和价值观,分"商之术""商之法""商之道"三个模块,通过现代商业素养与学科课程的有机结合,与拓展课程的广泛结合,与综合实践活动课程的深度融合,构建学校特色课程图谱(见图1)。

在制定与学校发展规划相配套的课程规划的基础上,每学年我们还制订课程计划,保证学校

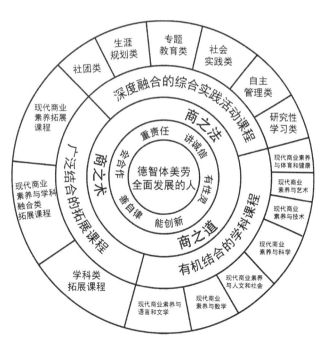

图1 2016—2020年学校现代商业素养培育特色课程图谱

章程办学目标的分阶段有效执行。

## 三、建立规划评价机制，形成章程办学目标闭环管理

要让学校的办学规划得以一步一步落实，在制定出符合学校发展实际的新规划的基础上，还需要对规划实施情况进行监督和调控。而除了外部的区督导评估外，更重要的是，学校内部应建立自我监控和自我评价的运行机制。

《上海市澄衷高级中学"现代商业素养培育"特色发展规划（2016年1月—2020年12月）》在实施过程中，十分注重建立自我监控和自我评价的运行机制，具体有以下几种做法。

### （一）规划年度自评

每年9月，学校各部门负责人在制订自己的学年度工作计划时，必须结合学校发展规划的重点发展项目和基础发展项目的年度目标、措施和达成度，确立本部门新学年的工作要点和检测点。学年结束，学校要求各部门负责人对自己分管的项目工作进行自评总结，然后由教代会代表按照满意、较满意、不满意实施评价。评价结果作为学校发展规划年度达成情况的重要资料存档，并根据评价情况确定下一学年需要重点加强的相关工作。上述方式确保了学校办学目标的分年度达成。

### （二）规划中期评审

在学校5年发展规划实施期间，区政府教育督导室一般要在规划实施两年之后，安排两天时间，组织督导室专家、教育局领导、兄弟学校领导、北外滩街道领导和社区居民代表、学生家长代表等督导人员到校实施规划中期督导评估。他们在听取学校校长对学校5年发展规划中期自评报告的基础上，深入课堂听课，查看档案资料，访谈教师和学生，并向全体教职工和部分家长发放问卷，最后形成书面的中期督导建议，反馈给学校，便于学校更好地实施后半阶段的规划。

### （三）规划终结性评审

一轮规划实施到期以后，虹口区人民政府教育督导室除了完成中期督导的所有工作程序外，还将对学校新一轮发展规划的全面构想提出意见和建议，给出终结性评审报告，并上网公示。规划的终结性评审报告又将成为学校下一轮规划的思考起点。

学校发展规划的实施成效主要通过学校发展规划年度自评和区政府教育督导室对学校规划的两种他评（中期评审、终结性评审）形式来反馈和评估，形成章程办学目标的闭环管理。此外，学校还通过上海市特色普通高中项目组专家的不定期指导、相关项目的专项评审、课题的结项评审、虹口区宏教评估所的年度绩效评估等方式对学校发展规划的实施情况进行反馈和评估。

学校如何"按照章程自主管理"，最好的抓手就是通过学校发展规划的实施，予以有序执行。因为学校发展规划的内容涉及章程里的办学理念与学校文化，涉及管理、教育教

学,涉及教职工、学生的权利与义务,涉及家庭、社区等。一个好的规划的制定、实施和评价体现了章程阶段性的办学思想、办学目标和培养目标的执行。规划目标达成,"按照章程自主管理"基本上也就能做到了。

今后学校将继续结合党的二十大精神学习,全面贯彻党的教育方针,坚持社会主义办学方向,积极探索现代化教育治理体系,以章程为统领,以规划制定、实施、自评、他评为抓手,以制度建设为保障,秉承"持诚求真"的百年校训,坚守"陶冶性灵,启迪智慧,涵养气质"的办学理念,坚持高中阶段学校多样化发展,健全学校家庭社会协同育人机制,通过市区级课题和项目引领,借力优秀校友资源和复旦大学管理学院、同济大学、上海立信会计金融学院等高校资源,系统实施学校课程规划,努力为国家、为社会培养更多能够担当民族复兴大任的时代新人。

# 在继承中发展，在探索中提升

上海市继光高级中学　金晓文

[摘 要] 在国家教育发展、上海教育改革的进程中，在虹口区推进教育高质量发展的要求下，普通高中的办学之路迎来新的机遇与挑战。本文重点阐述了一所百年老校在新时期里为培养学生成为"高素质、重能力"的社会有用之才，如何重新整合学校优势资源和传统特色，从而重构学校课程体系与促进教师专业成长，为学校发展注入新的思想与动力。

[关键词] 办学理念　师资队伍　校本课程

习近平总书记在党的二十大报告中指出，"教育、科技、人才是全面建设社会主义现代化国家的基础性、战略性支撑……坚持为党育人、为国育才，全面提高人才自主培养质量"[1]。这指明了我们办学的最高宗旨。笔者作为一所百年老校的管理者，始终牢记"培养什么人、怎样培养人、为谁培养人"三个教育的根本问题，重新整合学校优势资源和传统特色（德育、科技、体育），以实践能力培养为核心，以生涯教育与红色教育为轴线，重构学校课程体系，培养学生成为"高素质、重能力"的社会有用之才。

## 一、定位与思考

上海市继光高级中学（以下简称"继光"）是一所拥有124年校史的老校（前身为麦伦中学），历任校长励精图治，使学校在研究拓展"两课"、德育教育、体育传统等方面形成一定的课程建设的基础和特色。新时期里要想办好人民满意的教育，不仅需要传承发展，还要注入新的办学思想。为学校发展重新定位必是其首要任务。

于是我们重新梳理办学理念，以蔡元培先生题写的麦伦中学校训"忠、信、勤、勇"为基石，将为了每一位学生的终身发展作为出发点和落脚点，再次明确"让我们成为未来的社会中坚"是一个"双主体"。它既是继光学子成才的方向，也是继光教师成长的目标。在教育教学实践中，两者互动发展、交互推进、互为依托。

如此定位，是因为我们充分认识到学校发展的机遇及挑战，不能以培养社会精英为办学目标，而是考虑继光学生的学力，培养实实在在能贡献的社会人才。因此，学校的课程实施也必将围绕"尊重学生差异的同时促进其适度成长"的宗旨，既注重基础知识和基本能力的培养，也注重提高学生的科学思维能力的培养，激发学生的创新意识，提升实践能力。

## 二、规划与策略

### （一）顶层设想

基于近10年继光生涯教育实践基础，我们提出"立命信念""适性扬才"的生涯教育理念，并将这一理念融入现有课程建设中，从顶层出发改革并构建具有继光自身发展特色的课程结构。具体可分为3个层面。

1. 学校层面

从生涯视角出发，重构高中课程框架，科学把握生涯教育内容，把"立命信念"和"适性扬才"生涯教育理念融入平时的教育教学当中，指导学生结合自身优势对生涯进行合理定位，尽最大可能为学生的未来发展提供更好的成长环境。

2. 学生层面

认识学业和职业的关系，学会快速适应社会发展的能力，并且能最大限度地发挥自己的优势，尽力在"满足社会需要、积极参与社会分工合作"与"满足个体需求、匹配个体特质"之间找到平衡，制定出符合自己生涯发展的方向，并以此为导向，改善与调整现在的学习状态，以良好的状态和优秀的能力迎接将来职业的挑战。

3. 教师层面

采用现代人力资源管理理论与方法，关注教师的职业生涯发展，逐步完善有利于优秀人才成长的校本研修及人事管理运行机制，更大限度地提升教师自我发展、自我成就的生涯内驱力，从而建立一支传播"三真"（即真知、真思、真理），塑造"三品"（即品格、品行、品位）的专业师资队伍。

根据上述三层思考，学校以"实践力、思考力、信仰力、规划力"为培育目标，将生涯发展教育融入学校现有课程框架中，形成学校新的课程体系（见图1）。

### （二）实施策略

经过多年的教育改革实践，继光

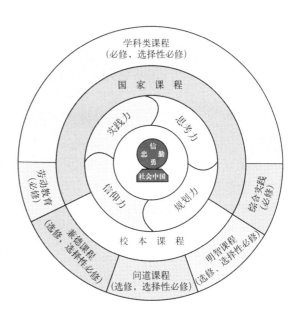

图1　学校课程体系图谱

已基本形成一套"诊断—突破—跟进—再递进"("DCIP")的行为模式。其中,D,即diagnosing(诊断、弄清);C,即cutting(切开、突破);I,即improving(改善、提高);P,即promoting(提升、再递进)(见图2)。

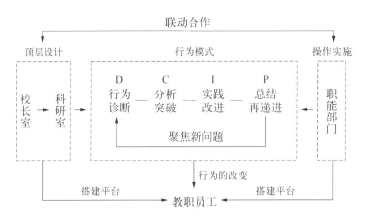

图2　"诊断—突破—跟进—再递进"行为模式

这种行为模式是指先调研实际状况,分析困惑,寻找问题根源。接着,结合学校发展实际需求,把握发展的着力点,确定问题解决突破口,提出适合发展的目标与要求。随后,依托专家、骨干教师引领,借助年级组、教研组活动,打造学习行动共同体,通过实践验证,制订推进教育教学问题解决的策略。最后,借助阶段小结,反思行动改进效果,以学校适时发展需求为基础,调整行动策略;分析改进措施得失,聚焦新问题,进行新一轮行动研究。

## 三、实践与成效

随着"双新"教改的落地,学校的课程建设结合"双新"要求加大课程改革的力度,在传承发展继光传统特色的进程中,推进多元课程建设,多方打造活动平台,并充分依托教师队伍培养,助推学校课程的特色发展和学生的全面成长。

### (一)优化"忠、信、勤、勇"为特色的校本课程体系

继光以"忠、信、勤、勇"为特色进一步统领整体的课程体系,结合国家课程的校本化实施,系统统筹现有生涯课程、科技课程、体育课程、校训课程,以及劳动教育和行规教育,形成多维整体建构的课程体系,为未来学校的办学特色表达提供强有力的支撑,并加强课程间的逻辑衔接与有效融合。

1.*"崇德"*课程

本课程是以学校红色文化为引领,以学生行为规范为基石,以协同育人为途径的德育课程。依据学校的德育阶段目标和红色文化资源,以"厚植理想信念、培育家国情怀、培养良好的道德素养"为目标,引导学生将自身的成长与家庭、国家的发展相联系,努力成为未

来的社会中坚力量。课程内容分为"校史通学""校史访学"和"校史研学"三大类，拟在学校原有相关德育活动的基础上，开发"校训主题教育课""追寻百年印迹""校史伴我行"等系列科目，从而打造体现继光红色文化的德育课程，并与学校课程体系有机融为一体。

2."明智"课程

本课程是以学科知识拓展为主线，以校园学习空间为平台，以思考能力和实践能力培养为目标的课程。课程分为"学科拓展类""创新实践类""个体特需类"三大板块。学科拓展类旨在让学生了解学科背后的文化和历史，激发兴趣爱好，夯实学科基本知识、基本技能，完善学生的认知结构。创新实践类多为依托校园学习空间，聚焦学科融合，通过问题研究，提高运用知识解决实际问题的能力，培育学生跨学科意识、思辨能力和探究精神。个体特需类则为学生个体需求而打造，旨在发展学生的主体意识，激发学习的潜能，为自我规划方向奠定基础。

3."问道"课程

本课程是以提升生涯认知、推动生涯实践为中心的专题式生涯教育课程。它以"自主发展、责任担当"为目标，从关注内在动机、提升认知出发，帮助学生在内外环境的探索中加深自我认知、促进社会理解、拓宽生命视野，最终形成"目标—策略—行动—反思"自主规划的生涯发展理念。先后创设"聆听未来足音""未发现的自我""我的未来我设计""预见未来的自己""未来请你来""登车大动员""视界触碰未来"等系列科目，构建起贯穿"高中—大学—职场"的"问道"课程。

**（二）打造"适性扬才"为特色的活动实践平台**

为了能让学生根据自身发展的优势资源（时间、精力、兴趣、个性、特长、志向）自主选择，优化个体发展策略，学校在整合适合继光学生发展需求的特色校本课程的同时，多方搭建平台，开拓渠道，让学生在多种体验中认识和完善自我，达到全面发展的目的。

1. 与JA中国的合作

学校和JA中国（青年成就中国）合作至今，共同开发商业经济实践的体验活动平台。通过JA志愿者与学校思政教师的联合指导，以体验式教学为主，学生能充分参与并体验产品的设计、开发、研制、销售等一系列过程，涉及经济学、社会学、管理学等多个领域。学生在解决问题的过程中进一步提升自我认知与社会理解的能力。

2."开学第一课"的变革

以"开学第一课"为契机，将校园传统活动（科技、人文、艺术）做了统整。以"巧匠、闻道、蕙心"为主题词，打造校园文化节系列活动平台。该平台以"求真、至善、尚美"为活动目标，以三类课程、社团为课程载体，将奇趣体验、交流感悟、艺术展示等相融合作为实施内容，每年一节，三年一循环，使每位学生在校期间都能体验到科技、人文、艺术不同的表现形式与丰富文化内涵。

3."学科竞赛月"的创新

近年来，学校依托"活动课程化"的方式尝试搭建三类学科竞赛平台，开展学科竞赛月活动,以此帮助学生学以致用,增强学习积极性,掌握学习方式,巩固学习所得。部分学科(数学、历史等)还依托"思维导图、金牌小讲师"等活动,多渠道、多维度激发学生自主学习的积极性,提升能力。

**(三)多措并举,师资队伍建设**

当我们在思考学校教育应该培养什么样的学生时,还应更多思考我们需要什么样的人来培养这样的学生。把教师成长作为学校内涵发展的原动力,不仅是促成教育教学成效的有力保障,还有助于学校课程的特色发展和学生的全面成长。

1."生涯导师"提升导学能力

学校借助现有的全员导师制开展经验,从任务驱动和兴趣驱动两种活动类型出发,根据"讲—练—评—习—评"的培训逻辑,采用线上、线下相结合方式,设计提升教师"导学"能力的"生涯导师"研修课程。它不仅规范学校导师制的运行,提升了教师专业化,还为学生提供了个别化的生涯和学涯指导,从而培养学生实践能力,满足学生个性化发展需求。

2."育星工程"助力青年成长

在校党总支的领导下,学校根据青年教师职业生涯发展特点,科研室牵手学校教师专业发展委员会,同时联合德育处、教导处、青联会等各部门,共同设计"育星工程",推出"三星计划",分别从主题学习、带教学习、对标发展、专项训练等途径开展系列化的培训,从"教""研""专"等角度帮助青年教师成长与成才。

3."专项培训"筑基教师素养

每年通过班主任工作的问卷调查,从实际需求中提炼出共性问题,制定"班主任专业成长"校本培训的总体框架,编写"班主任专业成长手册",有序提升班主任队伍的素质。

随着"双新"的落地推进,学校开展STEM理念下的项目化学习专项培训,以"垂直农场"项目为载体,让教师体验项目化学习的实施过程;指导教师在了解学校课程体系的基础上,推动其对教法、学法更深入地思考,期待促进教学行为的有效改变,从而有力助推学校课程建设与发展。

此外,我们还借助"闻道论坛"、"两长"培训、高学历进修、读书活动等,实施多元、分层、分类的培训方式,进一步加强师德师风建设,提高教师队伍的素质。

## 四、展望与思考

为了实现教育的高远目标,为扎实推动虹口教育事业高质量发展做出贡献,继光将在原有基础上不断强化理论学习并贯彻落实相关精神,努力在未来实践中实现突破。

**(一)进一步彰显校本课程特色建设**

目前在"双新"教改的背景下,学校根据基础条件、发展定位、师资力量、发展愿景及课程资源,对课程建设进行了细化和调整,初步完成课程的基础构建。但如何根据学校的办学思想,构建理想的发展愿景,开发校本课程并进行课程创新,朝着既定发展方向,逐步形成理想办学特色,尚需进一步规划并部署。

### (二)进一步提升教师队伍专业素养

目前,学校师资队伍较完备,年龄、职称结构有梯度,教师们适应性强、踏实认真、有可塑性。但是教师个人专长不够突出,在市、区内有影响力的骨干教师比重小,且教师的课程开发意识和能力仍有所欠缺。同时,高层次人才、高水平专业带头人、优质教学团队等引进培养效果也不明显。这都为学校实现整体式跨越带来一定难度。新规划期,如何立足学校发展需求、教师发展需求,开展教师职业生涯指导,提升教师群体专业素养,需要长远思考与布局。

### (三)进一步满足基于学生适性成长的多元需求

目前,学校已经在认清社会的教育需求、教育的可能性、生源实际情况等基础上,明确了学生培养方向,亦澄清了校训,但具体的育人渠道还相对粗放,有待于进一步细化和系统化。下阶段如何打造更好的学习空间,提供更多的产品(课程)来满足性格迥异、兴趣特长不一、素质高下有别的学生的需求是学校发展面临的最大挑战。

## 五、结语

为学生的成长蓄能助力,是继光一直坚守的初心。每一门课程的落地都是学校课改脚踏实地的成果,每一门课程的实施都是学校教育坚守初心的承诺。在党的二十大精神的指引下,继光全体教职员工将继续践行"忠、信、勤、勇"的校训精髓,搭建教育生态平台,让教育高质量发展最终落到学生的健康、快乐成长上。

## 参考文献:

[1] 习近平.高举中国特色社会主义伟大旗帜 为全面建设社会主义现代化国家而团结奋斗——在中国共产党第二十次全国代表大会上的报告[N].新华社,2022-10-25.

# 新优质学校建设的思考与实践

上海市虹口实验学校　温　静

[摘　要]上海市虹口实验学校作为上海市首批新优质学校,以"把百姓的孩子高高举起——让每一个孩子更优秀"为办学理念,开展精心的德育,开设精彩的课程,实施精准的教学,建设精美的环境,成为老百姓家门口的新优质学校。

[关键词]新优质学校　精心德育　精彩课程　精准教学　精美环境

2008年6月,根据虹口教育资源重新调整布局,原虹口初级中学和原运光学校合并,更名为上海市虹口实验学校。学校建校之初有31个教学班,975名学生,2022年发展为55个教学班、2 123名学生、185名教师,成为虹口区办学规模最大的九年一贯制学校、上海市新优质学校。

## 一、理念为先,优质均衡

虹口实验学校的学生大多数来自曲阳社区普通家庭。曲阳路街道是改革开放以来上海市重点建设的大型居民住宅区,是"全国文明单位"。两所相对薄弱学校的合并,赋予"虹口实验"这个响亮的名字,不仅寄托了党和政府对新学校的信任与认可,更承载了对学校未来的期待与美好愿景。

这些对学校管理层而言是优势,也是巨大的考验:如何使两所学校的师生尽快融为一体? 如何给周围翘首以盼的社区家长们一个肯定的答复? 如何使这样一所基础薄弱、体量巨大的九年一贯制学校走稳、走好,甚至走出品质、走出品牌? 一系列的问题急需解答。学校明确提出了"把百姓的孩子高高举起——让每一个孩子更优秀"的办学理念。"把百姓的孩子高高举起"是教育工作的崇高使命,"更优秀"指每个孩子今天比昨天有进步,哪怕是一小步,也蕴含着"更优秀"。

在先进的办学理念引领下,学校不断探索优质发展的路径。2011年4月,学校入围首批上海市新优质学校项目,率先开展"信心、行动、优质"市级展示活动。学校力求让每一堂课优质高效,让每一位学生都得到充分的发展,让每一位教师的才智在培育学生的过程中得到升华,提升每一门学科的课程品质,让学校成为提升师生命质量的幸福校园,成为老百姓家门口的好学校。

## 二、精准管理,努力实践

学校始终以满满的诚意和真挚的情怀开展精心的德育,开设精彩的课程,建设精美的环境,实施精准的教学管理,努力实践,并用教育托举每一位学生。

### (一)精心德育,完善人格

学生人格形成的过程不仅是一种道德知、情、意、行协同发展的过程,也是感知—体验—反思—导行的过程。学校结合九年一贯制学校办学特点,依据学生身心发展规律,分层细化分年级行为规范教育目标,并以课程化的方式落实。学校为学生量身打造符合其年龄特点的行为规范课程,完善"行规+"系列课程。

开展分年级仪式教育。一年级:"启智润心,筑梦启航"——一年级队前教育;二年级:"彩虹童心,领巾飞扬"——少先队入队仪式;三年级:"不负'十'光,感恩成长"——十岁集体生日;四年级:"携手共进,助力成长"——大手牵小手;五年级:"童心向阳,筑梦飞翔"——五年级毕业典礼;六年级:"情系红领巾,青春心向党"——换戴大号红领巾;七年级:"珍爱少先队,向往共青团"——团前教育;八年级:"青春十四岁,奋斗正当时"——十四岁生日;九年级:"感恩母校情,逐梦向未来"——离队仪式暨毕业典礼。各类仪式教育为学生成长留下幸福美好的记忆,让生命成长更温暖,让理想信念更坚定。

学校通过"行规+"系列课程,注重仪式教育,注重习惯养成,注重言行规范;通过走进博物馆课程,让学生了解社会、拓宽视野、增强社会责任感,端正自身的品行,将学校学到和要求的行为规范进行实践和检验,进一步内化和深化学校教育;通过主题教育月课程,让学生通过相关主题实践活动或讲座提升行规意识,进行正确持久的行为训练,养成良好的行为习惯,促进优秀品格的升华;通过体验活动课程,调动全体学生参与活动的积极性,为每一个学生提供交流分享的机会,同时关注他们在成长过程中存在的各种问题,使学生整体道德水平都得到提升,从而更好地落实行为规范教育。

通过德育课程活动设计,让每一位学生在课程实施过程中带着目标或任务去体验,让每一位学生的活动过程有记录、体验有思考,活动过后有感悟、有体会,并能与实际生活相联结。每一位学生在活动中的点滴收获都能与同伴分享,同时也能在展示中相互学习,提升法治意识、安全意识、规则意识,增强社会实践活动的能力;开阔视野,增长见识;培养学生爱国主义情操、正确的人生观和政治信念,有效促进化行为规范为行动自觉的教育养成,从而培养学生良好的行为习惯,完善人格,为学生未来的可持续发展和成长奠定良好的基础。

开展"学生行规十个好"实践,评选"虹实星尚少年",设有"全能之星""乐学之星""敬业之星""自律之星""礼仪之星""勤劳之星""友爱之星""公益之星""健康之星""进步之星"10个奖项。通过身边榜样的引领,激励每一位学生德智体美劳全面发展,完成由他律到自律、由自律到自育的重要转型,完善人格。

**(二)精彩课程,助力成长**

在虹口区"彩虹计划"的引领下,学校精心开发了"4+1"彩虹课程体系,设计每一门课程,使基础型课程校本化、拓展型课程多样化、探究型课程项目化,让校园里的每一件事、每个场景,都成为学校精彩的课程资源。精彩的课程实施让每一位学生具备"扎实的学科知识、自主的学习能力,有一样艺术特长,精两种体育项目,会多项科技制作",用精彩的课程来丰富学生人生经历,使学生的潜能与才华得到最大限度的挖掘与发挥,造就优秀人才。

"数学建模"课程是学校开发实施的学生交流数学思想、培养数学素养和创新能力的特色课程,引导学生运用数学建模方法解决现实世界的重要问题。学校着力于探索培养数学创新人才的新途径,推进育人方式的改革,组织六、七、八年级学生组建了"数学建模"社团研究队伍,参加各级各类比赛,荣获了"IMMC国际数学建模挑战国际赛"特等奖、上海地区数学建模联校活动特等奖等多项奖项。

学校努力挖掘课程资源,形成了非物质文化遗产类、安全类、科技类、艺术类、体育类、职业体验类六大系列的品牌项目。非遗类课程让学生在潜移默化中受到传统文化的熏陶;安全类课程让学生在真实的体验中学习救护知识和技能;科技类课程助力学生科学素养的增强,动手能力和创新实践能力得到发展;艺术类课程让学生在审美熏陶中发展创造能力;体育类课程让学生在挥洒汗水中锻炼了坚忍的意志;职业体验类课程让学生在更丰富的体验中理解职业精神,明确人生目标。

随着精彩丰富的课程实施,学校逐渐形成了特色课程项目,成为中国射箭协会射箭重点学校、全国消防安全示范校园、国家级规范汉字书写示范校、国家指南针计划专项青少年基地校、上海市语言文字规范化示范校、上海市防震减灾科普示范校、上海市消防安全教育示范学校、上海市学生消防教育体验中心、上海戏剧学院宋怀强艺术教育实验基地、上海市体育传统项目学校、全国青少年校园足球活动上海市布点学校。"上海说唱"荣获上海市普教系统"一校一品";"青鸟剧团"荣获长三角初中组团队三等奖、"最佳改编剧本奖"和"优秀个人表演奖"。

学校坚持多年的体育特色项目终有成效,涌现了一批国家级优秀运动员。肖裕仪从学校"虹玫瑰"女足球队脱颖而出,自从2015年进入国家队后,是中国女足的主力队员,为2022年亚洲杯女足比赛获得冠军踢出了决胜的一球。作为国家重点射箭学校,"十环射箭队"多次参加亚洲、国家级、市级青少年射箭比赛,成绩斐然,至今获得金牌36枚,各级各类奖项百余项;在2022年上海市第十七届运动会射箭比赛(青少年组)中荣获4枚金牌、1枚银牌、1枚铜牌,取得奖牌榜第四名、总分榜第四名的好成绩;培养了国家队员1名,上海市队运动员2名。

**(三)精准教学,造就人才**

教师的教与学生的学是师生智慧与心灵沟通融合的过程,只有精准的教学才能完成师生合作,共同演绎生命的完美,才能"把百姓的孩子高高举起——让每一个孩子更优秀"。

学校从学生发展出发,遵循学科规律,深化基础教育课程改革,扎实推进零起点教学和等第制评价,重视教学五环节,抓好对课堂教学过程的管理;坚持全员育人、全学科育人,围绕"一准二精"(精准教学、精确定位、精心服务)改善教学行为。

学校以市级课题"教师个体知识传递过程中教学行为改善的实践研究"为抓手,引入市级专家资源,参加市教研室重点项目"高阶思维研究项目""指向核心素养的新教研"等项目研究,围绕"温馨、情趣、有效835课堂教学模式",坚持教学相长,注重启发式、互动式、探究式教学;融合运用传统和信息化手段,重视情境教学;探索基于学科的课程综合化教学,开展研究型、项目化、合作式学习;充分发挥教师主导作用,引导教师深入理解学科特点、知识结构、思想方法,遵循学生认知规律,上好每一堂课;突出学生主体地位,注重保护学生好奇心、想象力、求知欲,激发学习兴趣,提高学习能力;开创了课堂内涵发展的道路,增强了学生的学习体验的成就感和幸福感。

学校倡导精准教学,关注每个孩子的差异特点,激发学生内在的学习动力,开展校本作业项目,优化作业设计,提高作业有效性。学校探索布置分层作业、弹性作业和个性化作业,设计探究性作业、实践性作业及跨学科综合性作业;全面落实"精选、精练、精讲、精评","有发必收、有收必批、有批必评、有评必订"的作业制度,充分利用课堂教学时间,加强作业辅导,着力培养学生自主学习和时间管理能力。

学校力争让每一堂课优质高效,让每一位学生得到充分发展,让每一个教师的精准教学在学生的成长中得到升华,让学校成为提升生命质量的乐园。

**(四)精美环境,陶冶情操**

校园环境对学生教育起着潜移默化的熏陶和启迪的作用,对学生的健康成长和发展必然产生巨大的影响。学校以人为本,充分发挥精美环境所营造的育人功能,让文化氛围时时刻刻在潜移默化中发挥作用。学校精心布置,创设校园文化,净化学生心灵,陶冶学生情操。学校力争做到让每一面墙壁都会说话,让每一条楼道都富有生命力,让每一个设施都具有教育功能。

学校着眼未来,合理优化教育资源配置,按计划、有步骤地推进学校布局调整工作,建设一个布局合理、生机盎然、整洁优美、宁静有序、蓬勃向上、健康和谐的校园环境:清爽整洁的校舍,特色文化长廊、文化墙,精美环境宜人,四季鲜花盛开,长年绿荫匝地;校园内流泉假山,花亭藤架,曲径通幽,是名副其实的"上海市花园学校"。学校努力营造绿化、净化、美化的校园,用优美的校园熏陶每一位学生,创造学生快乐成长的乐园,努力打造高品位的精美校园。

## 三、形成品牌,共建共享

在"让每一个孩子更优秀"理念的浸润下,全校学生拼搏奋进,取得优异的成绩,荣获了世界级、国家级、市、区各级各类比赛大奖,荣誉感和自豪感倍增;涌现了一大批优秀学生,如足球女将肖裕仪、射箭精英曹立宸、射箭好手周世杰,绘画高手、建模高手、时政达人等。一批具备专业引领能力的优秀教师脱颖而出,成为上海市班主任带头人,担任上海市空中课堂学科授课并参与名师讲座,多位教师被评为虹口区学科带头人、骨干教师。

学校还积极承担社会职责,参与我国中西部地区的教育发展,参与虹口区云南精准扶贫项目,和云南省富宁县新华镇中心学校、思源实验学校、格当小学,四川都江堰虹口小学等结成姊妹学校。学校承担上海市第四轮、第五轮、第六轮委托管理工作,委托管理崇明区三星中学、新海学校、大公中学,以管理互商、师资互赢、课程互享、学生互动、教学互研、文化互融六大互动为载体,发挥示范、辐射、引领作用。作为虹口实验教育联盟学校龙头校,学校探索发挥教育联盟四所学校的优势,通过跨校教研机制、培训共享机制和特色课程共享机制,课程分享,师资流动,做到优势互补、协同发展。2018年10月,学校举行"走进新时代 聚焦新优质"虹口区新优质学校集群发展推进会;2021年11月,顺利完成上海市新优质学校首批认证。

走在新时代的征程上,学校坚持立德树人,坚持遵循教育规律,坚持回归教育本源,坚持遵循学生身心发展规律,坚持为学生提供公平、高效、优质的教育,积极构建和谐校园,助力学生健康快乐成长,成为老百姓家门口的新优质学校。

## 参考文献:

[1]鲍传友.做研究型教师(第2版)[M].袁振国编.新时代教师教育丛书,北京:教育科学出版社,2022:15-20.

[2]刘月霞,郭华.深度学习:走向核心素养[M].北京:教育科学出版社,2018:11.

[3]韩艳梅.课程图谱[M].上海:上海教育出版社,2019:9-12.

[4]陈旭远.课程与教学论[M].北京:高等教育出版社,2012:25.

# 校长如何规划学校发展

上海市继光初级中学　孙光政

[摘 要] 如何规划学校发展是校长专业标准六大专业职责之一。据了解,目前许多基层学校在制定规划的过程中存在着比较严重的经验主义,重形式、轻效果,同时缺乏广泛调研和轻视总结、反思,往往会出现规划和学校实际发展"两张皮"的现象。本文旨在通过梳理学校制定五年规划过程中所碰到的问题,总结和反思工作方法、经验和教训,以期为同行提供一些借鉴。

[关键词] 专业标准　学校发展规划　SWOT分析

党的二十大明确提出,要办好人民满意的教育要求,这是我们教育人的责任和使命。作为一校之长,规划学校发展是校长的专业职责。回想起2020—2021年自己参加的上海市第六期职初校长班学习,让自己对学校规划制定、优化内部管理等,有了更清晰的认识和理解。同时通过认真学习《中小学发展规划》《校长的十二项专业历练》等相关专业书籍,自己对学校管理的认识得到了极大的提升。回顾起学校五年规划的制定过程和碰到的种种问题,有许多值得总结和反思的地方。

## 一、做好发展规划是校长的基本功

《义务教育学校校长专业标准》在"规划学校发展"中明确规定,校长的专业职责要做到:"诊断"学校发展现状,及时发现和研究分析学校发展面临的主要问题;组织社区、家长、教师、学生多方参与制定学校发展规划,确立学校中长期发展目标;落实学校发展规划,制订学年、学期工作计划,指导教职工制定具体行动方案,并提供人、财、物等条件支持;监测学校发展规划的实施,根据实施情况修正学校发展规划,调整工作计划,完善行动方案。

这是我们义务教育学校校长做好学校规划的标准和指导。只有按政策实施,才能科学地制定规划、跟进规划实施,规划也才能与学校的实际相结合,真正对学校发展起到真正的规划作用。规划是学校的纲,在此纲的引领下开展德育、教学、科研、师资队伍建设、后勤保障,才更具科学性和合理性。

## 二、做好发展规划的四点要求

陈建华教授在《中小学发展规划》中明确指出,作为新的管理方式的学校发展规划,主要强调四点:系统管理、科学管理、自主管理和民主管理。我们日常制定和落实、监测发展规划时,在这四点中都会有意或无意地出现明显问题,往往缺乏科学性、系统性或实践性等,容易闭门造车。

制定规划时,我们通常的流程是:自上而下布置任务、制定部门文本、整合文本、专家指导、文本再修改。即使进行优劣势(SWOT)分析也存在蜻蜓点水,或一个小团体规划讨论后确定的现象。我们在自下而上广泛听取意见、全员参与、计划与规划相结合、规划调整等方面就存在很大问题。

要特别注意的一点是,许多基层学校管理团队认为普通教职工由于站位、角度等问题,对学校发展的看法存在局限性,因此不需要他们过多地参与,而只需要最后进行表决即可。其实我们要明确的是,教职工就是学校的主人,无论所负责的工作存在何种局限性,但他们对一线和学校的校情是最了解的,更重要的是,所制定的规划的实施者就是一线教职工,因此更需要他们的参与和支持。

除此之外,我们的学生、家长、社区等都应参与进来,这样规划的自主、民主才能得以体现,才能具备实施的基础。他们的意见和建议可能并不全面,可能是具体而微、颇具针对性的问题。这些问题的解决关乎他们对学校发展的期望,考验的是学校领导层面的重视程度和问题解决能力。

## 三、五年规划实践的得与失

通过学习与具体实践,在学校规划制定过程中,我们发现有许多方面还需要去重新认识和认真分析、落实。具体表现为:

**(一)学校要精心安排规划的任务分工**

在规划制定过程中,学校当时还是进行了相对严密的组织工作的,包括成立规划管理小组、广泛调查意见小组、明确时间和节点、合理工作分工等,有组织、有记录、有反馈,同时具有一定覆盖面。当时的普遍感觉是:好像在时间节点、任务分工、意见听取、实施流程等工作上面面俱到,能够想到的都想到了,而且也取得了比较良好的反响。

但现在回过头来看,发现其实还存在很多比较粗糙和可以改进的地方,比如缺失社区和街道的意见征求。我们的学生都居住在本街道和社区,评价他们居家和在社区中的表现,社区应该更有一定发言权。其次,意见征求过程中,许多方面形式大于实际,在畅所欲言、头脑风暴、主人翁意识的体现方面还是有欠缺,说明学校的民主管理和建设方面的工作任重道远。今后,学校有必要将这方面的建设纳入新一轮规划的设计中去。

**(二)规划要重视各主体的意见和建议,在规划中有体现**

学校要根据多方面的意见和建议进行梳理和提炼总结,将碎片化的意见、建议进行系统化地整合,并融入学校的规划中去,使规划更加符合校情、学情。如听取学生方面的意见和建议时,学生在校园文化建设方面反映了学校设施设备、广播台建设等七方面的意见,在课程建设方面提出开设体育课和拓展课意见,在学生活动方面提出图书馆开放、文明休息等意见,均纳入了学校五年规划中。学校经过提炼、总结,将廊道建设、温馨教室建设、体育多样化开展、"五育并举"提升学生能力、文明修身等方面纳入了规划。

根据家长和教师意见征询情况,学校就在5年规划中考虑到如何形成学校特色课程,满足学生多层次、多类别的需求,适应中考改革需要;关注优质均衡背景下,差异化教学、辅导、作业的需要,课堂教学规范、学法指导,图书馆与基础课程结合,校训为例的德育课程建设,"五育并举"的学生发展课程,学生自主管理建设,师资队伍建设,校园软硬件建设,加强家校沟通,学生心理健康教育等内容。这些内容从实际出发,具比较强的针对性和实效性。

总之,通过归类和梳理,从中我们可以明显看到,无论是教职工、家长还是学生,对学校新一轮规划的期望和建议都能提供很好的启示和帮助。他们在文化、课程、德育、教学乃至后勤等都提出了针对性很强的建议,因此,规划时广泛征求意见是非常有必要的,这方面学校需要高度重视。

**(三)利用SWOT精心做好校情分析,制定规划**

做好校情分析,要结合传统、立足当下、远望未来,特别是要比照学校过去的SWOT分析,分析其动态变化,找准问题,制定解决措施。

如从SWOT分析来看,仅仅3年多的时间,学校的优势、机遇、威胁、挑战就发生了很大变化,或者说当时分析的问题与措施的匹配度有较大的偏差,措施在落地上有难度。比如,3年来学校课程、项目、常规等都取得了巨大进步,但在教师队伍建设、学生学业成绩、学生全面发展方面的变化并不明显,社会口碑也没有发生较大的变化。因而就要求学校在新的5年规划的制定和实施上都要精准分析、精心制定、扎实落实、及时调整、客观评价。

**(四)规划的制定要继承与发展**

规划制定应该在原有的基础上进行调整,通过立、改、废,使其更具针对性、科学性和合理性。

以学校的优势为例,学校与继光高级中学具有同样的历史和传承。继光初级中学1998年撤建;2002年为了满足周边百姓对义务教育的需求,重新建立初中学校。当时师资均为高中派驻,两所学校也是虹口区唯一没有围墙的,以"继光"命名两个学段的学校,继光初中的校长均为高中副校长前来就任。本来学校之间的互联互通应该非常紧密,在师资、场馆、学生培养、课程建设、育人活动、培训方面也应该成为一体化的楷模。但从实际情况来看,虽然一体化建设特别是师资、联合培训、场馆资源利用方面有了巨大进步,高中对初中提供了巨大的支持,但基本上仍处于点对点的联动方式,缺乏高度的战略合作。

这是目前存在的问题,但也正是学校今后发展的增长点和优势点。学生和家长、教师在这方面也有强烈的呼声。

高中的校史教育、校史文化已经润物细无声地渗透到了每一个角落,在外界的眼中,(麦伦)继光指的就是高中。继光初中的一位毕业生曾经在网络上发出这样的感慨,"原来大继光的校歌在高中"。其实继光初中的校歌、校训、校徽、校史文化等在学校章程里都有体现,但实际上大家却并不清楚。甚至校训解读也有差异,校徽的版式不一致,这些都是对学校规划制定的警醒。

在高中的支持下,现在学校在文化传承上逐渐一致化,校史教育、校史文化在每个角落的渗透逐渐增多,学校校训解读、办学理念、办学目标也基本做到了一致,在忠、信、勤、勇的德育和研究型课程建设、分层教学资源利用等方面也基本上能合作开展。历史文化的传统和发展对学生的成长也具有重要作用,学生的爱校、荣校风气蔚然成风。

当然,除了校史文化的继承发展之外,学校前几轮规划所最终确立的优势、特色也不能全盘否定,应该继承和发展。

总之,一个学校的发展在制定规划时除了正确定位、科学施策外,还要在实施过程中加强监控、适时调整,更要与时俱进、广泛参与。创办让师生、家长看得到希望的学校,必须加强规划制定,通过科学的分析、严密的组织、精心的实施去引领学校的发展,以规划引领学校质量提升,落实党的二十大提出的办好人民满意的教育的目标。

## 参考文献:

[1] 陈建华,魏志春.中小学发展规划[M].北京:北京大学出版社,2013:2.
[2] 顾泠沅,毛亚庆.校长的十二项专业历练[M].北京:北京师范大学出版社,2015:4-9.

# 五育融合，双线驱动，促教育优质均衡发展

上海市虹口区青少年活动中心 蒋 东

[摘 要] 虹口区青少年活动中心以党的二十大报告重要精神为引领，始终以"学生发展为本"的办学理念服务于广大的青少年学生，通过"一条路径"（"五育融合"普及培优），"双线驱动"（线下、线上提质扩容），"三型教师"（打造专业型、创新型、融合型教师队伍），"四位一体机制"（各方助力、合力育人），坚持落实立德树人根本任务，服务学生全面、个性成长，服务教师创新、融合发展，服务社会大众需求，促进教育公平，让"双减"落地，让素质扎根，推动虹口教育向优质均衡发展。

[关键词] 五育融合 校外教育 特色项目 双线驱动

## 一、问题提出

习近平总书记在党的二十大报告中提到，我们要办好人民满意的教育，落实立德树人根本任务，培养德智体美劳全面发展的社会主义建设者和接班人，加快建设高质量教育体系，发展素质教育，促进教育公平。上海市虹口区青少年活动中心（以下简称"中心"）作为校外教育单位，是推进区域学生素质教育的重要阵地，在教育引导未成年人树立理想信念、提高综合素质、发展兴趣爱好、增强创新精神和实践能力等方面具有不可替代的重要作用。近年来，"中心"坚定不移贯彻新时代党的教育方针，始终以"学生发展为本"的办学理念服务于广大的青少年学生，坚持落实立德树人根本任务，通过策划、开展丰富多彩、具有虹口特色的德、科、艺、劳校外教育项目为抓手，服务学生全面、个性成长，服务教师创新、融合发展，服务社会大众需求，促进教育公平，为加快建设高质量教育体系起到了一定的支撑作用。

"五育融合"是新时代背景下实现素质教育的必然选择。根据马克思主义关于人的全面发展的理论，"中心"聚焦一个总目标"实现学生的全面发展"，培育学生人文底蕴、科学精神、责任担当、实践创新等核心素养，实践探究在校外教育阵地中将"五育"中不同的知识、经验、思想，以更适合青少年学生的方式有机融为一体。"中心"聚焦该目标，积极实践校外教育"五育融合"的路径及方法，以校外特色项目为抓手，通过线上、线下双核驱

动的方式,促进青少年学生全面发展。此外,聚焦培养"三型"(专业型、创新型、融合型)教师,健全"四位一体"(校内、校外、社会、家庭)协同育人机制,充分发挥校外教育职能,推动虹口教育向更具活力、更加公平、更高质量发展。

## 二、实践探索

### (一)一条路径

"中心"以校外特色项目为抓手,通过策划开展各类德育活动、构建美育大平台、营造美育大环境、围绕"彩虹计划"科学素养工程提高青少年的实践能力和科学素养、打造"指南针"劳育试点基地等举措,坚持在实践中探索"五育融合"的方式与路径。

1. 开展显性或隐性德育主题教育

"中心"结合区域特色,策划开展"喜迎党的二十大,争做好队员"主题队会和队课、"红领巾奖章"、"930"烈士纪念日、"雏鹰"杯、"虹色记忆"探访等主题德育活动。同时,在红色影视、经典诵读、红色戏剧进校园、民乐进校园、红色舞蹈、校外科技项目化设计、指南针中国文化传统课堂等各类校外活动中渗透德育内容,深化德智美劳的融合。

2. 扶持、推动学校科技艺术特色发展

"中心"鼓励、带领基层学校形成鲜明的艺术、科技教育特色,服务、激励学校做强"一校一品"。联动、指导32所"指南针计划"试点校,覆盖中、小、幼各个年龄段。通过制定区科技、艺术特色校和特色项目的评审方案和评选机制,建设一批成效显著、具有影响力的基地学校,促进学校"五育融合"发展。

3. 打造具有虹口特色的校外品牌活动

科技方面,以区青少年科技节为抓手开展科普育苗活动,年均举办20多项、150多场,推进区域科普活动全覆盖。策划开展虹口区"小小科普讲解员""垃圾分类"主题系列实践活动,科学魔法秀、科普游园会等虹口特色品牌活动。

艺术方面,着力打造"区域一体化"红色戏剧项目。构建教育联盟机制,建立项目培训机制。借助上海话剧院、儿艺、上海京剧院等师资力量,成立名家名师导师团,开展"蔡金萍"名家课程。通过开展以"赏、学、讲、演、赛"为一体的教学模式,让学生感受戏剧的艺术魅力。

国学方面,开展非遗主题夏令营、"国风古韵"青少年才艺秀等品牌活动、指南针传统文化讲堂等线上、线下品牌活动,加强与上海教育电视台、哔哩哔哩网站的合作,扩大普惠面、提高影响力。

4. 指导学生参与各级各类竞赛活动

聚焦"面向人人"策划、开展艺术实践活动,做到全覆盖。"中心"每年组织、指导师生参加市级以上科技竞赛30余项,并根据竞赛要求,对参赛师生进行针对性辅导。

5. 完善区域人才选拔和培养机制

以青少年科学院和青少年科学创新实践工作站为抓手,加强与复旦大学等14所高校及科研院所的深度对接,辅导创新课题,培育科创人才。以"一条龙"的建设作为试点,培养艺术拔尖人才。2021年,已经完成了5个高中的龙头学校项目布局。后续将构建区域人才培育体系,横向做到区内、区外资源合作,纵向做到大、中、小一体化对接,鼓励优秀人才涌现,留住区域资优生,做好人才的跟踪和评价工作。

6. 对接学生科技、艺术综评需求

积极做好区级科技、艺术综评项目的管理和信息录入,惠及学生数量逐年递增;发展符合时代要求且具有虹口特色的区级综评项目,拟新增"指南针计划"单项比赛。

7. 加强校区内涵和环境建设

充分利用"指南针计划"基地六大体验馆,编制陶瓷、青铜等7套体验课程,面塑、剪纸、茭白叶编织和绒绣4项非遗系列课程,打造了"二十四节气""茶韵飘香"等80多节品牌微课;结合学校"快乐活动日"实施开放体验课程,已接待7万多人次;承接虹口区初中生职业体验,2021年度共接待21所学校近3 000名学生。

打造一站式、多方位的科技实践中心,集学生科技和劳动实践基地、课程研发基地、拔尖人才培养基地和教师培训基地于一体,为全面提升学生科创素养提供场地、师资和课程保障。

**(二)双线驱动模式**

信息技术的蓬勃发展为教育注入新的活力,学生课外学习需求的增长助推了教育模式的改变和教学阵地的转移。"中心"不断实践探索数字化转型,将线上、线下课程同步提质扩容,扩大辐射普惠面,满足需求面,从而推动教育改革创新。

1. 全面优化课程布局,增设课程数量

2021年秋季学期,为了让"双减"后学生在课余校外有更多的地方可去,有更丰富的课程可学,"中心"梳理校外教育课程,将德育渗透进现有的课程,分为科技、艺术、综合三大板块,并进行数量和内容上的调整。"中心"4个校舍每周线下共开设246个课程班级,惠及近2 700名学员,比"双减"前新增了24个项目、41个班级,增幅约20%。2022年春季,"中心"停课不停学,积极探索线上教学模式,共开设112个线上课程班级,完成了18周教学任务、3 442个教学课时,40位教师在线服务1 900多名学员。

2. 倾情打造数字资源,促进教育公平

为打破学习时间和空间的限制,满足不同学生个性化学习的需求,惠及更多的青少年儿童,近年来,"中心"积极实践探索线上教育资源的研发。通过建立智囊团,开展微课专题培训,提升教师课程研发能力。利用微课时间简短、内容精简、可反复观看等优势,设计要素完整且难度不同的艺术、科技、人文、指南针活动4个类别的普惠型、精品型微课,与线下教学形成互补。此外,以"中心"微课资源和市级课程资源平台为依托,系统性地筛选出一批优秀的科技、传统文化、艺术类课程,通过微信公众号向全区中小学生予以推荐。学校可按需选择,充实到每日的"330"课后服务中,为虹口教育"双减"的落实落地提供了大力支持。

### （三）"三型"教师

"中心"把师德师风建设放在首要位置,将培养一专多能的教师作为目标,打造专业型、创新型、融合型教师队伍,夯实校外师资力量建设。

#### 1. 以科研促专业提升

"中心"定期开展科研沙龙活动,做好教师们课题申报指导和过程管理。通过座谈会、专家讲座、经验分享会等多种形式,提高科研意识、完善教育理念,促进校外教育内涵发展。组织教师们积极参加全国、华东地区、市级和区级的科研成果评选和教育论文,为科研需求搭平台。

#### 2. 以教研促创新提升

"中心"教师成立戏剧、摄影、无人机、人工智能等11个区级品牌教研组,每月通过讲座、研讨、考察或课题研究,全面提升教师队伍的活动指导、策划、执行能力,以教研活动为抓手,不断更新教育理念、强化创新精神、总结积累经验,在教学实践、活动策划、竞赛指导中提高教师的创新能力。

#### 3. 以项目促融合提升

在项目策划、指导、开展过程中,打破学科界限,促进不同专业的教师互鉴互学、融合发展。在OM头脑奥林匹克、DI创意思维赛、传统文化等项目中,加强科技、艺术教师的合作,开展联合教研活动,提升科学素养和艺术涵养。

### （四）"四位一体"机制

为提高人民对教育的获得感与满意度,"中心"积极协调社会各方合力育人,尝试打造校外与校内、社会、家庭"四位一体"协同育人的良性机制。

#### 1. 联动校内

指导各中小学以校级平台为抓手,提高区域科技、艺术教育普惠面,争取校级活动人人参加。构建区级与校级协作联动网络,夯实科技、艺术、少先队辅导员团队建设。通过定期召开区艺教委员会、区艺术辅导员例会、区科技辅导员例会、区少先队辅导员例会等,发挥校外的服务及指导功能。

#### 2. 联动社会

"中心"利用好上海师范大学音乐学院、上海戏剧学院、华东师范大学、中国科学技术大学等高校及实践工作站,上海话剧艺术中心、东方艺术中心、文化广场等专业场馆,航海博物馆、天文馆、陶瓷馆等科普场馆和博物馆,中共四大会址等红色教育场馆,以及蔡金萍儿童戏剧名师工作室、胡蕴琪舞蹈工作室等名家工作室,将所开发、汇聚的资源输送给更多学生,逐渐形成多元网络联系、多方资源整合的运作模式。

#### 3. 联动家庭

由于校外主要利用课余时间对学生进行有目的、有计划、有组织的教育活动,所以需要家长的积极配合与支持,共同为学生的健康成长扎实根基。"中心"通过微信公众号、班级微信群、短信、电话等多种渠道,做好宣传和沟通工作,联动家庭成为促进学生全面发展的合力。

## 三、已有成效

1. 学生层面

科技、艺术等全面发展。5年内,虹口学子在科技竞赛和活动中共荣获世界奖项123项、456人次,全国奖项247项、913人次,市级奖项5 050项、7 177人次;共培育市级小研究员127名、区级424名;936名高中生完成工作站实践培育活动。虹口学子在2022年上海市学生艺术单项比赛中参与市级12个单项比赛,获得165项市级奖项;参加全国第六届中小学生艺术展演获得全国级一等奖4个、优秀节目创作奖1个、市级一等奖15个、优秀节目创作奖8个。

2. 教师层面

教科研硕果累累。近3年,"中心"累计科研获奖75人次、杂志发表26篇论文,在出版物中收录论文3篇,3位教师有正式出版刊物(教材);4项市级课题和16项区级课题立项,4项市级课题和10项区级课题结项;积极申报2022—2024学年虹教系统人才梯队,20名教师全部入选,分别有1名学科带头人、8名骨干教师和11名教学能手。

3. 学校层面

艺术类目前共有二中心小学等全国中华优秀传统文化传承校5所,北虹高级中学等市、区艺术教育特色学校20所,北郊学校面塑等艺术教育特色项目30个,市级学生艺术团2个(上海市学生艺术团仲盛舞蹈团、民办新华初级中学管乐团),虹口区学生民乐团等区级学生艺术团26个。科技类有广中路小学等国际生态学校3所,华师大一附中等"十四五"期间首批市科技特色示范校5所,民办新华初级中学头脑奥林匹克社团等市级科技创新社团5个。国学类共扶持了11所"指南针计划"试点校开发完成校本教材20本、学材12套。

4. "中心"层面

创编、改编的《笔墨丹心》《恰同学少年》等8部高中生红色戏剧作品作为每年的开学第一课进行公演,演出24场,观摩人数近25 000人次。"红色戏剧进校园的区域一体化路径实践研究"被立项为上海市教育科学研究项目。2022年戏剧线上开学第一课被"学习强国"报道,相关作品在虹口全域"大思政课"专栏"文艺课堂"进行专项展示。

"中心"策划的科普育苗系列实践活动在青少年科技创新大赛中累计获得全国一等奖1项、二等奖1项,市级特等奖1项、一等奖4项、专项奖11项。

截至2022年底,"中心"微信公众号共推出230节"虹"微课和23个"虹"舞台视频,总时长超2 400分钟,惠及逾10万人次;2022年3—6月,共推荐了186节线上优质课程资源,推文点击量逾5万人次。

我们校外教师团队将以党的二十大报告精神为引领,踔厉奋发,初心如磐,为培养德智体美劳全面发展的社会主义建设者和接班人不断自我革新、砥砺前行,从而使得校外教育更加满足社会发展的新要求、人民群众的新期待。

## 参考文献:

[1] 习近平.高举中国特色社会主义伟大旗帜 为全面建设社会主义现代化国家而团结奋斗——在中国共产党第二十次全国代表大会上的报告[N].人民日报,2022-10-26.

[2] 核心素养研究课题组.中国学生发展核心素养[J].中国教育学刊,2016(10).

# 用思想提升教育品质，用智慧彰显办学特色

## ——以党的二十大精神引领学校发展，培育时代新人

上海市虹口区丰镇第一小学　瞿晓意

[摘　要]围绕学校文化传承，聚焦核心素养培育，立足办学实际需要，学校提出走"丰美教育"创新发展之路。本文从"丰美教育"的丰富内涵、"丰美教育"的基本特征、"丰美教育"的主要抓手和"丰美教育"的行动策略4个方面，全面阐述了如何通过实施"丰美教育"，推动"以微育美，以小养情"实践探索，着力写好学校教育发展的通史，并演绎了对以往办学历程的敬重，也表达了对未来学校发展的憧憬，以高质量的教育培养高素质的人才。

[关键词]教育为先　人才培养　以美立人　丰美教育

党的二十大是在全党全国各族人民迈上全面建设社会主义现代化国家新征程、向第二个百年奋斗目标进军的关键时刻召开的一次十分重要的大会。习近平总书记代表党中央委员会所作的报告，立意高远，内涵丰富，思想深邃，具有很强的政治性、思想性、针对性和指导性。党的二十大报告关于教育问题的论述丰富、全面、深刻，并就科技创新、教育发展、人才培养单列一个部分，作为一个整体性的重大问题单独论述，有着特别的深意。并再次强调科教兴国、人才强国，明确提出教育是国之大计、党之大计，要坚持教育优先发展、建设教育强国；坚持为党育人、为国育才，全面提高人才自主培养质量。

作为一名一线教育工作者和学校管理者，笔者对科教兴国、人才强国有着更深的感受和体会。为党育人、为国育才，是教育的根本任务，也是教育人肩负的使命与责任。人才的成长成才离不开教育，着力培养优秀人才，让每一个学生都能接受合适的、最好的教育，是我们不变的初心。我们决心将党的二十大精神与学校工作结合，为建设新优质学校添动力，为培养新时代人才作出新的贡献。

要办好人民满意的教育，落实立德树人根本任务，关键要有前瞻谋划、创新思维，立足校情实际，在传承办学传统的基础上实现改革创新，促进学校发展，为人才培养提供助力。学校发展必须以规划为引领，规划学校发展是校长应该履行的主要职责，也是校长专业领导力核心素养的充分体现。作为校长，一定要有规划意识，把规划的制定与实施放在突出位置，纳入学校管理的重要内容，贯穿校长工作的全部实践，对学校发展作出积极思考和

认真设计;从实际出发,制定学校发展规划,对学校发展目标有科学定位,对学校发展走势有精准把握,对学校发展愿景有明确预期,用规划引领学校教育的可持续发展。

虹口区丰镇第一小学(以下简称丰镇一小)创建于1988年,至今已走过了35年的办学历程。多年来,学校始终秉持"一切为了孩子"的办学宗旨,坚持"以美立人,和谐共进"的办学理念不动摇,肩负使命,铭记责任,凝聚共识,主动作为,在深化教育改革、促进学校发展方面,作出了不懈努力,取得了明显成效。

随着改革进入深水区、攻坚段,学校发展也正面临新挑战。在发展学生核心素养已成为世界教育共识的大背景下,如何以前瞻的眼光和辩证的思维去审视学校办学现状,坚持"以生为本"的思想,去创造适合学生发展的教育,成为时代赋予我们的一个实践命题。丰镇一小的广大干部教师勇于挣脱传统观念的束缚,突破保守思想的藩篱,围绕学校文化传承,聚焦核心素养培育,结合新一轮学校发展规划的制定,经过认真思考,慎重抉择,明确提出了走"丰美教育"创新发展之路。通过实施"丰美教育",推动"依微育美,以小养情"实践探索,着力写好学校教育发展的通史,演绎了对以往办学历程的敬重,也表达了对未来学校发展的憧憬。这不是一般意义的学校规划的研究和制定,而是一次旨在推动学校在更新起点、更高层次、更优品质上发展的战略谋划。这是历史的积淀、时代的呼唤,更是以"尚美文化"引领发展、以"丰美教育"铸就品牌的必然选择。

## 一、"丰美教育"的丰富内涵

"丰美教育"是一个内涵丰富、意蕴深厚的教育实践探索活动。这一概念涉及两个关键词,即一个是"丰"字,另一个是"美"字。所谓"丰",指的是校本课程"丰"、教育活动"丰"、过程评价"丰"、办学成果"丰";所谓"美",指的是校园环境美、师生形象美、学校文化美、教育生态美。

课程"丰"——旨在满足学生成长需要;活动"丰"——旨在释放学生发展潜能;评价"丰"——旨在推动以评促学优教;成果"丰"——旨在实现师生价值追求。

环境美——发挥优美环境的潜移默化育人作用;形象美——彰显全校师生的精神风貌与良好品质;文化美——聚焦学校文化的精神内核与实践价值;生态美——推动三类教育的协同发展,形成合力。

"丰"是基于多彩课程、趣味活动、多元评价、办学绩效所焕发的功能特质与取得的丰硕成果;"美"基于优美环境、鲜明特质、厚重文化、良好生态所展现的形象气质与发展优势。

## 二、"丰美教育"的基本特征

### (一)彰显标准,强化标准引领

学校努力打造"礼仪、书香、智慧、平安、美丽"的丰美校园,培养"品行好、学习优、身心健、才艺强、劳动勤"的丰美学生，成就"心中有爱、腹中有墨、眼里有光、手中有艺、肩上有担"的丰美教师。

**（二）重视实践，搭建实践平台**

将基本规律、先进理念、科学方法对接到教育管理和教学实践，在实践中孕育思想、积累经验、释放潜能、展示风采。

**（三）崇尚融合，凸显独特魅力**

将"丰"与"美"有机融合，以"丰"提升"美"，以"美"带动"丰"，让"丰"与"美"相映生辉、互为助力，融合共进，让"以美立人"的教育思想在传承接续中展现出历久弥新的强大生命力。

**（四）注重协同，形成行动合力**

实施"丰美教育"，要构建协同办学体系，从不同职能部门、不同学科组室、不同教学团队、不同责任主体等多个维度，加强协调配合，为推动"丰美教育"凝聚智慧，汇集力量，整合资源。

## 三、"丰美教育"的主要抓手

推动"丰美教育"实施，实现既定发展目标，学校的主要抓手是：

**（一）推进四大任务**

队伍建设——加强教师专项培训，为"丰美教育"提供人才支撑。

环境打造——突出环境的教育性，彰显润物无声的作用。

课程开发——丰富学生学习经历，满足学生多元选择需求。

活动设计——强化学生实践体验，充分发挥活动育人价值。

**（二）提供三大保障**

组织保障——成立工作专班，认真履行主体责任，加强对全面推进"丰美教育"有效实施的科学管理。

机制保障——从突出组织优势、强化管理职能的视角，建立党政协同机制，实现支部和行政在推动"丰美教育"实施，促进学校发展中的"双作用"发挥。实施"丰美教育"是一项系统工程，需要校内各部门加强统筹协调，密切配合，举全校之力，汇群体智慧，确保各项工作落实到位。

资源保障——加大资源投入力度，包括人才、课程、物资、经费等，实行专项管理，实现资源投入使用效益最大化。

## 四、"丰美教育"的行动策略

"丰美教育"须大处着眼，小处入手，细细养成。因此，我们提出"依微育美，以小养情"的行动策略。

这里的"美",指信念坚定、理想崇高、品质优秀、人格完善。"育美",即通过实践教育活动,培育学生拥有坚定信念、树立崇高理想、彰显优秀品质、形成完善人格。这里的"情",指情怀、情操、情感、情趣。"养情",即依托学校文化涵养,促使学生具有深厚的情怀、高尚的情操、丰富的情感、高雅的情趣。

结合"丰美教育",大力实施"六微"行动,即微课程开发、微教学设计、微环境打造、微制度建设、微活动开展、微成长评价,让学生在微课程学习、微活动实践、微环境熏陶、微制度约束的过程中,获得微实践体验——体验过程的艰辛、体验探究的乐趣、体验成功的愉悦、体验被爱的幸福、体验合作的力量、体验集体的温度。取得微成果收获——一项证书的获得、一种习惯的养成、一科成绩的提高、一种态度的转变、一类品质的形成。开展"六微"行动,力求以小细节推动大转变,以小切口实现大目标,以小进步促进大发展。

践行"以美育人"的教育思想,推动"丰美教育"的创新实践,是基于教育的本质、寻求办学新增长点的需要,也是借"丰美"的寓意,对如何让学校教育更具丰厚底蕴、更显美学特质、更坚持办学传统的新思考、新实践。以"丰美教育"深耕办学内涵,以"丰美教育"催生"六微"行动,展示学校为办好百姓家门口的优质学校的探索之路、创新之举和实践之效,让人们真正读懂丰镇一小的"丰美教育"是持续深化的教育、内涵发展的教育、坚守本真的教育,真正感受到学校广大师生生命的绽放、潜能的释放。

学习党的二十大报告,我们倍感振奋、深受鼓舞;贯彻党的二十大精神,踔厉奋发、勇毅前行。我们将始终坚守自己的慎重抉择,倍加珍惜不懈地艰苦付出,将为党育人、为国育才的使命与责任根植于全校党员干部和教职工的心中,扎实有效推进"丰美教育"实施,以思想的伟力提升教育品质,以智慧的创意彰显办学特色,为虹口早日建成教育强区贡献力量。

**参考文献:**

［1］义务教育阶段教育教学改革纲领性文件出炉［N］.人民日报,2019-07-09.
［2］习近平.高举中国特色社会主义伟大旗帜　为全面建设社会主义现代化国家而团结奋斗［N］.人民日报,2022-10-26.

# 系统观念指引学校发展

上海市虹口区凉城第三小学　袁曼丽

[**摘　要**]党的二十大报告指出,必须坚持系统观念,推进各项事业发展。学校管理工作遵循"理念—策略—行动"系统思考原则,架构学校发展路径。其中"办学理念"中系统地思考了学生差异带来的不同需求,使工作方向更明晰;"实践策略"中思考了主要抓手,即以教学中的"四能"研究为核心课题,旨在解决学校最为关键的教学问题;"行动方案"则从文化建设、课程建设、教学研究、德育实践、信息助力5个途径,系统设计学校发展的方案。

[**关键词**]系统观念　实践策略　行动方案

党的二十大报告指出,必须坚持系统观念,不断提高战略思维、历史思维、辩证思维、系统思维、创新思维、法治思维、底线思维能力,为前瞻性思考、全局性谋划、整体性推进党和国家各项事业提供科学思想方法。

这一内容指明了提高社会主义现代化事业组织管理水平的方向。坚持系统观念,是学校管理工作必须遵循并坚持的原则,是不可或缺的方式方法。学校的办学理念设定后,紧接着就是制定实践策略,落实高度有效的管理。"理念—策略—行动"方案本身是个系统,也保障了落实的系统性。

## 一、办学理念的系统性

优秀的学校其办学理念要有一定的系统性,对学校的发展要有全局性谋划,在推动学校各项工作中,要统筹安排、整体推进。

"每一个学生都重要"是凉城第三小学的办学理念。学校一直秉持关爱每一个学生,发展每一个学生的办学理念,指引学校发展。"每一个"既包括了"所有、全部",也直接指向"个体"。我们关注学生个体间的智力差异、人格差异、认知方式差异。所以,这里的"每一个",体现的是学校以学生为本的思想。"都重要",表示我们既不会放弃任何一名学生,又关注差异,让每一个学生都能进步,都能获得充分的发展。要实现"都重要",就要因材施教,强化教师在执教中的科学研究。

从上面的描述,不难看出,学校在提炼办学理念时,思考的是学生和教师在学校成长发展中的实际与需求。对学生差异的认知、尊重,对教师教学策略的导向、引领,都将为办学目标与培养目标的制定提供上位思考,为教师专业成长明晰指向。

## 二、实践策略的系统性

围绕提炼的办学理念,学校在制定实践策略时,首先要厘清目标,其次要明晰指向,然后再确定主要策略,达到系统思考、精准实施、有效突破的目的。

### (一)厘清目标

**1.办学目标**

学校秉承"每一个学生都重要"的办学理念,倾心培育每一个学生,把学校办成"家长称心满意、行内声誉良好、社区口碑一流"的家门口好学校。

**2.学生培养目标**

学生培养目标是,培养"向阳、向善、向上",有责任心的小学生。学校通过各类德育活动、课程实施,立足课堂,依托家庭和社会,培养具有"向阳、向善、向上"品质的小学生。

**3.教师发展目标**

深化学习共同体建设,积极培育和打造"勤于学习研究、善于互助分享"的智慧型教师群体,促进教师师德修养和专业素养在原有的基础上呈现整体提升。

### (二)明晰指向

**1.学生成长**

学生成长从4个路径去实现。这4条路径互相作用,最终系统地达成学生综合素养的全面提升。首先是德育工作,通过全员导师制,关注学生心理健康;借助少先队主题教育和阵地教育,做好政治启蒙,从而丰富学生的生活;落实劳动教育,培养劳动技能,强化劳动意识,提升责任担当。其次是教学工作,强调学习过程中以学生为本的学习方式的落实,在学习经历中促进各种能力的发展。再次是家校合作,通过家风建设,营造和谐家庭,保障学生健康成长。最后是充分利用社会资源,丰富学生成长经历,开阔学生视野。

**2.教师发展**

根据上海市教委发布的《中小学教师人事管理制度建设工作》文件精神,结合各层级教师发展的需求,从师德素养、工作方式、工作内容、绩效考评等角度,整体构建教师队伍建设方案并加以实施。

(1)支委会的架构。2022年1月,中共中央办公厅印发了《关于建立中小学校党组织领导的校长负责制的意见(试行)》。学校围绕"发挥中小学党组织领导作用、支持和保证校长行使职权、建立健全议事决策制度、完善协调运行机制、加强组织领导"5个方面,系统部署人员分工，每周四召开支委会会议，保障实施与落实。党员核心队伍的人员分工，从管理的需求、行事的流程、决策的制度等方面，提升相关党员教师的参与感和责任感，系统做好政治引领和学校文化建设。

（2）行政团队调动。落实周五"校务会议协商制"，全员协调统筹；开展分管领导"项目负责制"，鼓励"别人无我有，别人有我优"；落实不封顶的工作团队奖励制度，积极引导分管带领下的教师团队在市区各层面创品牌。

（3）研究型教师团队发展。对照区研究型教师梯队工作考核标准，由教导处和科研室分别落实工作布置和相关考核。教导处结合学校工作需求，为研究型教师梯队建设搭建平台；科研室为教师聘请专家辅导。研究型教师团队的发展是学校教师整体前行的领头羊和催化剂。

（4）青年教师和见习教师成长。由副校长牵头，设计青年教师培养学期计划，指导"师德师风、专业成长、职业规范、合作敬业"等主题培训。由教导处牵头，对见习教师和部分青年教师进行师徒结对工作的落实。

**（三）确定主要策略**

学校将培养小学生"四能"作为推进教育教学发展的主要策略。"四能"具体指发现问题、提出问题、分析问题、解决问题的能力。将"四能"作为抓手，目的是坚定教师的课改理念，以培养学生发现和提出问题的能力为出发点，在课堂教学中按照科学规律，培养学生学会学习，提升核心素养。

从学生成长的角度看，培养学生"四能"，旨在发展学生的创新思维。从教师成长的角度看，教师在实践过程中形成培养"四能"的教学原则、策略、方法。这一过程吸纳了先进的课程理念和教学方法，实现了自身能力的提高。

## 三、行动方案的系统性

围绕实践策略，我们设计了具体行动方案，从文化塑造到课程设置，从教学研究到德育实践，还有信息技术的助力，从而系统架构、整体实施。

**（一）文化塑造**

学校文化就是师生行为，塑造文化就是塑造师生符合价值观的习惯。当学校里创造的满意、感动、惊喜成为常态，校园文化就逐渐塑造出来了。

1. 建章立制

围绕满足学生和教职工的需求，营造师生想要的工作学习氛围，学校通过教代会，定期梳理章程制度。学校管理者再由下至上进行归纳总结，形成核心价值观。这样的制度完善要与时俱进，符合当下学校发展需求。

凉城三小教师平均年龄偏大，成熟教师发展内驱力不强。结合教师人事制度改革，学校教代会共同讨论，完善"教师激励加分制度"，把学校工作（如科研、教研、班主任工作等)纳入教师激励加分。采用学校公示加分项目,教师主动报名承担,学校予以证明加分的工作流程,为教师职称晋升助力,调动教师的积极性。

### 2. 规范行为

针对校园工作和生活场景的规范,教职工参与研讨并制定,知道日常行为中什么是符合价值观的。比如,作业批改规范、广播操巡视指导规范、早读管理规范、专用教室和教室卫生标准等。

### 3. 传播精神

明确了行为标准,学校就要广泛地宣传它。学校选择符合价值观的行为故事,特别注重发生在学校内部,能够引起大家共鸣的,符合办学理念的故事。

### (二)课程设置

#### 1. 国家课程

学校除了严格落实市教委下发的学年课程计划,关注5项管理政策的落实。保证学生每天校园体育活动时间,认真落实各年级"五课、两操、两活动"。在三年级和五年级开展读本的教学,积极推动教师深入探索读本的指导下与必修教材深度融合教学的方法和路径。

#### 2. 校本课程

建设完成校本课程《漫游太空》,重点做好以下工作:课程内容融入信息技术支撑,学习方式体现项目式学习,呈现学习过程的多元性。学校成立教研组,开展研讨,完善学案,固化学具。

#### 3. 快乐活动日课程

学校从体育、艺术、科技、人文、学科提升等几个维度构建快乐活动日27个内容;采用走班制的方式;根据竞赛和普及的不同需求,进行校招和自愿报名。

#### 4. 社团建设

如表1所示。

**表1 学校社团**

| 社团类别 | 社 团 名 称 |
| --- | --- |
| 艺术人文 | 竹笛演奏、中国大鼓、扬琴、少儿街舞、少儿拉丁舞、主持人表演、低年级国画、高年级国画 |
| 体育运动 | 足球队、武术操、国际象棋、羽毛球 |
| 科技创新 | 乐高搭建 |

### (三)教学研究

学起于思,思源于疑。发现和提出问题比解决问题更重要。学校通过"适应学生发展的'四能'教学范式研究"，促进学生成为一个阳光自信、善于思考、会解决问题的学习者。

"范式"有两层意思：一是共同体的共同承诺集合，二是共同体共有的范例。这里的教学范式是指"四能"培养的课堂教学的一种约定、一种课堂教学的范例。

1. 研究目标

（1）构建培养学生"四能"与创新思维的内容与途径的框架，在积极思考中学会合作、追求上进。

（2）形成培养"四能"的原则、策略、方法等。

（3）教师在实践过程中吸纳先进的课程理念和教学方法，勤于探索、敢于突破，实现自身能力的提高。

2. 研究内容

（1）开展对影响"四能"形成和发展的因素研究，形成初步意见，以培养"自信、善思、会求"的学生学习风貌为宗旨，指导教师开展进一步的培养工作。

（2）开展对培养学生"四能"的教学策略的研究。根据学生的年龄特点，分学段培养学生发现、提出问题的能力，开展对提高能力策略的研究。主要有创设课堂民主氛围，建立平等师生关系；创设问题情境，培养问题意识；创新适宜教法，促进有效教学等策略。

（3）课堂教学中关注并促进师生、生生之间的互动交流。同伴之间的辩驳争论，是激发与引导深入思考的重要因素；教师在对问题的引发或导向中起着重要作用。

（4）探索培养学生"四能"的课堂教学模式，以课堂教学为主阵地，以教学案例研究为依托，以培养学生学会解决问题为宗旨，探索有利于培养学生发现、提出问题能力的课堂教学基本模式，加以研究推广。

（5）积极评价学生的质疑深思、分析探究的种种表现。运用教师评价、同伴评价，激发学生提问的积极性并提升提问质量，培养学生主动学习的求知欲。

**（四）德育实践**

以学校共同体文化为基准，以"每个学生都重要"，不放弃、有进步、可发展的理念为引领，积极探索学校、家庭教育合作的新机制。学校开展"家校合作，推进家风建设的实践研究"，深入推进家风教育，把家风教育的研究和活动的实施纳入学校德育5年计划项目中。

1. 研究目标

发挥学生自主性，注重教育引导，以家校"立交桥"来沟通学生的两个成长空间，让学生认识、感悟、体验和传承优良家风，并在日常生活中践行，以此促进学生道德进步与成长。

2. 研究内容

推进家风建设的"五式"协同合作具体包括以下内容。

（1）指导式。学校充分挖掘家风建设的关键因素，对家长进行有针对性的培训指导或邀请专家解读。

（2）探讨式。建立"家校网络",通过三级家委会进行"什么才是好家风"的探讨研究。

（3）参与式。开设家长学校、女童教育、心理健康教育、家庭教育等活动,让家长在家风建设过程中有所体验、感悟、提升。

（4）互动式。"传承家风文化建设,造就孩子美好人生",家长好家风的教育经验交流、传递活动。

（5）亲子式。通过喜闻乐见的活动形式,开展亲子式的"家风传承发扬"活动。

### （五）信息技术助力

1. 校园云平台的有效应用

完善数字校园管理系统,充分利用校园网数字化平台"知行校园"开展信息处理、日常工作安排、教学、德育、后勤管理等无纸化办公;通过云平台建设,构建数字化校园管理体系;"资源共享,深化研究",支持教师不断更新知识储备,创建网络研修体系;以教师为核心构建教学资源库。

2. 技术助力教学变革

（1）运动手环和"云作业"。建立实验班,利用体育运动手环,提升体育课实效性和科学性;尝试利用体育"云作业",落实"课外一小时"的锻炼。

（2）"漫游太空"校本课程建设。在原有特色课程的基础上,学校借助信息技术手段,优化课程内容和学习方式;学校成立教研组,定期开展教研,保证教学质量;积累优秀的学案、完善学具配备、教学资源配套。

实践证明,有了系统观念,无论所处办学形势是顺境或是逆势,都会不可避免地推动新措施,这样愿景就不会成为高远的动人口号,方案也不会因"机械式地被执行"而招致失败。系统观念指引学校长效、高效发展。

## 参考文献:

［1］习近平.党的二十大报告辅导读本［M］.北京:人民出版社,2022:19.

［2］中共中央办公厅.关于建立中小学校党组织领导的校长负责制的意见(试行)［R］.2022.

［3］上海市教委.中小学教师人事管理制度建设工作［R］.2021.

# "乐·智"育人，赋能成长

上海市虹口区凉城第四小学　周　吉

[摘　要] 学校以党的二十大精神为指引，以"办好人民满意的教育"为宗旨，以核心素养为导向，把握新课标热点，在区域"虹课优学"框架引领下，围绕"乐·智"双谐发展，探索课堂变革及深度学习路径，激发学生学习兴趣，让课堂聚焦学生核心素养；梳理构建学校课程，注重打造学校文化隐形课程，建设环境育人氛围，让课程更丰富、规范与科学；在师生发展方面，促进教学双主体相乐相"智"，赋能师生和谐发展。在致力建设百姓家门口好学校的路上，以师为基，以生为本，追求师生共同发展。

[关键字] 快乐智慧　乐·智　课堂变革　赋能成长

## 一、"乐·智"育人理念的提出及实践意义

### (一)"乐·智"育人理念提出的背景

党的二十大报告提出，实施科教兴国战略，强化现代化建设人才支撑。教育、科技、人才是全面建设社会主义现代化国家的基础性、战略性支撑。一是要坚持教育优先发展，二是坚持创新驱动，三是坚持人才是第一资源。全面贯彻党的教育方针，落实立德树人的根本任务，培养德智体美劳全面发展的社会主义建设者和接班人。

2021年7月，中共中央办公厅、国务院办公厅印发了《关于进一步减轻义务教育阶段学生作业负担和校外培训负担的意见》。该意见指出，全面贯彻党的教育方针，落实立德树人根本任务，着眼建设高质量教育体系，强化学校教育主阵地作用，构建教育良好生态，促进学生全面发展、健康成长。2021年5月，国务院教育督导委员会办公室日前印发《关于组织责任督学进行"五项管理"督导的通知》指出，加强中小学生作业、睡眠、手机、读物、体质管理(简称"五项管理")，关系学生健康成长、全面发展，是深入推进立德树人的重大举措。

我国社会主要矛盾已经转化为人民日益增长的美好生活需要和不平衡不充分的发展之间的矛盾。在教育领域表现为，人民群众的教育需求已经不再是"有学上"的机会满足，而是"上好学"的选择要求。人民群众对教育的需求更为多样，教育改革与发展就必须顺应这种期盼，加快发展更高质量、更加公平、更具个性的教育，促进社会公平正义与和

谐进步。党的二十大报告,国务院印发的通知意见对深入推进立德树人根本任务,对"办好人民满意的教育"提出了明确要求,为做好教育工作提供了根本遵循。

**(二)"乐·智"双谐发展的解读**

1.学生"乐"的需要

学校充分调动师生的积极性,创设乐学的心理氛围,唤起全体学生的求知兴趣,让他们主动地、生动活泼地学习,获得全面和谐的发展。

2.学生"智"的发展

激发学生的内在潜能,全面发展,提升"智慧"是落实立德树人根本任务的重要抓手,是基于生命品质的创造思维能力,是学生综合素养中的核心成分。

学校把握新课标热点,把"乐·智"两者紧密结合,让课堂聚焦学生核心素养,使学校成为学生增长智慧、快乐成长的天地。

**(三)"乐·智"育人的实践意义**

虹口区凉城第四小学以党的二十大精神为指导,以"办好人民满意的教育"为宗旨,用新思想新理论武装头脑,用新面貌新作为奋进新征程,坚定信心、凝聚共识、形成合力。学校在区域"虹课优学"框架引领下,以"乐·智"二字为核心,提出校本特色发展目标。从"智乐活动设计—拓展型智乐课程建设—乐智课堂建设",形成"乐·智"双谐发展育人之路,奠定了学校追求特色发展文化底蕴的需要——基于办学特色传承的需要,基于新课标深入探索的需要,基于提升学生综合素质的需要。近年来,学校紧紧围绕八字方针"明德、乐学、强智、富能",在致力建设百姓"家门口好学校"的路上,以师为基,以生为本,追求师生共同发展。

## 二、"乐·智"育人理念的实践探索

"乐·智"育人的校本目标是:第一,探索"乐·智"课堂变革及深度学习研究,持续推进区域"虹课优学"框架下"乐·智"课程的架构、完善,以及"乐·智"课堂建设。第二,促进教学双主体,相乐相智,和谐发展,为推动教师专业能力和学生核心素养的发展奠定坚实基础。第三,通过创新实践,实现自主作为,探索品质提升的着力点,形成学校创新办学模式,实现办学效益最大化和教育质量最优化。

为此,我们打造"乐·智"课堂,构建"乐·智"课程,创建"乐·智"校园文化。

**(一)打造"乐·智"课堂**

1.教学研究,联动合作,互相加持

学校以"合作、联动、共享"方式开展校际教研活动,推进联盟校、跨校教研,聚焦教与学问题,推进课程改革,促进教师专业提升。语文教研组教师参与市级"阅读策略单元的实践"项目研究,语、数教研组骨干教师均参加联盟校项目研究,教学研究氛围浓厚,成效卓著。跨校教研在资源整合、合作共享方面有着先天优势,促进团队与教师共同成长。

学校语文和道德与法治学科进行"抱团式"教研,积极发挥教师的集体智慧。通过"抱团式"教研,在充分学习课程标准、认真分析教材和学情的基础上,教师们围绕"趣教结合,提升学科核心素养"主题开展实践研究,通过教材分析—集体备课—试教—教案修改—教学展示—评课、反思等环节,切实解决教学中的实际问题,提高教师专业素养,提升综合育人效果。

2. 趣教结合,专场展示,关注差异

在校本课改中,抓住"趣教结合",建设"趣多多"课堂,给学生恰当的"趣点",进行有益的评价,让学生成为有创造力的"智宝乐娃"。

(1)教学设计有效预设"趣点"。以学科教研组为单位对教学中的重、难点进行"趣"化研究。对教学设计进行再创造,预设教学"趣点",进行片段"趣点"精备课。随堂课、研究课以及各类展示课上,"趣点"落实成为课堂有效性的标准。

(2)课堂教学凸显育人价值。开展"趣教结合""学科育人""四史"教育等主题教学实践活动,结合"党员专场""师徒、姐妹对专场""抱团研究课专场""骨干专场"等教学展示,切实解决教学中的实际问题,提升综合育人效果。

(3)"培优补差",关注学生差异。根据学科要求,提高作业设计质量,控制作业布置数量。分析"绿色质量测试指标",夯实"优+"评价模式,关注课程、课堂、作业评价的动态发展,"以评促改",做好"培优补差"工作,坚持用发展的眼光看待每一个学生。

"乐·智"课堂的打造,使我们的课堂发生了一些积极的变化:知识讲授少了,学生的活动多了;被动听老师的少了,自主探究的多了;知识识记的任务少了,能力的发展空间多了;单向灌输少了,合作互动多了;低阶思维少了,深度学习多了。

3. 在线教学,精准培训,多维赋能

根据上海市教委的精神,学校精准推进线上教学,做到科学、精准、优质地开展各项工作;整合"空中课堂"的优质资源,依托融合教育平台,全面推进"双师课堂"下"直播+互动"混合式的校本化方案,助力"在线教学"的转型与升级。

(1)"解锁"交互体验感的虚拟课堂。为了使每一节线上直播课、互动课能最大限度地还原和模拟出线下课堂教学的"交互"场景,巧用平台"定时器"功能模拟"预备铃",给予学生学前一颗"定心丸";妙用"举手"功能引导学生充分参与课堂,实现"赞同""理解""疑议"等教学场景;善用"互动"功能重现线下课堂的多种师生互动场景,让小组讨论在云端发生,激发学生的学习兴趣;勤用评价功能针对学生在虚拟课堂的综合表现高频次地给予可视化的"奖杯"评价,引入奖励排行榜,实现"你追我赶"的良好学习态势。

(2)"数智"赋能语文课外阅读课堂。依托信息技术公司的技术应用支撑,学校重构传统教学模式,打通了课内外阅读课堂教学、校园阅读活动、学生阅读测评之间的隔断。以线上、线下双向维度支撑"阅读"教学与活动的常态开展。同时,让学生的阅读数据可追溯、可分析、可沉淀,形成"引导—学习—记录—反思—改进"的教学闭环,升级拓展"乐·智"课堂教学模式。

从线下教学到线上教学,再到线上线下一体化教学,涉及教育理念、教学设计、教学手段和方法的重大变化,对课堂变革、微课架构和专业发展实现3个赋能,即"赋能课堂变革""赋能微课架构""赋能专业发展"。

**（二）构建"乐·智"课程**

1."乐·智"课程体系的建设

学校进行课程体系的设计，有效落实基础性课程的开设，通过梳理课程，开发"红色行走"课程、"传统文化节日"课程、"家长志愿"课程、"探江湾古镇"等课程。从"乐智教育"理念出发，创设"明德、乐学、强智、富能"八字方针，设置了"明、乐、智、能"四大课程板块，让课程体系更规范、科学，实现"五育并举"的育人目标。

2."乐·智"隐形课程的布局

情绪具有动力功能、强化功能和调节功能。只有当学生把学习作为自身成长的关键元素，从内心出发喜爱上学习，热爱上学习，"乐智教育"才能够深入人心。学校在"乐·智"课堂的打造上，注重学校"廊文化"隐形课程的打造，建立"乐之廊""智之廊"和"慧之廊"，让校园的走廊成为隐形的育人阵地。

**（三）创建"乐·智"校园文化**

学校秉承"乐·智凉四"的信念，即"良好的校园环境、良性的师生关系、培养精良教师、打造良才学生"，建造"乐·智"校园。

1.校园软文化的建设

（1）精良教师养成记。学校立足校本研究，结合区级"人才梯队建设"和"种子计划"培养计划，努力打造"乐智·行者"教师团队。学校以教师队伍建设规划为指导，制定各层次教师培养目标，结合具体任务，落实各层次教师培养措施。

（2）良才学生成长录。学校深挖社会资源，携手家长，提升广大家长的家庭教育水平，通过学校、社会、家长"三位一体"，共同培育"智宝乐娃"。学生在"乐·智"课堂里受熏陶，在"乐·智"课程中得成长，在"乐·智"校园里成良才。

（3）良性关系生成点。我们强调教师是引路人，是合作者，是参与者，归根结底，教师是为了学生更好发展起到各种支持作用。教师在教育教学中，以"乐"育"乐"，以"智"启"智"。师生在"乐·智"氛围里生成良好的关系，促进师生共同成长。

2.校园硬环境的建设

校园文化是学校发展的灵魂，教育的最佳效果就是采用"随风潜入夜，润物细无声"的方式。为此，学校打造校园文化，建设环境育人氛围，形成"主人空间、互动空间、探索空间、展示空间、育人空间"五大空间，"慧之廊""智之廊""乐之廊"三大廊，打造孩子乐智成长的空间。

## 三、"乐·智"育人理念实践的成效

### （一）打造"乐·智"课堂，教学提质增效

"乐·智"课堂的打造实际也是"双减"背景下，让学校和教师都回到育人的初心。课堂建设不仅是一种知识的获得、一种学业的质量，还关注学生德智体美劳的全面发展，关

注思维品质的培养,把课堂真正变成一个育人场。通过系列项目引领、联盟校际联动、跨校教研等举措,使课堂教学提质增效,提升育人的价值,培养学生的能力。

**(二)丰富"乐·智"课程,营造"乐·智"校园**

学校以德育为切入点,以少先队为抓手,形成了红色行走活动课程和中国传统节日活动课程两大校本德育活动课程;利用江湾资源,开发以"探江湾古镇,寻文化起源"为主题的分年级系列活动课程;利用家长资源开发"家长志愿者课程",进一步促进家校合作;以"虹师润心""虹课优学"为引领,不断深挖活动课程、隐形课程的内涵,将"乐·智少年"的学校品牌贯穿活动课程始终,尝试优化、丰富活动的内容,"乐·智"校园文化建设初见成效,进一步打造学校"乐智慧"长廊文化,顺应时代发展,拓展校园建设高度。

**(三)"乐智·行者",展示风采**

为党育人,为国育才,教师梯队培养是关键,学校打造"乐智·行者"教师团队,初见成效:1名青年教师参加市见习教师大赛;多位教学新秀参加基本功大赛分获等级奖,承担多项区级课题研究;1位教师援滇;多名骨干教师在市、区级教育教学平台录制精品教学课程、案例,开设专题讲座,录制培训课程等;1位教师获得区"十佳"班主任称号;多名骨干教师参与联盟校柔性流动,带教青年教师,校内师徒结对传帮带工作有序开展。教师们用智慧呈现了一幅幅生动的探索实践画卷。

## 四、思考展望,铸发展愿景

学校将完善具有特色的课程体系,构建体现"以人为本、多元文化和自主选择"的学校课程核心价值观,打造学校办学品牌,拼成一幅完整的"乐·智"课程校本体系。

学校是区信息化实验校,将利用信息技术催化新型教学模式,依托信息技术与教学深度融合,支撑乐智课堂变革及深度学习研究,以线上、线下双向维度进一步支撑教与学模式创新并向两端延伸。学校将以"融合教育下'乐·智'课堂新样态探索与研究"为特色,采用分级支持的多元课堂建设,探索融合教育下"乐·智"课堂教学路径与策略,推动教师专业能力和学生核心素养的发展。

**参考文献:**

[1] 朱益明."双减":认知更新、制度创新与改革行动[J].南京社会科学,2021(11).
[2] 中华人民共和国教育部.中央第三巡视组向教育部党组反馈巡视情况[EB/OL]. https://www.ccdi.gov.cn/yaowen / 202109 / t20210903-249462.html, 2021-09-05.

# "强体育心"办园思想的凝练与实践策略

上海市虹口区体育幼儿园　潘丽华

[摘　要]幼儿园的办园思想决定了园长办园的价值立场与课程管理的思路,也决定了园长课程管理的行为,对幼儿园的师生发展起着至关重要的作用。办园思想不是一蹴而就,拍脑袋而来的,它的凝练和内化既来源于自身的学习与思考,更来源于教师的行动与实践,只有使思想或理念真正落实转化为促进幼儿身心和谐发展的优质保教实践,才能发挥其实际的意义与作用。

[关键词]强体育心　持续实践研究　办园思想凝练

教育是国之大计、党之大计,办好人民满意的教育,就要全面贯彻党的教育方针,落实立德树人根本任务,培养德智体美劳全面发展的社会主义建设者和接班人。强体育心,实现的是让每一个生命蓬勃生长,全面全人格的发展。在课改的背景下,虹口区体育幼儿园(以下简称"体幼")做课程,强体育心;做园所管理,充实内涵;不为夺人眼球,只求实实在在,面向孩子、面向教师、面向家长。

回顾体幼的开办和发展,有一条较为成功的办园经验,那就是坚持以课题研究带动课程建设和促进师生发展,并为"强体育心"课程理念的最终确立打下扎实的基础。

我园成立于1993年,以"体育"命名幼儿园当时在上海尚属首创。幼儿园与少体校共同合作培养体育幼苗的课程模式在国际、国内尚缺少研究,可参考的资料很少,因此,迫使体幼人在两任园长的睿智引领下,运用科学的方法,根据幼儿及幼儿园的特点开始了"体育幼儿园现代体育课程模式的探索"的课题研究,积极探索符合体幼教育特色的课程模式。一路走来,体幼确实在幼儿专项培养方面取得了不少骄人的成绩。然而,自2003年起体幼扩园、扩班,面对新场地、新生源、寄宿制、专训的取消,使我们在实践中产生了很多新的困惑,比如注重基本动作、专项技能训练是否忽视了对幼儿心理素质的培养?注重安全无事故的课程设置对幼儿来说是否缺乏挑战,过度保护?注重丰富多样的运动器械投放是否忽视了对其功能的深度开发,单纯满足了数量?体幼的幼儿聪明活泼、动手能力强,有良好的生活习惯,但表达表现能力的发展相对欠缺,尤其是语言表达、学习习惯还有较大的提升空间。这些都促使我们对体幼课程进行再一次的思考。于是,我们对现有体育课程的优势与不足进行了调查,还邀请专家就体幼幼儿的特点与适宜的园本课程进行探讨。通过调查与讨论,我们认识到放眼幼儿的终身发展,身心和谐尤为重要,体幼需要真正诠释"让每一个生命蓬勃发展"的办学理念,体幼的课程也应该具有更高瞻的理念、更适切的目标、更科学的设置。从2006年起,我们基于对新课程理念的学习和理解,基于对幼儿培养目标的重新认识,参考学习国外体育教育的做法,重新思考体幼的课程内涵与特色,确立了"'强体育心'幼儿运动课程实践研究"课题,以此带动了新一轮的课程探索。

在这一轮的探索过程中,我们以"强体育心"为课程理念,旨在涵盖幼儿身体与心理的全面培养,先后开展了6个市、区规划、重点课题的实践研究,研究的内容紧紧围绕课程的建构和实施,研究的成果转变了我们的理念,也丰富和充实了我们的认知,真正推动了师生的成长,因此也更进一步坚定了我们贯彻"强体育心"思想,构建与实施"强体育心"课程的信念。

## 一、"强体育心"理念的凝练

体幼从创园初为体院输送特殊人才,到鼓励幼儿强健体魄、传承体育特色,再到"强体育心"的全方位特色课程,一直以来,都是带着如下的问题思考而研究的。比如,运动对幼儿的意义,如何设置和开展幼儿体育课程,如何保障体育特色课程与共同性课程的有机整合。

一方面,体育教育是全人类共同的议题。借鉴发达国家的理念、对比国内外的实践做法,常常给予我们启发。另一方面,尽管运动和体验是学前教育的重要部分,可是由于国情不同、面对的幼儿不同,我们遵守"体会理念、理性选择"的原则,形成更适宜我园的幼儿体育培养的具体做法。国外不断激励幼儿的运动兴趣,通过大量室外活动来培养幼儿的坚强意志,让幼儿在自然野趣的环境挑战中增强机能的自我保护,给了我们很多的启发。国际视野下的幼儿体育教育,在制定课程目标、构建课程内容、组织课程形式方面也都是非常值得借鉴的。

为了进一步诠释"强体育心"课程理念,理解"强体育心"课程内涵,我们组织教师进行理论综述的学习培训,寻找相应的理论依据,梳理符合幼儿科学运动的培养目标,设计相应的教学课程。我们从人格与体格两方面来培养幼儿,并梳理"强体"与"育心"之间的关联,从两者并重到"强体"为"育心"的载体,再到"强体"与"育心"互促共进。

对体幼来说,开发与编制"强体育心"课程无疑是一项全新且极具挑战的工作,我们将这一过程视作促进幼儿园内涵发展的又一起点,做到整体规划、以点带面、有序推进,力求通过科学的课程管理,不断地提高保教质量。体幼秉承着"特色更科学,基础更全面,关键是平衡"来设计完善我们的课程。我们采取先诊断后取舍调整的方式,建设资源包,共享备课质量。我们追求优质的课题,以研究促特色,丰富"强体育心"的思想内涵。

此外，我们抓住课程要点、密切关注平衡，从"环境创设""资源开发""学习活动"入手，进行重构、开发与验证，完善了生活、运动、游戏、学习板块的教材选用与开发；在修订活页式教案的基础上形成了8本课程实施手册；积累了集体活动经典课例，提炼出教学原则和策略，从而开发实施真正的优质课程。

我们不断地从学习、思考中实践，从实践、思考中再学习，不断地体会与选择，最终在探索幼儿园特色办园实践中，依据《3—6岁儿童学习与发展指南》和《上海市学前教育课程指南》，逐步落实"强体育心"的课程理念。强体，是指通过课程帮助幼儿锻炼出良好的体格、感官机能和身体活动能力，建立保护自己的意识和能力。育心，是指帮助幼儿识别和控制情绪、有效解决各种问题和积极地与他人建立关系。

## 二、"强体育心"的实践策略

### （一）实践一：提升体能，乐"挑战"

体能是衡量幼儿体质不可或缺的标准，幼儿园的体育不等于训练，"强体"突出的是幼儿体能素养。提升幼儿体能也是我们促进幼儿健康发展的重要任务。在制定运动课程目标时，我们认识到幼儿对自身动作的控制以及驾驭运动器械的能力是根本，是健康意识、运动态度形成的关键。在"强体育心"的理念下，我们提出的"提升体能"的实践观点是：每个幼儿都应该拥有抵御外在变化的健康体魄和健全的心理调节。

因为幼儿天性就是热爱大自然、喜欢运动的，我们不能限制与过度保护，不能遏制幼儿体魄和运动技能的自然发展；适当增加运动的难度、外在的挑战，反而能激发幼儿的自我保护意识，提升机能敏感度。所以，幼儿园应该把握运动与安全之间的尺度，让幼儿的运动从被动化为主动。

我们抓住幼儿喜欢跨跳的兴趣点和运动能力发展特点，选择简单、易变的筐类材料，设计跳筐的活动。除此之外，我们还会借助简单的绳子，让幼儿驾驭着滑板"上山下山"；我们让幼儿骑车"冲"山坡、"穿"树林，锻炼体能，培养胆识，体验乐趣；还会采取添加辅助器械的方法来增强游戏的挑战性和丰富性。

我们在体育活动设计中体现层层递进，活动环节和步骤根据活动的目标、幼儿已有的经验和能力来安排，既遵循一般教学规律，又体现活动的层次性，小步递进的游戏设计保证了每个幼儿都能或快或慢地达到预定目标。

### （二）实践二：求器材"简单"，易幼儿"巧用"

器械的简单与巧用，一直是我们追求的目标。我们将"强体育心"的理念融于运动活动设计的整个过程，对幼儿运动中不可或缺的玩伴——运动器械的价值开发，我们提出的实践观点是：每个幼儿都欢迎形式简单而玩法不简单（多变）的运动器械。

因为器械是引起幼儿运动兴趣、推进幼儿积极活动的中介与载体，它既是幼儿的"玩具"，也是幼儿的"玩伴"，能有效地提高幼儿活动的积极性与主动性。幼儿运动的器械不在于繁复,幼儿园的本位职责也不在于制作器械,我们要将身边的课程资源剥离复杂的形式,在简单的操作和组合中合理有效地使用它们。

我园曾经以运动器械开发成果的运用为切入点,在搜集、整理国内外有关运动器械资料的基础上,运用案例研究、行动研究、经验总结等研究方法,历经8年,对园内八大类15种幼儿体育运动器械的功能、玩法及活动指导策略等进行专题研究,并形成相关经验成果,完成"适合城区幼儿园运动器械的功能再开发与使用"的研究,并荣获上海市教学成果课题二等奖。

运动器械的功能再开发,就是在了解运动器械原有功能的基础上,进一步改进其缺陷,增加与创新其利用价值。在理念层面,我们认为幼儿的运动能力不是教师"教"出来的,而是在自我体验和锻炼中逐步形成的。在开发思路上,我们从开发运动器械的新玩法、幼儿薄弱的运动能力、幼儿的多元智能,尤其是"育心"作用,以及开发教师在幼儿运动中的指导作用等方面着手。教师观察什么、如何观察,引导什么、如何引导,这些都在运动器械的开发中得以进一步明确。

**(三)实践三:倡"智慧"运动,导身心和谐**

"强体育心"讲求的是幼儿身心和谐发展,为此我们又提出一个实践观点:幼儿在运动的时候也滋生着社会交往中的智慧,会养成幼儿良好的规则互助、有序的社会性行为。

因为运动的智慧并不是我们能够直接灌输给幼儿的,而是在幼儿自我体验中得以生长,要让幼儿"自由、自主、自律",充分体验团队合作与意志磨炼,从而实现个性的发展。

强调幼儿的自我探索、体验,但也不能完全"放手"。教师作为引导者,是一种"隐形力量"的存在,始终要定位于支持者、指导者的角色,不是机械地"教"而是适时的"推",是基于观察后的推,有预设地推。

运动通常更能增强幼儿小组(结伴)合作的学习动力。小群体间的竞赛游戏、共同完成的运动项目,都会使幼儿自觉发现问题,自行解决冲突,形成合作意识,拥有运动中的智慧。在踢足球时,要避免两人相撞,所以要学会避让。一起踩高跷,大家节奏不一样,要保持同一步伐,所以幼儿中自然会出现小组长的角色……多人合作跳竹竿,为照顾有困难的幼儿,我们鼓励幼儿设计竹竿游戏时,除了注重节律美,更应考虑趣味性和协作精神,尽量做到人人都能参与。

我们在实践与思索中一步步理解"强体育心"的课程内涵与办学理念。我园教师在实施课程中体会到,"强体育心"可以从两方面来理解:一是充分发挥幼儿的运动智慧,使他们能想出不同的玩法来,能玩得尽兴;二是帮助幼儿建立良好的运动心理,让他们成为一个不畏艰难、勇于挑战的人。

总之,"强"与"育","体"与"心"的和谐促进了3—6岁幼儿健康成长,也为幼儿的终身全面发展奠定了基石。"强体育心"让幼儿"自由、自主、自律",同时也让教师"成长、成才、成功"。

### 三、"强体育心"的未来思考

作为园长,每天接收到许多信息,听取各方专家意见,总是受到各种理念的冲击与启发。课程是幼儿园的重头戏,"改"并不难,难就难在"坚持"。课程管理中要坚持自我,带着理性去思考,寻找适合自己幼儿园的发展方向与具体方法。

首先,在课程实施与建设方面。"强体育心"课程的建构和研究如何进一步做到精细化、个别化(关注到体弱儿、肥胖儿等),真正关注每一位幼儿,尤其是有特殊需要的幼儿,是我们要多加考虑的。在课程实施中如何根据课改政策及幼儿发展现状,精准提炼本园课程中各类活动实施要点和策略,逐步更新课程实践规范,凸显教师课程实践的主动性和创造性,是我们将面临的一个新的挑战。教师如何对课程现有资源进行筛选和再调整,如何对"一日生活皆课程"的资源进行综合运用,如何基于儿童视角和家长、幼儿共建课程,这些都需做进一步思考。

其次,评价激励体系方面。如何持续用科学的数据评价幼儿的发展水平;教师如何根据《上海市评价指南》制定各项评价量表,对幼儿进行有效的评价与分析,并对不同发展水平的幼儿提供针对性的支持策略,使每位幼儿都能在原有基础上获得相应提高;如何继续在"公平、公正、公开"的原则下不断完善评价体系,关注每位教师成长,让每位教师都能找准自己的发展方向。我们将做进一步的探索。

我们会坚守奥林匹克不朽的精神与信仰,不断完善"强体育心"的理念内涵,推进幼儿园运动课程实施的科学实践,不断传承与促进学前教育体育教学的发展,为璀璨的明天添砖加瓦。

**参考文献:**

[1] 鄢超云,魏婷.《3—6岁儿童学习与发展指南》中的学习品质解读[J].幼儿教育(教育科学),2013(6).

[2] (德)雷娜特·齐默尔.幼儿精神运动学手册:精神运动学发展促进作用的理论及实践[M].南京师范大学出版社,2008:5.

[3] (德)雷娜特·齐默尔.幼儿运动教育手册:教学法基础和实践指导[M].南京师范大学出版社,2008-3(1):33-34.

[4] 方吉祥,胡连峰.体育游戏中幼儿主动性学习品质培养策略研究[J].成都师范学院学报,2016,32(11).

[5] (美)安·爱泼斯坦.有准备的老师——为幼儿学习选择最佳策略[M].教育科学出版社,2012:145.

[6] 苏永骏,黄贵,周景晖.蒙台梭利幼儿体育教育思想及其现代价值[J].南京体育学院院报,2013(27).

# 新手园长视角下幼儿园规划的制定与实施

上海市虹口区广中路幼儿园　马叶佳

[摘要] 幼儿园发展规划的制订是对幼儿园发展的一种设计,而规划的达成则需要通过办园实践,聚集起各种力量,一步一步地把目标变成现实。对幼儿园未来的发展作出适时的研判是制订规划的重要前提,作为新手园长,首先需要梳理园所本身的发展基础,对幼儿园的进一步发展做出明确定位。随后以课程为抓手,立足课改与本园实际,围绕幼儿园三年的主攻方向确定园级课题,以课题引领构建园本课程;结合专题培训、"三看"日常、资源共享等途径,基于不同层次教师发展需要助推其专业成长;通过组织文化建设营造良好的校园氛围,动态梳理制度,依法治校等,以求得系统的支持与保障。

[关键词] 幼儿园　规划　发展

人生百年立于幼学,幼儿的健康成长不仅关系到千家万户的幸福,也关系到国家和民族的未来。作为一名新手园长,在办园的过程中要坚持以习近平新时代中国特色社会主义思想为指导,以习总书记关于教育强国的重要论述为纲领,以不变的教育初心支撑自己走稳"新手历程"的每一步。对于每一位初涉全面主持园所工作的园长来说,第一个五年会经历很多工作征程上的第一次,挑战和压力并重,其中"幼儿园规划的制定与实施"对新手园长来说颇具挑战。

## 一、研判新三年规划方向

当新手园长首次制订三年规划时,怎样才能实现传承与发展并进? 对幼儿园未来发展作出适时研判是制订规划的前提。

### (一) 了解背景

首先应该了解幼儿园的发展基础,并对幼儿园的进一步发展做出明确的定位。我的做法是——了解前任园长的三年规划及前期的阶段评估,了解幼儿园发展的基础(优劣势)以及教师对幼儿园和自身发展的意向。通过与前任园长的沟通交流、自己的实地观察和与员工的个别交流,笔者分析园所的发展优势,如:校园氛围能够奠定和谐校园的基础；教师队伍具备自我发展的愿望；园本课程有一定的研究积累,使持续发展具有可能。而园所存在的突出的问题与不足也不能忽视,如课题研究能否引领全体教师共同参与、能否推动共同愿景的达成等。

**（二）确立核心**

在了解幼儿园发展优势与不足的基础上,笔者依据二期课改精神,遵循"办好家门口的幼儿园"的宗旨,对园所原有的办园核心理念进行思考,即以更高层次园所办园标准为目标,从逐步提升幼儿园的保教质量出发。保教质量的提升首先应体现在幼儿的发展上,由此确立幼儿园办园的核心理念,即核心价值观。以我园"以幼儿发展为先,创建良好环境、提倡家园共育、促进和谐发展"为例,良好的环境是指适合不同年龄段幼儿发展的心理与物质环境；家园共育是指争取家长的理解、支持,共同推动幼儿发展的教育；和谐发展即幼儿、教师、园所共同发展。

**二、有效推进规划实施**

规划的制订是对幼儿园发展的一种设计,而规划的达成则需要通过办园实践聚集起各方力量,一步一步地把目标变成现实。幼儿园工作的核心是促进人的发展,幼儿的发展是幼儿园工作的根本出发点和最终归宿。课程、师资与系统的支持与保障,是规划实施中的三个重要环节。

以我园新三年的办园思路为例,以课程作为重点,围绕幼儿园三年的主攻方向确定园级课题,夯实园本特色课程。在此过程中,我园延续教研组"一课三研"的研讨模式,开展实践研讨,在研究课程的过程中优化课程；在研究课程的过程中了解教师、发展教师。下面分三个方面分享笔者的思考和实践。

**（一）关于课程的思考和实践**

课程的构建需要思考：幼儿园要培养怎样的人？怎样去培养？需要关注：幼儿具有怎样的思维特点和学习方式？怎样的经验对幼儿的发展更有价值？怎样的支持与引导才能更为有效地帮助幼儿建构经验？在此基础上,我们对幼儿园的课程进行了积极实践。

1. 立足二期课改,关注共同性课程的实践研讨

如何为周边社区的居民提供良好的学前教育资源？我们立足课改理念,以观察了解幼儿的需要为基础,以综合性主题活动为主要组织形式,积极运用新教材。在此过程中,关注课程的平衡,重视各领域内容的整合渗透,努力做到四大板块的有序开展。例如,针对幼儿园薄弱环节"运动",我们组织系列研讨,学习课程指南对运动的要求,开展自制体育玩具的交流展示,共同思考并实践如何利用幼儿园有限的户外场地和室内空间,基于幼儿基本动作发展需要,逐步提升运动质量。再如,根据生活活动中对幼儿文明生活、安全生活、共同生活、自理生活的要求,我们调整来园洗手池的环境与设施,基于洗手情况调查

分析并进行针对性督促；请当医生的家长入园形象解说七步洗手法，帮助幼儿逐步养成来园自主洗手的良好习惯。

2. 立足本园实际，逐步完善园本特色课程

本着"传承和发展相融"的理念，在确保共同性课程进程的前提下，依靠课题的引领，积极将优秀的中华传统民俗文化和时代特征相融合，努力构建"融入中华传统元素的艺术教育活动""体现民族风的班班唱活动""弘扬中国传统文化的节日节气活动"等特色课程。

（1）融入中华传统元素的艺术教育活动

我们以提升幼儿的艺术素养为目标，设想以从儿童视角出发，反映儿童欣赏趣味和接受心理的，体现中华传统文化的古诗词、童谣、古风歌曲等作为载体，设计音乐游戏、歌舞表演活动；以适合儿童操作摆弄的绘画工具和富有中国民族风的手工材料为载体，开展与主题、节日相关的美工活动。这样的艺术活动不仅能吸引幼儿参与，而且有利于增进幼儿对民间艺术、风俗传统的理解，推动幼儿在传统优秀文化的熏陶下更好成长。例如，《咏鹅》是初唐诗人骆宾王于7岁时写的一首五言古诗，这首诗孩子们虽然念起来很容易上口，但对内容并不完全理解，于是我们通过图片欣赏、肢体动作的模仿、在唱诵古诗的乐曲声中大胆表现大白鹅的生动形态，感受古诗所要传达的鹅的"声响美"和"动态美"。

在"一课三研"的过程中，我们以年级组为单位，同一学科的教师以小组形式着力研究活动方案的设计。在内容选择上，关注回归生活，尽力使艺术活动与当前进行的主题活动相吻合，与幼儿的生活相贴近。在目标定位上，关注幼儿的最近发展区，既充分挖掘艺术作品的内涵，又能兼顾作品中对幼儿发展有价值的内容，凸显幼儿学习的价值取向。在活动组织过程中，运用现代教育理念，关注活动的有效整合及幼儿学习方式的改变。例如，《快乐的生肖宝宝》的价值定位是体验传统折纸乐趣，因此，教师从幼儿的年龄特点与相关经验出发，将目标落脚在"为幼儿搭建学习折纸的基础折法阶梯"上，引导幼儿通过比较小狗和小猪的折法异同，感受折纸的有趣之处，在互动演示中通过先回忆后迁移的方法逐步推进，用折一折、画一画的方法帮助幼儿掌握难点。同时，教师提供的红色中式风格底版为小班幼儿稚嫩的折纸作品增添了浓浓的中国风。教研组的"一课三研"记录了我们对传统文化的理解与思考，也慢慢打开了教师们的设计思路。

（2）体现民族风的班班唱活动

歌唱是一种艺术表现方式，是一种情感释放的途径，对幼儿的身心健康发展来说非常重要，应该成为一种习惯，爱唱歌的幼儿更开朗、更自信。为了传承并发展"班班唱"，我们努力使其渗透于课程之中，如一日活动中教师会和幼儿们一起唱歌；每学期园内组织班班唱交流展示活动，让幼儿们大胆地表现自己的声音，展露自己的情感，从而增强幼儿的自信心。

（3）弘扬中国传统文化的节日节气活动

为使中国传统节日节气活动更好地成为满足幼儿需要、促进幼儿发展的良好途径，

我们对如何实现节日活动与课程的有机结合作了研讨和实践。如创设节日活动环境时，我们更注重环境的中国元素与幼儿的参与性，并力求使幼儿园的环境创设"有情景、有情感"，通过环境帮助幼儿了解中国传统节日与风俗、中国优秀寓言故事、中国传统美德等。在设计活动方案时努力寻找传统节日活动与幼儿园一日活动的融合点，从而将节日元素自然地融入运动、生活、学习或游戏环节。以端午活动为例，环境先行渲染氛围，社区联动开展"包粽子达人"活动，多元体验舞龙、做香袋、吃粽子。后来我们还尝试将春分、立夏两个节气与幼儿生活活动结合。结合春分的民俗，中班幼儿绘制了各式各样的风筝悬挂在幼儿园的门厅里；保健老师在幼儿菜谱里添加了春菜"香椿炒蛋"，让他们品尝"春天的时令菜"。结合立夏的风俗，我们与家长提前为幼儿准备蛋网、熟鸡蛋，让幼儿自己将鸡蛋装入蛋网体验挂蛋的风俗；每个年级组根据幼儿的年龄特点设计了集体活动，除了介绍立夏的特点和风俗，还让幼儿通过称重、剥小豌豆来加深对立夏的认识；通过APP平台与家长分享幼儿的立夏体验，也唤起了家长对自己儿时的立夏回忆。

**（二）关于教师的专业成长**

教师是课程的实施者和建构者，其素质的提高直接影响孩子的发展。我们以确立目标、分层培养、搭建平台、促进成功的渐进培养模式，以师德素养与业务学习并进的方式，来推动教师的专业成长。

1. 以专题培训提升素养

在"走进戏剧，让生活充满色彩"的专题业务学习中，教师们结合自己开展幼儿戏剧表演的经验分享了好的策略与方法。在"名画赏析"的素养课程中，教师们从部分作品中联想到了与幼儿美术欣赏活动的结合方法。在自制体育玩具的分享活动中，教师们启发式的提问调动了思维，参与式的互动游戏丰富了体验，与同伴互动获得了认可和启发。当教师在工作中出现职业倦怠的时候，我们开展了"国学礼仪，提升教师师德素养"文明礼仪在我心中活动，倾听优秀教师的故事，学习教师行为规范，重温幼儿园的规章制度，促使教师们重新审视自身的教育形象和行为。

2. 以"三看"深入一线督日常

深入班级，基于教师常规工作中存在的主要问题，以"三看"加强日常教育教学的质量监控。"推门看"督基础：结合阶段工作重点，看班级常规的建立、幼儿行为习惯的养成、教师日常教学情况、师生关系等。"巡回看"督规范：根据时间节点看各个区域里教师、幼儿的状态。"重点看"督意识：基于主题墙、角色游戏中存在的主要问题提出整改建议，重点看教师的意识变化和整改效果。

深入教研组，帮助教师聚焦教育教学中的"真问题"，鼓励教师积极表达自己的想法，共同探讨解决方案；参与教研组"一课三研"，提供具体的参考建议来帮助教师提高反思能力。

3. 以课题引领青年教师群体

面对幼儿园教师队伍逐渐年轻化问题，由保教主任、教研组长及50岁以上的老教师组成的指导队伍与青年教师一对一进行"师徒结对",更有针对性地解决青年教师日常工作中的难题。如,由园长指导青年组组长,基于课题研究共同解读3—6岁幼儿生理、心理特点与美术技能发展轨迹,共同参与美术活动情景对话的设计;通过观摩现场,记录幼儿与教师的情景对话;通过分析判断,感受情景对话在美术活动中的积极作用。我们还结合幼儿园专用活动室、大活动等项目,为青年教师提供项目负责机会,在共同准备的过程中加强教师间的互动与合作。

4.以多种途径共享资源

基于外出观摩机会少,缺乏信息敏感度,日常工作中"闭门造车"等问题,我们利用现代网络里的百度云软件创设了一个共享空间。这个共享空间除了可以用来汇总日常教育教学方面的文本资料,还可以将个别教师外出观摩学习拍摄的照片、PPT等信息进行共享,让其他教师足不出户就可以了解一些优秀、先进的教育教学理念、多样的环境创设和创意。幼儿园在经费并不充裕的情况下,充分挖掘免费资源,组织教师观摩一些艺术、人文历史的展览、创意DIY活动,以此帮助教师拓宽眼界,增长见识。

**(三)关于系统的支持与保障**

课程和师资是我们规划实施中的两条主线,而要使这两项工作得以顺利开展,必须通过有效的管理加强各部门的相互联系和相互作用,通过组织文化建设营造良好的校园氛围等,以求得系统的支持与保障。例如,我们结合依法治校标准校创建的指标,组织教职员工认真学习各项法规,理解内涵,明确要求。在广泛吸纳教职员工意见的前提下,对幼儿园章程进行了修订,细化了原本粗线条的制度,修正补充了各类假期的使用说明,调整了与幼儿园文化、教职员工发展相关的内容,完善了每月的日常工作考核项目,健全自评与互评结合机制等,还根据幼儿园发展的具体情况对已有的制度进行梳理和增补,使制度呈现出动态发展的态势,更使园内各项工作得以有序运转。

每一阶段工作的结束,意味着要提前为下一阶段的工作进行发展规划,同时去回顾和反思,既要看到自己的收获,也要梳理需要提升的地方。在教育这条充满无限可能的道路上,只有坚守初心、不断前行,才能更加接近"人民满意的教育"。

**参考文献:**

[1]李瑛.幼儿园园长如何规划园所发展[M].天津:天津教育出版社,2019.
[2]崔利玲.谁是"十四五"教育发展规划的制定者[J].华人时刊(校长),2020(12).

# 基于规范抓质量，聚焦内涵促发展

上海市虹口区江湾路幼儿园　陆　瑾

[摘　要] 我园将幼儿园发展规划目标、创优目标与标准、师生全面发展目标"三项合一"，使教职工主动将自身的发展与学校的发展相结合，整合成上下一致的共同愿景，使之成为大家的自觉追求，打造了目标"同心圆"。我们坚持内涵发展，软硬兼备，外力与内源并重，传统与变革并举，推动幼儿园真正步入可持续发展的轨道。

[关键词] 目标"同心圆"　课程效能　大教育环境

虹口区江湾路幼儿园建园于1949年，与共和国同龄，几经搬迁，走过了半个多世纪。2020年，江湾路幼儿园登上了升等创优的"直通车"，也踏上了园所发展的"快车道"。在教育局的倾力扶持下，我园经历了积极教改、重新规划、达标创优，今天的校园成了幼儿最喜欢的游戏乐园，成了教职员工眼中"完全不一样"的心灵家园，也成了文化深巷里的一抹亮色。有了远方的鲜明目标，我们便有了日夜兼程的强大动力。

党的二十大报告提出"实施科教兴国战略，强化现代化建设人才支撑"，将教育摆在极其重要的位置，对教育事业作出重大战略部署，为推动教育高质量发展，办好人民满意的教育指明了前进方向，提供了根本遵循。具体到学前教育阶段，"幼有所育、幼有善育、学有所教"，努力让每个孩子都能享有公平而有质量的教育，就成为我们应当承担的新任务。反观自身，幼儿园应当更加致力于内涵发展，为老百姓提供"普及、普惠""安全、优质""多元、包容"的教育服务。

升等创优的目标确定，让我们有了深刻的思考：作为一所与共和国同龄的老园，如何实现在新的教育背景下与时俱进地发展？如何紧紧抓住上海市和虹口学前教育所给予的难得的发展契机，突破困境、积极突围？如何以评促建，实现幼儿园内涵的跨越式发展？以下是我们在"创优"路上的思与行。

## 一、抓重点——规划引领发展，构建目标"同心圆"

创优目标的践行和实现需要全体教职员工同心同德、凝心聚力。"一个人的努力是加法，一个群体的努力是乘法"，形成一个积极上进、合作共享的团队不仅是"创优"工作的保障，更是幼儿园持续发展的终极目标。

我园利用教代会、教工大会、各组室反复研讨商议，修改新一轮《幼儿园三年发展规划》。园长与不同群体约谈对话，引导大家理性分析幼儿园的发展优势与不足，努力点燃教职员工心中"办优质园、做更好的教育人"的理想之火；开展"我喜欢的校园"征集活动；设立教代会提案"金点子奖"，激励每一位教职员工在学校新一轮发展中留下个人的印迹，提案纷至沓来，"金点子"层出不穷。在共同的期盼中，幼儿园渐渐成了大家"喜欢的模样"。我园组织教职员工反复学习"三大指南"和"一级园评审指标"，通过逐条研读，对标"照镜子"，不但查找到各项工作的薄弱环节和问题，对优质教育的标准有了新的认识，确立了"只要努力就能变得更好""每天努力多一点"的坚定目标；办公室里的自主交流多了，讲幼儿教育故事的多了，求教与询问多了。

团队主动关注幼儿园发展、创优提升等工作，有了对自身发展的自觉追求，成为后续发展的巨大潜力。我们共同打造幼儿园发展目标的"同心圆"，令整个团队的精神面貌有了显著的变化。

## 二、破难点——凸显儿童立场，优化课程效能

在创优过程中，我园牢牢抓住通过课程优化促进内涵发展的"牛鼻子"，通过优化课程方案，让课程理念落地生根，拓展整合课程资源，促进幼儿、教师与学校的共同发展。

### （一）转变教育观念，让课程理念落地

我园多年来坚持以品德教育为核心，扎实研究，认真积累。但是在课程实施中，部分教师仍然存在着重说教轻体验、品德教育与其他领域割裂等现象。我园借助课题研究、参观培训、案例剖析等方式，让教师从真实案例、实践效能出发，逐步学习"以兴趣为导向、以体验为路径"的观点和实践方法，凸显真正的"儿童立场"；我们结合当下纲领性文件和幼儿园实践研究，逐步理清了"童蒙养正，以行养品"的课程理念：以"德育"为先、以"童趣"为要、以"启蒙"为准，重以"行"养"品"，重"体验"与"养成"。我们组织教师学习研讨，开展成效对比，让课程理念逐步转化为教师组织一日活动时的常态行为。

### （二）优化课程方案，让课程与幼儿共成长

我园进行了新一轮课程方案的优化，在区级重点课题"6+W以行养品课程优化的实践研究"的推进中，围绕"礼""信""仁""勤""智""孝"的主题，同时融入鲁迅的儿童观，利用周边的红色文化资源，梳理了相应的特色活动。

1. 玩转"百草园"

我园充分利用与鲁迅故居、鲁迅公园、鲁迅纪念馆相邻的优势,以"鲁迅爷爷小时候的乐园"为载体,开展"玩转百草园"的课程,将鲁迅爷爷的童年野趣搬进教室里的自然角、幼儿园的种植角,幼儿在"百草园"里体验鲁迅爷爷小时候的童年快乐。同时,我们组织教师学习鲁迅的作品与故事,引导大家感悟鲁迅幼者本位,尊"天性"、贵"自然"的教育观。

2. 嬉戏哈哈哈

我们提供丰富的低结构材料和创作材料,由幼儿们自选自编、自导自演、自制自乐。在这里,幼儿自制活动计划、自己寻找合作伙伴、自己制作表演道具,成为幼儿们创作的小天地。我园注重幼儿的主动体验,培养幼儿自信地表达,提供幼儿合作的空间,让幼儿的良好品质在丰富、自主的活动中生根开花。

3. 乐享星期五

每周五我们面向全体幼儿,在结合"以行养品"课程理念的基础上,开展"乐享星期五"的特色教育教学活动。我们根据幼儿年龄特点和认知发展水平,结合品性教育的目的,选择适合的"礼""信""仁""勤""智""孝"园本教学活动内容,如孔融让梨、曹聪称象、后羿射日、纪昌学箭等。我们精心组织活动,充分调动幼儿的感受、体验,在多种形式的活动中帮助幼儿建立良好品质。

4. 阳光伴成长

幼儿的生活和发展往往置身于一定的文化背景和社会情境之中,父母、教师、同伴都是幼儿发展的重要因素。"阳光伴成长"是师幼共同成长的过程,是同伴携手进步的过程,也是家园通力协作的过程。我们开展"春日分享会""爱心义卖"等活动,建立"以行养品"课程的家园互通模式。幼儿园、教师、家长就像阳光一样,给幼儿温暖,共同伴随幼儿成长。

## 三、创亮点——盘活重组优化,创建"微型"的"大教育环境"

由于园所空间十分有限,我园全面规划、盘活资源,块面重组、优化功能,努力在"微型"空间中打造幼儿快乐生活与游戏的"大教育环境"。

**(一)提升品质,把生活环境还给幼儿**

我园对全园各室进行重新布局,利用叠叠床将卧室、餐厅和游戏场所融为一体,解决了卧室在四楼、餐厅合用等安全问题,使班级活动室的使用效率翻倍;各班因地制宜,一班一方案,创设了适合各年段幼儿的温馨、文明的生活环境,既保障幼儿集体生活流畅、有序,又鼓励幼儿自主、自由地个性安排,把活动空间和生活环境还给幼儿。我园关注幼儿良好品质在生活中的养成,师生共同讨论制定班级公约、规则提示、值日生服务等,使每个幼儿都能成为环境的主人。

**(二)整合功能,支持幼儿养成与表达**

我园依据幼儿全面均衡发展及课程实施的需要,重新打造了图书室、建构室、科技室、多功能室、嬉戏哈哈哈室等，遵循"认识、感知、体验到行为"的养成过程，让幼儿流连忘返，在这里开展多元实践活动，丰富了幼儿的成长经历。

**（三）创新规划，让幼儿在阳光下游戏**

2021年，上海市教育委员会出台《上海市学前教育"幼儿发展优先"研究计划》，提出保障两小时户外活动时间，从相对割裂的四类活动实施走向整体性、实践性、趣味性更强的课程。如何在有限的户外空间创造出满足幼儿游戏的大空间呢？

我园利用原有的平台开辟了幼儿户外建构游戏的活动场地，将幼儿走不进的灌木丛进行改造，打造了他们最爱的、可以亲密接触的"百草园"；将破败的小角落改造成幼儿流连忘返的户外工作室；将低龄化的户外运动器具调整为幼儿敢于冒险的场所；拆除废弃的水泥升旗台，扩大修整草坪，使之成为幼儿开展野战与户外角色游戏的乐园；巧妙改建长长的爬龙，与树屋、海盗船对接，既增加了安全出入口又富有游戏情境；将小面积的单一沙池拓展成了沙水一体的嬉戏天地；户外墙壁巧变成自由创想的涂鸦区；利用零星空间设置小木屋、收纳柜，方便幼儿自主收纳与整理……从无到有、从小到大、从单一到复合，我园盘活资源，打造了可以开展各类游戏的大环境，大大满足了幼儿参与户外活动的需求，让幼儿尽情在阳光下游戏。如今，校园成了幼儿每天都不愿缺席的地方，户外成了他们最向往的游戏场所。教师对自主游戏、户外活动从过去有些惧怕、畏难到开始喜欢，他们也更理解幼儿，更热爱校园了。

如果创优升等是一场考试，在为考试准备的日子里，我们有了更多的反省与思考，也有了扎实的成长。这场考试成为我园不断前行的动力和加油站，也让我们有了学校内涵发展的更宽广视野。所谓内涵发展，指的是相对于规模发展的质量发展，强调提升幼儿园的办学质量；相对于粗放发展的精细发展，将幼儿园的教学、德育、教师素质提高等作为改革与发展的关注重点；相对于同质发展的特色发展，在特色的形成和品牌的培育中使幼儿园上升到一个新的更高的水平；相对于模仿发展的创新发展，积极挖掘、利用、整合资源，将幼儿园提升到一种新的发展境地。

创优的过程是幼儿园办园质量优化与提升的过程，我园将本着"以评促建、以评促改、以评促发展"的初心，进一步规范办园管理，全面提升办园品质。

**参考文献：**

［1］高敬.质量导向背景下对幼儿园课程实践中儿童立场的审视［J］.上海托幼,2022（03）.
［2］李季湄,冯晓霞.3—6岁儿童学习与发展指南解读［M］.北京：人民教育出版社,2013：308.
［3］上海市教育委员会教学研究室.上海市幼儿园办园质量评价指南［M］.上海：上海教育出版社,2020：6.

# 向星聚力，珠贝盈盈

## ——推进学前教育高质量发展，打造高品质幼儿园

上海市虹口区星贝幼儿园　张之舒

[摘　要]　我园推进学前教育高质量发展，深化园所文化内涵，完善园所管理模式，依法建章，园务公开；重视队伍建设，激发内生性成长，助推可持续发展；凸显办园特色，开启课题引领下的教养医模式探索，支持每一个孩子的不同发展。我园推动高质量教育教学，聚力更高效能的办学治校，着力打造成为"家门口的高品质幼儿园"。

[关键词]　学前教育　高质量发展　园所文化　园所管理　队伍建设　办园特色

在党的二十大报告中，习近平总书记再次强调，"要办好人民满意的教育，全面贯彻党的教育方针，落实立德树人根本任务，培养德智体美劳全面发展的社会主义建设者和接班人，加快建设高质量教育体系，发展素质教育，促进教育公平"。教育是国之大计、党之大计，是民族振兴、社会进步的重要基石。高质量的学前教育，是人生的起点教育、根基教育，对促进儿童健康幸福成长，提升全民族素质具有重要意义。

## 一、深化园所文化内涵，推进学前教育高质量发展重在细处

### （一）整体规划，办园理念瞻远景

推进高质量的学前教育，管理至关重要。而在管理的过程中，理念是引领幼儿园发展的根本动力所在，反映了幼儿园的教育追求、精神气质和文化特征。《幼儿园保育教育评估指南》提出，"帮助解决教职工思想问题与实际困难，促进教职工身心健康"，"发现和肯定每一名教职工的闪光点和成长进步"，在要求教师严格遵守规章制度的基础上，将人文精神渗透于幼儿园教师的专业成长过程中，增强教师的职业归属感。我们始终相信，每一位教师和孩子都是自带光泽的珠贝，独一无二，自然而宝贵，要让每一个人都感受到被看见、被读懂、被包容。我们遵循"尊重差异""允许犯错""鼓励创新"三个原则，让每一位员工都能自信且幸福地在星贝幼儿园（以下简称"星幼"）发光、发热。因此，我园将办园理念调整为"漫漫向星，盈盈珠贝"，敬畏每一颗"珠贝"的原生态，遵循幼儿身心发展特

点和保教活动规律，营造宽松环境和从容的氛围，促进师幼自主发展。

**（二）校园文化，向星有力共逐梦**

在漫漫长路上，我们心存志向、明确目标，以星为向而不迷失，做好迎接挑战的准备，园所、教师、家长达成一致理念，凝聚"向星"合力。

"向星"是园所的办学方向，也是我们作为学前教育人的职业理想。星幼全体教职工认同幼儿园教师及其他岗位的专业性和独特性，注重自身专业发展，力争做有梦想、有追求的教育者，同时发扬团队合作精神，积极开展协作与交流，实现教师个人和幼儿园团队的发展愿景。

在日常工作中，大家争做星幼最美教师。工会有意识地突出组织的功能，在生活和工作中挖掘身边人的故事并进行分享，引导教职工学会看到别人身上的闪光点，向别人的长处学习，更好地完善自己。我园采用主题式培训，如2020年学习品格"耐心"和"热诚"，用"心"做一名幸福的教师；2021年学习品格"随时待命"，做一名可靠的教师；2022年学习品格"服从"，做一名有大局观的教师。

## 二、完善园所管理模式，推进学前教育高质量发展显在严处

**（一）依法建章，强化意识**

无规矩不成方圆，我园依据国家相关的法律法规，结合园所特色，建构严格的监管制度和评价制度。我园形成独有的幼儿园规章制度，每学期逐步优化《星贝幼儿园质量管理手册》，疫情期间新增《居家办公线上会议制度》《防疫常态化人员入园安全细则》《防疫物资管理制度》等，用制度加强监管，规范各项操作。

**（二）园务公开，权责明晰**

营造民主讨论、民主监督环境，把党务公开与园务公开有机结合，针对幼儿园党组织的特点，确定相应的公开内容和形式，提高党务公开的针对性和有效性；坚持发扬民主、广泛参与，以落实党员的知情权、参与权、选举权、表达权、监督权为重点，拓宽全体教职工意见表达渠道。

**（三）用信息工具提升效率**

我们对标"信息化指南"，形成我园信息化建设方案，围绕园所管理、科学探究、健康运动、卫生保健、家园共育等开展实践研究，促管理手段信息化。

我园积极研究各类应用程序，希望通过各类小程序的应用能打破部门间传统的沟通方式，以更高的效率完成各类工作。如2020年疫情期间，我园引入"企业微信"，实现了教职工考勤、用章审批、工作汇报、线上会议等日常工作的线上管理；微盘的应用也更好地实现了教职工之间的资源共享。

**（四）守护安全，细致无误**

我们一直把学校安全建设放在工作的首位，秉承"安全无小事，事事都重要"的理念，

健全各项安全管理制度和安全责任制,保障幼儿园平安有序。每天,保安、后勤人员巡视校园周边,排查校园周边的不安全因素。

## 三、重视队伍建设,推进学前教育高质量发展做在广处

### (一)多种方式激发内生性成长

1. 一本成长档案——让教师成长看得见

每位教师都有一本个人成长档案,记录个人发展的轨迹,串起工作的点滴成长,让成长看得见,让发展更专业。

2. 一个项目组——让培训更有针对性

为了让培训更具针对性、有效性,我们建立了专项小组,采用自主报名的方式,让教师有选择权和参与权,实现真正的主动学习。专项小组由园长、园骨干教师分别引领带队,定期开展培训研讨活动。

游戏组采用现场观摩、小组研讨的形式定期开展活动,让教师直观地感受到游戏的魅力,积累游戏活动的支持策略;科探组组织教师参加机器人编程实操培训,在专业讲师的带领下,教师了解各个材料原件,熟悉不同指令卡的操作,自主编程,为幼儿开展机器人编程活动提供更专业的指导;美术创意组研读《两百位大艺术家的美术课》,讨论适合幼儿操作的涂鸦活动,并运用至创意室活动中,鼓励幼儿欣赏大师作品,尝试用多种表达形式来表现大师作品,体验艺术之美;语言组分享了《助力阅读,点亮童年——3—6岁儿童100本图画书研究》《点亮人生——3—6岁儿童早期阅读与教育》等书籍,自学研讨,并经常交流心得,更新教育教学观念,完善自身知识结构,以便更有效地支持幼儿自主阅读。

3. 一份培训菜单——让自主学习成为习惯

我园制定了"学习培训菜单",分为四大类,包含保教管理、课程实践、家长工作、保健保育;还提供了14大类线上培训课程,共732节课,让教师自主选择,充分满足了教师不同的学习需求,助推自主学习,让学习成为教师的习惯和常态。

4. 一次学术节——让教师更有专业自信

为营造学术氛围,帮助教师建立专业自信,提高教师专业能力,自2020年起,我们每年举行一次"星贝学术节",设置了"比武日""师德日""实践日""培训日""保障日"和"荣誉日"等活动,通过技能比武、专题培训、实践展示等方式,提升教师的专业素养,同时发挥骨干教师在园内的辐射引领作用。

5. 一套激励机制——让教师更加积极主动

为了提高教师的积极性、主动性,我们通过一系列激励机制,激励教师爱岗敬业、潜心育人,采用表彰奖励;薪酬待遇(绩效工资实施方案);职称评定;岗位晋升(年级组长、教研组长选拔培养与管理制度,后备干部培养方案);专业支持(人才梯队选拔及考核方案,教师、三大员培训制度,免检机制,推优评优机制)等多种方式。

### （二）培植梯队，助推可持续发展

#### 1. 一份规划——鼓励过程性管理，明晰发展方向

我们帮助教师制定自我发展规划，思考"我是谁""成为什么样的自己"；从尊重教职工优长、满足教职工专业发展需求入手，指导每一位教师制定有针对性、适切性的个人发展规划，帮助教师学会剖析自身的优势与不足；在规划实施中，引导教师阶段总结、自我反思，并不断调整完善规划，让每个人更明确今后的发展方向，努力朝着目标更进一步。

#### 2. 两条路径——适应期教师、骨干教师共同成长

我们着眼"人才队伍结构优化"，形成师资队伍发展路线图，牢牢抓好适应期教师、骨干教师两支队伍。适应期教师成立新星教师沙龙组，采用理论学习与实践操作相结合的方式，逐渐熟悉幼儿园教育教学常规工作，梳理积累一日活动操作要点，争取早日成为一名合格教师；骨干教师发掘自身专业亮点与特色，发挥示范引领作用，同时对接区域人才梯队，承担开放任务，参加市区各类评比活动，力争带动整个教师团队的发展。

#### 3. 全面覆盖——后勤队伍协同发展

我们不仅加强师资队伍发展，还加强建设后勤队伍。后勤队伍同样形成梯队，讲规范、重合作，实现梯队建设全覆盖。

## 四、凸显办园特色，推进学前教育高质量发展落在实处

### （一）课程建设，持续研究破边界

#### 1. 优化场地，多支持自主活动

《幼儿园保育教育评估指南》中提出，要"保证每天户外活动时间不少于2小时，体育活动时间不少于1小时"。据此，我园选择性课程由户外运动向户外活动拓展，我们盘活空间，实现一地多用，用好每一平方米。我们制作了学校绿化档案，依据幼儿认知特点和景观美化要求，建设了绿化景观，满足幼儿们探索植物世界的需求，把每一处绿地都建设成幼儿的自然课堂，为课程实践提供了支持；减少大型固定器械，增加可移动的低结构材料，通过留白与组合激发幼儿的自主活动。

#### 2. 优化主题，多支持亲身体验

《上海市学前教育课程指南》提出："凸显以活动、体验为特点的课程实施""课程实施强调活动性和体验性，强调活动的教育价值，注重活动的过程体验，优化教与学的方式"。我们开展了一系列主题活动，让幼儿在真体验、真感受中学习。比如在大扫除活动中，幼儿主动发起大扫除，在劳动中学会感恩；在户外"雨中乐"活动中，幼儿体验雨中游戏的乐趣，留下美好的回忆；秋季开展"秋日十件事"的打卡活动，师生共建秋季10件小事，享受秋日之美。

### 3. 优化自然，多支持探索发现

苏霍姆林斯基说过："大自然是人类的第一本教科书，是世界上最有趣的教师，在她的身上你可以学习到无穷无尽的知识。"为了让幼儿亲近自然，探索大自然的美好赐予，我们优化了自然环境，创设了环境热闹的香香果园、能互动的绿化魔方、可探究的菌菇小屋。果园里有各种各样的果树、有香味的植物、结构不同的喂鸟器和昆虫旅馆，让幼儿既能在果林里养护采摘，又能探究自然的奥秘。在绿化中，我们放置了很多能互动的绿化魔方，上面贴有植物的名称、特点和功能。幼儿可以随时转一转、看一看、听一听，了解植物。在菌菇小屋，幼儿可以在其中发现不同菌菇的特点，探索菌菇的生长规律。

### （二）课题引领下的教养医模式探索

幼儿的发展是一个持续、渐进的过程。我们深刻认识到，应该信任幼儿，充分理解和尊重幼儿发展进程中的个体差异，支持和引导他们从原有水平向更高水平发展。2017年开始，本着用更有效的方式使自主运动更为科学，我们开始探索教养医结合的课程模式。

### 1. 教

在幼儿园教育中，我们通过个性化处方、小组式干预、班本化方案来实施运动处方。我园形成了幼儿一人一档案，一班一分析，年级层面弱势项目具体分析，园所层面对标"指南"、PCK核心经验和课程目标的具体文件。我们用针对每一位幼儿的不同的处方，支持了幼儿的差异化发展。

### 2. 养

我们编撰了《家庭运动处方游戏集》，指导家长与幼儿共同游戏，选择适合自己孩子的运动处方。在家庭养育中，我们通过家庭运动打卡、家庭处方游戏实施运动处方。教师定期与家长分享幼儿粗大运动发育测试结果，帮助家长改变观念，认识到运动对幼儿身心发展的重要性。同时，教师也及时了解幼儿在家运动情况，商议幼儿下一阶段的运动发展目标。

### 3. 医

医生通过进校园、医生讲堂、医生坐诊等协助支持我园运动处方的实施。我们与复旦大学附属儿科医院合作，将"Peabody量表"转化为本土运动量表，设计适合我园使用的运动评估量表，更科学地体现个体持续发展的过程。

"漫漫向星，盈盈珠贝"，路曼曼其修远兮，吾将上下而求索。无论是"大星贝人"——教师，还是"小星贝人"——幼儿，我们将努力助其成为独一无二又自带光泽的珠贝。实现高质量学前教育，打造高品质的幼儿园，是新课程标准的要求，也是每一个学前教育工作者的目标。教育是个无限广阔的事业，充满希望，充满生机，充满挑战，我们要立足新时代，面对高质量发展的要求，以高品质内涵建设，推动学前教育高质量发展，让幼儿自然生长，带给幼儿幸福而又有意义的童年。

**参考文献:**

[1] 吴卫东.教师专业发展与培训[M].杭州:浙江大学出版社,2005.

[2] 中华人民共和国教育部基础教育司.《幼儿园教育指导纲要(试行)》解读[M].南京:江苏教育出版社,2002.

[3] 范玉晓.幼儿园办园理念研究[D].哈尔滨:哈尔滨师范大学,2018.

[4] 单小红.基于儿童本位的幼儿园办园理念刍探[J].成才之路,2018(19).

[5] 杨满芳.创办高质量的现代学前教育[J].中国教育现代化,2004(3).

# 新手园长规划学校发展中的思与行

上海市虹口区丰镇第一幼儿园　　傅晓芸

[摘　要] 学校发展规划是幼儿园办学质量的价值导向与行动纲领，是促进幼儿园不断与时俱进的发展蓝图，是保障全体师生可持续发展的重要抓手，也是幼儿园高质量发展的关键。合理、科学规划园所发展成为每一位管理者专业职责之首。当面临学校管理变化的复杂情境，新手园长更需要把握好科学规划与现实需求之间的关系，将育人的终结目标与发展过程中的环境因素紧密联结，使其更契合学校的独特背景，最终实现幼儿园未来可持续的高质量发展。

[关键词] 立德树人　学校发展规划　文化育人　传承与发展

## 一、新手园长的必备品格：传承与发展

作为一名新手园长，新环境、新角色、新定位让我倍感压力和挑战，如何尽快调试与适应，我更多思考的是依靠传承的力量。传承是一种尊重历史的态度，学校的管理制度、课程发展、文化积淀都像一面历史的镜子，折射出幼儿园发展的历程与改革；传承更是一种悦纳的包容文化，接纳大家已有的认知、价值趋向、行为风格。基于信任、安全，才能自然沟通与了解；基于全面了解，才能找准发展契机，寻求发展。

## 二、编制规划的重中之重：导向性与辩证性

### （一）坚定立德树人办学方向的导向性

党的十八大以来，以习近平同志为核心的党中央高度重视教育工作，把教育摆在优先发展的战略地位。习近平总书记对教育工作提出了一系列富有创见的新理念新思想新观点，这对于一名年轻的管理者而言更是一次对教学价值的再学习，不断理解和把握教育发展的本质与核心。

习近平总书记强调，培养什么人，是教育的首要问题。[1] 社会主义的发展、繁荣，一切扎根在育人价值的方向定位上。"幼有善育"的教育内涵是"关注儿童的全面发展、主动

发展、差异发展"，为每一个孩子的终身发展奠定基础。这不仅是意识层面自然流淌在校园文化的主流思想，更是成为我园所有教职员工开展教育教学工作的行动纲领。这就需要管理者有全员育人、全过程育人、全方位育人的系统规划意识，在坚定理想信念上下功夫，在厚植爱国主义情怀上下功夫，在加强品德修养上下功夫，在增长知识见识上下功夫，在培养奋斗精神上下功夫，在增强综合素质上下功夫，坚定使立德树人成为学校发展的政治底色和立身之本。

**（二）深度理解学校发展规划的辩证性**

"幼有善育"的共同愿景，指向一个高阶的质量定位，是对学校教育发展状态的美好期盼及内涵追求。而这种定位正是学校教育发展到一定阶段对发展特征、发展道路和发展品质的生动体现。发展规划的制定正是推进与实现教育愿景的一种工具，学校依据价值定位对学校的发展目标与实施路径做出整体的规划。一方面，学校的发展规划具有前瞻性、战略性、引领性特点；另一方面，我们也要看到规划的制定、实施过程是一项与复杂环境、情境息息相关的整体系统，需要我们不断审视和反思办学定位、育人进程，并在此基础上进行调整优化，坚持思想引领、科学安排，动态实施规划学校未来发展的统整工作，要权衡与把握以下几对关系。

1. 基于现实基础与发展适度挑战的平衡——形成定位与现实的统一性

保障基础性发展为主的旧目标逐渐无法适应学校的发展，有的新需求需要回应。因此，高品质的发展目标以原有发展基础为变革契机，既要考虑到现实基础和发展条件，坚实改革的思想与行动基础，同时又要具有适度挑战性，精准分析园所的文化基础、办学理念、园本课程、内部关系等众多因素，使发展目标更易于被接纳与认同。

2. 关注发展目标与各方多元需求的靠近——达成参与主体的趋同性

从其本质来说，学校发展规划是学校各方利益相关者相互连接而成的复杂网络，任何一个决策都将影响整体的运作。一方面园长是学校规划的主要制定者，他的价值观念与思维方式将影响学校规划，也通过规划影响着学校发展各方利益者的认知观念与评价标准。因此，规划制定中需要清晰地明确目标、内容及程序等保障执行的效能。另一方面，规划牵连着学校各方主体的需求，比如最直接的不同层级教师、不同岗位教师在工作环境、培训机制、专业发展上的需求，所以说发展规划文化形成的过程是成为凝聚人心的过程，在各方参与中不断提高全体教职员工对学校发展的认同程度，达成价值趋同。

3. 重视办学立场与达成有效路径的探寻——运用制度文化的科学性

规划的制定建立在组织文化交流的基础上，规划形成与落实的过程可以看作一个创造、产生文化的过程。这种文化包含三层含义——精神文化、物质文明、制度文化，制度文化是精神文化与物质文化育人效果的基础。[2]学校制度文化镌刻与表征着学校的办学特色与文化品位，是师生员工的行为指示系统，营造了稳定的教育秩序，能动地促进了育人工作的创新发展。

首先要加强公正的制度文化建设。我们要建立的制度本身是为人服务的，为学校发展服务的,这就需要不断建设公正或符合大众道德评价的制度文化。例如通过机制的解读,帮助大家理解机制产生的必然性,与每个教师发展的紧密性,同时在机制运行中通过分享、问卷、访谈等多样方式体现出关爱、尊重教职员工。

其次,健全运行机制。学校制度文化重在实践和落实,要提升制度文化育人的执行力,加大实践力度,强化教师的道德准则与行为规范。如健全与不断完善评价机制,给予教育教学质量指引,帮助教师明晰"质量是什么?",创造各种多元评价与反思交流的机会,激励"彼此看到的美好",让教师在思考与实践中获得情感、经验、价值的共鸣与趋同。

## 三、基于"传承与发展"的规划:融合与创新

基于以上的认识,我作为一名年轻的管理者,面对新环境、新背景,将如何把握契合学校当下形势与未来发展的价值定位?用怎样的方法制定学校的发展规划?制定中,需要关注哪些核心要素?我展开了以下的实践。

### (一)全面了解文化背景,传承文化积淀

一所学校一个文化,只有了解它的历史与过去,才更能理解学校发展至今的积淀。了解学校最关键的人事物是第一步。于是我通过大量翻阅文本,多层级访谈以及现场观察,全面熟悉学校,建立情感。

初熟悉:通过制度、课程、资料等文本可以初步了解学校基本的组织架构与关键的队伍结构、课程特色以及基本运作的大致流程。

初交流:与人交流一方面能从谈话中获得直接信息,如学校各层级负责的项目板块以及具体内容,另一方面通过广泛沟通有助于打破陌生的界限,建立初步关系联结。我尤其关注于不同层级沟通中的话题选择,倾听核心组聊聊总体人员结构和主要工作开展流程,以便融入新园所的工作模式;倾听后勤组说说各自的分工与具体负责项目,明晰学校后勤运作的组织结构,以便比较有针对性地与主要负责人员对接工作;倾听教师骨干组介绍"我和我的组室",说组长、说组员、说优势,了解各组室的基本结构与特点,并在互动中增进认同感。

初感受:校园里的一景一物都能体现出学校的文化与氛围。保育员推着保健车,与同伴协助完成保健工作;幼儿来园时,教师微笑着迎接他们;教职员工与新手园长的沟通。

### (二)全员共筹参与规划,倾听多方需求

学校的三年规划是通过全园共同努力方能达成的共同目标,因此它不能是仅仅单方面体现管理者的价值与思想方向,应该创设机会让每一个教职员工有参与、表达的机会。于是,三年规划共筹方案应运而生,我们开展了问卷调查,希望全员参与,倾听教职工内心真实想法与需求。

**表1　问卷设计架构**

| | 题库内容 | 题库指向 |
|---|---|---|
| 基本部分 | 1. 姓名（填空）<br>2. 教龄（填空）<br>3. 担任的具体工作及项目（多选） | 全面掌握基础信息 |
| 评价与规划 | 4. 请根据自己的工作板块，结合《办园质量评价指南》中管理与课程评价指南的某一个子领域对未来三年的发展提出设想<br>5. 目前你认为自己或组室最大的优势是什么？<br>6. 最希望学校给予支持或发展的是什么？<br>7. 你会从哪些视角发现自己的成长？ | 针对性对自己、组室、学校给出评价<br>基于评价提出合理性发展需求 |
| 感受与体验 | 8. 此次参与献计带给你的体会 | 参与者对调研的心理感知 |

　　我们的问卷设计注重全员参与，以获得关于园务、保教、保健、后勤管理等方面比较全面的信息，同时关注教职员工自我评价意识的激发，帮助教师从看到自己的优势和持续发展空间，根据自己的目标提出期待学校给予的支持与帮助。问卷关注的不仅是数据，更是问题背后传递的办学蓝图与价值导向。

　　从问卷的反馈中，我们感受到全体教职员工的主动性、积极性，对未来美好的期待，也听到部分实际的困难，这将促使我们在三年规划具体实施过程不断解决与思考。

　　**（三）全局资源统筹配置，细化落实路径**

　　未来三年发展目标能否比较有效地达成，取决于目标的定位、路径的细化以及达成指标的可操作性。在当下新老管理者交替的背景下，我细致分析幼儿园的优势与面临的机遇，将目标定位在传承创新，优化发展，实现可持续性发展上。传承园务管理的组织架构、运行模式；传承校园物质环境与人文氛围；传承特色园本课程的办学理念与课程特色；挖掘市区科研项目、专家团队等资源，以教改方向指引凸显园所优势。基于"托育一体化"优质办园方向与倡导户外2小时等政策，探寻"绿色小主人"园本课程中"顺天性、扬个性"，助力儿童自主性发展的教育主张，定位两大研究项目"关注儿童核心品质，在户外游戏中观察与指导，助力儿童自主性发展"和"聚力托班课程实践，探寻托育课程中的环境支持系统，助力托班儿童健康成长"，以此推动园本特色课程不断延展与深化，拓展优质园所的生命力内涵。

　　除了精准定位目标，更需要关注实施路径、达成指标的可行性调研。我们从学校教职工背景出发，立足前三年规划的达成度水平，对实施路径的熟悉程度，从两方面细化。首先，从规划的行动纲领上细化内涵，将园本特色、课程理念进行内涵解析，如办园理念"我们快乐，我们成长"，更清晰地帮助大家感受前三年与新三年的发展方向始终如一，两者之间的紧密相连。其次,文本的表述措辞上让教职员工更易于理解。核心组先行审读、建议,在内容、形式、成果展示中运用大家熟悉的措辞,从而有效地促进规划的落实。

**（四）全程动态优化调试,完善机制保障**

规划的实效性体现在效能上,注过程的调试是提升效能的有效途径。如何发挥机制杠杆作用,提高目标与管理的适配,我们尝试了以下做法。

1. 健全园务管理机制,赋权民主管理

园务管理运作由以往从上至下的层级式管理不断优化为上下转化的协同扁平式管理,赋权中层队伍的民主管理职权,让他们全面参与学校规划、发展、重大事件的商议与表决,在参与中提升中层队伍的归属感、使命感,扩大校务公开的影响面。如我们制定"三重一大"、核心组例会制度,每月通过组长们分享上月项目实施效能以及本月重点开展规划,不断提升目标意识与质量意识。

2. 建立骨干培育机制,赋能关键人物

我们认识到学校的关键发展靠队伍的力量,尤其是关键骨干的力量。因此,我们逐渐搭建骨干训练赋能营,通过组长的需求反馈和核心素养发展方向,制定了初步的课程,包括深度教研板块、专业知识板块和核心素养板块等,不断提升组长的课程设计、教研实效、组室建设等专业素养。

在规划制定的路上,始于方向,基于文化,终于发展。

**参考文献:**

[1] 习近平总书记在全国教育大会发表重要讲话[EB/OL].(2021-12-06)http://politics.people.com.cn/n1/2020/0928/c1001-31877920.html.

[2] 冯永刚.学校制度文化育人的逻辑向度[J].山东师范大学学报(人文社会科学版),2020(5).

[3] 刘飞.专业品性:教师知能与行为之间[J].当代教育科学,2021(11).

# 创建信息化教育特色，推动学校内涵发展

上海市民办丽英小学　李　平

[摘　要] 学校将现代教育技术作为可持续发展的助推器，提高教育教学质量和育人水平。学校经历了从多媒体辅助教学走向"一对一"数字化课堂，从课程教学整合走向校园数字化应用，从基础型课程的校本化实施走向课程各领域的重构完善三个发展应用阶段。本文认为，主要经验在于重视组织管理，形成工作策略；建设网路平台，开发课程资源，聚焦课堂教学，开展创新实践；基于数据实证，描绘数字画像。

[关键词] 信息化特色　教育信息化　个性化学习　内涵发展

丽英小学自1998年创立以来，努力开创具有民办特点、丽英特色的优质民办教育之路。我校尤以信息化教育见长，多年来，以"信息技术环境下促进学生个性化学习的实践研究"课题为抓手，学校的信息化教育特色持续地得到了发展与推进：通过建设无边界学习及其支持系统，积极地展开了课堂变革的行动实践；在班级授课制下，充分依托信息化教育环境，尊重学生的差异与需求，帮助学生个性化地学习，进而促进其全面自主发展。这些成为丽英小学教学改革、特色建设，并推动学校内涵发展的重要命题。

学校创设的以"前置学习、课堂交互、拓展延伸"为主要环节的新型教学形态，此项成果荣获2018年上海市基础教育教学成果评比一等奖，该成果的部分内容目前已转化为教师培训课程，成为上海市"十三五"教师培训共享课程。学校先后荣获教育部首批教育信息化试点优秀单位、"上海市中小幼教育信息化先进集体"等称号。

## 一、丽英小学信息化教育特色确立的历程

### （一）把握趋势，明确定位的确立阶段

20世纪90年代，以计算机和互联网为核心的信息技术蓬勃发展，国家《基础教育课程改革纲要》和上海市课改方案均明确提出要大力推进信息技术与学科课程的整合，逐步实现教学内容的呈现方式、学生的学习方式、教师的教学方式和师生互动方式的变革。另外，信息技术对儿童具有天然的吸引力，能充分满足儿童的想象力和对未知世界的探求

欲。我们通过新技术新思想营造新的教学环境，充分满足自主探索、多重交互、合作学习等多方面的教学需求，充分调动每一个学生的主动性、积极性，使培养学生创新精神与实践能力的目标落到实处。这正是素质教育所要求的。

基于以上认识，学校形成了"以现代信息理念奠基学生未来"的办学思想，旨在使丽英小学培养的孩子具有很强的信息素养，并且能够通过这种素养搭建一座通往未来世界的桥梁。学校创建信息化教育特色的办学目标由此确立。

**（二）学科整合，全面应用的发展阶段**

教育信息化重在应用。从一开始起，学校就把主攻方向聚焦于课堂，把信息技术在学科教学中的全面应用作为实现跨越式发展的突破口。

2001年，学校"运用现代教育信息系统改善学生学习的教育策略研究"成为市教委"十五"规划立项课题。教学实践起步阶段聚焦于电子白板等技术手段在教学中的有效应用，进而探索学生个人终端与网络学习平台等技术手段有效应用于课堂教学。

2008年起，学校先后以"'一对一'数字化学习项目试点"和"数字化课程环境建设和学习方式变革"市级项目试验为契机，以"信息技术环境下促进学生个性化学习的实践研究"等课题为先导，关注班级授课制下学生个性化学习的问题，从开展分层分类教学入手，逐步实现以学定教，促进课堂教学从差异化教学向个性化教学迈进。

2011年起，学校基于前期大规模教学创新实践，从课程论教学论的视角重新审视信息化环境下的教学流程、教学资源和师生关系问题，通过创设"前置学习"，进而重构课堂教学流程，重塑师生关系内核，丰富促进个性化学习的数字资源，使信息环境下的课堂教与学呈现新方式。

**（三）关注个体，深化内涵的提升阶段**

随着研究的深入，学校也碰到了"瓶颈"。研究成果碎片化，缺少基本课程资源的数字化教材，无疑增加了师生实现日常教与学信息化的难度。

2015年，学校成为市教研室主持的数字教材实验项目试点校，为我们的教育信息化常态化又闯出了一条新路。学校有了规范的数字化教材，在整合实践、整体推进等方面初步实现了总项目组的"深化融合，助力教学"的指导思想，逐步走向高水平的常态化。

2019年，学校确立了"运用智能支持系统促进小学生个性化学习的实践研究"课题。新课题延续了前几轮促进学生个性化学习的研究方向，同时提出了创建"智学课堂"目标，即教师借助现代科技智能化手段，创设满足学生个性化学习的环境与资源，通过优化教学策略，努力实现大规模因材施教；学生在智能化学习环境和结构化资源的支撑下，通过选择符合自身实际需求的学习路径和资源，高效地达成学习目标。2021年3月，学校被虹口区教育局确立为信息化创新实验校。

随着教育信息化探索的深入，我们认识到仅仅在学科教学领域取得成功还是远远不够的，必须整体推进，努力实现管理通、教学通、资源通和社区通，通过特色强校的实践，全方位提升办学水平。"学校数字化管理方式的实践研究"和"数字化校园的设计与实践"

实验课题先后确立,分别成为市民办中小学协会和中央电教馆的立项课题。

## 二、丽英小学信息化教育特色发展的阶段性特征

### (一)从多媒体辅助教学走向"一对一"数字化课堂

回顾丽英小学学科教学信息化,从最初的多媒体辅助教学,到目前每个实验班学生"一人一机",拥有了接入"云端"的4G移动终端,技术的升级换代不仅为学生提供了全新的学习环境,改变了传统的学习方式和认知情境,而且为学生营造出适合个体需求的学习环境,提供丰富的信息资源及多样、方便的工具支持,推进了个性化学习由理想变为现实的进程。

例如,数学课"折线统计图的认识",教师设计的电子学案通过"试一试""练一练""说一说"等步骤有效地促进学生自主学习,帮助学生通过体验、探究,完成对"折线统计图"的意义建构;在此基础上,学生"想一想",对某商场液晶电视的销售量进行观察,做出趋势判断,培养学生运用数学知识解决实际问题的能力;最后,学生可以通过"学一学"自行复习巩固。

又如,语文阅读课《很久很久以前》,教师运用数据分析,通过智慧平台,可以了解学生们阅读神话故事的情况(读了哪些故事,对哪些故事感兴趣,概括主人公的特点等),根据课前反馈的问题,及时调整课堂上的教学内容;课堂上,老师以《愚公移山》一文的深入学习,探索神话故事的特点;师生共同浏览、评价学生上传的"阅读记录卡",反馈他们阅读的内容及兴趣,学生边读边批注,根据找出的词句进一步体会人物特点;在"讨论区"里,学生分享自己的观点,也可以在线上对同伴们的分享进行点评。

电子学案、数字教材、"三个助手"及AI智能系统等一系列信息化手段的运用,带动了课堂教学价值再塑、流程再造、资源再生、关系再构、评价再建,形成了以学习需求挖掘为起点,以核心问题学习为引领,以数字教育资源为支撑,以核心能力培养为指向的"智慧学习"课堂教学模式,实现了课堂教学的高效率低负担,促进了学生个性化学习,构建了新型师生关系。

### (二)从课程教学整合走向校园数字化应用

"数字化校园的设计与实践"的开题,标志着丽英人迈向数字化校园的征程也已起步。学校力求通过整体推进,实现德育信息化、教学信息化、管理信息化和家校沟通信息化,为广大家长、学生提供优质教育服务;通过信息化教育特色的确立,推动学校内涵发展,全方位提升办学水平。

德育方面,学校依托信息技术,努力丰富和拓展德育的内容和形式,激发和培养学生的自主意识和自主能力。学校网站、自主学习平台已经成为丽英德育的一扇数字化窗口。德育新闻、少先队主页、班级网页、校班论坛以及"心理热线""体育健康热线""育儿心得"等栏目,充分反映了学校德育的现实,记录了师生成长足迹,丰富了校园文化和人文

精神。

管理方面,学校开展了多方面数字化管理实践,突出一项重点——加大师资培训力度,不断提升管理人员及教师信息素养;抓好两个环节——建设教师办公、行政管理、"家校沟通""三位一体"的网络平台,落实学校信息化的组织管理;强调三个数字化——办公及事务管理数字化,教学教务管理数字化,资源管理数字化。

丽英小学全面推进的数字化校园建设取得硕果:"学校数字化管理的设计与实践"课题结题,获得了专项奖励;"数字化校园的设计与实践"课题结题,被中央电教馆评为A级;数字化校园建设相关论文在全国首届"中小学数字化学校应用与实践"论文评比中获一等奖。

**(三)从基础型课程的校本化实施走向课程各领域的重构完善**

学校教育,课程是关键。用特色课程造就特色学校,成为丽英小学提升办学水平的新视角。一方面,以学生综合素质的发展作为着眼点,依托数字化课程环境,完善基础型课程的校本化实施;另一方面,启动了拓展型课程领域的重构和再设计,建立完善综合型课程(包含拓展型课程和探究型课程)的校本课程体系。

目前,《丽英小学综合型课程实施方案》已具雏形,主要由学科拓展、兴趣活动、社会实践、探究型课程等组成。我们努力将信息技术的应用贯穿综合型课程开发和实施的各个环节,重点在切合课程内容、实施方式、学习评价上。

## 三、丽英小学信息化教育特色工作推进举措

回顾总结多年来主课题的实施,我们主要开展了四方面的推进工作。

**(一)重视组织管理,形成工作策略**

学校成立了由校长担任组长的课题项目推进领导小组(见图1),在运作上由督学办、教导处、科研室负责人和试点年级相关教师组成,倾力研究平台、终端、网络、资源的整合开发,力求在现有条件下使课题研究取得扎实成果。

学校还形成了"以点带面"的项目推进策略。"点上突破",即为项目组领导下的实验年级的探索,为面上推进提供示范和引领。"面上推进",即全体教师参与实验,借助学校自行开发的自主学习平台,研究如何运用信息技术促进学生个性化学习。学校举办的"梯队教师展示""教师技能比赛"、"丽英杯"教学评比等一系列活动,均以"运用信息

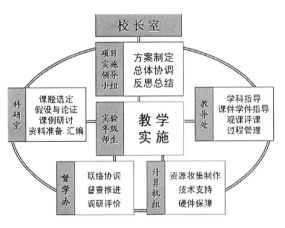

图1 课题项目推进领导小组

技术促进学生个性化学习"为主题,鼓励教师创新实践,并成为项目研究的宝贵财富。

### (二)建设网络平台,开发课程资源

要做到课内支持与课外支持相结合,满足学生多元化和个性化学习需求,迫切需要建立网络教学平台,同时逐步开发相配套的网络课程资源。在公共教育资源配套尚不完善的前提下,自主平台建设和资源开发成为实验推进的一项重点工作。在主要依赖自主开发的条件下,教师们殚精竭虑,花费了极大的心血,致力于平台的完善和资源的开发。在专业人员和全体教师的共同努力下,2010年4月起,丽英自主学习网上线了,学校数字化课程资源环境建设取得了一项重要突破。历经多年的积累与完善,丽英自主学习网已积累了近60个单元150多课时的数字化课程资源。疫情期间的在线教育教学,网络平台成为承载学生开展自主学习的主要桥梁。

### (三)聚焦课堂教学,开展创新实践

多年来,聚焦课堂教学,学校在探索实践"以智能系统促进个性化学习"项目基础上,积极推进构建教育数字化转型背景下的"智学课堂"。接下来,我们力争通过一段时间的试验,实现应用场景新模型设计的开启、"前置学习,再造课堂"课堂教学模式的迭代升级,努力打造以核心问题学习为引领、以数字教育资源为支撑、以关键能力培养为指向的课堂教学,提供虚实融合、课堂内外融合、线上线下融合的"智学课堂",真正实现学生新型能力的培养,促进个性化学习。通过一段时间的积累,我们目前已经初步形成了一定数量的教学案例并汇编成册。

### (四)基于数据实证,描绘数字画像

通过引入智能学习系统后,我们发现,经过一段时间的积累,学习平台上积累了一定数量的学生学习数据。利用这些数据,对学生的学习品质做出个性化的描绘,这是我们目前正在研究的课题。目前学校已启动基于数据实证的学生数字画像研究项目,这个项目结合前一轮智能学习系统产生的数据以及学校以往的研究成果,研发了"丽英小学学生学习品质指标体系",经过三轮研讨,已经初步完成了整个指标体系以及相关数据的关联。其中包括一级指标6个,二级指标18个以及相关的指标考查点、对应的课堂指标和计算逻辑。我们希望通过大数据和智能算法,加上教师的人工干预,能比较客观地描绘出学生在学习品质方面的特征,并给予一定的指导意见。

## 四、信息化特色建设推动师生共同发展

学校信息化特色创建,给师生、家长带来的助益是显而易见的。

### (一)促进学生发展

本课题实施以来,我们看到了学生学习方式的变化和创新思维的激发。我们通过引进个性化的学习方式、基于数字化平台的教学模式等先进理念和做法,提高了学习效益,促进了学生学习能力的提高。不仅如此,更重要的是数字化的课程环境激发了学生学习

的积极性和主动性,从而促进良好学习习惯和品质的养成,为每一位学生的终身发展打下坚实的基础。

**(二)提升教师素养**

创建过程更推动了教师的成长。教师们开展了大量创造性的教学实践,既掌握了先进的教育技术,更激发了对教学本质问题的思考,提升了专业素养。学校通过组织创新论坛、建设创新团队、聚焦创新课堂、课题(项目)引领,提炼教师能力的评价标准与教学行为、学习效果的关联,为教师信息素养的发展提供实证参考。

**(三)密切家校沟通**

"课前—课中—课后"的教学样式延伸到家庭,小小的学习终端也影响了、助推了学习型家庭的建立。家长们想要了解学校教育,可以通过终端或平台回放、查询很多活动过程;有了终端和平台,教师可以更便捷地开展"一对一"家庭教育指导,促进了师生、家长之间的互动,成为家校沟通的桥梁。

## 五、结语

建校二十多年来,丽英小学以"信息化"和"个性化"的研究为切入点,找到了提升特色水平的正确路径,学校的发展也借此突破瓶颈,进入了快车道。当然,创新无止境;也唯有创新实践,才是驱动办学特色提升的不竭动力。我们相信,全体丽英人秉持勇于开拓、不断创新的本色,必将在以信息化推动教育现代化的征程上做出新的实绩。

**参考文献:**

[1] 曹敏惠.浅谈多媒体信息技术在课堂教学中的作用[J].华章,2008(Z2).

[2] 马银娟.创设生动有效情境,构建轻负高质课堂[J].中国国信息技术教育,2012(03).

[3] 潘穗雄,邹应贵.学校信息化教学资源的整合策略[J].中国教育信息化,2009(3).

[4] 张祖鹰.教学资源信息化管理与应用平台建设方案[J].图书情报导刊,2007,17(27).

# 领导课程建设

# 课程育人视域下学校课程建设的实践探索

## ——以虹口区教育学院附属中学为例

上海市虹口区教育学院　汤国红

[摘　要] 课程育人是学校落实立德树人根本任务的重要途径。近年来,上海市虹口区教育学院附属中学以课程育人为抓手,借助集团办学优势,立足已有基础条件,坚持系统设计和整体规划,探索出具有特色的"EACH"课程实施体系,以此提升教师课程育人的能力。

[关键词] 课程育人　学校课程建设

当今世界发展本质上依靠的是人才,人才需要教育的培养。纵观世界各国为培养符合时代发展要求的人才,教育改革均聚焦到课程改革的层面。可以说,充分发挥课程在学校教育中的作用,为国家培育英才,是学校的重要任务。

## 一、课程育人：凸显素养,回归本质

2022年新颁布的义务教育课程标准的最大变化,就是通过明确提出核心素养,强化课程育人导向。核心素养是育人目标的具体化。为达到核心素养的要求,必须通过课程的建设,逐步将培养目标在课程实施中落实。

基础性和综合性是核心素养的基本特征。基础性要求课程遴选重要观念、主题内容和基础知识技能,教给学生正确的价值观、必备品格和创新精神、实践能力,为学生适应未来社会的学习与发展奠定基础。综合性则要求突破学科的壁垒,加强学科间相互关联,运用大概念、大主题和任务群,设计跨学科的主题活动,积极开展主题化、项目式学习,培养学生综合运用知识解决问题的能力。

因此,对于学校来说,要深刻理解课程改革的国家意志,立足本校办学理念,从课程目标、课程内容、课程实施等方面进行积极创新,自觉提升课程育人能力,拓展课程育人价值,为学生发展提供更多的机会。

## 二、课程建设：立足基础，培育特色

2018年，虹口区教育学院附属中学（以下简称"虹教附中"）成为首批"强校工程"学校。它也是虹教院教育集团唯一的实验校。经过前期的调研问诊，我们发现学校课程门类建设缺乏系统性和统整性，缺乏校本化的特色课程，与时代和国家的召唤尚有差距。同时，传统的课程观仍影响部分教师，具体表现为：唯分数，采取简单的灌输式讲授方法，从而极大地弱化了课程的育人功能，制约了学校的育人质量。

课程是促进学生发展的重要载体，也是决定人才培养质量的基本要素。基于此，虹教附中确立了"以课程建设引领学校内涵发展"的工作思路（见图1）。通过将所有学校工作，如学校管理、教师发展、教学实施、学生评价等全部渗透融入课程建设的各个环节，形成以课程建设关注师生发展、优化育人环境、提高教学质量、提升办学品质的工作路径。

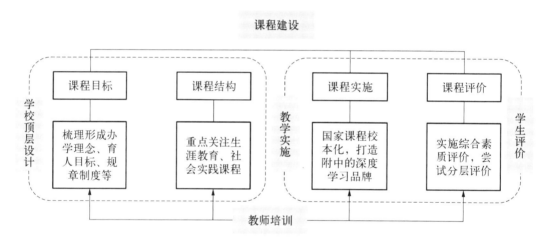

**图1　虹教附中的强校工作路径**

### （一）基于育人目标的学校课程体系重构

1. 以学生核心素养为靶向，优化课程育人目标

基于上述思路，学校以"三有"时代新人培养目标和学生核心素养为基础，梳理"办学理念—育人目标—课程目标"之间的关联。学校立足"让每一个孩子自信地走向未来"的办学理念，以"让家长满意放心、让学生自信多才"作为出发点，确立了"敦品励学，尚美自信"的育人目标（见表1），构建了指向育人目标实现的"EACH"课程体系。

"EACH"的名称是将学校育人目标的英语首字母组合而成的。从本意上来说，"EACH"是指"每一个"，旨在说明虹教附中的课程以小班化的实施方式，关注每一名学生，真正做到"发展每一个，依靠每一个，落实每一个"。从谐音上来说，"EACH"可以音译成"易趣""宜趣""艺趣"等,表明学校通过国家课程校本化处理,形成适合虹教附中学生丰富多元的课程内容。

表1 "EACH"课程的育人目标与内涵

| 育人目标 | 内　　　涵 |
| --- | --- |
| 敦品<br>（Heart） | 敦厚品行,品德为先,是自信的基础;能够致力于陶冶道德情感,锻炼道德意志,树立道德信念 |
| 励学<br>（Excellence） | 扎实学力,明知事理,是自信的关键;能够掌握良好的学习方法,善于独立思考,追求科学真理 |
| 尚美<br>（Aesthetic） | 求真尚美,践行美好,是自信的外延;能够形成对心灵、语言、行为、环境之美的崇尚与追求 |
| 自信<br>（Confidence） | 自省成长,健康阳光,是自信的表现;能够主动参与体育活动,养成健康的生活方式与自信的心理品质 |

2. 基于课程育人目标,构建"EACH"课程图谱

学校通过明确课程核心要素之间的逻辑关系,并结合国家和上海市课程改革的具体要求,将原本零散的课程组合在一起进行重新规划,构建了内容丰富、优质多元、个性选择、分类分层的"EACH"课程图谱(见图2)。

在课程建设理念上,"EACH"课程通过"校内与校外的结合、间接知识与直接知识的结合、个体发展和群体成长的结合、线上与线下的结合、科技与人文的结合、动脑与动手的结合"6个结合,让学生的学习方式从被动走向主动、从个体走向协同、从表层走向深层,从而促进学生的全面发展。

在课程建设目标上,"EACH"课程立足学校的育人目标,以"小班化的深度教学"为实施路径,引导学生好学善学,拓宽学习视野,通过与职业生涯教育的融合,在保证学生基础性学力的同时,兼顾发展性和创造性学力的培养,形成"多元体验,志趣发展"的课程价值。

**（二）以育人方式变革为重点的课程实施**

为发挥"EACH"课程的育人功能,学校抓好课堂主阵地,从基础型课程与综合实践课程两个维度展开实践,形成课堂教学重互动、社会实践重体验、行为规范重养成、课题项目重研究的"四个注重"育人特色。

1. 基础型课程为基,发挥学科育人功能

首先,在基础型课程领域中,学校主要从4个方面凸显学科教学的课程育人功能。即关注学科知识结构化的表达、关注学生高阶思维的培养、关注学科间的拓展与联系、关注师生双向互动的对话(见图3)。

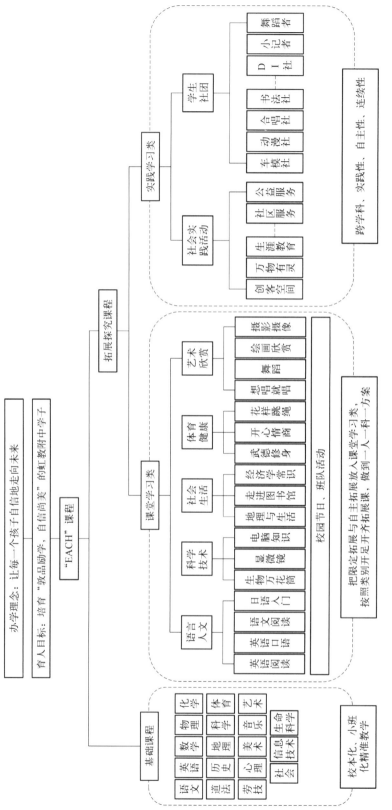

图 2 "EACH"课程图谱

在"关注学科知识结构化表达"中，学校教师采用单元教学设计，根据课程实施的水平目标，确立若干教学主题，并且以主题为线索，开发和重组相关教学内容，从而使学生在学习中更容易明确各知识点的内在联系，提升育人的质量。

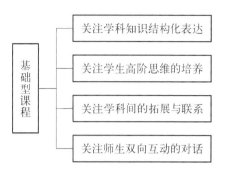

图3　基础型课程实施的关注点

在"关注学生高阶思维的培养"中，学校积极打造以培养学生反思、提问、求解、批判、决策等能力为目的的课堂教学。教师主要从"对教学内容的整合和重构"以及"重视问题的设计与生成"两个方面展开实践。例如，在"分数拆分"这节数学课上，教师就先提出"十人分九饼"的问题引发思考，关注思维灵活性和独创性的培养；通过从生活实际出发，培养学生数学建模能力与问题意识；通过学生之间的交流、互动、质疑，培养学生的批判思维……从而实现学生高阶思维的培养。

在"关注学科间的拓展与联系"中，学校开展"集体教研"，教师通过集中梳理形成了学科教学中可能存有学科联系的内容，通过多学科的视角，加深学生对某一问题的认识，从而促进学科理解或解决单一学科或领域难以解决的问题。语文教师在教学中运用心理剧来促进对人物情绪、内心的活动的理解，是语文与心理的融合；在数学课中关于"角"的一课，教师引入"比萨斜塔"的知识点，进行了数学与物理、历史等的融合；在生命科学课中，教师尝试运用地理学科知识，对城市绿化的布局问题进行分析与解决。

在"关注师生双向互动对话"中，教师关注学生在学习中的情绪和感受，注重课堂上学生的需要及情感的培养。课前，教师加入一些引导性的资料唤醒情绪感受，引发思考；课中，教师引导学生积极合作，对自己的探索和解决问题表示肯定，并能将学习内容进行升华；课后，引导学生关注积极使用所学知识，并与同伴互帮互助。

2. 综合实践活动课程为翼，凸显学校育人特色

学校尝试打通基础、拓展、探究三类课程之间的联系，将不同的学科进行模块化组合，分年级分主题开设了"武德修身""万物有灵""创客空间"三大具有跨学科特征的综合实践课程（见图4）。

"武德修身"课程发挥学校"武术特色校"优势，以武术为载体，以品德养成为内核，课程内容围绕武术操的操练、武术歌曲的赏析、武术中文学作品的赏析、武术中心理品质的内化等方面进行展开，注重学生的情感体验与感受内化。

"万物有灵"课程基于学校创新实验室及

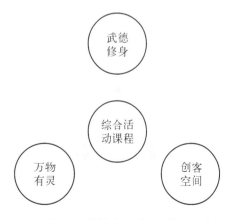

图4　"EACH"综合活动课程的实施内容

"百草园"基地资源,从"感知觉的认识—体验式的实践活动—探究性的认知活动"的课程结构入手,进行整体课程的设计编制,重点培养学生课题研究意识与审美情趣,进而引导学生从科学理性的教育中树立认识生命、尊重生命、珍视生命的价值观。

"创客空间"课程以和上海科技馆合作的"场馆课程"为基础,重点关注学生创新能力的培养,为学生提供真实的情境,调动学生所学学科知识、信息技术和工程技术知识,对校园进行整体设计与环境布置,以此培养学生在真实复杂的情境中发现、分析以及解决问题的能力。

3. 兼顾多维育人要素,促进核心素养落地

学校在"EACH"课程整体结构不变的情况下,遵循学生认知规律和教育教学规律,按照一体化、分年级、有序推进的原则,尝试将更多的育人要素与内容全方位融入思想道德教育、文化知识教育、艺术体育教育、社会实践教育等各环节,贯穿劳动教育、生涯教育、行规教育等各个领域。

学校的劳动教育围绕"万物有灵"课程,立足"百草园"基地,通过让学生充分参与劳动,学会基本的劳动知识和技能,体验创造性劳动乐趣,逐步培养正确的劳动观念。例如在"种植实践"课程中,学生参与植物与中药的种植及养护;在"探究实验"中,学生探究种子发芽率,开展品种创新的改良尝试;在"设计制作"中,鼓励并引导学生进行创意设计,改进农具。

关于职业生涯教育,学校尊重学生的兴趣和个体独特性,通过开展生涯调查,选取学生感兴趣的内容,调动学校、家长、社区的资源,开发出符合虹教附中学子发展需求及个性的生涯教育课程体系。采用区级通识读本加校本读本的方式开展教学,同时,借助生涯活动工具引导学生在各种生涯体验游戏中积极探索性格特点、发现自身优势、培养生涯能力、唤醒内在学习动力,促进学生更全面地探索自我。此外,带领学生走出课堂,走进职业现场,了解真实工作环境和不同工种的职业内容,加深对岗位与性格、能力的关联的认识。

行为规范教育渗透在教育教学的方方面面,六年级主要聚焦"训知",在新生入学开展适应教育,通过行为习惯的养成来扩展和修正已有的行规认知结构,促进学生掌握具体的行为准则。七年级主要聚焦"探知",通过参观、体验、班队会活动等形式促进学生理解、感悟并内化。八年级主要聚焦"行知",学生积极参加社会实践,在与他人的互动过程中运用行规知识。九年级主要聚焦"续知",针对学校和社会环境提出的榜样示范的要求,在各种学生活动中展示自我,自觉运用行规。

## 三、保障机制:使命担当,淬炼队伍

课程价值的充分开发和实现关键在于教师,教师肩负着课程育人的主体职责。这就要求教师能准确地把握学科育人价值,深刻地理解学科核心素养,充分地研究学生学习特点,秉持以人为本的理念,运用灵活的教学方法,建立民主、平等的师生关系。因此,提升

教师的课程育人能力,是课程育人这个教育命题面临的关键问题。

那么,如何提升教师的课程育人能力? 路径之一是以教师需求为导向,开展分层分类的培训活动,为教师的专业发展持续提供支持,变"教师课程的被动执行者"为"自我发展的领导者",让每一位教师都从"向专家请教"到"像专家思考"转变。虹教附中从"EACH"课程建设启动伊始,就不断加强对教师队伍的培养,帮助教师提升课程的育人品质。具体采取了以下策略:其一,开展校本研修。学校围绕课程的创设与开发,组建课程研究的学习共同体,通过开展课题研究,提升教师的课程理解。如学校借助区级的专业力量,加强对学科团队建设和基础型课程建设,重点开展学科作业校本化设计以及学生高阶思维的培养研究,提升基础型课程的育人功能。其二,拓宽教师专业成长的培养路径。一是利用集团资源优势,开展不同层面、不同形式的主题讲座、教学展示、论坛交流等培训活动,帮助教师进一步转变教学理念,学习他人经验,展示自身亮点,改进课堂教学,提升育人质量。二是通过层级带教扶持成熟教师,团队帮带培养青年教师成长等多种方式,对部分教师开展个性化指导,培养专家型骨干教师,助推青年教师反思成长,以此来提升教师的课程育人能力。

## 四、结语

回顾虹教附中"EACH"课程的建设之路,从设计到执行,从文本走向实践,学校经过多重的蜕变使课程焕然一新。在一次又一次面对困惑,解决难题、新的问题再次衍生,再次反思、重新行动的过程中,学生的个性化学习需求以及核心素养的培育在学校的办学过程中日益得到体现和落实,"EACH"课程不断落实到具体的课堂教学中,教师专业发展水平不断提高,学校课程育人的目标也逐步达成。面对未来,我们将继续前行在立德树人的道路上。

## 参考文献:

[1] 国家中长期教育改革和发展规划纲要(2010—2020年)[N].新华社,2011-3-25.
[2] 于龙.影响"以学定教"效果的因素分析[J].中国教育学刊,2012(09).
[3] 林崇德.中国学生核心素养研究[J].心理与行为研究,2017,15(02).

# 新时代背景下学校"五育并举"实施方式的探究

上海市虹口高级中学　吴　炎

[摘　要]上海市虹口高级中学以培养德智体美劳全面发展的学生为目标:通过建设以"绿色成长"为主线的学校课程体系,满足学生个性独特发展能力提升的需求,促进学生个性发展、多元发展和全面发展;坚持立德树人的德育课程,着眼于每一位学生的终身发展,立足现实,面向未来,丰富德育内涵,创新德育形式,构建独具特色的高中学生德育体系;打造多方参与、丰富多样的劳动教育体系,帮助学生树立正确的劳动观念,培养学生勤俭、奋斗、创新、奉献的劳动精神,形成热爱劳动的劳动态度,提高学生的劳动技能。

[关键词]五育并举　绿色成长　立德树人　劳动教育

党的二十大报告明确提出,教育、科技、人才是全面建设社会主义现代化国家的基础性、战略性的支撑,科技是第一生产力,人才是第一资源,创新是第一动力。教育是国之大计、党之大计,要坚持教育优先发展,建设教育强国,坚持为党育人、为国育才,全面提高人才自主培养质量,着力造就拔尖创新人才,聚天下英才而用之。报告中明确指出了教育在社会主义现代化强国建设和中华民族伟大复兴征程中的重要使命,再次强调科教兴国和人才强国有特别重要的意义。

高中阶段是学生成长的关键期,如何让学生在高中生涯中有更多的收获和成长,使学生将来能成为社会急需的人才是每一所高中学校关心的话题。上海市虹口高级中学作为一所有着70多年办学历史的高中,以完善学校课程体系、设立立德树人的德育课程、打造多方参与、丰富多样的劳动教育体系3个方面为切入点,满足学生成长发展的需要,促进学生的全面发展。

## 一、建设以"绿色成长"为主线的学校课程体系

我校学科课程的目标是:努力构建以"绿色成长"为主线的学校课程体系,"五育并举"、德育引领,诸育融合,达成"五育"的全面渗透和贯通;确立以学生为中心的课程框

架,给予学生充分的选择权、自主权和发展权,满足学生个性独特发展能力提升的需求,促进学生个性发展、多元发展和全面发展;以提升课堂教学质量为导向,寻找不断提升课堂教学效益和质量的有效策略,依据学科特征和学段特点,努力开发一批学生有兴趣,思维有挑战,实践有创新的校本课程,实现"教师善教,学生善学,学校善管"的学校课程管理结构。

**(一)整合资源,三类统整,加强学校课程建设**

各教研(学科)组在遵循国家课程标准的基础上,以教科书作为主要的课程资源,充分利用多种相关的资源,依据学校的培养目标和学生的实际情况,进行系统化与集约化设计,使之成为可以直接实施的教学内容,并展开有效的教学实践。

根据学生的需求,学校按照人文、艺术、科学三方面将选修课程进行分层、分类整合,形成多元化课程体系。每学期为学生提供20余种课程,供学生自主选择,从而拓宽学生的视野、激发学生的潜能。学校从校情和生情实际出发,开设相关综合实践课程,依据课程标准,结合学生实际,不断优化课程目标、课程内容、实施策略和资源需求,开发学科类研究性学习专题,丰富各类学科实验学习要求。针对不同学生的特点,进行分层教育的探索,促进各类学生在原有基础上"跳一跳,摘得到",并努力探索资优生的培优规律和"学困生"的提高策略。

在原有的"绿色生命教育"课程、传统文化课程基础上,学校还开发了"生涯教育"课程、"数理统计"课程、"创新实验"课程等一系列特色品牌课程。依托课程开设,教师能有效地指导学生完成各类研究性报告,从确定主题、制订研究计划、实施过程到完成文本报告,学校均配备专家团队给予学生相应的指导。

对于不同层次学生的个性需求,学校还与高校合作,依托学校创新实验室和高校实践工作站,为学生开设各类科技类实践课程,如物理3D打印、无人机课程、化学创新实验、机关王、STEM课程等。

学校艺术课程旨在为学生营造音乐、美术、戏剧、舞蹈等多种艺术学科相互支持、相互补充的艺术学习环境,让学生在学习过程中感知、体验、反思、评价和创造。

学校体育课程严格按照上海市课程计划要求,开展篮球、乒乓球、羽毛球等专项化教学,立足学生发展,注重个体差异和不同的体育需求,按递进式学习模块来组织课程内容。

**(二)分层指导,策略有效,提高学生学习素养**

学校按照不同年级和学科特点,加强对资优生的知识技能竞赛、发明创造和创新实验等创新学习活动的过程指导,加强各年级学科资优生的选拔和统整工作,精细化做好培优计划和学习过程设计,有条不紊地落实好培优工作的各个细节,在培优工作中提升学生的综合素质。

学校激励学生参加各项社会实践活动的热情,进一步健全评价机制,实行过程评价,多元评价,鼓励学生积极参与各类体验活动,鼓励学生在参观学习中发现问题,寻找兴趣点,找到研究课题方向,积极投入研究性学习。

**(三)集体教研,同伴互助,探索教研高效模式**

学校构建模块化校本研修课程,通过完善市区培训、校本研修、专业自培等多级培训机制,鼓励教师积极参加市、区各类教学研讨活动、业务培训;开展问卷调查、个别访谈,针对教师需求,通过外聘专家、组建导师团等途径,配套开发体系化、模块化校本研修课程,为教师的研究力提升及个性化塑造提供课程支撑。学校基于"问题、分享、数据实证、信息平台"教研新途径探索,获得市级"双新"实践项目立项。这将进一步促进学校教研品质和教师业务水平的提升。

**(四)优化管理,模式创新,确保课程实施有效**

学校根据学生选课模式,进行分班和课程设置。高三年级以6种选科模式来组建行政班,实施"小走班"教学模式。高二年级采用"大走班"和学业水平考学科的"小走班"相结合的走班模式;鼓励教师分层教学,在作业难度和广度上加以区分,提高全体学生的学习效益。

学校通过校友资源、与高校或研究机构合作、外聘等途径吸引了一批包括工程院院士在内的顶尖专家团队担任课程教师。学校定期召开课程建设会议,团队展示、研讨、交流,专家指导;同时鼓励"走出去",积极对外开设各类公开课、研讨课、示范课,在区域内共享学校优质教育教学资源。

## 二、设立坚持立德树人的德育课程

学校将德育课程的目标定为"坚持立德树人,着眼于每一个学生的终身发展",延续学校"绿色生命教育"的成果,立足现实,面向未来,丰富德育内涵,创新德育形式,加强德育队伍建设,构建独具特色的高中学生德育体系。

**(一)规范行为习惯养成,完善学生行规课程**

学校从规范行为习惯做起,培养学生良好道德品质和文明行为,力争使每一位学生在学校做有个性、会学习、知荣辱的好少年,在家庭做有孝行、能自理、担责任的好孩子,在社会做有教养、会共处、守公德的好公民。

学校通过新生军训、学农、行规主题班会等活动着重进行遵守规则的养成训练,通过法治教育培养学生的公民意识和法治观念,通过仪式教育、礼仪教育,培养学生具有规范的行为表现,通过主题活动让学生形成良好的内心体验,不断提升学生的文明素养。

**(二)服务学生个性发展,建设生涯特色课程**

学校以学生"绿色成长"为着眼点,结合3个年级学生不同的特点,开发并实施高中生涯指导课程。

1.高一年级生涯认知:认识自我,认识职业

学校引进DPA(Dynamics Personality Assessment)动态性格测量工具,为高一年级学

生开展性格测试和培训；邀请DPA动态性格测量专家团队为学生和家长进行一对一的分析辅导，指导学生在认识自我的基础上，发掘潜能、规划自我。

2. 高二年级生涯体验：走近专业，走进大学

高二年级学生通过大学走访体验日活动，了解沪上知名高校的招生信息、就业前景、院系设置、校园设施和学习环境等，引导学生科学地选科。

3. 高三年级生涯选择：选择专业，选择学校

高三年级围绕高考以及填报志愿，帮助学生进一步了解大学专业，合理填报志愿，坚实地走好个人发展重要一步。在对学生进行DPA性格测评的基础上，学校聘请专家为学生开展性格图谱一对一、面对面咨询，组织学生到高校进行研学，使学生进一步了解高校，为填报志愿提供依据。

**（三）整合教育教学资源，打造德育精品课程**

学校坚持文化育德、文化育心、文化育人，大力开展以学生为主体，以实践性、创造性、趣味性为主要特征的校园文化课程建设和德育品牌课程建设。

1. 彰显树魂立根教育，打造德育主题课程

学校将民族精神教育、爱国主义教育等活动系列化、品牌化，形成德育活动系列方案；通过多种途径，建设并完善厚植爱国主义情怀的主题教育课程和汲取中华优秀传统文化的主题课程。

2. 关注师生生命质量，优化心理健康课程

学校在传承"绿色生命教育"理念的基础上，关注师生生命安全和心理健康。通过开设心理活动课程和团体心理辅导课程，组建心理社团，为学生开展多渠道、多层次的心理辅导，从而构建心理安全港湾，使学生运用心理学知识自助、互助，学会沟通，做情绪的主人。

3. 核心价值观念引领，丰富校园文化课程

学校每年举办"虹中风尚人物"颁奖盛典，发挥榜样引领作用，弘扬校园文明风尚。同时，学校每年举行读书节、体育节、科技节和艺术节四大校园文化活动以及精品社团课程，让更多学生的特长得到发扬，潜能得到挖掘，从而体验成就感，增加获得感，形成积极的人格，激发爱校热情，提高综合素养。

4. 提升学生政治素养，完善团员教育课程

学校团委为团员学生和入团积极分子组建党章学习小组、开设课程，通过班级团支部开展"团徽耀党旗，青春跟党走"主题团日活动，举办"学生骨干暑期训练营"活动，选送优秀学员参加虹口区举办的"青马工程"。

**（四）倡导全员育人理念，营造良好育人氛围**

1. 挖掘社会教育资源，开拓社会实践课程

通过长期努力和社会支持，学校主动挖掘和整合社会资源，牵手9家单位共建社会实践基地，内容涵盖了多个行业，不断地丰富了课程的形式和内容。在社会实践的过程

中,学生可以学以致用,在促进知识学习的同时,有助于"知、情、意、行"的协调一致,从而更好地完善自身成长。

2. 实现学科育人价值,打造学科育德课程

学校始终坚持充分发挥课堂主渠道的育人作用,挖掘学科内在德育价值,要求每一位教师在传承知识的同时,必须承担起育德的使命和任务,深入挖掘学科内在的德育因素,积极创设适合学生的德育教育情境,将德育目标落到实处。

3. 家校联动形成合力,构建家庭教育课程

课程是开展家庭教育指导工作的有效载体和重要保证。为了帮助家长掌握科学的家庭教育方法,提高科学教育子女的能力,学校还开设了多样的家庭教育指导课程。

## 三、打造多方参与、丰富多样的劳动教育体系

学校把劳动教育与德、智、体、美放在同等重要的位置,提倡"五育并举"。通过劳动教育,培养学生的勤俭、奋斗、创新、奉献的劳动精神,掌握满足生存发展需要的基本劳动能力,形成良好的劳动习惯。

**(一)树立正确的劳动观念**

学校要重视劳动观念的培养,通过让学生准确理解马克思主义劳动观,帮助学生牢固树立劳动最光荣、劳动最崇高、劳动最伟大、劳动最美丽的观念。并结合学校劳动、家庭劳动、社会劳动等主题教育,培养学生劳动观念。

**(二)培养勤俭、奋斗、创新、奉献的劳动精神**

劳动创造美好生活,劳动不分贵贱,我们引导学生热爱劳动,尊重普通劳动者,让劳动的种子在学生心中生根发芽,由此帮助学生形成健康健全的人格。通过劳模精神报告、参加生产劳动、社会服务、职业体验、创新技能实践活动,培养学生勤俭、奋斗、创新、奉献的劳动精神。

**(三)养成"热爱劳动"的态度**

日常生活中,学生有些劳动做不好,大多原因是他们不重视劳动,而不是不会做。为此,我们通过"家务我自主""今日我当班"等劳动参与分享活动,展现学生劳动经历和劳动成果,构建激励评价机制,从而鼓励并引导学生主动做跟自我有关的生活劳动。通过抢着做学校集体劳动,展现学生的责任和担当。总之,我们要帮助学生形成热爱劳动的价值观。

**(四)不断提高学生的劳动技能**

党的二十大报告提出要健全学校、家庭、社会育人机制,因此我们通过学校、家庭、社会共同努力,帮助学生掌握更多的劳动技能。我们要求学生积极主动参与学校的劳动课程,通过课程设计、实践体验和活动策划等方式开展劳动教育,让每个学生积极成为学校劳动课程中的一员,让学生在劳动过程中体验劳动的艰辛和不易,认识劳动的伟

大,并最终实现对劳动的热爱,掌握劳动的相关技能,真正实现劳动教育的知行统一。我们建议学生在家长的指导下,跟父母学习家务劳动技能。我们鼓励学生参加生产实践和社会服务劳动,学习并应用劳动技能。学校将紧跟科技发展和产业变革,准确把握新时代劳动工具、劳动技术、劳动形态的新变化,创新劳动教育的内容、途径、方式,增强劳动教育的时代性。

## 参考文献:

[1]杨清.五育并举视野下普通高中课程体系的构建[J].中国教育学刊,2021(06).

[2]鲍忠良.青少年学生劳动教育现状的实证研究[J].教育探索,2013(08).

[3]罗海风,周达,刘坚.以立德树人为目标 构建学科育人体系——从学科核心素养促进学科教育转型谈起[J].中小学教师培训,2018(09).

[4]李庆九.落实"五育"并举 促进学生全面和谐发展——兼谈高品质学校的核心指向及其行动方略[J].教育科学论坛,2019(29).

[5]杨小微,夏海萍.共创与融通:中小学校本课程开发的新路向[J].上海教育科研,2022(08).

# 围绕"立德树人"根本任务，推动薄弱初中开展"有戏"教育

上海市虹口区教育学院实验中学　全　迅

[摘　要]上海市虹口区教育学院实验中学以国家和上海市薄弱学校改进政策为导向，以生涯适应力为理论基础，针对本校学生认为自己的前途渺茫的实际情况，围绕立德树人根本任务建立初中"有戏"教育体系。学校通过课程育人和活动育人进行"有戏"教育的开展，现阶段已取得良好成效。

[关键词]立德树人　有戏教育　体系架构

习近平总书记在不同场合多次谈及青年是国家的希望，引导青年勇担时代使命，把个人理想追求融入党和国家的事业中，成为与新时代要求相符合的社会主义事业建设者和接班人。习近平总书记的指示精神为学校改革发展指明了方向。《上海市教育发展"十四五"规划》中明确指出，"坚持为党育人、为国育才，围绕立德树人根本任务和教育高质量发展的主题，全面深化教育领域综合改革，更加关注每一个学生的终身发展，更加关注青少年身心健康，加强学生综合素养和把握未来的能力"[1]。

## 一、研究背景：让"有戏"教育点亮平凡儿童的人生道路

上海市虹口区教育学院实验中学（以下简称"虹教实验中学"）是一所文化老校。近年来随着区域建设不断深化，学校生源结构发生了较大变化，外来务工人员子女占较大比例。由于非上海户籍等原因，许多学生不能参加上海市的普通高中入学考试，成绩较为优秀的学生会在初二年级的时候回老家上学，因而缺乏归属感和安全感；成绩一般的学生则认为自己的前途、理想几乎"没戏"，继而放弃对自己的严格要求。与此同时，由于缺乏来自家庭的指导和支持，许多学生对自己的未来发展缺乏规划，对现阶段学习与未来职业选择之间关系缺乏了解。

面对多元化的学生发展诉求，虹教实验中学以国家、上海市的薄弱学校改进政策为

指导,在区教育局和教育学院的指导下确定了主动改革的努力方向:依托学校被列为上海市"强校工程"实验校的机遇,结合学校办学实际和生源特征,把"落实立德树人,构建'有戏'教育体系,健全学校家庭社会协同育人机制,'五育融合'促进学生全面发展,为每一位学生成人成才和人生出彩打好基础"作为育人导向,从优质文化传承、教育资源挖掘、学生素养培育、教师队伍建设等方面着手,探索学校"有戏"教育体系架构,有效提升学校整体办学质量。

在相关专家指导下,虹教实验中学确定了以生涯适应力学习为引领的"有戏"教育。生涯适应力通常由生涯关注、生涯控制、生涯好奇和生涯自信构成。每一个维度都有一个核心的问题需要个体作出回答:"我有未来吗?"——生涯关注;"谁拥有我的未来?"——生涯控制;"未来我想要做什么?"——生涯好奇;"我能做到吗?"——生涯自信[2]。

根据"全人"教育的理念,学校提出的"有戏"包含四个维度。有梦想:初中生的梦想可以是未来活出精彩的一个构想,也可以是眼前的一个小目标;有自信:助力学生发现自我、认同自我;有本领:必备品格和关键能力的培育;有担当:帮助他人,奉献社会,让人生更加出彩。

## 二、通过课程育人,为"有戏"生涯夯实基础

虹教实验中学充分利用被列入"上海市百所加强初中建设实验校"带来的各项资源,借助制度创新、政策支持和项目化实施,以生涯教育为抓手,以"有戏"为评价标准,精准把握教师的成长需求,激活学生的成长自信。同时,结合国内生涯教育的研究,通过深化"有戏"教育课程结构改革,拓展师生发展的路径,为"有戏"生涯夯实基础。

### (一)创建生涯学习体系

学科教育是学校实施教育的主要途径,如何最大化地实现学生生涯适应力的引导和培养,学科课堂是一个不可忽视的重要路径。[3]学校立足校本学情,在专家多方诊断基础上,确立了"促进学生多元发展的初中生涯适应力课程开发与实施"重头项目;开发并实施符合本校资源条件和学生特点的生涯适应力系列学习项目,建设并初步形成具有校本特色的生涯适应力学习体系。学校系统梳理了各年级的教育目标。六年级:以认识自我为重点,引导学生习惯养成、环境适应、了解自我;七年级:以理解自我为重点,指导学生情绪管理、人际交往、探索自我;八年级:以树立自信为重点,帮助学生发现兴趣、方向定位、发展自我;九年级:以规划学涯为重点,提升学生自我效能、抗压能力、完善自我。

在学校课程体系中,生涯适应力的培育既有自己相对独立的部分,又需要和其他学科渗透结合。在行动研究中,学校重点开展以下两方面的实践。

1. 显性教学与隐性教学的结合

显性教学是指教师通过清晰、明确的表达和观点阐述对学生进行引导,直接增强学

生的认知。隐性教学采用的方式更加多样,比如寓教于乐、寓教于文、寓教于游,使学生在潜移默化中接受教育。在基础学科课程中,除了本学科的理论知识、专业技能等主体内容外,课程资源中蕴含的科学史、相关职业、专业前沿、名人经历等内容,通常都是学科拓展和渗透实施生涯教育的可行结合点。

2.学校德育与生涯适应力培育并轨

学校德育与生涯教育具有高度的内在一致性,可以相互融合、互为支撑。一方面,帮助学生形成积极、健康的人生观、价值观和行为规范。这既是学校德育的根本任务,也是生涯适应力发展的深层基础。另一方面,将生涯教育内容融入学校德育,增强德育的切身性和体验感,使学校德育与学生自身生活、学习和未来发展紧密结合。学校将"有戏"教育放在学校育人目标及课程方案的大背景下,形成了"有戏"教育框架(见图1)。

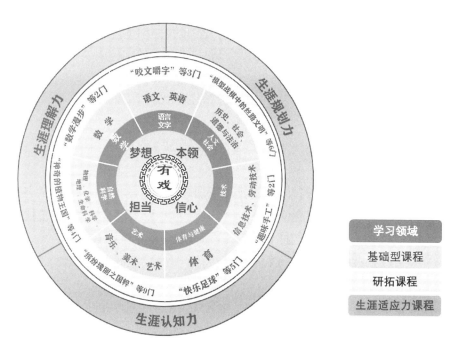

**图1 虹教实验中学课程图谱**

生涯适应力学习体系的创建,能够帮助学生了解自我,形成积极、现实的自我概念,让他们明白学习与未来的关系,提升生涯规划能力。同时,生涯适应力学习体系在一定程度上转变了学校的育人价值观,使之朝向聚焦多元发展方向转变。

**(二)打造"有戏"教师队伍**

教师队伍是学校"有戏"教育体系的主体,全校性的课程建构需要全校教师的参与。为此,虹教实验中学成立了教师队伍建设专项领导小组,制定出校本教师队伍发展规划,致力于打造一支高素质、专业化、创新型教师队伍,让每一个教师的职业生涯也"有戏"。

1. 教育项目系统联动

"虹口区教育学院实验中学教师成长协同项目"与强校项目"促进学生多元发展的初中生涯适应力课程开发与实施"系统联动,逐步形成教师专业成长的立体路径。前者依托高校教授团队的帮助和支持,通过大量调研和观测完成教师生存状态诊断工作。随后,通过奖励制度建设、校本研修提升、教学研究氛围建设,完成教师工作绩效改进工作。后者用生涯教育的实践研究来激活教师的专业自信,鼓励教师立足课堂和教学实践,促进专业发展。

2. 种子团队齐头并进

围绕"有戏"与"自信心",学校组建了三个既彼此独立又密切联系的种子团队:种子计划管理团队、种子计划德育团队、种子计划课程团队。管理团队聚焦"强校工程"中学校顶层设计、实施路径规划等基础性、引领性领域。德育团队关注德育工作的具体落地实施,在操作层面不断推进学校德育工作。课程团队关注生涯适应力系列学校项目的开发和实施,积极开展学科渗透生涯教育的教学实践研究。

3. 引进课程培训师资

结合项目学习、活动设计、学科渗透、家庭教育、情绪指导等,对种子团队、班主任、中青年教师进行相关实务培训,将"有戏"教育与教师个人专业发展建立联系,让教师在培训中对学校发展有信心,鼓励每一位教师都能在平凡的岗位上成长、成才、成功。

## 三、通过活动育人,为"有戏"实践提供机会

虹教实验中学开展了各项活动来践行"有戏"教育体系,呈现虹教实验中学教育的本质:传承红色基因,端正世界观、人生观、价值观认识,立足艺智教育,探索生涯启蒙,努力为青少年"有戏"未来发展指明方向。

### (一)完善红色系列实践活动

学校根据新时期红色教育的需要,结合"四史"教育,用好周边丰富的红色场馆资源所承载的态度与价值观,结合生涯教育元素,进行校本综合实践活动的系统开发。

1. 打造可视化校园空间

精心打造"有戏"环境氛围,处处是教育场景。通过把教育资源可视化,打造集观赏性、教育性、人文性、知识性于一体的校园文化空间,带给师生潜移默化的影响,给予师生心灵指引。

2. 搭建"有戏"文化舞台

"有戏"文化舞台是基于"有戏"教育目标延伸出来的文化平台,既有有形的舞台,又建无形的舞台。有形的舞台是指,打造京剧戏剧特色拓展型课程,融入优秀民族文化,让每一位学生都可以走进传统京剧和戏剧,培养文化自信与红色基因。无形的舞台是指,每个人的人生就是自己最大的舞台,我们紧贴校本学情,努力帮助学生更好地了解自我,锻

炼自我,增强对社会的理解,发展综合素质,掌握能够适应终身发展和社会发展需要的必备品格与关键能力,让学生的未来人生在为祖国、为人民服务中"有德""有才""有戏"。

**(二) 全面提高学生劳动素养**

以劳动为主题的社会实践活动能够从身体素质、责任担当等多方面促进学生发展[4]。学校以 PBL 项目"学校操场大变身"劳动主题教育为抓手,从劳动能力、劳动观念、劳动精神、劳动习惯和品质 4 个维度,通过劳动心态和劳动技能两大板块开展劳动教育活动。引导学生从传统的课堂教学走向户外课堂,从尊重学生兴趣、基于经验、联系生活出发,引导学生思考、设计、探索,从而丰富学生的劳动教育资源、拓宽劳动教育空间,让学生从被动接收消化到主动探索发现,鼓励学生走入真实的环境,解决真实的问题,以"劳"养德、以"劳"增智、以"劳"育美、以"劳"强体。

**(三) 共建拓展"有戏"实践空间**

"有戏"教育涉及学生对学习、职业、社会等多方面的认知与实践体验[5],因此,"有戏"教育体系的构建不仅需要整合校内资源,还要积极向社会、向家庭拓展,形成合力,帮助学生在更大的舞台上成就自己。

中共四大纪念馆、李白纪念馆、邮政博物馆等红色场馆先后与学校签约,成为学校的校外教育实践基地。学校还与相关部门合作开展了"寻访川北红色文化""从石库门再出发"等活动,强化了学生的实践体验学习。

学校在对家长生涯教育意识、生涯教育态度、生涯教育行为和生涯教育需求进行全面调查和访谈的基础上,开发各类实效的家庭教育指导内容和方式,定期组织家长学习体验,促进家长生涯意识的觉醒、生涯指导能力的提升。

通过学校、家庭、社会"三育融合",虹教实验中学走出了一条"有戏"特色的社会实践探索之路,全面地带动了学生"三爱"精神(热爱党、热爱祖国、热爱人民),提高了社会、家庭对学生的生活关注,也给予学生更多机会接触社会、了解社会。

## 四、结语:"有戏"教育实现学生、教师和学校的转型发展

虹教实验中学通过多样课程、丰富活动等多方面对"有戏"教育体系的架构进行了探索,现已取得初步成效。"有戏"教育体系的架构,是顺应时代背景、国家号召,并结合自身实际的良好探索。

**(一) 学生"有戏"**

"有戏"教育体系的构建提高了学生的生涯关注、生涯自信及生涯控制水平。随着"有戏"教育学习活动覆盖面达到100%,我校学生都可**以在学校**精心设计的学习活动中发现自身特长,提升学习兴趣,增强自信,逐步养成**良好的学习**习惯与优秀的学习品质。由此,学生学业质量"绿色指标"综合评价得分显著提升,学校育人案例入选全国"立德树人落实机制"优秀案例。

### (二)教师"有戏"

虹教实验中学"教学研"一体发展,让教师的职业生涯"有戏"带动学生的人生"有戏",促进教师的专业成长,营造了教师终身教育和可持续发展的良好态势,基本形成了"全员育人,培育公民"的良好育人氛围。

### (三)学校"有戏"

虹教实验中学以立德树人为核心的"有戏"教育经验得到了社会的认可,被"学习强国"多次报道宣传,还吸引了《解放日报》《新闻晨报》《青年报》等多家媒体报道。2021年,学校受教育部邀请参与义务教育课程标准修订艺术科目测试,以及义务教育教科书五四学制初中《艺术·戏剧》八至九年级教材的编写。学校还被评为全国关心下一代工作委员会先进集体、上海市安全文明校园、上海市非遗进校园优秀传习基地、全国青少年校园足球特色学校等。虹教实验中学被大家称为"让学生的人生更'有戏'"的大平台。

"有戏"教育是一个复杂的系统,虹教实验中学也在实践中不断探索调整,在探索中存在缺少评价反馈环节等不足。当前,围绕生涯教育展开的学校改进仍处在初步发展阶段,虹教实验中学将继续与各学校共同努力,为学校改进理论和实践发展做出贡献。

## 参考文献:

[1] 上海市人民政府关于印发《上海市教育发展"十四五"规划》的通知[EB/OL]. http://edu.sh.gov.cn/zcjd_jyfzssw/20210907/5a7a750ba40c4db9a93cf71f746e4e6c.html.
[2] 罗凤娟.高中生未来时间洞察力对生涯适应力的影响[D].四川师范大学,2021.
[3] 徐娟.综合素质视野中初中生生涯适应力培养研究[J].上海教育科研,2021(02).
[4] 吴青,李心怡,林春鸿,黄向.劳动教育课程对中学生生涯适应力的影响研究——以华南师范大学附属中学为例[J].中小学德育,2022(05).
[5] 袁欣宇.学校管理视角的高中生涯教育系统研究[D].华东师范大学,2020.

# 以体育为核的美育探索

## ——依托区体校运动资源开展大美教育的实践

上海市培华学校　王　健

[摘　要]美是人类的一种理解。美的境界在于体现生命力之美和大自然的存在之美。我们依托区体校运动资源，挖掘区体校体育项目的美育资源，实践着体育运动更快、更高、更强的目标，并与生命力之美、自然之美相结合，通过一系列的体验活动、实践活动及美育系列课程，开展大美教育来激励学生的精神，温润学生的心灵。学校将体育的运动之美与学生核心素养对标，以丰富的体育之美培养学生的综合素养，构建身体美、竞技美、人文美为核心的美育教育校本课程和主题活动平台，以及校园文化环境，从而促进学生全面发展，并实现学校的特色发展。

[关键字]美育　艺体结合　体校育人

　　培华学校是面向青少年学生运动员的九年一贯制义务教育学校。我们希望青少年学生运动员不仅要能拿金牌，而且还能在情感、趣味、气质、胸襟等方面获得发展，展现出生命力之美、蓬勃向上的精神之美。美是人类的一种理解，美的境界在于体现生命力之美和大自然的存在之美。体育运动所追求的更快、更高、更强与生命力之美、自然之美是一脉相承的，所以，我们提出了依托区体校运动资源，开展大美教育来激励学生的精神，温润学生的心灵。

## 一、运动是最具生命力的美育元素

　　审美教育本质上是一种生命教育和情感教育。它通过对最直接、最本真的生命活动——审美活动的激发、培养与引导，直达生命的本源，从根本上对生命存在加以影响和引导，使生命中那些不受理性控制的因素能够符合理性的要求，朝着健康、美好、高尚的方向驱动。体育自身有其不可比拟的美，运动是对生命的潜在能力的发展和挖掘，也是对生命的感悟力、鉴赏力、创造力，以及情感智慧的生命潜能的激发和培养。体育运动以人体美的运动形式来表现和创造美。美的运动能使人感受到令人心情舒畅的运动节奏，体验到成功的喜悦和创造的愉快,品味到生命的活力与生命的节奏,领悟到人生的真谛,认识到人的本质力量。因此说,体育运动与美是水乳交融,运动是最具生命力的美育元素。

我们将体育的运动之美与学生核心素养对标,从丰富的体育之美出发来培养学生的综合素养,构建身体美、竞技美、人文美为核心的美育教育校本课程和主题活动平台,以及校园文化环境,从而促进学生全面发展,并实现学校的特色发展。

奥林匹克运动有一句著名的格言:"更快、更高、更强。"今天,我加上一个词:"更快、更高、更强、更美。"运动,就是美!姿势美、姿态美、四肢美、身段美、脸盘美、肤色美、眼神美、动作美、健康美、拼搏美、胜不骄败不馁的体育精神美。

## 二、依托区体校运动资源开展大美教育实践

### (一)挖掘区体校运动美育资源

上海市虹口区青少年体育运动学校先后开展了田径、游泳、体操、击剑、射击、排球、乒乓球、羽毛球、武术等15个项目的业余训练。这些运动项目都是极好的美育资源,每一个项目都能展现生命的力量、速度、灵巧、耐力和青春活力,展现人类的形态美与心灵美。比如一场高水平的球赛可以调动人们的情感变化,一场优美的自由体操以健美的身材、优美的动作和造型以及伴奏的音乐给人以美的享受。大量的实践表明,体育运动中存在着大量美的信息。它们可以陶冶人的情操,净化人的心灵,启迪人的智慧,提高人的思想境界。这都是体育美的魅力所在。

从展现生命的力量、速度、灵巧、耐力和青春活力,展现人类的形态美与心灵美的角度,我们遵循学校学生特点以及美育培养方向,挖掘了15个运动项目中的身体美、竞技美、人文美、生命力之美,建立大美教育与各年级分类美育目标体系。比如将运动之美与文学、摄影结合,或将运动中令人赏心悦目的音乐、色彩与艺术教育融合,或将运动中动作、造型、姿态、线条与审美教育结合激起学生的美感,激发学生对音乐、色彩与艺术的兴趣爱好,培养学生高尚的审美情趣和欣赏美、表现美的能力,提升学生的艺术品质。这些活动还丰富了学生的课余文化生活,增进了他们的协作意识和集体荣誉感。

### (二)美育与体育的融合

1.融入体育与美育元素开展体验式实践活动

学校通过一系列展现"大美"主题的实践活动,提升学生审美能力,丰富审美体验,提高学生对美的理解和热爱。

(1)体育名人堂。首先,学校利用体育明星的光辉形象和模范事迹对学生进行教育。如,第一个打破世界纪录的中国人陈镜开、中华民族第一个世界冠军容国团、摘取奥运桂冠的第一个中国人许海峰、世界上当之无愧的"体操王子"李宁等。学生从杰出人物的生动事迹中获得教益,得到启示,激发了爱国主义豪情,从而了解体育精神的感人之处。其次,从中国体育名人小故事中提炼体育精神,激发学生的民族精神和爱国精神,培养学生

社会主义核心价值观。再次,我们还邀请学校输送的优秀运动员回校园活动,以榜样的力量引领我们的学生,如击剑运动名人叶冲、花样游泳黄雪辰等。

(2)体育道德大讲堂。学校还利用主题教育月,主要围绕奥林匹克精神与格言的内涵、劳伦斯世界体育奖的由来、违反体育道德的行为等展开宣讲活动。

(3)开展"今天我以培华为荣,明天培华以我为耀"的系列主题活动。"唱一首歌曲",即唱一首奥运歌曲,体会"更高、更快、更强"的奥林匹克精神,培养学生拼搏与进取的精神。"听一次讲座",即围绕体育道德主题,组织学生学习奥林匹克精神,了解劳伦斯世界体育奖的由来。"讲一个故事",即让学生讲述一个违反体育道德的事例,使学生自觉抵制违反体育道德的行为。"作一番点评",即由学生评议身边发生的遵守体育道德的故事,讲述心中感受,品悟体育道德力量,升华自身境界。

(4)与体育运动相关的征文活动。在教师引领下开展"学校少年梦——时刻在行动"体育运动征文活动,培养学生的爱国主义情怀、合作与竞争意识、坚毅的意志品质、规则意识、社会适应能力。

(5)体育运动比赛。通过开展体育运动比赛,激发学生果断、坚强、不怕困难,敢于挑战和战胜困难的优秀品质,增强学生的团队合作意识和精神,遵守体育活动的规则意识,弥补文化课教学的不足,达到终身教育的目的。

2. 创设体育与美育元素相结合的校园文化氛围

充分利用移动媒体、教室、橱窗、走廊、围墙、操场、电子宣传屏等,营造格调高雅、富有美感、充满朝气的校园文化环境,以美感人,以景育人,让体育运动中和谐、友善、进步的文化通过校园文化环境浸润学生心田,展现向真、向善、向美、向上的校园文化。比如:

(1)奖牌风云榜。在楼内走廊上建立学校学生的风采图集,张贴学校在当年各级体育赛事中获奖的学生运动员照片和简介,对部分比赛成绩和文化学习成绩都优秀的运动员开展访谈活动,做好文字和影像记录作为以后的教材。

(2)评选体育道德风尚奖。从而发扬团结、拼搏、公正竞赛的体育作风,更好地体现体育精神的宗旨。

(3)定期举办与体育相关的美育节会活动。学校以社团为基础、班级为重点,让每个学生在校期间至少参加一项艺术活动,培养一两项艺术爱好,发展一项艺术技能;大力发展学生体育社团、兴趣小组,让每个学生在校期间学习掌握一项有益身心发展的体育运动技能。

3. 建立体悟美、感受美的课程体系

学校开发了感观身体美的课程,帮助学生发现美、创造美,如符合不同年级美育特点的体健系列课程、体育礼仪系列课程、体育摄影系列课程等;开发了欣赏竞技美的课程,帮助学生欣赏美、追求美,如符合不同年级美育特点的体育比赛、体育运动项目欣赏系列课程、体育音乐、影视、文学、美术等系列课程;开发了感悟人文美的课程,帮助学生崇尚美,内化美,如符合不同年级美育特点的"荣誉"系列课程、体育风尚系列课程、"走近教练"课程、"走进赛场"课程。

## 三、反思与展望

学校还将体育运动之美与学科教学融合,在基础型课程中渗透大美教育。学校深入挖掘区体校美育资源开展大美教育,建立九年一贯制普通体育学校培养身体美、心灵美、人文美为核心的美育课程体系,搭建求规范、求上进的学校美育实践活动平台,创设和谐、友善、进步的校园文化氛围,探索学生美育素养评价机制,提高学生对美的理解和热爱,促进学生全面发展,实现学校的特色发展。

学校还将积极探索大美教育分年级美育的评价指南和指标体系,力求做到对学生美育素养评价,既兼顾基础学习、特长展示和体验经历,又将学生参与各项美育学习活动记入学习档案,作为学生美育素质测评的内容,根据指标要求,实施规范评价。

学校还将不断探索体育运动内涵与核心素养培育下对学生能力与品质要求的对接,改变过去对体育育人的认识很多,但综合德智体美劳在九年一贯制普通学校进行以体育为主题的美育实践却不足的问题,使体育精神帮助师生不忘初心,砥砺前行。

# 表现性评价在职业体验活动中的运用

上海市第五中学　李西双

[摘　要] 随着新中考改革的具体实践,上海市第五中学梳理多年来的实践经验,整合新校区优质资源,将职业体验活动与校本课程体系融合,以激发职业兴趣、提升职业能力、弘扬职业精神为目标,为学生进入未来职业世界提供了更多开阔眼界的机会。基于对中国学生发展核心素养和关键能力的学习,以及初中学生综合素质评价要求的研读,学校将表现性评价理念引入职业体验活动的实践过程,通过评价学生在新情境下问题解决的关键能力和必备品格,力求实现通过观察学生的"表现"进行过程性、个性化评价,助力个体关键能力的逐步发展。

[关键词] 初中　表现性评价　职业体验

近年来,上海市第五中学逐步将职业生涯规划内容引入原有生命教育体系,形成了具有校本特色的职业生涯教育课程。学校以体验式活动为主要形式,引入校友、家长和社区资源,组织开展虹口图书馆服务、护河志愿服务、红色场馆讲解员服务等,在拓宽社区志愿服务的同时丰富学生的职业体验。随着《上海市初中综合素质评价实施办法》的发布,学校对社会实践课进行了梳理和整合,尤其关注适应初中学生成长特点的社会考察、探究学习、职业体验等综合实践活动的开展。与此同时,学校尝试引入表现性评价的理念和评价方式,希望通过合适的评价提升校本职业体验活动的实效,促进学生形成初步的职业生涯规划,为学生的个性化发展提供支持与助力。

## 一、确定评价方式,关注体验和发展

基于对中国学生发展核心素养和关键能力的学习,以及初中学生综合素质评价要求的研读,学校不断思考如何制定能反映学生真实能力水平、关键能力等发展性指标的评价方式,如何通过评价促进学生高阶思维的发展,真正以"向未来"的理念助力学生的个性化发展和终身成长。

### (一)评价指向核心素养

评价方式的选择首先应体现核心素养的培养。学校始终坚持"人格健全,学力坚实"

的培养目标,以提升师生自我发展的能力——"学力"为突破口。人格健全指向个体的自我接纳、自我完善,主要体现在悦纳内在自我、接受外在世界、人际关系良好、愿意学习并参与社会活动。学力坚实指向学习能力,包括知识水平、动手能力和学习能力。这些培养目标均指向学生发展核心素养,学校希望在评价中能凸显核心素养的提升。

**(二)评价关注体验过程**

初中是个体开始思考职业生涯,产生职业关注的起步阶段。结合初中学生的生理心理特点,职业体验活动应重在激发个体对职业的兴趣和向往,活动的体验过程更为重要。

表现性评价通过设置一定的情境,让学生通过完成一定的实际任务来评价个体的完成情况。学生在整个过程中呈现出来的各种表现都可以作为评估依据。在体验活动中,学生们可以通过海报、演讲、书面报告、操作、作品展示等方式呈现学习的过程与收获。评价的内容更关注整个过程中个体的变化与成长。

**(三)评估体现个人发展**

我们认为,评价应重视学生的全面、综合表现,评价的拟定在一定程度上对学生也有指导性影响。因此,评估标准应充分体现活动的过程,为学生自我反思提供有效参考。表现性评价标准需要在活动前期、评价前告知学生,从而起到对活动过程的指导作用。

## 二、实施表现性评价,在实践中完善

有了关于评价的理论思考,我们开始在"职业体验活动"中尝试实施表现性评价。为了切实有效开展表现性评价,我们进行了前期调查,对学生相关现状进行了初步了解,在此基础上,逐步确定了表现性目标、任务和评价标准。

**(一)前期情况调查**

我们对本校六、七年级共73名学生进行了"职业选择与规划"调查,主要围绕个人家庭教育背景、理想职业、对目前职业的认识与职业规划等情况作了基本了解。

结果显示,80.82%的学生有理想的职业,如传统的教师、医护、警察、律师等,也有新兴行业,如游戏原画师、电竞选手等。大部分学生选择职业的两大主要考虑因素是稳定性和发展前景。大部分学生能够结合自己的爱好、特长考虑理想职业。

同时,只有19.18%的学生非常了解自己的理想职业,90%的学生认为自己与理想职业之间有差距,而且认为主要原因在于个人能力。这样的认知会给个体带来负面的感知,过早否定自己进入理想职业领域的可能性。对于新材料、生物、节能环保、高端装备等新型产业,大部分学生并不了解。同时他们对于人工智能、虚拟现实、设计等行业有较浓厚的兴趣。

掌握了学生对职业的认知情况,我们对如何开展职业体验活动有了初步的思考,拟定了整体思路和基本框架(见图1)。

图1  整体框架

## （二）拟定表现性目标

评价目标是对所期望的学习结果的界定,指向的是学生应知和能做的,评价目标应与学习目标匹配。表现性目标应以核心素养为导向,要看到人,看到成长中的人。

职业体验活动的目标需要体现学生在整个体验过程中的所学、所思、所感和所悟。以"创意无限乐体验——服装设计体验活动"为例(见表1),总体目标是引导学生在实际操作中体验服装设计的工作,感受其中的责任与乐趣。我们将目标与高阶思维相对应,指向核心素养,让师生意识到活动背后的设计理念,提升活动的价值与意义。

服装设计是实用性和艺术性相结合的一种艺术形式,是解决人们穿着生活体系中诸问题的富有创造性的计划及创作行为。本次体验活动分为自由创作泼墨成画、设计理论讲解、动手设计实际操作三部分,既充满趣味,又有理论与实践知识的收获。

表1  创意无限乐体验——服装设计体验活动

| 表 现 性 目 标 | 认知维度(教育家布鲁姆的认知领域目标分类法) | 核心素养 |
|---|---|---|
| 以小组为单位,自由泼墨,合作完成一幅作品 | 高阶思维:创造 | 社会参与——实践创新 |
| 通过对图片的赏析,形成审美的意识与概念 | 高阶思维:分析 | 文化基础——人文底蕴<br>自主发展——学会学习 |
| 根据春节元素,设计自己的节日服装系列 | 高阶思维:创造 | 自主发展——学会学习<br>社会参与——实践创新 |
| 展示作品,进行相互点评 | 高阶思维:评价 | 自主发展——学会学习 |

**（三）设置表现性任务**

任务应与目标高度匹配,既考虑情境真实性,又考虑知识整合性。表现性任务要体现高阶思维的培养,促使学生构建反应,创造自己的问题解决方案。

以"领航未来——VR职业技术体验活动"为例。活动中的任务设置强调与真实世界的关联,不是简单地选择答案,而是需要学生创设的情境中完成相应挑战任务,体现合作、分析、创造等高阶思维能力。

VR(虚拟现实)技术是新兴产业的典型代表之一。活动一开始,主讲教师邀请学生进行VR体验。通过实际体验,使学生感受VR的易操作性与场景的真实性,在体验的过程中总结VR具有沉浸感、交互、想象等特点。在教师生动的介绍中,学生们了解了VR的理论内容与行业的发展现状及未来前景,分享了VR游戏行业的岗位以及各个岗位所从事的具体工作,从不同角度探索了VR方向的职业。

对VR技术有了基本的了解后,学生们以小组为单位,尝试设计VR场景运用的项目方案,并在教师的指导下,组内讨论、分享灵感、确定主题。小组共同完成了项目方案的设计,将VR职业技术运用于餐饮、购物、沙盘游戏、医学等领域。在路演环节,各小组分别用3分钟时间汇报了自己的项目方案,教师进行了客观的评价,同时提出修改建议。学生们在此环节对VR技术的场景运用有了更加深入的了解,对VR职业的兴趣愈发浓厚。

**（四）确立表现性评分**

评分规则是表现性目标的质量要求在表现性任务中的落实。评价标准的制定需要"像专家一样思考",可以评结果,也可以评过程。评价标准包括两个维度:指标和区分度。指标的分解体现评估者对评价内容质量的理解,但指标不宜过多。区分度一般在3到5级,每一项指标的每一项维度都要清晰描述。

以"感受舞台——戏剧表演体验活动"为例。学生们在学习课本剧表演专业技能的基础上,参与了虹口图书馆阅读节系列活动,登上了开幕式、闭幕式的舞台,体验了演员、导演、剧本编剧、舞台监制等一系列职业岗位。

为了切实实施表现性评价,促进学生关注自己学习的真实表现,从评价"知道什么"到"能做什么",我们确立了针对学生表演过程的评价标准(见表2),从学习态度、知识结构、合作沟通和思维水平四个维度展开。

表2 "感受舞台——戏剧表演体验活动"评价标准

| 等第 | 学习态度 | 知识结构 | 合作沟通 | 思维水平 |
|---|---|---|---|---|
| ☆ | 能参与学习活动,但缺勤情况较多;偶尔在活动中提出自己的设想;不能完成每一次的作品 | 对于学习活动中涉及的知识内容只能基本掌握;表演具有一定合理性 | 经常不能及时完成自己承担的任务;和同伴合作存在问题,导致演出作品未能按时完成 | 演出作品表演中,只出现了少数表演技巧;作品表演表现力不强 |

续　表

| 等第 | 学习态度 | 知识结构 | 合作沟通 | 思维水平 |
|---|---|---|---|---|
| ☆☆ | 能参与学习活动,偶尔缺勤;经常在学习活动中提出自己的设想;能完成每一次的任务,但不是每一次都能按时完成 | 能掌握大部分学习活动中涉及的知识内容;完成的表演基本能达到预期的效果 | 基本能完成承担的任务,但需要同伴的协助;能和同伴沟通交流,但存在演出作品不能及时完成的情况 | 能将部分掌握的表演技巧运用到作品的呈现中;能基本展示出作品中人物的情感态度 |
| ☆☆☆ | 能积极参与每一次学习活动;每次活动都能提出自己的设想;能按时完成剧本或演出 | 能完全掌握学习活动中涉及的知识点,并有所拓展;完成的表演不但达到了预期的效果,还有鲜明特色 | 努力完成自己承担的任务;乐于合作,能和同伴积极沟通交流,不影响作品的完成时效 | 能将掌握的技巧合理有效地运用到作品的表演中;演出过程中能清晰、恰当地体现人物的情感和态度,以及作品的主题 |

在实施评价的过程中,不仅有教师对学生的过程性评估,也有学生的自评和互评,做到了过程性评价和结果性评价相结合、静态评价和动态评价相结合。

## 三、反思评价效果,尊重差异促发展

职业体验活动中的表现性评价不是为了评出学生的优劣,更多的是尊重学生的个体差异,促进主体发展,真实反映每个学生的实际能力水平。

### (一)评价促进自我认知

在实施评价的过程中,个体基于自评、互评和师评这些数据的对比,可以形成相对客观的自我认知,在体验活动中更多地看到细节,更全面地发现自己身上的特点,产生更具体、可操作的改进策略。

### (二)评价反映发展过程

在职业体验活动中,学生对于自己的具体表现和能力水平有了详细而清晰的了解,对于下一阶段自己如何在活动中表现,能产生新的思考。同时,学生可以通过描述性评价看到自己的变化和成长,初中四年的记录都将成为个人的成长档案。

### (三)评价突出主体作用

反思目前的评价操作方式,学生能有机会在活动前对照评价标准思考自己的具体行动,活动后参与自评、互评,在一定程度上体现了主体性。但学生作为评价主体,个体的参与度还可以进一步加强。评价标准的制定本身也可以邀请学生参与,真正让学生参与评价的全过程,促进个体对自己的成长负责。

## 参考文献：

［1］中共中央、国务院.深化新时代教育评价改革总体方案［R］.2020-10-13.

［2］陈朝晖.普通高中学生综合素质评价实施研究［D］.河南大学,2016.

［3］李晓文.学生自我发展之心理学探究［M］.北京：教育科学出版社,2001：47-50.

［4］刘爱国.把分数拉长了看：奠基终身发展的高中教育［M］.上海：上海教育出版社,2015：69-73.

# 聚焦培育高阶思维，智慧润泽课程教学

华东师范大学第一附属初级中学　纪莉青

[摘　要]党的二十大描绘了全面建设社会主义现代化国家的宏伟蓝图，将教育作为全面建设社会主义现代化国家的基础性、战略性支撑进行系统谋划，极具战略意义和深远影响。新征程上，华东师范大学第一附属初级中学全面贯彻党的教育方针，落实立德树人根本任务，聚焦"更高质量教育教学，更高效能办学治校"核心任务，以全面提高学生高阶思维为重点，切实加强教学实验和课题研究，在重点项目和关键环节上持续攻坚，成果颇丰。

[关键词]高阶思维　课程教学　立德树人　微课

华东师范大学第一附属初级中学是一所普通公办初中，在2014年复办之时，办学基础薄弱，生源大多为随迁子女，是上海市中心城区的教育"洼地"之一。复办后如何让学校走出困境，成为学校生死存亡的选择。学校围绕着"为学生的终身发展奠定坚实的基础"的办学理念，以培养学生高阶思维能力的发展为目标，让学生学会综合、分析、批判性思考和创造性探索，聚焦课程教学的改革与评价，尽最大可能促进学生高阶思维能力的可持续发展，满足学生追求个体特质最优化发展的需求，全面提升学校的教育教学质量，为学生终身成长奠基。

## 一、新时代提出新目标

培养怎样的人，是每一位教育工作者都应该思考的问题。习近平总书记在全国教育大会上强调，"我们的教育必须把培养社会主义建设者和接班人作为根本任务，培养一代又一代拥护中国共产党领导和我国社会主义制度、立志为中国特色社会主义奋斗终身的有用人才"。这是教育工作的根本任务，也是教育现代化的方向目标，要培养社会主义事业的建设者和接班人，要培养"全面发展的人"。因此，人才的培养标准也要紧跟时代的需求。

2016年9月，中国学生发展核心素养研究成果在京发布。中国学生发展核心素养以"全面发展的人"为核心，分为文化基础、自主发展、社会参与3个方面，综合表现为人文底蕴、科学精神、学会学习、健康生活、责任担当、实践创新六大素养。我国中学教学已然步入核心素养时代,所有教育教学工作都要以促进和培养学生核心素养为中心,同时要特别注重学生的社会责任感、创新精神和实践能力培养。

华东师范大学第一附属初级中学紧紧抓住"三课"(即课堂、课程、课题),通过项目驱动,引导教师积极参与各项教科研活动。学校通过项目申报,以项目促研究,以研究促专业发展,多措并举,为教师创设了专业学习的共同体,让教师具有更强的学习力和研究力,带着愿景和目标,共同研究和改进日常的课堂教学,发现真实问题,有效解决问题,实现学生的真实成长。

## 二、新研究获得新突破

学校的研究项目"基于初中学生高阶思维培养的微课设计与实施研究"被立项为2016年上海市教育科学研究项目。该项目顺应了以信息化助推教学管理深度变革的要求,通过高阶思维培养与微课教学相结合的方式改进学校传统的教学模式与方法。学校教学实践改革最大的特色就是,重视微课技术对教育教学的补充作用,并努力将高阶思维与教育教学相结合。学校通过这些努力摸索出了一条自新自强的突围之路。

### (一)微课是课堂教学的有效补充

网络通信的发展和电脑的普及为自主学习提供了前提,教师把学习中的重点和疑难问题制作成微课并上传到网上,学生便可以随时点播学习。微课不仅适合互联网移动学习时代知识的传播,也满足了学习者个性化深度学习的需求,方便学生碎片化、自主性学习。同时,在教育教学中应用微课能更好地促进教师掌握现代信息技术,提升课堂教学水平,促进专业成长。

课堂教学是学生高阶思维培养的主阵地。但是,课堂教学的范围非常宽泛、品类多样、内容复杂,短时间要整体提升,难度很大。嵌入微课,虽然切口较小,但是带动作用较大。微课的内容主要为课堂教学的重点或难点,微课的应用场景包括课堂教学和课后自学。这也促进了以学为中心的课堂教学流程再造和学生自适应学习能力的提升。

指向高阶思维培养的微课有利于学生学习学科知识,有利于改善学生心智、提高学生思考能力,有利于培养学生交流合作的精神。我们以这些作为出发点,设计微课教学评价指标,通过系统采集学生发展与教师发展方面的教育教学信息;依据数据统计与分析研究方法,对高阶思维微课教学的价值作出判断,进而推动微课教学的改进,促进学生高阶思维的提升。通过实施高阶思维微课评价,我们不仅能为学生提供学习情况的反馈,还能帮助教师在实践中少走弯路,使其一边干,一边"诊断"与调整策略与方案,及时化解实践中遇到的难题,调整微课内容和方法,真正做到有利于学生高阶思维的培养。

### (二)高阶思维自觉融入课程教学

高阶思维是发生在较高认知水平层次上的心智活动或较高层次的认知能力,由问题求解、决策、批判性思维、创造性思维这些能力构成,主要表现为分析、综合、创新的思维能力。学校在基础型课程、研究型课程和拓展型课程的教学中均将高阶思维的培养视为课程目标的重要组成部分。

高阶思维的产生必须伴随着深度学习,两者是相伴发生的。课堂教学的时间是有限的,要实现课堂教学效益最大化,就要在最短时间内使学生获取最大进步与发展。根据课堂教学实践,PDCA循环流程(指Plan、Do、Check、Act,即计划、执行、检查、处理)在课堂教学中能有效培养学生的高阶思维能力,提高课堂教学实效;同时优化教学方法,提升课堂教学有效性。学校关注学生高阶思维能力的发展,通过发现教学法、实验探究法、线索教学法、"问题—任务"教学法等教学方法,提升了学生高阶思维能力,实现了减负增效。

## 三、新课程开创新格局

依据新课程方案与课程标准,学校开展了"再统整、再认识——内涵相互融合的课程框架实操研究",建立了"大德育""大智育""大体育"和"大能育"4个板块的实操框架,体现"五育融合"的育人要求。

**(一)聚焦学生道德素养培育,构建"大德育"统整课程**

结合实际情况,学校坚持课程育人、文化育人和活动育人3条路径进行课程统整。文化育人是立德树人的培育氛围,课程育人和活动育人是立德树人的两条重要途径。因此,学校从"前学科知识"对各类活动进行统整,以课堂教育为抓手,通过每年定期举办的多项活动(行为习惯教育、安全法治教育、心理健康教育等),潜移默化学生的习惯养成、品德养成和价值观养成。在课程育人、文化育人和活动育人等方面的共同作用下,形成了学校的"大德育"课程。

**(二)聚焦学生学习素养培育,构建"大智育"统整课程**

"大智育"课程的目的是促进学生基础知识、基本能力和正确价值观的养成,同时也是为了培养学生的学科核心素养与高阶思维。按照上海市教委的要求,学校在开满开足基础型课程之外,还为学生开设了探究型课程与拓展型课程。其中,拓展型课程为学生智育的养成提供了广阔的平台。在学科拓展课程中,开设了语文阅读指导课、数学思维训练课、英语阅读与听说课等,在基础课程的学习基础之上,进一步生成学生的学科核心素养。学科核心素养是学生发展核心素养的下位概念,所以除了养成学生学科核心素养之外,学校还力图培养"学生发展核心素养"。于是开设了一批自主拓展课程,能够促进学生社会发展、自主参与等方面的核心素养。总之,基础型课程、探究型课程和拓展型课程构成了学校"大智育"课程结构,为学生核心素养的养成提供了平台。

**(三)聚焦学生体育素养培育,构建"大体育"统整课程**

"大体育"课程依照体育学科核心素养进行"科内统整"的有效设计,围绕运动能力、健康行为和体育品德构建课程结构。运动能力是体能、技战术能力和心理能力等在身体活动中的综合表现，是人类身体活动的基础。健康行为是增进身心健康和积极适应外部环境的综合表现，是提高健康意识、改善健康状况并逐渐形成健康文明生活方式的关键。体育品德是指在体育运动中应当遵循的行为规范，以及形成的价值追求和精神风貌，对维护社会规范、树立良好的社会风尚具有积极作用。学校根据体育学科核心素养的要求，既开设了基础型课程，又开设了如羽毛球课、足球课、篮球课等拓展性课程。这些构成了学校"大体育"课程结构。

**（四）聚焦学生创新素养培育，构建"大能育"统整课程**

"大能育"课程以"追求学生全人发展和终身学习"作为课程价值观，综合科学、艺术、数学、信息技术、文学、工程（SAMILE）6门学科，以"跨学科统整"设计课程统整框架。同时，为了更好地培养学生的综合学习能力、创新实践能力和优秀文化传承能力，学校探究型课程和拓展型课程教师将"历史观""问题观"和"活动观"融入跨学科课程统整设计。学校跨学科课程统整和实施站在核心素养养成的角度，重新审视学科课程的教育意义，剖析课程内部的高阶思维点，利用虹口区的文化资源，依托实际问题，基于合作的项目化学习，明确了试点开设的三门"跨学科"探究型课程和拓展型课程所立基的"大概念"。

一是"Mini生态园"课程。该课程注重开阔学生眼界，丰富学生知识面，提升学生综合思维学习能力，在课程设计中充分融入场馆资源，带学生走进科技馆、自然博物馆、深海探索馆、自来水博物馆等场所，进行馆、校合作，从而提升学生的团队协作能力、自主学习能力、创新能力、科学研究能力。

二是"黄浦江变迁"课程。该课程以黄浦江的历史发展变化为主题，以探究型学习模式为主，多学科融合。通过课程实践，感悟上海特有的历史和文化，弘扬海纳百川的精神，同时提高学生发现问题、解决问题的能力，创新思维能力。

三是"犹太文化"课程。该课程以参观虹口区犹太难民纪念馆为切入点，以"世界"这一大概念带领初二学生从国际视野的角度出发，多学科、多维度进行深入学习，形成良好的历史观，提升批判辨析能力。

## 四、新思维赋予新期待

在高阶思维的培养过程中，教师的教学观念从重知识到重能力、从重结果到重过程、从重课堂到重学生，教师的教学行为也在不断地发生转变。在高阶思维培养的实践研究期间，学校教师在市、区级科研项目立项，研究成果、论文发表评奖及参加市级以上公开展示课中取得了非常好的成绩。在初中学生高阶思维培养的实践研究期间，学校学生在上海市中小学学业质量"绿色指标"综合评价测试，高层次思维发展能力方面获得了显著提高。学生在学科、科技、艺术、体育等诸多领域的各级各类比赛中，荣获全国、市、区等不同等级的奖项近600人次。学校通过深化养成教育、家校互动、体验感受等活动，培养了学生高阶思维能力、自主探究能力、自我学习能力和创新能力，学生的能力得到了质的飞跃。

社区、家长对学校教育教学工作的认可度逐年提高,学校的声誉得到了社会的广泛认可。

党的二十大报告指出,教育、科技、人才是全面建设社会主义现代化国家的基础性、战略性支撑。必须坚持科技是第一生产力、人才是第一资源、创新是第一动力,深入实施科教兴国战略。开辟发展新领域新赛道,不断塑造发展新动能新优势。作为教育人,肩负着"为党育人、为国育才"的神圣使命,我们将秉持教育初心,全面贯彻党的教育方针,坚守立德树人根本任务,全面落实有理想、有本领、有担当的时代新人培养要求;带领全校教职工继续以"办好家门口的好学校"为己任,在"为学生终身发展奠定扎实基础"的教育实践中,依据学生终身发展和社会发展需要,明确育人主线,引领学生坚定理想信念,厚植爱国主义情怀,加强品德修养,培养奋斗精神,增强综合素质;深化课程教学改革,注重培养学生的爱国情怀、社会责任感、创新精神和实践能力,为其未来奠基;充分发挥实践的独特育人功能,加强知行合一、学思结合,倡导"做中学""用中学""创中学",积极探索新技术背景下学习环境与方式的变革,强化学生核心素养的培养,切实提高教育品质,为党、为国培养德智体美劳全面发展的社会主义接班人和建设者努力奋进,砥砺前行。

# 构建GREEN课程，成就教师专业发展

上海市长青学校　江　鞿

[摘　要] 长青学校自成为上海市教师专业发展学校暨虹口区见习教师规范化培训基地以来，一直将教师发展作为学校的重要发展点，立足于构建GREEN课程，努力构建符合教师专业发展，基于教师专业发展需求、教育实践的突出问题，具有本校特点的、科学的课程体系。我们整体构建教师培训课程，开展基于"规范—求真—个性"的校内教师培训、基于"示范—辐射—引领"的校外教师培训，促就教师专业发展，助推教师队伍优质、持续发展。

[关键词] 教师　研修　课程　专业　发展

习近平总书记在党的二十大报告中鲜明提出，要实施科教兴国战略，强化现代化建设人才支撑。党的二十大报告进一步突出了教育在党和国家事业发展全局中的战略地位，强调了建设教育强国这一核心目标，明确了高质量发展这一主题主线，提出了加快建设高质量教育体系这一根本路径。

在学习贯彻二十大精神的过程中，我们深刻领会到要实现教育高质量发展，教师队伍是关键。我们要把教师队伍建设摆在重中之重的位置，着力培养、造就高素质、专业化的教师队伍。尤其是在教师培训方面，要进一步突出问题导向、需求导向，紧紧围绕新课程落地和教师专业发展，优化培训课程设置，进一步增强针对性、实效性。

上海市长青学校成立于1997年，是由原来的虹口区五中心小学和长青中学合并的一所九年一贯制学校。学校坐落在北外滩地区，占地13 926平方米。近年来，学校秉持"为学生一生发展奠基"的办学理念，以立德树人为根本要求，积极推进学校教育教学改革和师资队伍建设。学校先后被评为上海市教师专业发展学校、北外滩教育联盟核心校、虹口区见习教师规范化培训基地。

学校现有教师158人，其中高级教师24人，一级教师83人，其中硕士研究生学历11人。学校拥有骨干教师7人，区学科中心组教师10人，市学科中心组教师1人，教学能手22人。但对应上海市教师专业发展学校的地位而言，学校学科带头人与骨干教师级别的名师仍然偏少。因此，学校立足于构建GREEN课程，以任务驱动、区域培养、荣誉激励等

途径,通过校内教师、校外教师培训,助推教师专业提升,保障学校优质、可持续发展。

## 一、GREEN"青"课程的目标

为推动教师专业成长,学校在已有的培训课程基础上,结合本校特点,研究、开发并实践新的教师培训课程,努力构建符合广大教师专业发展,基于教师专业发展需求、教育实践的突出问题,具有本校特点的、科学的课程体系——GREEN课程。

GREEN来自学校名称中的"青",同时也体现了我校的课程理念,即"绿色生态"。其课程培训目标着眼于教师的长期发展,同时,GREEN也有"新手"的意思,对于校外教师即见习教师培训的特点。GREEN"青"课程分别包含了5类课程:关注教师专业发展,旨在帮助教师规划生涯的Growth课程——职业感悟与师德修养课程;帮助教师教学科研领域,领略严谨与务实并存魅力的Research课程——教学研究与专业发展课程;通过沉浸式班主任工作体验,体悟育德工作内容,培养育德工作能力的Engagement课程——班级工作与育德课程;通过教学日常工作的分享与培训,旨在培养教师高效的课堂教学能力的Efficiency课程——课堂经历与教学实践课程,以及New课程——守正创新的教师培训课程。

## 二、基于"规范—求真—个性"的校内GREEN课程

### (一)营造研修氛围,构建规范且多样化的培训课程

作为全面提升教师专业素养的主要途径,校本研修一直是我校教师专业发展工作中的重中之重。我们积极营造校本研修氛围,以《校本研修手册》为抓手,逐渐建立起以教师团队特征为基点的校本研修制度,做到了管理工作有章可循,研训课程多样建构,在专业引领、同伴互助中逐步促进教师团队、个体的专业成长。多年来,学校始终坚持两个结合的原则,即"集中培训"与"自我培训"相结合,"校本研修"与"有效教研"相结合。

学校发挥年级组、教研组、备课组的基础作用,把学习交流随时随地贯穿日常教育教学工作的各个环节,真正使学习、研讨、交流成为校园内主流话语。教师深入学习学科课程标准,解读教材,优化教法;同时结合优秀课堂实录、优秀教学设计、优秀案例分析的研读,提高把握教材、设计教案、实施教学的水平,增强驾驭课堂的能力。

### (二)坚持"3311双向互动"听课,于实践中促教研

学校坚持开展"3311双向互动听课"的研究和实践,即听课者在学校设计的"评价反馈表"上填写本堂课至少3个优点、3个缺点,同时执教者基于反馈撰写1次教学反思和1份再实践后反思。基于同伴互助和教师自我反思的校本研修形式对于教师专业成长十分有意义。通过课堂观察,课例研究,加强了教师之间在课程实施等教学活动上的专业切

磋、协调和合作，从而共同分享经验、互相学习、彼此支持、共同成长。该听课模式的深入研究既加强了教研组建设，也增强了教师科研问题意识，从而把校本教研落到实处，实现了教研、科研、培训一体化。

**（三）分类评估突破，助力教师个性化成长**

从教师个体发展的角度来说，每一名教师的发展潜力、愿望都是不尽相同的。学校不可能以同一个标准要求所有教师在同一模式、同一路径、同一课程下都得到发展。因而，学校针对教师个体，对他们的专业发展进行分类，以实现彰显个性的目的。针对成熟、优秀教师，学校根据其兴趣特长、专业能力等方面进行了分类，主要划分为4个发展类别：德育类别，培养目标为骨干班主任；课程与教学类别，学科教学骨干教师是拓展探究课程方面的引领者；科研类别，主要是科研骨干教师；管理类别，指后备青年管理骨干人员。

这4个类别体现了学校课程设置的规范性要求，同时成熟、优秀教师的培养也体现了差异性、层次性。通过这种教师分类体系，学校配置以相适应的项目、课题，组织不同发展层次的教师在各自的发展领域进行针对性培养，帮助他们在学校设置的专业发展通道中成长。学校也鼓励、支持成熟、优秀教师走出学校，参加"种子团队"或梯队，在更高的层面上寻求发展。

**（四）实行"长·青"计划，借力教学评比，助力青年教师发展**

学校引进了不少青年教师，为了帮助其发展，学校以青年教师发展论坛、主题研讨活动为平台，开展各类专题培训，借助导师引领和同伴互助，很好地促进了青年教师的快速成长。

学校实行青年教师"长·青"培养计划，"长"即为青年教师与长青学校共成长，"青"即为青出于蓝。在"长·青"培养计划中，我们主要通过四个方面着力加强青年教师的培养工作：一是搭对子，导师助力；二是搭项目，研究引领；三是搭平台，教学相长；四是搭梯队，压担前行。

学校根据青年教师的特点，聘请教育、教学领域的专家担任导师，在他们专业发展的起步期，便有专家为其指点、把脉。同时，学校通过校际、校级公开展示等形式为青年教师提供平台，从而达到展示青年教师风采，加强青年教师交流，锻炼青年教师队伍的目的。"长青杯"课堂教学评比是学校的一项保留节目，目前已进行了十一届。不少青年教师在一次次参加"长青杯"的过程中成长起来。2022学年虹口区中小幼课堂教学评比中，一等奖3人、二等奖3人、三等奖2人，1位教师代表虹口区参加第五届上海基础教育青年教师教学竞赛。

## 三、基于"示范—辐射—引领"的校外GREEN课程

**（一）亲——自上而下，保障有序地传递知识**

作为虹口区见习教师规范化培训基地，学校严格按照实施要求，制订了更加细致、具有可操作性的培训计划，并挑选了优秀的导师团队，结合导师特点、个人意愿以及见习教

师需求,调整了GREEN"青"课程内容,完成顶层设计,形成课程系列。

在培训过程中,学校加强过程管理,定期检查带教活动记录,及时和教育学院师训部进行沟通,确保带教目标的顺利完成。同时教导处、政教处负责老师坚持走进课堂、深入备课组,及时了解带教工作开展情况。课程后召开带教导师和见习教师座谈会,听取反馈,指导和促进工作。

**(二)轻——形成氛围,打造无处不在的课堂**

见习课程分为校本培训课程与沉浸式体验课程两种形式。沉浸式体验课程是见习教师最喜欢也是收获最多的课程。早晨8:00,见习教师跟随班主任导师开启了见习的一天。操场上的一老一少或共同关注学生出操情况,或一同低语讨论问题。8:30,见习教师跟随学科导师开始听课观课学习。与导师眼神隔空交会后,见习教师不断记录下导师的课堂小妙招。下课后,见习教师与导师及时分享交流听课感悟。10:00,见习教师或参加备课组会议,或参加年级组会议,有时还会参加班主任工作会议,与导师们一同研究特定主题,如:如何开好家长会,如何上好复习课等内容。这样的沉浸式学习通常从会场延续至导师办公室。见习教师们说:"导师们在喝水、批改作业、整理通知时不经意就教了我们一招。在长青,哪里都是课堂。"

**(三)青——团队浸润,增导师、青年教师、见习教师生命力**

1. 以见习教师规范化培训,促进学校导师专业发展

学校根据见习教师培训课程设计,为学校的骨干教师和其他优秀教师提供结合自身的优势申报课程的机会。骨干教师和其他优秀教师在任务驱动下,开展自我学习反思,实现自身的专业发展。数学组孙廷磊老师不仅开发了市级见习教师规培课程,本学年还承担了空中课堂录制工作;英语组郑琳老师同样开发市级精品见习教师规培课程,同时承担了学校区校合作项目,并参与区级英语网络课程的开发;理科综合组邵梦佳担任学科指导教师,还开发了区级物理学科见习教师规培课程。

2. 以见习教师规范化培训,提升学校教师职业感悟

学校的教师们以年级组或教研组形式,参与到见习教师的培养过程中,不断在年级组活动或教研组活动中交流并分享自身"职业感悟与师德修养"的体验;同时,在年级组或教研组活动中,为见习教师提出的问题答疑解惑,提供金点子。可以说,几乎学校全员参与了见习教师培训。大家通过分享与答疑,驱动自我反思,不断提升职业成就感悟。

3. 以见习教师规范化培训,促进学校青年教师的培训和成长

学校借鉴见习教师规范化培训的模式与内容,制订了青年教师培训方案,帮助青年教师规范化成长。同时,邀请青年教师与见习教师共同参与见习教师校本课程,在经验分享时重点聚焦青年教师的困惑与成长。通过学习后,青年教师在陈述自己经验的同时,也进一步凝练自身的教育教学理念,形成系统与风格。

4. 以见习教师规范化培训,促进学校课程管理规范

学校形成GREEN课程后,从课程管理角度面向学校不同层次的优秀教师征集课程

资源，每一个申报的课程分别通过审定研讨，列为见习教师校本规范化培训课程资源库内容，也为学校教师发展和培养提供平台和资源，完善课程体系，逐步规范学校课程管理。

## 四、GREEN课程助推教师队伍的示范辐射引领

### （一）积极承担市区教研及项目研究

为有效提高学校教师的课堂教学质量，加速学校教师发展，我校积极承担各类市、区课题，并承担教学公开研讨课任务。如我校初中英语组组织了上海市英语学科"指向自主学习能力培养的初中英语实践研究"项目研讨活动。在活动中我校青年教师王其媛老师执教了一节听说示范课。我校语文组和数学组就"作业设计"与"高阶思维"开展区级教研活动，深受好评。

与此同时，作为北外滩教育联盟的核心校，我校积极引领并辐射北外滩教育科研成果。北外滩教育联盟区级重点课题开题论证会在我校举行，北外滩4所联盟校分别进行区级重点课题的汇报，并接受专家指点；北外滩教育联盟项目化学习研讨活动也在此期间如火如荼开展。

### （二）全力完成帮扶任务

学校积极承担薄弱地区的结对支教任务。钱文超老师响应虹口区政府号召，于2020年赴云南省文山州马关县第二小学开展为期半年的支教工作。同年10月28日，长青学校一行5位教师赴马关县第二小学，送上了精心准备的语、数、英三节展示课。虹口教师新颖的教学理念、清晰的教学思路，让参与教学观摩的150余名县骨干教师受益匪浅。为了进一步落实《上海市虹口区教育局、云南省文山州教育局教育领域合作协议》相关精神，实现山海牵手、协同合作、精准帮扶、服务大局的目标，学校组织教师团队多次远赴云南，在富宁县、马关县相关学校开展教育交流与帮扶工作。

## 五、思考与设想

### （一）教育转型带来巨大挑战

随着虹口区中长期教育改革和发展规划纲要的全面实施，虹口区教育改革和发展"十四五"规划的出台，区域教育改革逐步走向深入。各项教育改革举措相继出台或不断深入。中小学入学制度改革，中考制度改革，教育均衡化和集团化的力度不断加大，以"绿色指标"为核心的教育综合评价逐渐推广。基于标准的教学与评价工作的深入实施，新课标新课程带来的新挑战，教育进入了一个大的转型期。教育转型带来的新变化将给学校发展带来许多机遇，但也带来更多的问题和挑战。对于教师队伍的专业成长，更需要学校深入思考，抓住发展契机，调整发展策略，破解发展中的问题，适应教育新形势，促进内涵发展和持续发展，为学校高质量发展，为实现虹口教育强区目标贡献力量。

**（二）GREEN课程需要提升特色**

GREEN课程是促进学校教师队伍发展的重要载体和实施途径。但中、小学两部教师发展不够均衡，作为九年一贯制学校，对于中、小衔接的教师培训还有待进一步优化设计，尤其是对于小学教师队伍的专业发展还需进一步改进、优化，在区域范围内的影响力还有很大提升的空间。

**（三）GREEN课程内容需要进一步充实**

近几年，学校通过教师引进、师徒结对、校本研修等手段逐步优化师资结构，学校师资水平有了一定程度的提升。但随着近几年部分优秀教师的退休，学校师资又面临新的发展瓶颈。因此，需要我们思考教师培训工作的规范化、系列化、全面化、主题化，形成培训课程内容库，并不断增强教师培训工作的双向反馈与反思，优化过程管理工作。

# 指向学生多元发展的"澄心旅程"

上海市澄衷初级中学　倪永旭

[摘　要] 澄衷初级中学以党的二十大精神为引领,以上海市"强校工程"实验校为契机,秉承"学习者为中心"的课程理念,以学生发展目标和发展规律为出发点,以"叶澄衷的家国情怀"、生涯、劳动、课后服务等特色课程为主干,为学生架构学力与能力、基础与特色、兴趣与特长相结合的多元"澄心旅程"课程,培养具有"爱国情怀、诚信品质、自强精神、创新能力"的澄初少年,实践立德树人的课程育人之路,推动学校内涵发展。

[关键词] 多元发展　澄心旅程　"澄"文化

## 一、深化课程理念,明确"澄"文化育人目标

课程(curriculum)是从拉丁语"currere"一词派生出来,意为"跑道"(race course),即为不同的学生设计不同的发展轨道。学校"澄心旅程"课程既是指向学生核心素养的培育,更是成就澄衷初级中学(以下简称澄初)学子4年课程学习的人生历程。澄初学子在此旅程中不断探索自我、完善自我,成为担当中华民族复兴大任的时代新人。

学校坚持把课程建设作为提升办学软实力、促进学生多元发展和可持续发展的重要抓手。基于此,学校通过持续多年的课程改革的实践探索,初步形成了"澄心旅程"课程诊断分析模型、"澄心旅程"课程体系教学、"澄心旅程"多元校本课程、"澄心旅程"评价机制。

学校通过课程发展的SWOT分析模型(见表1),抓住"强校工程"实验校的政策资金支持、学生和家长对学校的认同度高、学校心理和生涯教育的专业特长、虹口外滩社区资源等优势,挑战学生成就动机缺乏、教师的专业发展不充分等劣势,深化课程改革理念,秉承"学习者为中心"的理念,开展"澄心"系列教育,以学生发展目标和发展规律为出发点,努力为学生构建学力与能力、基础与特色、兴趣与特长相结合的课程体系,深化指向学生多元发展的课程教学改革,从学校创始人叶澄衷先生的品格中进一步提炼"澄"文化的内涵,即每个澄初少年具有爱国的情怀、诚信的品质、自强的精神、创新的能力。

表1 学校课程发展的SWOT分析模型

| | 优势(S) | 劣势(W) | 机会(O) | 威胁(T) |
|---|---|---|---|---|
| 学生状况 | 起点低,发展空间大;对学校认可度高 | 缺乏学习动力和学习目标;习惯欠佳,学习能力较弱 | 差异性带来的选择性,个性化成长 | 中考压力大,随迁子女考试政策的限制 |
| 教师资源 | 有一批拥有心理咨询师资格和生涯指导资格的教师 | 年龄结构总体偏大,领军人物缺乏;教师专业化的整体发展水平待提高 | 有一定数量中青年教师,具备发展潜力 | 人事制度制约教师队伍的调整 |
| 家长配合 | 对学校认同度高,支持配合学校工作 | 家长职业能力弱 | — | — |
| 学校条件 | 心理、生涯教育有一定基础,打造优质学校的愿望迫切 | 设施陈旧,信息化水平低 | "强校工程"实施推进硬件升级 | 北外滩改造影响学校正常教学 |
| 外部资源 | 地处虹口北外滩,社区资源多;北外滩联盟校支持 | 松散型集团,支援校能够给予的资源有限 | 社会力量对教育的热情上升,可用资源日益增多 | — |
| 其他 | — | — | "强校工程"的政策、资金支持 | — |

## 二、基于学生发展,架构多元课程体系

中华人民共和国教育部《义务教育课程方案》(2022年版)指出,落实课程培养目标,义务教育课程应遵循教育规律和学生身心发展规律,坚持全面发展、育人为本,面向全体学生、因材施教,聚焦核心素养、面向未来等基本原则。因此,学校的课程设置必须基于学生发展需要,架构多元的课程体系,从课堂走向课程,引航育人方式的变革。

学校"绿色指标"综合评价数据显示:学生在语文、数学、英语和科学学科学业水平基础薄弱,高层次思维指数最低为2,家庭教育缺失严重;可喜的是学生身心健康指数最高为9,对国家、学校认同度指数高。基于学生需求和未来发展,学校把国家课程、地方课程和校本课程有机整合,构建适合澄初学生的"澄心旅程"课程体系(见图1)。践行"学习者为中心",实践活动类和探究型课程是学校校本课程设置与实施的重点。

图1 澄衷初级中学多元课程体系

## 三、创新特色课程,推动学校内涵发展

尊重学生差异,促进学生个性发展,培养学生核心素养,关键是创新多元的学校特色课程。特色课程是学校内涵发展的支撑,决定了学校特色发展的基本内容。经过近3年的努力,学校形成了"叶澄衷的家国情怀"系列课程、生涯教育课程、劳动课程、课后服务课程等。

### (一)"叶澄衷的家国情怀"系列课程

充分挖掘叶澄衷先生"诚信起家""实业救国""兴办教育"等故事素材,结合美术艺术特色,整合各学科资源,聘请表演艺术专业教师,绘就并形成学校特色课程(见表2),打造"澄"文化。

表2 "叶澄衷的家国情怀"系列课程

| 课程目标 | 课程名称 | 课 程 内 容 |
|---|---|---|
| 践行"爱国、敬业、诚信、友善"社会主义核心价值观，树立叶澄衷先生"诚信起家""实业救国""兴办教育"等家国情怀，培养具有"爱国情怀、诚信品质、自强精神、创新能力"的"澄"少年 | 历史课阅读课 | 介绍澄衷校史和叶澄衷先生。通过资料收集和专题讲座，了解澄衷中学的校史以及学校创始人，了解他"诚信起家""实业救国""兴办教育"的故事，了解"澄"文化的实质 |
| | 道法课 | 案例分析。通过学习叶澄衷先生的事迹和故事，指导学生讨论、交流其为人诚信的优秀品质，并结合自己的故事谈谈成长感悟 |
| | 语文课 | 挑选叶澄衷的典型故事，撰写中间画剧本 |
| | 美术课 | 创作中间画。指导学生通过制作中间画的形式，生动再现叶澄衷的爱国情怀和诚信品质 |
| | 信息科技课 | 学做动漫。将中间画制作成动画——"叶澄衷的家国情怀"；利用新媒体宣传展示"澄"文化课程成果 |

**（二）生涯教育课程**

学校抓住课堂主阵地，开展初中生涯教育。依据学校有60%随迁子女的特点与现实需求，将生涯教育有机融入基础和拓展探究两大类课程中，探索校内外联动的全方位、一体化育人课程，形成"以学生自主探索为核心，以课程学习和生涯体验为两翼"的生涯教育模式。对标学生综合素质评价，修订新版《生涯教育读本》。

学校聘请新精英公司为34位教师开展"生涯规划师"培训，提升教师生涯指导能力；挖掘整合各方资源，打造面向学生未来发展的社会实践职业体验课程。① 公民警校。利用虹警工作室，让学生体验相关职业，为学生的生命教育提供了相关的课程资源。② 糕潮面包房。学校第一个校外实践基地，组织学生完整体验烘焙师的工作；同时建设烘焙教室，与面包房合作开设烘焙课程，将兴趣与劳动教育相结合，课程与职业经验相结合。③ 上海商业学校。学校第二大校外实践基地，开设三大类体验课程系列——"遇见未来""邂逅美丽""探索职场"，包含10门子课程——"Funny Robot""魅力3D""动感VR""'发'动奇迹""'肤'现美丽""巧手折出幸福花""我爱我家""配音小达人""你不理财，'财'不理你""职场人际巧双赢"等。

**（三）劳动教育课程**

《义务教育劳动课程标准》（2022年版）指出，引导学生树立正确的劳动价值观，成为懂劳动、会劳动、爱劳动的时代新人。学校通过糕点制作、烹调与营养、"稻谷采摘"农业生产劳动、"非遗蜡染"传统工艺制作、"木工""缝纫""电子"工业生产劳动、"人工智能""3D打印"新技术体验与应用等项目开发，培养学生劳动观念、劳动能力、劳动习惯和品质、劳动精神核心素养。以下是劳动系列课程之"劳模进校园"的活动设计案例。

## 劳动系列课程之"劳模进校园"

【活动目标】

知识目标：① 了解和学习非遗工匠的技艺；
② 学习劳动精神、劳模精神和工匠精神。

能力目标：① 能够在指导下独立或小组完成所传授的技能；
② 能够自觉遵守并弘扬活动背后的精神内涵。

素质目标：① 帮助学生认识到课程与价值、智慧、体力、审美、创新的关系；
② 帮助学生养成意志坚定、吃苦耐劳、乐于奉献、勇于创新的精神。

【活动内容】

① 劳模讲座。4次活动。主要以线上+线下讲座形式完成（见表3）。

表3　劳模讲座内容

| 时　　间 | 主　　题 | 讲　座　者 |
| --- | --- | --- |
| 1月 | 党代表谈党的二十大体会 | 陆美红 |
| 3月 | 学习雷锋 | 王娟华 |
| 5月 | 工匠是怎么炼成的 | 黄继才 |
| 9月 | 青少年保护条例 | 裴蓁 |

② 非遗手工。4次活动。在学习工匠精神的同时，也能从中快速掌握一门新技能，提高动手能力、专注力，增强文化艺术修养（见表4）。

表4　非物质文化遗产手工活动

| 时　　间 | 主　　题 | 时令或节日 |
| --- | --- | --- |
| 1月 | 剪纸（窗花） | 春节 |
| 4月 | 面塑（青团） | 清明节 |
| 6月 | 香囊（粽子香囊） | 端午节 |
| 10月 | 麦秆画（红船） | 秋收 |

③ 社会实践基地行。上海奉贤庄行栖贤谷农场、星申仪表有限公司、徐虎展示馆、劳模风采展示馆、纺织博物馆的劳模带教、基地参观、社会实践体验。

【活动评价】

采取学生自评、互评、劳模导师评价三方面相结合的综合评价方式。

### （四）课后服务课程

以学生为本，细化"双减"各项措施，开展丰富多彩的学科、文学、科技、体育、艺术、劳动、安全实训等多种类型的课后服务课程（见表5）。课后服务课程化设置，为学生提供多样化学习经历，为学生设计个性化的发展轨道（见表6）。

**表5　周一到周四课后服务课程**

| 时间 | 六年级 | 七年级 | 八年级 |
|---|---|---|---|
| 周一 | 语文（悦读） | 英语（巧学） | 数学（慧思） |
|  |  | 巧学晨曦 | 阳"葱" |
|  | 乐读 | "英"乐之声 | 享学 |
|  | 牛牛向前冲 | A-lister | 行星 |
| 周二 | 数学（慧思） | 科学实验（玩转） | 语文（悦读） |
|  |  | 蛋趣 | 乐读 |
|  | 星星 | 玩转科学 | 畅读 |
|  | 恒星 | 有趣的声现象 | 潜研 |
| 周三 | 体育（速动） | 语文（悦读） | 历史（趣史培优） |
|  | 爱"乒"才会赢 | 喜"悦" | "30" |
|  | 快乐篮球 | 欣"悦" | 朝经暮史 |
|  | 健美操 | 飞"悦" | 重器筑梦 |
| 周四 | 英语（巧学） | 数学（慧思） | 英语（巧学） |
|  |  | 先飞 | 乐学 |
|  | 巧乐兹 | 大"蒜" | 品学 |
|  | 群英会 | 卫星 | 英才 |

**表6　周五课后社团课程**

| 社团名称 | 导　师 | 社长（学生） | 地　点 |
|---|---|---|---|
| 现代舞 | 曾小意（外请） | 孙钰淇 | 新华初体操房 |
| 武术 | 陈　杰 | 郑啸鸣 | 202/操场 |

| 社团名称 | 导　师 | 社长(学生) | 地　点 |
|---|---|---|---|
| 绘画 | 刘雨思 | 朱奕雯 | 403 |
| 人工智能机器人编程 | 焦会龙(外请) | 石明浩 | 计算机房 |
| 羽毛球 | 杨光华 | 张绮君 | 操场/室内游泳池 |
| 实用基础日语 | 倪心喆(外请) | 叶　媛 | 302 |
| 国际象棋 | 章佳康(外请) | 茅一鸣 | 404 |
| 配　音 | | 宁佳怡 | 203 |
| 心　理 | 季家倚 | 支奕诚 | 207/操场 |

## 四、增强育人实效,提升学校课程领导力

3年来,学校重构指向学生多元发展的"澄心"课程,积极营造了学校"澄"文化,增强了育人实效,从而全面培养有理想、有本领、有担当的时代"澄初"少年,学校办学质量和社会满意度日益提升。

学校获得全国"心系女童"上海市教育基地之"心系女童"家长学校、全国"心系女童"系列活动先进单位、上海市第五届和第六届学校心理健康教育先进集体、上海市心理健康教育示范校、上海市中小学生职业启蒙与规划教育试点学校、上海市家庭教育示范校、上海市红旗大队及红旗中队和上海市劳动教育特色校等荣誉称号。

学生人文艺术科技底蕴、综合能力长足进步。近3年,在学科、实践等各级各类比赛和活动中获奖181人次,与学校学生数的比值达到0.57;近3年的毕业生中,除市实验性示范性高中外,进入中本和高职的学生逐年增加,选择厨师、航空、商贸等服务类中职校的学生呈现出另一种"百花齐放"的局面。学校全员导师制、劳模进校园、劳模基地活动等被上海教育、虹口有线等新闻媒体报道。

学校的课程建设是一项长期工程,今后学校将继续推进"澄心旅程"课程项目化学习方式的实践研究,引领学生多元优质发展;加强"安迈""极课"等软件信息化科学跟踪诊断研究,建成涵盖课程管理、学业常态数据收集与个性化学习、学生成长档案的"学校综合管理平台"应用系统,实现全方位、精准、个性化课程教学;关注学生发展的全过程评价,提高课程育人目标的达成度,切实办好老百姓家门口的学校,为实现党的二十大"建成教育强国"的目标而努力!

## 参考文献：

［1］习近平.高举中国特色社会主义伟大旗帜　为全面建设社会主义现代化国家而团结奋斗——在中国共产党第二十次全国代表大会上的报告［EB/OL］.（2022-10-16）［2022-10-25］http://www.gov.cn/xinwen/2022-10/25/content_5721685.htm

［2］中华人民共和国教育部.义务教育课程方案（2022年版）［M］.北京：北京师范大学出版社,2022.

［3］华国栋.差异教学论：修订版［M］.北京：教育科学出版社,2007.

［4］张华.课程与教学论［M］.上海：上海教育出版社,2000.

［5］上海市教育委员会基础教育质量监测中心.2021年度上海市中小学学业质量绿色指标综合评价学校综合报告［R］.2022.

# 情境教育理论视角下"品德发展与公民素养"参与式情境课堂的构建路径探索

上海市虹口区教育学院附属中学　王　穗

[**摘　要**] 有效的情境构建对提升教育的针对性和有效性、教育需求的回应性,以及教育受众的参与度都具有重要意义。本文对标党的二十大提出的新要求,充分借鉴情境教育理论,以"品德发展与公民素养"的教育实践为切入点,拟以"参与式情境课堂"为核心概念,分探索期、发展期和调适期三阶段搭建出初中生课堂先在情境、创设情境和生成情境的构建路线图,形成可推广、易操作的解决方案。

[**关键词**] 教育情境　品德发展与公民素养　初中生教育

百年大计,教育为本。党的二十大报告明确提出,要落实立德树人根本任务,培养德智体美劳全面发展的社会主义建设者和接班人。教育、科技、人才是全面建设社会主义现代化国家的基础性、战略性的支撑,科技是第一生产力,人才是第一资源,创新是第一动力,要加快建设高质量教育体系,发展素质教育。因此,传统的单纯以分数作为教育评价的经典模式已经无法适用于当前的人才培养与选拔需求;对深化教育评价制度改革,建立科学合理的教育评价制度呼声日高。

笔者充分结合工作实践经验,高度对标党的二十大提出的新要求,以"品德发展与公民素养"的教育实践为切入点,充分借鉴情境教育理论,拟以"参与式情境课堂"为核心概念让育人真正做到入脑入心、走深走实。

## 一、情境教育理论视角

"情境"一词最早是由美国社会学家托马斯等在《欧洲和美国的波兰农民》一书中提出的,后来在心理学、教育学和人类学等学科领域被深入研究。以班杜拉为代表的认知—行为主义学派将"情境"定义为"一种主客观相结合的物质—理念环境观"。最早将"情境"引入教育学领域的是美国实用主义哲学家杜威。他认为情境是一种必不可少的教育资源,并将创设一个良好的情境视作教学和学习的开端之举。国内学者在此基础上结合中国思想政治教育实际,将思想政治教育情境分为先在情境、创设情境和生成情境。三者差异主要在于两个方面,一是搭建情境的主体逐渐从"以教育者为主"向"教育者与受教育者合力"过渡,二是情境的要素从"先在客观"向"互动再造"过渡。先在情境是指在进行具体的教育活动之前,已经具备的各种要素及其构成关系的总和;创设情境是教育者主动、人为创设的情境;生成情境是教育者通过创设有吸引力的情境,调动、引导受教育者主动参与,双方合力从而形成的新情境。

情境教育是符合个体认知发展的规律的一种理论应用。个体、个体的认知(或行为)与环境三者的交互作用与中介反应共同构成了人的认知(或行为)塑造。受教育者的综合素质以认知(或行为)作为载体得以体现,依赖情境得以激发思维、想象、审美和体验,从而获得形塑。

笔者受情境教育理论启发,拟分探索期、发展期和调适期三阶段搭建品德发展与公民素养教育先在情境、创设情境和生成情境的构建路线图,以期引导受教育者(教育对象)在多情境、全过程的教育体验中从"被动输血"的教育对象主动成长为"积极造血"的重要教育合力,从而打造初中生参与式情境课堂。

## 二、"品德发展与公民素养"参与式情境课堂的构建

### (一)探索期

党对教育工作的政治引领,是党的教育目标和思想在德育工作的顶层设计方面的贯彻落实。学校落实"品德发展与公民素养"培养实践,一方面应当以相关文件为蓝本,另一方面要充分结合学校的育人目标和初中生综合素质内涵,开展学生"品德发展与公民素养"培养的探索实践。其中,在相关文件方面,2017年9月,教育部印发了关于《中小学综合实践活动课程指导纲要》的通知;2019年4月,上海市教委公布了《上海市初中学业水平考试实施办法》和《上海市初中学生综合素质评价实施办法》两个具体配套文件,是开展"菜单式"基础评价设计的重要内容依据。"菜单式"评价是根据评价需要,制定评价菜单,根据评价对象的情况在"菜单"中选择评价的具体内容,最后完成评价。

探索期的"品德发展与公民素养"评价应由学校统一部署安排。学校作为教育实施主体,对原有的教育内容资源、教育载体进行必要的整合,从而搭建"品德发展与公民素养"教育的先在情境,给定了内容、要求和评价,并吸纳学生作为受教育对象参与其中。如重点记录学生在遵守日常行为规范方面的表现,定期组织学生参加校级共青团和少先队等德育活动、社会考察、公益劳动、职业体验、安全实训、国防民防教育活动等,并对应性地将现有评价资源进行对标,以期对学生产生正向激励作用,如部分先进个人荣誉称号和校级活动奖项等,以期搭建学生综合素质的菜单式基础评价体系。

但是,在探索期阶段的实践中也会面临一些困境,如虽然各类德育活动的学生参与比

率高,参与热情和积极性却容易呈现出比较低的特征。究其原因,先在教育情境对当前学生群体特点、受教育者兴趣偏好,以及时代变迁的回应性仍尚有较大的改进空间。

**(二)发展期**

在探索期经验基础上,学校应当主动迎合学生群体的差异化特点和时代性特征,结合大思政课建设背景和"四史"学习工作要求,充分引进市场资源、用好学生家庭育人力量,立足课堂主阵地,搭建"品德发展与公民素养"创设情境,健全学校、家庭、社会合力育人机制,衍生课堂项目为载体,提升学生的德育体验,达到学生品德教育、科创精神和实践能力多维度共同发展的效果。

以上海市H学校校企合作搭建"品德发展与公民素养"创设情境为例。上海市H学校在对标相关文件蓝本前提下,探索开发"品德发展与公民素养"校本实践,充分结合不同成长阶段的学生特点,共同开发了价值深度、实践难度、情境场域、学科融合程度不一的科创结合、学习拓展、企业见学三类课程。此处以企业见学类课程为例展开具体分析。

上海市H学校面向八、九年级学生,结合该学生群体开始具有初步的生涯规划意识和能力的特征,学校主动对接国家重点行业前沿企业和民族品牌企业,带领学生走出校园开展企业见学。以上海市时代科技企业群为例,参访了如上海商飞——"新中国的航空航天梦"、张江人工智能岛——"深度学习和大数据"、蔚来汽车——"未来无人驾驶"、喜马拉雅——"听得见的文字"、上海一汽大众、特斯拉中国——"新能源汽车"等企业。

该类课程是对学校思政主课堂的衍生。即带领学生走出校园情境圈层,在社会大课堂的教育情境中,接受企业入校行业讲座,让学生感知行业前沿;并在企业见学和实践报告撰写的过程中,与学科教师、企业专家开展深入交流,帮助学生将抽象的生涯规划意识具象化,将生涯启蒙落到实处。

发展期的"品德发展与公民素养"评价通过学校与市场、家庭的紧密对接。在教育情境中引入了技术载体、教育场域等许多新变量,因其新鲜度极大地提升了学生的参与热情和积极性。学校、企业、家庭作为教育主体合力,充分结合当前学生群体特点、兴趣偏好以及时代变迁背景,以项目化学习为载体,高效整合教育资源,共同开发了多种思政教育的创设情境,对学校的课堂主阵地进行了有效的衍生。但是,短期化、碎片化的项目式合作也在实践中暴露出了内生动力不足的短板。

**(三)调适期**

在发展期的经验积累上,如何从教育主体的"目标驱动"转为教育受众主动的"需求驱动",是学校在调适期需要解决的问题。因此,在这个阶段,学校应当进一步面向一线教师开展广泛座谈,对学生群体开展地毯式、全覆盖的满意度及需求调研,在教育中完成对需求的高度回应。

此处以上海市H学校"'从老街到新城'综合学习实践活动"为例,深入挖掘如何动员教育者（教育对象）从"被动输血"的教育对象主动成长为"积极造血"的重要教育合力的内在机制。

上海市H学校尝试主动打通社会、历史、地理、道德与法治、物理、科学等课程之间的课堂壁垒，引导学生以"虹口区的变迁"为主题，通过查阅历史文献资料、实地航拍记录和对比分析进行专题调研，取得了一定效果。

在此基础上，学校思政、语文、历史、地理、美术等学科教师针对社会实践主题进行多轮集体备课设计，决定利用所在地区虹镇老街"旧区改造"的基层治理经验作为教育资源，推出基于公民素养培养的综合学习实践活动——"从老街到新城"，并充分总结发展期"项目化学习"先进经验，对综合学习实践活动进行子项目设计，分为："奋勇向前，最美身影"（学生面向社区党员进行口述史采访）、"宜居生态，美好家园"（社区生态调研改建）、"乐游嘉兴，最美新城"（描绘社区地图）。为确保项目顺利实施，学校引入专业技术企业提供技术指导，并由学校与所在社区共建面向学生开放的实践场域，服务全校4个年级120多位学生顺利开展实践。

案例中，上海市H学校师生携手一道从课堂走向社区，从书本走向实践，在学校、企业和社区的合力下，协同打造出研究型实践共同体。在大思政课堂中，多主体共同学习、研究、思考、创新，合力构建思政教育的生成情境，达到了在"学思践悟"中提升公民素养，在"实证"中完成了对党治国理政的学习和探究，坚定了对党的领导的信念，厚植了红色基因和信仰。

教育者（教育对象）从"被动输血"的教育对象主动成长为"积极造血"的重要教育合力的关键，在于持续提升学生、教师、企业、社区等多主体在教育情境中的交互性，打造研究型实践共同体，让学生在多情境、全过程的教育体验中高度参与，方能将已有的知识和经验自觉联系新的信息材料，实现新旧知识的融会贯通或认知转变，从而主动参与生成情境的构建。

## 三、小结："参与式情境课堂"的建构逻辑

党的二十大报告对教育的战略地位进行了充分肯定和强调，从以往民生问题视角的一个部分提升至把教育、科技、人才作为一个整体性的重大问题单独论述，具有重要意义。学校要落实立德树人根本任务，培养德智体美劳全面发展的社会主义建设者和接班人，离不开品德发展与公民素养教育情境这一种必要资源的建设，有效的情境构建对提升教育的针对性和有效性、回应教育需求以及提高教育受众的参与度都具有重要意义。

品德发展与公民素养教育情境的构建遵循"先在情境—创设情境—生成情境"的发展路径。在教育情境的发展路径中，在以下三个方面呈现出动态的演变特征：一是在教

育主体方面,从学校教师的单一主体向学校师生、企业及社区多元主体演变。二是在教育载体方面,引入技术资源、企业及社区场域实现虚拟"人—机"交互、实体"人—人"交互性的提升。三是在教育受众方面,通过逐步推动主体间合作、多层次团队互动及分享,以及共同成长,推进教育主体和被教育主体的共同体嵌入。

学校作为重要的教育主体,在构建品德发展与公民素养教育三大情境的路线行进过程中要做好三个方面的事情:一是在探索期,须牵头做好思政育人课堂主渠道的顶层设计;二是在发展期,需创造条件大力推动健全学校、家庭、社会育人机制建设;三是在调适期,逐步从教育主体的"目标驱动"转为教育受众主动的"需求驱动",助推理想信念教育常态化、制度化的内驱力生成,引导学生作为受教育对象在多情境、全过程的教育体验中,持续地、进阶地提升教育情境沉浸感,实现知识的情境化迁移,逐步推动知行合一,从"被动输血"的教育对象主动成长为"积极造血"的重要教育合力,与学校、企业、社区共同打造出品德发展与公民素养教育的"参与式情境课堂"。

## 参考文献:

[1] W. I.托马斯,F.兹纳涅茨基.身处欧美的波兰农民[M].张友云,译.南京:译林出版社,2000:23.

[2] 阿尔伯特·班杜拉.思想和行动的社会基础:社会认知论[M].林颖,等译.上海:华东师范大学出版社,2018:413-414.

[3] 杜威.杜威教育论著选[M].赵祥麟,王承绪,编译.华东师范大学出版社,1981:348.

[4] 黄菊.现代思想政治教育情境场构建研究[D].华中师范大学,2014.

[5] 爱德华·托尔曼.动物和人的目的性行为[M].李维,译.杭州:浙江教育出版社.1999:6.

[6] 李吉林.情境教育的诗篇[M].北京:高等教育出版社.2004:266.

# 在"行走"中培育文化自信

上海市海南中学　丁　琼

[摘　要]　我校的行走课程项目挖掘北外滩部分历史建筑和上海京剧传习馆丰富的文化内涵,带着学生实地探访,并且由校外专业导师进行现场授课。课程采用线上、线下融合的方式,由行走前、行走中、行走后三部分构成,分别侧重于知识铺垫、自主探究和多元展评,将抽象的理念与具体的现实生活紧密融合,激活心灵,激发潜力,同时厚植上海城市精神,培育文化自信。

[关键词]　行走课程　文化自信　线上线下融合　学习单

## 一、缘起

党的十九大报告指出,文化是一个国家、一个民族的灵魂。文化兴则国运兴,文化强则民族强。文化自信是一个国家、一个民族发展中更基本、更深沉、更持久的力量。青少年时期是人生的"拔节孕穗期",学校教育肩负树立青少年文化自信的重任,应该努力通过课程建设与实施,帮助他们树立强烈的文化认同感、自豪感和自信心。对于文化自信的培育,除了校内课堂这个主渠道之外,走向社会,走向广阔美好的现实世界,激发触觉、视觉、听觉整体感知的行走课程无疑也是一个很好的选择。

我校地处虹口区塘沽路,距离北外滩滨江仅一步之遥。这里是虹口的门户,也是上海开埠较早的地方。这里有上海最经典的建筑,体现了上海的海纳百川,人杰地灵。以学校步行10分钟的距离为半径,就有上海大厦、浦江饭店、外滩源、邮政大厦等著名的历史建筑。这些美丽的大楼蕴含着诸多传统文化、革命文化和社会主义先进文化教育资源。我们试图挖掘其丰富的文化内涵,进而设计行走课程,带着学生实地探访,通过听、看、走,了解北外滩历史和现在、了解虹口"文化三地"品牌,厚植上海"海纳百川、追求卓越、开明睿智、大气谦和"的城市精神。

同时,作为"虹口区京剧艺术特色项目学校"和"戏剧进校园"联盟校,我校一直将京剧艺术在校园的普及作为优秀传统文化传承和文化自信培育的载体。近几年,我们借助上海京剧院和"傅希如京剧工作室"的优质资源,逐渐构建起线上、线下交融的"走进传习馆"行走课程。我们带领学生了解传习馆的历史渊源,听取建筑背后的故事,感受京剧大师的魅力,从中汲取智慧和力量。

## 二、总体设计

### (一)课程目标

以"行走探访"的模式带领学生了解校园周边著名历史建筑和京剧传习馆历史渊源和文化内涵,领略上海会客厅风采,增强学生对城市文化历史和京剧传统艺术的体验和喜爱,涵养爱国情怀,培育文化自信。

### (二)课程内容

1. 寻访上海大厦

上海大厦,1934年由英国商人建造。它是传统与现代的完美结合,历经磨难和辉煌,忠实地记录着上海滩的变迁和兴衰。无数位国家元首和政府首脑的光临,特别是共和国第一任总理对它的青睐,为它增添了一丝神秘和高贵。

在这里,学生们听上海"建筑可阅读"宣传大使周培元老师介绍上海大厦的前世今生,寻找上海观赏其建筑特色;听上海大厦餐饮部行政总厨周伟浩老师介绍自己的成长史,观赏品尝上海大厦新菜品,感受中国传统美食和西式美食的创新与融合之特色。

2. 寻访浦江饭店证券博物馆和外滩源

浦江饭店位于外白渡桥东侧,是经典海派建筑的视觉符号。它见证了东西方文化的交流与融合。这里诞生了中国的第一盏电灯、接通了中国的第一部电话、新中国第一家证券交易所——上海证券交易所在这里开业。1927年,"四一二"反革命政变发生后,在党组织的安排下,周恩来、邓颖超夫妇曾在这里避难。

在这里,学生们听周培元老师介绍浦江饭店和外滩源建筑,参观周恩来夫妇居住过的房间。在证券博物馆,听证券博物馆宣讲员介绍证券发展史,了解改革开放史以及未来北外滩金融服务区的规划定位,感受时代发展更替和建筑艺术之美。

3. 寻访邮政博物馆

邮政博物馆所在的邮政大楼是中国邮政的发祥地之一,有着"远东第一大厅"的美誉。中国邮政第一套邮票——大龙邮票在这里发行。这里也记载了上海邮政早期党组织领导工人运动以及革命先辈为新中国诞生做出的贡献。

在这里,学生们听全国五一劳动奖章获得者史金虎介绍中国邮政发展史,讲述1949年5月25日解放上海的战斗中,为了保护邮政大楼和周边历史建筑,解放军战士的浴血奋战。衡复四居一馆文化顾问郭皓老师介绍邮政大楼的建筑艺术,引导学生感受从马车邮政时代到工业互联网5G时代发展更替,了解虹口未来发展走向和建筑艺术之美。

4. 寻访京剧传习馆

岳阳路168号上海京剧传习馆始建于1921年。抗日战争时期,爱国华侨企业家、社会活动家"糖王"黄奕住居住于此。20世纪80年代起,上海京剧院驻地于此,引领海派京剧近40年发展。

学生们在这里品味历经百年沉淀的老洋房和经典国粹的交融,近距离欣赏微缩舞台和京剧名伶实物;听上海京剧院艺术档案室虞凯伊老师讲述文化艺术展馆中老照片里的经典剧目和大师的德艺双馨,以及京剧院的第一任院长、麒派创始人周信芳大师在九一八事变后,如何夜以继日地整理、编写了《明末遗恨》,冒着生命危险演出,只为警醒世人,誓死不做亡国奴的动人故事。

## 三、实施策略

徐贲在《人文阅读》一文中强调:"人文教育的核心是以思考、理智、判断能力为主要特征的智识。这种活动不以积累和提高专门性知识为目标,这样的智识产生于'对话'过程。"我们的行走课程将重点放在"对话",学生和文本的对话、和建筑的对话、和历史实物的对话、和人物的对话、和同伴的对话、和自己的对话,通过多向性的对话,深化对城市文化、传统文化、革命文化的理解与认同。

**(一)行走前重知识铺垫(校内连续2课时)**

首先,课前发布探究场所,线上微视频推送有关背景知识,激发学生对学习对象的好奇心和探究动机。同时鼓励学生自主上网搜索相关信息,在课上互相交流。此外,课前发布探究学习单,明确既定的学习任务,也鼓励学生以团队合作的方式自主确定一个探究方向,用自己喜欢的方式进行展示。在课上,学生在教师的指导下确定探究课题,构思探究步骤,组建小组,明确分工。通过用线上、线下交融的方式完成了行走前的知识铺垫,使学生带着一定的背景知识,带着任务,怀着期待开始之后的实地走访。

**(二)行走中重自主探究(校外连续4课时)**

行走中的第一板块是集体活动。学生在导师的引领下进入真实的情境。他们带着学习单的任务在行进中一边听专家导师的讲述,一边观赏历久弥新的老建筑。第二板块是小组自主探究。学生们或访谈工作人员,或拍摄照片和小视频,或即时查阅资料,于细微之处学习传统文化、海派文化和革命文化的精髓。在视觉、触觉、听觉的整体感知中,形成与建筑、与历史、与人物的互动交流,铭记历史,贯通古今,激发对中华文化的认同感和自豪感。

**(三)行走后重多元展评(校内2课时)**

(1)我们把行走课程中的学生评价纳入中学生综合素质评价体系中。学生在行走开始前10天,自行登录"上海市初中学生社会实践电子记录平台",填报活动具体信息,由学校探究课教师进行审核。

评价过程注重多元主体,其中自评偏重情感态度价值观方面的收获;师评主要针对学习单的完成情况;团队内互评重在团队合作中学生的表现;团队间互评重在学习成果的呈现情况。

（2）学生可以根据自己的学习风格和特长选择不同的方式来展示自己的学习成果。例如：画历史建筑或人物，题材与手法不限；"行"前小组确定采访对象，"行"后共同完成采访稿的撰写；小组共同完成微视频拍摄与剪辑，写拍摄微视频提纲；小组合作，PPT展示探究主题、过程、方法和结论；根据中评系统的统一格式要求，独立完成社会实践报告。

学校通过校微信公众号将优秀的学生作品进行推送，以此激发学生的学习热情。

## 四、小结与反思

虹口是"海派文化发祥地、先进文化策源地、文化名人聚集地"，行走课程带着学生走近历史建筑，在他们的心中埋下一颗文化自信的种子。看到这些大楼历经的苦难辉煌与惊世奇迹，感受到它们所承载的文化积淀。这里发生的故事让他们既感动又向往，既满怀唏嘘又心生自豪。

一学生在随笔中写道："这次的邮政博物馆之游让我对中国邮政的发展有了更深一层的理解，同时也让我认识到了现代科学技术的重要性。我领略着苏州河两岸的美丽景色，耳边似乎响起当年的激烈枪声，不禁感叹这座城市的浴血重生是多么珍贵！未来10年后，我们都将成为这个城市的建设者，习爷爷说'人民城市人民建'，现在我们要努力学习，增强自身的本领，将来也成为一名能在工作中创新、积极推动发展的城市建设者，把上海建设得更好、更美、更繁荣。"

另有学生写道："我们站在北外滩滨江边，在建筑宣传大使周培元老师指导下，在速写本上画下这座美丽的建筑。这次的行走课程开阔了我的眼界。我为自己生活在这样一个美丽而又奋进的城市而感到骄傲，也更明确了自己作为少先队员和城市未来建设者的使命担当。我要在今后的学习生活中提升自己的综合素养和关键能力，努力成为建设魅力上海的中流砥柱。"

目前，我们的行走课程"1.0版本"只涉及4座历史建筑，课程的设计与实施方面也还有很多需要推敲的地方。虹口是文化宝藏之地，山阴路、多伦路、外白渡桥、中共四大纪念馆、犹太难民纪念馆、1925书局等，都有着太多红色文化印记。北外滩新一轮开发彰显着浦江金三角，世界会客厅的都市发展新标杆。这些都将被纳入我们新一轮的课程开发。

**参考文献：**

[1] 蔡武.从三个方面理解把握文化自信[N].学习时报,2018-9-5.
[2] 樊阳.人文行走课程的缘起与精髓[J].中国教师,2017(11).
[3] 李月霞.有滋有味的"行走"：校本"行走课程"的开发和建设[J].教育观察,2020,9(11).

# 专门学校可以更美好

上海市广中学校　乔俊君

[摘　要]随着时代的发展和教育改革的深入,工读学校演变为专门教育矫治不良行为青少年的专门学校。身为专门学校的教育工作者,最重要的工作是在问题青少年青春期的关键阶段帮助其养成正确的人生观、世界观和价值观,养成健康的人格与身心。广中学校在问题青少年的世界观、人生观和价值观养成教育方面经过多年探索和实践发现,重要的不是成人世界的说教,说教、讲道理的作用其实微乎其微,更多的是通过体验教育让每一个孩子自己去体验和感悟,实实在在去经历、去感悟。问题学生的改变,最终是靠他自身的内在力量,而教师是一股唤醒的力量。

[关键词]体验教育　唤醒　内在自觉

党的二十大报告中对于加快建设高质量教育体系,办好人民满意的教育进行了详细丰富、深刻完整的论述,其中有许多创新的提法,对于作为长期从事专门教育的一线教育工作者而言,给予了新的启发和反思。

## 一、专门学校教育"土壤"是师生关系,"肥料"源于师生共同生活

专门学校前身是工读学校。因为是在特定时空背景中诞生的,工读学校的确和普通学校不同,长期以来师生之间有"看守和被看守""弹压和服从"的关系。换言之,在这个空间里,人和人的关系是对抗的、对立的、敌视的,彼此都带着很深的害怕和防卫的心。

但不论是哪种类型的学校,都不应该是关闭、限制人的地方。学生应该对老师、对学校有发自内心的认可,而不是产生害怕,想逃离的想法。

2007年,我被任命为虹口区专门学校广中学校校长。我上任后做的第一个重要改变,就是增加学生活动。很长时间里,广中学校学生的生活只有上课、下课、晚自习、吃饭、睡觉。学生正处在青春期,能量是很充沛的,如果没有相应的释放出口,被压抑了,就一定会爆发出来。

学校开始组织一些活动,比如举办运动会和CS比赛,师生一起竞技。我们还组织师

生去崇明参观了空军基地歼 8 飞机,由空军教官针对飞机给学生进行了介绍。这样的活动挺吸引人的,尤其是男生。每学期,我们都会让学生经常出去走走看看。这样一来,我们逐渐感受到了学校的改变:上上下下的气氛没那么压抑了,师生的关系开始改变了。

随着我们师生一起同吃、同住、同生活,师生之间有了越来越多的交集,相互的看法和了解发生着改变——这是消融敌意、孕育感情的契机。

以前的广中,触目所及,都是沉重的铅灰色和冷冰冰的铁,老师和学生都关在里面。2010 年,学校借"校安工程"的改建机会,把学校大变样:所有的空间里出现了明快的绿色、蓝色、橙色……底楼开设了心理咨询中心,摆上了淡粉色的沙发。工读部拆掉了铁门铁窗,改成了家庭式的三居室,名称也从"工读部"改成了"不良行为消退室"。学校变得明亮、温馨了。

校园改建过程中,争议最大的是拆除铁门铁窗,改装木质门窗。当时,有些教师挺担心:木头门,学生踹一脚,一脚磕开怎么办? 不就逃出去了?

在经过多次讨论后,大家忽然意识到,学校铁门是非常牢固的,但还是会发生学生从四楼寝室窗户爬出去的情况。万一学生掉下来,学校根本承担不起这个责任。所以宁可让学生踹门,从门里走,也不要从窗户爬。有意思的是,木质门窗装好后,教师们的担心一次也没发生过——从来没有学生踹过门。

专门学校要防学生逃,最好的办法不是关。关和逃是对应的,教师有"关"的想法,学生一定会有"逃"的念头。

从 2007 年到 2010 年是广中改变的初期。我们体会到,当师生感觉不那么压抑,在校园里开始有了自由和愉悦,人际关系、人的身心就会慢慢放松下来。教师被称为园丁。园丁首先要做的事情,就是松土、透气。

## 二、通过生活情景唤醒学生的内在自觉

身为专门学校的教育工作者,需要思考一个问题:学生到这里来学习什么? 换言之,什么样的学习对他们来说是最重要的?

学生来专门学校,不是仅仅来学习掌握学科知识,而是希望在青春期养成正确的人生观、世界观和价值观。这就是中国自古以来就很重视的"德育"。

那么,青少年的世界观、人生观、价值观如何形成? 靠的不是成人世界的说教。说教的作用微乎其微,更多的是自己体验和感悟出来的东西。这才是真正属于自己的东西。

从现实逻辑来看,这些青少年为什么会到专门学校来? 因为他的家庭、以前学校的那一套教育方式对他而言没有效果。如果专门学校仍采用类似的教育方法,那必定是无效的,不会有正向的改变。

就在思考这些问题的时候,我读了朱小蔓教授的《情感教育论纲》。她提出,德育的核心在于唤醒学生的内在自觉。教育工作要以学生为主体,第一步是设计具体的情

景让学生体验;第二步教师引导学生理解感受;第三步帮助学生的价值观体系化。在这一过程中,教师不是说教,而是为学生创设情景,让他去体验,引导他去理解,并真实地表达和探讨。这本书提醒我们思考:教育的过程是什么样的,学生和教师的角色和关系是什么样的?

每个人都有自己的价值观,人的行为是受价值观的驱动而作出的。那我们能帮助孩子什么? 其实是帮助他看到和思考自己的价值观,进而学会选择。既然要学生去选择,那么当他的价值观和教师的价值观相冲突时怎么办? 我们教师通常就会指出,你的价值观不对,我告诉你正确的做法。这样的话,教师就很容易对学生下判断:你怎么这么不学好? 如果采用体验式教育,教师如何看到学生的价值观? 在这些看似错误的价值观背后,学生真正需要的是什么? 教师是否真的用心去了解他,接纳他? 专门学校面对的是所谓的"问题青少年",那么,我们如何来看待学生的"问题"?

我们以前是盲人摸象,看了朱小蔓的书后,豁然开朗,确定了学校的教育理念:孩子的改变,是靠他自身的内在力量,而教师是一股唤醒的力量。

2010年,我在虹口教育局举办的"体验式教育种子班"活动中结识了台湾的廖炳煌老师。炳煌老师带着广中师生举办了一次为期4天的户外营队,和大家一起搭帐篷、野炊、做团队游戏。对我而言,那一次活动最大的触动是"一顿晚餐"。

当时我们准备的餐食比较丰盛。我就担心了:同学们会不会你抢我夺? 会不会以大欺小,引起混乱? ……于是,我按照学校里的习惯,让教师和学生分开用餐,并且在学生用餐的时候增加了值班教师来"管住"他们,希望他们遵守纪律和礼仪,以免在外人面前失态。

没想到,第一天中饭之后,炳煌老师就向我提议:"校长,能否从今天的晚餐开始,让我来安排教师和学生一起来用晚餐?"我当时听了一愣,我做的有什么不妥吗? 我觉得自己管理得挺细致的,学生的表现也不错。但我信任炳煌老师,也想看看他到底要做什么。

当天下午,炳煌老师就把学生们分成了四排,请他们在晚餐时各司其职:第一排的学生负责邀请老师来共进晚餐;第二排的学生负责打饭;第三排的学生负责添饭盛汤;第四排的学生负责问问大家饭吃饱了没有,需不需要餐巾纸之类的问题。

炳煌老师只是负责分组和说明任务,具体怎么做,全由学生自己商量安排。学生们很高兴,马上行动起来了。但我却挺担心的。一直以来,我们的学生都是在教师管理下用餐的。"现在突然一放手,给他们自由,会不会出什么乱子?"

但那顿晚餐给我留下至今难忘的深深触动。我第一次看见我们的学生呈现出了一个完全不同的面貌。"老师,您是我们那一桌的,我带您去。""老师,请把碗给我,我帮您打饭。""老师您吃饱了吗? 吃好了吗?"……他们是那么自觉,那么文明,那么有序……

我们的学生很多家庭经济条件不太好,这么丰盛的食物他们平时不是经常性能吃到的,但他们很注意礼貌。餐桌礼仪根本就不用担心,每个少年都温文尔雅。

第一次,学校教师切身体验到了一个不同的教育,看到了人因此展现出来的截然不同的精神面貌。

一直以来,我们强调严格管理,制定了"细致"的行为规范,但那是一套外在的、强加的东西。但在那顿晚餐中,学生的角色变了,原来他是被管理者,而现在他是主人,一个服务他人的人。当他得到信任,得到自主,得到尊严,他的能力、伦理、文明就有可能被唤醒。学生的这个面貌,是我们教师想要追求的,但是我们用原来的方法没有达到。现在我们看到另外一种方法,真的可以做到。这顿晚餐证实了朱小蔓教授的教育观:没有任何人去"教",就是通过生活里的情景,唤醒学生内在的自觉。

### 三、开展"远征式学习",让学生做自己的主人

这4天的营队活动让学校有了新的目标:协助我们的孩子成为他们自己的主人。可是,具体要怎么做呢?

炳煌老师向我们推荐了一个美国的体验教育方案,叫作"远征式学习"(expeditionary learning)。它的核心是,摒弃传统的单向的知识灌输,师生共同商定一个主题,彼此合作,在一定时间里高品质地实现一个目标。"远征式学习"的目标是:唤起学生自发学习、探究的热情,鼓励人际合作,团队精神,迎接各种不确定和挑战,开发自己更多的潜能。

2013年,在炳煌老师和美国詹妮弗(Jennifer)博士的指导下,广中学校初一年级正式启动了一项原创的"远征式学习":屋顶农场。

"屋顶农场,也就是在屋顶上种菜。我们学校也不是很大,只有一幢教学楼,四层,屋顶是一大片空地。2013年,我们班只有4个同学,却要对付3 000斤土。这3 000斤土是老师和我们一起,一麻袋一麻袋扛到楼顶的。"当年的学生至今对此记忆犹新。

在教师的引导下,"屋顶农场"带出了丰富多彩、实实在在的学习任务:屋顶最多能放多少只泡沫种菜箱?(涉及计算屋顶的面积和承重力)在上海的屋顶适合种什么菜?菜刚长出嫩苗,怎么对付鸟类偷吃呢?……这些问题,涉及数学、物理、生物、农业……不但是学科的融合,更重要的是,学生不再呆坐着死记硬背,而是自己去观察思考,用自己的双手、自己的智力、体力去解决一个个问题。

看到原本蔫蔫的、偻偻的孩子展现出生命的活力和创造力,老师真的是非常高兴,非常受鼓舞。

2014年,炳煌老师介绍了美国两所学校和我们进行交流,分享了绿色学校的议题。受此启发,学生们提出了更大的项目:调查上海市垃圾分类现状。

我们的学校、家庭每天产生多少垃圾?每人每天产生多少垃圾?学校周边社区一天有多少垃圾量?垃圾究竟有没有被分类?垃圾究竟去哪里了?……一步一步,学生从学校到社区,到厨余垃圾处理公司,最后还去了上海的老港垃圾填埋场。

亲身去看,去听,了解,和坐在课堂里听讲是完全不一样的。垃圾填埋场一行,师生们都惊到了:垃圾填埋场占地33平方千米,相当于一个澳门行政区那么大!里面是一座

座垃圾山,工人们在"山上"爬,摊开黑色塑料薄膜,一条条从上到下铺,把垃圾盖住,以防大风吹得四处飘散。垃圾填埋场还会喷洒香水,缓和难闻的味道,于是空气中飘荡着一股奇怪的、香臭混合的气味。

2014年10月,"从屋顶农场到垃圾分类调查"入选了"绿色生活、热爱自然"的中美千校携手国际教育活动。最后,我们还被评为全国项目示范学校。要知道,能入选的基本都是各省市重点学校,而全上海也只有两所被评为全国示范校。我们的学生不比别人差!

2016年,我们又推出了教育戏剧课,延请校外的专业老师指导。2017年,基于学生亲身经历创作的戏剧《郑克寒的青春期》,参加了上海市第五届中学生话剧节。当时参赛学校不乏上海中学、复旦附中、上外附中等上海"名牌"中学。结果,我们的作品因为真实感人,毫不矫揉造作,深深打动了评委和观众,获得了团体二等奖(全市第二名)和最佳男配角奖。我们的学生非常开心,"学渣"第一次完胜了"学霸"。

"我们总习惯用标签来分类,这群孩子可能是被人们贴标签贴得最多的群体。他们把标签化成了硬硬的躯壳……但只要他们有机会,就像现在这样,他们就会创造出很多美好的瞬间。"

2019年,我们学生再次参加上海市中小学生戏剧节,荣获了初中组团体三等奖和最佳原创剧本奖。再次成功,教师们并不意外,因为在排练时看到学生的状态,看到他们一次比一次入戏,就知道一定会有所斩获。

自觉、投入去做一件事,就是成功的秘密。

## 四、专门学校教育改革大有可为

恰如其分地说,这些年来广中学校取得了不俗的成绩,我们得到的每一个荣誉,含金量都是很高的,都是和"普通"学校、"名牌"中学同台竞争而来。那么,我们不免要思考:同样的一个孩子,在不同的环境表现出不同的精神状态和能力,为什么?这里面最关键的因素是什么?

孙瑞雪老师说过:每个人有一个精神胚胎,人的一生就是要发展自己的精神胚胎。人有身体、情绪、感觉、心理、认知五大系统。当这五大系统都启动、运转,相互合作,人更易唤醒自觉。但非常遗憾的是,过去我们都只单一地盯着"认知"这个系统使劲,忽视了其他系统和整体运作。

而"远征式学习"注重体验,能够启动五大系统,因此,自觉、自主、绽放自信之光,就有了可能。同时,对教师来说,"远征式教育"也是一次全新体验。他们也面对着不确定带来的挑战,由此会产生新的认识。"远征式学习"的价值就在这里:在这个共同合作的学习过程中,师生有机会展现自己进而彼此看见,相互理解,有所共鸣。这样带着温度、有爱的师生关系,会滋养人的五大系统,滋养身心,唤醒自觉。

事实上,教育最大的挑战并非学生,而是教师,如何唤醒教师或者说成年人的自觉,使其充满热情、脚踏实地地投入教育。这些年来,我们的教师以各自的方式,为学校的教育实验做着贡献,大家的意识发生了关键性的转变。我们已经形成了一个共识:来到广中的绝非坏孩子、"差孩子",我们相信,在爱和历练中,他们可以找回自我,自信自强。我们也因此基本建立起了友善、信任和支持的师生关系。

在这个时代,专门学校大可"转念",大有可为。专门学校亦是中国当代教育的"试验田"。如果这些孩子的学习自觉和能力能够被唤醒并加以培养,我们由此获得的一些启迪和经验,岂不是可以服务更多的中国少年? 少年强,则中国强,正是如此。

## 参考文献:

[1] 朱小蔓.情感教育论纲[M].北京:人民出版社,2007:28-32.
[2] 孙瑞雪.爱和自由[M].天津:新蕾出版社,2004:35-38.

# "胶囊微课"赋能课堂教学的实践探索

上海市虹口区霍山路小学　朱雅琴

［摘要］后疫情时代和数字化转型的双重背景对学校教育形成了双重考验。随时可能开启的线上教学模式以及教育数字化的大趋势，促使学校的教学迅速纳入数字化转型的主阵地。虹口区霍山路小学以"小胶囊、大课堂"为主题，探索"胶囊微课"赋能线下教学的多种形式，延展了教学时空，转变了学生学习方式；改变了教学生态，激发了学生学习兴趣；采用以学定教，提升了学习效果，从而激发课堂教学活力，为学生的学习成长增添助力。

［关键词］胶囊微课　多元嵌入　线下教学　教育数字化

教育是国之大计、党之大计。习近平总书记所作的党的二十大报告，从"实施科教兴国战略，强化现代化建设人才支撑"的高度，对"办好人民满意的教育"作出专门部署，凸显了教育的基础性、先导性、全局性地位，彰显了以人民为中心发展教育的价值追求，为推动教育改革发展指明了方向。

在后疫情叠加数字化转型的双重背景下，虹口区霍山路小学以"小胶囊、大课堂"为主题，实施了"胶囊微课"赋能线下教学的改革，取得了一定成效。

## 一、"胶囊微课"赋能线下教学的必要性

### （一）何谓"胶囊微课"？

"胶囊微课"是以希沃白板为技术平台、以"知识胶囊"为核心载体，开发制作的一种新型微课形式。"知识胶囊"是希沃白板中的技术功能之一。它由教师制作的短视频为呈现方式（时长5—8分钟），以小程序为推送方式，围绕某一教学环节或知识重难点开发而成。教师可以根据教学设计的需要，及时向学生推送"知识胶囊"。学生可以便捷地接收和观看"胶囊微课"，达到"教师更好地教、学生更好地学"的课程目的。微课视频是"胶囊微课"的核心组成部分，与此同时，"胶囊微课"还包含了与该教学主题相关的教学设计、素材课件、教学反思、练习测试及学生反馈、教师点评等辅助性教学资源。它们以一定的组织关系和呈现方式共同营造了一个主题式的课程"小环境"。

### (二)"胶囊微课"赋能线下教学的必要性

首先,后疫情时代的教育不再完全按照既定的计划实施线下教学。上海自 2020 年疫情进入常态化阶段以后,便鼓励学校因地制宜地探索线上、线下教学相互融合的方法,尤其是将"停课不停学"期间积累的教育教学形式、资源和材料加以创造性转化,赋能线下课堂教学。

其次,教育数字化转型是大势所趋。作为学校教育的中心,教学也是数字化转型的主阵地。无论是打造教学的数字平台,还是构建灵活的学习方式,培养学生的数字素养,都要求我们积极探索数字化转型的可能,积极尝试线上线下融合的多种途径和形式,探索"胶囊微课"赋能线下教学的多种形式,为课堂教学增添活力,为数字化转型奠定坚实基础。

## 二、"胶囊微课"赋能线下教学模式的探索

为实现"胶囊微课"赋能线下教学,教师以教研组为单位开展集体研讨和实践尝试,形成了一套基于学科特点的多样化嵌入方式,初步实现了线上线下教学的内在融合和相互促进。

### (一)"前置学习":语文"胶囊微课"的学习设计

"前置学习"并不等同于课前预习。预习是指课堂教学开展之前的预备性学习,为上好课做必要的准备;"前置学习"则是课堂教学的起始阶段,是有计划、有目标、有指导的自主学习,引导学生对新知识进行课前自我探究,是一种主动求知的过程。

教师通过"胶囊微课"抛砖引玉,引领学生走进新课;通过有效提问向学生直接或间接地展现新课的重难点内容,让学生带着问题熟读课文进行自主思考。将"胶囊微课"嵌入语文学科的前置学习,一方面,能够让学生在课前主动解决新课的生字生词,对新课内容有初步了解,便于教师顺利地开展课堂教学,提升课堂教学的有效性;另一方面,教师在课前发送"知识胶囊",给学生留下充足的思考空间,并组织学生在课堂上互相交流课前的学习成果,转变了传统课堂教师"满堂灌"的现象,让学生真正成为学习的主人。

### (二)巩固拓展:数学"胶囊微课"的学习设计

数学通常是最容易拉开差距的学科,尤其是随着年级的升高,数学不单单考查学生的计算能力,更重要的是考查学生的数学思维,包括逻辑推理能力、空间想象能力等。在课堂 35 分钟的有限时间里,教师同时面对 40 多个学习基础不一的学生,有时不能充分保障后进的学生完全跟上并理解新知,也不能充分保障课堂讲授内容对学有余力的学生具有足够的学业挑战度。"胶囊微课"具有打破时空限制的优势。学生回到家中能够反复观看教师推送的"知识胶囊",便于学生巩固课堂教学中的重点和难点,进行查漏补缺,部分实现了"把教师带回家"的功能。在知识拓展方面,数学学科为学生提供了自主学习资源,拓展知识的深度,加强数学思想方法的渗透,由此来满足学生尤其是部分资优生的数学素

养提升需求。

**（三）情境营造：英语"胶囊微课"的学习设计**

兴趣是最好的老师。通过"胶囊微课"的制作，教师可以设计有趣生动、视听结合的英语学习视频，通过丰富多彩的画面让学生产生浓厚的学习兴趣，通过真实情景的创设活跃课堂氛围，调动学生学习英语的主动性，在潜移默化中提升英语口语能力。

新课标指出，英语课程的核心任务之一是使学生掌握一定的英语基础知识和听、说、读、写技能，形成一定的综合语言运用能力。学生唯有通过大量的专项和综合性语言交际活动，才能形成语言交际能力，为现实场景中的交际奠定基础。英语学科教师在录制"胶囊微课"视频时注重培养学生的张口能力，让学生在"胶囊微课"视频学习中不断进行口语练习，锻炼学生的口语表达能力，并达到举一反三的教学效果。

**（四）灵活嵌入：综合学科"胶囊微课"的学习设计**

综合学科科目多样、特点不一，我们鼓励教师根据课程内容灵活选择"胶囊微课"的嵌入方式。譬如，"胶囊微课"可用于前置学习，为新课学习扫清障碍，通过视频引导学生对新知进行自我探究，并组织学生在课堂中充分展示课前的学习成果，从而增加学生学习的自信心。

"胶囊微课"也可用于课堂教学中重难点内容的学习，助力学生开展自主化、合作式、探究式、体验式的学习过程；或是应用于课堂教学中某个教学环节的设计，以调动学生参与课堂的积极性，提升学生的听课效率。此外，"胶囊微课"也可嵌入综合学科的课后复习，鼓励学生将新知应用于实际生活，理论联系实际能够提高学生的应用能力，培养学生的综合素养。

对于中低年级学生而言，教师尽量制作以动态展示为主，形象讲解教学疑难点的微课视频，并穿插于教师的讲授中，使学生能够积极主动参与课堂。针对高年级学生，教师设计微视频时不但要考虑某个知识点的讲授，而且要注重思想方法的渗透，提升学生的思维品质，让学生成为主动的探究型学习者。

## 三、"胶囊微课"赋能线下教学的成效

### （一）时空延展，转变学习方式

微课视频及配套辅助资源的总容量通常仅在几兆或几十兆左右，师生可流畅地在线观摩课例、查看课件等资源；也可灵活方便地将其下载保存到终端设备（如笔记本电脑、手机、MP4等），实现移动学习、泛在学习。当学生无法顺利完成学习任务时，能够随时随地点开"知识胶囊"进行回看，针对一时难以理解的知识点还可以通过反复观看、慢放等手段重复学习直至掌握。"胶囊微课"的运用，大大延展了学习的时空，知识的学习不再局限于学校课堂，学生也不用再担心因为知识点的遗忘而造成学习脱节的状况，使学习更高效、更灵活。

## （二）生态改变，激发学习兴趣

"胶囊微课"在课堂中的嵌入，不是简单的"知识胶囊+课堂教学"，而是在二者的深度融合中发生着化学效应，改变着教的方式，也改变着学的环境。这种教学生态的改变，学生所感知到的学习情境发生了重大变化，从而有利于激发学习兴趣。教师通过"胶囊微课"创设真实情境，将学习活动回归到真实生活中，将单一的被动接受学习方式还原为丰富多彩的学习群落，帮助学生成长为数字化学习的探究者。

## （三）以学定教，提升学习效果

"胶囊微课"的应用为更好掌握学情提供了有效的"诊断"手段。无论是课前知识学习，还是课后的知识巩固，教师都能够及时准确地掌握学生的学习情况，从而更加有针对性地进行教学设计，实施课堂教学。"胶囊微课"所提供的数据反馈，也是教师开展教学重点难点突破的重要依据，从而提高教学效率和质量。此外，微课以一个个完整而独立的知识点呈现，弥补了线下学习过程中老师不能兼顾所有学生的不足。教师可以利用微课对学生开展分层教学，针对学生不同的学习需求和水平，推送个性化的微课资源，从而实现因材施教；学生也能够针对性地深入学习，借助"知识胶囊"，开展查缺补漏、巩固新知，实现个性化学习。

## （四）与时俱进，助力教师成长

"胶囊微课"不仅是一种工具，还是一种教师成长的新范式。制作"胶囊微课"就是一次微研究的过程，即发现问题、分析问题、解决问题的过程，有助于教师掌握新兴技术、开展创新设计，在与时俱进中实现专业成长。教师在制作胶囊微课时，只有通过对教材不断进行深挖掘、细加工，才能在短时间内将讲深讲透某一知识点。这对教师的自身成长大有裨益。此外，学校还将胶囊微课建成资源库，便于教师之间开展教学经验和教学方法的交流，在资源共享和观摩互鉴中实现共同成长。

# 四、"胶囊微课"赋能课堂教学的经验启示

## （一）教学改革要坚持理念引领

新课改对课堂提出了新的要求，传统课堂教师一味地讲授式学习已经不能满足当下创新型人才培养的需求，无法体现学生在课堂中的主体地位，更不能调动学生学习的主观能动性，因此教师应当转变理念，成为终身学习者，主动适应时代变化，提升自己的信息化应用水平。"胶囊微课"的学习与应用让教师切实感受到科技赋能教育的广大发展前景，亲身体验了微课赋能线下教学的独特优势，使教师更有意识地培养学生的自主性，将课堂还给学生。

## （二）教学改革要注重技术赋能

将"胶囊微课"应用于学科教学，不仅可以活跃课堂氛围，使知识更多元丰富，而且可以创新教学方法，拓展学生获取知识的渠道，实现知识获取与接收更便利，助力学生学习。

在基于信息技术全面渗透的微课教学模式中,教师可以充分利用微课这一教学辅助工具,借助其优势和功能推进传统课堂的改革和创新,通过教学资源的整合开展多样化学科探究活动,指引学生正确把握学科学习方向,让学生在观看微课视频的过程中逐步形成对知识全面且系统的认知,更好地促进学生学习能力和综合修养的提升。

### (三)教学改革要做好引领示范

"胶囊微课"的制作过程是一次教学研究的综合过程,要求教师具备较高的教材解读能力、教学设计与创新能力、语言沟通与表达能力、多媒体应用能力。一节好的微课不仅包括教师对专业知识的理解,还能体现教师对学生身心发展规律的关注程度,更能体现一名教师的教学风格。榜样的力量是无穷的。在推行"胶囊微课"改革之初,学校在各学科中挑选一两位教学骨干先行先试,积累经验后分享给全体学科教师观摩。在骨干教师的示范带领下,广大教师在学习模仿后加以创造,形成了一股"学比拼"的热潮。

### (四)教学改革要坚持持续改进

最初,"胶囊微课"的实施可谓毫无经验,全凭一股自我探索的勇气;如今,绝大多数教师们都已掌握各种微课录制的技能技巧,并熟练地嵌入课堂教学。这一过程的背后贯穿着持续改进的努力:校长对"胶囊微课"的教学改革全程予以引领、鼓励和支持;学科教导与各学科组长就各学科的特点与推进策略进行了深入探讨,改革方案得到了全体学科教师的广泛认同,从而初步形成了分学科的多元嵌入模式。经过四轮全校范围内的"胶囊微课"录制和应用,质量逐步提升,效果逐步显现,形成了"实践—改进—再实践"的良性循环。

## 五、未来展望

在后疫情时代和数字化转型背景下,如何实现线上与线下的深度融合、有机衔接,是每一所学校需要回答的现实课题。虹口区霍山路小学以"胶囊微课"多元嵌入课堂教学为突破口,进行了有益尝试并取得了初步成效,积累了丰富的实践案例和经验。然而,这些探索和实践与数字化转型的时代要求相比,与社会、家长、师生的现实需求相比,仍有很大的完善空间。未来,学校将在现有探索基础上,重点围绕以下两个方面展开。一是深化"胶囊微课"改进,提升教学效果。进一步开放"胶囊微课"嵌入课堂教学的灵活度和自由度,鼓励教师在现有模式下,从课堂教学的实际需求出发,丰富嵌入方式,将最终的选择权交给任课教师。二是拓展"胶囊微课"数据库应用,为数字化转型添砖加瓦,继续提升现有"胶囊微课"数据库内容和质量,实现主要学科单元"胶囊微课"全覆盖。同时建立"胶囊微课"应用的案例库及案例分析库,探索教学实践与教学研究相互补充、相得益彰的数字化形式。

# 立德树人大思政,"五育融合"创新高

上海市华东师大一附中实验小学　叶薇芳

[摘　要] 学校深入学习领会党的二十大精神,进一步强化为党育人、为国育才的观念,全面贯彻党的教育方针,落实立德树人根本任务,提升人才培养质量,加快建设高质量教育体系;深化办学体制和教育管理改革,推进学校治理体系和治理能力现代化。

[关键词] 学校德育　思政课教学　德育创新

党中央针对基础教育高质量发展作出的一系列部署,必须贯彻到每一所学校,才能见实效。一方面,重视发挥学校作用,督促学校肩负起高质量发展的主体责任;另一方面,保障学校的办学自主权,激发办学活力。为此,学校必须处理好与政府、社会、家庭的关系,明确各自定位,实现学校教育与社会、家庭的有机衔接。

## 一、强化多类型课程建设,注重体验过程

学科课程是与学生接触最为密切的媒介,学科教学是落实核心素养最重要、最有效的途径。

### (一)同心守"沪",德育在身边

基础型课程在全面贯彻党的教育方针上的表现就是落实立德树人的根本任务,落实学科核心素养。学校充分发挥校本德育课程——节日课程的传统优势,精心设计出多模块课程内容与教学形式,有"三八"妇女节、教师节、重阳节等感恩系列的课程,有劳动节、国庆节等主题教育的课程,在传承中华民族优秀传统文化的基础上,增加与时代相结合的新元素,让学生都能积极向上,健康成长。

德育处坚持"以人为本"的思想,充分发挥学生的主体意识,注重德育活动讲实效、重过程,力求每次活动都能让学生积极参加、获得体验、受到教育。教师节,以"特别的爱给特别的您"为主题,学生们用自己的方式为老师们送上特别的祝福和爱,感恩老师们在平凡岗位上坚守对学生的关怀,对事业的忠诚;重阳节,学校号召全体学生用自己的实际行动帮助家中的老人做一件力所能及的事情,营造家庭和社区中爱老尊老的良好氛围,并将

之与学校的劳动教育、"创文"志愿者活动相结合,唱响尊老感恩的协奏曲……

作为上海市劳动教育特色校,每名学生不仅在校内有明确的劳动岗位,而且家校合力,鼓励学生在家庭中坚持每天完成相应的劳动任务;和社区结合,通过社区楼组小队形式,号召学生在社区开展力所能及的志愿者劳动,为虹口区创建国家文明城区作出自己的贡献。

我校继续创新德育工作途径,构建学校、家庭和社区教育网络。举办线上或线下各类家长学校,以及在班级微信群里定期推送育儿经验文章,转变了部分家长的育人观念,架起家校共同教育学生的桥梁,进一步促进、提高对学生的教育实效。学校还邀请了儿童教育专家雷琼老师,为一年级新生家长作"'双减'背景下的家庭幼小衔接"的主题讲座。讲座强化了家庭对学校教育的支持和配合,有效完善了学校、家庭、社会"三位一体"合力育人机制,大大促进了学校教育、家庭教育、社会教育的有效衔接。

2. 立德树人,思政在身边

党的二十大报告提出,用社会主义核心价值观铸魂育人,完善思想政治工作体系,推进大中小学思想政治教育一体化建设。"育人的根本在于立德",立德就要发挥思政课作为立德树人关键课程的育人作用。

道德与法治学科是学校德育的主阵地,作为虹口区学科教研基地校,我们始终以"生活德育"这一市级课题研究贯穿课堂教学始终;在深入钻研教材的过程中,注重挖掘教材中所蕴含的生活元素,充分发挥学科本身的思想品德教育功能;要求教师在进行教学设计时自然得体,力求达到"随风潜入夜,润物细无声"的境界;坚持知行合一原则,将教育与社会实践相结合,以知导行,以行促知,学以致用。2019年,青年教师王凌老师执教的展示课"自主选择课余生活",整堂课紧扣学情,用学生餐盘的3组照片将生活中的场景引入课堂,引导学生发现问题,分析问题,解决问题,建立起科学的饮食观,获得市区听课老师的一致好评。

2020年疫情期间,戴苏婷老师承担市"空中课堂"五年级"道德与法治"中"我们受特殊保护""知法守法 依法维权"两个单元的录播工作,为"道德与法治"课程的资料库留下精彩的一页;2022年戴老师再次参与"道德与法治"市级精品课的录播。

在加强道德与法治显性学科育人实效的同时,学校还深化隐性育人价值的研究,把德育要求与学科教学有机结合,以润物细无声的方式提高学生的道德品质,并外化为道德行为。主要为五个步骤:一是找内容,立足课程视角,聚焦学科核心素养,深入挖掘各学科德育元素;二是定目标,制定适合教材内容和学生实际的德育目标;三是想办法,通过"主题研修"等多种形式设计并达成德育目标的教学环节和教学策略;四是活引导,根据课堂实际,灵活引导学生形成认知、情感和品质;五是思成效,课后以"德育渗透的内容、达成目标的策略、问题思考"等5个模块撰写反思,促进教师对自己的"德育渗透"进行多角度、全方位的冷静思考和理性总结,从而优化教学状态,达到最佳育人效果。

## 二、立足课程标准，完善评价方式

贯彻党的二十大精神，必须按照习近平总书记的要求，深化教育评价改革。从学校的角度，要树立科学的教育观，重视培养学生的综合素质，围绕德智体美劳全面发展构建学生评价体系，不再简单地以分数考核教师、评价学生。

落实市教委《关于小学阶段实施基于课程标准的教学与评价工作的意见》文件精神，在区教育局的领导下，加快深化教育评价改革。学校紧紧围绕深化教育领域综合改革的发展大势和总体要求，紧紧抓住深化教育领域综合改革的聚焦点和着力点，把扎实推进"基于课程标准的教学与评价"作为学校的一项重要的改革实践贯穿教学工作的始终，依据课程标准和学生年龄特点，不断完善"用'星'迈好每一步"学生成长评价方案。并且遵循教育规律，注重利用现代信息技术手段，探索更加科学有效的教育评价方法。

2018学年起，学校改变以往总结性的定性评价，以学生个人发展目标为依据，实施过程性分层评价，旨在反映学生在德智体美劳各方面的点滴进步，注重纵向比较，鼓励学生实现自我发展，自信和自勉，运用"五星十级"的星级评定方式，帮助学生不断明确努力方向。在"争星"的过程中，努力达成自我设定的目标，在全校逐渐营造起"关注学生健康成长""基于实证数据开展评价"和"重视评价后改进"的氛围。

### （一）基于学生实际，设计校本评价体系

以上海市中小学生学业质量绿色指标综合评价为契机，坚持"以学生发展为本"的理念，探索、完善"用'星'迈好每一步"五星十级校本学业评价体系，强化"三三制"评价实施要点，即把握评价的3个阶段：日常评价、阶段评价、期末评价。明确评价的3个主体：自我评价、同伴评价、教师评价。确立评价的3个维度：学习习惯、学习兴趣和学习成果。各学科制定评价标准，细化评价的实施与操作流程。

基于各年级学情，低年级的评价设计尽可能地解放学生，让学生更具学习活力，以多层次的内涵和创新式的评价激发学生的学习积极性，使个性得到充分张扬；中高年级则从课堂教学的及时评价入手，关注课堂评价氛围的营造，以及教师言语的精准指向、具体效果的展现；高年级以"优化作业"为主题，从"包容性评价""形成性评价""自主性评价"3点切入，在"双减"影响下，落实学生课堂练习、作业等多维度评价。通过主题讲座交流，我们进一步明确了"以评价促发展"的主题，强调了语文课堂教学和作业设计中评价的实施，起到了促进和提高教学质量的关键作用，从而全面提升学生的语文核心素养。

语言类学科的综合评价，围绕学科的五个模块，即语音、词汇、词法、句法和语篇（其中，一、二年级是语音、词汇、词法三个模块）展开。结合学期教学目标，包括学生居家在线的学习实际情况（包括课堂听课、参与活动、作业质量等），从"学习兴趣""学习习惯""学习成果"三个维度，并根据评价目标、内容与方式，我们主要采用星级制和评语相结合的评价方式，力求做到有针对性地反馈。

**（二）运用信息技术，开展分项即时评价**

为贯彻《深化新时代教育评价改革总体方案》精神，学校采用现代信息技术，对学生开展即时评价。前几年，学校通过与第三方合作建立电子评价系统，立足学科特点，对学生从倾听、发言、演练、书写及实验等方面进行分项即时评价，从而体现学生核心素养的发展情况；从线上、线下两方面构筑"基于学生综合学习素养培育的学校学习生态圈"，促进学生健康、快乐、全面成长。

居家线上教学期间，学校根据课程标准并结合"用'星'迈好每一步"校本学生综合素质评价机制，通过学生课上表现、作业情况、完成练习等几方面结合进行，线下采用第三方评价系统（包括课堂和课后评价），线上学习利用钉钉平台的"家校本"功能，对学生课后学习掌握情况进行评价，便于教师操作、家长监督、学生提高，让学生"跳一跳，就能摘到苹果"。根据日常性评价和阶段性评价，汇总成学期评价，有效提升了基于课程标准的学科教学与评价。

**（三）多元测试方式，探索等第制学业评价**

几年来，各教研组依据《上海市学生成长记录册》的要求及内容，不断探索实施基于课标的等第制学业评价。由各教研组制定学科学业评价方案，从"学习兴趣""学习习惯"和"学习成果"3个维度，以"纸笔测试＋'摘星'争章活动"方式进行评价。

中高年级依据不同学科特点列出不同模块进行分项评价。一、二年级按市教委的要求取消纸笔测试，设计分项评价活动，通过"智慧坊""乐趣屋""勤思园""实践场"等综合争章活动，将知识要点加以生活化的场景运用，让学生参与其中，以"争章卡"上的"星"见证学生的成长。最终，根据获星多少将评价结果转化为等第，全面而准确地反映学生学科学习的总体表现和发展水平，形成多样化的学生成长记录，充分发挥评价对学生学习的诊断和改进作用。

# 三、加快推进教师教育改革

实现教育高质量发展，教师队伍是关键。在教师培训方面，要进一步完善教师培训相关制度，规范培训实施，突出问题导向、需求导向，紧紧围绕新课程落地和教师专业发展，优化培训课程设置，进一步增强针对性、实效性。我校德育处坚持"以人为本"的思想，发挥德育领导小组的核心作用，加强德育工作领导，注意加强德育队伍建设，提升育德能力。

班主任是学校德育的核心力量，为此，学校围绕专业标准，坚持能力为重，通过项目引领、专题讲座、案例分析、学习研讨、经验交流等多种形式，从3个方面加强对班主任的专业培训，打造学校德育骨干队伍。

一是强化专业理念。树立正确的人才观，注重学生德智体美劳全面发展；树立科学的育人观，坚持"以学生发展为本"的思想，为每一个学生的发展提供适合他们的教育；树立辩证的质量观，具有全面的视角、发展的眼光、动态的思维、二分的方法。

二是丰富专业知识。要具有学生发展的知识，如了解学生生存、发展和保护的有关法律法规及条例；了解不同年龄及有特定需要的学生身心发展特点和规律，掌握保护和促进学生身心健康发展的策略和方法；掌握学生良好行为习惯养成的知识；掌握针对学生可能出现的各种侵犯与伤害行为的预防与应对方法；要具有通识知识，如教育学、心理学、社会学、现象学及现代化的信息技术知识；等等。

三是发展专业能力。包括行为示范能力、思想引领能力、关系协调能力、资源整合能力、活动设计能力、问题处置能力、情绪管控能力、语言表达能力、反思发展能力。

通过培训，全体班主任教师不断提高自己的职业道德水平，不断提高自己的专业发展水平，以良好的师德风范感染学生，以高尚的人格魅力影响学生，真正成为学生成长发展的"人生导师"。近5年，有2位班主任获市、区园丁奖，1位班主任获虹口区第五届"十佳"青年教师称号，2位班主任获区优秀班主任。

学校在持续发展的过程中，坚持把思政教育作为落实立德树人根本任务的重要举措，按照"循序渐进、科学有序、协调兼顾、注重实效"的工作思路，紧扣"五育并举"，统筹推进课程思政的创新实践，推动学校立德树人新发展，形成家校社育人新局面。

# 革故鼎新:"新六艺"课程引领学校新时代育人转型

上海市虹口区中州路第一小学　柳敏姿

[摘　要] 学校以传统"六艺"文化资源为基础,与新时代学校育人目标相结合,赋予其新的时代内涵,重塑了指向必备品格和关键能力、具有中州特色的"礼""博""雅""韧""趣""群""新六艺"课程体系。本文以"'新六艺'课程引领学校新时代育人转型"为主题,系统阐释了学校开展传统文化课程资源转化、新时代育人模式探索、课程实施与评价的实践方法,真实呈现了学校在新时代背景下,革故鼎新、积极求变,实现学校高质量发展的探索历程。

[关键词]"新六艺"　育人转型　课程构建　课程实施　课程评价

教育兴则国家兴,教育强则国家强。党的十八大以来,我国高度重视教育事业,高质量教育体系的建设成为国家战略性任务。习近平总书记在党的二十大报告中,重申了党的教育方针,提出要落实立德树人根本任务,培养德智体美劳全面发展的社会主义建设者和接班人。当前,激荡巨变的社会转型、时代的高速发展、"双减"政策的落地、"新课标""评价改革"方案的颁布,给学校教育带来了前所未有的挑战。如何认清形势、迎接挑战,在教育综合改革进程中,引领新时代的学校育人转型,实现教育的高质量发展,是所有教育人,尤其是学校管理者无法回避的时代核心命题。

在这样的新时代背景下,有着近70年办学历史的上海市虹口区中州路第一小学趁势而为,迎难而上,紧扣新时代育人目标要求,聚焦学生核心素养的培育,深挖学校发展的文化内涵,革故鼎新,创新重构学校"新六艺"课程体系,并以此实现了学校的新时代育人转型。

## 一、革故求变:"新六艺"课程构建的体系重塑

课程是落实育人目标的重要载体。2022年,教育部发布《义务教育课程方案》与新

课标,是对历年课程改革的继承与超越,为基础教育高质量发展奠定了基础。学校作为国家"指南针项目"基地校、上海市书法教育特色学校、上海市非遗优秀传习基地,转换思维,更新理念,主动求变,以综合全面育人为目标、核心素养发展为导向、实践育人为指南,通过学校自身文化和课程资源的统整重构,积极进行新一轮课程改革和创新,重构创生了符合学生身心发展规律和国家育人目标要求,且富有学校特色的"新六艺"课程体系。

**(一)文化奠基:"新六艺"课程内涵的发掘**

传统"六艺"指礼、乐、射、御、书、数6个科目,是始于中国周朝贵族教育体系中要求学生必须掌握的6种基本才能。其中,"礼"指礼节,属于德育范畴,用于人伦与道德规范;"乐"指六套乐舞,属于美育范畴,是通过音乐、舞蹈等艺术手段陶冶情操;"射"指射箭,"御"指驾驭马车的技术,可归其为体育范畴;"书"指书法(书写、识字、文字),六书;"数"指计算、数学,属智育范畴。该教育体系经孔子的教授而发扬光大,充分体现了中华民族几千年来,注重综合素养培育的人才观和教育理念,是中华优秀传统文化的重要组成部分。新课标所坚持和明确的核心素养的立意,正是对这一优秀传统文化的继承与发展。

基于此,学校在理解借鉴传统"六艺"教育体系的文化内涵的基础上,定位于德智体美劳全面发展的社会主义建设者和接班人的培养目标,结合社会的发展、时代的特点、办学的理念及学校传统文化课程群的实施经验,对"六艺"进行了符合新时代学生成长与发展需求的创造性转化和创新性发展,既基于古代"六艺"特点,又赋予其新时代内涵,重塑了指向必备品格和关键能力、具有学校特色的"礼""博""雅""韧""趣""群"的"新六艺"课程体系。

该体系的核心内涵正是基于学校特色的道德修养、人文底蕴、健康生活、科学精神、乐思善学、社会责任"六艺"课程素养体系的构建,与"让每一个孩子成为健康成长的现代人"的办学理念互为表里,在"新六艺"课程沉浸—涵养—润泽的过程,将中华传统文化内涵、学生的必备品格及关键能力内化于心、外化于行,从而实现课程育人,并使学校的课程改革从传统走向创新,从片面单一走向系统综合。

**(二)与时俱进:"新六艺"课程目标设定**

新课程方案与"新课标"颁布后,基础教育课程目标呈现出情感、态度、价值观三维目标融为一体,注重批判性思维、创造性思维和协作式思维的发展和全员全方位全过程育人的变化特征。学校与时俱进,紧扣"为党育人、为国育才"的价值追求,聚焦于学生在真实情境中发现问题、解决问题的能力提升,从文化认同、品格塑造、身心培养、思维与能力发展几个维度设定了"德正行端、学活体健、善思尚美"的学校"新六艺"课程育人目标。

1. 德正行端

这指良好礼仪举止的培养。社会发展要求未来走进社会的人才需要有良好的思想道德素养,学校生活作为学生生活的重要组成部分,学校的课程应当让学生在多样化的课程体验中初步了解社会发展对人的要求,初步形成正确的是非辨识意识,养成文明的礼仪举止和良好的生活习惯。

2. 学活体健

这指适应未来的思维与能力发展。社会发展要求未来走进社会的人才需要有健康的身心素养,需要有求新创造能力、学习思辨能力、团队合作能力和竞争抗挫能力。学习是学生学校生活的重要组成部分,通过学习学得知识,提高认知水平仅仅是其中的一部分。学校课程在实施过程中应当注重为学生创造各种有效的学习活动,注重实施的综合效应,为学生提供获得综合素质发展的机会。同时,教师在课程实施中通过各种途径激发学生的兴趣,让学生在积极情感体验中积聚终身学习的能力。

3. "善思尚美"

这指良好的人文素养培育。社会发展要求未来走进社会的人才需要有良好的人文素养,善于思考作出正确、合理选择的独立意识,崇尚真、善、美的品质。学校课程应丰富学生童年生活,注重课程资源的拓展和课程品质的提升,让学生在多元文化体验和精彩的课程活动感悟中汲取营养,提升品质。

**(三)融合创新:"新六艺"课程内容架构**

"新六艺"课程是将中华传统智慧进行提炼与升华,并与当代学校教育进行融合与创新的产物。学校在进行"新六艺"课程的内容架构时,以学生的全面发展为出发点,选择贴近学生生活、激发学生兴趣、受到学生喜爱的内容进行课程架构,并根据不同学年段学生的年龄特点和身心成长规律,分层分级分段开展课程活动(见图1)。

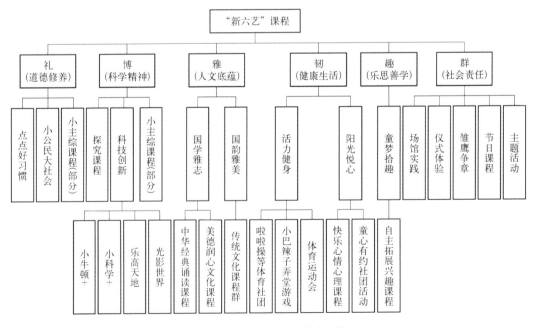

图1 "新六艺"课程内容架构

"新六艺"课程体系得到重塑后，在课程实施过程中，学生的道德修养、人文底蕴、健康生活、科学精神、乐思善学、社会责任素养得到了显著发展，教师的课程研究及开发能力得到明显提升，学校真正实现了新时代育人模式的转型变革。

## 二、统整突破："新六艺"课程实施的路径方法

新的课程方案和新课标的颁布实施，在给学校课程改革提出严峻挑战的同时，也创造了教学变革的有利条件。学校因此成为重要的课程开发主体，以学生为本位的学科内课程的整合、学科间课程的整合、国家课程和校本课程的结合，成为学校课程改革的必然选择。

学校将课程标准和课程方案的转化落地作为学校课程改革的突破口，总结学校多年课程教学改革的经验，以统整融合国家课程和校本课程、学科间课程、学科内课程为学校"新六艺"课程实施的重要抓手，探索了一条教师引领、学生主动、成效突出的课程实施路径。

### (一)空间再造：实现环境育人

学校的教育空间是学校文化的凝练，是育人价值的承载，浸染着无形的课程教育理念。学校面积不大，但校内环境幽雅，整洁美观，人文气息浓郁。为了与"新六艺"课程配合，学校更是着手学生全面发展的空间再造，先后建设书香校园、文化长廊、艺术长廊……学校的教室走廊有书法作品的展示，楼梯过道有名人励志标语，学校的每一面墙、每一块场地、每一个空间处处可见各种各样体现爱国立志、勤学好问、责任担当、创新实践等优秀品格和能力的标志和故事，让课程中的教师和学生在优美的校园环境中构建更为广阔的精神审美空间，使学生从"处身于境"的体验，到"视境于心"的浸染，在生动阐释"新六艺"课程育人理念的同时，真正实现了课程文化辐射和环境教育的功能。

### (二)模式创新：导向素养提升

新课程改革要求以学生为中心，给他们提供多样发展的可能。学校在"新六艺"课程的实施中，打破学科壁垒、拓宽育人平台，采用了项目带动、混龄走班的创新课程模式，给教师创造了更多课程自主、能力展示的空间，也为不同年龄、不同层次、不同兴趣的学生提供了成长发展的机会。

其中，"礼"类课程中"点点好习惯""小公民，大社会"课程以学生的实践体验为主要内容，以班主任为引领带动，在全校各班级整体实施。

"博"类课程中"小实验+""小科学+""光影世界""乐高天地""小主综"课程，"韧"类课程中"啦啦操"社团、"弄堂游戏"、篮球、手球、"快乐心情心理"课程、"童心有约"心理社团，"趣"类课程中的"童梦拾趣"自主拓展兴趣课，"群"类课程中的各类实践活动课程，均以内容主题为项目，打破年龄学段限制，依据学生的爱好，自由邀约学习同伴，实行混龄教学。在这些课程的学习中，学生经历了比较、选择、组织、探究、总结、展示等过程，学会了在真实情境中解决具体问题，懂得了和不同年龄同学相处的方式，初步体检了

团队合作与责任承担,获得了成长的成就感和自信心。

"雅"类课程中中华经典诵读、美德润心班级文化课程,以及民乐琵琶、中国象棋、翰墨真言、水墨童心、巧学装帧、金石方寸等,则根据学生在能力、兴趣、基础等方面的个体差异,采取分层走班的形式开设课程,满足了不同层次学生的个性化课程需求,实现了生成性、差异性、实践性的课程模式创新,也实现了学生个体的素养提升。

## 三、多维鼎新:"新六艺"课程评价的方式转换

课程评价是当前课程改革的杠杆,关系学校课程改革的成败。传统的课程评价方式以分数指挥棒的结果评价为主,割裂了教育目的与评价手段之间的关系,限制了师生的主动性和创造性,阻碍了学生的成长和教师的发展。新时代背景下的学校教育评价改革要求转换结果评价,强化过程评价,健全综合评价体系。

学校在"新六艺"课程的评价实施过程中,以内容多维、价值多元、立体全面的过程性和阶段性评价为导向,革旧鼎新,转换评价方式,建立了独具特色的"新六艺"课程体系,唤醒了学生的内驱力,激励他们不断进取,也促进了学校课程的不断创生。

### (一)成就驱动:及时评价动力激发

"新六艺"课程实施的过程中,教师要捕捉时机,根据学生在课堂或活动中的态度、表现等情况给出阶段性即时反馈,让学生在活动过程中获得阶段性的成就感与自信心。如:"水墨童心"课程中,因为要引导学生在学习水墨画的过程中塑造耐心、专注、认真、细心、创新的优秀品质。所以,当学生敢于拿起画笔开始尝试时,教师要给予充分的肯定和鼓励,并通过"新六艺"星级徽章的颁发,让学生充分体会到学习的成功和喜悦,激励其坚持探索学习,并从中感受中国传统文化魅力。

### (二)展示交流:过程评价检验激励

在课程活动前的准备、课程活动中的表现、课程活动后的反馈过程中,教师要兼顾全面、细致观察,对学生进行全员、全过程、全方位的过程性评价,鼓励学生保持专注和韧性,激发他们更大的热情投入课程活动中。如:在"小问号'趣'闯关"低年级主题综合活动中,教师要在快乐、有趣的氛围中,给予学生活动全过程的鼓励评价,以此激励他们认识并发展自我、参与并融入社会、亲近并探索自然,从而获得积极的实践体验与丰富的学习经验。

同时,学校通过成果展示、互动交流的评价方式,检验课程学习效果,培养学生的合作交往、自信表达、互相学习的能力。如:"小公民 大社会"课程中文明活动记心头、垃圾分类从我做起、废弃物再利用活动,学校就通过专门的主题表演、校园节庆、班队活动等形式,提供给学生成果展示和相互交流的平台,提升其能力素养,将课程评价作为促进个体成长的育人方式,推动学校课程的全方位变革。

经过几年的坚守与创变,"新六艺"课程的创生带来了学校育人方式的变革及组织结

构与管理机制的转型,教师的课程领导力得到了显著提升,学生正健康成长为全面发展的现代人,学校办学成效凸显,先后获得上海市文明校园、上海市安全文明校、上海市行为规范示范校、上海市非遗优秀传习基地、虹口区大中小思政一体化基地校等多个荣誉称号。在新时代教育高质量发展的登山之旅中,作为学校管理者,我将带领中州路第一小学的全体教职员工永不停止自我蜕变的脚步,砥砺奋进、勇毅前行,用坚实的行动书写新时代教育人的时代答卷。

# "奋斗·创新·育人"，
# 信息时代课程教学变革的精神基因
# 与行动选择

上海市虹口区第一中心小学　葛维维

[摘　要] 信息时代的学校课程教学变革，既有技术层面的要求，也有其内在的精神基因和价值导向。围绕立德树人的根本任务，将党的二十大报告中贯穿始终的"奋斗""创新"精神与学校课程教学改革相关联，既是落实党的二十大精神的有效路径，也是推进学校课程教学改革的有效方式。为此，要以"奋斗"精神为引领，唤醒教师云端教学的初心使命；要以"创新"精神为引领，围绕信息时代课程教学改革中广受关注的评价问题进行改革攻坚；要以"育人"为导向，通过提升融合教学意识，加强有效集体教研，凝练本土改革经验，打造信息时代更高质量的学校人才培养体系。

[关键词] 信息时代　融合教学　精神基因　行动路径

领导课程教学变革是校长的核心职能。当今时代，校长对于课程教学变革的引领价值更多的是通过校长的信息化治理思维体现，实现信息技术赋能的教与学变革。习近平总书记在党的二十大报告中鲜明地提出了"中国式现代化"的命题，明确了一系列战略方针和行动策略，其中贯穿始终的是两条重要的精神主线：永不停歇的奋斗精神和永无止境的创新精神。围绕教育改革发展问题，总书记再次强调了"办好人民满意的教育"的重要价值。学校课程教学的改革创新是打造人民满意的教育的必然选择。在信息时代的教育改革背景下，如何将贯穿党的二十大报告的"奋斗、创新"的精神基因与学校课程教学改革的实践相融合，打造更契合时代发展的高质量课程教学体系，这是学校教育有效贯彻落实党的二十大精神，推动学校高质量立德树人体系的应有之义。本文以疫情期间学校的线上教学和疫情防控常态化背景下线上、线下融合教学的思考和实践为基础，探究信息时代课程教学变革的精神基因与行动选择。

## 一、奋斗：唤醒教师云端教学的初心使命

对于"奋斗"精神的弘扬贯穿党的二十大报告。不论是报告开篇中总书记要求全党同志必须做到的"三个务必"，还是在总结十年来我国经济社会发展所取得的伟大成就时提到的"党和人民一道拼出来、干出来、奋斗出来"的重要表述，还是在报告最后结语中强调的"三个牢记"，都从不同层面强调了"奋斗"的重要性。

### （一）云端教学的问题思考

校长对于学校发展的引领，首先是思想层面的引领。课程教学变革总是充满着未知性，总是对教师传统的认知和行为模式提出新的命题和挑战，让教师不得不走出原有的"舒适区"。在这一过程中，教师如果缺少"奋斗"的精神，就容易在面临改革困境的时候产生畏难甚至消极情绪。以疫情期间的线上教学为例，因为新冠疫情的暴发，教育信息化的转型突然变得加速和剧烈，给很多教师都带来了不适和挑战。大数据研究表明，在线上教学过程中，教师普遍面临网络环境和硬件设备仍需完善，教师在线教学设计能力不足，教师信息素养参差不齐，无法精准分析学情，无法开展有效的互动和评价等问题。这些问题不仅导致线上教学质量难以同线下保持同质，也让很多教师产生了抵触和退却情绪。

面对这样的问题，我们认为，对于教师而言，技术层面的问题是第二位的，心理和意志层面的问题才是首位的。学校注重从思想层面帮助教师提升认识，从技术层面为教师线上教学提供支持，以思想和技术的双层互动激发教师的教育初心和使命，让教师能够以一种"奋斗"的状态投入线上教学的探索之中，为有效提升线上教学的质量奠定基础。

### （二）云端教学的行动设计

线上教学启动伊始，学校立刻召开了年级组长及班主任线上会议，依据学校实际教学情况制定了"分年级在线教学课表"及《虹口区第一中心小学在线教学工作方案》，分别从"在线演练""上课管理""作业管理""教研管理"及"日常管理"等板块形成我校在线教学指导性意见和举措，指导各教研组充分利用在线教学资源，丰富在线教学方式，高质量开展在线教学、作业设计及个性化互动辅导。

不仅如此，我们充分发挥党组织的引领作用，发挥党员和优秀教师的先锋模范作用，通过组织专题讨论、开展线上党日活动、召开全体教职工大会等方式，帮助教师澄清思想认识，激发教师的奋斗之志。课前，教师们精心备课，聚焦空中课堂，梳理教学重点，提炼核心问题，以最大的努力保障线上课堂；课中，教师们用自己的精心设计，开展有效互动；课后，教师们为学生答疑解惑，开展基于"空中课堂"视频资源的课后作业辅导。针对学生们每天的学习情况，教师们有要求、有建议、有督促、有反馈。晨检群的一串串数字接龙，是班主任老师们风雨同舟、共克时艰的见证；工作群里一篇篇听课记录、互动设计，"晓黑板"上一张张精心制作的PPT、一段段用心录制的音频，是无数次在线交流的智慧碰撞；电脑前一篇篇方案细则的制定，一份份媒体课件的制作，是群策群力不分彼此的团队协作，是党员模范履职、党群凝心聚力的有为与担当。这一个个动人的场面，就是教师

不忘初心、牢记使命的坚持,也是教师"奋斗"之志的表现,还是学校线上教学能够有序开展并取得良好成效的思想基础和动力源泉。

## 二、创新:聚焦数据驱动的教学评价改革

创新是经济社会发展的第一动力,创新也是贯穿党的二十大报告的又一个关键词。从报告全文看,报告多次提到"创新"二字,全面体现了思想创新、理论创新、行动创新的价值。

改革创新是教育发展的重要原动力,校长对于学校的引领,要通过扎扎实实的教育变革与创新来实现。按照美国学者菲利浦·史克雷切蒂等人的理解,教师参与教育改革创新一般有5种角色状态:开拓者、先驱者、安于现状者、抵抗者和破坏者。由于部分教师对改革的不认同,或者在改革中参与度低、获得感少,会导致他们在教育改革中扮演抵抗者甚至破坏者的角色。基于这样的问题,我们认为,要寻找到课程教学改革中教师最关注的问题,动员全体教师共同参与,通过集体力量的凝聚推动课程教学改革关键领域的创新发展。不论是线上教学,还是线下教学,教师对于学生评价领域的问题是最关心的。在信息时代的背景下,聚焦数据驱动的教学评价改革能够吸引更多的教师参与变革,减少学校变革中抵抗者和破坏者的角色数量,让教师在主动参与和丰富的收获中成为学校创新发展的重要力量,也为学校整体办学质量的提升提供新的动能。

**(一)完善指标体系,凸显评价导向的"育人"性**

评价是立德树人的载体,学生评价必须明确发展导向,突出"育人"特性。我们以课堂教学作为评价改革的主阵地,聚焦教师对学生课堂表现性评价的实施,把值得教师在课堂中予以重点关注的、一些显性的、可以具象化的行为表现作为课堂的日常观察点。再依据小学阶段学生的学习要求和目标,结合教师以往的教学经验,梳理并确定了具体的评价指标,横向拓展,纵向递进,摸索并构建了一套立体的课堂表现评价体系。在此基础上,遵从各学科之间的关联,对评价的指标进行划分,在彰显不同学科个性的同时,又能兼顾小学教育的共性。除了"认真倾听、积极发言、合作交流"等共性观察点外,还根据学科特点设计个性化评价指标,如语文的书写规范、数学的计算正确、英语的发音标准、音乐的节奏创编、美术的涂色均匀、科技的操作规范、体育的姿态正确。另外,随着年级的增长,同一个指向性评价指标也会调整。以语文学科为例:一年级设计的"正确抄写"这一指标,到二年级就提升为"书写规范"。

**(二)依托信息技术,打造评价结果的"全息化"**

借助信息技术,在科学构建评价指标的基础上,依托平台,开发评价软件,优化和提高日常课堂表现评价的形式和频率。软件中随堂"点一点"等功能区域的设计,在实现大量积累数据的同时,自动对录入的数据进行梳理归类,为评价留痕,也为下一阶段形成学生的综合评价结果提供了数据支撑。采用学前评估、单元评估和期末评估的方法,设计了更

为"全息化"的"三位一体"的学科学业评价形式。经数据分析后,学生学业评价结果以"学业树"的形式呈现,关注到学生学习的整体层面、群体共性和个体差异。与传统评价相比,新的评价能更大范围地涵盖到学生学习的全过程。具体包括:其一,反映班级整体学习情况的柱状图、饼状图,教师可以通过选定评价指标,直观了解班级学生各项学习能力在年级中的整体水平;其二,反映学生分类学习情况的二维矩阵图,便于教师对重点区域的学生进行特别关注和教学干预;其三,反映学生个体学习情况的学习报告单,涵盖了对学生的学业成绩、行为表现、学习习惯等多个维度的考察和记录,既呈现出学生个体的成长轨迹和发展趋势,又能显示出学生在班集体中的横向位置,"全息化"地展示了学生的学习经历。

### (三) 立足数据分析,凸显教学改进的针对性

在实践中,构建起一条"阶段评估—积累数据—发现问题—策略调整—追踪评估—比对数据—分析结果"的循证式教学脉络。这种基于数据分析的教学改进,体现为集体改进和个体改进两个方面。集体改进,主要指向教学中的共性问题和学生的普遍性困惑。例如,数学教研组在一次解读阶段练习数据报告单时发现,有一道考查学生推理能力的选择题,错误人数明显高于其他题型。针对这一异常数据,教师们立刻从数据库中调出了前几次的阶段练习评估报告单,找出相似题型,对比数据,查漏补缺,开展集体教研,讨论与分析。个体改进,主要是针对学生情况,通过数据分析,发现和解决个别学生存在的问题,提升个性化教学与指导的针对性与有效性。比如,小美同学入学以来,各科考查都很优秀,唯独上课几乎不举手,就算发言也是声音很小的。为了让小美的成长更均衡,班主任拿着报告单去找各科老师。大家达成共识,尽量在课堂上多给小美创造发言的机会。班主任还让小美担任了自习的领读,培养她的勇气与自信。

这种全员深度参与的教学评价改革与创新,不仅为学校整体发展赋予了新的动能,也在很大程度上提升了教师的创新创业自觉,让创新成为学校持续发展的不竭动力。

## 三、育人:提升融合教学的立德树人成效

党的二十大报告强调,要坚持教育优先发展战略,打造人民满意的教育。教育的核心使命在于立德树人,通过高质量教育体系的打造实现高水平的人才培养,是学校教育改革发展的根本逻辑。不论是线上教学还是线下教学,改变的只是教学的形态,在不同类型的教学过程中,学生学习成效的提升才是最应该被重视的工作,线上、线下教学的"实质等效"应该是教学的内在追求。对于线上、线下融合教学的探索不会止步。这种探索的核心是通过有效的设计和介入,提升融合教学的立德树人成效。当下,这3个维度的工作尤为重要。

### (一) 提升融合教学意识

信息技术与教育的深度融合是当下教育教学改革的最显著特征。不论是新冠疫情的促动,还是信息技术的发展,人类将全面进入"双线教学"的时代,深度进入"线上教学与

线下教学混融共生",已经是不可逆转的潮流。鉴于此,应该通过教育,消除教师对于线上教学的不正确认知,帮助他们克服"疫情结束就意味着线上教学结束"的错觉,充分认识线上、线下混合教学的时代必要性和历史必然性,以更加积极的心态拥抱信息时代的教学,更加主动地探索融合教学的有效方式。

### (二)加强有效集体教研

不论是线上教学,还是线上、线下融合教学,对教师而言都是一种长久存在的挑战。要提升教师适应未来教学的能力和素养,就要发挥我们业已非常完善的教研体系,通过有效的集体教研,不断培养教师适应未来教学的信息化素养。以我校为例,学校各学科教研组每周定期开展组内教研,教研内容涵盖了信息技术提升和"双减"背景下线上、线下融合教学研究等方面。大家结合"空中课堂"资源,分析教学实际情况,制订下一周的教学计划,把握好教学进度,梳理教学要点,安排教学任务。每次教研,教师们还认真进行作业批改与反馈的细则研讨,互相分享实战经验,共享教学智慧,只为更好地将融合课堂的价值呈现给学生。

### (三)凝练本土改革经验

党的二十大报告专门提出了"中国式现代化"的概念,而"中国式教育现代化"既是"中国式现代化"的题中之意,也是促进"中国式现代化"的有效方式。要打造"中国式教育现代化",就要形成具有辨识度的中国教育改革发展经验。应该指出,因为新冠疫情的影响,中国进行了世界上规模最大的线上教学,在融合教学的领域进行了独到的探索。作为一线学校,要充分把握这种改革创新的契机,以本土化的视野和研究范式主动凝练线上、线下融合教学的本土经验,既有效推进学校整体课程教学改革,也为"中国式教育现代化"的达成提供更多本土性的教育改革成果支持。

# 情感教学在课堂育人中的应用及其思考

上海市虹口区四川北路第一小学　　刘世游

[摘　要] 情感教学是点燃学生学习热情,促进学生愉悦学习和生命成长的重要途径。在课堂教学中有效利用教学机智、体态语言、情境营造和语言情感渲染等以情育人教学策略来促进学生生命成长。情感教学的实践给我们带来三点思考:一是回归教育本源,让情感教学成为教书与育人的桥梁;二是营建师生情感场,情感教学实现师生生命共同成长;三是运用教学机智,让情感教学增强课堂育人效能。

[关键词] 情感教学　以情育人　学生　生命成长

立德树人是素质教育的根本任务。作为教育主渠道的课堂自然要成为德育的主要阵地。德育工作的艰巨性、复杂性、长期性决定了我们在课堂教学的征程上要做一些探索研究。

我们在长期的教学实践中发现,情感教学在课堂教学中有着独特的作用和成效。然而,学生价值观形成既不是教师讲一句话,也不是一个教师布置一份作业能解决的,需要全体教师把情感教学渗透到各个学科教学环节之中。这种滴水成河的育人冲击,会慢慢地让学生感动、认同、内化,最终转化为个人的自觉行为,也许这就是情感教学的德育价值所在。

## 一、情感教学在课堂育人中的应用

教师在开展情感教学时,要有意识地采取灵活多变的方法,以积极的情感去感染学生、激励学生、教育学生,让学生得到肯定的反应;在传授知识、技能,传播思想、观点的同时,伴以积极的情感,注重情感的运用,达到以情育人的教学效果。我们的主要做法有以下几点。

### (一)教学机智

在动态的课堂教学活动中,我们教师不能机械地照搬教案,而是要根据课堂教学的实际情况以及突发的事件,以新课程理念为指导,灵活和创造性地用情感教学及时化解教育教学问题,凸显出教师的实践智慧和高超的教育教学艺术,因此,我们称为以情育人的教学机智。

例如本校英语教师周老师在执教一堂关于职业的英语课文时,对一个文静而瘦小的女生笑着问道:"What does your father do?"(你的父亲是做什么工作的?)令老师纳闷的是,等了很久这位女生就是没有回答。"老师,她爸爸是在市场补鞋的。"这时,邻座的一位男同学回答了老师的问题。但话音刚落,全班同学开始嬉笑起来,还有调皮的学生做起了钉鞋的手势。周老师回望了一眼小女生,只见她的头低下了,看不到表情,只见那绯红的侧边脸蛋。周老师已觉察到她的自卑心理,急中生智,问全班同学:"你们知道童话作家安徒生的父亲是什么职业吗?"同学们听到周老师的问话都摇摇头。周老师趁热打铁地说道:"安徒生的父亲也是一位鞋匠。"听到这句话后,小女生的头慢慢地抬了起来,其他同学也用好奇的眼睛望着周老师。接着,周老师趁机提高嗓音严肃地说道:"职业并无高低贵贱之分,凡是靠自己双手劳动的人都是值得尊敬的。"此时,全班响起了热烈的掌声。那位小女生把头抬得高高的,说道:"老师说得真好!"

从这个化"意外"为"惊喜"的例子中可见,周老师能抓住教育契机,机智地开展情感教学,顺势引导学生了解"职业并无高低贵贱之分",并理直气壮地告诉学生要树立正确的劳动观,从而使内心脆弱的小女生的自尊得到了保护,找回了自信,激发对老师的感激之情,继而激起对学习的热情。同时,这也促进了班级学生的生命成长。

### (二)体态语言

体态语言在教学中也指教态。好的教态不仅可以增强知识的传授效果,而且通过情感的影响可以起到教育学生、激发学生的学习动机、兴趣、态度等非智力因素的作用。教师的体态语言主要用眼神、面部表情、手势、动作、身体距离、服饰等非言语形式来表达信息。

为此,教师用自身饱满的、愉快的教学精神状态感染和影响每一位学生的学习情绪,营造热情高涨的教学氛围,使学生主动地参与到学习中去。例如本校三(1)班的一名"捣蛋鬼"学生,在课间不是拍打同学就是做小动作,作业的字迹也很潦草,成绩不理想。为此,班主任李老师把他的座位调到离讲台近一点的位置。教师以愉悦的眼神、脸部表情为主旋律贯穿课堂教学始终。当他回答正确时,教师给他一个微笑和赞许的目光;当他不专心时,教师就用鼓励的眼神提醒他。正是教师对这名调皮学生的关注和信任,才使他从教师那儿获得了自信,激发了学习热情,在满足教师的期待中挑战极限,改变了以往字迹潦草和捣蛋的坏习惯,成绩突飞猛进。看似不起眼的体态语言,改变了学生的学习习惯,从被同学讨厌的"捣蛋鬼"成为受班级同学欢迎的人。

从这个例子可见,教师不对捣蛋学生实施处罚的宽容,以及长期用体态语言传达出对捣蛋学生的激励和信任,感化了表面看似强大实则内心脆弱的捣蛋学生,从而以情激情,达到了好的教育效果。

### (三)营造合适的情境

小学生还处于以形象思维为主的年龄阶段,因此,教师要遵循他们的身心特点,把抽象的教学内容变成直观、形象生动的内容呈现出来。这就需要教师创设以情感体验为目的的生活情境,以调动起学生的各种感官,唤起他们的兴趣和学习欲,使学生在不经意间参与到学习中,继而培养他们的积极情感。

例如,本校音乐教师陆老师在教学一年级歌曲《小树快长高》时,引导学生进行思考和展开想象:"我们来想一想,小树还很小,我们应该怎样和它说话?""小树很想去拥抱春风、小鸟和星星,它的心情是非常迫切的,唱的时候应该响一点,语气强调一点,小树要热情地去拥抱。""你们知道吗? 小树为什么要去拥抱春风、小鸟和星星? 因为春风给小树带来温暖,小鸟为小树歌唱,小星星像妈妈一样陪伴着小树的成长,小树在感谢他们呢!""其实我们小朋友都像一棵棵小树,你们有没有想要拥抱的人呢? 让我们带着感激的心情再来拥抱春风、小鸟和星星吧。"

最后,学生们用歌声唱出小树快乐成长的心情。小树是因为有了春风的呼唤、阳光的照射、春雨的滋润才得以发芽成长,我们学生们的成长也需要父母、老师的爱护和培养。由此,教师创设的形象生动的情境想象体验,使学生在音乐课中潜移默化地激发出对父母和教师的感恩之情。

**(四)语言情感渲染**

教师要善于利用教材中蕴含的浓郁情感因素和优美的语言文字,借助现代教学手段创设情境,通过艺术性的语言情感渲染地朗读,使之产生强烈的艺术感染力,有助于学生产生积极情感,引起共鸣,思想得到净化和升华,达到以情育人的目的。

例如,小学《语文》第三册中的一篇阅读课文《请不要》,是一首以环保为主题的诗歌。它的语言优美,节奏明快,朗朗上口。教师用恳切的语言劝告大家爱护环境。为了让学生更好地进入情境,教师以情感渲染作为教学手段,在放录像的同时配上一段旁白:"这是一个美丽的大森林,到处是茂盛的大树。松鼠在枝丛蹦跳。顽皮的猴子用长长的尾巴缠绕着树枝,悠闲地荡秋千。鸟儿们舞动着艳丽的羽毛,用婉转的声音相互打着招呼……这里是动物们的乐园,是动物们快乐的家。"欢乐的语调和明快的乐曲让学生们快乐地徜徉其中。突然画面一转,一阵阵刺耳的锯木声响了起来,一棵棵大树倒下了,动物们开始四处逃窜。接着,人们开始建造工厂,排除污水,河流变得污浊、天空变得灰暗。最后,画面定格在被砍伐后留下的一片废墟上。

随着教师富于情感的朗读,学生进入到一个美丽的大森林中,可爱的动物与美丽的大自然和谐相处,呈现出一幅幅充满生命活力的美景画面。学生们无不被和谐美丽的画面所感染,爱美、爱自然的情感根植于自己的心灵中并被内化,继而产生保护生态环境的积极情感。

## 二、情感教学在课堂育人中的思考

情感教育本质上就是尊重生命、关注教育主体,润泽学生生命,体现人性关怀的教育。

在情感教育的实践中,我们形成了以下思考。

**(一) 回归教育本源:让情感教学成为"教书"与"育人"的桥梁**

1. 应试教育割离了"教书"与"育人"的统一性

受应试教育的影响,长期以来,我们教育的一个弊端就是没有把教育的对象上升到一个完整的、有独立人格的生命视角上,而是简单地看成一个被灌输知识的对象,由此学生的思想情感被无视。把"教书"与"育人"分割开来,违背了教育的本质。

2. 情感教学关注人的心灵世界,以促进学生生命成长

情感教学最大的优点就是关注知识传授时对个体的情感感受和情感体验。教师以丰富多样的情感教学方法来丰富学生的精神世界。当学科教学融入情感时,抽象又静态的知识便与一个具体的、有思想的人融合在一起,推动个体思想与道德层面发生碰撞和交融。情感教学升华学生的思想,提升价值观品质时,将发挥育人功能,显然,有助于个体价值观的形成,促进个体生命的成长。

3. 以情感教学为桥梁,有助于"教书"与"育人"的融合

情感教学就是把学生看成是一个完整意义上的生命,遵循教育规律,回归教育本源。教师充分挖掘学生的情感源泉,运用高超的教学艺术激起学生健康、积极的情绪体验,把"教书"与"育人"巧妙地融合起来,互相影响和促进,从而促进学生身心和谐地发展,造就一个完整的生命。

**(二) 营建师生情感场:以情感教学促进师生生命共同成长**

1. 平等对待学生,构建平等关系,是营建师生情感场的前提

教师只有调整心态,放下权威和长者的架子,做学生的朋友,弯腰倾听学生心声,才能走进学生心灵。同样,学生只有在被尊重的前提下,才愿意敞开心扉,表达内心所思所想。学生在得到教师尊重的前提下,也会尊重教师。

2. 换位思考,为学生身心发展着想,是筑牢师生情感场的核心

教师能站在学生立场着想,坦诚相待,以个人人格魅力感染学生,有利于增进师生情感,达到彼此心理相容,从而实现"爱人者,人恒爱之;敬人者,人恒敬之"的境界。这样师生心往一处想,劲往一处使,师生之间互相敞开、互相接纳。这样才会达成好的育人效果。

3. 螺旋式筑牢师生情感场,闪烁师生生命之光

教师对学生教育的影响绝不是单向的,而是互动的。当教师爱学生,学生感受到师爱带来的力量和快乐时,也会爱教师,同样会感染和激励教师的教学。在这样一个良性的教与学的生态场中进行彼此间情感交流,从而达到不断地肯定对方,进一步地共识、共享、共进,螺旋式地促进师生双方的生命发展。

**(三) 运用教学机智:让情感教学增强课堂育人效能**

1. 课堂育人需要教师的教学机智

课堂上常常会出现一些预设之外的偶然教育事件,而这些事件往往是珍贵的德育契

机。面对瞬息万变的课堂教学,教师不能死板地教学,而是要根据教学进展的实际情况灵活应变,及时把握机会,巧妙利用,有效应对,才会产生事半功倍的课堂育人效果。这就需要教师机智地应对课堂突发生成事件的能力。显然,这样的教学艺术可以让教师走出教学困境,变不利条件为有利条件,从而提升课堂育人效能。

2. 情感教学可提升教师教学机智效能

我们知道,开展情感教学的一种重要特征就是在以学生发展为本理念下,以积极情感的激发为手段,抓住预设之外的偶然教育问题契机,及时、灵活地应对化解,增强德育效能。当教师在其内心深处种下爱学生的种子,就会调动全身的潜能,关注能促进学生生命成长的一切教育契机,做一个德育工作的有心人,从而捕捉到稍纵即逝的教育机会,全力投入,站在学生的立场上,调动学生情感,激励学生,尊重学生,升华思想,使德育工作效能最大化。

3. 提升教师教学机智,给课堂德育注入活力

众所周知,我们教师的教学素养是参差不齐的,有相当一部分教师的教学机智素养亟待提高。他们还需要观念上和操作层面的教学技术上培训,促使他们更新观念,改进处理课堂突发教学事件的方法,提升教学机智,继而充分发挥情感教学的功能,增强课堂教学效能,促进学生生命成长。

根据笔者对上海市某区小学100名教师的访谈调查发现,在观念上有98%的教师愿意及时应对和化解课堂节外生枝的问题。其中,72%的教师认为缺少直接化解问题的技能和经验,但愿意花时间思考或借助他人帮助后隔一节课或隔天再去化解问题;13%的教师感到有信心和能力去及时应对和化解课堂生成问题。

可见,在观念上有98%的教师有机智教学的意愿,在技能上有72%的教师缺少优质机智教学的操作能力。教师的教学机智是在复杂教育的环境中表现出来的一种随机应变能力,而这个能力主要是由师德素养、专业知识和实践智慧作为支撑的。为此,我们既要开展提升教师教学机智素养的培训,也要提升师德素养,拓展专业知识和丰富实践智慧,使教师掌握灵活多变的应变能力,继而提升教学机智素养,增强课堂育人效能,促进学生生命成长。

## 参考文献:

[1] 刘世漪.小学生命教育与学科教学有机融合的实践研究[M].上海:学林出版社,2010:10-20.

[2] 朱萍,陆少明.小学微笑教学的研究[M].上海:上海教育出版社,2009:48-60.

[3] 苏霍姆林斯基.给教师的建议[M].杜殿坤,译.北京:教育科学出版社,1984:35.

# 新时代小学开展"民族团结教育"的实践与研究

## ——以虹口区多伦同心小学为例

[摘　要] 近年来,我校深入学习贯彻习近平总书记关于民族团结的重要论述,扎实开展民族团结进步教育活动,大力弘扬民族团结优良传统、社会主义核心价值观,进一步强化爱党、爱国、爱社会主义的坚定信念,切实铸牢中华民族共同体意识的思想基础,起到"一个学生带动一个家庭,一个家庭影响一个社区,一个社区影响这个社会"的效果。我校充分重视运用学生自主发展、自觉行动的教育理念来指导开展相关教育工作,开展生动活泼、健康有益的"民族团结教育"主题系列活动,提高学校校园文化建设的吸引力,深化民族精神教育,提升师生民族自豪感。

[关键词] 民族团结教育　知行统一　内化提升

## 一、问题的提出

2016年7月1日,习近平总书记在庆祝中国共产党成立95周年大会上明确提出"四个自信",即"中国特色社会主义道路自信、理论自信、制度自信、文化自信"。其中对于"文化自信"是这样阐述的:文化自信是对中国特色社会主义文化先进性的自信。坚持文化自信就是要激发党和人民对中华优秀传统文化的历史自豪感,在全社会形成对社会主义核心价值观的普遍共识和价值认同。

中华民族精神是以爱国主义为核心,团结统一、爱好和平、勤劳勇敢、自强不息。中华民族精神深深植根于延绵数千年的优秀文化传统。改革创新是时代精神的核心,时代精神是在新的历史条件下形成和发展的,是体现民族特质、顺应时代潮流的思想观念、行为方式、价值取向、精神风貌和社会风尚的综合。

**（一）"民族团结教育"课程开发是适应世界多元文化教育发展的需要**

一个民族如果没有文化的积淀和传承就会止步不前,中华民族博大精深的文化是由全国人民包括各少数民族同胞在内的实践和摸索一点一滴积累起来的,中华大家庭56个民族共同为祖国的发展作出了不可磨灭的卓越贡献。根据全国、上海市和虹口区教育大会部署,落实提高"十四五"时期区域教育质量,构建"德育为先,五育融合"的全面育人体系的精神,我校开展了"民族特色教育"项目的实践和研究。

**(二)"民族团结教育"是多民族国家应关注的一个现实问题**

"民族团结教育"是反对民族分裂,维护民族团结,边疆稳定和国家安全的重要保证,是维护和发展各族人民的根本利益、保持社会和谐稳定,实现祖国长治久安和中华民族伟大复兴的重要途径。加强民族团结教育,在民族平等的基础上实现民族团结,有利于实现我国各民族的共同繁荣和发展,有利于维护祖国的统一。

如今,世界各国在进行民族团结教育方面都是从学校教育抓起,从小学到高等教育都开设了民族文化课,要求各民族学生从小了解本国各民族的文化、艺术、宗教、信仰、语言及社会风俗习惯等方面的基本情况,以及国家的民族宗教方面的法律和政策;培养各民族学生相处交往的素质,并把各民族学生学会和睦相处作为培育爱国主义精神的基础。对青少年进行本国多元文化的教育交流进而形成国家统一意志,成为增强国家凝聚力的有效途径,成为各国培育国家统一意识的新趋势。

"民族团结教育"必须从小抓起,在小学生中广泛开展以爱国主义教育为核心的民族团结教育活动,使各民族青少年、小朋友从小树立起汉族离不开少数民族,少数民族离不开汉族,各民族之间血脉相连的认识,自觉维护民族团结和祖国统一,为实现中华民族伟大复兴梦而奋发努力,孜孜追求。

**(三)"民族团结教育"课程开发是亟待研究的一个领域**

据调查了解,在"民族团结教育"方面,关于课程的研究很少,而跨地区、跨学科,融入"五育融合"理念与民族团结意识的也不多;经验操作性研究多,而理论构建性研究少。概言之,国内各地区小学对民族团结教育与"五育融合"教育进行研究的成果比较薄弱。

## 二、"民族特色教育"的校本课程建设路径

多伦同心小学是一所办学历史悠久,和共和国同龄的老校。学校以培养学生核心素养为本,坚持"育人为本,知行统一"的办学理念,为学生的德智体美劳全面发展、教师的专业发展奠定基础、提供服务。学校以规划"民族特色教育"实验项目为引领,推进特色校本课程建设。

近年来,学校深入学习贯彻习近平总书记关于民族团结的重要论述,扎实开展民族团结进步教育活动,大力弘扬民族团结优良传统、社会主义核心价值观,进一步强化爱党、爱国、爱社会主义的坚定信念,切实铸牢中华民族共同体意识的思想基础,起到"一个学生带动一个家庭,一个家庭影响一个社区,一个社区影响这个社会"的效果。学校于2018年6月被授予"虹口区民族团结教育基地",全校师生一起学习党的民族理论政策、中华优秀

传统文化；一起动手制作民族特色物品，学习表演民族歌舞，有效推动了师生之间相互尊重、相互包容、相互欣赏、相互学习，民族自信心和自豪感进一步激发，民族团结的意识进一步增强。

2019年，多伦同心小学进一步丰富民族团结教育进校园的活动形式和内容，先后举办"相逢明媚春天，同奏民族团结新乐章""多彩民族风，同铸新时代"等主题活动，选聘了一批"民族团结进步小使者"，并开发编写了校本读本《最炫民族风》，希望通过普及和弘扬民族优秀传统文化，进而不断优化"知行合一"的育人环境，扎实推进和提升办学效益。

学校开展了第一轮"基于行为目标下的小学生知行结合教育的实践研究"，第二轮"小学生知行统一教育的深化研究暨校本课程建设的实践研究"，第三轮"以培养小学生核心素养为本的知行统一校本课程建设与实践研究"。三轮实验项目是一脉相承，持续向前推进的。经过几年实践，学校积累了一定的经验与成果，无论是学校的德育文化氛围、教师的师德素养还是学生的行为礼仪规范都有显著提升。"知行统一"教育的理念受到学校广大师生、家长的认可，"知行统一"教育的办学特色初显成效。要将这一品牌持续发展下去，需要依托富有学校特色、符合学情的校本课程体系。课程是学校发展的核心。对于任何一所学校来说，它存在的基本价值是通过课程来帮助学生接受知识、习得技能。学校成立了校本课程开发委员会，从三类课程，即基础型课程、拓展型课程和探究型课程来架构学校"知行统一"校本课程体系，以实现"育人为本，知行统一"的办学理念。三类课程最后指向核心素养的3个方面"文化基础、自主发展、社会参与"，最终的落脚点是一个核心"全面发展的人"。

## 三、研究内容

### （一）研究对象
立足"五育并举"，构建"民族团结教育"课程体系。
### （二）总体框架
2022学年：修改"最炫民族风"课程教案和配套PPT；启动"最亮民族音""最璨民族工艺品"德育校本课程的研发和完善民族打击乐团的组建。

2023学年：完善"最亮民族音""最璨民族工艺品"德育校本课程并印刷成册，民族打击乐团的训练成为长效机制；启动"最美民族画"校本课程研发。

2024学年：完善"最美民族画"德育校本课程并印刷成册。

2025学年："依托'五育融合'校本课程研发，深化民族团结教育研究"项目，进行民族团结教育校本课程展示。
### （三）主要目标
坚持"五育并举，德育为首"的原则，全面贯彻执行党的教育方针，认真实施素质教育,强化德育、智育、体育、美育、劳动教育应有地位,突出德育实效。本项目欲以学校已有的德育校本课程"最炫民族风"中的12个少数民族的民风乡俗、民间美术、民族音乐等维度为研究重点,形成德育教育与美育、劳育相结合的"最亮民族音""最美民族画""最璨民族工艺品"3本富有特色、意味浓厚、实践性强的校本课程教材,进一步培养学生的国家认同感,增强学生对民族文化传承保护意识。

1. 学生发展目标

结合民族团结教育基地工作,以培养学生德智体美劳全面发展为终极目标,促进学生全面发展。开设民族团结教育艺术类校本课程,使学生具备一定的艺术欣赏能力;劳技类校本课程,使学生了解具有12个民族特色的手工艺品,学会一定的制作技能,掌握一些春播秋收的常识。

2. 教师发展目标

通过本项目的研究,项目组教师具有课程开发意识,提高课程开发能力,掌握一定的课程开发技能,具备一定的研究能力。

3. 学校发展目标

通过本项目的研究,进一步彰显学校民族团结教育特色。民族团结教育与德育校本课程研发紧密结合,逐步完善学校的课程体系;促进学生良好习惯的养成,形成良好的学风、班风和校风;提升了教师的业务能力,助力学校的发展。

**(四)重点难点**

2022年是新一轮学校五年发展规划实施的第一年,学校将以"民族团结教育"为主题开展多层面、多渠道、多元化的教育活动。学校要充分重视运用学生自主发展,自觉行动的教育理念来指导开展相关教育工作。生动活泼、健康有益的"民族团结教育"主题系列活动的开展,不仅要成为对学生进行思想教育的重要渠道,还要提高学校校园文化建设的吸引力。活动教育要在遵循"活动目标层次化,参与范围广泛化,评比方法规范化"的原则基础上,深化民族精神教育,提升师生民族自豪感。

**(五)思路方法**

本课题以"研究—实践—反思—提升"为研究模式,在研究中实践,在实践中反思,在反思中提升。① 文献资料法,搜集与课题相关的资料,组织课题组成员学习民族团结教育的理论;② 综合调查法,调研全体师生的学习民族团结知识的具体现状;③ 案例研究法,捕捉典型案例,开展研究,总结民族团结教育规律;④ 行动研究法,教师探究合作,随时调整研究方案;⑤ 经验总结法,总结经验教训,不断提高民族团结教育实效和课堂效率。

## （六）预期成果

表1　主要阶段性成果

| 序号 | 研究阶段<br>（起止时间） | 阶段成果名称 | 成果形式 |
|---|---|---|---|
| 1 | 2022年11月—12月 | "依托'五育融合'校本课程研发,深化民族团结教育研究"课题申请书 | 课题申请书 |
| 2 | 2023年1月—12月 | 《最亮民族音》《最璨民族工艺品》 | 校本课程 |
| 3 | 2024年1月—12月 | 《最美民族画》 | 校本课程 |
| 4 | 2025年1月—6月 | "依托'五育融合'校本课程研发,深化民族团结教育研究"案例集 | 案例集 |
| 5 | 2025年1月—12月 | "依托'五育融合'校本课程研发,深化民族团结教育研究"课题结题报告 | 课题结题报告 |

# 让学生乐于学习,"协同—有效"课程体系的构建与实践

上海市虹口区第四中心小学　陈珏玉

[摘　要] 虹口区第四中心小学致力于打造具有"协同—有效"特色的课程体系,通过课程统整、教学协同的实践探索,不断提升课程领导力,打造富有学校特质的课程特色,从而培养既乐学又具有综合素养的学生,书写好"为党育人、为国育才"的新答卷。

[关键词] 课程体系　课程理念　协同教学

在追求高质量美好生活的当下,人民群众对美好教育生活的需求已由"学有所教"转变为"学有优教"。作为基层学校,为全面落实立德树人的根本任务,培养身心健康、道德高尚、人格健全的社会主义建设者和接班人,最大限度地满足人民群众对更公平、更高质量教育的需求,我们通过课程统整、教学协同的实践探索,不断提升课程领导力,打造富有学校特质的课程特色,从而培养既乐学又具有综合素养的学生,书写好"为党育人、为国育才"的新答卷。

## 一、"协同—有效"课程体系的提出

虹口区第四中心小学(以下简称"四中心小学")长期以来致力于课程与教学改革,通过协同教学的课题研究实践,促进教师专业发展,全面提高学生学习能力,成为有一定影响力的优质公办校。

构建协同、有效的课程体系是学校得以行稳致远的基石,不断完善的课程体系是推动学校课程与教学改革的重要抓手。一是从学生综合能力和素养的培育出发,课程的学习是以帮助他们适应未来社会为目标;二是从课程的整合性出发,突出不同学科、不同类型课程的相互融合,帮助学生建立知识与实际应用之间的桥梁。学校通过"协同—有效"的课程体系,聚焦学与教方式的转变,在构建和实践中不断予以丰富与完善。

## 二、"协同—有效"课程体系的建构与实践

学校在确立了"协同—有效"的课程体系后,以"课程统整理念下的小学协同教学实践研究"课题研究为载体,进一步助推"想学、会学、乐学"课程目标的达成。

### (一)整体设计,凸显课程目标

学校从"让师生乐于学习"的办学理念和"协同—有效"课程理念出发,在认真思考社会人才培养的未来需求和学校人才培养目标的基础上,确立了"想学—会学—乐学"的课程目标。其中,"想学"是指通过课程实施,激发学生学习的内驱力,体现学生的学习主体地位;"会学"主要是通过课程实施与评价的变革,转变学生的学习方式,帮助学生掌握一定的学习方法,将新课程改革理念和学校协同育人思想落到实处,提高学与教的效率;"乐学"是指通过课程建设,提高学生学习综合能力,让学生乐于学习、乐于实践、乐于探究,享受学习的快乐。

纵观学校课程建设,我们从先期关注开齐、开足所有课程到对课程进行整体规划,最终形成了课程目标引领下的完整课程架构,凸显了学校办学理念与目标的统一(见图1)。

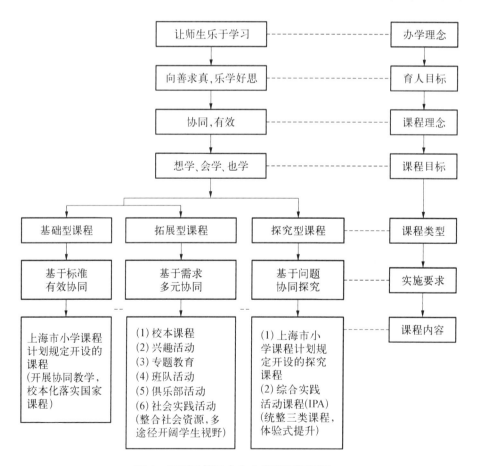

图1 虹口区第四中心小学课程框架图

**(二)规范实施,落实课程理念**

学校全面贯彻"双减""五项管理"相关文件精神,按照市教委相关文件要求,规范落实课程与教学,通过课堂提质、作业提质、评价提质、服务提质等方式切实减轻学生课业负担,激发学生学习动力,促进学生健康快乐地发展。

1. 基础型课程:基于标准,落实学科素养

学校坚持以"基于课程标准"和"基于学生学习起点"为原则,严格执行市教委相关规定。同时,学校在各教研组内进一步加强教师对新课程标准的学习,通过各种形式强化教师的课标意识,并以校本化实施为途径,立足学生学习起点,探索课堂教学质量提升的途径和方法,努力落实学科素养,使基础型课程得以规范有效落地。

(1)"绿色指标"引领。学校以"绿色指标"为引领,基于学生学习起点,着力于教学实践研究,通过设计与实施前置学习单和任务单,组织学生开展协同学习,努力激发学生的学习兴趣,增强学生的动手能力、思维能力和创新能力等,并使每个学生在学习中获得成长。在2019年上海市"绿色指标"测试中,四年级学生"高层次思维能力""学业成绩个体间均衡""学习负担与压力""学生睡眠""学生作业"5个指标均高于市区平均水平,反映了学校学生良好的综合素养。

(2)学科特色研究。学校各学科结合自身特点开展了基于校情、学情的教学研究。语文学科围绕三至五年级的学业评价以及作业设计研究,优化教师单元教学策略和课堂教学方法;数学学科围绕思维导图这一图式工具,开展单元复习课教学研究,提升教师教材分析能力和学生的问题表征能力;英语学科以文本设计为推进课程实施的着力点,加强多媒体文本制作,提升学生的语用能力;音体美科信等综合学科以培养兴趣、提高艺术修养、科学信息素养为目标,以前置学习教学策略与任务导向教学策略研究为重点,提升课程教学有效性和学生的课堂参与度。

2. 拓展型课程:基于需求,培育综合素养

为丰富学校课程内容,提高学生的学习内驱力,学校通过对学生学习兴趣的调研,精心设计了与教学目标相匹配,适应学生年龄特点、难度适宜的拓展型课程,如节日文化教育系列、七大社团活动系列、主题教育系列、劳动教育系列、社会综合实践活动系列、心理活动系列、"家长进课堂"系列,以及集团、联盟不定期走校活动等。通过课内外的有机结合,学生获得充分体验,提升了整体综合素养。同时,学校进一步增加拓展型课程的选择性,满足学生学习愿望,让想学变为现实,让学习更富有活力。

(1)校本课程百花齐放。学校近几年非常重视德育、科技、艺术等课程的建设,开设了"好习惯伴我行——学习习惯培养""行规如何课程""生活中的科学""纸尚剪折""数独"等校本课程,它们均纳入学校课程管理体系,进入日常课表中,并与基础型课程相融合。学生在基础知识与技能学习基础上,又获得了学科上的拓展与能力的提升。

(2)社团活动百家争鸣。学校依据《"健康、乐学"成为学生未来生活的财富——虹

口区第四中心小学"快乐活动日"整体实施方案》,通过"快乐午间""自主课程""阳光锻炼",将探究型和拓展型课程整合为一体并开展活动。其中,"自主课程"设立了"科学技术""体育健身""文学艺术""综合素养"4个类别,79个年级社团和9个校级社团,均深受学生喜爱。

学校"快乐活动日"课程的开设,还充分利用区青少年活动中心的优势,以及技术物理研究所、家长、第三方机构的支持,开展了学生们感兴趣的更多课程。学校还每学期参加集团、联盟的教师走校教学活动。外校资源的互补,让学校的"快乐活动日"内容更丰富,设计更规范,课程开发力和执行力得以加强和保证,更加丰富了学生的学习体验。

3. 探究型课程:基于问题,启迪创新思维

学校参与集团IPA(综合主题实践活动)课程开发和实施,根据学生年龄特点、时代特征,整合三类课程、校内校外各种教学资源,以学生兴趣为出发点,确立探究主题,不断鼓励学生大胆猜想,自主实践,努力培养其发现问题、应用基础性知识和拓展性知识解决问题的能力,启迪学生们的创新思维,满足他们自主学习的要求,激发学生学习潜能。

以二年级的主题活动"社区环游记"为例,一共有4个子活动,分别是社区大搜索、社区功能多、社区小侦探和社区大创想。通过走进学校附近的社区,学生们了解了社区内的设施设备,绘制了社区地图,并对未来社区的模样进行了畅想。教师结合基础型课程中的语文、美术、数学、英语等学科,引导学生说一说、画一画、算一算、演一演,用所学知识把学习成果呈现出来。一张张照片、一份份倡议书、一个个节目,每一个活动足迹都留在了为学生们精心设计的"活动手册"上。

2020年10月起,学校成为上海市项目化学习市级实验校。师生在生活情境中提炼驱动性问题,充分整合各学科的核心知识,搭建知识与能力建构的平台,并通过项目化学习的方式开展学习活动,提升了学生在探究型课程中的学习品质。

课程的多样性、综合性、资源的整合性为学生的成长提供了丰富的养料,也让校园充满了快乐,进一步凸显了学校的办学理念。

**(三)有效协同,打造课程品牌**

在学校办学和发展的过程中,追求办学品牌越来越成为学校管理者的共性选择。四中心在办学过程中也一直在寻找符合学校传统的特色,因为我们深知,学校品牌的打造是提升办学品质的策略,是学校追求卓越的表现。学校的品牌打造有丰富多元的内涵,需要学校发展中的多方面进行支撑,但是其中最为核心的必定是课程和教学的品牌,以及由此带来的高质量的人才培养。基于这一认识,10多年来学校始终围绕"课程统整理念下的小学协同教学实践研究"课题研究,聚焦基础型课程,打破学科疆界,通过课程统整、教学协同的实践探索,不断提升课程领导力,打造富有学校特质的课程特色。十年磨一剑,如今"协同"一词已深入人心,成为四中心人课程改革的指路

明灯。

近年来，学校提出了"绿色协同"的目标，在《跨学科协同教学指南》的基础上，通过协同教研活动，积极开展以激发学生学习内驱力为核心的协同学习研究。在探索绿色协同之路的过程中，学校做了如下实践。

1. 完善指南，让协同更能激趣

教师在实践中充分发挥主观能动性，不断完善协同指南，包括协同内容的补充，协同教学的时序调整等，使指南更符合学生的学习规律，也更能激发学生的学习兴趣。例如，《田忌赛马》是学校比较经典的一组协同课。在使用沪教版三年级《语文》教材时，教师们发现《田忌赛马》一课可以与三年级数学课《搭配》这一内容进行协同教学。以数学知识中有序搭配的认识为基础，进而在语文课中学习田忌是如何机智地运用搭配策略而赢得比赛的。

现如今部编版《语文》教材课文《田忌赛马》出现在五年级第二学期，同样在协同教研中，教师们发现数学"可能性"这一单元的内容可与其进行协同。学生可以先在语文学习中知晓两种配对的方法，继而在数学课中学习不同配对的比赛可能产生的结果和赢得比赛可能性的大小，进而再在语文课中感受只有田忌的配对方法是取得胜利的原因。虽然教材在改变，但是我们对有效落实协同课的追求却一直没有变。

2. 运用策略，让协同更为高效

为了进一步提高协同指南落实的有效性，我们引导教师运用前置学习、任务导向等教学策略开展协同教学研究，促进协同学习的形成。例如，科学与技术学科的"信息的传递"与数学学科的"编码"一直是五年级第一学期协同指南中的组合。在具体的协同教学实施中，科学课运用了前置学习策略，让学生自主寻找身份证18位的编码规律。随后的数学课则以此为学习起点，运用任务导向策略，设计多份材料，让学生再次自主对第一代和第二代身份证进行观察比较，激发了学生进一步研究身份证编排规律的兴趣。协同教学策略的探索与运用，让我们的教学更能贴合学生的发展，学生的合作能力、信息收集能力以及共享学习的能力相应有了很大提升。

持续的实践研究基于学校对课程实施的认识，是在共性基础上形成学校适合自身实际的、独特的、个性化的实践追求与操作策略。它不仅让学生获得体验、提高、充实，让教师获得历练和提升，同时也让学校的课程品牌不断发展。

"协同—有效"的课程体系为学校内涵的发展提供了有力的支撑，也为学生未来适应社会发展的能力奠定了基础。未来四中心将持续不断优化学校的课程体系，努力在教育赶考路上交出优秀的答卷。

## 参考文献：

［1］庄研,安桂清.如何制定学校整合性课程的课程纲要［J］.人民教育,2018(23).

［2］贾建国.学校课程体系构建的发展性问题及其解决路径［J］.当代教育科学,2018(05).

［3］崔春华,杨文斌.课程情愫：学校课程发展的另类维度［M］.上海：华东师范大学出版社,2017：57−86.

［4］胡兴宏.走向新优质——新优质学校推进项目指导手册［M］.上海：上海教育出版社,2014：102−150.

# 构建幸福课程,奠基幸福能力

上海市虹口区幸福四平实验小学　　高玮妍

[摘　要] 近年来,学校本着遵循儿童立场,从构建"幸福课程"体系、促进幸福文化内涵发展,探寻综合活动创新点、丰富学生综合学习经历入手,从而延展劳动教育功能,为学生未来幸福能力奠基等,让校园生活不断丰富,使学校拥有持续的生长力。

[关键词] 课程　经历　综合发展

## 一、构建"幸福课程"体系,促进幸福文化内涵发展

习近平总书记在党的二十大报告中提出:"教育是国之大计、党之大计。"培养什么人、怎样培养人、为谁培养人是教育的根本问题。因为育人的根本在于立德。全面贯彻党的教育方针,落实立德树人根本任务,培养德智体美劳全面发展的社会主义建设者和接班人,是办好人民满意的教育的宗旨。

作为一所公办学校,多年来,我们以"幸福文化"为引领,深入挖掘学校文化内涵,倾力构筑以"平安的校园、平实的教育、平和的心境、平等的相处"为核心的"四平"愿景,打造学校的"幸福"课程体系(见图1),努力实践着四个"一":关注每一个孩子个性,提供每一个孩子机会,促进每一个孩子参与,发展每一个孩子能力,让每一个孩子幸福的童年在这里奠基!

学校的"幸福"课程包含了"文质彬彬地律己"课程、"创意闪闪的探秘"课程、"活力满满的悦动"课程、"美美与共的博雅"课程和"朝气蓬勃的共育"课程。

"幸福共育"课程借助博物馆的丰富资源,以"生命本原"为中心,围绕"生命教育"

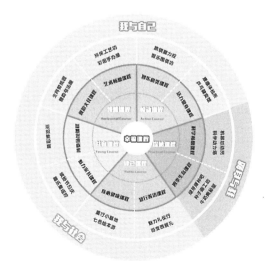

图1　"幸福"课程体系

和"民族精神教育",构建年段式系列"博览场馆"课程。一年级"跨越科学距离 触摸美好未来"的上海儿童博物馆之旅;二年级"揭示眼镜奥秘 提倡科学护眼"的上海眼镜博物馆之旅;三年级"体验文明历程 传承经典文化"的上海陶瓷科技博物馆之旅;四年级"探索科学奥秘 启迪智慧创新"的上海市青少年科技探索馆之旅;五年级"走近革命先驱 立志胸怀天下"的中共四大纪念馆之旅,引导学生们更加了解上海、热爱上海。

"幸福悦动"课程引入体育拓展项目,"智乐棋类"课程引导学生体验"奕"中的淡雅风情、豁达有度、理智并存。"中华武术"课程倡导上武得道,平天下;中武入喆,安身心;下武精技,防侵害,引导学生在快乐中运动,在运动中学习武术,培养学生团队精神、坚忍不拔和爱国主义等优良品质。"银球飞舞"课程中,一年级"银球身边绕 兴趣心中生";二年级"银球板上击 快乐齐分享";三年级"银球桌上飞 大家动起来";四年级"银球全台跑 健将初长成";五年级"银球你我他 一起来对打",使"乒乓运动"丰富体育课程,强健学生的体魄。"活力街舞课程"通过音乐、动作、表情、姿态表现内心世界,使孩子接受艺术表演的熏陶,欣赏美、体验美。

"幸福博雅"课程以"纸艺趣工坊"为框架,构建了"姹紫嫣红花满园""形态各异生物园""五彩缤纷服饰园""可爱奇趣娃娃园"4个板块、16个篇目的内容。"生肖剪纸屋"开展"生肖剪纸"主题活动:"子鼠丑牛跑""虎追卯兔咬""龙蛇马羊笑""猴上树鸡叫""猪狗手拉手",引导学生亲近民间工艺,传承剪纸艺术,弘扬民族精神。

"幸福律己"课程引导学生学会交往,提高与人交往的技巧;学会关心,提高道德修养的水准;学会审美,提高生活品位;学会宽容,提高善待他人的素养。

学校以"构建幸福课程,彰显幸福文化"开展课程研究,努力构建有利于"锻造师生素养,培育进取精神,提升办学品质"的校园文化,整合学校、家长和社会资源,不断促进学校的内涵发展。

## 二、探寻"综合活动"创新点,丰富学生综合学习经历

在学校"幸福课程"的羽翼之下,我们以《上海市小学低年级主题式综合活动指导意见》为指导,开发"幸福DO IT"低年级主题式综合活动课程。围绕"我与自己""我与社会""我与自然"三大领域,通过"悦动乐陶陶""乐活趣多多""奇探美滋滋"3个层面,从学生的真实生活出发,围绕主题创设学习情境,基于学生视角设计活动,让学生在活动中经历学习,感受、体验与探索真实。

### (一)特色环境,激发兴趣

"睛彩'万花筒'"是我学校低年级主题式综合活动"幸福DO IT 幸福ENJOY"整体方案中"我与自己"维度下"我们的超级FEEL"主题中的一项活动。为了激发孩子们探究眼睛的兴趣,教室的一角创设了"我们的小视界":可爱的护眼小博士带领孩子们走进多彩的"小视界";翻开童趣盎然的绘本,让孩子们了解不同动物的眼睛,打开他们的眼

界;放眼生机勃勃的绿色植物,滋养孩子们的眼睛,让眼睛更加明亮;拆开满满爱意的锦囊,让孩子们共享护眼小贴士,更好地保护眼睛……我们通过环境的精心布置,给孩子们打造开放的活动时空,让他们自由选择、自主探究、多元表达,帮助他们整体感知,认识自我,从而打开崭新的"视界"。

**(二)面向生活,学会发现**

围绕探索"眼睛"的奥秘,我们从感知与体验、探究与实践、展示与创想3个层面进行活动设计,开展了"我的眼睛会说话——认识自己的眼睛""我的眼睛有魔法——了解奇特的视觉""我的眼睛看万象——发现神奇的视界"3个活动。

在"我的眼睛会说话"系列活动中,通过:"汽车辨色",让孩子知晓眼睛是有视觉记忆的;"翻页大惊奇",让孩子们畅游书海,了解神奇而有趣的眼睛;移步换景,教师带领孩子们用"眼睛照相机"去捕捉校园里寻常而有趣的画面。

在"我的眼睛有魔法"中:眼见"不为实",写下眼中的"它";神奇"魔术师",发现手中的"它";动态"转转乐",制作心中的"它";眼科"小医生",观察周围的"它",让孩子的"生活世界"与"科学世界"相融。

"我的眼睛看万象"通过"眼镜趣多多"活动,让孩子联系生活,识别不同的眼镜:游泳镜、防风镜、潜水镜、老花镜、放大镜等。在自主探究、情景体验中,学生知晓这些"镜"对眼睛具有保护、矫正作用,并在"眼睛乐缤纷"活动中运用扭扭棒、剪纸、绘画等方法自己设计、制作富有创意的镜框。"放眼大世界"鼓励孩子们应用多媒体技术"预见"未来的美好生活。

我们从学生生活中常见的食物——牛奶入手,设计"牛奶奥秘屋"活动,分为"牧场零距离""牛奶新'智'造""牛奶大采购""牛奶幸福吧"4个活动,从"青青牧场"出发,前往"智慧工厂",到达"牛奶超市",最后再到餐桌。

围绕"牛奶"这一主题,我们为学生提供亲身经历与现场体验的机会,让学生经历多样化的活动方式,如观看视频、对话讨论、趣味游戏、绘本阅读、情景体验、实地调查、设计制作、现场体验、情景模拟、科学实验、动手绘画、编唱儿歌等,促进学生积极参与活动过程。

根据"牛奶奥秘屋"主题活动的内容,设计学生活动手册,引入课程平台与师生讨论小程序,线上、线下相结合,引导学生在综合活动中逐步体验感悟。在活动总结阶段,鼓励学生进行多种形式的结果呈现与交流,如情景演绎、儿歌表演等,促进学生自我反思,与同伴交流。

尊重童心、富有童趣、创造童乐是我们最重要的价值追求,通过有趣的游戏和创意的活动,让孩子们感受自主探究的快乐。我们着力将活动与评价巧妙融合,为孩子提供综合性的学习经历,让活动留有余味。

## 三、延展"劳动教育"功能,奠基学生未来"幸福能力"

为进一步做好新时代背景下的劳动教育,学校制定了发展总目标:以落实立德树人

**图2 "劳艺趣空间"系列活动**

任务为总目标,提升学生劳动技能水平,培养德智体美劳全面发展的社会主义接班人;谋划顺应时代、主题多元、形式多样的劳动教育课程体系;建立场所丰富、安全可控的劳动教育保障体系;形成操作有法、评价有效、督导有力的劳动教育实施体系。

**(一)"劳艺趣空间"系列活动**

我们以生活技能为着眼点,根据学生的年龄特点和动手实践能力,设计不同的劳动训练科目,开展"劳艺趣空间"系列活动(见图2)。

在活动设置中,我们着眼于"劳动+课程""劳动+服务""劳动+智能""劳动+活动"的思路,关注学科中劳动教育资源的挖掘,实现劳动教育在学科中的渗透;关注传统劳动课程的创新,构建自我服务、家庭服务、社会服务有效协作的新尝试,让学生与真实生活联系,通过动手与实践,体验快乐与成功。

**(二)"绿芽播种吧"种植活动**

我们将学校的屋顶花园重新进行规划,开辟出生态种植区。"种春天"主题活动中,学生们学习无土栽培,种植麻豌豆。万物生长必备条件:温度、水分、光照。学生们自己动手,创造性地"种春天"。他们端着种植盘轻轻晃动来、快速铺平……;把自己盘子里不太好的豆子淘汰掉;闻一闻种子到底是什么味道……此时,学生们种下的不仅仅是一颗豆子,更是对春和生命的希望!

三月是播种的季节,教师带领学生搭建起了"幸福暖棚",栽种下番茄、空心菜、辣椒、韭菜、大蒜……种植活动不仅让学生们亲历了种植的过程,学会了种植管理,更让他们了解了蔬菜的生长,学习观察、记录蔬菜的生长过程,体验了种植的快乐。

**(三)"自主劳动"菜单活动**

设计节假日家庭劳动活动,为学生推荐实践菜单,学习技能、掌握技能。通过实际操练,学生提高了劳动意识与能力,为其更加全面地成长打下良好基础(见表1)。

**表1 自主劳动内容**

| 劳动系列 | 劳 动 内 容 |
| --- | --- |
| DIY系列 | 铅笔刨花贴画、包书与美化包书纸、剪纸、制作丝袜花、制作书签 |
| 整理系列 | 整理内务、整理鞋柜、整理行李箱 |
| 帮厨技能 | 剥豆、剥白煮蛋、拣菜切菜、简单烹饪 |

续　表

| 劳动系列 | 劳　动　内　容 |
|---|---|
| 日常技能 | 剪指甲、清洁运动鞋、服饰搭配 |
| 点心系列 | 酒酿圆子、寿司、美味蛋挞、纸杯蛋糕 |
| 理财系列 | 熟悉商品价格标签、学记家庭一周收支账、压岁钱使用计划 |
| 工具使用 | 削苹果、榨果汁、微波炉、洗衣机、吸尘器的使用 |
| 小志愿者 | "小小环保宣传员""小小社区服务者"、回收电池做环保 |
| 植物养护 | 种植植物、学写观察日记 |
| 美丽家园 | 护绿宣传、垃圾分类 |

活动中,学校关注学生在劳动教育中的实际表现,注重指导学生如实记录劳动教育活动情况,收集整理相关制品、作品等;我们重视在劳动教育实践活动中进行及时评价,以自我评价为主,辅以教师、同伴、家长等他评方式,指导学生进行反思改进,以评价促进学生发展。

知识的学习在生活之中,生活让学习的价值更高。幸福课程,让学生的知识世界、生活世界和心灵世界之间建立起关联,使校园生活更加丰富;幸福课程,更让每一位学生站在学习的正中央,在学习浸润中打开自己、发现自己、成就自己。

未来,学校也将不断探索与实践,挖生活之泉,丰富学生的生活经验;沿兴趣之道,激发学生的兴趣体验;叩能力之门,提升学生的探究能力,不断激发教师成长的活力与潜能,在教学相长中集聚更多的教育智慧,惠泽幸福校园的每一位学生。

## 参考文献:

[1]上海市教育委员会.上海市小学低年级主题式综合活动课程指导纲要(征求意见稿)[Z].2018.
[2]周珣,李达毅.劳动教育在最美童年生根发芽[N].重庆日报,2020-7-7.

# 校训精神下的红色文化课程实施路径研究

上海市虹口区红旗小学　　姚　远

[摘　要] 红旗小学通过对校训内涵的挖掘,确立校训精神下的"红色文化"课程目标,进行基于校训精神的校本"红色文化"课程探索与实践。协同学科资源,探寻红色元素与校训的结合点;利用学校资源,丰富情感体验与校训的融合点;建立校外基地,拓展实践空间与校训的延伸点;构建基于校训精神的"红色文化"课程评价。

[关键词] 校训　红色文化　红色文化课程

习近平总书记强调,革命传统教育要从娃娃抓起,既注重知识灌输,又加强情感培育,使红色基因渗进血液、浸入心扉,引导广大青少年树立正确的世界观、人生观、价值观。2022年4月,教育部颁布了《义务教育课程方案》,明确提出了义务教育阶段的培养目标,要在坚定理想信念、厚植爱国主义情怀、加强品德修养、增长知识见识、培养奋斗精神、增强综合素质上下功夫,使学生有理想、有本领、有担当,培养德智体美劳全面发展的社会主义建设者和接班人。这为学校为谁育人、如何育人进一步指明了方向。

近几年,学校坚持立德树人根本任务,开发和设计以校训为主线的多元多样红色育人课程,传承红色基因,厚植爱党爱国情怀,涵育时代新人,激发学生的爱国热情和民族自豪感,促进学校办学水平攀登新的高峰。

## 一、基于校训精神的"红色文化"课程建设缘起

中国人的红色情结与生俱来,流动在民族的血脉里,成为民族的重要文化渊源。习近平总书记多次强调:"红色基因就是要传承。中华民族从站起来、富起来到强起来,经历了多少坎坷,创造了多少奇迹,要让后代牢记,我们要不忘初心,永远不可迷失了方向和道路。"[1]今天的青少年是实现第一个百年奋斗目标的亲历者、见证者,更是实现第二个百年奋斗目标、建设社会主义现代化强国的生力军。中国共产党百年来为民族独立、人民解放和国家富强、人民幸福而不懈奋斗形成的革命传统,是党的宝贵精神财富和丰厚的政治资源,也是中小学教育的重要内容。

我校位于虹口区江湾古镇,历史悠久,民风淳朴,地域文化积淀深厚。学校先后荣获全国优秀少先队集体、上海市中小学行为规范示范校等集体荣誉称号。"红色文化教育"是学校的特色品牌。"红色文化"特指源于革命战争年代,由中国共产党人、先进分子和人民群众共同创造并极具中国特色的先进文化,蕴含丰富的革命精神和厚重的历史文化内涵。红色文化代代相传,绵绵延续,是中华民族宝贵的精神财富,具有重要的育人功能和教育价值。

## 二、基于校训精神的红色文化课程建设框架设计

红色文化具有意识形态的鲜明特征,学校逐渐形成了包括课程价值、课程目标、构建路径与课程实施为一体的红色文化课程体系,形成教育闭环,达成育人实效。因此,学校以校训为支点构建红色文化课程,将校训精神融入师生的学习方式、言行方式和思维方式中,有利于强化师生的行为准则,使之成为学校的文化标签和精神印记。

### (一)对"曲江学院"校训的内涵挖掘

根据各类志书以及《红旗小学校史》的记载,学校的历史最早可上溯至明嘉靖十五年(1536年)。嘉定知事李资坤注重人才,为筹办学经费,设置学田,在江湾镇保宁寺创办曲江书院——这也是江湾地区有史以来的第一所启蒙识字的义塾。"诚、志、勤、乐"四字校训看似简单,但在特定时期有其特定的内涵。经多方文献资料查找,曲江书院时期的学生培养目标大致是:诚,大道至诚,诚实、诚恳,信守诺言;志,有志有识,志向高远,进取向上;勤,勤劳朴实,勤奋好学,不畏艰难;乐,乐观自信,积极向上,对事物的发展充满信心。

### (二)延伸确立校训精神下的红色文化课程目标

新课程标准提出要培养中小学生的爱国情怀,发扬革命传统。课程教材要发挥培根铸魂、启智增慧的作用,体现国家和民族基本价值观。同时,红色文化是学校教育中历久弥新的现实议题,新时代青少年更需要传承和发扬老一辈革命家谦虚谨慎、不骄不躁、艰苦奋斗的优良作风。学校在确定红色文化课程目标时立足学校文化积淀、育人目标、办学特色,体现新时代发展的需求、学校文化的传承,设置了诚信课程、励志课程、勤朴课程、乐学课程等红色文化课程,并确立了课程目标(见表1)。

表1 "诚志勤乐"育人目标下的红色文化课程目标

| 校训 | 育人目标 | 课程 | 目　　　　标 |
|------|----------|------|------|
| 诚 | 诚实守信 | 诚信课程 | 培养学生热情真诚,以诚助人,忠诚,言而有信,言行一致,为国家、社会尽职尽责的品质 |
| 志 | 爱国励志 | 励志课程 | 培养学生爱党爱国,感悟明理,传承立志,具有社会责任感,拥有感恩之心 |

| 校训 | 育人目标 | 课程 | 目　　标 |
|---|---|---|---|
| 勤 | 勤劳合作 | 勤朴课程 | 培养学生勤于自理,勤于助人,勤俭节约,热爱生活,乐于合作的品质 |
| 乐 | 创新乐学 | 乐学课程 | 培养学生启智增慧,探新求知,敏而好学,力学笃行,阳光自信,充满活力 |

**（三）基于校训精神的校本红色文化课程框架**

作为一所百年老校,如何在唱响"红色传承"旋律的同时谱写"赓续血脉"篇章,是学校文化发展进程中一直研究的课题。我们尝试以红色文化课程的内容设计增强学生对中华民族优秀文化的亲切感和使命感,落实"诚、志、勤、乐"校训主旨,遵循学生认知规律,从学科教学渗透红色文化、学生活动感悟红色文化、社团课程弘扬红色文化、校本资源升华红色文化,帮助学生了解祖国历史、认识祖国文化,提高学生对中华文化的感受力,提升学生综合素养,激发学生的爱国热情和民族自豪感。红色文化课程框架如图1所示。

## 三、基于校训精神的"红色文化"课程探索与实践

学校在课程实施过程中对标四字校训教育元素,吸收学科资源,利用校本资源,建立校外基地,实现师生对校训文化的认同和红色文化的构建。

**（一）协同学科资源,探寻红色元素与校训的结合点**

课堂是教育的主阵地,只有植根课堂,红色文化教育才能真正具有生命力和实效性。

1. 紧扣核心素养,学教材,品文化

习近平总书记多次强调要促进中小学生的全面发展,首先要培养他们的爱国情怀。2021年1月,教育部印发了《革命传统进中小学课程教材指南》。该文件指出中小学校要促进红色文化进入中小学课堂。[2] 2022年4月,教育部颁布的《义务教育课程方案》和各学科课程标准中强化了课程育人导向。各课程标准基于义务教育培养目标,将党的教育方针具体细化为本课程应着力培养的核心素养,体现正确的价值观、必备品格和关键能力的培养要求。我们对教材中蕴含的红色文化信息进行梳理,使学校"诚、志、勤、乐"校训与红色文化在课程中得到了充分体现。在课程教学中,教师充分挖掘各学科红色育人底蕴,鼓励学生向英雄人物、杰出模范学习,通过形象感染,情感陶冶,潜移默化地与校训有机融合、无痕渗透,实现教育教学与红色德育相统一。校训"勤"字与红色文化课程相结合如表2所示。

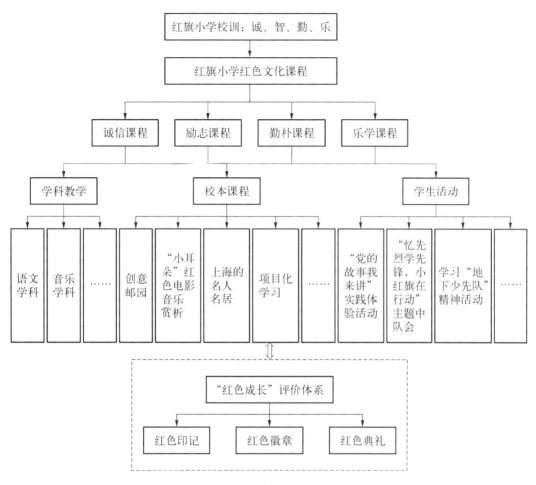

**图1 上海市虹口区红旗小学红色文化校本课程建设框架图**

**表2 校训"勤"字与红色文化课程相结合**

| 学科 | 课题 | 教学内容 | 红色文化内涵 |
|---|---|---|---|
| 语文 | 第八册 "勤读" | 董遇教育从学者善于利用点滴时间勤奋学习 | 读书需要勤奋,要善于利用点滴时间 |
| | 第八册 "推敲" | 贾岛和韩愈一起斟酌诗句的用词 | 学习认真、严肃的创作态度和锲而不舍的钻研精神 |
| | 第十册 "勤奋自学成大器" | 华罗庚年少时勤奋自学的动人事迹 | 勤奋坚韧是中华民族的精神财富 |
| 数学 | 第二册 "时间的初步认识(一)" | 会用24时计时法表示时刻 | 养成珍惜时间和遵守时间的习惯 |

续　表

| 学科 | 课题 | | 教学内容 | 红色文化内涵 |
|---|---|---|---|---|
| 数学 | 第四册 | "七巧板" | 用这七块板拼出各种几何图形 | 这个古老的智力拼图玩具,现已广泛流传世界各地 |
| | 第五册 | "年、月、日" | 认识年、月、日,了解它们之间的关系 | 建立时间观念,养成珍惜时间的习惯 |
| 体育 | 第一册 | "小小战狼"(持轻物掷远) | 结合情景内容,学习解放军投掷手榴弹的方法 | 勤学苦练,才能完成锻炼任务,保家卫国 |
| | 第三册 | "小小宇航员的太空梦想"(脚搁高处直体俯撑) | 结合航天训练任务,学习脚搁不同高度的支撑 | 勤奋努力,锻炼各种身体活动技能,适应各种未知的环境条件 |
| 英语 | 第四册 | "Things I like Doing" | 孩子们交流自己喜欢的体育运动,并选择想要参加的体育俱乐部 | 勤于锻炼,养成习惯需要一定的毅力和恒心 |
| | 第六册 | "The Ant and the Grasshopper" | 当冬天来临,蚂蚁安享劳作果实,而蚱蜢却在室外受冻挨饿 | 勤劳是中华民族的优秀传统。只有勤劳肯干,才有日后富足的生活 |
| | 第五册 | "In the Supermarket" | 到超市购物时,合理规划,设计购物单 | 只有勤俭节约,善于规划,才能不浪费物质资源 |
| 音乐 | 第五册 | "劳动最光荣" | 在演唱、歌表演等音乐活动中理解"劳动光荣" | 辛勤劳动能创造幸福生活 |
| | 第四册 | "龟兔赛跑" | 用造型、肢体动作等演绎音乐所描绘的乌龟奋力追赶兔子的场景 | 勤奋踏实才能取得成功 |
| | 第五册 | "穷人的孩子早当家" | 了解歌词内容、创作背景,模仿表演,跟唱片段 | 必须要靠自己的努力克服种种困难,才能换来美好的生活 |
| 道法 | 第四册 | "坚持才会有收获" | 话题:"我们都坚持过""坚持的收获""特殊的较量" | 面对困难,不气馁,不娇气,不怕吃苦,尝试解决问题与困难 |
| | 第五册 | "做学习的主人" | 话题:"多在心中画问号""我和时间交朋友" | 多提问、勤思考,合理安排和利用时间,养成良好学习习惯 |

2. 构建学科协同,互关联,相统整

在小学各科课程中都有中华民族传统美德、革命传统和法治教育等红色教育显性因素。我们尝试将红色文化和校训精神嵌入学科间达到认知协同,加强学科间相互关联,对红色文化课程资源进行统整与重组,形成红色文化知识体系再建构,融入课堂教学。这样不仅可以使红色文化校本课程与其他学科相融合,打通各学科的联系,丰富教学内容,还能激发学生对知识的迁移,提升育人实效。如"道德与法治"课程中"屹立在世界的东方""富起来到强起来"等内容与解数学应用题协同整合,通过查阅资料、解题过程、数据分析,进一步让学生感受先辈为建设中国的无私付出,深刻感受到祖国发展的日新月异,鼓励学生从小树立爱党爱国、报效祖国的责任担当。又如在语文学科教学中结合"家国情怀"主题,对美术学科展开传统水墨文化中的家国情怀主题研讨,不仅促进学生对传统水墨文化的认知与理解,还激发了学生的爱国热情。

**(二) 利用学校资源,丰富情感体验与校训的融合点**

1. 建立校本课程群,涵养精神

红色文化课程不仅在学科课程中,还应有学校的特色校本课程。我们根据校训精神,结合学科内容,进行内容拓展,自主开设具有学校特色的红色文化校本课程。

《创意邮园》课程源自美术学科,将祖国变化、社会新貌作为创作元素,感受在劳动人民的勤劳与智慧下,祖国飞速地发展,指导学生在邮票的方寸之间展现社会繁荣富强、人民幸福的生活。学生在社会观察、作画构图中,激发出自豪感,产生立志为祖国发展做贡献的信念和决心。"'小耳朵'红色电影音乐赏析"课程,汇总了一首首红色经典乐曲,激荡人心。配合着电影画面,乐曲把学生带回革命战争年代,感受到现在的幸福生活来之不易,产生对老一辈革命家的敬佩之情。"上海的名人名处""拓印""篆刻""探寻航海博物馆"等课程,通过红色知识学习、红色动手实践、红色探寻体验、红色未来创新等不同领域的内容,丰富学生的精神世界,拨动学生的心弦。

2. 开展项目化学习活动,立志传承

红色文化蕴含丰富的精神财富,彰显了中国共产党人的理想信念、革命意志、家国情怀和价值追求。结合四字校训和校史学习,学校开展红色讲坛、红色影片、唱响红色歌曲、征集"红旗小学三字经"等主题化、系统性的项目活动,让红色故事"育红心",学生述往知来,知史爱党。其中,师生在共同创编"新三字经红旗谣"的过程中,了解百年老校的校史历程和校训精神,打造红色品牌,让学生在追寻红色足迹里找到"诚、志、勤、乐"的校训魂,将"立德根"深扎入心里,体会中国共产党人的奋斗历程,牢记新中国成立过程的艰辛,激发学生对党和国家的真切热爱与情感共鸣。

以"传承红色基因:五月为什么这么红"为主题的项目化学习活动为例:各年级围绕红色教育主题,分别以红色故事宣讲员、英雄名片制作人、红色小报创刊人、红色诗集小编辑、红色场馆讲解员的身份,在讲故事、做名片、画小报、编诗集、做讲解的活动过程中,不仅提高了学生综合运用学科知识的学习力,了解了革命先辈们为争取民族独立、国家富强和实现中华民族伟大复兴而艰苦奋斗的历程,懂得幸福生活来之不易,还激发了学生永远跟着共产党走,做共产主义事业的接班人的决心。"五月为什么这么红"红色文化课程框架如表3所示。

表3 "五月为什么这么红"红色文化课程框架

| 年级 | 活动名称 | 活 动 内 容 |
|---|---|---|
| 一年级 | "红色故事我来讲" | 以"红色故事宣讲员"的身份,了解五月中的红色故事,学习讲好红色故事,并通过录音、录像软件记录活动成果,与伙伴们分享交流 |
| 二年级 | "英雄名片我制作" | 以"英雄名片制作人"的身份,了解英雄的事迹,为英雄制作一份"个人名片",并进行适当美化 |
| 三年级 | "红色小报我来做" | 以"红色小报创刊人"的身份,了解红五月的历史,制作小报,宣传"红色元素",传承"红色基因" |
| 四年级 | "红色诗集我来编" | 以"红色诗集小编辑"的身份,收集有代表性的英雄诗歌,编辑诗集 |
| 五年级 | "红色场馆我介绍" | 以"红色场馆讲解员"的身份,了解一个红色场馆的具体展品、介绍词,制定游览路线,带领同学们"云游"红色场馆 |

**（三）建立校外基地,拓展实践空间与校训的延伸点**

红色是上海这座城市永恒的底色。上海的每一处红色资源、每一段红色足迹都凝结着革命先辈艰苦卓绝、荡气回肠的动人故事,值得学生深入走访。通过先进典型的引导、塑造,向学生展示爱党爱国情怀并非抽象的,而是时刻以使命担当闪烁着现实的光芒。

学校规划红色寻访路线,探寻对新中国成立具有重要意义的纪念地,了解红色课程中展现的重要人、物,以及发生过的重要事件,激发学生对爱党爱国情怀的共情共鸣与情感认同。江湾地处要冲,河网纵横连绵,人口密集,自古为繁华之地。清末民初,江湾东面的淞沪铁路一头通达吴淞口,另一头直抵闸北(今静安)天通庵;水路北通往吴淞口,南流向虹口租界。学校周边有丰富的红色教育资源:"淞沪铁路江湾站"——中国第一条正式投入运营的铁路,为上海的经济和社会发展作出过重要贡献;中共四大——第一次明确提出了无产阶级在民主革命中的领导权和工农联盟问题;还有一大会址、李白纪念馆、鲁迅纪念馆等作为校外红色文化教育基地,扩大了学校红色教育阵地的版图,拓展了实践体验空间,使红色足迹绘出宏图。学生在完成红色主题探寻活动任务单的同时,更深刻理解了校训中"励志"的含义,寻根红色基因,感悟革命情怀。

## 四、基于校训精神的红色文化课程评价

红色文化校本课程的评价,激发学生从"自我认知"到"自我发展",在学生的学习、生活之中厚植红色文化,进而激发学生从小立志、长大成才的决心。

### （一）注重红色文化感悟的过程性评价

学校基于不同红色文化课程，根据不同学习主题内容，积极开发不同的评价工具：红色文化课程学习任务单，不仅有针对课程学习过程的互评与自评，还有记录活动后的主题叙事、成长感悟；通过参与性评价的小展示、小舞台，收集学生在活动实践中的记录；通过学校微信公众号对优秀作品进行展示、评选……通过不同的评价方式，对学生在整个学习过程中的参与度、表现和收获进行描述性评价，鼓励学生在红色文化校本课程的学习中不断成长。

### （二）突出红色文化表达的综合性评价

在红色文化校本课程的评价中，注重突出红色文化方面的综合性评价，进一步激励学生通过不同方式的表达，感悟红色文化内涵，增强红色文化认同。学校构建的红色文化评价体系，包含"红色印记——记录袋里的别样成长""红色徽章——争章活动中的能力认定""红色典礼——线上线下的全面展示"3个方面。实施综合评价实施的基本方法为：经验交流—自主展示—内化提升。

红色基因已成为学校百年传承的精神支柱。赓续红色血脉，深耕教育沃土，红旗小学将进一步推进基于校训精神的红色文化课程建设与实施，努力让红色文化成为铸魂育人的精神动力，让红色成为红旗下时代新人的鲜亮底色。

## 参考文献：

［1］习近平总书记在全国两会期间参加山东代表团审议时的讲话［Z］.2018.

［2］中华人民共和国教育部.革命传统进中小学课程教材指南［Z］.2021.

［3］梁金华.红色教育视域下体育校本课程开发研究［D］.湖南师范大学,2021.

［4］管晓蓉.红色文化育人的课程创新［J］.中小学校长,2022（02）.

［5］何静,李存生.中小学课程设计中红色文化的定位与开发［J］.教学与管理,2021（19）.

［6］李先飞."红星"学校特色文化构建的实践探索［J］.江苏教育,2021（02）.

# 弘扬传统文化，培育文化自信

## ——"陶艺"校本课程开发的实践探索

上海市虹口区凉城第二小学　丁　勇

[摘　要] 中华优秀传统文化滋养着中华民族在新的历史条件下的新创造、新发展，给我们的文化自信打下了最深厚的历史根基。我校开展了"中国古代陶瓷"项目的专项研究，将陶艺开发成校本课程，让学生掌握一定的陶艺知识，了解、学习陶艺的制作方法，不但丰富了学生的文化生活，还提高了他们的动手操作的能力。

[关键词] 传统文化　文化自信　校本课程　陶艺

## 一、课程产生的背景

党的二十大报告中提出，推进文化自信自强，铸就社会主义文化新辉煌，要以社会主义核心价值观为引领，发展社会主义先进文化，弘扬革命文化，传承中华优秀传统文化，满足人民日益增长的精神文化需求，巩固全党全国各族人民团结奋斗的共同思想基础，不断提升国家文化软实力和中华文化影响力。

中华优秀传统文化滋养着中华民族在新的历史条件下的新创造、新发展，给我们的文化自信打下了最深厚的历史根基。在新时代新征程上，学校要大力培育学生的核心素养，为进一步坚定文化自信、开创党和国家事业发展新局面，提供坚强保证和强大力量。

## 二、"陶艺"校本课程的建设

### （一）弘扬传统文化，开发校本课程

瓷文化，是我国传统文化中的瑰宝。在英语中，"中国"和"瓷器"是同样的一个单词，也许正表明，认识中国从认识陶器开始。中国瓷文化源远流长，最早从新石器时代，人们已经开始掌握陶土制作、烧制的初步技术。陶器不仅是实用的器具，还具有很好的观赏价值。在人们对文化与精神生活有了进一步提高的今天，掌握一定的陶艺知识，了解、学习陶艺的制作方法，不但能丰富人们的文化生活，还可以提高动手操作的能力。玩泥是人

的天性,而泥巴又具有极强的可塑性。小学生通过双手的捏塑把玩,可以创作出各种让人心动的作品,还可以通过它展现自我、表达自我。

上海市虹口区凉城第二小学(以下简称凉城二小)开展了"中国古代陶瓷"项目的专项研究,并尝试进行了"陶艺"校本课程的编写和教学。学校领导高度重视,成立了"中国古代陶瓷项目"课程研究组:组长由校长亲自挂帅,组员则汇集了学校的主要力量,不仅有教导主任、大队辅导员、骨干教师,同时还委任了项目专职教师。大家精诚团结,人人参与,上下齐心,出谋划策,为项目的推进和实施增添了无比的活力。

为了使项目团队更具专业性,学校邀请上海博物馆陶瓷部专家团队、上海市艺术教育陶艺中心教研组到学校指导。围绕"调整完善研究项目、整合优质研究资源"的主题,通过专家培训和讲座,项目组教师们对瓷文化和制瓷技术有了更深刻的理解,对配套校本课程的编写工作也更有信心。学校还为教师们提供外出学习的机会,将最先进的知识和理念带回学校,为"中国古代陶瓷"项目的推进及时"充电"。我校的项目团队仿佛在无形中插上了翱翔的翅膀,他们飞得更快、更高、更远,工作也开展得有声、有色、有力。经过一段时间的开发实践,学校完成了"陶艺"校本课程。

### (二)重在体验经历,建设体验教室

制作陶器本就是个自古而来的传统工艺。纵观千百年来的陶瓷工艺,从摞泥、拉坯、印模、画坯,到放入摄氏1 300多度的电窑内烧制,最后成为质如玉、薄如纸的精美陶瓷,是一个工艺制作的过程。学生能从亲身实践中感受中华民族传统文化的伟大。

我校"陶艺"校本课程不仅定位于陶艺知识的讲解与记诵,还重视学生的经历与体验,因此动手制作成为陶艺学习的重要方式。为了降低难度,调动学生学习兴趣,便于学生动手操作,我们结合学校原有的校本课程——"生肖趣谈",让孩子们将原本就已熟悉的动物形象作为陶瓷塑造的内容,渐渐过渡到瓶、罐、器皿等几何图形的塑造,最终在原有基础上进行创新。

陶瓷工艺操作步骤复杂。学校为此专门建设了"瓷土坊"体验教室。学校师生可以通过生动有趣的多媒体辅助软件,了解有关陶瓷的制作过程,在动手实践中了解陶瓷的制作工艺;创建的"瓷土坊"更是引进了电窑、拉坯机等现代化的专业陶瓷制作工具,全校师生均能参与其中,在观赏、实践、体验中加强了对祖国珍贵文化遗产及科学价值的认识,激发了创新能力。低年级学生用容易操作的剪纸来锻炼对形状的掌控能力,中年级学生则用色彩鲜艳的软陶来提升立体造型能力,高年级学生则亲身体验陶瓷艺术的制作过程。在这个完全属于孩子们的创智天地里,处处活跃着他们的身影。他们登上展示的舞台,成了陶艺专项活动的主角,更真切地感受到中华优秀传统文化的魅力。

### (三)传播瓷文化,开展文化宣传活动

走进鸟语花香、树影婆娑的凉城二小,四周以瓷文化为主题的宣传版面吸引着孩子们的目光,继而一条蜿蜒曲折的陶瓷文化长廊映入眼帘,里面展出的是学生的各种瓷土作品,还有关于生肖的成语以及陶瓷知识等着学生们去学习、去探索。长廊尽头与屋顶花园

连成一体,师生在曼妙的绿色中开启瓷文化之旅,畅谈陶瓷文化,品味艺术精品。

学校还组织了亲子游乐活动,将艺术之花带进家庭,带进社区,进而形成学校、社区、家庭"三位一体"合作教育的民俗文化活动网络,优化育人环境,营造充满民族芳香的文化氛围和民族品位的精神氛围。暑假期间,凉城社区学生实践活动指导站将学校的创新实验室课程"陶艺"在博雅网上进行了宣传。精彩的课程吸引了众多的学生及其家长,他们纷纷在网上报名。学校先后迎接了4批共200名学生和家长来校参加暑期实践体验活动。他们对"瓷土坊"的硬件建设和陶艺课程都表示出羡慕和喜爱。

## 三、"陶艺"课程概要

### (一)课程目标

1.知识与技能

在陶艺活动中体验各种工具、材料、陶泥的效果,了解泥的特点。初步学会正确选择和使用简易的制陶工具和材料的方法。尝试使用各种长短和粗细大小不同的泥球、泥块、泥板、泥条进行平面或者立体的点、线、面结合的表现活动。初步学会根据作品特点采用适合的陶艺造型方式创作作品。

基本掌握捏塑挖空、泥条盘筑、泥板成型、拉坯成型4种陶艺成型的制作步骤以及简易的陶器器表装饰技巧,并能制作具有相应技术含量的陶艺品。

2.过程与方法

初步学会通过了解、调查、收集、分析陶艺成型方法和装饰方法的相关基础信息,发现自己制作陶艺的需求,确定造型设计的要求和构思方案。

了解、体验制作陶艺作品的技术活动的全过程:设计的产生与表达,材料工具的选择,作品的加工与制作,展示与评价。通过评价交流,初步学会发现和提出陶艺作品制作过程中出现的问题,并据此改进设计方案。在制作和改进陶艺作品的实践过程中,初步学会综合、客观地评价的方法。

3.情感态度与价值观

学生在陶艺品制作的实践活动中,感受劳动创造美的意境,感受陶泥特性及其装饰的关系,从而提高陶艺审美能力和表达特点,领略陶艺装饰多种不同效果,体验陶艺创作的乐趣。

理解进行陶艺造型活动必须具备坚实的技术操作基本功,能够规范地参与陶艺品制作的实践活动;具有初步的与他人协作交流的能力。

感受中国辉煌的陶瓷史,喜欢陶器瓷器的制作,激发民族自豪感,在欣赏和实践中养成对陶艺的兴趣,感受陶泥带来的乐趣。

### (二)课程内容

本课程依据课程目标,以阶段标准和学生身心发展为参考,从陶艺教学的特点制定了教学内容，培养学生对陶艺、对自主创作的热爱。其主要划分为3个板块：欣赏与评述、成形与装饰、综合与探索。陶艺具有可操作性特点，创作活动占有的比重较大。欣赏与评述注重通过感受、欣赏和表达等方式内化知识，形成审美心理结构；成型与装饰注重陶艺学习的基础，强调自由表现、大胆创造，外化自己的情感和认识；综合与探索注重强调创新，鼓励个性的多元的创意。

### （三）组织实施

1. 组织形式及实施的原则

（1）热爱陶艺，动手能力较强的学生。

（2）社团活动时段。

（3）本课程课时安排：每周2节课，每学期总课时为40节。

2. 教学实施的要求

（1）注重艺术性。在我国现代小学美术教学中，陶艺注重教育的人文色彩，在塑造学生正确的价值观，陶冶高尚的情操和完善人格等方面起到了重要的作用。作为"陶瓷古国"的中国，陶艺课有着继承民族工艺美术文化的教育特征，从而可以培养学生的民族自豪感和自信心。陶艺课中"壶""罐""人物""动物"等的创作与社会生活紧密相连，可以让学生亲近自然之美、亲近生活之美、发现自然之美、发现生活之美。与此同时，"陶艺"课创作活动中，经过自己的探索、塑造、上釉等曲折而丰富的活动，以及全身心投入学习过程中，可以培养学生艺术的感知与欣赏能力、艺术表现与创造能力、艺术反思与评价能力。在教学中注重把学生生活世界和真实情境作为陶艺学习的最初起点，把陶艺教学与情操的陶冶、文化的修养、科学技术的探究结合在一起，使陶中有艺，艺中有思想、有情感、有文化、有科学。在具体的教学中，教师必须因势利导，适时让学生欣赏古今中外的一些陶艺作品，使他们站在人类陶艺审美情趣的"制高点"上更好地创造美。

（2）注重操作性。陶艺是人们用眼、脑、手、脚等各种器官综合调动所产生的可感可触的艺术，所以小学"陶艺"课应引导学生全身心投入陶土及创造对象的体验之中，让学生感其质、掂其量、悟其美，才能激发学生创造出蕴含他们内心情感的陶艺作品来。让学生抱一抱陶土，感知有多重；打一拳陶土，感知有多柔，帮助学生寻找陶土的量感和质感；再让学生亲一亲、闻一闻，陶土有什么气息，让学生亲近陶土，感受泥土的芳香、大自然的亲切；然后让学生把陶土打平或垒高，滚圆或拉长，体验一种随心所欲、自由创造的快感。当作品烧成后，让学生用手、小铁器轻轻敲一下陶器，聆听陶土发出的各种悦耳的响声；摸一摸陶器表面，接触烧制后的各种质感。在教学过程中，当学生塑造好一件作品，就能体会成功的喜悦和独创之美，体验能够给学生带来对陶土的浓厚情感，获得出乎意料的收获。

（3）注重创新性。"陶艺"课程教学中，如果只局限于某种技艺的学习或对某种创作对象的单一模仿，不利于开阔孩子的视野，有违儿童本身的创造天性，并会限制其形象思维、空间想象力及动手创造能力的发展，抹杀独特的感受力和个性化的表现力。所以在教学中,教师的引导与学生的自主应协调,使技法引导、思维点拨成为他们自主创新、个性化塑造的激励"棒"。教师在教学引导中采用迁移式、独创式等方法,也可以采用单独创作、个别组合与多人集体创作等形式进行教学,通过多种途径和方法激发学生的创新意识。

**（四）学习评价**

采用表现性评价,关注学习的过程,以促进学生的发展。主要是对学生在学习过程中知识、技能、情感、态度、价值观、学习方法等方面取得的成绩作出评价,评价要有利于促进学生个性的发展。

# 四、总结反思

"陶艺"课程有利于每一位学生掌握制作技能,并能在体验过程中发挥自己的想象力和创造力。教师注重让学生在实践中学习、在实践中总结,充分调动了学生的积极性和参与性,促进学生创新思维得到进一步发展。"陶艺"对促进学生综合素质的提高有重要作用,是一门集雕塑、绘画艺术与创造灵感于一体的艺术课。

五千年的中华文明史是一部取之不尽、用之不竭的生动教科书。中华优秀文化的传承,对于广大学生产生着巨大的道德感召力。中华文化魅力无穷,我们期待通过一系列校本课程的开发,让更多的学生能了解和喜爱上传统文化,为自己是一个中国人而感到自豪;引领学生走近中华传统文化,在体验和实践中提升自身的综合素养。

**参考文献：**

[1] 蒋莉.关于陶艺教学的思考[J].教育理论与实践,2009,29(15).

[2] 方漫,周芳.论陶艺教育的素质教育功能[J].中国陶瓷,2009,45(01).

[3] 杨龙立.校本课程的设计与探讨[M].广州：广东教育出版社,2005.

[4] 白明.世界现代陶艺概览[M].南昌：江西美术出版社,1999.

[5] 刘秀兰.走进陶艺[M].上海：东华大学出版社,2004.

[6] 崔允漷.校本课程开发——上海经验[M].上海：华东师范大学出版社,2011.

# 幼儿园全景式"醇美教育"课程实践与研究

上海市虹口区西街幼儿园　陆　敏

[摘　要]"醇美教育"是全面的、有深度的审美教育,是以美的手段培育美的人的教育价值观。课程要素,全面规划;课程内容,全面渗透;课程主体,全员参与;课程迭代,全程推进,是全景式"醇美教育"课程的基本特征。理念建构,目标引领;顶层设计,系统建构;路径激活,全面实施,是全景式"醇美教育"课程的实践逻辑。基于"醇美教育"建构幼儿园美育课程,促进了儿童审美能力发展、教师课程能力提升以及幼儿园办园特色的形成,形成了可复制、可推广的美育经验。

[关键词]全景式　醇美教育　美育课程

虹口区西街幼儿园(以下简称"西幼")深耕以审美教育为特色的课程构建,从生活体验式审美艺术课程到现今的"醇美教育"课程体系的发展道路,旨在将美的教育融入儿童的心灵,让儿童生活在美的世界中,实现儿童的全面发展。我们将"醇美教育"理念渗透于课程的五大领域,展开了全景式美育的实践与探索。

## 一、问题的提出

### (一)幼儿园如何回应新时代美育政策要求?

随着时代的变化,我们一直在思考:幼儿需要什么?怎样的学习方式是幼儿最喜欢的?我们的回应是"教育,一切要从倾听幼儿需要开始"。因此,在西幼美育课程发展的最初阶段,我们以尊重幼儿为价值引领,构建生活体验式幼儿审美艺术教育的特色课程。

### (二)美育课程化是否符合学前教育的基本规律?

幼儿园美育的本质应该回归幼儿的生活体验,创建贴近现实生活的情境性环境,让幼儿自由地亲身体验、直接感知和实际操作,让幼儿园美育回归到真实、完整、和谐、融合的幼儿生活世界。

### (三)全景式"醇美教育"课程是否可以成为具有普遍推广价值的经验或模式?

我们所追求的"醇美教育"是全维度的审美教育,是以美的手段培育美的人的教育。

"醇美教育"是我园的教育价值观和内涵发展方法论,是我园推进素质教育的个性化实践探索,具有普遍推广价值。

## 二、研究主要内容

为进一步完善西幼"醇美"特色课程方案,我园开展深度调查,了解全园教师对目前幼儿园"醇美"特色课程实施的现状,明确优势与不足。

**(一)建构性研究:"醇美教育"的理论建构**

"醇美教育"课程理念是"让幼儿生活在美的世界里",具体含义如下:(1)生活情境即课程。我园醇美教育课程的设计遵循"艺术回归生活,审美注重体验"的原则,创设生活体验式的审美环境,让儿童陶醉于其中。(2)生命场景即课程。醇美教育课程的本质是不断接近的生命关怀,是行走的人文风景,让每一个儿童有醇美的课程经历。(3)艺术欣赏即课程。将文学、美术、音乐三个富有人性化的艺术领域整合起来,运用同形同构,异质同构原理给予欣赏与感受,培育幼儿用自己的表达方式去感受美,经历美。(4)自然环境即课程。以最朴实的"美"为境界,以最真实的"情"为纽带,促进幼儿对大自然美好的向往与认识。(5)美好情愫即课程。把握课程价值观,让幼儿与美相遇是课程的取向和价值。基于此,我们提出了"究其心,育之美"的教育理念。倡导教师根据幼儿的年龄特点,探究幼儿的心理发展,以倾听鼓励为原则,以认同接纳为策略,培育"四有四爱"幼儿,即"爱运动有自信,爱交往有礼貌,爱艺术有情趣,爱探究有创造"。

**(二)实践性探索:全景式美育的实践探索**

"醇美教育"是全维度的审美教育。"美的元素"融入课程体系中,以课程为载体、以校园为环境,挖掘美的内在价值,将"美"融入一日活动四大板块、五大领域之中。以美育为核心融合其他各育,呈现出各具特点的美感,体现美的育人价值,更注重"美"借助其他教育而形成的效果。

"醇美德育"是直抵心灵的教育。以美来浸润心灵,是运用自然界、社会生活、物质产品与精神产品中一切美的形式给人们以耳濡目染、潜移默化的教育,以达到美化人们心灵、行为、语言、体态的目的。"醇美教师"具有"四雅"特质:雅言、雅观、雅量、雅趣,一切活动注重情感体验,产生审美感受。"醇美课堂"是多元化的艺术教育,利用文学、美术、音乐最富人性的学科领域,充分发掘幼儿感性潜能,用艺术符号、生活符号加以表达,使感性与理性得以统一。

**(三)逻辑性设计:建构体系化美育课程框架体系**

我园以《上海市学前教育纲要》《上海市学前教育课程指南》为基础和指导,同时融入"醇美教育"的理念,形成西幼醇美课程的框架体系以及丰富的课程内容,在此基础上,探索了行之有效的"醇美"课程实施路径,横向联动、纵向贯通,斜向交织,提供全方位、结构化的学习场域。

横向联动:优质落实醇美育人的八大途径。(1)醇美游戏。更注重从游戏玩出艺术,主要从醇美表演游戏"创意儿童剧"以及自制玩教具的开发和设计两方面着手。(2) 醇美生活。从打造醇美环境、重视醇美生活习惯和追求醇美生活态度三个层面出发,将课程实施贯穿幼儿生活。(3) 醇美运动。将"醇美教育"特色与"运动"板块相融合,让幼儿在投入运动和体验运动之美的过程中收获成长。(4) 醇美学习。包括醇美主题课程、醇美艺术欣赏及醇美书画和古诗教育三部分内容,将"醇美文化"的元素渗透一日活动。(5) 醇美体验。以帮助幼儿会主动学习为价值取向,以计划、行动和反思的活动为基本组织形式,让幼儿们对周围的自然与社会具有高度热情和广泛兴趣。(6) 醇美环境。创设生活体验式的审美环境,利用多种感官元素引发审美情趣。(7) 醇美节日。将传统节日教育在幼儿园的一日生活各个环节中相互渗透,整合课程。醇美节日教育可分类为思品类与传统文化两大类。(8) 醇美联盟。醇美体验课程中,家长做志愿者、客座老师,共同商讨课程内容,参与课程实施。

纵向贯通:关注幼儿个性发展的时间维度。"醇美教育"课程浸润幼儿在园三年的每一个寻常时刻:每天"悦读"十分钟、西幼小广播、每周"快乐星期五"醇美体验活动、每月"礼仪小达人"评选活动、每学期"童心童话"展、每学年"童话剧巡演"和"醇美运动会"。

斜向交织:融合一日活动四大形态维度。本园的醇美课程是面向全体幼儿,促进幼儿基本发展的课程,通过生活、运动、学习、游戏四种课程类型,关注幼儿多方面基本经验的积累和感受。

在课程评价方面,我们构建了完整的评价体系。

一是"醇美幼儿"的评价。我们构建了完整的《幼儿身体健康评价》《西街幼儿园发展评价表》,此外教师还在课程实施中围绕"自主性、社会交往、创造性表达、探究性体验"对幼儿开展过程性评价。

二是"醇美教师"的评价。建立"醇美教师"和"醇美团队",通过教师专业化发展的"十大能力"开展对教师专业素养的评价;以"西街幼儿园醇美教师课程领导力四力指标评价工具"评价"醇美教师"的课程领导力。

三是"醇美课程"的评价。从每学年、每学期、每月三个维度,每学年每个教职员工运用《幼儿园管理与课程评价指南》,聚焦关系幼儿园质量的核心要素,进行发展阶段水平评价。每学期通过《园长行政观察记录》《幼儿发展形成性评价》《班级课程实施方案及实施调整的回馈》等了解课程实施、幼儿身心发展的水平、教师发展的水平;通过《教师分层评价手册》《幼儿保教工作成效或研究成果奖项申报表》了解教师对自身工作的评价;通过《家委会信息回馈》《家长问卷表》了解家长的需求与困惑。每月通过《个别儿童跟踪记录》《教师游戏观察记录》《游戏活动及教学活动现场评价》等分析教师实施课程中的问题与难点。

**(四) 推广性研究与总结性成果:全景式美育的经验推广与成果梳理**

1. 推广性研究:制定了美育课程实施方案和教师操作指南

我园优化完善了与"醇美"特色课程实施方案配套的教师操作指引。针对"醇美课程"五大领域,归纳幼儿关键发展表现,提炼教师支持性策略,形成醇美特色课程实践操作指引,使教师在实施"醇美课程"过程中的观察、回应、支持等方面有据可依。

2. 总结性成果:形成了美育的系列课程和可复制的美育经验

西幼的"醇美教育"课程形成了比较成熟的、可供参考的教学经验和可供操作的方法途径。西幼课题组成员撰写了三本书籍《让儿童生活在美的世界里》《儿童心灵的色彩》《幼儿中国画教案——花鸟篇》,收集了艺术欣赏课例108个,体验活动方案86份。我们将"基于案例分析的幼儿审美艺术欣赏培训课程"作为培训课程,对全区所有幼儿园教师进行培训。多所幼儿园实践了西幼的审美课程,再建构与整合成各具特色的课程,引领幼儿发展,带动教师专业提升。

## 三、实践效果与反思

在共享合作的研究氛围中,我们运用"经验—反思—行动—再反思"的研究方式,把理念形成的课程转化为教师实施的课程,以此来促进幼儿个性化发展、教师专业化发展、办园质量的提升,从而成就每一个醇美西幼人。

### (一)促进了幼儿的全面发展

1. 促进幼儿审美能力的提高

我园于2019年对全园305名幼儿开展了"醇美教育"课程的有效性评价,分别收集了幼儿审美感知力、审美想象力、审美情感力、审美理解力和审美创造力方面的数据。根据前后测数据变化显示,幼儿五项审美能力相关指标提高了5%—15%,尤其在审美创造力、审美理解力上的提高很明显,可见,"醇美教育"课程能够有效提高幼儿的审美能力。

2. 提高幼儿的生活自理能力

"醇美教育"课程让幼儿感受到了美的生活体验,在生活中实践和探索,并形成热爱生活、享受生活的美好态度。我们通过对西幼2018级105名幼儿的三年跟踪调查,发现"醇美教育"课程实施后,养成良好进餐、洗手、午睡、喝水生活习惯的幼儿人数呈现不断增加趋势。在大班毕业时,几乎所有幼儿都具有良好的生活自理能力。

3. 培养幼儿知礼雅量

结合国学浸润,"醇美教育"课程培养西幼的孩子们知礼雅量。我园从衣食住行四个方面,对2018级105名幼儿进行了为期三年的跟踪调查。调查结果显示,在三年中,学会优雅进餐、整理衣物、安静入眠、遵守秩序和礼貌问好的幼儿人数不断增加,增加比例为30%—40%,尤其在优雅进餐、遵守秩序方面更为明显。

### (二)促进了教师专业能力发展

全景式的"醇美教育"课程实施过程中,教师借助阅读学习,以书雅言,教师更具学习力;以艺雅观——教师更具创新力;以传雅量——教师更具合作力;以研雅趣——教师更具研究力。

1. 以书雅言——教师更具学习力

教师们的课程意识发生转变与突破。从"课程文化唤醒"到"课程理念浸润",每位教师的学习能力都有了质的飞跃。教师们通过西幼的"悦书社团",自主阅读《课程指南》《幼儿园课程图景》等书,形成课程领导力的理念。

2. 以艺雅观——教师更具创新力

教师们拓展课程视角,聚焦艺术欣赏的特色园本课程,通过"感知、体验、再现"三段式模式,遵循"四阶段"——"情景导入、体验拓展、表现创作、分享回顾"步骤,设计了一批具有操作性与多元价值的醇美体验活动方案,将醇美艺术融入四大体验活动,注重情境性和亲历性,引发幼儿探索,让幼儿能浸润其中。

3. 以传雅量——教师更具合作力

我园形成"一带多,一学多"的师徒带教模式。每学年幼儿园根据每一个教师的情况,集中幼儿园优质的资源,把幼儿园的五大领域和醇美特色教学作为带教项目,这种带教模式既加速了新教师的成长,也促进指导教师的专业提升,获得双赢的效益。

4. 以研雅趣——教师更具研究力

全园教师分组讨论"醇美教师的评价指标",积极提出意见并汇总到课题组。课题组逐字逐句斟酌,力求让每一位教师清晰地了解"醇美教师"的发展指标,指引教师前行。

### (三) 促进了幼儿园发展

我园进一步优化完善了新版西幼"醇美"特色课程实施方案,形成了以"让儿童生活在美的世界里"为愿景的《上海市虹口区西街幼儿园课程实施方案》,对我园已有的特色课程进行调整、改进,使其系统化。

优化后的西幼"醇美"教育课程实施方案的整体规划和设计遵循幼儿身心发展内在规律,在课程结构方面既考虑了横向领域均衡,也注重纵向年段衔接,同时兼顾基础性课程与特色性课程的互补协调,避免课程设置顾此失彼导致幼儿发展失衡。园本课程方案既有畅想课程发展未来愿景的高度,同时也指明如何实现这一愿景的具体路径,并辅以配套的教师操作指引,具有较强的实践意义。

# 从"阅读"到"阅历"：提升课程品质的实践创新

上海市虹口区东余杭路幼儿园　瞿　菁

[摘　要] 我园在学习落实"三大指南"背景下，基于课程品质提升，围绕"阅读""悦读""阅历"，坚守教育立场、坚守儿童立场，赋予课程新的内涵与生长点，以提升课程品质、办园质量，保障师生在阅历中获得持续发展的成长力。

[关键词] 三大指南　阅读　悦读　阅历

## 一、"三大指南"：幼儿园课程建设的重要依据

随着"十四五"的全面开局，学前教育迎来了新的发展时期。自中共中央、国务院印发《深化新时代教育评价改革总体方案》后，上海以"幼有善育"为目标，打造普及普惠、安全优质、多元包容的学前教育公共服务体系，颁布了《上海市幼儿园办园质量评价指南（试行稿）》《上海市幼儿园装备指南（试行）》和《上海市幼儿园信息化建设与应用指南（试行）》。"三大指南"聚焦学前教育高质量发展的目标，回应社会对优质学前教育的需求，在整体办园质量、玩教具配备和专用活动室建设、信息化建设以及场景应用等方面对各级各类幼儿园提出了发展性的要求。它的出台是实现上海学前教育"十四五"发展规划的重要抓手，是上海学前教育由资源供给向内涵发展转变的一个重要起点，也是推进上海学前教育高品质发展的"发令枪"。

作为一所市级示范园，多年来东余杭路幼儿园（以下简称"东幼"）始终在自身课改实践中，思考与追求"学前教育该如何回归育人本质"。我们认为，"三大指南"共同指向学前教育的发展目标与教育理念，即坚持"以儿童发展为本"的理念，"坚持儿童立场"的视角，强调"教育价值过程性质量"的导向，其教育价值指向规范办园和整体质量提升，为怎样做好"善育"提供了指引与方向，这正是东幼课程内涵发展过程中持续追求的目标。我们遵循"三大指南"，开展了创造性实践探索，始终把幼儿发展、教师发展、幼儿园课程建设、办园质量放在首位，逐步形成了"阅历，走向成长力"的办

园思想。近两年,幼儿园将课程内涵发展与"三大指南"的学习实施紧密结合,以创设幼儿园"阅读"环境为契机,探索"阅历"与儿童整体发展,与幼儿获得未来发展"真、善、美"核心素养之间的内在关联性,形成了具有东幼课程特质与个性的实践经验,有效提升阅读课程的品质。

## 二、从"阅读"到"悦读"：提升课程品质的初步探索

### (一)"阅读"研究,建立"整合"的特色课程

2004年课程建设初期,面对阅读内容随意、散乱,缺少引导幼儿理解作品内涵的有效教学方法,我园确立了"幼儿文学整合教育活动的研究"项目。以整合的理念,研究幼儿阅读内容统整的集体教学活动,形成了幼儿集体阅读活动的目标、内容以及教与学的多种方法和策略,初步建构以整合、开放、发展为主旨的"儿童文学整合教育活动"特色课程。但是在课程实施中,我们发现教师过多地关注集体教学中的"阅读",注重教师的"教",重知识技能的获得。阅读的功利性使教师忽视幼儿的自主阅读学习和个性需求,难以激发幼儿自身对阅读的喜爱情感,难以产生积极愉悦的阅读体验。于是,我们努力探索一种更符合幼儿阅读特点和学习方式的课程实践。

### (二)"悦读"研究,推进"大阅读"下的课程发展

2015年开始,根据幼儿的阅读特点与学习方式,我们突破原有的阅读视角,在大阅读的理念下为幼儿提供更多选择阅读的机会,从而更有效地支持和促进幼儿的自主阅读行为。我们进行了系列主题研究,如"文学作品在班级环境中的运用""非连续性阅读材料,提升幼儿思维能力的实践研究""'三位一体'提升幼儿自主阅读能力的实践研究"。一系列的有意尝试让我们看到积极的变化,教师在教育实践中呈现出很多有创意的做法,看到了研究给幼儿阅读带来的变化。

如班级阅读环境中,教师将共同主题活动的书籍融入环境中,通过创设的问题情境,引发幼儿阅读兴趣、好奇与探究的阅读行为,从而促进幼儿与绘本、与同伴、与教师之间的主动对话。又如拓展阅读资源,教师收集图片、符号、表单、说明书、记录、视频等这些来自生活中的阅读材料,再辅助操作材料设计成游戏,把阅读与幼儿的生活、游戏、情感、经验建立联系,真正形成了大阅读的课程观和五类阅读课程形式。再如自主阅读的研究,让教师认识到幼儿阅读绝非单纯的读书行为。对于幼儿来说,阅读就是一种互动、一种游戏、一种探索与尝试。由此认识,教师们设计形成了具有文学作品背景的各项综合体验活动。

从"阅读"到"悦读"的研究,让课程的逻辑起点牢牢锁定儿童视角,用环境、材料、情景引发幼儿"悦"的兴趣、"悦"的行为,推动建构满足幼儿阅读需求的课程。

### 三、从"悦读"到"阅历"：提升课程品质的深化

**（一）课程理念的突破：从"阅读"到"阅历"**

儿童视角的建立让我们发现：阅读本身是一种个性化极强的体验过程，每个幼儿对阅读的态度、习惯和能力都会直接影响幼儿阅读的成效。因此，我们的课程需要满足幼儿个体差异性发展的需求，满足幼儿全面发展的需求，最终达成课程的育人目标。

同时我们思考：阅读活动中究竟哪些要素会对幼儿一生的发展产生重要的影响？每个幼儿在阅读中究竟会经历怎样独特的学习成长过程？我们认为，阅读课程核心的价值就是为幼儿营造一个丰富的经验和精神世界，只有将幼儿"悦"的情感与阅读中他们充分的主动经历相融合，儿童的人生体验才会更完整、更多样。这样的经历会对幼儿当下的需求及未来的发展产生深远的影响。2018—2019年，依托新园筹建、课程环境创设的契机，东幼的阅读课程研究由"悦读"向"阅历"转变，逐渐确立了"阅读，阅历，让幼儿拥有成长力"的课程理念。

"阅读"就是指幼儿最自然、最原生态的阅读，即幼儿看什么书，如何看书。"阅历"就是指幼儿在阅读活动中的体验与经历，包括幼儿感知作品中丰富的情感、情境与关系，体验阅读中多样的经验，如阅读方法、途径、能力，体现幼儿个性化、多元的表达表现。它是幼儿在活动中各种经验积累的过程，亦是幼儿成长的轨迹。"成长力"是指幼儿在阅历中具有持续成长的动力和能量，获得持续发展的核心能力。

由课题引领，我们确立了教研主题，如"主题阅读馆的创设""幼儿自主阅读这件事""幼儿自主阅读表演的行动研究""开放式场馆中幼儿阅读行为解读"等，研究怎样的环境能引发幼儿的阅读行为，探究幼儿"阅历"发生的机制，努力解读每个幼儿阅读行为背后的意义，寻找幼儿阅读到阅历之间的意义链接，回归课程对育人价值的终极思考。

我们突破阅读本身，将阅读与幼儿一日生活、基础性课程相融合，引导幼儿阅读自然，阅读事件，阅读人生，把阅读目标与幼儿持续发展的成长力目标建立链接，将阅历向整个课程拓展，真正在课程实施中促使幼儿获得发展"真、善、美"的核心素养。"真"是幼儿对生活的态度、品行、习惯等，特别指向学前阶段幼儿对认识世界的兴趣，对待事物的态度及日常生活中的行为培养，这是幼儿发展的基础和根本；"善"是指幼儿社会性情感，特别指向大方自信的个性，善良怡情、坚持合作等情感表现能力；"美"是幼儿在学习中经验、智慧的体现，是幼儿认识世界的感受力、表现力和创造力，是获得自主发展的能力。阅读课程，让幼儿在阅读中阅历，获得真实经验、向善情感、审美表现等完整的能力。

**（二）环境突破：从"教学"到"文化"，课程实施力的提升**

理念的转变、对阅读课程的深入理解带来环境创设的突破。创设阅读环境时，我们不仅仅根据装备、信息化指南的规范要求，满足幼儿安全、空间、材料数量、信息化技术等方面的基础配备，更多从幼儿发展性评价与幼儿阅读需求出发，确定阅读馆的功能定位，配置适合幼儿体验、互动学习的设备与教玩具，创设能引发、支持幼儿阅读，产生"阅历"过

程的课程环境,使幼儿在书香中积累对阅读的情感,种下阅读文化的种子。

我们运用趣味场景策略,依据场馆资源活动室的特质与空间,设计有趣的场景与情境,用数字化媒体技术支持儿童阅读。空间中集中投放设备与资源,使各个场馆呈现资源集中、形式开放、利于体验的环境特点,保障幼儿获得多样经历的机会;运用材料投放策略,提供各类主题的书籍和低结构玩具材料,用材料提升幼儿活动质量和经验的可获得性,支持幼儿独特的个性表达;运用文化渗透策略,将中国传统文化、共同生活公约、游戏操作规则等渗透在环境中,让幼儿在互动中受到文化熏陶与浸润,积累对中国文化的积极情感。阅读环境的打造改变了幼儿的阅读方式,幼儿在游戏中阅读、在体验中阅读、在互动中阅读,呈现出多感官参与的阅读游戏行为,体现课程主动学习、亲历体验、个性表达的特质。

课程里的人,一边是幼儿,另一边是教师。阅读环境改变了幼儿学习的状态,也改变了教师单一的教学形式。教师通过学习《评价指南》,不再只关注教学,关心幼儿阅读了几本书,获得哪些有限的经验,而是更关注幼儿阅读的过程,观察、研究幼儿在阅读中经历了什么,思考什么是幼儿最佳的成长经历,在互动中支持幼儿获得综合能力与学习品质。同时,教师把自身对阅读的情感及对幼儿阅读的认识转化为对幼儿阅读的顺应、推动、关注和支持,着重对幼儿阅读兴趣、习惯和能力的培养。

**(三) 评价突破: 从"共性"到"个性"**

评价是一个让课程质量看得见的过程。2020年,幼儿园重点学习《评价指南》并加大力度,从对课程的评价转向对儿童发展、教师发展的评价,形成了"三位一体"的评价体系。我们探索"评什么,怎么评",在《评价指南》"3—6岁儿童发展行为观察指引"的基础上对幼儿"语言发展""艺术表现"两大指标进行细化与丰富,形成了具有我园特色的幼儿发展评价指引;同时采用"三全法""三镜法""三品法"等教研机制,引导教师从浅入深、由表及里地对幼儿进行过程性评价。在追问儿童阅读特点、观察、解读、剖析幼儿活动中不断增强教师对幼儿过程性发展的评价能力,改变教师评价课程、思考问题的视角,更新其教育观念、价值认知;改变对幼儿行为的识别、判断,评价由浅表向深入、由共性向个性转变。我们引导教师评价要有"真实的风格",坚持"每天记录一点点,自问互问多一点",追求真实的高质量教育常态下的评价,使评价真正让幼儿、教师取得实质性的进步。

## 四、"三大指南": 阅历课程优化的再思考

阅读环境的创设为东幼阅读课程内涵发展提供了物质基础,也保障了东幼每一位幼儿获得自主学习、全面发展的权利与机会。但我们仍然发现在落实"三大指南",提升课程品质中亟待突破的问题与不足。

教师通过研训逐渐形成对儿童、对课改新的观念,但在保教的实践中,教师的认识往往停留在理念的表层认识上,有许多亟待解决的问题与不足。如教师初步建立了儿童立

场,但往往会忽略幼儿发展需要和经验的基础;在课程评价中,教师还是习惯从成人的角度去分析幼儿存在的问题,不能站在儿童立场上反思自己的教育行为,不能有效地认识实际状态中具体的、个性化的幼儿。因此,如何培养一支坚定儿童立场,能持续引发幼儿"阅历"行为,进行有效观察、识别并与之实行互动能力的教师队伍?关注教师实践中的困难,共同形成基于儿童立场的教育支持策略,尤其在一日活动真实的教育场景中,准确地判断儿童行为并产生高质量的互动,增强教师过程性评价的能力,是我园进一步落实"三大指南",提升办园质量的重要突破点。

同时,面对信息化社会,如何运用信息化技术为幼儿体验阅读、浸润式学习服务,并针对性实施个体幼儿教育的研究?如何运用信息化技术优化幼儿园管理,创新质量监控、评价机制,更好地促进科学保育保教?诸多的问题需要我们在课程领导中进一步思考和实践。

"阅历走向成长力",期待我们的孩子在阅历中愉悦自己并汲取源源不断的智慧力量;期待东幼在践行"三大指南",持续提升阅历课程品质中能读懂幼儿,做教育智慧人,实现幼儿、教师、园长及东幼的共同发展。

# 在班本化生成活动课程实施中赋能教师成长

上海市虹口区艺术幼儿园　黎静宇

[摘　要] 现代教育关注儿童兴趣、重视问题解决以及多元融合。结合我园已有课程设置,推动以儿童为本的班本化生成活动变革,有利于实现儿童发展及课程迭代。我们紧扣核心经验,通过顶层设计自上而下、导引解惑自下而上的双轨制路线,以鲜活真实的案例,呈现了我们推动变革、赋能教师的实践样态。

[关键词] 幼儿园课程　班本化　生成活动　教育管理

这两年我们不断接触各种新鲜的教育模式,PBL、项目化、安吉游戏、高瞻课程让我们应接不暇,这些课程有其各自的特点,但究其核心,其关注儿童真实需要、解决问题、多元融合的价值取向是一致的。这与国家着力培养独立思考、多样的人才密切相关,希望教育更指向儿童的深度学习,让其在探索中获得心智的成长,尝试走出一条符合国情需要的教育之路。结合我园已有的主题课程及园本预设为主的活动设置,我们开始探索体现以儿童为本,注重儿童需要的班本化生成活动,实现我园课程的发展迭代。

## 一、定位·架构·启动

班本化课程的课程实施过程其实是一种教师与幼儿进行深度对话的过程,尝试建立师生对话模式的课程实施方式也是基于幼儿兴趣开展的班本化课程的最终实施目标。[1]

班本化生成活动为师生共创课程,是以班级为本体,根据孩子兴趣辨别教育价值,有选择地展开的系列活动。即在一日活动中,教师发现有意义的儿童自主学习契机,以集体、小组、个别等灵活的组织形式,培养幼儿学习兴趣和解决问题能力的系列化活动。

虽然班本化生成活动的内核是儿童立场,但外延很大,可以是教师根据当下热点更新的主题学习,也可以是由教师诱发幼儿兴趣的探索研究,或者缘起于幼儿自主完成某个作品、达成某个意愿等,这些都可以作为班本化生成。扩展的外延有利于我们运用各种先进理念和成熟做法,与本园特色相结合,创造性地运用实施。由此,我们确立了实施班本化生成活动的方向。

课程的个性化越强,开放度越大,对园长和教师的要求也就更高。既要做基于幼儿发展规律的预设课程,又要把握师幼互动生成的课程,这就对幼儿教师的专业素养提出了较高的要求。[2]班本化生成活动是一次变革,其核心是转换学习活动的发起点,更体现儿童立场。这一变革是深层次的,成功与否取决于教师的专业化,形成从思想到行为尊重儿童权利、尊重儿童成长规律、尊重儿童经验的课程理念。

然而儿童立场非某人一挥而就,一呼百应即可形成的。没有样板也没有教材,如何开启这场未知之旅让教师充分理解"基于儿童立场"?怎样破解重预设的思维定式?从了解到落实儿童立场的观念,是摆在我们面前的挑战。

首先,我把自己设定为带班教师,给自己提了以下这些问题:我们为什么要实施班本化活动?它好在哪里?班本化活动的理念、期望、计划和我们现在的课程有关系吗?作为教师怎样知道自己所做的是有价值的?这样做会比我精心准备的活动更好吗?班本化课程目标怎么设定?然后,根据这些问题特性,我分别采用了以下方法。

(1)宣传与介绍,让教师理解班本化生成的理念,了解变革的重点方向,并聚焦到任务目标上;让教师知道班本化的理论背景,对儿童未来发展的价值,以及开展的必要性。

(2)分步骤推荐阅读书籍及节选篇目,让所有的教师在繁忙中用较短的时间先产生概念和框架,再进一步了解成熟的理论及做法。例如,组织教师阅读《幼儿园教育中项目课程教学》,重点学习不同教学取向中幼儿主动引发及决定权的不同程度、项目课程与多样化课程的差异与区别、发展阶段表、相关案例等。在一些班级开始有稻草人、西游记等表现型班本生成的主题时,我及时向教师推荐《高瞻课程创意艺术活动本土化研究》一书,借鉴其中的创意型生成活动理念和方法。

(3)为了让教师愿意变、够得着,教研活动中,我们在园本已有的案例中寻找类似班本化生成的活动,以点带面进行案例解读,让教师认识到身边的案例,对开展班本化生成活动有信心。此外,我们还利用长宁实验幼儿园陈青老师的市攻关基地,组织部分教师现场观摩,取经研讨,推动我园的实践。

## 二、实施·问题·研讨

改革过程中一定会伴随着困惑和疑虑。如果那些具体而关键的问题没有解决,再先进的构想也会不了了之,也有可能穿新鞋走老路,迂回不前。因此,我们立足现实,由下而上解决问题,改变管理机制。我园的课程领导小组以服务的态度,发挥学习共同体的作用,和教师一起迎接问题和挑战。

**(一)分析问题,解决困惑,及时提供支持**

虽然有理论学习和实践参照,也观察到他人的成功案例,一旦做起来,教师们还是会产生各种问题。为了解决眼睛会了手不会的现状,课程领导小组注重发现并梳理教师们的问题。

例如，在活动开始前，有教师疑惑：“如何选择适合的主题？”课程领导小组分析该问题的产生是因为大部分班级讨论的流程很完备，但缺少儿童问题视角，而且观察不够。因此，课程领导小组直接与该教师对话，助其跨出一步；或多方研讨，确定合适的主题；又或为其提供成熟案例参照。在活动进行中，有教师提出：“在个别化学习活动中，是否要开辟出一块固定的区域？是由幼儿自主参与，还是由幼儿组成固定的探究小组参与？”课程小组针对具体的主题活动开展具体分析，对该教师的主题活动进行现场观摩，开展教研对话。

**（二）抓住核心问题，答疑解惑，驱动改变**

有教师问：“孩子们觉得有趣但就是做做，没有问题怎么深入下去？”这一问题蕴含对兴趣或者目标的价值判断，也涉及教师的专业能力。为此，我们将其作为教研重点，进行了“儿童发展与主题目标的关系”教研活动。为分析两者之间的关系，大家找到了以下依据。

《3—6岁儿童发展目标》提出，从微观上，一方面是活动目标，即通过怎样的活动达成认知、情感、能力等方面的阶段目标；另一方面是指对儿童个体的发展目标，也就是因人而异的发展目标。也有专家在优秀案例分析时指出，无论是主题还是项目活动，它们都是课程的一种载体。也就是说，核心经验在每个主题中有很多重复，在循环增长。教师在实际实践中也发现，儿童通过一个个活动获得与主题内容或与参与过程相关的一些重要经验。

由此我们得出共同结论：儿童视角与发展目标是密切关联的，两者并不冲突，而是相辅相成的。那么，具体该怎么做呢？我们以案例分享的形式再次进行了总结梳理。

其一，尊重儿童，激发好奇，就能紧扣儿童发展目标。儿童发展目标是终极目标，而尊重儿童，激发好奇，才不会偏离儿童发展目标。

其二，理解儿童的学习规律，在行动中激发好奇探究，就能实现儿童多元发展的目标。班本化生成活动是每个班和每一个儿童在行动中经历的课程，从中儿童可以获得深入性、反思、自我矫正的学习经验，这与儿童发展目标不谋而合。

其三，以小见大，具备课程意识，就能实现与主题的有机衔接。首先，主题活动原本就是根据儿童生活中熟悉的场景设计的，涵盖面广；其次，从儿童视角生成的活动往往是从他们感兴趣的一个点生发的，随着儿童探究的深入，自然而然会引发更多的主题以供探究。

## 三、经验·共识·成长

在班本化生成活动实施期间，我们重温了早已熟悉的两个词：预设和生成。预设，是教师根据课程目标和幼儿需要，有计划地进行设计和安排活动。生成，是幼儿在环境和他人交互作用中，根据自己的兴趣和经验自主产生的活动。[3]它们是幼儿园课程两个不同的形成方式,教师们明确概念后,根据预设与生成课程特点选择实施。

我们在实践中还得出了三个关键经验的共识,该经验将持续帮助教师理解生成的活动如何实施。

**(一)在环境中观察、识别、支持幼儿自主活动**

生成活动的发生往往较为随机,蕴含了多种教育契机。因此,教师观察、发现幼儿在自主活动中产生的兴趣与互动,是引发儿童学习探究的基础。例如,教师在观察中发现了孩子的兴趣点,从万圣节延伸出围绕"南瓜"的讨论;从小菜园草莓被吃掉发展出"稻草人"活动;从年级组大活动生成"马拉松"活动;从发现壁虎延伸出昆虫博物馆;从讲故事演绎虎皮裙和金箍棒等班本化生成活动。

**(二)判断、发现幼儿兴趣的意义和价值**

当大部分幼儿对一个话题都很有兴趣,并表现出强烈的好奇心,是否就能确定可以启动班本化活动了? 当我们遭遇"是否生成、如何生成"的挑战时,我们要把其视作自我发展的机会,积极体验和分析,感知自己的困难并主动面对,以推动自己成长为接纳幼儿、接纳幼儿教育过程丰富性的教师。[4]教师对是否继续活动的辨认和判断至关重要。例如,从运动会到马拉松的班本化活动的生成。教研时,教师们觉得幼儿们会对"运动会"有兴趣,这也符合《课程指南》中的教育目标,因此教师给幼儿模拟分组,还确定了生成目标。但再次教研时,有人质疑:"这是生成活动吗?"生成活动的关键是幼儿自己探究的愿望,教师确定的生成目标是不是幼儿的真问题呢? 教师们觉得应该去问问幼儿,由此教师和幼儿一起重新确定了计划,运动会变为"马拉松"比赛,更符合幼儿的实际想法,班本化活动就此拉开帷幕。

生成是学习,应避免"唯有兴趣""开心就好"的一叶障目,教师们认识到,判断、发现幼儿兴趣的意义和价值这一原则,不仅发生在生成活动之初,而且应伴随整个过程。

**(三)及时介入,共同决策、积极互动,形成新的班本化生成活动**

随着研讨的深入,教师们的问题越来越深刻,开始考虑回应了孩子的兴趣,激发了他们参加活动的内驱力后,如何达成发展目标。继续以班本化生成活动"马拉松"比赛为例,大班"马拉松"比赛历经两个多月,他们分成运动员和举办方两组。集体活动一共有四次,从一开始教师主导,到最后主持、记录都是由幼儿负责,而且班级里所有的幼儿都当过主持人。

教师从一开始的包办代替,到有意识地不断帮助幼儿形成"我遇到什么问题?""为什么会有这个问题?""我打算怎么解决?"的思维习惯,让他们明白如何思考并解决问题。

回顾过往,我们向着儿童立场的课程目标走出了真实的一步,关注儿童的兴趣和问题,这不仅改变了我们头脑里的知识框架,也升华了我们的教育境界。这只是起步,之后我们将继续探索。

我们围绕着三条关键经验,将其转化为教师可以操作使用的工具,如观察表格、观察点梳理等,不断地帮助教师建立观察意识;继续重视环境创设,如记录幼儿活动过程并用多种方式展现,从而让幼儿的经验呈现在班级环境中,同时,帮助教师将对个体的观察记录转化为有效的行动;对教育保持敏感度和开放性,看到意料之外的课程机会,有选择地开展系列化学习活动,寻找发现教育契机的智慧。

## 参考文献:

[1] 姚健.幼儿教师课程领导力提升实践:班本化课程[M].上海:华东师范大学出版社,2020.

[2] 上海市教育委员会.上海市学前教育课程指南[S].上海:上海教育出版社,2004.

[3] 桑标.学前教育要回归幼儿发展的本原——访上海市教育科学研究院院长桑标[J].上海托幼, 2019(5).

[4] 贺蓉.让"预设"和"生成"的相遇成为推动发展的机会[J].幼儿教育,2020(31).

[5] 韩燕燕.提高幼儿园班本课程实施质量的有效策略[J].科学咨询(教育科研),2021(05).

[6] 夏雪梅.项目化学习设计——学习素养视角下的国际与本土实践[M].教育科学出版社,2018.

[7] 李季湄,冯晓霞.3—6岁儿童学习与发展指南解读[M].人民教育出版社,2013.

[8] Ann S. Epstein.霍力岩,何淼,刘睿文译.创造性艺术——关键发展指标与支持性教学策略[M].教育科学出版,2018.

# 幼儿游戏化学习课程实践案例
# 研究促教师专业成长

上海市虹口区临潼路幼儿园　钟　琴

[摘　要] 游戏化学习的关键是教师,核心是幼儿,考验着教师的教育理念和专业技能。本研究以上海市临潼路幼儿园为研究对象,阐述教师对游戏教育价值的认知与前期经验把握、游戏活动形式与教学智慧形成、游戏过程引领与教学策略运用的不足,并提出改进措施:理论学习奠定基础,团队合作凝聚集体智慧,剖析案例研讨反思,从而促进教师积累游戏化学习教学经验和互动策略,提升游戏化学习课程执行能力。

[关键词] 游戏化学习　课程实践　案例研究　教师专业成长

## 一、问题的提出

党的二十大报告指出要实施科教兴国战略,强化现代化建设人才支撑。教育、科技、人才是全面建设社会主义现代化国家的基础性、战略性支撑。必须坚持科技是第一生产力、人才是第一资源、创新是第一动力,深入实施科教兴国战略、人才强国战略、创新驱动发展战略,开辟发展新领域新赛道,不断塑造发展新动能新优势。我们要坚持教育优先发展、科技自立自强、人才引领驱动,加快建设教育强国、科技强国、人才强国,坚持为党育人、为国育才,全面提高人才自主培养质量,着力造就拔尖创新人才,聚天下英才而用之。我们要充分认清新时代办好人民满意的教育的重大意义、核心要义和实践要求,为全面建设社会主义现代化国家、全面推进中华民族伟大复兴作出应有贡献。

园所要发展,教师是关键,教师是幼儿园持续发展的中流砥柱,提高教学质量需要一支团结协作的工作团队。我们开展师德教育,敦促专业成长,谋划教师梯队建设人才培养。如何办好人民满意的教育,办好家门口的好幼儿园,提升我们教师的专业成长,促进幼儿全面发展,始终是我们思考的问题。

随着园本课程主题活动梳理、架构、重组工作的推进,关注幼儿学习的积极性、主动性、创造性,让幼儿成为学习的主体成为当下社会的教育共识,符合幼儿年龄特点的教育必须聚焦课程游戏化,幼儿游戏化学习的关键是教师,核心是幼儿。

我园教师实施课程游戏化出现专业理论基础相对薄弱的情况:游戏教育价值把握不准,捕捉教育契机意识不强,游戏形式意义界定模糊,缺少现场调节教学智慧,游戏过程引领方法单一,需要通过幼儿游戏化学习的活动设计、教学实践、案例分析、反思调整的过程研究,积累教学经验、形成教学智慧、掌握教学策略,提高课程游戏化主题架构的幼儿游戏化学习活动的设计和实践能力,以满足幼儿自主学习的成长需求,促进幼儿科学、优质、健康发展。

## 二、研究对象和方法

### (一) 研究对象

本研究的研究对象为上海市临潼路幼儿园全体教师和幼儿。

教师是研究的对象。教师在幼儿游戏化学习课程案例的研究过程中,必须注重游戏化学习的活动经验准备、活动材料投放、活动情景设置,注重游戏化学习活动环节的合理架构、活动过程的支持引领,精心设计,感受乐趣;适当判断,展现智慧;关注游戏环境、材料、同伴的相互作用,为游戏化学习课程案例实施积累教育策略。

幼儿是研究的对象。在幼儿游戏化学习活动设计的研究过程中,教师必须善于观察幼儿的兴趣爱好、了解幼儿的前期经验、引入幼儿游戏的教育价值,让幼儿所有的感官投入游戏化学习的互动中,仔细观察,发现问题;独立思考,解决问题;提升幼儿游戏化学习的活动水平,为幼儿游戏化学习活动设计提供有益的经验。

### (二) 研究方法

#### 1. 案例分析法

通过不同年龄段班级游戏化教学案例的记录和研讨,了解游戏化课程主题活动的框架结构组合、活动匹配顺序、不同年龄需求,进行活动脉络梳理、核心经验评估;思考把握幼儿前期经验,寻找适合幼儿发展的游戏化学习形式,共同建构经验,感受成功的乐趣。

#### 2. 行动研究法

幼儿游戏化学习课程案例的研究,必须落实园本研修教学实践机制。我们以教研组为基础,选择内容、合作准备、实践完善幼儿游戏化学习活动案例;以教研大组为核心,进行游戏化学习目标制订、过程设计、寻找问题、分析原因、反思调整;学会把握幼儿游戏化学习组织形式的趣味、教学方法的选用、关键提问的设置、环境材料的支持。

幼儿游戏化学习课程案例的研究,必须做到园本研修引领教学活动。教研前期,教师精心研读,和同伴共同探讨游戏化学习的幼儿需求;教研中期,大组合作研究形成教学智慧实践游戏化教学案例;教研后期,进行游戏化教学实践活动的解读和评析,积累教学经验;认识游戏化教育的价值,解决游戏化学习困难,提高教师游戏化教学能力。

## 三、研究结果与分析

### (一)学习理论,科学规划,促进教师游戏化学习活动设计实践能力

我们以游戏化教学理论为基础,注重以有教育价值的幼儿游戏化学习活动设计来促进幼儿发展。

幼儿游戏化学习活动设计与课程实践案例研究,是幼儿园游戏化课程实施进程中幼儿有效发展的重要途径,同时对教师现有的专业素养形成了一定挑战。我们正视教师专业发展的现状,结合幼儿游戏化学习活动设计研究的需要,组织教师认真学习《幼儿游戏理论》《游戏化教学法》等相关理论,让教师了解游戏和教育的联系、幼儿园游戏的基本元素、游戏的内容和形式,懂得如何在活动中引入游戏、如何将活动设计成一个游戏,懂得自己在游戏化学习中角色转换的重要性。同时开展临潼路幼儿园课程园本化实施方案《游戏学习,快乐建构,灵动发展》的研读和解析,了解课程园本化实施的内容框架、结构组合、活动匹配、教学要求,梳理主题活动开展的脉络和走向,掌握主题进程不同层面的经验落实点。教研组有针对性地进行游戏化教学幼儿学习活动的游戏情境设计、案例实践的观摩评析指导,验证幼儿游戏化学习活动方案的可行性和有效性,促使教师在游戏化教学的实践验证过程中,有序实现课程游戏化框架结构的目标要求,逐渐形成小处着手、大处把握、科学合理、有序提高的课程游戏化意识,学会梳理幼儿游戏化学习游戏形式的运用,思考游戏化教学中教育契机的捕捉,评估教学环节游戏引入的适当性、准确性、有效性,反思教学准备的兴趣性、实用性及可操作性。激励教师在幼儿游戏化学习的活动设计和课程案例研究中,以幼儿发展为本,重视幼儿游戏化学习的前期经验,细化幼儿游戏化学习的教学环节,融合幼儿游戏化学习的教育价值,促使幼儿在游戏化课程的实施中获得真正的发展。

### (二)团队合作凝聚集体智慧,游戏化学习案例研究重视幼儿年龄特点

教师开展游戏化教学中幼儿游戏化学习的案例研究,在融入课程游戏化园本化实施主题活动的进程中,在关注研究形式和形成群体智慧的同时还需要重视不同年龄幼儿的需求。案例研究前期,组织教师研讨幼儿游戏化学习活动的前期经验、游戏化学习情境的创设调整,做好游戏化教学活动的各种铺垫;案例研究中期,在教学现场观察、切磋幼儿游戏化学习的过程引领、游戏化学习情境创设的实用价值,做好游戏化教学观摩的活动记录;案例研究后期,进行游戏化教学活动案例的过程解读与效果评析,把握幼儿游戏化学习活动的有效性,为游戏化课程活动案例积累教学经验。

与此同时,开展游戏化教学中游戏引入情景和材料的研究,坚持"以老带新"的思路,发挥骨干教师案例研究引领作用。游戏情景创设前,骨干教师阐述游戏情景的创设依据,演示游戏情景的铺垫作用;游戏情景活动中,现场展示游戏化教学情景创设的实用价值,解析游戏情景的预设准备;游戏情景使用后,实地评析游戏情景在游戏化教学中的作用,

形成游戏情景的借鉴经验。

**（三）案例剖析，研讨反思，游戏化课程教学实践彰显师生互动能力**

我们开展游戏化教学案例的研讨，重点剖析、反思幼儿游戏化学习课程实践，优化师生互动。

在小班《好听的歌》游戏情景设计案例中，教师认识到兴趣是幼儿主动学习的动力，游戏情景设置会使幼儿的介入自然而有趣，是吸引小班幼儿投入学习的必备元素。因此，活动中教师为幼儿创设森林音乐会游戏场景，模拟动物音乐会表演现场，视频动画让幼儿仿佛身临其境。小班幼儿通过角色扮演有趣的动物体验学习乐器，借助具体形象的认识和感知掌握动物不同的特征；充满情趣、乐趣的游戏引入，使学习过程展现了良好的师生互动。幼儿游戏化学习游戏情景的设计与应用既激发了幼儿的学习兴趣，又形成教师美好的游戏化教学体验；真正做到学有兴趣、教有情趣，共同感受教学乐趣；教师乐教、幼儿乐学，建立起和谐的师生关系。

在中班《荷花姐姐的伞》游戏情景引入案例中，教师让幼儿从故事中感受文学作品的意境美，体会帮助别人的美好情感，由此确定活动游戏化学习核心并形成了游戏化教学的目标。然而中班幼儿对文学作品意境美的感受有其自身的困难。为此，在教学过程的设计上，教师运用了符合中班幼儿的游戏形式，以立体形象的故事角色、变换的故事情景、轻柔舒缓的背景音乐，生动展现故事的优美意境。在游戏化教学过程中，教师注重核心经验和教学游戏的内在联系，游戏环境和游戏材料的相互支持，帮助幼儿体会美好的文学意境。

在大班《错在哪里》案例中，教师将活动设计成一个游戏，根据幼儿年龄特点和学习需求，在激烈的竞赛氛围中进行合理的思维碰撞，从而促进幼儿游戏化学习经验的建构。游戏启动时，教师与幼儿共同制定游戏的竞赛规则：（1）先举手后发言，约束想到就说、随意插嘴的习惯；（2）答对1题加1分，答错不扣分，勤思考、多发言；（3）违反规则扣1分，养成专心聆听的习惯。幼儿以小组团队展开竞赛游戏，每组都有幼儿举手抢答，游戏气氛热烈欢畅，学习兴趣盎然。游戏过程中，能力强的幼儿成为团队的领头羊，排出春夏秋冬的顺序、完成季节图片改错，游戏化学习的教育价值显现。游戏结束后，教师认识到大班幼儿虽有竞争合作意识，但个体能力有差异，有些幼儿出现知识缺乏或认知不当的时候，需要自己这个"观众"当好"顾问"，成为幼儿游戏的"伙伴"，加以适当的引导。

## 四、研究结论与建议

### （一）研究结论

1. 幼儿游戏化学习的研究促进幼儿健康发展

研究促使教师学会幼儿游戏化中学习活动的教学价值判断，了解幼儿的发展需求，关注幼儿前期经验，尝试在游戏化学习的内容与教学环节的设计上，选择蕴含教育价值并有益于幼儿建构新经验的游戏形式，对游戏化教学情境设置的作用和价值有了深刻认识，重视游戏化教学课程案例中幼儿兴趣的补充、教学情趣的添加、活动乐趣的体验,做到学有兴趣、教有乐趣,幼儿乐学、教师乐教,调动幼儿学习积极性,激发幼儿探究愿望,让幼儿在游戏化学习的主动参与中健康成长。

2. 幼儿游戏化学习的研究促进教师专业成长

研究促进教师掌握游戏化教学中幼儿游戏化学习核心经验,结合园本研修活动,汇总集体教学智慧,注重游戏化教学案例研究中活动兴趣延续、教学乐趣体验,核心经验判断、游戏引入设计、师生角色转换的应用,能够对照实践案例,寻找问题所在,分析教学不足,进行有效调整。同时,重视发挥教研组研究作用,关注不同年龄幼儿的需求,持续地探索幼儿游戏化学习,逐渐让游戏化教学做到教育价值判断准确、教学智慧运用得当、教学策略效果彰显,促进教师专业成长。

3. 幼儿游戏化学习的研究促进园本课程实施

研究促进幼儿园游戏化课程园本化实施工作有序展开,根据幼儿发展需求选择游戏化学习活动内容,通过教研组基础性的研究,解决幼儿游戏化学习出现的问题;运用教研大组研究的集体智慧,解决教师教育理念和游戏化教学行为的困惑,依靠游戏化教学课程案例的观摩分析,解决幼儿游戏化学习活动设计的具体困难;挑选有教育价值、有教学争议的活动案例进行教学探究,选择教学效果良好的经典课程案例进行推广;推进游戏化课程实施,提高教师游戏化学习课程执行能力。

**(二)研究建议**

1. 坚持师德为本,优化教师的游戏化课程执行能力

教师是教学的主导,是幼儿游戏化课程教学的中坚力量。我们立足师德为本、优质发展的教师队伍建设基本策略,积极打造教学骨干引领、专业技能发展、合作实践探究、保教质量提升的教师团队,为游戏化课程实施提供保障。

2. 坚持教学实践,优化幼儿的游戏化学习发展途径

幼儿是学习的主体,让幼儿获得发展是教师的崇高愿望。我们坚持实践游戏化教学活动的目标制订、过程设计的活动流程,教育价值、游戏趣味的判断融合,组织思考、调整教学实践,为幼儿健康发展提供有力的支持。

## 参考文献:

[1]华爱华.幼儿游戏理论[M].上海:上海教育出版社,2015:116-132.
[2]尚俊杰,曲茜美主编.游戏化教学法[M].北京:高等教育出版社,2019:47-71.
[3]党的二十大报告学习辅导百问[M].北京:党建读物出版社 学习出版社,2022:25-30.

# 基于"特点"完善"普特融合"幼儿园课程实施方案的实践研究

上海市虹口区曲阳第二幼儿园　孙喜凤

[摘　要] 基于对幼儿园高质量发展的需求,我园审视幼儿园原有的课程实施方案,对园本课程实施方案的现存问题进行了剖析,找到了具体的解决路径:基于普、特"课程指南",架构两类课程的实施框架与途径;对课程实施方案各要素内容进行补充和优化;促进全体幼儿公平、和谐、全面发展,推动幼儿园持续、优质地发展。

[关键词] 课程实施方案　高质量　融合课程

## 一、问题的提出

### (一)教育高质量发展的需要

党的二十大报告首次把教育、科技、人才进行"三位一体"统筹安排、系统部署,明确提出教育、科技、人才是全面建设社会主义现代化国家的基础性、战略性支撑。报告中提出,我们要办好人民满意的教育,全面贯彻党的教育方针,落实立德树人根本任务,培养德智体美劳全面发展的社会主义建设者和接班人,加快建设高质量教育体系,发展素质教育,促进教育公平。

随着人们对高质量教育的需求,幼儿园也在不断地从"家门口的好幼儿园"向高质量的幼儿园方向发展。课程是幼儿园内涵发展的核心领域,课程质量决定着幼儿园的品质,而要达成幼儿园的发展目标,课程实施方案的研制与修订就成为必经之路与必然选择。只有形成比较完整、完善、全面的课程实施方案,保证课程推进过程中的持续发展,才能使幼儿园的发展目标得以实现。

### (二)教育政策法规更新的需要

近年来,《上海市学前特殊教育课程指南》《上海市幼儿园办园质量评价指南》《上海市幼儿园装备指南》等出台,对幼儿园的课程有了更高的要求。《上海市幼儿园办园质量评价指南》提出,课程理念要明晰,课程方案各要素之间要有内在关联操作性强;课程具有园本特色，在实施过程中有改进与完善机制。根据这些要求来审视我们原有的课程实施方案，需要更新和改进的地方还有很多。

同时，《上海市学前特殊教育课程指南》的出台也为我们的学前特殊教育课程指明了方向，其发展性课程与功能性课程的定位，也迫使我们对原有的特殊教育课程框架进行重新调整。多个文件的共同出台，使得幼儿园课程方案的调整势在必行。

**（三）课程持续更新的内在需要**

在多年的课程实践中，幼儿园有两套课程体系，即学前教育课程和学前特殊教育课程。两套课程在课程内容、课程实施上有相似也有不同，且两套课程并不是完全孤立的，而是有互动和联系。但是在课程实施过程中，我们发现虽然积累了一些实践经验，也有诸如"分合教育"的实施方式，但以往积累的研究成果、资源经验还没有充分地融入课程的顶层设计中，辐射到课程的全面落实当中，课程实施的质量无法得到保证。

同时，幼儿园近年来有越来越多的教师退休，新的教师加入。新教师对幼儿园课程发展的历史和过程并不了解，且没有参与其中，无法从课程实施方案中对幼儿园的课程有完整全面的了解，在课程实施中就会遇到疑惑和阻碍。因此，不管是从经验成果转化的角度，还是从实施的角度，课程持续的更新都是幼儿园的内在需要。

## 二、课程实施方案中现存的问题

通过课程实施现状的SWOT分析，我们对幼儿园课程实施的现状进行了较全面完整的了解，对于课程实施方案的修改完善方向也有了明确定位。

通过将现有的课程实施方案各要素与规范化文本进行比对，我们发现幼儿园现有的课程实施方案虽然要素齐全，但在每个要素具体内容诠释方面皆有欠缺。因此，我们基于整体架构，对每个要素都提出了修改建议，并通过自下而上、自上而下的方式集思广益，在充分搜集信息的基础上拟定初稿，并根据初稿征集到的建议进行修改，最终完成完整的课程实施方案。

表1　课程实施方案要素比对分析

| 要素 | 已有内容 | 不　足 | 修改建议 |
|---|---|---|---|
| 课程背景 | 1. 课程方案设计的新思路与新突破<br>2. 关于本园课程方案设计的背景 | 对幼儿园课程发展轨迹没有详细描述 | 增加课程发展历史的梳理，理清课程发展轨迹 |
| 课程目标 | 总目标根据幼儿园课程指南制定，并单独阐述普通幼儿课程目标、特殊幼儿课程目标、特色课程及选择性课程目标 | 有各类课程的目标，但缺乏总领性的目标，且各个课程目标之间缺乏联系 | 将分目标融合在一起，形成幼儿园普特融合、适合所有幼儿的共性目标，并体现幼儿园课程特点 |

续　表

| 要素 | 已有内容 | 不　足 | 修改建议 |
|---|---|---|---|
| 课程结构 | 表述为课程设置,有课程结构与组织及教材的选用 | 内容相对单薄,没有课程框架图,只有各个课程所占时比例 | 用图表的形式展现课程结构,将普特课程融为一体,并将小、中、大、特的课程内容一一列举 |
| 课程实施 | 有具体的表格,如"幼儿园一日活动作息时间安排""阶段目标""一日活动常规要求细则"等 | 有具体的操作,但缺乏纲领性要求,且对特教课程的实施方式缺少具体阐述 | 有统一的目标和原则,并在此基础上细化普特课程及融合课程的实施方式 |
| 课程管理与保障 | 有课程领导小组,有明确的职责,并单独罗列了特教课程的管理和保障 | 对于融合课程中幼儿的课程管理与保障涉及较少 | 将融合课程看作一个整体去思考管理与保障,在此基础上可以细化普特课程管理的不同特点 |
| 课程评价 | 1. 对教育活动的评价<br>2. 对幼儿的评价 | 略显单薄,且缺少对课程本身的评价 | 需要补充完整,如补充评价原则、评价内容、评价方法等 |

## 三、课程实施方案的改进路径

### (一)完整诠释课程理念

根据分析中提出的问题,我们发现课程理念的诠释过于笼统,无法真正被理解。因此,我们在原有理念基础上,依据《上海市学前教育课程实施指南》,"以幼儿发展为本"的学前教育课程基本理念,秉承幼儿园"普特融合""医教结合""保教联合"的课程特点以及"最少限制、最大可能"的办园理念,思考课程发展的需求与突破,提出了"合合美美,成长每一个"的课程理念。

"合"指融合、整合。在幼儿园的理念中,"融合"指普通幼儿与特殊幼儿在融合的环境下共同学习与生活、和谐相处的状态;"整合"指教师之间、家园社区之间互相合作,整合各种教育资源和手段,共同促进幼儿的发展。

"美"作为名词指美好的人和事物,作为动词则有赞美欣赏之意。在幼儿园的理念中,"美"是指个体首先做到发掘自身之美,然后逐渐发现、欣赏他人之美,最后做到相互欣赏、赞美,从而达到和谐、融合而又不失个性之美的状态,形成"和而不同"的美好氛围,促进每一个幼儿美好成长。

对幼儿而言,"合合美美,成长每一个"体现为美好的体验与收获。幼儿在教师的引导下发现自己和同伴的长处,互相欣赏,最终获得积极美好的情感体验和适合自己的个性成长。

对教师而言,"合合美美,成长每一个"体现为积极的态度与行为。教师建立和谐的师生关系,充分理解和尊重幼儿发展的个体差异,以积极的视角帮助每一个幼儿发现、发展自己的"美",欣赏每一个幼儿并给予积极的支持、引导和反馈。

对园所而言,"合合美美,成长每一个"体现为整体性的思考与追求。幼儿园发挥"普特融合""医教结合""保教联合"的课程整体效应,加强与家庭、社区的密切合作,从整体上为幼儿的美好发展提供支持,实现全体幼儿的和谐互融、共同发展。

课程理念完整细致的诠释,凸显了幼儿园教育的基本精神,使幼儿园课程能够内化为教师的自觉行为。

**(二)整合统一课程目标**

此次实践研究确立了"普特融合"幼儿园的课程总目标,即以《上海市学前教育课程指南》为基础,融合特殊教育的价值取向,融合"合美"的课程理念,促进普特幼儿德智体美劳全面发展,成为爱运动、爱思考、爱交往、爱创意、爱劳动的"五爱"幼儿。爱运动:健康活泼,勇敢自信,安全行动。爱思考:亲近自然,好奇探究,解决问题。爱交往:情绪愉悦,文明乐群,友善合作。爱创意:感受细腻,联想丰富,大胆表现。爱劳动:生活自理,爱护环境,适应社会。

我们将普特课程看成一个整体,在制定课程目标的时候将《上海市学前教育课程指南》及《上海市学前特殊教育课程指南》两个课程的目标融为一体,同时尊重幼儿差异,在总目标的基础上提出不同的分目标,使课程与教学成为稳固、连续、制度化提升教育质量的重要载体。

**(三)架构完整,形成"两翼"**

随着理念的完善,幼儿园课程设置也日趋完整。幼儿园以《3—6岁儿童学习与发展指南》《上海市学前教育课程指南》《上海学前特殊教育课程指南》(征求意见稿)为基础和指导,以幼儿园一日活动的形式组织实施生活活动、运动、学习活动、游戏活动,同时结合园所"普特融合"特色,使幼教课程和特教课程有机整合,满足每一个幼儿的发展需要。

幼儿园的课程由面向普通幼儿的幼教课程和面向特殊幼儿的特教课程,以及普特融合活动共同构成(见图1)。从幼教向特教的箭头意味着普通孩子走向特殊孩子;从特教向幼教的箭头意味着特殊孩子走向普通孩子,双向聚拢的箭头则意味着普特孩子双向奔赴。

幼教和普教课程就像蝴蝶的两翼,保障了普通幼儿和特殊幼儿的全面发展,而"融合活动"就是蝴蝶的躯干,将两个翅膀有机整合到一起,为幼儿们的振翅高飞提供了最有力的支持。

**(四)以点带面,细化实施**

融合活动作为幼儿园的特色活动已开展多年,在此次"课程实施"要素修订的过程

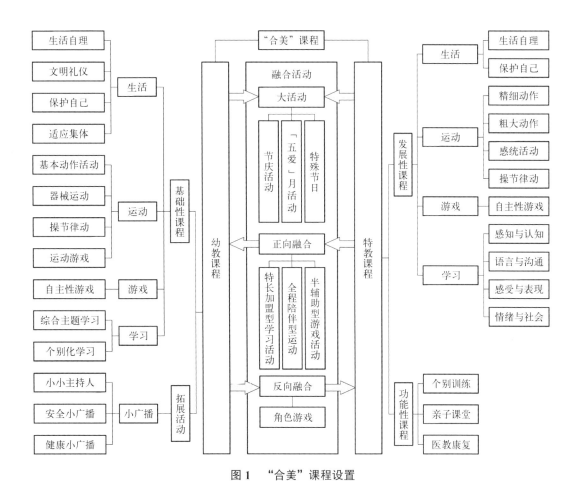

图1 "合美"课程设置

中,我们也以此为重点,通过对融合活动的内容、形式、内涵、实施方式等方面的全面梳理,对幼儿园融合课程实施进行细化,使课程实施更具操作性。

融合活动是普特融合幼儿园课程实施中的重要组成部分,不是简简单单的"在一起",还包括心与心的交融。

融合大活动强调的是内容选择的相同,即全园孩子不管是普通幼儿还是特殊幼儿都共同参与一项大活动。幼儿们一起体验传统节庆,体验"五爱",体验特殊节日,不管形式上是否"在一起",大家的"心"是在一起的。

正向融合强调的是"量身定制"。在正向融合中,我们通过评估为特殊幼儿提供了特长加盟型学习活动、全程陪伴型运动、半辅助型游戏活动等多样化的融合形式。

在反向融合中,强调的是心与心的交融,普通幼儿到特殊班开展角色游戏,给予特殊幼儿幼幼互动的良好体验。教师作为观察者,根据每一位特殊幼儿的具体发展情况提供引导与帮助,并及时评估与调整目标,灵活调整形式。同时对于普通幼儿来说,这也是一种无可替代的情感体验。

以融合活动的梳理为契机,我们对各类保教活动设计与组织实施都进行了补充完整,

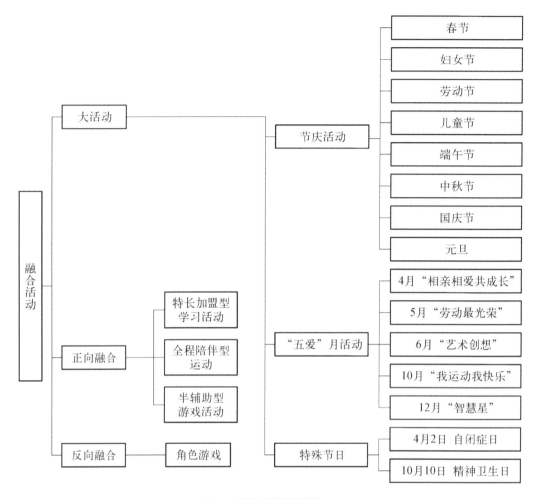

图 2　融合活动的设置

如完成了《曲阳第二幼儿园保教人员一日活动操作手册》《各类课程内容及安排》等,使课程方案更具可操作性。

**（五）课程管理,建立制度**

课程管理是对幼儿园课程编制、实施、评价、运行等工作进行的管理,涉及的内容较多,体系也比较复杂,是保证幼儿园教学质量的主要途径。

在本次实践中,我们首先以图表的方式(见图3),对课程管理组的构成和职责进行清晰地划分。其次,我们将课程管理细化为课程实施的监控、课程保障、课程资源开发和利用等。我们梳理了课程管理的所有制度,并收录在《上海市虹口区曲阳第二幼儿园制度汇编》中,其中第二章"组织管理",第六章"课程实施与管理",第十章"家长社区"中均有涉及。制度的落笔让课程的监控有迹可循,让课程管理变得更系统、更有规划。

**（六）课程评价全面立体**

在对比分析中,我们发现原先的课程评价只有教育活动评价及幼儿评价,缺乏对课

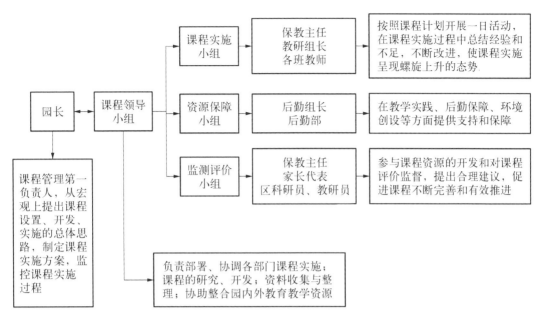

图3 课程管理制度

程本身的评价,且整个评价体系缺少原则和方法。因此,在此次修订的过程中,我们做到"横向上全面,纵向上有层次"。

从横向上,我们补充了课程评价原则和课程评价的方法,做到课程评价内容全面。从纵向上,每个内容都有其内部的层次结构。以"评价内容"为例,我们将课程评价范围主要分为幼儿发展评价、保教人员专业发展评价、课程发展评价三部分,并对每个部分进行了具体阐述。通过修订,整个课程评价体系变得更完整、更立体。

## 四、课程实施方案的改进成效

### (一)补全课程实施中的短板

在此次修订过程中,我们对各类活动的发展现状进行了分析,并以科学的态度进行了诠释,同时在课程评价方面,我们也制定了涵盖幼儿发展、保教人员专业发展、课程发展的立体式评价体系。

以幼儿园高质量发展为方向的课程方案改进与实施,将使幼儿园课程成为一个不断动态调整的操作性文本。后续幼儿园将不断定期开展各类调研,从教师、幼儿、家长、社区等角度多方面了解各类活动的实施情况,听取各方意见,及时调整幼儿园各类活动内容和形式,不断进行完善和优化,更好地促进课程的可持续发展,最终实现促进幼儿和谐、全面发展的幼儿园课程目标。

### (二)注重课程方案动态调整与完善

幼儿园课程实施方案的编制与完善需要持续不断地动态调整。此次修订是基于幼儿园提升课程品质,使幼儿园课程规范化、高质量、有特色地发展的需求。课程实施方案的修订并不是终点,而是新的起点,是幼儿园应该长期坚持做下去的事情。幼儿园已经建立了以园长为核心的课程领导小组并明确了各成员职责,后续也必将通过逐年的实践、评价、反思、改进,使课程呈现螺旋上升的趋势。

## 参考文献:

[1] 中华人民共和国教育部.幼儿园教育指导纲要[S].北京:北京师范大学出版社,2001.

[2] 朱家雄.幼儿园课程(第二版)[M].上海:华东师范大学出版社,1999.

[3] 冯晓霞.幼儿园课程[M].北京:北京师范大学出版社,2000.

[4] 上海市中小学(幼儿园)课程改革委员会办公室.上海市学前特殊教育课程指南(征求意见稿)[S].
上海:上海教育出版社,2019.

# 幼儿园社会化综合活动课程初探

上海市虹口区大连新村幼儿园　黄　樱

[摘　要] 学校基于社会化综合活动过程中存在的问题,分析解读影响幼儿社会化发展的因素,依据上海市3—6岁儿童发展行为观察指引,进一步了解和把握幼儿发展现状。幼儿园通过挖掘节庆活动社会化价值元素,围绕校园特色文化,开展特殊社会环境背景下的幼儿园综合活动课程的建设及实践研究,充分挖掘教育资源,拓展教育空间,以社会化综合活动为主要活动形式,将各领域的内容渗透到活动中,让幼儿在生活中学习,在活动中发展,在社会中成长,增进幼儿的社会认知,培养幼儿的社会情感,发展幼儿的社会性和综合能力,从而促进其身心全面和谐的发展。

[关键词] 社会化综合活动　资源拓展　课程建设

幼儿时期开展社会领域活动,可以使幼儿更好地融入社会生活,培养幼儿的自我意识、人际交往、社会适应等能力,使幼儿逐渐形成完善的人格,获得全面的发展。幼儿园应该不断吸纳幼儿社会领域活动的新理念、新知识,不断完善幼儿园社会领域活动组织形式,促使幼儿在活动过程中积累自我认知、社会体验、情感、生活技能及思想品格等多方面的社会认知经验,提高幼儿教育质量。

幼儿园立足园本课程及园所实际状况,在市级课题"时下儿童良好同伴关系建立的实践研究"等相关研究的基础上,梳理了儿童良好同伴关系内涵与影响因素,从幼儿园的一日活动渗透、特色活动打造、个体辅导关注和家园互动指导四个方面,开展对有效建立儿童良好同伴关系的实践探索研究。随着研究的深入,我们发现,良好同伴关系是儿童学习和发展的社会化能力的一个部分,儿童的社会化过程是在特有的人类物质文化生活中逐步形成的,幼儿除了与周围同伴形成相互作用以外,与周围环境、资源都会产生一定的相互作用。因此,我们着手开发幼儿园社会化综合活动课程,在幼儿园阶段为幼儿未来的发展打下有益基础。

## 一、幼儿园社会化综合活动开展过程中存在的问题

幼儿园在以往开展的社会化综合活动过程中发现存在以下问题,也为我们后续开展

社会化综合活动提供了切入点和改进的内容。

**（一）教师对幼儿园社会化综合活动的价值思考不够深刻**

教师认同社会领域教育与幼儿人际交往及社会适应等方面发展的重要性，但普遍更看重人际交往技巧、游戏规则和社会规范等方面的教育，而有关情绪识别与管理、学习品质及群体归属等方面的教育则比较忽视。同时，教师在实际操作中更倾向于组织社会领域集体教学活动，对随机性、综合式的社会领域教育活动重视程度不够。

**（二）幼儿在社会适应方面的能力发展较薄弱**

在对往届幼儿进行发展能力水平测试中，我们发现幼儿在社会适应方面的能力较弱，部分测评的指标较低，如：小班在提醒下，遵守游戏和公共场所的规则；中班在提醒下，节约粮食、水电等，感受不同地区的语言、食物；大班知道国家一些重大成就，爱祖国，为自己是中国人而自豪。这些方面幼儿表现出来的社会领域发展水平普遍较弱。我们希望能够通过社会化综合活动的开展，逐步提高幼儿的社会性能力。

**（三）幼儿园社会领域活动的空间受限**

随着现代教育改革的推进，我国大多数幼儿园的教学模式、教学内容逐渐完善，但仍然存在部分问题始终没有解决，仍有许多幼儿教师重视知识讲解多过实践能力培养。特别是幼儿年龄较小，运动能力尚未发展完全，出于安全问题的考量，部分幼儿园及教师会主动减少社会领域活动，即使要传授一些在社会中生存必备的能力，园方及教师也会将活动局限在教室里，很少会组织幼儿到社会中参加活动。

## 二、幼儿园社会化综合活动课程建设的实践策略

学校近年来充分挖掘教育资源，拓展教育空间，以社会化综合活动为主要活动形式，将各领域的内容渗透到活动中，让幼儿在生活中学习，在活动中发展，在社会中成长，增进幼儿的社会认知，培养幼儿的社会情感，发展幼儿的社会性和综合能力，从而促进其身心全面和谐发展。在组织开展幼儿园社会化综合活动方面，我们积累了一定的经验和做法。

**（一）幼儿园社会性综合活动的内容选择**

中国传统文化博大精深，节庆活动作为重要的文化载体，也是增进幼儿民族认同感，传承民族文化，发展幼儿社会性的主要途径。在每年的幼儿园节庆活动中，我们充分重视节庆活动的价值导向，引导教师挖掘节庆活动在幼儿社会性发展中的深刻意义。在幼儿园社会性综合活动中，幼儿参与节庆活动，进行各种领域活动的体验，一方面了解节庆知识，一方面也从中获得了精神和丰富情感的体验。幼儿园对节庆活动，包括传统节日、特色节日的社会性教育价值进行梳理，开展实践研究，涵盖五大节日（春节、三八节、劳动节、六一节、国庆节），两大季（开学季、毕业季），指向三大子领域（自我意识、人际交往、社会适应），七大具体目标，把握重点进行价值遴选，找准和突出节日文化的精华，帮助幼儿在节日活动中的健康情感得到发展，充分发展幼儿自我与社会性的能力和表现。

### （二）围绕校园特色文化，开展幼儿园综合活动

1. 沪语活动

从 2017 年开始，幼儿园开设了每周沪语日活动。可是单一的语言活动并不能引发幼儿对本土文化的关注。我们希望通过这一载体，建立学校沪语特色课程体系，充分挖掘上海本土资源，让幼儿感受上海独特的海派文化，学习上海吸纳百川、善于扬弃、追求卓越、勇于创新的特点，促进幼儿的社会化进程，营造社区感。幼儿园开展了一系列的综合活动开发与研究，如沪语童谣展演活动、上海美食品尝会、欢乐上海游园会、参观城市集市等活动，把语言活动变成综合活动，把单一的内容转变为多样的学习氛围。同时，鼓励师生在日常生活的各个环节沟通时使用沪语，幼儿园也为幼儿创造了丰富的学习沪语的语言环境，帮助幼儿在综合活动体验中学习上海话，感受、了解、认同、热爱上海本土文化，学说一些沪语童谣，喜爱并尝试用上海话进行表达和交流，体验使用方言的乐趣。

2. 足球活动

自 2015 年以来，幼儿园广泛开展特色足球活动，依托专业足球团队教练，开展初步足球技能的学习，培养了一批又一批热爱足球运动的孩子。2019 年，学校被评为全国足球特色幼儿园，学校把"快乐足球"的理念与幼儿园社会化综合活动课程相结合，丰富幼儿对球类运动的体验。幼儿园参照《幼儿园教育指导纲要》与《3—6 岁儿童学习与发展指南》中对学前儿童社会领域提出的教育目标，根据幼儿的年龄、平均发展水平、兴趣等来制定适合幼儿社会性发展的活动目标，如小班在制定足球游戏的活动目标时，要重视幼儿情绪情感方面的发展，多关注幼儿在球类游戏中的情绪及体验；中班在开展足球活动中，结合艺术、科常类综合活动，让幼儿了解足球运动的基本知识，发挥幼儿在游戏中与同伴共同游戏的积极性和创造性；大班幼儿则增加多种合作互动的足球游戏，让幼儿体会合作共赢、团队精神，从而促进幼儿健康全面发展。

### （三）多元的课程评价

1. 教师评价

教师观察幼儿在沪语、足球、节庆活动等方面的活动情况，做好过程性的记录，及时向课程组进行反馈和调整，引发教师自省。透过幼儿在社会实践活动中的多样化表现，教师反思自己的教育行为：为幼儿提供的学习环境是否满足了幼儿的自主探索？活动中是否体现了儿童的主体地位？教师通过每月社会性活动案例分享、每次活动的观察记录等，还原活动现场，开展教学研讨，从中学会了对幼儿进行全面多角度的观察与分析，倾听幼儿发自内心的呼声，从而调整教师的主导行为，其中就包括社会环境创设、活动组织、材料投放以及引导策略等。

2. 家长评价

家庭是幼儿社会性能力发展的另一个重要场所，它包括孩子良好的生活能力、生活习惯等，这不仅需要在幼儿园习得，更需要在家庭延续及巩固。我们通过活动前的海报预热、活动过程的记录分享，活动课程问卷等形式，向家长、社会宣传幼儿园社会性活动课程

的理念,听取家长对社会性活动课程的反馈。我们从家长每次的反馈中,能明显地体会到家长教育理念的转变和孩子亲身经历后的成长。孩子在园同伴互助的良好行为延伸到了家庭中,帮助父母、关心家人,关心周围的人,表现出良好的亲社会现象。

## 三、成效反思

### (一)加强幼儿对自身社会性发展的评价

社会性活动多元性评价的主体应该是幼儿。在具有鲜明特色的情景和生活交往中,幼儿的表现是最真实的。我们希望通过幼儿对实践中的问题、感受进行记录和分享,让幼儿认识自己,发现自己的力量,也让我们能发现幼儿感兴趣的问题和存在的困难。幼儿的评价是反映幼儿真实发展的一个重要手段,同时在分享交流的过程中,也能激发他们发现伙伴的能力,学会看到同伴的优点,建立赏识心态,正确面对自己的缺失。这种评价方式不仅为幼儿自我评价奠定基础,同时也能更好地为调整活动课程的适宜性和有效性提供依据。

### (二)提升教师对幼儿社会化综合活动的反思能力

在整个幼儿社会化综合活动开展过程中,我们经过不断的实践活动,也感到迷茫,值得我们教师继续实践探索,讨论反思,比如:我们需要把握怎么样的生成内容? 如何处理预设和生成的关系? 我们最值得关注的应该是幼儿能否主动地发现问题和提出问题。教师要学会抓住幼儿感兴趣的活动内容,通过问题的设计、环境的创设来诱发幼儿的活动需要,并把这种需要引向深入。记得在开展我们的城市活动探究时,幼儿们对上海的一所"城市集市"特别感兴趣,里面有老上海生活场景、各种美食、玩具等,在与幼儿的互动中,教师生成了"小时候的玩具""弄堂游戏""上海美食"等社会化综合活动。幼儿在搜集资料和操作材料的过程中,保持着探索的兴趣,引发了活动的层层推进。由此可见,教师对幼儿活动的预设、对幼儿生成的把握至关重要,这个过程也提升了教师的实践反思能力。

### (三)争取更多的社会资源,合作共赢

社区是幼儿实践的基地,社会体验活动往往需要联系幼儿园、家庭、社区。我们要启动三方联动模式,让社区与学校更好地互动,挖掘社会有益资源。如社区特困家庭帮困活动、关爱孤老服务、垃圾分类宣传等活动主题,都可以作为幼儿园开展社会化综合活动的素材和内容,让社区也了解幼儿园社会体验活动的活动目的,配合组织活动,征求设计方案意见和建议等。"大自然、大社会都是活教材。"这是陈鹤琴先生倡导的活教育理论的核心观念,成为我们组织社会领域活动的重要理念。教师应带领幼儿更多地熟悉周边的自然风景和社会性场所,让幼儿在社会活动中满足自己的好奇心,从而获得最真实的感受。在社会领域活动中,教师应注重让幼儿通过个人观察来获取知识,鼓励幼儿将被动接受知识与直接探索相结合。

## 四、结论

　　幼儿成长必然要经历的，就是社会性发展以及健康个性形成的过程。幼儿好奇心较重，幼儿教师应当抓住这一关键时期，确保此阶段的社会领域活动符合幼儿的身心发展规律，并按照我国国情不断地完善这些活动。在实际的幼儿园教育工作中，仍有较多的幼儿园缺乏社会领域活动指导，不重视幼儿的自主性活动，导致社会领域组织活动的质量不高，内容不均衡。为提高幼儿园社会领域活动的质量，促进幼儿的全面发展，幼儿园还需要更加重视幼儿的体验和自主调节，我们将在之后的实践研究中，继续探索社会化综合活动课程，构建更完善的课程目标、内容、方法、评价等适宜模式，以及实施的途径、方法、策略，以促进幼儿社会化发展，提升其社会交往能力，完善其健全的人格，为他们今后的发展奠定基础。

## 参考文献：

[1] 陈英.生命教育理念下幼儿园社会领域教育中的再认识[J].当代家庭教育,2020(22).
[2] 黄慧君.将闽南食文化融入幼儿园的实践与策略研究：以泉州市刺桐幼儿园"泉州美食真好吃"主题课程为例[J].教育观察,2020,9(04).
[3] 金香花.朝鲜族幼儿园社会领域教育活动设计现状调查与对策研究[J].人力资源管理,2015(02).
[4] 林杏,王薇.幼儿足球游戏在幼儿园大班教学实践中运用的案例研究[J].教育观察,2021,10(24).
[5] 李蓉.如何将文明城市创建活动融入幼儿社会领域课程[J].当代家庭教育,2021(22).

# 以美启慧，成就每一个

## ——构建真正属于儿童的课程

上海市虹口区密云路幼儿园　　徐　斐

[摘　要]　密云路幼儿园始终坚守"培养全面和谐发展的好孩子"的理念，将其深嵌在学校的文化基因里。幼儿园在课改实践中，进一步思考与追求"学前教育该如何回归育人本色？"，把幼儿发展、教师发展、幼儿园办园质量放在首位。随着"以美启慧，以美育人"的办园理念不断深入，幼儿园课程践行"儿童发展优先"，倡导"五育融合"，将"美"渗透于幼儿的一日生活，以"大美育"支持幼儿全面发展。课程构建，回归育人本色；以美启慧，激活儿童立场；科学解读，支持儿童发展；家园联结，共建育人课程。

[关键词]　以美启慧　以美育人　回归　浸润

密云路幼儿园于1987年正式成立，1993年被评为上海市一级一类园，同年成为《上海市幼儿园工作规程》试点单位，2007年被评为虹口区示范性幼儿园。党的二十大报告提出，要办好人民满意的教育。密云路幼儿园依照教育部印发的《幼儿园保育教育质量评估指南》，坚持社会主义办园方向，践行为党育人、为国育才的使命，始终立足"幼有善育"持续发力。幼儿园将"以美育人"根植于教育，以美为文化基因、行动指引，系统设计管理理念，培养健康快乐的"五美五慧"儿童。

## 一、课程构建，回归育人本色

密云的课程经历了孕育、发展、攻坚阶段，凸显"以人为本"，认同每一个孩子的生命体验。课程建设优先考虑"幼儿发展需要"和"经验基础"，将幼儿视为学习和发展的积极参与者，聚力支持幼儿整体发展、主动发展、差异发展。

### （一）以育人目标为导向，倡导三个"坚持回归"

幼儿园借助"密云"两字的首字母"M"与"Y"，合并形成"MY"课程，将课程理念融入具体的课堂实践中，"MY"要倡导三个"坚持回归"：坚持回归儿童生活，倡导在生活中学习，课程贴近儿童的生活、兴趣和需要，使他们能积极地投入，专注地参与；坚持回归儿童主体,倡导儿童是学习主体,课程贴近幼儿的实际发展水平,贴近其兴趣与需要,更多地关注幼儿的主动性、创造性和积极性是否被调动起来;坚持回归儿童活动,倡导有趣的学习,课程更聚焦在幼儿多感官的、多样化的、生动活泼的活动上来,把活动过程还给幼儿,努力使幼儿园的活动游戏化、趣味化。

我们坚持"以美启慧,成就每一个"课程理念,把握教育哲学和办学理念,在此基础上进行逻辑演绎与深度推理,既充分尊重儿童的已有经验,又强调通过问题和挑战,为儿童提供自主建构经验的机会,使其获得新的经验,让幼儿的学习和发展看得见。

**(二)以创美课程为载体,支持儿童自主发展**

幼儿园课程将共同性课程与选择性"创美艺术"特色有机融合,课程内容涵盖"五美",即享美生活、健美运动、慧美学习、玩美游戏、共美家园;实施"五每"活动,即每日畅聊艺术、每周创美时光、每月乐美画展、每学期畅美实践、每学年玩美探究,支持儿童自主发展。教师在课程实施过程中理解儿童,以儿童视角努力读懂每一个具体的儿童。

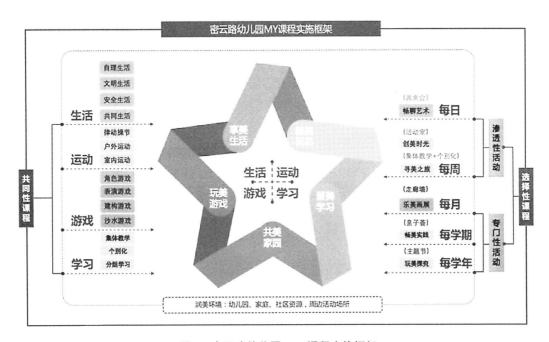

图1　密云路幼儿园 MY 课程实施框架

## 二、以美启慧,激活儿童立场

密云路幼儿园将童趣创想的园舍外貌与"以美启慧"园本课程的内在环境相配合,浓郁的艺术气息使每一个密云的孩子驰骋在艺术的天地中。我们充分关注到每个幼儿,给每个幼儿空间,让其都能与环境充分互动,培养幼儿的创意素养。

**（一）立足儿童视角，环境滋养**

1. 丰富儿童审美经验的美感空间

幼儿园的每个角落都有幼儿的艺术创想，凸显欣赏性、整合性和创造性。密云的艺术地标、孩子眼中的美术馆、记录幼儿童趣生活的攀岩墙、米罗的室内运动空间、户外联结自然原生态的涂鸦嬉戏地，每一处都是幼儿的艺术乐园。幼儿充分地欣赏、体验和表达，用审美的眼光看世界，学会尊重并借鉴同伴、艺术家的思维和表达。幼儿园环境从儿童发展的角度，打造"以美启慧"的教育场景，"绘本工坊""光影工坊"运用多媒体4D"沉浸式"空间，科学与艺术跨界融合，给予幼儿进入情境的多通道感知体验。我们将艺术渗透于幼儿的一日生活，让每个幼儿在与材料、同伴、成人积极互动中汲取"美的能量"，共同创生有意义的生活经历与美的体验。

2. 体现儿童参与度的动态空间

幼儿园的室内外环境留白，让幼儿成为环境设计的主人，激发幼儿想象力和创造力。在每日的"畅聊艺术"圆桌会上，教师与幼儿共商幼儿园环境。基于我园"以美启慧，成就每一个"的课程理念，教师给予幼儿更大的自由度，让其想象力与创造力得到充分发挥。我们以幼儿园大修为契机，邀请幼儿参与园所设计，展开天马行空的想象，勾绘出理想中的幼儿园的蓝图。暑假里，幼儿们戴上安全帽，拿着画板进入幼儿园工地，开始设计。根据幼儿的设计图，我们与工程队协商，在施工中尽量呈现幼儿的好点子，引发幼儿的自豪感。幼儿园通过设计图展评，投票选出大家最喜欢的设计元素，优化园所设计方案，让每一个幼儿都参与到幼儿园的环境设计中，成为小小设计师。

**（二）链接儿童经验，乐在其中**

课程实施过程中，我们首先要考虑是否适合幼儿自主、自愿、自由地活动，是否符合孩子的年龄特点、生活经验。由教研组长领衔，聚焦"巧用多元材料，激发幼儿主动学习的实践与研究"专题开展主题教研，经过大小教研组上下联动，动态调整活动材料，帮助教师建立正确的儿童观、材料观、资源观。幼儿园开展"秋日游园会""橙色创想节"等主题活动，让大自然成为孩子环境设计的多元材料之一，让幼儿玩在其中，乐在其中。

以"创意美工室"为例，幼儿尝试利用各种工具，采用多元的艺术表达手法，与环境进行互动，激发和提升幼儿的审美感知、审美表现、审美情感。幼儿们用特有的稚拙和童趣，把小雨伞、鸡蛋壳、废报纸等变成了一件件工艺品。这不仅培养了他们对色彩的兴趣，还发展了他们的动手能力，激起他们欣赏美、表现美的情趣，更重要的是让他们体验到了创造和成功的喜悦。我们通过系统多样的教育课程，释放幼儿的天性，培养幼儿审美意识和创造性思维，彰显幼儿自由的、富有创造力的个性。

## 三、科学解读，支持儿童发展

随着《幼儿园保教质量评估指南》的发布，我园遵循"幼儿发展优先"理念，链接MY

课程发展，提升教师的儿童意识，努力实现儿童主动学习与教师引导支持的统一、儿童发展行为分析与教师内生性专业成长的统一。我们基于建构主义学习理论，强调与儿童生活经验相结合，培养幼儿在真实情境中理解和运用知识的能力；运用多种情境，多种手段和信息来源，关注幼儿学习过程，提升教师观察解读能力，推进幼儿自主均衡发展。

**（一）倾听幼儿需求，科学观察解读**

我们以"3—6岁儿童发展行为观察指引"为工具，确立"巧用观察指引为工具，提升教师对幼儿行为的观察与解读能力"主题教研。教师的变化在于能熟悉幼儿表现行为指标，基于观察识别幼儿的表现行为发展情况，提高观察识别能力。教师每天"站稳十分钟"，通过定点观察与定向观察，科学解读、有效支持；在群体中，通过横向比较的观察方法，更好地了解幼儿的个体特征，分析每个幼儿的原有经验和新经验，为教师下一步对幼儿作出回应提供科学依据。我们蹲下身倾听幼儿的需求，努力从多种角度去解读幼儿，尝试针对不同个体有选择地、灵活地进行观察和引导。在研究实践中，我们所追求的不仅是对幼儿的解读，对我们教育行为的反思，对教育策略的思考，更是建构起对儿童教育新的理解和新的理念。

**（二）建立成长档案，多方实证分析**

我园根据评价指南，修订了"4+1"（四大板块+MY特色）幼儿成长档案手册，鼓励教师、家长、保育员、保健员等人员共同参与幼儿成长档案材料的收集。档案中，教师与家长运用观察指引表分析幼儿发展中的优势领域和薄弱领域，然后协商下一学期幼儿发展计划，制定相应的措施；定向追踪，对幼儿进行纵向观察，明确观察的价值点所在；识别幼儿的游戏、学习行为，有效回应，积极支持每一个幼儿的发展。日常，教师和家长分别收集幼儿成长中的照片、作品，运用文字、照片和视频记录幼儿的成长片段；每月与幼儿共同整理档案，教师和家长及时做好过程性记录和描述。幼儿成长档案作为故事书投放在图书角，帮助幼儿回顾与反思，同伴共读，互动交流，成为幼儿珍贵的成长经历。

幼儿园建立一种持续、稳定的评价工作程序，增强教师对个性化教育支持幼儿发展的评价的认识。在评价的实践中，教师站在幼儿的视角，回归生命的本源，尊重差异，支持发展，更好地发现、理解每一位幼儿的行为，支持每一位幼儿的成长！

## 四、家园联结，共建育人课程

幼儿园共创家园共育环境，打造高品质家庭教育指导核心团队，体现密云人的价值及文化品位。我们重视家园社沟通与联系，借助信息化平台搭建"幼儿园—家庭—社会"无缝沟通的桥梁，汇集一切可聚合的社会资源，打造家园联动的开放平台。

**（一）优化家园互动机制，盘活课程资源**

幼儿园建立了线上、线下日常联系机制，提升家庭教育指导，形成幼儿园与家长委员联席会议制度。家园共同协商幼儿园三年发展规划、课程优化、教育教学工作情况；幼儿园听取家委会意见,有力保障家长对办园质量和教育管理行为的知情权、参与权和监督权;运用"园园通""育之有道""公众号"等平台开展线上家教指导,使家园沟通更便捷、透明;加强家园网络互动监管,建立网络管理机制,对家长进行育儿培训,形成家家互通的"无线家教网";鼓励家长带幼儿参观各类展馆,感受艺术气息,激发设计、创作兴趣;开设"爸爸讲学团",拓展幼儿眼界。我们借此形成美好愿景:教师有艺术才能,幼儿有艺术情趣,家长有艺术品位,环境有艺术风格,园长有艺术管理,家园社共创"共美家园"的特色品牌。

**(二)满足个性需求,提升育人素质**

家园共建课程,传递学前教育的价值,通过"思想共育、管理共治、活动共办",丰富幼儿自主成长的经历。我们针对不同的家庭开展分层指导,建立三大课程体系13个家教指导"微课程",带动家教指导团队素质整体提高。

家园协同研发了"共美家园,美美与共"——家园共育系列云端手册。借助密云公众号分享给每一个关注密云幼儿园的朋友和有需要的广大家长。家园携手用艺术的方式帮助幼儿认识美,充分运用生活中美的事物与丰富多样的审美活动,满足幼儿的好奇心与探索欲,帮助幼儿用自己的方式表达美和创造美,在美的浸润中潜移默化地实现性情的陶冶和人格的塑造。一则则生动的案例不仅记载了密云幼儿成长的精彩瞬间,也承载了教师与家长家园共育的课程理想。

课程即美的滋养。MY课程回归儿童,将生活中美好的东西一点一滴地渗透给幼儿,通过他们的眼、他们的手、他们的嘴、他们的心,帮助他们建构对生活的全新认识;让幼儿们在美的情境中大胆表达、表现,成为园所环境中最富有生命力的一道道风景。

课程即共生智慧。MY课程立足全人的教育,以游戏为基本活动,让幼儿在平等自主、关爱信任的氛围中,与材料、同伴、成人积极互动中,共同创生有意义的生活经历与智慧。我们以幼儿的健康幸福成长为教育起点,实施全人教育,凸显幼儿教育内容的全面性与启蒙性。

课程即内在生长。MY课程的课程目标凸显内在生长的视角,课程内容突出生命的灵性,课程评价与管理彰显以人为本,认可每一个幼儿的生命体验,尊重他们的选择,遵循幼儿发展规律优先、幼儿可持续发展优先、幼儿发展需求优先。

未来,密云路幼儿园将继续营造具有生长性的课程文化,探索课程的美育内质,让密云幼儿体验尽情尽兴的快乐童年。

# 参考文献：

[1] 张俊春.幼儿园美育的方法研究[J].课程教育研究,2017(36).

[2] 郑东明.幼儿美育的途径和形式[J].当代教育科学,2003(13).

[3] 王诗卉,李秀玲.幼儿游戏中的传统审美教育[J].黑龙江史志,2013(15).

[4] 刘登珲,李华."五育融合"的内涵、框架与实现[J].中国教育科学(中英文),2020,3(05).

[5] 黄鸿."五育并举"的教育实践反思及改进思路[D].西南大学,2021.

[6] 李彬彬,吴键.明确美育融合课程的意义[N].中国教师报,2022-08-31(004).

[7] 刘飞.美育视角下幼儿园环境创设的理念与实践[J].陕西理工大学学报(社会科学版),2021,39(03).

[8] 田婧.将食育活动和五大领域融合,提升幼儿综合素养的策略探究[J].求知导刊,2022(26).

[9] 宁本涛,杨柳.美育建设的价值逻辑与实践路径:从"五育融合"谈起[J].河北师范大学学报(教育科学版),2020(5).

[10] 杨珊珊,安红.幼儿园美育课程开发的价值选择及其实践路径[J].齐鲁师范学院学报,2021,36(06).

[11] 陈晨.基于儿童生活世界的幼儿美育研究[D].淮北师范大学,2021.

# 四大"抓手"助推学校新课程建设

上海市虹口区凉城第四幼儿园　蔡　晔

[摘　要]凉城第四幼儿园基于习近平总书记"深化教育教学改革,全面提高学校教学质量"与上海市教委"重视户外2小时"的要求,立足园所丰富的自然场域,牢记"幼儿发展优先"的根本,深化办园理念"花开凉四,花样成长",形成新的课程理念"自然相伴,育情悦读,向阳生长",将科学探究与人文关怀融合,体现立德树人、坚持科学的教育理念。幼儿园通过"坚持党建引领,牢记立德树人""明确教育目标,优化实施网络""注重科学发展,践行教育理念""完善保障条件,加强队伍建设"这四大抓手助推学校新课程建设,努力实现"在稳定中求发展,在传承中寻突破"。

[关键词]课程建设　发展决策　园所管理

凉城第四幼儿园(以下简称"凉四")新一轮发展规划的实施已进入收尾阶段,作为上任两年多的新手园长,园长的定位改变了我在幼儿园发展规划中的角色:从参与者变成了决策者。角色的转变和此项工作的重要性让我必须全盘考量:如何在稳定中求发展,在传承中寻突破?

凉四拥有28年办园历史,从2013年起办园特色逐渐明朗,基于园所场地环境,初步形成了"亲近自然、探究自然、爱护自然"的"三自"特色课程。教师队伍相对稳定,具有一定的课程实施经验;但积极创新、自我突破的意识稍有不足。我深知,创新才是幼儿园持续发展的动力,因此,在党建引领下,我们着手探寻带有凉四基因的特色课程建设,推进教师课程领导力和专业发展。作为管理者,在领导课程实施的过程中,我始终在思考如何解析园所特质,科学解读幼儿,并以此为抓手,促进幼儿、教师、学校的全面发展。在这样的背景下,我们探索从以下四大抓手来助推幼儿园的新课程建设。

## 一、坚持党建引领,牢记立德树人

二十大报告指出,教育是国之大计、党之大计。培养什么人、怎样培养人、为谁培养人是教育的根本问题。习总书记强调,"深化教育教学改革,强化学校教育主阵地作用,全面提高学校教学质量"。办好人民满意的教育,根本在于坚持立德树人的任务、坚持科学的教育理念。因此,在领导凉四的课程发展过程中,我始终遵循着科学发展、以人为本,传承与创新并进的原则。

**（一）理性分析课程发展**

经过梳理发现,从"绿色校园""环保活动"至"三自课程",凉四积累形成"亲近自然、探究自然、爱护自然"的实践途径和活动方法,促进幼儿学会与自然和谐互惠,初步形成了凉四特色的生态教育活动。2020年,《上海市幼儿园办园质量评价指南》的颁布,给学前教育带来了变化与新的挑战。在我园,幼儿在生态自然中的认知经验有一定优势,但从全人发展的角度看,除了科学精神,幼儿也需要人文、情感、社会方面的发展。怎样的课程方式更适合呢? 对照上海市教委教研室"重视户外活动2小时"的要求,立足我园丰富的户外自然场域,我们不断拓展整合资源,"挖坑造坡、去林为坪",打造具有凉四特色的户外环境,挖掘户外游戏内容,让幼儿更为开放、充满野趣地进行游戏。我们以亲身实践、感官体验为主要方式,尊重儿童立场,回归儿童需求与天性,持续地激发、支持、引导幼儿主动探索。

我园在传承的基础上,融合中国传统文化,学习国内优秀自然课程研究成果,融合"花园凉四,花样成长"的办园理念,将"三自"特色课程进一步发展为融入自然场域的凉四整合课程。

**（二）课程理念的进一步深化**

《中共中央国务院关于学前教育深化改革规范发展的若干意见》中指出:"保护幼儿的好奇心和学习兴趣,尊重个体差异,鼓励支持幼儿通过亲近自然,直接感知、实际操作、亲身体验等方式学习探索,促进幼儿快乐健康成长。"我园在原有"以人为本,和谐发展"基础上,结合自然场域资源丰富的园本特质,顺势确立"自然相伴,育情悦读,自然生长"的课程理念。在此过程中,不变的是"亲近自然,尊重生命、认识自身"的内涵,变的是顺应"社会发展、幼儿全面发展"评价导向而改变的课程拓展思路。

## 二、明确教育目标,优化实施网络

习总书记强调,适合的教育是最好的教育。2020年4月,完成新老园长的工作交接后,我们遵循"合适"的原则,在广泛倾听、观察、了解凉四园所、人员、历史的基础上,结合2020年12月15日一级园党建督导办园行为督导给出的整改建议,修订了新三年发展规划以及配套课程方案。

**（一）立足园本实际,修订课程方案**

在习总书记思想的引领下,我园新的课程方案深化了课程理念诠释,凸显了对于幼儿发展规律的尊重,注重立德树人的教育根本。方案优化了课程结构图,厘清了各大活动之间的关系,以色块区分清晰地呈现了我园基础性课程与阅读、特色课程的融合内容以及课程实施的途径。

园本特色课程的开展主要在基础性课程四大版块的实施、标志性节日"花草节""悦读节"及家园社区联动中整合体现。我们以园所自然环境为主要活动场域,做好园本课程资源的盘点与设计开发、实施评价。"自在生活、乐健运动、趣玩游戏、品质学习"以生活、运动、学习、游戏的形态交互呈现于幼儿一日生活之中。

在大阅读理念下,我园突破阅读文本的概念,引导幼儿阅读自然、阅读事件、阅读生活,把阅读目标与幼儿持续发展的成长力建立链接,将阅读经验和阅读经历向整个课程拓展,真正在课程实施中促使幼儿获得未来发展所需要的"真善美"核心素养。

最终,我园力求通过提供全开放的生活环境,让幼儿自然体验;创设多类型探究的游戏环境,让幼儿自由研究;搭建高互动的家园环境,让幼儿自主生活;共构广视角的课程环境,让幼儿自信自主。教师遵循幼儿自然生长规律,激发幼儿的心智和情感,满足他们的需要、期待和向往,互相成就各自的成长和发展。

**(二)聚焦课程实施,健全保障机制**

为了更好地保障课程实施,我园进一步完善了具体实施细则,建立课程领导小组,完善课程实施的保障机制,采取培训、问卷、反馈等机制给予教师课程实施的空间和话语权,为后续修订方案提供依据。

在课程实施评价方面,围绕"悦读兴趣、悦读能力、悦读习惯"三大类评估指标设置课程目标和内容;以基础性主题核心经验为锚点,运用主题素材以及相关资源的渗透性内容,融入课程四大版块的实施;呈现不同频次、不同对象与不同参与方式的活动安排,让教师有对照,有自评,可完善,例如每学期的"图书漂流",每周的"好书推荐",每日的"每日喜听"。

我们还邀请家长参与课程的管理与开发,为课程的全面实施和幼儿个体差异化发展提供保障。例如已经开展了3年的户外进餐活动,我们倡导自然资源和人文环境的充分融合与再利用,让幼儿们以放松的状态乐享生活,在校园撒欢。我们通过协商式家园互动,与家长、幼儿三方共同丰富了户外进餐活动。

## 三、注重科学发展,践行教育理念

习总书记强调,"素质教育是教育的核心,教育要注重以人为本、因材施教,注重学用相长、知行合一"。教育理念是教育实践的先导。教育是一门科学,兴教办学、人才成长有客观的规律。

在领导课程建设的过程中,我园也注重遵循科学、有效的原则,以大小教研、学科项目以及科研课题为抓手,以问题为导向,用实践来论证,逐步推进课程发展。

**(一)依托教研组,重问题导向**

园本特色活动的打造,离不开各班教师每天的实践。我园依托大小教研,组长作为衔接的桥梁,积极听取教师的困惑,找准问题,探索多种教研形式多管齐下,尝试教研互动深入式

（考虑不同层面）、跨园式（借外力资源）的路径。几年来，我园分别对家教指导活动、户外活动可行性探究、泛阅读情境创设、独立阅读后的分享行为观察与解读、运动器材多样化玩法进行研讨，通过抢答游戏、观摩案例、发表想法、分组讨论、观点争执、小结提升等方式，发展教师的观察指导与回应能力；借助"小思徽章"幼儿评估系统，帮助教师梳理如何分析幼儿行为背后的生活经验、水平特点，积累教师观察、判断和有效支持幼儿活动的经验和方法。

**（二）依托课题组，重引领推进**

围绕核心课题"儿童视角下沉浸式中国传统文化体验活动的实践研究"、区级重点课题"'三位一体'提升幼儿自主阅读能力的实践研究"，分阶段扎实开展课题研究工作。我们充分利用园长"第四期种子计划"领衔人的资源，通过自主学习、外出培训、专家指导、研训一体的途径，以案例解读交流、"头脑风暴"研讨、专家诊断互动等方式，综合运用观察法、文献研究法、行动研究法、案例分析法，提升教师观察评估幼儿早期阅读素养的能力，促进幼儿阅读素养发展，有效推进园本特色课程实施。

## 四、完善保障条件，加强队伍建设

二十大报告中指出，要强师德师风建设，培养高素质教师队伍，弘扬尊师重教社会风尚。在课程建设的过程中，教师的专业水平、业务能力占据着十分重要的地位，我园也通过多种途径以及多样化方式，提供课程实践中"人、财、物"的全面发展与保障。

**（一）多样化培训助推教师专业成长**

凉四教师队伍的平均年龄为37岁，是一支有爱心有经验的教师团队。但是青年教师的专业发展也有一定差异，为了保证课程理念能深入每一名教师的教育观，课程的实施有相对统一的标准与规范，我园组织开展了各类理论学习与现场教研互动，通过创设环境、实践研讨、教研活动、专家指导、观摩学习，不断实现理念突破、环境突破、评价突破。实践中，我们鼓励教师收集大量实证性资料，共同观察分析幼儿阅读活动、与自然互动的视频，通过"小思徽章"、写好案例、大区小角广阅读、分享故事等创新形式，提高教师观察识别能力，不断激发专业智慧，支持幼儿核心经验的发展。

2021年，我园引入"小思徽章"的评价体系，在观察、解读、剖析幼儿活动中不断提升教师对幼儿过程性发展的评价能力，引导教师从浅入深、由表及里地对幼儿进行过程性评价；改变教师评价课程、思考问题的视角，促进其对教育观念、价值的认知；改变对幼儿行为的识别、判断，促进其方法的改进，评价由浅表向深入、共性向个性转变。我们引导教师评价要"真实准确"，坚持"每天记录一点点，自问互问多一点"，追求真实的高质量教育常态下的评价，使评价真正让幼儿、教师获得实质性的进步。

**（二）打造凉四资源库，做好课程的传承与发展**

为了保证课程实施的相对统一与延续性，在课程建设过程中，资源的梳理与积累也是必不可少的重要环节。由于凉四特色课程依托园所丰富的自然环境开展，而自然场域又有着其特殊的发展规律,因此在课程资料的收集中,我园依托课题项目小组,定期对幼儿园特色活动、项目化学习、教科研成果进行整理与归纳;结合主题、季节或校园场域特色,形成阶段性课程实施参考手册。

在近两年的课程实践中,我们先后编制了凉城第四幼儿园园本化课程及阅读自然活动相匹配的案例、环境创设,在云端共享;定期开展带教、展示活动,推广优秀案例或观察评价记录,让全园教师共同学习;积累了凉四特色节日"凉四花草节""凉四悦读节"的相关案例,开展了"凉四娃娃品西游""自然相伴、四时吉祥"等专题节庆活动;积累了园本素材资源库——"三自"项目化学习活动方案、沉浸式传统文化体验活动资源库、"悦读自然"阅读与自然探究整合活动资源库。

课程的积累是记录,更是教师智慧的分享,为后续活动开展提供了参考,确保特色课程既有传承又有创新,让凉四基因迸发新的活力。

## 五、结语

二十大报告指出,要坚定教育自信,弘扬我国优秀教育传统,吸收借鉴国际先进经验,构建德智体美劳全面培养的教育体系,深化体教融合,发挥劳动教育的育人功能,提升学生综合素质。在践行园所新课程理念的过程中,我们始终牢记自身的教育使命,推进幼儿的全面发展。

**参考文献:**

[1] 党的二十大报告学习辅导百问[M].北京:党建读物出版社,2022:64-73.
[2] 胡华,回归与还原儿童本真生活(中华女子学院附属实验幼儿园)[M].江苏:江苏凤凰儿童出版社,2015:1-6.
[3] 胡华,幼儿园生活化课程——回归传统、自然与本真[M].北京:北京师范大学出版社,2020:1-5.
[4] 郑晓修,基于园境的幼儿"三自"教育策略研究[C].2011:1-7.

# 凝心聚力，不忘初心促发展

上海市虹口区凉城第一幼儿园　王　卉

[摘　要] 中共上海市凉城第一幼儿园支部委员会始终坚持党的领导，在教育工作中落实以人民为中心的发展理念，把人民是否满意作为检验教育工作的最高标准，把人民对教育的期盼作为教育发展的重点。我们通过以党建推进幼儿园园务管理、以党建引领教职工队伍发展、以党建推进改革创新等举措，将党建工作融入幼儿园的各项工作中去，通过不断提升幼儿园党组织的政治引领作用和综合服务能力，凝人心、聚合力，不忘初心，为幼儿园课程建设及保教质量的高质量发展提供坚强保障。

[关键词] 凝心聚力　教育初心　高质量发展

党的十七大、十八大、十九大一直把教育放在民生中进行部署和安排，党的十九大报告中指出，优先发展教育事业，建设教育强国是中华民族伟大复兴的基础工程，必须把教育事业放在优先位置，加快教育现代化，办好人民满意的教育。2022年召开的党的二十大把教育、科技和人才一并部署，强调实施科教兴国战略，体现了习近平总书记关于教育是党之大计、国之大计的根本战略思想，突出了教育是民生更是国计，优先发展教育事业，关乎人民生活幸福，更关乎党和国家事业发展全局。

中共上海市凉城第一幼儿园支部委员会始终坚持党的领导，在教育工作中落实以人民为中心的发展理念，把人民是否满意作为检验教育工作的最高标准，把人民对教育的期盼作为教育发展的重点，通过以党建推进幼儿园园务管理、以党建引领教职工队伍发展、以党建推进改革创新等举措，将党建工作融入幼儿园的各项工作中去，不断提升幼儿园党组织的政治引领作用和综合服务能力，凝人心、聚合力，不忘初心，为幼儿园课程建设及保教质量的高质量发展提供坚强保障。

## 一、课程管理彰显品质

十九大提出的"公平而有质量的教育"，突出了"高质量教育体系"的目标；二十大的报告中进一步对发展不同阶段不同类型的教育提出了各自的重点内容，并明确提出了要落实立德树人根本任务,即"培养德智体美劳全面发展的社会主义建设者和接班人"。

幼儿园党支部将开发与编制课程的这一过程视为践行初心使命、促进幼儿园内涵发展的起点,做到整体规划、以点带面、有序推进,力求通过科学的课程管理,不断地提高保教质量。

**(一)共建课程方案,提高课程实施的科学性**

我们认真学习与课程相关的文件内容与精神,努力领会与内化二期课改精神。我们依托三级(园级、级组、班级)课程实施模式,以课程小组先行、各组室跟进的形式,以"基于幼儿经验的活动内容选择与设计"为主线,重新审视"主题方案",将课程实施过程中积累的成果汇编成了《主题活动方案》《优秀教案集》等。在不断实践的基础上,我们还构建了一系列课程实施指引,力求课程园本化过程既能保证其科学性和合理性,同时还确保课程目标能够更好地落实到每一天;我们通过对基础性课程实施后的质量分析及反馈,不断梳理问题并及时跟进调整,逐步建立了课程动态调整的机制,从而使课程实施方案能够更加科学、合理。

在对幼儿园课程的动态调整和发展中,我们不断实践反思,对课程理念进行凝练,明确了在课程实施过程中需把准的关键元素,确定了要以"教育回归儿童本源"为核心价值观来架构园本课程实施方案的思路,提出了"在生活中自主体验、在活动中快乐成长"的课程理念,即以"自主体验"课程实施为载体,为幼儿自主体验、自主尝试、自主学习提供发展的机会与支持,促进幼儿全身心健康和谐发展。

**(二)聚焦研究实践,提升课程实施质量**

幼儿园立足园本,不断在创新教研形式中完善教研制度、培育教研文化;通过定期开展各类园本教研,不断激发教师的专业自觉,发挥不同层级教师的专业能力,推动教师的专业发展。

根据大、小教研的不同功能,我们以"理论—实践—讨论—验证"为联动运作的主要模式。我们直面当前课程实施中的"空白""困惑"及"困难",通过大教研核心问题的捕捉,理论先导、任务驱动,小教研的教学实践,聚焦课堂,开展真问题研讨;大、小教研的"话题"来自保教现场,来自当前课程实施的需求,来自科研课题,来自对提升课程实施内涵的期待、对教师专业能力提升的需求。我们从机制保障入手,给予教师专业上的支持,使得教师愿意沉下心来"浸润"下去,教师的专业自觉、专业能力以及保教质量得到了提高。

我们根据学科组、年级组不同功能,以"学科核心经验剖析+儿童年龄特点链接"为主要联动运作模式,以学科领域为主线组成了四个项目组。项目组每学期围绕集体教学活动的一个基本要素进行深入的"学习—实践—思辨—再研",通过一课二研、经验分享、实践交流、专家引领等多个途径解决教师在专业发展中的实际问题,将形成的经验迁移运用,形成了一些园本化的优质教学活动及园本德育特色教学活动。

聚焦青年教师成长的"青椒沙龙",每个学期都聚焦一个专题深入研究,通过开展

"午餐专项研究""午睡专项研究""来离园专项研究""家长会方案专项研究""户外运动中的安全专项研究""专用活动室环境优化"等专题研究，形成一系列案例和措施，为优化课程实施起到了很好的补充作用。

通过开展各类大、小教研联动、项目组与年级组之间的联动、青椒沙龙的专项研究，我们不断拓展教师之间的交流展示平台，不断鼓励教师发挥个人特长，努力显现个性特点，让各层面教师得以形成自己的教育风格和特点。

我们依托园本教研，保教质量得以不断提高，教研成果得到彰显。大班的"个别化学习活动"向虹口区中心教研组成员开放，分享了个别化学习活动中科学材料的投放与使用的做法与经验；我们以生命科学为命题，以"自然角创设"为主题，引导师幼共同关注生存的环境以及健康的生活方式，价值取向与课程理念高度契合，并在全区范围内分享我们的教研内容与经验；"角色游戏"向区园际联盟幼儿园的成员进行了经验交流及现场展示。我园保教主任获"虹口区先进教研组组长"称号，教研组被评为"虹口区先进教研组"。

### （三）落实课程监控，初步构建课程评价机制

我们确立以幼儿发展为指导的幼儿园课程质量评价观，以发现问题、分析问题、解决问题为质量监控准则，建立双层级反馈跟踪、互动共享机制，强调管理中指导的过程性、探索常规课程监控和重点课程监控相结合的课程监控机制，定期实施评价和保教质量分析。

在课程实施的过程中，我们以"重规范、抓重点"为出发点，通过学期（学期课程统整）、月（年级组活动安排）、周（计划制定及反思）、日（园长、保教主任工作巡视、听评课）为周期的巡查与反馈，夯实基础性课程的日常落实；我们以课程质量监控为抓手，定期对教职工的各项工作开展专项调研，鼓励教师将课程实施过程中发现的问题、产生的困惑及时梳理归纳，以此不断提高教师观察、评价和反思能力，为提高教师课程实施的能力、提升日常保教质量提供保障。

### （四）重视科研兴教，实践中追求后续发展

幼儿园重视科研工作与幼儿园教研、保教质量之间的融合，以"找准问题、解决问题、反思研究"为抓手，教科研携手并进，使基于问题的研究专题化、系列化。

我们结合幼儿园课题"生活活动中幼儿自主能力养成的实践与研究"的开展，对课题组织实施情况进行验证、完善，对课题研究方案进行调整与细化，落实各项内容的实践研究，总结出有效的支持性策略，我们将课题经验与园本课程进行有机融合，组织完成《各年龄段幼儿生活自主能力养成案例集》，"生活自主能力发展"策略思辨、行为列举等科研成果整理成册，丰富了园本课程的资源。

我们从"全人境界"的育儿视角开展了一系列生活体验特色活动，形成了"我们的中国年""圆月元宵庆团圆""三八国际妇女节""寻古问今话清明""悦动成长——春季运动会""玉兰树的四季故事"等具有园本特色的系列活动方案，在不断创新课程内容以及实施机制的同时，较好地推进了幼儿园园本特色的内涵发展。

我们通过完善各项科研制度、优化各项奖励机制、搭建平台、专业引领、创设环境、支持结对联合申报等,鼓励教师积极参与各层级的课题申报,形成良好的科研氛围。"生活中常见素材在幼儿园美术活动中的应用探索"等被立为区级课题及区级青年课题,"'全人境界'视域下幼儿生活体验特色活动园本化课程的架构与实践研究"被立项为虹口区重点课题,"幼儿园专用活动室与装备特色建设——室内外科探活动室(区域)的优化建设"被立项为2021年市级专项经费项目,"社会与情感教育视野下师幼互动策略的实践研究"被立项为虹口区院校合作项目。《以情境游戏实现数活动玩中学的实践研究》等文章分获虹口区第四届"七彩征文"活动二等奖、虹口区第13届教育科研成果评比二等奖、虹口区第13届教育科研成果评比三等奖等奖项。

## 二、课程实施夯实质量

习近平总书记"科教兴国、人才强国"的论述,科学谋划了党和国家对教育事业发展的宏伟蓝图和目标方针,对于新时代教育工作者具有极强的指导和学习意义。幼儿园党支部坚守选择,不忘初心,积极应对新问题、新挑战,以课程实施为抓手,聚力提升保教质量,提升幼儿园发展内涵。

**(一)一日作息从容有序,规范管理留空间**

我们以《纲要》《上海市学前教育课程指南》《幼儿园课程方案》为指引,在"自主体验"理念引领下,科学合理安排和组织一日生活,课程计划的施行遵循选择性和开放性的原则。教师以幼儿发展为本实施各类活动,目标设置、内容组织体现个体纵向层面的挑战性。在实践中,我们的教师渐渐转变观念,静下心来细心观察和倾听幼儿,给予幼儿更多自主活动的时间和空间;顺应孩子的发展,关注个体差异,在幼儿不同的发展水平上予以支持与帮助。

**(二)儿童视角设计组织,优化课程稳步前行**

我园强调"保教合一"的大教育观,在管理和实践的层面上逐步完善幼儿园一日操作规范,加强"三位一体"工作,提高保教融合实施质量;我们遵循"一日生活皆课程"理念,关注幼儿自主、探索、合作品质的养成,重视幼儿活动的意义,关注"儿童视角"的保教实施,形成了"开放与有序""支持性环境""弹性化的作息"等保教亮点。

我们因地制宜、想方设法从幼儿活动的需要出发丰富环境。班级注重创设舒适、温馨自主的环境,帮助幼儿形成基本的生活习惯和文明行为,满足幼儿游戏、探索及发现的需要。户外运动中,我们关注幼儿的野趣、挑战及自主、自助生活能力的培养,室内运动能兼顾利用室内空间和材料,让室内运动也精彩;通过营造浸润式的环境(户外以草地、树皮、土坡、沙地、石头代替塑料制品;室内有乌龟、蚕、蝌蚪等观察材料,有纸箱、纸盒、瓶子、木板、瓦片等装饰材料),为幼儿充分地开展活动提供支持。

**(三)师幼互动,助推师幼共成长**

我们与教师一起不断加强对"师幼互动"内涵的认识,努力追求在各类活动中与幼儿建立平等信任的关系。

在组织实施各类活动及与幼儿对话中，我们营造宽松、安全的心理氛围，尽可能地关注幼儿的情绪变化，尊重与倾听幼儿的想法；教师注重教学现场的回应，回应的随机性、灵活性与价值性有明显提高。在相互学习、共同探讨中，我们遵循"从儿童的视角出发"，注重过程性、关注个体差异，在幼儿不同的发展水平上予以支持与帮助。幼儿们精彩的瞬间、有效的师幼互动，都是教师教育理念的转变、教育智慧的体现。

高质量教育体系是教育强国的重要特征，"加快建设高质量教育体系"是党的二十大报告的新提法，构建高质量教育体系，学校教育将成为终身教育的一部分。幼儿园党支部始终不忘教育初心，以"筑牢思想堡垒"为工作思路，通过认真履职、扎实工作，始终将"为了孩子的发展"这一理念渗透在幼儿园工作的各个环节中，在教育教学观念、内容、方法和目标上不断改革创新；在工作中时刻将我们的教职工置于主体地位，鼓励他们捕捉幼儿的亮点，把握时代的命脉，完善、调整现有课程或生成新课程，增强课程意识，使课程设计富有新意，使课程更适合孩子的需要、符合社会发展的需要。在实践中，我们始终传递着课程建设是幼儿园发展的大事、课程建设是一个呈螺旋式上升的过程、教师要拓展文化视野等信息，通过观念共识、行为同步、学习跟进等举措，为幼儿园课程建设及保教质量的高质量发展提供坚强保障。

## 参考文献：

［１］本书编写组.党的十九大报告辅导读本［Ｍ］.北京：人民出版社,2017.
［２］本书编写组.党的二十大报告学习辅导百问［Ｍ］.北京：党建读物出版社,2022.

# 以党的二十大精神为指引,办百姓家门口的优质园

上海市虹口区侨红幼儿园　林　青

[摘　要] 侨红幼儿园面临幼儿生源发生变化以及教师梯队断层的挑战,为了走出瓶颈,在传承中求得幼儿园的自主发展,提出"以课程建设为抓手,提升幼儿园管理效能",先建设"家门口好幼儿园",再争创"家门口的优质园",以幼儿园三年发展规划为引擎,通过二轮规划的实施,小步递进稳步向前,推动了学校递进式发展。

[关键词] 规划发展　课程引领　人才培养　内部管理

"必须坚持在发展中保障和改善民生,鼓励共同奋斗创造美好生活,不断实现人民对美好生活的向往。"习近平总书记在党的二十大报告中着眼全面建设社会主义现代化国家的目标任务,对增进民生福祉、提高人民生活品质作出重要部署。学习贯彻党的二十大精神,就要坚持以人民为中心的发展思想,不断实现发展为了人民、发展依靠人民、发展成果由人民共享,让现代化建设成果更多更公平惠及全体人民。

办高质量的幼儿园,就是以人民为中心发展思想的体现,是让社会发展成果惠及人民的题中之义。侨红幼儿园始终坚持党的领导,坚持党的教育方针,多年来在历任园长前仆后继的不懈努力下,历经建园立园"三步走",在党的政策引导下以"干"字为要,走幼儿园自主发展之路,推进了教育走向优质。

## 一、以课程建设为抓手,传承中找突破,优"品"助推优质

我园以"尊重天性,滋养品性,乐活童心"为课程理念,突出"树人在品,品从幼立",注重营造共情的环境,注重幼儿在真实的生活、亲历的体验中共情互动,感同身受、滋养心灵,形成关爱的品质、健全的人格,以爱育爱,促进幼儿积极主动、全面而又富有个性地发展。

## (一) 构建课程方案,保障儿童全面和谐发展

### 1. 基础性课程设置均衡、适宜,保障儿童全面和谐发展

幼儿园成立由园长、保教主任、教研组长和家委会共同参与的课程领导小组,形成园内三级课程管理网络,努力规范课程实施。

以"幼儿发展优先"的理念为先导,不断完善课程实施方案,服从于使每个孩子全面、和谐、富有个性地发展的学前教育总目标,并将这一目标蕴含于幼儿园课程的一日活动之中。制定《教师组织一日活动工作手册》,让教师在课程实施过程中有明确的参考依据,确保课程规范实施;开展大小教研,指导教师正确撰写各类课程计划;建立各种课程制度,保障课程的实施,如"课程管理制度""课程内容与实施制度""教师备课制度""听课评课制度"等,为课程的落实保驾护航;确立幼儿园基础课程资源库,将各年龄段主题开展序列及各主题中的基本内容整理成册,让教师们在主题开展过程中有比较完整的素材库可以选择,保证了课程内容的相对稳定性。

### 2. 建设优"品"体验课程,促进儿童社会性发展

基础性课程与特色活动有机整合,我园的特色是传承中华传统美德要从3—6岁的儿童抓起,所谓"十年树木,百年树人","品"字特色活动既有与共同性课程的目标与内容相融合的部分,也有自己特有的学习方式。

3—6岁儿童的品行滋养急不得,我们尊重儿童身心成长规律,分年龄段开展养"品"体验课程,强调让儿童去感受、去体验他此刻能理解的内容。小班幼儿的体验目标是"心中有爱",这个"有"是"接受"的意思,指让这个年龄段的幼儿去充分体验、感受周围成人对自己的爱,欣然接受爱,体验被爱是快乐的;中班幼儿的体验目标是"眼中有人",这个"有"是"看见"的意思,指这个年龄段的幼儿在体验过小班时期被他人爱的基础上,开始培养共情能力,眼里不再只有自己,开始能看见别人,学着控制自己的情绪和行为;大班幼儿的体验目标是"合人为乐",这个"合"在此做动词,是合作、交往、互助的意思,指这个年龄段的幼儿能做力所能及的事,开始学习责任与担当,体验力所能及地助人、彼此互助是快乐的事。品性滋养重视让幼儿去亲身体验,我们的课程方案为不同年龄段幼儿构建了适宜的学习方式,提供了发展条件,可操作性较强。

### 3. 携手家长共建课程

在课程的构建中,我们十分注重家长的参与,牢记在幼儿园课程建设中家长始终是同盟军。我们通过问卷调查征求家长对我园课程方案的建议;在校园文化环境创设的前期,邀请家委会成员共同策划;打造优"品"家园互动开放课堂,定期开放,根据家长需求开展个别家长约谈、小型家教指导、3—4个家庭为一组的主题亲子互动、专家答疑等,用外显化方式呈现我园课程内涵,发挥课程辐射家庭、社区共建的作用,扩展中华美德品性滋养的范围。

## (二) 打造课程环境,课程实施重体验、重互动

### 1."还墙面给孩子",课程环境创设注重幼儿自主表达

面对"课程环境如何既体现共同性课程主题学习的要求,又能与园本'品'字特色

融合?"的问题,我们的教研聚焦问题,通过问题解决来开展课程实践。大教研围绕"如何在主题环境中呈现中华传统美德要素"这个点展开,通过一次次的案例交流分析、现场观摩研讨,最终解决了课程环境的内容与形式的问题,呵护幼儿天性,尊重幼儿的自主表达。

2. 课程实施过程注重幼儿自主体验

"滋养品性"课程注重幼儿的自主参与和情感体验,但在课程实施过程中,教师、保育员虽有一颗爱孩子的心,却错把大包大揽当成是爱孩子的表现。如何把成长的舞台交还给儿童,实现课程的儿童发展目标?我们从推进儿童自主性游戏入手,以点带面实现突破。在这一过程中,教师们的儿童观和教育观自然而然地发生着可喜的变化,在观察、支持幼儿时,他们的教育行为跟着转变,幼儿越来越主动参与到课程建设中。

3. 整体打造校园课程环境,注重幼儿与环境的互动

我园课程环境创设的指导思想是环境要为促进幼儿全面、和谐发展服务,要体现幼儿与环境的互动,我们的"品性滋养"要在校园整体环境中日积月累、潜移默化地影响幼儿。比如,爱祖国妈妈先从爱家乡、爱生于斯长于斯的江湾镇开始,我们根据课程特色将门厅和楼道设置成亲亲江湾镇、上海城隍庙、浦江母亲河,使课程的社会性从情感入手,从幼儿每天生活着的江湾镇开始,由近及远打开幼儿的情感世界,激发幼儿主动参与和环境的互动。

**(三)推进课程研究,初步打造园本课程特色**

1. 中华传统美德园本特色在传承中找突破

侨红幼儿园所处的江湾镇地区之前一直是外来务工人员居住比较集中的区域。我园多年致力于随迁子女文明礼仪、行为习惯养成的实践,2011年开展课题"基于幼儿文明习惯养成目标的教育行为跟进研究"。实践过程中,教师们在儿童社会性领域培养积累了一定的方法,在园本特色上形成最初的思路。后期这片区域成为彩虹湾动迁安置的人口导入区,生源发生巨大变化,过往的研究重点不再适切。我们研读《3—6岁儿童学习与发展指南》,分析园情、生情与师情,明确"在传承中寻求突破发展"的目标,将园本特色作为基础性课程社会领域的一个补充,通过确立幼儿园课题研究目标,以园本课程建设为抓手,树立大课程观,课题实践与园本课程建设同步,形成特色,促进办园质量的提高。

2015—2018年,我们在老课题基础上突破,开展"'树人在品,品从幼立'侨红幼儿园中华传统美德园本课程的建设与实践研究";2018—2020年,继续"品"字课题的深度探索,开启"'树人在品,品从幼立'侨红幼儿园从中华传统美德走向爱国主义情怀的深化研究",传统美德园本特色渐渐明晰。2020年的疫情给我们多年的课题实践带来困惑,同时也带来启示,困惑是经过幼儿园多年品性滋养的幼儿为什么在漫长的假期后行为习惯普遍退步?启示是疫情期间家园线上互动收获了不少有效的方法。经过梳理,我们认识到儿童"品性滋养"这一方面,家园协同教育大有可为,由此衍生出新课题"'品贵成习,习须践行'侨红幼儿园传统美德爱国主义情怀家园协同教育的实践研究(2021—2023)"。

2. 课程研究与课题实践互促，优"品"助推优质

我园中华传统美德园本特色的实践开展至今已有八年，八年来，我们以年级组为单位不断探索中华传统美德园本课程建设与实践的途径与方法，初步确定了幼儿园中华传统美德园本课程内容选择的标准，收获了游戏活动如何既彰显幼儿自主性又凸显中国传统文化与传统美德特色的成功经验。日常工作中，教职员工开始有意识地把中华优秀传统文化、传统美德渗透于幼儿一日活动各环节中。在课题实践的过程中，教职员工越来越认同课程的价值内涵并自觉地把传承中华传统文化，弘扬中华传统美德视为己任，校园文化建设初见成效，校园环境中充满传统文化气息。可以说，课程建设助推课题研究，反之，课题实践彰显了课程特色，优"品"助推教育的优质发展。

## 二、引领教师成长：重视人才培养，教师梯队成长迅速

### （一）建立标准与制度，打造队伍成长的基础

1. 制度激励青年教师岗位成才

教师队伍的成长需要有标准引领，需要制度保障。因此，我们重新修订了《队伍建设制度》《侨红幼儿园教职工师德标准》等，让教师的日常工作有了标杆，新增《中层干部选拔任用管理办法》《侨红幼儿园教师队伍建设培养计划》，激励有为的青年教师岗位成才。2018年，我园推送1名青年教师入选区后备干部人才库，2019年至今共有7名青年教师入选区级人才梯队。

2. 师德建设提升教师职业素养

教师是学校发展的灵魂，良好的师德素养又是优秀师资队伍的根本。我们开展"怎样的幼儿园是家门口的优质幼儿园"专题讨论，对"优质"的标准达成共识；在"弘扬师德、倡导师爱"的主题师德活动中，开展"呵护儿童天性，尊重儿童表达"分享交流会，分析教师的"放手"和"不作为"之间的区别；以侨红"四心"教师培育"三心"暖娃为载体开展师德论坛，细细品味教师的爱心、慧心、诚心和专心（专业爱生之心与专注教育之心），这"四心"是幼儿园教师不可或缺的职业素养与人格魅力。

### （二）规范规划与评估，激发教师自主发展

1. "五阶段""一促动"提高个人发展规划可操作性

教师专业成长需要激发其成长的内驱力，我们以"如何制定一份对自己行之有效的个人规划"和"如何让个人三年发展规划与学校发展规划同步"为题进行相关培训，引导教师在制定个人三年发展规划时要依托制定规划的大、小背景来思考自身发展规划，目标制定要切实可行，并从"师德素养""专业能力""保教工作""培训进修"四个领域拟定措施，递进式地按年制定具有较强操作性的具体措施。个人规划的制定经过五个阶段："教师制定规划—审核小组提出修改建议—教师调整—审核小组再审核—规划确定并执行"。整个过程促使教师独立思考，确立起专业自主发展意识。

2."闭环式"评估提高教师自省力和执行力

"闭环式"评估有校评,有自评,我们鼓励教师自评,给予教师充分发掘、呈现自身优势及能力的机会。通过自评,骨干教师对自己如何更好地以自身的人文素养、专业精神和能力以及管理能力发挥作用等有了更加深切的体会;成熟型教师在回顾近年的工作历程中明白如何在工作中调整自己的脚步,克服职业倦怠;青年教师直面工作实践中的事例,体会和感悟自我成长必须要付诸认真与踏实的行为;初入职教师坦陈从开始时面对独立带班的忐忑,家长工作的底气不足,到一年后逐渐胜任日常班务工作、家长工作,对自身的专业成长和职业觉悟都有了不同程度的认识,对来年如何规划新目标更加清晰了。

**(三)多途径联动开展梯队建设,促进教师队伍整体发展**

将园本教研作为主渠道,打造学习共同体。我们立足教学实践,通过教研联动的模式开展"理论—实践—讨论—验证"的园本教研活动,聚焦教学实践中的核心问题,以大教研理论引领、学习研讨、经验分享为主导,以年级组实践活动为载体,聚焦课堂,通过"实践中促对话"的教研模式,采用大小教研之间的联动、骨干教师与一般教师之间的联动、成熟型教师与青年教师之间的联动等不同层面上的经验共享和合作研究的方法,提供交流与思辨的平台,提高研修的实效性,促进团队成员的互助成长。

分层开展梯队建设,促进教师整体专业水平提升。我们根据教师专业发展差异,对骨干教师、成熟型教师、青年教师、新手教师进行分层培养,发挥骨干教师的引领作用,激发成熟型教师的职业热情,激励青年教师岗位成才,帮助新手教师胜任日常工作。同时多渠道多途径促进教师队伍差异化发展。

**参考文献:**

[1]中共中央党史和文献研究院,中央"不忘初心、牢记使命"主题教育领导小组办公室.习近平关于"不忘初心、牢记使命"论述摘编[M].北京:中央文献出版社,党建读物出版社,2019:8.

[2]上海师范大学天华学院.幼有善育——上海市幼儿园优质教学与管理实践[M].上海:上海教育出版社,2020:6.

[3]约瑟夫·托宾.重访三种文化中的幼儿园[M].薛烨,唐泽真弓译.上海:华东师范大学出版社,2014:6.